200年日本史

U0118254

本書作者未囿於從美國看日本的立場，以宏觀的態度，涵蓋德川時代以還日本之「現代性」、「多樣性」及「關聯性」。在描述日本近現代史的諸多作品中，本書屬於廣度、深度並重，深具世界觀的作品，值得讀者細讀。

——徐興慶

中國文化大學前校長

戈登這部《200年日本史》所描述的是近代性所帶來的希望與悲痛，其中包括社會的動盪不安、生活的多樣化以及全球的聯繫。

——約翰·道爾（John W. Dower）

麻省理工大學歷史系榮休教授

這部傑出的著作是由歷史學領域的頂尖專家撰寫而成，讓我們看到日本過去兩個世紀的歷史，既有獨特一面，又是全球現代史的一部分。本書涉獵廣泛，文筆生動，書中提出的全新詮釋不僅有益於本科教學和普通讀者，而且能促使自認為專家的人重新思考關於日本近代史及其發展的許多陳舊假設。

——藤谷藤隆

多倫多大學歷史系教授

《200年日本史》是有關近代和帝國時期日本的最佳教材。作為日本勞工史研究前沿的學者，戈登從平民角度提供了不少深刻的歷史細節，特別是日本工業革命期間及之後的工人和其他非精英階層所遇到的艱辛、機遇和阻力。

——喬治·卡蘭德（George Kallander）

雪城大學麥斯威爾公民及公共事務學院副教授

《200年日本史》至今仍是日本近代史課程的最佳入門書，完美結合了一流學術性、可讀性和篇幅恰當的優點。最後一章更令這部著作有力地將歷史盡可能貼近現在，並指明未來可能發生的事情。

——肖恩·金（Sean Kim）

中央密蘇里大學歷史系教授

這是一本獨一無二的日本近代史教科書，涵蓋了日本近代史上的所有重要事件和發展。本書行文流暢，條理清晰，讓學生和普通讀者都能理解日本近代歷史的複雜性。

——馬克斯·米德爾（Max Ward）

明德大學歷史系副教授

戈登講述近代日本的故事時能避免將歷史簡化為刻板成見或陳詞濫調，並為其他論述留有足夠的空間，而非自以為是或固執己見。這是目前所見有關日本近代歷史最出色的探討。

——華樂瑞（Lori Watt）

華盛頓大學聖路易斯分校歷史系副教授

從地緣政治的宏觀描述到家庭和工作場所的關係，安德魯·戈登全面介紹了日本的歷史和史學。民眾佔據著民族敘事的中心位置；書中也揭示了婦女和工人、大眾文化和盛行的帝國主義是構成近代日本的重要部分。同時，戈登細膩的行文涵蓋了這領域持續不斷的爭論，而他生動的例證不僅記錄了日常生活，也始終引領著讀者思考現代社會圖景中的權力和政治。

——凱倫·威根（Karen Wigen）

斯坦福大學歷史系教授

戈登的論述精彩、清晰，令人信服地將日本置於國際歷史的舞台上進行考察。人們必須了解這個國家的過去，才能理解近代世界的歷史。

——諾伊爾·威森（Noell Wilson）

密西西比大學歷史系教授

2OO年日本史 第四版

——德川以來的近代化進程——

安德魯·戈登 (Andrew Gordon) 著

李朝津 譯

香港中文大學出版社

《200年日本史：德川以來的近代化進程》（第四版）
安德魯·戈登（Andrew Gordon）著
李朝津 譯

繁體中文版 © 香港中文大學 2006, 2014, 2022

英文版 © 牛津大學出版社 2002, 2009, 2014, 2020

本書版權為香港中文大學所有。除獲香港中文大學書面允許外，不得在任何地區、以任何方式、任何文字翻印、仿製或轉載本書文字或圖表。

國際統一書號（ISBN）：978-988-237-226-9

本書根據 Oxford University Press 2020 年出版之 *A Modern History of Japan: From Tokugawa Times to the Present*, Fourth International Edition 翻譯而成。

2006 年第一版
2014 年增訂版
2022 年第四版

出版：香港中文大學出版社
　　　香港 新界 沙田 · 香港中文大學
　　　傳真：+852 2603 7355
　　　電郵：cup@cuhk.edu.hk
　　　網址：cup.cuhk.edu.hk

本社已盡力確保書內各圖片均已取得轉載權。倘有
遺漏，歡迎有關人士與本社接洽，提供圖片來源。

A Modern History of Japan: From Tokugawa Times to the Present
(in Chinese) (Fourth Edition)
　By Andrew Gordon
　Translated by Chiu-chun Lee

Traditional Chinese edition © The Chinese University of Hong Kong 2006, 2014, 2022
All Rights Reserved.

English edition © Oxford University Press 2002, 2009, 2014, 2020

ISBN: 978-988-237-226-9

A Modern History of Japan: From Tokugawa Times to the Present,
Fourth International Edition, was published in English in 2020. This translation is
published by arrangement with Oxford University Press.

First edition 2006
Expanded edition 2014
Fourth edition 2022

Published by The Chinese University of Hong Kong Press
　　　　　The Chinese University of Hong Kong
　　　　　Sha Tin, N.T., Hong Kong
　　　　　Fax: +852 2603 7355
　　　　　Email: cup@cuhk.edu.hk
　　　　　Website: cup.cuhk.edu.hk

Every effort has been made to trace copyright holders of the illustrations
in this book. If any have been inadvertently overlooked, we will be
pleased to make the necessary arrangement at the first opportunity.

Printed in Hong Kong

目 錄

第四部分　戰後與當代的日本，1952–2019

地圖、表、圖表

中文版作者序

2006年本書中文版面世，對我來説是一樁驚喜的事。英文第四版問世 (2020) 後，香港中文大學出版社再度推出增訂譯本，我更感到鼓舞。此次中文版序言，有部分仍依照此前版本的原樣，但我添加了一些與這版本特別相關的看法。

當我1990年代末撰寫此書時，我的讀者對象是英語世界、尤其是那些修讀日本或亞洲歷史的大學生，其次是一些對近代日本及亞洲歷史懷有興趣的讀者。我從未想到本書會譯成中文(或日文)出版。

那麼一本由美國學者撰寫的日本史譯成中文有甚麼意義呢？到頭來這個問題該由讀者作答。不過，讓我嘗試提出一些觀感：正如我在英文第三版序言所説的：「日本現代歷史是世界現代史的一部分，兩者無法截然劃分」。最好是全世界的史學界都能共同考察及詮釋近代日本史，並將各項研究成果通過翻譯公諸於世；或可以通過各國史家共同參與的合作計劃，達到確切地認識近代日本歷史的目的。

學術研究和出版的世界性、歷史研究的全球化近年來進展迅速，不少有關日本的英語著作被翻譯成日語，而日本史家的重要典籍也譯成英語。本人曾參與兩項日英翻譯項目。[1] 可惜這只是雙語互譯，我相信多語種翻譯以至真正的全球性交流更為重要。其中有些可以用國際會議的形式進行：來自中、日、韓及歐西各國的史家濟濟一堂，就有關亞洲或日本的歷史交流心得，今天已十分普遍。

以上研究項目大多屬專門性質，像本書這類通史書籍的翻譯則不多見。今天，作為一個普通的公民，不論成長在中國、日本、亞洲以至世界各地，了解近代日本都會挑起政見上的爭議，但這又正是智慧和教育的重點所在。在這個意義上，中文世界的讀者可能因看到以英語書寫和從事歷史教育的美國史家如何詮釋近代日本而獲益。

　　近三十年來，日本有各種所謂「翻案派」的歷史學者撰寫另類通史，作為課本及普及讀物之用。如「新歷史教科書編纂會」宣傳手冊上寫道：「每個國家有自己闡釋的歷史；必然跟他國的看法不同。因此，各國不可能有共同的史觀。」[2]我不同意這個說法。我以為各國讀者對他國的歷史有興趣，應盡力尋求對彼此歷史的了解。這並不意味著全人類從古至今都有著同樣的歷史經驗——歷史學家的重要任務就是在特定的社會結構和不同時代思維中，去找尋其中轉變和迴旋的脈絡。但史家沒有必要對那些與眾不同又無可捉摸的所謂「國粹」去大力渲染其獨特性，無論是日本、中國、德國，還是美國。本書以為日本近代歷史是世界近代史長河中的支流；我嘗試強調個別史事的同時，亦指出其中共同的歷史經驗。至於成功與否，由讀者分曉最好不過。我十分慶幸不單英語讀者，中文、日文、韓文甚至波蘭文的讀者們也同樣有機會看到這本書。

　　至於本書初版及最新版本與日本近來發展，以及日本史和現代歷史思考的新趨勢之間的關係，我想在這裏作出一些說明。冒著把問題簡單化的風險，我們可以說，對歷史作品的修訂——任何作品，包括本書——都不外乎以下三種原因：歷史學家可能通過新研究或發現新證據提出新解釋；歷史學家也可能了解到其他人提出的新見解，並決定將它們納入自己的作品中；或者，歷史學家可能受到現今事件的刺激，改變他們對過去重要事物的理解。也就是說，現今事件可能揭示了需要更深入探索過去那些尚未充分研究的領域。

　　就本書而言，英文第二版和第三版的修訂都涉及第三種原因，而這在之前的中文版本也有所反映。在第一版和第二版出版之間，日本和韓國政府及中國政府關於島嶼主權的爭端嶄露頭角。多年來，這些問題一直存在，但相對被淹沒或被「擱置」。這些紛爭的出現，使我不僅在英文第二版和其後版本的最後一章中添加了對這段最新歷史的討論，也讓我意識到我並未充分(或根本沒有)處理和探索早期主權和邊界紛爭的歷史，因此，我加強了對該問題的討論。

　　然後，在英文第二版和第三版出版之間，發生了2011年3月的地震、海嘯和核堆芯熔毀的三重災難。這不僅使我在最後一章中添加了對這場災難的討論，也讓我意識到對過去各種災難(特別是地

震、海嘯)的討論非常缺乏。因此，我在第三版多處添加了有關日本應對災害歷史的討論，這些也被納入了之前的中文增訂版。

在第四版和這個全新中文版中，修改的原因則與前不同，並沒有發生類似的催化事件，或者說我沒有留意到有這樣的事件。相反，我的修訂出於上面提到的第二種原因。也就是說，我從其他人的作品中，感受到環境史研究在日本乃至全球範圍成為了重要的研究領域。我閱讀這些著作，並在我的同事米勒 (Ian Miller) 和兩名才華橫溢的日本環境史研究生哈雅士 (John Hayashi) 和克那勃 (Reed Knappe) 的幫助下，試圖探索人類社會與自然環境之間的聯繫或相互作用，遠遠多於過去的版本。

最後，我要向幫助完成這項工作的幾個人致謝。我研究院的同窗、香港中文大學出版社前任社長陸國燊博士首先向我表示有意翻譯本書，更立刻付諸實行。譯者李朝津教授快速而有效地工作，翻譯過程中更發現了少許錯誤，得以在本書及日語版中更改過來；日語版的譯者森谷文昭先生也同樣發現了錯誤，在中文版及日語版都得到更正。前香港中文大學出版社編輯謝偉強先生在初版出版時曾幫忙索取本書的照片及圖表版權及其他有關編務工作。就這個新版本，亦感謝編輯葉敏磊女士、張煒軒先生為出版所付出的辛勞，細心比較前後版本各章內文的差異，校對新增章節，重新確認所有圖表的版權以及其他繁雜工作。我對以上各人及其他幫過忙的人皆深表謝意。當然，對於本書仍然存在的個別錯誤，作者要負全部責任。

安德魯・戈登
於美國・麻省・康橋
2021 年 11 月 3 日

增訂版譯者序
（2014 年）

　　當翻譯本書第一版時，感覺到戈登教授極希望能抓住日本歷史脈膊的躍動，直至最近的一刹那而後已。在補譯增訂版時這感覺更強烈，本書可以說結束於其出版前夕 2013 年，因此它已經不止是一本歷史教科書而已。戈登教授希望編纂一本了解近代日本的綜合性書籍，其雄心亦見於他對本書索引的大事擴充，鉅細無遺地收納日本近現代事件，並作詳盡分類。事實上他亦不諱言，歷史學者需要參與現實事件的解讀，運用歷史學的廣大視野，才會有助於了解當代事件。因此若要了解日本近代發展，以至最近事態，本書可以說日本研究不可或缺的著作。

　　增訂版亦繼續發揮上一版的態度，不但希望由一個持平態度了解日本歷史，更進一步由同情的理解出發。因此在上一版中談及珍珠港事變時，作者認為不必對日本過於深責，戰爭的奇襲性本就難以避免，要跳躍出美國人對日本偷襲的憤怒。到增訂版作者態度更進一步，談及最近二十年日本經濟不振時，作者反對評價日本的極端態度，由過去日本事事第一的看法，陡然變為顢頇的日本，對金融恐慌舉止失措，最後造成「失落的二十年」。作者認為日本由 1980 年代的顛峰走向下坡，有盛極而衰的必然性，亦是國內在繁榮後各種政治、經社以至文化調整下的結果。事實上，日本應付金融的辦法並非毫無建樹，它對 2008 年金融風暴極具參考價值。他亦認為「失落的二十年」這一觀念並不正確，踏入 21 世紀以後，日本經濟已逐步走回正面，只是步子較慢，不易被察覺。

　　同情的理解，是史學家柯靈烏（R. G. Collingwood）在其鉅著《歷史的理念》一書所提出的看法。他主張歷史研究必須回到古人的歷史環境以至心理狀態，所謂設身處地，才能真正掌握歷史的脈絡。同情的理解在探討異國歷史時特別重要，由於文化、時間及空間的差

異，要確切理解另一國人民並不容易，甚至容易產生誤會。中國對日本歷史的理解，尤其是近代歷史，往往過分注重本身所受傷痛，不容易深入近代日本歷史的複雜性。田中義一是對華強硬政策的代表，但不了解陸軍在田中時代的處境，純粹用善惡標準觀察，便不易談田中外交的意義。因此戈登教授所提之同情理解方式，應可以作為中國了解日本一個新的切入點，也是中日關係改善的一個途徑。

當然，同情的理解也有它的局限，特別是戈登教授對日本近代化稍為過分樂觀的看法。近代化是本書一個重要主題，作者希望強調日本二百年來所走的道路是全球同步，他反對所謂「日本人論」的主張，亦即日本歷史具有其獨特性，與別地不同的觀點。在增訂版中，他對戰爭期間的補充更為反映這觀點。戰爭期間是日本之大東亞主義盛行的時代，對外國特別是西方事物均採取排斥態度，在文化上尤為明顯。棒球是由西方傳入之體育活動，在戰爭期間，日本政府數度要禁止棒球活動，但作者認為仍無法阻遏民間對棒球運動之熱愛；爵士音樂亦同樣，雖然被目為西方腐化生活象徵，但軍隊內仍擺脫不了爵士樂的影響，因此作者認為當時日本反西方的力量只是歷史潮流的一個泡沫而已。

全球化是否一條不可逆轉的道路，目前仍有爭議。但縱然它無法避免，其過程仍相當複雜，不會如作者所言一帆風順的樂觀。亞細亞主義便是一個很好的象徵，由明治中期日本知識分子提出以來，它一直是近代日本歷史無法忽視的問題，亦成為第二次世界大戰支撐日本最重要的意識形態，它不應該純粹是個口號，它代表了日本接受近代西方文化的深層矛盾。要了解亞細亞主義的發展，不能用反抗近代的近代化論便可以簡單解釋，它事實上反映出日本文化中深沉不安的部分。要掌握這一點，學術上仍有可以發展的空間。作者在增訂版已加強日本與亞洲鄰近各國關係的描述，在未來增訂時，期待作者會在這一方向有更大發展。

第一版譯者序

日本近代歷史是個爭論性甚大的議題，我們通常接觸到的，多半為日本與其周邊國家有關歷史的爭議，其實這只是冰山之一角。日本國內有關歷史的爭論自明治維新以來便此起彼伏，連延不斷。光是明治維新，戰前的看法便十分分歧，只是 1930 年代在政治力干預底下，各種史觀的衝突才因此被掩蓋。到戰爭結束後，歷史問題便一發不可收拾，從明治維新到中日戰爭、太平洋戰爭以及慰安婦，各種問題均無法取得共識。最近所謂「教科書風波」，只不過是其中較為觸目的爭論而已。

本書作者戈登教授是哈佛大學日本史專家，身為美國人，可以說從一個完全不同的角度去觀察上述日本歷史的爭議。當然，一個外國人能否真正掌握其他國家歷史的脈動，是最近世界史以至中國史研究老生常談的問題。坦白說，要掌握另一個地方的歷史脈動並不是件容易的事，但美國作為 20 世紀的世界大國，它已經成為全球歷史不可或缺的參與者，尤其在東亞，它的著力更深。在某個意義上，美國已經是東亞歷史脈動的一部分。其次，美國的東亞研究在戰後發展迅速，可以說是美國史及歐洲史以外最蓬勃的地域研究，本書很多觀點，其實是美國的日本研究的一個成績展示。故要了解現代日本，本書提供一個不可多得的切入角度。本文就本書特點作一個簡單介紹，作為讀者閱讀的一個引子。

作為教科書，本書的優點是全面性、時效性及生活性。本書涵蓋層次甚廣，政治、經濟、社會、文化以至思想無所不包，有類百科全書。要掌握近代日本歷史的發展，它是很好的參考及入門讀本。而且本書敘述日本歷史直至 21 世紀，這時期適值日本政治、經濟以至社會均面臨劇烈變動，要全面掌握並不容易，而作者能提綱挈領地介紹最新發展，讓讀者緊貼日本現況。本書亦採取美國式教

科書特點，不只是刻板地描述日本歷史在政治、社會的結構上的變化，而是採取生活化寫法，讓讀者能藉此感受日本人歷史上的實踐及感情層面。例如為了反映德川時期的社會經濟發展，本書花上不少篇幅敘述德川時期的交通及旅人在外的情況；在第二次大戰時期，本書亦引用當時文獻，描寫日本人民生活物資日益缺乏的狀況。本書所引用文獻並不限於文字，書中不少珍貴圖片來自公私立機構，甚至是私人收藏，有些資料亦是作者直接向當事者訪問所得。故書中呈現的是一個活生生的近代日本，而非硬邦邦的文本敘述而已。

　　本書亦不單是一本教科書，作為一個日本歷史研究者，戈登教授有其獨特看法。本書的日譯本與中譯本同時出版，對作者而言，本書是與日本史以至世界史交流意見的平台。當然，戈登教授在其序言亦特別強調他的看法；認為日本近代化是整個世界近代化的一部分，強烈否定日本以至美國流行的「日本人論」或「日本獨特性論」。所謂「日本人論」意指日本是一個島嶼國家，數千年來與外國往來不多，形成所謂日本民族的獨特性。作者認為這只不過是在近代民族國家創立過程中所建構出來的假象，日本人近代的遭遇與別的地方並無不同，它只是近代化進程中的一部分，這一觀點貫穿全書。雖然作者對近代化進程稍為樂觀，但無可否認日本近代發展處處與世界史連接，兩者是個不可分的圖像。

　　此外本書亦提出好些重要觀點，首先是作者締造「帝國民主主義」(imperial democracy) 一詞以描繪大正日本 (1912–1926)。日本史上常以「大正民主」作為本時期特點，反映出日本自明治維新以來，初次踏入民主階段，實行普選及政黨政治，但不幸中途夭折，走上法西斯主義道路。傳統解釋其導因是軍部野心，外而侵略，內而篡權，最終導致整個民主體制失敗。但作者認為大正民主到1940年代並非完全中綴，政黨在期間幾次選舉中仍擁有絕對多數，問題的重心是民主與帝國及代表帝國的天皇，兩者有根本上的矛盾，而所有民選出來的議員仍以效忠天皇及帝國為第一義，在此前提下，民主制度是無法建立的 (頁215)。

其次是所謂「跨戰爭」(transwar)概念。1945年日本戰敗投降，美軍進駐，改弦更張，向來把此時點看作日本戰後歷史的起步。到1970年代，不少學者開始檢討此一觀念，如學者爾瑪・詹森(Chalmer Johnson)及伊藤隆均指出戰爭中制訂及執行的各種政策，並非隨戰爭結束而煙滅，它們對戰後日本的發展仍有影響。不過本書的看法更強烈，進一步強調一個「跨戰爭」歷史斷代，亦即跨戰爭的時代——由1920年代至1950年代的日本——是一個完整時期，其特色是各種社會次團體先後崛起，反映日本真正進入現代性的多元階段，1930年代的政治混亂亦不過是多元性衝突的結果，它們的矛盾到1950年代才慢慢消失。「跨戰爭」時期是本書一個重要創見，它拋棄過去以美軍佔領為分水嶺的看法，由一個歷史觀點重新探討日本戰後歷史，是一個新的觀察角度，值得研究日本史的學者進一步探討(頁339)。

日本向來被西方國家看作是個服從性強的社會，故視整個日本國家為「日本企業」。戈登教授認為這是個誤會，日本人並非天生服從，這種狀況只是始於1960年代，並稱1960年代至1990年代這段時期的特點為「標準化」及「共同體驗」時期。「標準化」是指大規模化、官僚化及商業化，它是1960年代高速成長的結果。在政府及企業推動下，「跨戰爭」時期的多元矛盾逐漸約化為一種國民共同經驗：藉著教育及職場的制約，人民的行為漸趨一致，在各種集體記憶塑造下，共同意識得以完成。這種經驗非日本僅有，亦見於世界各地的現代化進程中，也是回應戈登教授全書現代化理論的主旨(頁342)。

總括來說，本書對不了解日本現代歷史的人提供一個包羅萬有的入門，而且透過活潑生動的描述，細緻地反映日本人在過去二百年生活層面的各方面，是一部值得推介的大眾讀物。對日本史以至對歷史有興趣的人，本書則提供許多新鮮的切入角度，刺激我們重新思考。特別是戈登教授所提出來的世界共同經驗的歷史角度，無論現在以及未來，都是我們應該面對的一個嚴肅課題，閱讀本書也許正是一個很好的開始。

面對近代世界急劇的變遷，日本人民在過去二百年的經驗是個
令人讚歎的故事，而本書以此為重點，開始於德川幕府統治的後
期，時為1800年前後，終結於21世紀前二十年的日本。

在這二百年間，正是近代世界史無前例的蛻變期。近代世界的
出發點約在1800年，這時點開創了世界史不平凡的階段，亦象徵日
本巨大變化的初期，然而兩者的關係是千絲萬縷。英國的工業革命
急遽地改變全球經濟及軍事力量的現況，法國及其他地方的政治革
命產生現代民族國家及民族主義，不但推動連串新觀念，為人類社
會爭取正義及機會，同時更替全世界發展出各種全新統治形式。本
書第一部分便是檢討上述各種全球性變遷如何匯聚於日本，與此同
時，日本德川幕府統治亦面臨政治及社會危機。

在第二部分，本書轉為專注於日本的近代革命及19世紀末的驚
人變遷。這歷史時期被通稱為「明治時代」，「明治」為明治天皇在
1868年即位時所用年號。在明治一朝，日本迅速由半殖民地變成帝
國主義強權的一員，其成就令人吃驚。第三部分則敘述日本的帝國
主義時代，始於1905年日本一躍成為全球強國之一，終於第二次世
界大戰的生靈塗炭的體驗以及佔領時期。最後一部分則探討漫長的
當代日本戰後歷史，以及今天日本人民所面臨的種種問題，當然這
亦是世界各地問題的一部分。

各種主題的相互關聯性與現代體驗

本書的題目其實反映出兩個重要的主題：現代性及關聯性。通
常這類書籍會題名為《日本現代史》（*Modern Japanese History*），如
此一來，整個寫作重心便會以日本為主，強調其日本特性，也就是

説向讀者訴説一個以「日本」為中心的歷史，只不過它是發生在我們稱為「現代」的這一段時間而已。但本書則題名為《現代日本史》（A Modern History of Japan），目的是把重心由日本性轉移至現代性，因此它是要訴説一個「現代」的獨特歷史，只不過發生在一個名為「日本」的地方而已。

　　換言之，日本現代歷史是世界現代史的一部分，兩者無法截然劃分。亦由於這個理由，本書不能不以關聯性作為其主題。事實上，海外對日本一直有深遠影響，它包括思想、事件、物質以至資源，無所不包，當然日本同樣對其他地方亦有其影響，兩者相互交流的結果，有時是正面，有時則是負面。無論如何，在這個動態的過程中，日本人民與其他地方的人民有不少共同分享的東西。當我在以後各章中談及政治史、經濟史、社會史、文化史等各個領域時，這個主題會更為清楚。

xii

　　德川政權的危機當然有它的內在因素，但國際環境的變化，確實加速德川統治的崩潰。一群新一代的領導人譜奏出一齣國家建設的劇目，反映出他們理解歐美諸國軍事及經濟力量興起的原由。在反對及爭論之下，他們所走的道路有一定曲折迂迴，但其現代化工程的確有很大影響。從他們的時代開始，日本與世界其他地方一樣，民族國家的特質成為其現代史的核心主題，而本書討論的重點則在其重組政治生活的鬥爭過程。這些矛盾所涉及的觀念與制度都是現代世界政治生活的焦點：憲法與國會、君主與民主、兩性權利、民族主義、帝國主義及軍人的角色等等，不一而足。本書一方面重視統治者執行的政策，另一方面亦關注一般大眾的政治行動，這對各個政策也有影響。

　　資本主義的冒升是19及20世紀日本現代化進程的一個方面，與世界其他地方並無不同。本書會檢討政府及私人的角色，還有執行人員與管理層的互動。日本與其他地方也一樣，社會關係十分複雜，在社會階級之間、兩性在工作及家庭之間、農民與城市居民之間，都留下重要影響。工業資本主義的進展也改變了與自然世界的關係。相關的工業革命過程、化石燃料能源的需求，以至人口膨脹，不但在日本社會脈絡裏烙下深刻印記，帝國及各島嶼的陸地和

海洋也無法逃避其影響。要求和諧相處的呼聲不時發出,有時有效,但衝突依然是常態而且頗為嚴重,本書會特別注意這方面。

現代世界史第三個方面是國家間的衝突,以及衝突後所喚起的國家意識。日本在亞洲及全球所扮演過的角色十分惹人注目,主要因為其多樣性,更重要的是日本曾在20世紀前期在國際上帶來深重災難。由1850年代到1880年代,日本原是個無獨立性的半殖民地,為西方列強掌控。但到1905年,這個新國家卻成為殖民強國,與西方列強平起平坐。在1930年代及1940年代,日本轉向帝國擴張,並發動戰爭,要在整個亞洲建立霸權,結果以悲劇收場。自此日本在全球政治上成為一個相對和平及消極的國家。日本、亞洲及西方這三者的關係,不但變動不休,而至今仍難有定論,它也是以後章節的重要焦點。

在現代歷史的整體脈絡中,關聯性的另一面是多元性。任何地方的歷史在寬廣的世界史中都自有其獨特性,日本亦毫不例外。如果關聯性及全球互動為日本現代史的核心主題,無可否認日本人民的思想及行為也有其特性。本書固然強調日本與其他地方分享共有的現代體驗,但亦會指出日本與眾不同的一些經驗。舉例來説,德川時代武士統治階層的特性,無疑塑造了19世紀末現代化運動的型態。日本現代史另一個特徵便是國家強而有力的角色,政府一直要求控制社會及經濟過程所產生的混亂,社會階級關係以至兩性關係均包括在內。政府的行動有時會觸發意想不到的結果,其重要性亦不容忽視。

承認日本現代史種種獨特性固然重要,然更重要的是學者和學 xiii 生不要用只此一家、與眾不同、甚至異國情調的眼光來看待日本歷史。這種錯覺的存在,部分原因是日本人自身孜孜不倦的要界定何謂「日本性」,並希望能藏之名山,傳之萬代,他們的做法有時近乎執著。至少從19世紀到今天,這種情況仍然存在,因此如何熱衷界定「日本」,成為本書討論精英及大眾文化時的一個重要主題。本書會指出很多所謂「日本傳統」只不過是現代世界中所創造的神話而已,部分「日本傳統」被視為進步的絆腳石,部分則成為日本的典型,並向世界陳示。正如美國人一直要尋求一種獨特的「美國式生活型態」

（今後亦會繼續下去），並誓言負保護之責，而法國人、中國人以至地球任何地方的人類，其實亦同樣會宣稱他們有自己「獨一無二」的特性，並要努力保衛之。因此在整個日本現代史過程中，要尋找出一種「日本性」，並要保衛它，這種深沉的熱心到今天仍存在，並非稀奇之事。

謝辭

在準備本書第一版的過程中，我一直很幸運地得到很多人的幫忙及意見。好幾位哈佛大學的研究生擔任我的助理，替我搜集資料，準備圖表，查考眾多史實。我得感謝傑夫・俾列斯 (Jeff Bayliss)、泰德・馬克 (Ted Mack)、中野洋一 (Yoichi Nakano) 和艾瑪・奧德懷 (Emer O'Dwyer)。俾列斯和馬克同時亦協助書寫與他們自己個人研究範圍有關的部分，如日本少數民族史、文學史與出版史。在處理泛亞細亞主義這一主題時，些米爾・愛甸 (Cemil Aydin) 同樣給予我意見。我的同事凱倫・哈迪克里 (Helen Hardacre) 在1990年代宗教問題上給我重要建議。在出版社要求下，好些同仁閱讀整個書稿，並提出詳細及極有幫助的意見，他們是格里・艾林遜 (Gary Allinson)、特墨修・喬治 (Timothy George)、芭芭拉・蒙洛尼 (Barbara Molony) 及兩位匿名評審。牛津大學出版社編輯南絲・里恩 (Nancy Lane)、吉奧亞・史蒂文斯 (Gioia Stevens) 和彼德・科夫尼 (Peter Coveney) 不但極其耐心及支持，亦給予重要建議。

在準備第二版時，我受惠於五位匿名評審人的意見，他們指出第一版各種缺失。哈佛大學歷史系研究生傑爾米・葉倫 (Jeremy Yellen) 給予必要的研究工作上的幫忙及寶貴意見，使日本與東亞各地關係的敘述得到進一步改善，並改變第17章的結構。另一位研究生費必安・德利斯勒 (Fabian Drixer) 則協助人口史部分的寫作。在準備第三版時，我同樣受惠於另七位匿名評審人，他們對最後一章的意見尤為珍貴，以及牛津大學出版社編輯查爾斯・卡瓦列雷 (Charles Cavaliere)。我在麻省理工學院的同業李察・塞繆爾 (Richard Samuels) 亦為新章節提供不少好建議。哈佛大學博士後研究員尼克

希爾‧卡普 (Nikhil Kapur) 根據實際使用教材的體驗提出一份詳細清單,作為我修改及更正本書之用,令我十分感激。

我應該特別向森谷文昭先生致謝,他把本書第一版翻譯成日文 (2006年由みすず書房出版),在其工作過程中,他找出少許失誤及一些更重大的錯誤,在本書中均已全部更正。他並且根據其知識及研究,對一些課題建議擴充及修改,包括戰前日本之棒球史、1959年至1960年間修改安保條約的爭議及1990年代的經濟,在修改有關章節時幫助甚大。

第四版最重要的修訂焦點是加強有關環境史的討論,我得益於哈佛大學的同事米勒 (Ian J. Miller),他為本書整體架構提出了建議,有利把環境主題整合於全文中。在大學教書其中一個樂趣就是得以向優秀學生學習,我特別感謝哈雅士 (John Hayashi) 和克那勃 (Reed Knappe),他們提出許多關於地名 (和散文) 的具體建議,以表達人類和自然環境的互動。新加坡國立大學的羅士林 (Shi Lin Loh) 提供了日本核子電力發展史的材料,十分珍貴。我也感謝嘉倫 (Sheldon Garon) 分享他發表中的著作,使我得以重新修正對1945年日本投降原因的評估,以及當時國內情況的了解。我也感激塞繆爾 (Richard Samuels) 和海因 (Laura Hein),他們在戰後能源政策和勞工運動等議題上給予我的建議,同時也多謝洛夫 (Ken Ruoff) 和哈德阿克 (Helen Hardacre) 對2018年天皇退位事件所提出的意見。

在此對本書第三版審查人的閱讀及所提出的意見,謹表鳴謝,他們包括:賓夕法尼亞州立大學的阿貝爾 (Jessamyn R. Abel)、印第安納大學的布勞斯 (Michael Brose)、瑞吉斯大學的邁克爾‧蔣 (Michael H. Chiang)、布朗大學的史密斯 (Kerry Smith)、內華達大學拉斯維加斯分校的威爾 (Ed Weir)。

在諸位種種協助下這本書才能以更完美的面貌呈現給大家。當然,若書中仍有不足之處,我個人需負全責。

國際第四版新增地方

根據《200年日本史》讀者的回饋意見和審查人的建議，我在全書中增加相當部分的環境史，包括討論自然環境與社會、政治、經濟和文化生活各種關係。

- 由德川時期至現在的林業和再森林化
- 水壩、水力發電和環境
- 20世紀的國家公園、環境保護和掠奪
- 由19世紀到現在環境議題的衝擊，以及能源政策的背景
- 開採煤礦、石油和核能
- 北海道開發及其對環境的衝擊
- 由19世紀到現在的環境污染、民眾反應，以及政府對策
- 加強對地震和海嘯的討論
- 日本佔領對其殖民地和統治地域的環境衝擊

我也對下列議題作出更新，擴大篇幅：

- 有關戰前和戰後時代天皇在教育上的地位，增加了新的材料
- 1945年日本投降原因的新觀點
- 1980年代以來僱用習慣的改變
- 大幅度修改最後一章，更名為「震盪、災難及平成時代的結束：『失落年代』之後」

有關封面

正如第二版和第三版，我很高興選擇了山口晃的一幅繪畫作品作為封面。山口晃是其中一位我最喜愛的日本當代藝術家，他出色的地方在於能把不同時代的人物、建築、風景和城市以異想天開的排序方式放在一起。這也巧妙地傳遞本書目的，就是要追尋日本這片土地在不同時代的發展。在這一版中，我選擇了京都一個街景，它把傳統的屋頂放在現代建築之間，前景是一位穿著明治時代制服

的女學生，踩著自行車；同時還有一位穿著傳統服飾的旅行者——也許是今天的僧人。在山邊空曠的地方還刻有一個「大」的漢字，引導著讀者注意人類對自然環境留下烙記的長遠歷史，也是本書這版的主軸。每年8月京都都有節慶活動，會在山邊以這個字形燃點出篝火，把短暫探訪人類的祖先精靈送回家。

緒論：歷史長河的綿延烙印

日本領導層在1868年取得政權，其所推動的連串改革其實有若一個革命。然而要掌握明治維新前後之變動，則不能不了解日本在17世紀所形成之政治、社會以至文化體制，及其在18及19世紀以後之變化。此一時期史稱德川時代（德川為統治者之家姓），亦為本書第一部分的重點所在。但初學近代前期及近代日本史的人若要理解此一令人目眩五色的時代，必須追溯日本歷史在地理、政治以至國際關係等各個重要方面的情況，這一切到近代仍為重要因素。

一、地理與環境

日本今天之疆域為一鎖鏈形群島，距朝鮮半島最近約一百英哩，距中國則約五百英哩，四個主要島嶼是九州、本州、四國及北海道（日本要到19世紀才真正掌控北海道之人民或土地）。群島由東北至西南對角走向，全長約一千二百英哩，略等於美國東岸長度。因此日本可說是全國臨海，內陸最深入之地區亦不會離海岸八十英哩以外。日本總面積略少於十五萬平方英哩，約等於美國蒙大拿一州面積。日本雨量豐富，雨季在潮濕的春夏之間，約是6月及7月初。但與亞洲其他季風區相比，日本不會下太強烈的暴雨，然足夠灌溉及種植稻米。控制和運用這些豐沛的雨量，無論是用於農業生產還是預防災害，一直都是整個日本人類歷史上勞動和社會生活的基石。

超過三分之二的總面積由陡峭的崇山峻嶺組成，低地平原面積不超過13%，不過可以再加上12%的高山平原。日本的高山有不少火山，由古至今均如是。事實上日本歷史上有關火山爆發的紀錄不少（在日本九十四個火山中，由6世紀開始到現在，共約有一千三百

個火山爆發的紀錄），其威力亦猛烈，故無論由次數及強度來看，均
超越地球其他地方。[1] 日本列島位於所謂「環太平洋火山帶」上，它是
太平洋板塊與菲律賓板塊交匯處，狀態極不穩定。這個地震及海嘯
浪層帶沿著太平洋周邊走，世界上約 90% 的地震都發生在本地區。
日本地震的年爆發率最高達一千五百次，在 20 世紀及 21 世紀初，便
有三次極度嚴重的地震 (1923 年、1995 年、2011 年)。

除了地震及海嘯的狀況及可能性，上述日本之地理位置，有幾
方面與其近代發展攸關。九州南部與亞洲大陸之距離頗為適中，其
短足以在二千年前便能建立海上交通，然其長亦足為天然屏障，不
易輕渡。由於地理距離較近，日本位處歐亞細菌的傳播範圍內，從
而建立重要的免疫系統；又因為距離夠遠，使其得以免受偶爾襲擊
亞洲大陸的致命性流行病的侵害。舉例來說，由於天花是長期存在
於日本的本土性疾病，當近代世界更全面地整合時，日本便可以提
出一個有力的抵抗辦法。[2]

是以近代以前，鮮有來自亞洲大陸的軍事侵略，日本亦不易渡
海遠征。此種不短不長的距離，無論近代以前或近代，都使日本島
上居民對亞洲大陸文化懷有一種矛盾心情，一方面對中華文化影響
力引以為傲，另方面又要強調其獨立自主性。

日本氣候溫和潮濕，本州中部以南地區更為明顯，故農作容
易，人口繁衍。在中國南北朝時期，日本人口約五百萬，到 18 世紀
初則增至約三千萬。其中兩個平原地區最為重要，是經濟、政治以
至文化生活的中心。西面是關西平原，即今天大阪及京都地區，為
上古至中古時期各闤市所在。東面是關東平原，面積居全國平原之
首，德川時期以前，關東平原沿岸只不過是漁民聚落，其後發展成
首府江戶。1868 年以後更名為東京，成為今天日本的首都。

日本氣候固然宜人，平原適合耕作，豐富的自然資源亦使人口
增長，但起伏地形卻將其人民分隔。日本各島雖然互相靠近，但島
上之森林、山脈及短急河流則有礙交通運輸，政治上不易統一。今
天的日本政治上團結，民族認同強烈，乍看會把此種團結及民族情
感歸因於其源遠流長之歷史。其實這是錯覺。在近代以前，中央政
權大都僅及於首都周圍，在此以外地區的統治能力便十分有限。德

川政權建立於1600年，在此之前三百年的歷史最為混亂，甚至在德
川時期，雖然政治穩定，兵甲不興，但地方統治者仍具相當大的自
治權力。今天所說之日本共同文化，能見之於當日一般民眾的其實
並不多。所謂日本是個萬眾一心的地方，人民因此能組成一個團結
民族，此種看法是近代才形成的理念，「日本性」其實只不過是硬拼
湊的認同概念，與其地理實況並不相稱。

　　另一個廣泛流傳的現代創造是，日本列島是個既擁擠、資源又
貧乏的地方。這說法對此地的悠久歷史而言，顯然並不合適。只有
在近代初期，大城市才的確是擠滿了居民。同時也是只有在近
代——更準確地說是自1930年代石油成為關鍵資源以後，稱日本為
缺乏天然資源才具有真正意義。從人口與經濟的角度而言，日本列
島擁有豐富的林木和水源，以及充足的煤炭儲藏，直到20世紀仍是
如此。

二、政治制度

　　天皇在日本近代史中扮演重要角色。在近代革命浪潮中，天皇
制度可以說是少數碩果僅存的君主政體。然而從歷史看，天皇在19
及20世紀所領導之轉變及所產生之影響力，可以說是史無前例，或
可以說只有7世紀及8世紀時之天皇地位可以比擬。

　　今天皇室可以追溯其淵源至6世紀的大和家族，它由關西平原
發展起來，約與中國南北朝同時，擔任皇室氏族內男女祭司之職（早
期天皇中有八位是女性），並與鄰族爭取霸主地位。到8世紀之初，
大和族已奪得政治及宗教權力。它打破過去新天皇必建立新首都的
舊習慣，在710年，首次在平城（即今日奈良）建立「永久」首都，到
794年再遷都至平安（即今日京都），日本才有一個真正穩定的政治中
心。在奈良建都後，大和朝廷下命修纂史書，編造一個神話譜系，
追溯天皇起源至公元前660年，至修史時已歷經二十八個天皇，但
都是以傳說為依據。此古代神話到19世紀末又再復活，成為天皇正
統歷史「現代」版。

　　日本的正史時間是以天皇「年號」作先後次序的標誌，新天皇臨朝即位，會馬上為年號命名，但每一朝的年號通常有好幾個，直至近代睦仁天皇即位，改元明治 (1868)，才開創一個朝代一個年號的習慣。

　　天皇擁有無上權力，政治上舉足輕重，然僅止於日本早期歷史。自 9 至 19 世紀，除了少數天皇，其他大部分都沒有政治影響力。但在宗教上，天皇仍沿襲本土神道傳統，擔任神官角色。實際統治日本則另有其人，他們假借天皇名義統治，最初是天皇的近親貴族，其後是出身自不同政治及社會背景之武家。近代以前，很多天皇常在成年期便退位。尤其在 12 世紀，退休後的天皇號稱「法皇」，會在幕後扮演統治者的角色，操縱其在位的兒子。因此現代化的天皇具有如此高的政治地位，而且一登位便終任到去世，實與其歷史傳統大異其趣。

　　在 19 世紀的革命浪潮中，具歷史淵源之武士扮演重要角色。所謂武士是指日本的戰士，他們出身各自不同，但日後都成為顯赫人物。武士踏入歷史舞台，最早見於 10 世紀 (約中國北宋初年)。他們原為地方上的戰士，服務於首都之貴族或帝室，靠弓箭闖天下。後來他們開始與貴族平起平坐，最後甚至反客為主。1180 年左右，位於關東沿海地區的鎌倉出現第一個武家幕府政權。其首領源賴朝雖以武力取得天下，但仍請求天皇賜封將軍名號 (正式名稱是征夷大將軍)，使其統治合法化。其後之武家政權，如前近代之德川幕府，亦相繼自天皇取得將軍名號，奠定其統治合法性。

6

　　至於武士之戰鬥技巧則與時俱進，由弓箭到刀槍，最後到 16 世紀時使用的火器。武士之政治及社會組織亦不斷演變，早期武士在戰陣中多靠單打獨鬥，地方武士家庭則散佈在鄉間，不太能控制其轄下的人口。直至 15 及 16 世紀 (約中國明清之際)，武士之組織才較嚴密，統歸由軍事強人率領，號稱大名 (即最大名田之主略稱)。政治結構到 16 世紀中葉仍十分鬆散，日本各島為數百個名藩割據，其首領大名各個擁兵自重，相互攻殺爭雄。日本近代前期政治史之特徵就是統一群雄，多數大名屈服於少數有力大名之下。

三、早期對外關係

　　到1540年代前後，歐洲傳教士及商人方首次涉足日本，當時日本尚未開始其統一大業。西人帶來了槍炮及上帝：火器令各雄藩增廣眼界，添加生力軍，加速了各島之統一進程；基督教之影響則較小，到1600年，在西班牙及葡萄牙傳教士的努力下，信奉天主教人數一度達三十萬。由於日本統治者害怕其子民信奉外國宗教而反叛，1590年前後開始禁止基督教，並進一步限制對歐洲貿易。對戰國三雄之一的豐臣秀吉而言，尚有另一個鎖國的原因，即葡萄牙人販售日本人為奴隸，使他十分生氣。到1630年代，各項限制已全面開展。因此歐人在日本近代之前一個世紀中曾擔當相當重要的角色。

　　這個時代的歐洲人也從新世界美洲攜帶了各式各樣的生物到日本，歷史學家稱這個活動為「哥倫布交換」。在舊世界中，日本是個相對不為外人知道的地方，它從美洲運入不同的植物、動物和微生物，也比歐亞大陸大部分地區較晚，但其衝擊並無不同。馬鈴薯和紅薯來到日本列島後，後者成為日本重要救荒食物(也是琉球的主糧)；煙草無論經濟上或文化上都日益重要，雖然屢次招來禁令，也無濟於事。損害更大是梅毒的傳入，它是新世界的性病，不但使人身體虛弱，而且傳播迅速。[3]

　　相反來說，亞洲其他地方的人，特別是中國人及朝鮮人，自古以來即在日本史上扮演重要角色，甚至可以說在前近代歷史中，中國大陸、朝鮮半島及日本島嶼三者的關係是分不開的。

　　近代以前，亞洲各地統治者之關係，主要是建基在以中國為中心的朝貢制度上。南至越南，北抵東北亞，中國皇帝是整個地區中最具權勢的人。他視疆域以外者為未開化的人民，統治各地之國王會派人入使中國首都朝貢、叩頭、貢獻方物，以至歌頌天子聖明。相對而言，皇帝會給予列國保護，並特許貿易牟利。朝鮮半島及越南的國王並不樂意朝貢制度中的臣屬關係，他們接受此等義務只不過是因為中國力量強大，若不遵循，中國有時會以武力相向。但是日本則不同，其精英雖長期以來吸收中國及朝鮮之文化成果，但他們大多不願在此種朝貢制度下稱臣。由於海洋屏障，日本較易抗拒

朝貢壓力。雖然如此，日本在19世紀以前仍無法設計出另一種地區制度；直到近代，日本二話不說地接受了西方外交及國際制度，並運用西方語言，大玩其帝國主義的地緣政治遊戲。對日本而言，這是其近代革命的其中一環，也是日本與鄰近亞洲國家不同之處。

當然，形式外交只不過是其中一部分，日本與亞洲各民族在近代以前的關係可以說是千絲萬縷。日本文化中各個組成部分，幾乎無不以亞洲大陸作為其出發點。在公元前300年至公元300年，約當秦漢之世，中韓移民帶來稻米農作，直到20世紀，稻米仍佔據東亞經濟之核心地位，新軍事技術亦約於此時傳入。其後數百年間，在移民及日本遠遊者的共同努力下，日本輸進了以中國象形文字為基礎的書寫系統（見圖0.1），另包括各種政治及宗教上之思想與制度。在奈良及平安時期（8世紀至12世紀），日本古代文明能開花結果，實奠基於此。中古時代（13世紀至16世紀），日本與亞洲大陸仍維持重要的宗教及經濟關係。因此在近代開始以前之一千年間，亞洲大陸各種文化是透過日本人或移民輸進日本，並融合於當地。

在各種文化中，佛教與儒學是特別重要的，它們在宗教、哲學以及政治領域中都產生巨大影響。佛教約在公元前500年出現在南亞，其後在東漢時期，即100至200年左右進入中國，並進一步傳播到朝鮮半島。在6世紀，朝鮮之百濟王把佛教經典及佛像傳至與天皇親近之氏族，為日本接觸佛教之始。

月

上、下

權利

圖0.1 上圖為現代中國文字，它在遠古時代便輸入日本。「月」是象形文字，象徵半月形狀；「上」、「下」兩字是指事，其意義較抽象；「權利」則是合字成詞，與原來的圖像已無直接關係，「權利」一詞是日本人在19世紀創造的。

原始佛教著重強調人生一切皆苦，其後在印度發展，繼而遍及亞洲各地，逐漸演變成各個思想及實踐均不同之宗派。其目的是引導世人達到涅槃或明心見性之境，以解決人生存在的痛苦。部分教徒強調禪坐或苦行方法，亦有主張誦經及求助超能力以獲解救。

在7世紀與8世紀間，日本佛教首次出現高峰期，展現其文化及政治影響力。不過各宗派很快便衰落，其後數百年間，取而代興的是另一些新教派，如主張靜坐之禪宗或強調信仰之淨土宗及日蓮宗。佛教亦逐步向社會扎根，不但伸展入鄉村，亦在武士、平民以至貴族間建立地位。部分寺院發展成龐大組織，不但擁有武力，亦謀建立政治地位。少數中古時期之教派獨自建立政治權力網絡，成功地深入基層，德川幕府則將各佛教宗派置於嚴密控制之下。每一個鄉鎮都會有某個宗派之寺院，統治者亦利用它們掌控人口變動狀況。經過數百年以上的發展，佛教已成為日本一個強而有力的文化力量。有如中古時代的新儒學，佛教一方面引領新思潮之出現，一方面亦成為舊傳統之守護神。

儒學的道德及政治思想，自古以來在日本即有重要影響力。儒學強調統治者選擇官員，應以道德情操及學問修養高者為上。道德修養應始於家庭，凡子女事親必以孝，特別是事奉父親。聖人能成為他人之表率，因為他們力學不倦，並因此培養出仁人之心。中國古代精英所創立的考試制度，以聖人留下的經典為範本，並以之為測試道德及學問之標準。在20世紀以前，中國皇帝及政治高層均以考試為選才必經門檻。儒學思想及其經典傳入日本方式一如佛教，都是經由百濟國。儒學之政治影響力同樣在7世紀與8世紀間首次達到高潮，因為日本統治者有意模仿盛唐時期各種儒學制度，中國式考試亦曾風盛一時。

在其後數百年間，儒學思想及政治地位日走下坡。不過在中古時代，約由13世紀至16世紀，亦即宋明之間，日本渡華僧人帶回當時流行之新儒學，它強調直接解讀古代經典，為儒學注入活水，使其得以再現生機。新儒學創立者是朱熹（1130–1200），為南宋傑出思想家。他重振儒學，修改傳統儒家學說，反對依傍漢唐注疏，直接

返求孔子及其他古聖人之經典。日本中古時期，朱熹學説一直流行於僧人間，當時有所謂「儒佛僧人」者，悉心研究朱熹思想，新儒學得以在當時日本叢林寺院取得一席之地。到德川時期，新儒學復散播入世俗間，成為一個重要的文化及政治力量。

由於大家都在爭取貴族護蔭或政治地位，佛教與儒學信徒間關係有時候會相當緊張。但整體而言，佛教與儒學所宣揚之教義或其宗奉者，在古代大致仍能和平共處。兩個學派都不會單方面宣揚真理在其一方，因而排斥另一方。故儒學及佛教教義均能並存於日本，並生根於其文化中。

佛教與儒學亦能與日本的原始宗教信仰和平共存。日本早期信仰十分駁雜，各地都有其不同宗教活動及禮拜寺社，到8世紀時統稱為神道。神道內各個聖者均稱神，不少神與農業及地方社區生活有關，平日供奉於一個小神社內，只有到年中禮拜及節日時才被請出。神道禮儀及信仰，強調要保持人類社會及自然中之純潔性及活力。還有些神是專門保祐政治家族，最重要的當然是天皇家族。天皇家族號稱是天照大神之後。另外一些重要神社，很早便成為皇室祀拜祖先之地，其中最重要的是伊勢神社。

經過許多世紀，神官、佛僧及儒者三者(有時候是一人兼三者)已將儒佛傳統整合到神道廟堂之中。8世紀以後，佛寺與神社經常比鄰而居，中世紀更創神佛垂跡之説，神祇只不過是佛另一顯像而已。德川早期之儒者，亦同樣強調儒學與神道共通之處。

雖然如此，三者在宗教上及倫理上相異之處仍不會消除，何況信徒之間有時亦因意識形態或政治上的需要而產生衝突。由近代早期至今，有關日本歷史上各個多元因素一直備受討論，甚至不斷解釋。人們有時候視這些因素為接受現代性的障礙，又或視這些因素無關宏旨；另一方面，亦有人頌讚日本的多元性，視其為近代「日本人獨特身份」之由來。

＊　　＊　　＊

1800年的日本是一個有三千萬農業人口居住之島嶼，自然資源豐富，商業茂盛而蒸蒸日上，都市生活亦虎虎有生氣，約有十分之

一人口居於城鎮，在德川半中央集權式統治下，日本已成為東北亞外交及貿易體制之一員。

然而就全球觀點而言，日本仍相對為一個落後地區，它的政治及經濟關係無法超越東亞範疇。資本主義雖略具雛形，政治危機亦隨處可見，但在短期間內，似乎仍無法出現一個經濟社會或政治文化之革命性轉變。

但到1900年，日本已歷經一場複雜的革命。日本成為歐美地區以外唯一的立憲國家，亦是唯一的非歐美帝國。在當時的非西方地區中，日本是第一個及唯一一個能成功跨越工業革命的國家。

日本在20世紀之轉變亦十分突出，生氣勃勃的民主運動很早便出現，導致激烈的社會矛盾，勞工與資本家、佃農與地主間衝突不斷。現代也帶來兩性關係的改善及不穩定性。在20世紀上半葉，政治上出現層出不窮的恐怖與暗殺，帝國則積極對外擴張，其所推動之戰爭，殺戮不斷，被列為本世紀最慘不忍睹的暴行之一。踏進21世紀，日本走向和平化，並成為世界最富裕社會之一，然而苛酷的新挑戰接踵而來，日本人民面對各種困難，包括重振經濟、教育年輕一代、支持高齡社群，以及積極參與全球活動。

本書之目的是釐清本時期各個事件的前因後果，一方面不抹殺歷史傳承，另一方面亦留意激烈變化，希望能掌握日本人民如何理解他們自身之經驗。上述各種議題雖具爭議，但卻十分重要，因為它們已成為世界人民共同遺產的一部分。

1 | 德川政權的危機

第一章

德川體制

　　近代日本是一個變動急激的年代，不過在近代出現前二百年間，日本卻是史無前例的安定，史稱德川時代。德川武家一族由1600年至1868年統治日本，但後世給予它的評價卻因時而異。德川的統治基礎是建立於苛酷的法律之上，目的是嚴格限制社會階層及地區間的人口流動。據說統治官員遵奉之座右銘為：「百姓就像芝麻油一樣，你要榨多少便會出多少。」[1]與此同時，德川統治時代是個太平盛世，農村生產發達，商業繁盛，城市生氣勃勃。一個觀察入微的歐洲人在1690年前後寫道：「日本各藩交通要道每天熙來攘往，在每年某些時日裏，其擁擠程度直如歐洲稠密城市之街道一般。」[2]

　　在整個德川時代中，其法律多如牛毛，處處規範；另一方面，其治下人民雖間或粗魯不文，但卻積極進取，日本在這時期因此產生極大變化。這些變化雖然重要，但無助德川體制順利過渡至近代，因此到19世紀，幕府要處理許多嚴峻難題：無所事事的武士發生身份認同危機，固有制度及思想無法處理內外交迫之壓力。面對社會日益緊張的氣氛，抗爭活動不斷，統治者則堅決維護既有秩序，最後終於崩潰。德川垮倒於日本近代化起步之際，要了解當時所面對的無法預估之困難，則必須回顧德川社會體制的源起及各種問題出現的過程。

一、統一天下

　　終德川一代，其最突出的特徵是兵甲不興，與前面的戰國時代比較，大相逕庭。戰國時代可追溯至1467年至1477年京都應仁之

亂。京都為歷代天皇居所，是一個寺院及豪宅密佈的美麗城市，但卻毀於應仁戰火中。其後百年間戰禍頻仍，號為大名的地方武人，招攬數以千計武士爭霸，互相爭奪土地及人民，控制商旅。

戰爭雖然為此一時代的主軸，但不能說此百年間完全乏善可陳。商業仍然暢旺，國際性商港相繼出現，而且是高度自治管理。一些佛教信徒亦組成一向宗，*不受大名管轄。

在1570年代至1600年間，相繼出現三個卓越但不留情面的統治者，建立一個垂教後世的政治秩序，使日本人在17世紀至19世紀中葉，能享有二百五十餘年的太平日子。在此新制度中，部分大名與武士中之頂尖分子，仍可以保留其政治統治地位，但其性質則大幅度改變，經濟及文化生活也與以前大不相同。

號稱開統一日本先河者是織田信長 (1534–1582)。**他出身尾張藩，一個位於名古屋地區附近的大名，原來力量並不大。1555年開始以殘暴手段擴張其勢力，信長首先對付境內的佛教力量，斷絕各佛寺的糧食，屠殺數以千計之僧人，焚毀許多圖書館及寺廟。1580年，他征服一向宗，它是佛教的一支，亦是當時最有力量的寺院地盤之一。1582年，當織田信長被其下屬謀殺時，日本土地已有三分之一為其所統一。

由於同時代人對織田信長又怕又畏，故向來史家對信長的評價頗為負面，稱其「冷酷無情」，「一個殘忍及麻木不仁之禽獸」，甚至稱之為「日本阿提拉」。***3 但織田信長並非只是屠夫，他所創設的政治制度，均為後繼者模仿使用，為德川時期之和平盛世奠下良好基

---

*　譯注：一向宗，屬淨土真宗，亦稱本願寺教團。戰國時期，本願寺僧人把各地小地主組織起來，成為與大名對抗的力量。

**　譯注：日語有關姓名稱謂，通常是先姓後名，本書會按此方式稱呼歷史人物。因此織田是姓，信長是名。日本史家通常都以姓氏稱呼其歷史人物 (例如佐藤首相)，但少部分著名或臭名昭彰的政治或文化人物則以其名字稱之，相等於英國人稱呼其皇室成員為「查理」或「伊莉沙伯」。織田信長以至豐臣秀吉及德川家康均屬此類人物，本書會跟隨日人習慣，只稱其名字。

***譯注：阿提拉是侵入羅馬帝國的匈奴王。

礎。對於地方村落政策，只要能付稅，信長都容許他們有一定的自治權力。他建立稅收官僚體制，其屬下武士便不能直接向村落徵稅。收稅官員把所收稅項，部分分配給武士，部分則上繳信長。與此同時，織田信長亦將中下級武士與其領田分隔，意即收回各武士的田地「所有權」，不過信長會按照各中下級武士原有領地大小及產量，實際發給俸祿，藉著此種人地分離政策，信長才能夠建立調動臣屬的權力。

為推動人地分離政策，統治者必須掌握田地的面積、產量以至所有權。信長率先全面丈量農地，為德川時代的政治體制奠下基礎。信長亦沒收各村落的武器，強化武士與農民的社會階級差異。

信長去世後，他手下一名將領即沿襲其做法，因而雄據一方，此人便是豐臣秀吉（1536–1598）。秀吉貌不出眾，出身寒微，原來只屬步兵中的「足輕」，*同時代的人甚至譏笑他為「猴子」，傳說他的妻子亦以「禿鼠」稱之。假如不以貌取人，秀吉其實是一個卓越的謀略家。信長的作風是恩怨分明，對敵人趕盡殺絕，對下屬則恩賜土地。秀吉則不一樣，採取盟好策略，雖然對反對者絕不客氣，但只要願意投入其陣營，宣誓效忠，他都會大度收容，故秀吉擴展甚快，到1591年便掌控整個日本。

秀吉一面繼承信長所遺留的制度，一面亦增添新意，將其體系化。為保證各路大名沒有異心，他建立人質制度。為徹底解除農民武裝，1588年，他在其治下領地中發出「刀狩令」，命令農民交出武器。他亦先後在1592年及1597年發動大規模戰爭侵略朝鮮，造成無數損失，並揚言要征服中國。耶穌會教士在1550年前後到日本傳教，徒眾日多，秀吉亦同時排斥其在日本活動。到1598年，秀吉之權力達至巔峰，勢力遍及全日本，成為全國大名共主。秀吉歿後，將政事委託於一群可靠的將領，稱為「攝政」，他們都誓言扶持秀吉後人，待其年長後，即當交回政權。但秀吉的計劃最後落空了，在他死後不久，權力鬥爭馬上在各攝政間爆發。

---

* 譯注：日本武士等級甚多，「足輕」屬200石至500石的中級武士，不少為農民參加戰鬥而得升任之階級。

二、德川幕府之政治設計

經過數十年以來不斷的政治變動，最後導致德川家族或幕府的崛興。德川幕府第一任將軍是德川家康 (1541–1616)（見圖1.1）。英國學者沙德勒 (A. L. Sadler) 在1937年出版了一本德川家康傳記，作者的政治立場是同情德國希特勒的所作所為，故對家康的殘暴一面亦採恕宥態度，認為「以一般老百姓或資產者的道德標準，是無法衡量一個軍事獨裁者的」。[4]

家康是一個苛酷的統治者，但他也是一個有耐性的謀略家，懂得如何妥協。他是豐臣秀吉其中的一個盟友，亦是其最厲害的政治

圖1.1　德川幕府創立者家康肖像。家康雖然是馬上得天下，但在畫內，他穿著朝廷衣冠，反映出他的統治合法性是來自於天皇所賜的將軍一職。（日光東照宮提供）

對手。不過家康願意放下身段，不挑戰那位「禿鼠」。家康首先鞏固他在關東平原的地盤，再觀勢以待時。以織田信長及豐臣秀吉為榜樣，家康在1580年代及1590年代先在藩內建立有力統治。當秀吉去世時，命家康出任攝政之職，但家康卻馬上聯朋結黨，在1600年發動「關原戰役」，擊敗另一群忠心於秀吉子嗣的攝政，奠定德川二百多年霸業的基礎。1603年，天皇賜封他為征夷大將軍。

1605年，關原戰役僅五年之後，當時家康精力充沛，春秋仍盛，但卻急流勇退，把將軍一職傳給其子秀忠，目的是要保證德川家族不會步豐臣秀吉後塵，後人能順利接班。事實上，家康在1616年去世以前，仍然在幕後操縱政局，秀忠獨攬大權的日子僅只有七年，1623年他便退位，由其子家光繼位，不過秀忠仍監管他的兒子，直到他1632年去世為止。

家康之孫德川家光是第三代將軍，但他在歷史上的貢獻與家康不相伯仲。他在位時間由1623年到1651年，德川政權威望達到峰頂。在家康及家光兩人手中，德川體制才得以確立，一直維持到西方列強在1850年前後入侵日本為止。

家康及家光建立的體制，實得力於信長及秀吉所作的各式各樣政治安排，本書稱之為「設計」。這些政治組合五花百門，但它們確保德川家族維持其在政治權力頂端不墮，亦化解各方面的反抗。反抗根源上自大名及天皇朝廷，下至武士、農民、商人及僧侶，都有可能發生。上述政治組合亦消除數十年來以至數百年來的各種矛盾，帶給日本史無前例的政治安定。當然，創造或支撐上述政治體制的歷史動力不會停滯不動，1600年代出現的政治設計事實上產生不少矛盾，並最後導致德川政權覆滅，但它是一個緩慢過程，徐徐展開於日後兩百餘年之中，當時是無法感覺出來的。

14

1. 大名

德川實施的各種具體政策，大部分在信長或秀吉的統治期間都有先例可援，家康及其後繼者只不過把它們變得更有系統而已。有關大名的設計最為重要，家康規定每一名藩只能有一座城堡，各大

名亦要向他宣誓效忠。家康嚴禁諸藩間互結盟好，並派出大員巡視，以確保各大名能遵守此規則。為加強監控，家康規定各大名聯姻，要事先得幕府同意。

家康不時要求大名捐助幕府各種宮室營造工程，江戶城便是其中一個建設重點，並成為德川幕府的權力中心。不過德川幕府並未有向各大名徵稅，最類似稅收的便是這種不定期的強迫性「捐助」，由於各藩在財政上自主性高，成為德川幕府權力最嚴重的限制。原因是家康模仿秀吉做法，幕府統治是建基於各大名政治聯合之上，故家康容許約一百八十位大名在藩內有自主權力，並世襲藩位，前提是該大名必須效忠德川幕府，奉行將軍命令。[5]

家康之孫家光，進一步擴大幕府權力，家光確立將軍沒收大名領地的權力，並將之分配給其認為是可靠的領主。他亦運用這項權力，調動大名間相互領地，目的當然是削弱力量太強的大名。家光有時亦沒收大名部分領地，轉贈給直屬他管轄的旗本武士，這些土地統稱為德川幕府的家地。凡忠於德川幕府的大名稱為「譜代大名」。家光很多時候沒收有敵意大名的土地，轉贈給各「譜代大名」，透過此政策，家光才能確保德川家族的霸業。

上述各個政策的結果，家光重新分配五百萬石之土地，[6]約為日本五分之一的可耕地。在土地重分過程中，家光對「外樣大名」特別苛刻，所謂「外樣大名」，是指關原戰役中與德川家康為敵的大名。家光即位將軍後，為保衛權力中心的江戶城，以此為圓心，將圓心周圍劃為德川家地，稍遠則封贈同一陣營的「譜代大名」及有親族關係的「親藩」，曾一度為敵的「外樣大名」，則被分配至日本三島最邊遠的地區。

家光另一個重要改革則為參考德川以前的做法，建立「參觀交代」制度。參觀交代制代表德川霸業的最後一步，切實掌控其過去的敵人。它根源於1300年代前後鎌倉幕府的政策，當時的將軍為監視各藩，規定各大名必須到當時的首都京都「參拜」。到16世紀後期，秀吉亦好幾次要求大名參拜，以維持雙方緊密的關係，但秀吉並未將此轉化成常規，或要求所有大名服從，一直到家光出任將軍，在1635年到1642年之間才成為定制。

家光要求所有大名在江戶及藩地均建造居所,在江戶參拜將軍,住滿一年後,即要回藩內,藩內居住滿一年又要回江戶。當大名回藩時,其親屬則要留居江戶。這是一個十分厲害的政治控制手段,在江戶的各個藩邸其實是一個人質集中營(當然,各個「人質」若不打算離開江戶,其生活環境是十分優裕的)。在實行參觀交代制下,江戶城關卡貼上下面的標語:「不容婦女出城、火槍入城。」換言之,婦女出城,代表大名離心;槍炮進城,代表亂事將興,兩者均表示德川幕府的權力出現問題。不過在德川兩百多年的統治中,始終未見有真正挑戰德川權威的大名。

參觀交代制的作用不止是監控,而是嚴重削弱各大名的實力。首先為了維持江戶及藩內的藩邸 —— 江戶藩邸有時不止一個,大名不得不增加開支。其次是往來江戶與藩城間時,大名按儀制必須有龐大隊伍陪同,所費不菲。其三是江戶藩邸編制人員所需支出,通常佔大名每年收入三分之二。總而言之,參觀交代制在政治上疏遠大名與其藩領的親密關係,因為他們有一半時間在外。同時不少大名由身在江戶的母親或臣屬撫養,直到長大後才有機會踏足本藩,對本藩的認同感也很薄弱。

16

2. 天皇制度

第二個關鍵性的政治設計是天皇,它是日本最具代表性的政治象徵,亦是幕府控制政局的重要手段。可是到15世紀及16世紀,王室無論在經濟上或政治上都陷入困境,家康模仿織田信長及豐臣秀吉,在經濟上支持王室,使它擺脫過去百年來的財政拮据狀況。征夷大將軍是武士最高統帥,理論上是由天皇封賜,因此德川幕府尊崇皇室可以提高其統治日本的合法性,其前提當然是要穩穩操縱皇室。為達到此種目的,幕府頒佈一連串「禁中並公家諸法度」,*根據

---

* 譯注:自鎌倉幕府至德川幕府,日本政制是二元統治,天皇所代表的朝廷稱為公家,將軍所代表的武士稱為武家,兩者各有不同法則管理。

上述法令，幕府有權委任朝上公卿百官，賜予封地。天皇子嗣一人
須居於德川一族在日光之家廟，以作人質之用。在日常小節上，幕
府會奉朝廷為上，但他派遣官員一人駐守將軍在京都的居所「二條
城」，監視皇室一切舉動，二條城離皇居僅一箭之遙。

　　上述政策實際上讓幕府將軍與天皇平起平坐，19世紀中葉，西
方人初到日本，便搞不清楚日本統治的主權所在。1857年，美國代
表夏理斯 (Townsend Harris) 到日談判商務，在其代美國總統法蘭克
林‧皮爾士 (Franklin Pierce) 致德川幕府的信中，開頭便以「日本皇帝
陛下」稱呼將軍。[7]雖然如此，天皇擁有權力的正統性此一觀念仍然
重要，1850及1860年代當部分武士聯合反對幕府時，便以此為號召。

3. 武士

　　16世紀末期，在數百個有力大名的領導下，日本從事戰爭的武
士人數達數十萬。當時日本的政治制度類似歐洲封建時期，武士可
以擁有一小塊封地，稱為「知行地」，在此土地上耕作的農民亦歸其
管轄，他們從土地上徵取稅收，補助其各種軍事活動。不過武士生
涯並非易事，一方面要控制人地，一方面又要防範鄰近武士的兼
併。為防虎視眈眈的強鄰及不安於室的農民，不少武士向更為有力
的大名屈膝稱臣，願意承擔各種戰爭任務。然而在統一戰爭完成
後，這些武士便很少重回到自己的封地，他們大部分都定居於城鎮
中。由於各大名均在藩內建造城堡，不少武士便奉命聚居城堡內
外，有些甚至被調到江戶城的藩邸。亦有武士居於鄉村中的小鎮，
成為名藩官吏，其任務是丈量田地、評估產量、收集賦稅及維持治
安。至於他們原來的封地，則由幕府或各大名委任專屬官員管理。
專屬官員取代原來的武士，向土地徵稅，所得收入則上繳給藩堡或
在江戶的藩邸。至於武士原來的田地收入，則由商人代理大名銷售
所徵得的大米，再由各大名支給相等價值的俸祿。

　　居於城內的武士有權配帶兩把劍。部分武士仍擔任警察或治安
維持者的角色，但大部分都脫離其軍人職務。他們大都被委任其他
行政職務，只有小部分遊手好閑，但無論如何，所有武士每年都會

向大名領取薪水，稱為「米祿」，顧名思義，其薪金是源於昔日封地的收入。但日子愈久，武士對封地的感受便愈淡薄，最後只是一個虛名而已。武士由德川幕府的武家法度或藩律管理，為了整體社會安定，幕府嚴禁武士間的私下仇殺。

當統一戰爭結束不久，戰事記憶猶新，居於城中的武士仍有濃厚的草莽氣息。武士聯群結黨，在17世紀初是尋常之事。然時移世易，大部分的武士棄劍習文，他們漸成為一個精英階層，為幕府或名藩處理日常事務。名義上他們享有特權，但實際上職位是世襲的，不易出頭或改變身份。出身於中上級武士家庭會較易出任高官或升遷，不過他們仍需要一定的文化水平，故武士在德川時期逐漸由戰士演變為官僚。至於下級武士，不但薪俸微薄，環境亦不佳，甚至可以說是貧困。終德川之世，武士佔日本總人口6%到7%。

4. 村民及町人

第四個支撐德川時期安定的是一般百姓，他們佔人口的大部分，但卻完全是受人制宰，同時他們更可以細分為若干階層。1630年前後，德川家光曾命令所有百姓向佛寺登記。1665年幕府進一步收緊管控，要各佛寺確認所有人的宗教信仰。在登記制度下，村民不許改變戶籍，甚至旅行亦要事先得許可。故登記其實是一種政治以至社會控制，另一個目的是禁止基督教的傳播，自1590年以來，日本便先後多次下令禁止日人信仰基督教。

因此，農村的農民及城市中的商人及工匠的身份被固定下來，累世不能改變。人口約80%是農民，其餘是各式各樣的城市町人。德川幕府對每一階層的活動範圍，雖有很多限制，但並未有深入到日常生活之中。它容許一般百姓有一定的自主空間，例如外出旅行，德川規定要事先申請；移居到城市理論上亦不容易，但並未嚴格執行此等法規。按實際情況，只要各村如期繳稅，幕府及藩政府便很少介入村中事務。幕府徵稅是以全村為單位，不向個人直接收稅，因此村是一個集合體，它主宰村中一切事務，包括內部事務、秩序維持及把罪犯交往幕府或藩所。

至於市町住民的管理，無論其職業是商人或工匠，或無論其居地是直屬幕府管理的江戶或大阪，或是直屬各個大名之城堡，其管理方式大致與農村一樣。在農村，武士委任村頭負責管理職務；在市町，他們則委任有力的商人組成委員會，負責治安及規範各行業的商業活動。該委員會則選出市町領導人，負責執行法律、偵察罪案及收取賦稅。[8]

5. 日本邊緣人與日本

日本的正統秩序觀是以中國儒家思想為本，故社會根據道德標準及世俗權力分為四個社群：(武)士、農、工、商。但有許多社群無法以此種標準歸類。有些社群在社會上頗有名望或受到尊重，如佛教僧侶、演員或藝術家。亦有很多為社會所鄙視，如娼妓或各類三教九流之輩。其中最為人所知的化外社群便是「賤民」，他們的源起至今仍未有定論，但身份代代相傳。他們散居在不同社區，從事一些主流社會認為是不潔的工作，如葬儀、劊子手及家禽屠宰等，除賤民外亦有所謂「非人」，他們本為罪犯，被迫從事一些如拾荒等的卑微工作。

17世紀當中國明清之際，一個名為「吉原」的酒色徵逐地方在江戶出現，它離將軍居所不遠，裏面的娼館、劇院以至餐飲業都為江戶帶來不少繁榮。吉原觸犯正直官員的道德感，同時亦誘使武士流連歌台舞榭，荒廢正事。不過德川幕府是務實的，無意全面禁止。相反，它利用1657年江戶一場火災，把吉原移至市區外圍，重新建造。娼館以外，歌舞伎及飲食業亦紛紛進駐。江戶外圍不但為娼館所在，亦是寺廟及刑場座落的地方，江戶大部分的寺院均建於此，刑場亦由上述所說的三教九流之徒，世代相傳監管。德川幕府透過規劃，把娼妓、僧侶以至各種三教九流者遷徙到城市的外圍，使他們無論在實際上或觀念上均成為日本社會的邊緣。

德川幕府特別重視各宗教組織，不單止要求其治下人民向寺廟登記，連寺廟本身亦受到嚴密監管。寺廟的數量及地點均有限制，並且每年要向幕府或各大名報告，主要目的是防止寺廟力量膨脹。在德川以前，宗教常常成為俗世權力的挑戰者。[9]

另一個邊緣社群是蝦夷人，他們可以說是日本列島最早的原住民。在德川幕府以前，他們一直居於本州最北部及蝦夷（今日之北海道）一帶。德川時代的蝦夷人口約二萬五千，大部分以漁獵為生。松前藩是德川幕府北方最前沿大名，一方面與蝦夷通商，另方面亦監視他們的活動。在各種邊緣人中，蝦夷人的地位最模糊不清，德川幕府不把他們當作日本文明教化的子民，但亦未有把他們視作蠻荒外人。

上述過程類似歐洲人征服美洲原住民，在數百年裏，蝦夷衰落到物質上無法獨立，人口銳減。以市場為導向的資源開採，帶來了無數生態變化，再加上由日本本島輸入新的疾病、新的糧食品種及各類奢侈品，逐步削弱傳統的生活習慣。1669年，蝦夷反抗日本的侵略，雙方傷亡慘重，但以失敗告終。早在近代來臨以前，蝦夷的運氣已是窮途末路。

19

最後一種邊緣人是外國人，他們一方面受到重視，但另一方面亦受到嚴密監控。歷史上通常以「鎖國」一詞形容德川幕府的對外關係。在17世紀初，德川幕府的確對那些又要營商又要傳教的外人不假辭色，把他們拒之於門外。西班牙人及葡萄牙人便因為不肯因商業利益放棄其傳教神聖使命，雖然在1540年前後便開始經營其日本事業，最後仍要出局。

在1633年與1639年之間，家康當時正推動其參觀交代政策，他曾發佈連串命令，禁止日人與外國來往，不許日人出航至朝鮮以西或琉球以南，禁止武器輸出，同時嚴禁基督教傳教活動及天主教徒來日本。位於長崎附近的島原有不少基督信徒，在1637年至1638年間，由於經濟不景氣及宗教力量驅使，稱兵作亂。幕府認為基督教徒本性桀驁難馴，不分男女老幼，進行殘酷屠殺，死亡數字據說達三萬七千多人。家光因此驅逐葡萄牙商人，最後一條葡船是在1639年離開長崎。家光因此禁止所有外國人到日本內陸，亦不許其販贈書籍給日人。

英國人實際上在1623年便不再來日本貿易，西班牙人則在1624年，當葡人被迫離開，最後留下來則只有荷蘭人。荷人以經商為重，無意宣揚自身的宗教理念。在進行貿易時，他們被隔離在長崎港中一個稱為出島的小島上，不能進入日本本土。

　　家光的措施影響深遠。由1630年代至1850年代，日本與西方的
關係大幅度下降。而此兩百多年卻是歐洲歷史的關鍵時刻，工業革
命、資產革命以至殖民美洲等歷史事件，均發生於此時。它亦包括
北美洲的整個殖民時期及美國建國後頭七十年。

　　不過僅用鎖國眼光來評估德川時代的日本外交並不完全正確，
這是「哥倫布交換」的時代（見〈緒論〉說明），美洲與歐亞大陸緊密連
繫。我們所認識的鎖國，要到德川幕府非常後期——亦即約1790
年代左右，才真正在日本社會出現，成為外面世界所界定的鎖國政
策本義。回到17世紀初日本統治者的視角，幕府所頒的命令，只不
過要排斥那些意圖傳教的西方人，以消除臥側的政治威脅。幕府並
不反對貿易，同時亦鼓勵與亞洲各地來往。它禁止私人海外旅行，
只准許官方外交接觸及貿易，目的是要由幕府包攬一切，維持其在
日本國內至高無上的地位。

　　薩摩藩仍可以與琉球（沖繩）貿易，它是德川時期中國產品的一
個重要來源，甚至當清朝剛建立政權時，中國仍在戰火之中，幕府
官員便於1646年繼續讓薩摩維持原有貿易。在整個德川時期，長崎
的中國貿易從未中斷過，它不單是貿易，亦是接觸外在世界的窗
口。在1635年以前，長崎港不但建立對華貿易，日本與越南的直接
商業來往亦欣欣向榮，德川幕府准許商人向越南出口以銅錢為主的
錢幣及陶器，以換取絲綢及別種陶器。到1635年，德川幕府禁止日
本人從事上述貿易，但中國人仍出入長崎，繼續這種生意。[10]

　　德川幕府亦與朝鮮維持重要的經濟及政治關係。雖然秀吉曾發
動朝鮮之役，但家康建立政權不久後即恢復兩國來往，並在釜山建
立一個貿易點，其運作情況一如長崎的荷蘭商館。兩國的貿易量頗
為巨大，當時負責日韓貿易的是在一小島上的對馬藩，位於九州與
朝鮮南部中間，土地貧瘠，但靠著日韓貿易，到1700年它的財政收
入，比日本最大名藩的米祿毫不遜色。人蔘和絲是由朝鮮進口的最
大宗產品，絲基本上是由中國轉口進來，至於最重要的輸出品則是
貴金屬——最初在17世紀時是白銀，其後在18世紀為銅所取代。
在17世紀初期，日本白銀的產量可佔到全球產量的三分之一。

　　德川幕府亦利用外交手段來鞏固其統治的合法性，其中最重要的
便是來自朝鮮的通信使。日本對朝鮮的關係約在17世紀初建立，在
1610年至1811年間，朝鮮共派遣十二次使節到日本，平均每十五年一
次。使節團人數達三百到五百人，主要目的是恭賀將軍嗣位或其子嗣
出生。雖然日本積極邀請朝鮮人來訪，但日本從未派人出使朝鮮，一
來朝鮮人不會主動邀請，其次日本縱偶有提出要求，朝鮮亦斷然拒絕。

　　琉球與日本的關係亦大約類此，在1610年與1850年間，琉球共
派出二十一次使節團。至於中國，德川則從未與其建立過正式關
係。因為中國以天朝大國自居，而日本卻不欲依照此種模式行事。

　　德川幕府透過上述幾種外交手腕，拒絕參與亞洲各國所奉行的
朝貢體制，亦即否定以中國為中心的世界觀。它企圖創造一個地區
性秩序，無論在思想及實際上均與中華體制不同。此種秩序不一定
是霸權，朝鮮便受到一定的尊重，朝鮮人無須跪拜或向某一象徵表
示臣服，互相以一定的平等身份對待（但日本很明顯自視為琉球的宗
主國）。

　　因為外國來朝，可以震懾諸大名，上述外交政策有利德川幕府
合法化其統治地位及建立國內霸權。其中以朝鮮通信使的作用最明
顯，1617年及1634年通信使前來日本時，正當是鎖國令頒發前後。
使節團人數有四百二十八人，德川幕府不但親自接見，使節團還拜
謁家康陵墓，所有外樣大名及譜代大名均參與各種儀典。他們目睹
朝鮮使節帶來各種禮物及慶賀德川一統天下的祝辭，自然心悅誠
服。其後日子中，朝鮮通信使對各主要大名及武士起同樣示範作
用，表示德川政權是受到世界各地承認的。　　　　　　　　　　21

　　到18世紀後期，德川所實行的外交政策已轉化成一種信念，即
德川要排斥西方才算真正統治日本，此種信念並牢牢深植於各幕府
官員、大名、有教養的武士及鄉士等人士的思想中。德川時期著名
批判者會澤正志齋（1782–1863）在1820年代便生動地指出：

> 西洋蠻人如附骨之蛆，不自知其身份卑下，渡越四海，徘徊
> 不去，屢屢踐踏他人之國，今更不自量力，意欲挑戰我國於
> 世界崇高地位，其態度是何等傲慢。[11]

　　三十年以後，西方挾其船堅炮利入侵，並堅持西方文明是普世價值標準，終於與幕府的排外思想對決，而德川政權亦因此而分崩離析。

＊　　＊　　＊

　　本章所述各種政治組合，由德川家康首創，再由其孫家光發揚光大。這些組合在當時被認為是宇宙的自然安排，甚至由天命所定，故而萬世不可易。上一代美國日本史學者賀爾 (John W. Hall) 便稱德川的政治制度為「身份統治」，[12] 他認為各大名、武士、朝廷公卿、村人、商人或工匠、僧侶或娼妓、三教九流之徒或蝦夷各有其不同身份，因身份不同而各有法律管治，與德川幕府關係亦因身份而異，理論上每個人民都受其身份限制，不過每個社會身份都是一個自治團體，自主性甚高。

　　為了維持安定及自身地位，德川幕府可能十分苛刻及專斷，但其政權卻經得起考驗，能適應現實的變化。它亦為日本列島帶來史無前例的和平，經濟與人口有實質增長。到德川幕府中期，上述擴展已面臨島內的生態極限。九州的農村要用煤粉取代木炭，日本中部的小型製造商要生產鹽、糖和陶器，也需要作出相同改變。由於外國需求甚殷，日本的銀礦到 17 世紀末已經開挖殆盡。然由其自然環境看，德川社會仍可以説是相對穩定及具存續性，它管理河道、田野及森林的方式，比近代初期世界其他地方更有韌力 (也不會對外擴張)。[13] 其文化生活旺盛而具創造力，與德川以前的時代比較，其成就實在相當可觀。但德川體制的彈性及臨界點是有其極限的，當西方各國的軍事及經濟力量在 1850 年代進入日本，德川政權與其民族國家體制相比，顯得顢頇而權力分散。它無法對全日本徵稅，有效利用經濟資源；亦無法動員人民，舉國一致；甚至不能再壟斷對外關係。是以到 19 世紀初，各種社經及意識形態的內在衝突，已嚴重削弱德川體制的政治及社會力量。

第二章

德川幕府社會及經濟的轉變

在二百多年中，德川體制的外表並未有變化，但政治制度下的
社會經濟基礎其實是流動不居的。經過兩世紀的經濟成長及社會變
遷，昔日的社會階級界線已受到侵蝕，作為社會主要支柱的武士及
農民兩大社群，彼此間出現新的矛盾，而新的矛盾又導致要求改革
的壓力。

矛盾究竟到達哪一種程度？19世紀初的德川日本是否已經到達
革命邊緣？當然不是。若不是西方力量再度前來，引發動亂，德川
政權也許可以苟延更長一段時間，不會在1860年代崩潰。不過明治
政權之所以能夠推動近代化，而且其速度之快及深度之廣，無疑仍
與德川時期的文化及社經變化有關，甚至可以說源於當時改革的要
求。日本在19世紀的革命實由其外緣與內因兩種要素互為而成。

一、17世紀之昌盛繁榮

當16世紀德川家康統一日本前夕，日本列島市町的數目及面積
已不斷成長。由於大名互爭雄長，要拉攏眾多武士到其城堡服務，
因此有助市町的發展。除武士外，市町亦充斥各種服務業人員，町
人、工匠及商人等均群聚在城堡四周。[1]

然而由於16世紀末戰爭及權力鬥爭頻仍，大名的財富亦時起時
伏，連帶使得各市町基礎及從商者難以穩定發展，直到德川政權鞏
固，為其下面各藩帶來空前和平，各市町才能真正安定下來。當日
本在17世紀走上軌道後，各市町的經濟發展是史無前例的。大部分
名藩的武士已轉變成城市住民，就算在一個小藩城堡中，其居住武
士亦不下五千人，他們收受米祿，並以之在城市消費。

德川時代日本走上都市化的各種因素中，參觀交代制的作用最為重要，特別是江戶及大阪，這兩城市把各藩的經濟整合一起。沒有參觀交代，地方各藩會好像獨立小國，以其藩堡為中心，四周之農村則提供所需物質，完全自給自足，藩與藩之間的經濟交流會十分有限。

藩堡能匯聚人口，固然有助聯繫內陸農村的發展，但更值得我們注意的是參觀交代制對各藩主上參及居住的限制，它促進藩與藩之間大規模人口、貨幣、物產以至各種服務的流動。由於大名要支付來往江戶的費用，參觀交代制像一個無底洞，全面吸取各大名的財富。雖然如此，參觀交代制促進各地城市發展——特別是江戶城及大阪城，使地區間貿易及農產商品化進一步獲得擴大。

表2.1　1720年前後主要城市的人口

城　市	人　口
東京	1,000,000
大阪	382,000
京都	341,000
金澤	65,000
名古屋	42,000
長崎	42,000

資料來源：關山直太郎，《近世日本の人口構造——德川時代の人口調查と人口狀態に関する研究》（東京：吉川弘文館，1969）。

江戶是德川幕府府治所在，為當時日本最大都市及行政中心，它以將軍所居城堡為核心，其餘人口為將軍及各個大名的武士。大阪的規模與江戶相若，但活動則是以各種買賣為主，是德川幕府的商業大本營。城內經濟建基於十多名米商，米是來自各大名的米祿，米商之任務是賣出實物米，換成現金交予大名，大名再用以支付居於江戶的武士及工作人員，而米商則賣米給城市居民（見表2.1）。

在江戶及大阪間，以及在這兩城市間的道路上，行人如織，生氣勃勃（見圖2.2）。其中一個證言者便是德國醫生金普法（Englebert Kaempfer），他在長崎的荷蘭館執醫生業，1691年及1692年曾隨荷蘭人的年度朝貢團進入江戶，他寫道：

這國家人口之眾，真難以想像。我們實在無法了解它是如何維
持及支撐如此龐大的一群住民。公路兩旁之村莊及城鎮，鱗次
櫛比。離開一條村後，馬上又得進入另一條。當你走了一段路
程，還以為在同一條村之路上，其實已經過好幾條村了。[2]

這兩個城市的居住環境並不好，既擠且髒。在18世紀，江戶的一般
地區十分擠迫，甚至比20世紀後期東京住宅還要來得稠密，它是世
界上人口最多的城市之一。

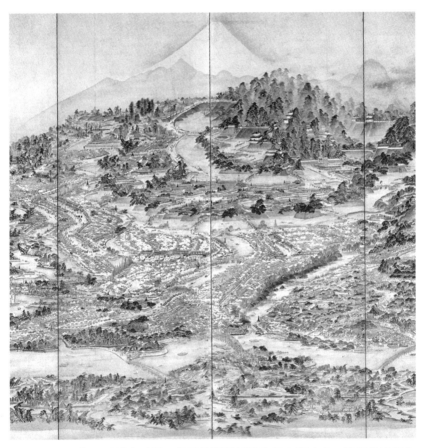

圖2.1　1809年江戶城鳥瞰圖，背景是峰頂鋪滿白雪之富士山。將軍的城堡在
右上角，眾大名及其他武士的住所則成一環狀，沿城壕而建。商人、商店家及
藝術家等老百姓居於圖畫下方，最底是隅田川，為當時江戶城界。（津山鄉土博
物館提供）

圖2.2 1640年日本橋，為當時江戶城中心。本畫生動地描繪出江戶民眾及商業的繁榮情況，橋底下穿越的船隻載有木材、米、魚穫及其他商品，橋上行走各色人等，如武士、平民、僧侶及街頭賣藝人。（出光美術館提供）

　　　　整體來說，到1700年，約有5%到6%的日本人居住在人口總數為十萬以上的三個城市中，只有約2%的歐洲人居住在相同規模的城市中。若把小城鎮亦包括進來，日本的都市化程度更高。到1700年，日本人口有10%居住在一萬人以上之城鎮中，總數約三百萬人。江戶之人口達到一百萬，是當時世界上最大城市，只有清朝首都北京堪與倫比，它也是到18世紀才達到相同規模。京都及大阪的人口約三十五萬，與倫敦或巴黎媲美。在1700年，日本無論從任何角度，都算是世界城市化程度最高的社會之一，江戶也是世界上其中一個最乾淨的城市。究其緣故，部分可以歸因於城市周圍的農村極度倚賴該地居民所產生的肥料：糞便成為農耕平原旱田的營養來源。與近代初期的歐洲不同，在日本，所有人類排泄物都是通過運河船載至四周的郊野。用當時的世界標準來看，無論其供水或清除垃圾的系統都是相當細緻。[3]

　　城市的發展有著深刻的經濟效應。最明顯的是各種交通及通訊 25
設施應運而生，除了要供應城市居民各種物質需要，同時亦要供應
大名來往江戶隊伍所需，它們的行列龐大，隨行人員數以百計。

　　陸上道路系統遍佈全國，以供交通及旅行之用。兩條幹道連接
江戶與京都以至大阪，一條是沿太平洋的東海道線，另一條是穿過
中央山脈的中山道。其他道路則以江戶為中心，以放射線狀向北
方、西方及南方延伸。沿途旅社林立，為各商旅提供住宿。由官方
設置的旅館則類似今天的五星級飯店，品味高貴，設備豪華，它們
主要位於東海道，專門為大名或高級武士而設，至於平民百姓，則

圖2.3　著名浮世繪畫家葛飾北齋1840年代之作品，在18世紀及19世紀初
期，由於各地製造業發達，地區間的貿易及旅行亦日漸興盛，故陸上幹道十分
繁忙，由畫中的描繪可以領會到當時一些情況。（慶應義塾大學提供）

只能侷處在較為簡陋的地方。當大名上參隊伍穿越幹道而行,而路中夾雜著各式各樣的出門商人與參拜社寺的信徒,其熱鬧情況是可想而知的(見圖2.3)。

旅行到18世紀已成為一件尋常事,因此出版地圖及旅行日誌等事業亦逐漸興旺,甚至可以看到類似今天的德川版旅遊手冊。一個旅遊作家在1810年出版的指南手冊,口吻頗似今天的觀光業者,如:「選擇可靠旅店住宿⋯⋯飢餓時不要吃太飽⋯⋯飲用衛生食水,不要隨便飲用池塘或山泉之水。」某些提示則主要為某些特定地位的人士使用,如對一般武士,它會說「夜間投宿,必須把所有劍置於床鋪下。戟槍則應置於身側」。對地位高者的提示更為體貼,它會教你乘坐轎子時如何維持健康,如「飲用燒開過的食水時,可略加薑汁」。讀者最感興趣的可能是各種提示所顯露德川社會的特點,它階級分明,同時會用各種方式來維繫分際,例如:

> 旅店客人在入浴時,應遵守職員所安排之先後次序。有時候會因為旅店過分忙碌,入浴次序出現混亂,此時應觀察其他旅客之外表,若有類似地位高者,應作禮讓。入浴先後是最常引致糾紛者。[4]

道路不但載人,同時亦運貨。馬隊運輸事業亦因此應運而生,數以千計的馬伕與商旅爭用幹道空間。史家曾檢視此種運輸隊的紀錄,反映出18世紀時經濟往來的頻密程度。以中山道上一個交通要點為例,中山道是江戶及京都之間的幹道,道旁有無數支線以連繫鄉間的農村及小鎮。飯田位於中山道的中點,根據紀錄,平均一年有二萬一千匹貨馬由飯田出發,將本地貨物運至遠方市場,亦即平均每天有六十匹馬由飯田運出貨物,假設馬伕在晚上休息,亦即白天平均每小時有五匹馬離開飯田。同時此紀錄只涉及由飯田出發的貨馬,真正的運輸量可能是此數字五至十倍以上。18世紀時有種說法,認為每天通過的馬有千匹之多,雖有點誇張,但反映出當時的盛況。飯田只不過是一個內陸偏遠小鎮,假如在城市中心區域,其擁擠程度更可以想見。事實上,海運比陸路更有經濟效益,故貨船運輸同樣發達。江戶人需要龐大現金週轉,因此日本各大名都急於

將米祿運至市場出售，轉化為現金，再用以支付其江戶藩邸及上參武士之所需。在日本中部及西南部的大名以大阪為港，作為大米的集散及買賣中心，故18世紀的大阪河流擠滿船隻，沿岸的商用貨倉林立，令人觸目。米商是當日商業經濟的靈魂，他們因為經營對大名的借貸業務而累積大量財富。

除了人與貨的運轉外，一個超越現金的複雜貨幣經濟體系亦逐漸形成。大名在大阪出售大米，但消費卻是在江戶，故米商在江戶都設有分號，他們在大阪收到各藩的大米後，即在江戶支付。米商有時亦會在稻米收割之前，向大名預支米款，一個大米的期貨市場因而慢慢出現。大名在收到預支米款時，便會簽發一張收據，保證在一定時間內交給米商一定數量大米，收據其後會在市場流通，其價值則按大米的預估收割價而隨時變動。

在這個日漸複雜的生產經濟體系中，城市是商業經濟的核心，而各個城鎮、道路及海道則有如連結點及動脈，交互成為一個經濟生活網絡，而消費及製造業所需的各種原料，則由農村提供。這個日漸緊密的供給和需求網絡中有一個至關重要的環境面相，最明顯的就是日本森林的消耗，因為它提供了穀物的綠色肥料，還有家庭燃料，及以木材為主的城市建築原料。由於地震及火災等不時發生，對林地的需求壓力特別強勁。舉例來說，1657年江戶發生大規模火災，造成十萬人死亡，要砍下數以千畝的木材用來重建。在上述環境問題的壓力下，無論是農村以至幕府官員，每個人都感受到物資的匱乏，不得不限制消耗，同時追求森林的再生，特別是生長迅速的針葉類杉樹。[5]

值得一提的是德川幕府的權力下限，它通常不介入村內。雖然設有武士負責監管及治安，但很少會進駐村中，幕府以至大名亦不會直接向各村的家庭徵稅，稅收是以村作為單位。至於村民繳稅份量，則由各村的村頭及長老自行評估，故村民有相當大的自主權決定自身事務，同時只要他們依照規定繳交賦稅，即可按市場需求自行生產。

因此江戶時期的農民可以不斷改良其耕種方式，農產量因而大幅度提升。今天並沒有可靠的整體數字，但個別田地的紀錄大約能

28

反映當時的實際生產情況，在18世紀末與19世紀初的五十年間，產
量增加約有一倍。⁶究其原因，並非是技術突飛猛進，它固然稍有改
良，更重要的是能廣泛傳播及有效利用現有技術，例如多用犁、選
擇一些更好的打穀工具、採用較優良的稻米種子、大量使用肥料。
在灌溉方面，水車比以前用得更多（見圖2.4）。

　　有效的耕作方式能廣泛傳播，教育是一個關鍵因素。學識豐富
的武士以至僧侶及農人（有時包括相當數量的女性）通常會在農村的

圖2.4　圖中水車是德川時期廣泛應用的技術之一，使農民更有效灌溉田地，促
進農業產量。它也減輕對來自森林的「綠色肥料」的倚賴。（東京大學史料編纂所
圖書館提供）

寺院中設館授課。鄉下小孩，不分男女，受教育的機會愈來愈多。一些有改良意識的農民開始撰寫手冊，宣揚各種有效的農業技術，到 17 世紀以後，耕作「指南」出版已經是十分普遍的事。有關 18 世紀初日本人的識字率，目前仍缺乏準確統計，但相信男性在三分之一與二分之一間，而女性則約為五分之一。[7]

由於環境太平及農產量不斷上升，日本人口在 17 世紀中增加的十分迅速。不過德川統治初期缺乏可靠統計數字，這時期的人口只能靠歷史學者作推算。然各個資深人口史學者的推算不同，故差距亦十分大，由一千萬以下到超過一千八百萬不等。到 1720 年幕府實施第一個人口調查，我們才有一個較準確的推算，若包括武士、町人以至村民所有階級，人口總數應為三千萬。若回算 1600 年的估算，年增長率約為 0.4% 與 1% 之間；因此可以合理推估日本人口在一百年內增長一倍。由比較角度觀察，英國在 17 世紀中，其人口增長只不過是每年 0.1%。

二、停滯與活發並存之謎

日本在 17 世紀雖達到高度繁榮，但在其後的一百五十年間，無論社會或經濟方面，都出現一個令人困惑的現象，即停滯與活發同時並存。由消極方面看，最顯著的現象是位於本州內陸大城市的萎縮，其中以藩堡最突出。根據三十七個重要藩堡的資料顯示，由 1700 年到 1850 年間，人口流失達 18%，其中又以經濟較發達的西南各藩情況最嚴重，只有在偏遠地區的城鎮才出現增長。[8]

其次為全國人口數量，由 1720 年代到 1860 年代前後，日本人口增長實際上已停滯不前，而這趨勢會因地區不同而有很大差異。在日本西部，人口仍有少量增加，日本中部則停滯不前，在日本東部及東北部更是實質減少。18 世紀後期曾發生好幾次大饑荒，1786 年發生所謂天明大饑荒（見圖 2.5），導因於數十年來天氣失常，以至農業歉收，糧食不足，農民相繼逃荒。據史料記載，城市中災民的屍體堆積如山，甚至出現人相食現象。1830 年代再出現連續饑荒，在某些地方，因飢餓或相關疾病而死亡的人，數以萬計，這種情況在

圖2.5　圖畫傳達1780年代天明大饑荒的部分情況。一個身體羸弱的母親在啃皮革，而小孩則拼命在找奶水啜飲，其他家人不是在啃皮革便是啃動物屍體。由於當時連續出現水災、寒冬及火山爆發，其中尤以本州東北部最嚴重，數以千計的人因飢餓而死亡，光是在弘前藩一地，在1770年它有百姓約二十五萬人，到1790年代便減至不足十五萬人。（國立公文書館提供）

29　本州東部及東北部尤為顯著。根據史料記載，人民要以樹葉草根維生，官方亦發出指令，農民不必待政府批准，即可以馬上埋葬死者，都似乎頗能反映實際。

　　但這些饑荒本身並非人口停止增長的主要原因。一個解釋饑荒與經濟發展並行不悖的理由，是各地區此起彼伏的饑荒，反而證明

了日本人口增長迫近了生態環境的極限。同時農村生產者為了應付市場，把相當一部分的可耕地改種非食用作物，一旦氣候異常，他們便很容易受到損害。[9] 除了饑荒，另一個令人困惑與不安的現象便是殺嬰。導致殺嬰的原因至今仍無定論，不過對農村家庭而言，農民不分男女，要棄養甚至殺死其不想要的嬰兒，並非罕見的事。縱使是當時道學之士，或至1970年代之史家，均認為殺嬰只不過是農民走上絕路，不得不選擇的最後手段。但若仔細檢視各種人口資料，如寺院登記記錄等，則可能有另一種解釋。至少在某些農村中，富農比貧戶更常殺嬰。因此它可能是一種節育形式，不單只是貧家所採用，連富戶亦實踐，他們害怕不限制生育，一個原來安康的農村，土地會隨人口增長無限分析下去，最後終至無法養活自身。[10] 這也反映當時技術制限的現實，到18世紀初，大部分的可耕地均已開拓，種植面積已沒有太大發展空間。

面對上述諸種情況，城市中的不滿遂陸續滋長，武士官僚認為饑荒及殺嬰出現，無疑反映統治人君以至受治人民均德行有虧。究其原因，精英階層未具足夠仁義之心讓農民存活（及繳稅），亦未能盡責發揚德川倫理體制。在實際環境中，寄居城市的大名及武士，其生活費用節節上升，沒有幾個藩有足夠財源支付其生活費用。由於農村產量不斷增長，他們本來可以藉加稅以充裕收入，不過大名及武士不取此途，寧願向商人舉債，債台高築後卻無法償還。因此到19世紀初，武士官僚的整個世界已變得脫節失序。當時對武士便有如下的風評：

> 今天之武士已經優悠自在的過了兩百年……在最近的五、六代亦完全生活在歌舞昇平中。他們不知戰鬥為何物，同時……他們十個中有七八個羸弱得如婦人一般。[11]

城市商人亦不好過。德川將軍與大名擁有赫赫權勢，對債務乾脆賴賬不還，這種情況相當普遍，而商人亦只好徒呼奈何，把損失硬吞下去，另外再發行新債務。另一個值得注意的是新興的農村製造商與城市商人關係，城市商人獲官方發給特許，提供城市各種產品及服務，彼此間競爭得十分激烈。岡山城是位於大阪西面的藩

31   堡，人口原約二萬，但卻在不斷減少中。1789年，岡山城的人曾寫
下不滿文字：

> 本城之商業正逐步衰落，不少小商人陷入困境。另一方面，
> 來自各藩船隻仍陸續增加，不過它們卻是停靠西大寺村等村
> 落以進行貿易，為農村帶來繁榮。以前藩堡周圍地區的人都
> 會前來購物，但現在卻相反，藩堡的人都到農村買東西。以
> 前農村之店家會到藩堡尋找貨源，但現在城的店家反而要派
> 人員到農村求取貨源……農民與商人之地位正逆轉過來，無
> 怪不少城內的人都變得窮苦。[12]

　　無論是出自於何人手筆，上述文字其實反映出武士、學者或市
町商人的焦慮及挫折感，他們向來認為舊有世界的體制是順天應
人，萬世不易，但現在卻日漸改變。但從上述文字亦可了解到當時
的實況，一方面是諸大名及官商等人的沒落，另方面則是農村的興
起。上文中岡山人所指稱「農民與商人之地位正逆轉過來」，其實是
德川經濟另一個面相的證明，即18及19世紀時期農村生產及商業之
活發性。

　　舉例來說，一個專門從事紡織業的小鎮，由1757年到1855年面
積增大三倍，一份與該鎮有關的文獻指出：「紡織商匯聚於此，僱用
婦女紡織謀生。附近地方人士亦蜂擁入此鎮，於此租房屋居住，有
時甚至遠租至周圍窮鄉僻壤地方。」[13]根據其他資料，當時紡織業會
僱用三十至五十個工人，有時甚至達百人。

　　其他產業亦相繼在農村出現，例如清酒、味噌、豆醬、醋、精
油、乾果等。由於絲綢、棉花及粗布的紡織業大行其道，以家庭為
基礎的生產網絡亦逐漸出現。在整個生產過程中，中間商人可多至
十二層，每一層均掌控一群高度分工的生產者。這種生產方式亦出
現於很多日常用品中，如漆器、陶瓷、木具、紙張及紙製品、繩、
蠟燭、木屐、染料、梳及髮夾等裝飾物。到19世紀時，城市中的工
匠及市場已無法壟斷上述各項產品。此種變化可以稱為農村的「原始
工業化」，它的特點是生產規模的擴大，同時出現分工形態的生產網
絡，可以銷至遠地市場。這些生產網絡根植於農村中的社會及經濟

表2.2　1600–1867年之農民抗爭

年 份	抗爭數目	每年之抗爭數
1600–1700	420	4.2
1700–1800	1,092	10.9
1800–1850	814	16.2
1851–1867	373	21.9

資料來源：Stephen Vlastos, *Peasant Protests and Uprising in Tokugawa Japan* (Berkeley: University of California Press, 1986), p. 46.

體系，少數農村男性及婦女外出從事各種製造業，賺取工資謀生，人數雖不多，但正不斷增長，而且愈來愈重要。他們有些是按年或季節合約工作，有些則是流動性高的日薪工人。

農村經濟的發展，不但使新興農村製造商與傳統城市工商業者出現矛盾，亦分化農村的內部結構，一邊是富裕的商業階級，另一邊是掙扎求存的小農及佃戶。對後者而言，新的社會狀況固然提供發展機會，但亦充滿危機。

在德川時代，貧農並沒有太多的合法抗議管道。如果賦稅或債務太沉重，只好一走了之，逃到別的藩去。的確有人出此下策，但無論法律上或經濟上，此舉是頗具冒險性的。由正常管道向當局求助並不犯法，不過若遭拒絕，訴願者可能要面臨處罰。管道以外的任何訴願均屬非法，包括任何集體行動。不過隨著時間推移，非法訴願行動日益增多。

抗爭愈來愈多無疑是個趨勢，它們包括群眾請願及示威，甚至攻擊官員及有錢人。愈到後來，抗爭行動愈具攻擊性。由1600年到1650年，約半數的農民抗爭行動是消極的，他們多採取出走或向官憲提出謙卑的訴願，然而到了19世紀上半葉，上述的消極行動只佔所有抗爭的13%，約43%被稱為「直接攻擊」或「打毀」。[14]

有些抗爭加強了城鄉的對立，主因是農村製造商不滿各種商業限制，因而反對官方特許的城市商人。不過很多抗爭行動，特別是當日俗語稱為「打毀」之行動，都是發生在農村中，甚至是農民階層中的窩裏反，亦即貧農攻擊他們自己的鄰居。抗爭者通常搗毀房屋，搶掠富有農村製造商的貨倉，有時甚至會核算出一個「公平價格」，把搶掠所得拿出去拍賣，不過他們很少傷人。至於被攻擊的對

象則多為地主、高利貸者、商人或製造商（通常一個人會扮演好幾種角色）。他們會以高息貸款給小農，而小農為額外收入種桑養蠶，又不得不向他們告急。然當貨價下跌，小農無法還錢，便會挺而抗爭。故當商業及農村製造業擴展時，小農一方面可以有牟利機會，但另一方面又恐懼商業及市場滲入農村，容易遭受剝削。他們不滿富農利用其優勢發財致富，以高息貸款謀利，犧牲告貸者的利益。

在上述的社經環境下，原來規範男女行為的清規戒律與演變中的實際情況，不得不發生矛盾。德川社會的正統道德認為女子無才便是德，同時只應留在廚房裏。反映這種態度最典型的著作便是《女大學》，它完全是一本儒家文化下的產物，一般認為是儒者貝原益軒（1630–1714）在1670年代寫成，但亦有以為是他人所撰寫，甚至說是益軒的妻子，她本人也是一個學者。無論作者屬誰，本書流傳甚廣，它共有十九章，除提出一些教導女性遵守的通則外，亦詳錄三從四德之具體細則。一個學者指出：「〔作者〕要表達的意思，是女性性徵除用來為男人傳宗接代外，一無是處，它是遲鈍、懶惰、淫蕩、衝動及斤斤計較的。」[15]

社會的實際情況經常挑戰上述各種規範。無論在家庭內或外，女性在生產經濟上常扮演關鍵角色。在城市工商業者機構或富有農家中，女性有時甚至會單獨或共同負責業務管理。在一些中等農家或城市家庭，婦女會向紡織業中間商領取件工，除此以外，年輕女性亦會外出工作，其薪水是以季節或更長之時限計算。傳統的女性工作亦未消失，中上農家女子會到京都貴族家內幫傭，貧窮家庭女子則會在城鎮妓院中出賣色相，其父母事先會收取一筆相等於薪水的報酬，而女兒則要按合約工作三至六年，直至把債務還清為止。

除上述兩種外出工作的婦女外，其他女性工作都是新興現象。農村的紡織中心均欣欣向榮，而大部分之勞動力均為婦女。正如娼妓行業，女工大都遠離家園，並居住於工作地點。她們父母均事先與其所在企業訂立合約，規定工作時間為一季或更長。各種受薪勞動形式——無論在家庭、妓院或工廠——都一直存續，甚至到近代日本，它們在經濟或社會領域都產生重要作用。

上級武士以外的男性亦不完全遵奉性別差異或等級的意識形態，在其日常社會生活中更具彈性。無論是德川或明治初期，男性在照顧兒童及家庭上均十分投入。1610年，一個富商曾寫給其子嗣的家規，包括替僕人燒飯、購買及儲備木柴、垃圾分類等工作，家規中寫道：「若果男子不扛起這些責任，他永不能成功治好家庭。」[16]家庭既是住所，也是工作間，因此家務並不僅僅歸類為女性專有範疇。美國人伊沙貝勒‧柏德（Isabella Bird）在1878年旅遊日本時，曾記下日本農村之晨早景況：「十二到十四個男子漢坐在矮牆上，每個人都抱著一個不到兩歲的嬰兒，一面輕拍，一面逗他們玩，炫耀著小孩的活潑聰明。」[17]

如果德川日本是如此充滿活發精神，而農村的商業及生產又欣欣向榮，則怎樣解釋天災、殺嬰、城市人口下降，以至不斷的社會抗爭這一連串的歷史事實？有兩個因素可以說明上述諸多的矛盾現象，首先是在社會各階層內外或地區之間，資源分配非常不平均，其次是各個社會階層及地區呈現不同的發展，實導源於德川經濟體系不能有效整合到整個亞洲甚至全球的貿易網絡中。

大城經濟日衰而小鎮則蓬勃發展，原因是農村地區有若干優勢。它們的位置接近原料及水力、農村市場，甚至城市市場；商人與製造商間的人際關係亦較緊密，當商業法疏漏時，人際網絡實有助經濟關係穩定；它們亦得力於農村工人之彈性，可以在耕作及其他職業間隨時調整；它們亦不像大城市商人，受到德川或大名嚴密監管，得以躲避各種賦稅及行會限制。在農村，各地區亦有好壞差別，在本州中部的西南地區及北九州，農村生產及商業廣泛發展，而本州北部則瞠乎其後。

德川日本的農村雖有部分能富起來，但卻促使城市衰退，與17世紀及18世紀之歐洲比較，這種現象是頗為有趣的。在歐洲，與農村經濟發展同時，各都市並未走下坡。其差別主要在歐洲積極擴大對外貿易，它促進都市就業，推動糧食入口，有助整體人口成長及移居城市。

在德川日本，國際貿易並不算重要。17世紀及18世紀之際，日本透過長崎向中國輸出一定數量的絲綢及銅，對朝鮮亦輸出相當數

34

量的白銀，而從中國則進口相當數量的蠶絲。此等貿易無疑有助長崎地區、礦區、南九州以至京都大阪等產絲地區的就業。但正如上一章指出，日本的銀礦到18世紀已開發殆盡，到該世紀末，銅礦產量也同樣減少。若與同期歐洲情況比較，日本對外貿易並非扮演其經濟成長及都市發展的火車頭，相反，它是一個內需型及以農村為主的成長。

富裕程度會因階級及地區而異，因為經濟發達，生產力固然增加，但機會與風險也同時存在，在這個變化過程中，社會並不提供有系統的福利政策，用以救援經濟失敗後所遺下的惡果。是以農村中所得及權力分配變得愈來愈不平等，農村的上層階級文化程度提高，面對更多選擇機會，因為富農坐擁良田，腰纏萬貫，既可接受教育，又有豐富資訊，自然能作更合適的決定。

德川社會並不平等。當其末年，改革者曾將德川家康時期美化為黃金時代，倡言當時農村家家戶戶都是用同一手段謀生，其實這只是錯覺。為家康塗脂抹粉的人都是些不滿分子，他們所嚮往的世界並不存在，德川早期農村並非沒有貧農，不過在荒年時，或是藩主免其稅項，或是村頭貸與款項，才得以渡過難關。故德川早期貧農常成為大戶人家的僕役或是家人，而他們的貧苦有賴主人的照顧才得以緩和。

到19世紀，主人的照顧仍然存在，不過已不如以前可靠。要過活已不能單靠親屬關係，而是靠出賣勞動力。這種情況愈到後來愈嚴重，生活更趨於不穩定。整個德川時期，社會反抗運動有增無已，它只不過是對不平等的回應而已，而所謂不平等並非新鮮事，但形式卻有所改變，即是導源於市場的不平等。貧農攻擊統治及富裕階層，並非因為他們高高在上的地位，而是他們不能實踐高位者應盡的照顧義務。

第三章

德川晚期的思想世界

德川晚期面臨的各種苦難及衰退——包括諸大名及武士的長期債務、滿目瘡痍的饑荒及更多的武裝抗議，無論統治階層或老百姓對此急遽變化都持強烈批判的態度。這些說法表面上看起來常常十分落伍：所謂改革，就是把今天的世界退回去昔日的黃金年代。不過事與願違，推動這種保守性改革的結果，卻是再無法回到昔日光榮。因此要了解德川晚期的文化及思想內部因素，必須掌握改革者所要恢復的是怎樣的一個理想世界。

一、德川政權的意識形態基礎

任何要長治久安的政治體制，絕對不能只倚賴強權力量及死忠者，德川政體亦毫無例外。是以政權必須建基在一個公認的合法統治共識上，織田信長、豐臣秀吉與其他統治者一般，亦面臨同樣的難題。不過這難題對他倆特別嚴重，因為他們是如此赤裸裸地運用權力，故比平常更需要一種統治合法性以說服其治下民眾。是以兩人以至德川家康均曾嘗試運用一些宗教以至俗世的符號與理想，以建立其統治基礎。

信長雖仇視民間宗教團體，並不惜武力征討，以至殺人無數，但他仍以神格統治者自居，要求屬下武士崇敬他，他甚至聲言可以給予其武士軍事上以至宗教上的保護。信長強調今世效忠他的臣子，來世亦會有好處。信長曾頒佈命令，號稱若要追求財富與快樂，就必須禮拜他，信長把自己當作「天下」化身。有異於以前的軍事強人，信長拒受將軍封號，認為若接受此封贈，即表示成為天皇

臣屬。他命眾將在效忠誓辭中,寫下「為天下,為信長」語句,他把自己等同天下,隱喻天下一體之意。信長對主權的宣示,頗類較早時候法國路易十四「朕即國家」的看法。

36 　　秀吉亦有自我神化傾向。他在京都居所,以平等身份接待天皇,其妻兒所守禮儀,亦與皇太后及太子等同。秀吉把其侵韓戰爭當作是神聖國家使命,在神社舉行大量祭祀活動。雖然神道以血為不潔之物,但秀吉卻下令舉辦「血祭」。在臨終前,他為自己建造豐國神社,其分社遍佈全國。

　　德川一族進行同樣的神化個人活動,要與朝廷的神聖一較軒輊。舉凡有關皇室的公務起居,不分大小,德川都要監控。在接見外國使臣時,各王公巨卿亦要在旁觀禮。德川家光本人在1634年親率三十萬人儀隊入覲天皇。

　　為了遵行家康留下的嚴格遺命,其子秀忠及其孫家光在日光建造宏偉之神社。到今天,日光已成為日本觀光勝地之一,但當時的家康卻非為區區美元外匯。他考慮的是身後名,因此仿效織田信長的誇張及文飾手法,以達到神化個人的目的。織田信長營建壯麗的安土城,雖然在其死後馬上被踏平,但家康非常了解其作用,他亦有計劃地清除秀吉的神社,並另加取代。家康指定日光為其葬所,這完全是個身後政治符號遊戲,日光神社與江戶城的距離,恰好等於伊勢神宮與京都皇城的距離。家康自諡為「東照大權現」,一方面隱含佛教輪迴再生之意,另方面亦突出神道之聖光含義。家康亦視自己為亞洲以至宇宙之神。故在家光之世,朝鮮使者、琉球的官方代表、甚至荷蘭人均曾前來日光致意。從地點、禮儀以至名號,家光均有意取代伊勢,把日光營造為日本政治最神聖的象徵。1645年,他把日光神社升格為東照神宮,與伊勢神宮並駕齊驅,連天皇信使亦要往日光參拜,而非幕府信使往伊勢。

　　為鞏固其統治,德川幕府一方面利用各種象徵以神化歷代統治者,另方面亦從宗教及世俗傳統中尋找哲學訴求,以建立其合法性。德川幕府在其最初一百年中,由不同來源整合出一些核心觀念,作為政治及社會秩序基礎。首先是階級,它是個自然及合理的秩序;其次是在這階級社會中,無私奉獻及各安其位是最重要的道

德標準；第三是歌頌德川家康，他不但是創基立業的聖者，其言行亦足垂教後代，他所創立的體制據云是根源於宇宙萬物的秩序。

　　上述綜合思想的意識形態，實為佛教、神道及宋儒之混合產物。此種意識形態的來源之一為鈴木正三 (1579–1655)，他原為武士，後改趨禪宗，出家為僧。他認為今世是報答恩賜者 (泛指主人或父母) 的機會，人生在世並非為自己，而是服務主人及社會，故應各安其位，殷勤事上。鈴木呼籲民眾每天都要盡忠職守，以履行其「本份」，如此來世方能得救。山崎闇齋 (1618–1782) 原來是出家僧人，後來改向神道，成為神官，山崎認為神道是日本思想的基礎，亦可以用來解釋世界萬物。他用數字比較神道及中國聖人學說，認為兩者思想是並行不悖，甚至是互相呼應的。因此他認為德川思想是集大成者，凌駕兩者之上。[1]

　　到 17 世紀末，德川思想內部不斷出現爭論及分化，各個思想家均企圖利用宋儒學說，教導統治者及百姓思考怎樣才是一個合理的政治秩序。宋儒朱熹一派在足利之世便傳到日本，但朱熹所強調回歸古代儒家經典之說，當時基本上只流傳於寺院間，到德川時情形才稍有改變。首先是藤原惺窩 (1561–1619) 及其學生林羅山 (1583–1657) 創立學塾，並說服幕府支持他們的活動，成為政府智庫之一。1630 年，幕府大興土木，建造以「聖殿」為中心的建築群，尊奉孔子，於 1633 年完工。1670 年，林羅山的儒校正式被幕府認定為最高學府。林羅山是以現世為主的一個學者，與家康及家光府中佛教徒的意見有矛盾，他們不滿儒家學說過度受重視，遠超佛門。林氏學派雖然在思想上克服佛教的優越地位，但卻要面臨其他現世學者及學術機構的挑戰。就在這互相激盪的過程中，日本的學術才能逐步擴大其社會範疇，前來求學者已不局限於武士階層，亦包括生活富裕的老百姓。無論是林羅山學派或其敵手，均強調知識的實用價值，推動儒家思想，目的便是要經國濟民。

　　除了使用注疏力求保存一個公正的社會秩序外，有些學者也尋求以世俗方式理解自然世界。林羅山成為第一個推動新的學習模式的人，以本草學為名的方法來為動植物分類。這學派源於中國學術傳統，在整個德川時代佔有一定地位。它也產生許多不同的分類方

37

式，把一度被認為是神聖的「自然」世界，重新認定為只是客觀的「自然資源」。從這方面看，本草學不過是日本社會經濟全面發展中的思想產物而已。[2]

　　各派學者所推動的宋儒學說，其核心價值是理。它是個永恆不變的自然法則，為學問與道德所本。它充沛於天地與人文世界之間，是以自然法則和社會法則均具相同的形而上基礎。無論中國或日本的宋儒學者均主張「格物」，不從自然及社會世界格物入手，實無法發現其中之理。他們認為若認真觀察天下萬物，可知其無不與理若合符契，如地為下，天為上，眾星則環而拱之；如此類推，帝王在上，百姓在下，故人類同樣亦有一定綱常，即所謂父子、夫婦、君臣、朋友、兄弟倫理。日本較為特別，將軍君臨萬民，而天皇則為太陽後裔，由高天原下臨人間，授與將軍統治大權。將軍之下為士、農、工、商四民，士為武士，輔助將軍治理天下。在德川幕府早期，無論文字記載或口耳相傳，均視家康為創造此種秩序的聖人，而德川時期之所有改革者，無論他們之形而上理論為何，對此均無異議。

二、文化多元性及其矛盾

38

　　依照宋儒學說，自然及人類世界是渾然一體，上下有序。不過德川時代日本人了解到現實世界比理想中複雜得多，連儒學者本身亦不例外。宇宙萬物要融合一起並非易事，人欲以致義理，常與日常社會中之正統觀念相衝突。當儒者正在探討這些矛盾時，在城鄉的百姓及武士精英分子則積極參與創新各種思想及文化生活，衍生出多種樣相。爭論約始於1760年代，當時的宋儒思想已受幕府護蔭，成為正統學問。在其後二百多年中，各個思想家及學派爭論何者才是真正儒家思想，亦有學者從不同學術淵源中汲取靈感，挑戰號稱為儒家正宗的學派。

　　在尋求儒學當代意義的過程中，古學派的影響最重要，對宋儒學說的衝擊亦最大。鑽研古學思想的學者很多，其中最著名的是荻生徂徠 (1666–1728)。古學派之所以得名，因為它認為正確知識，必

須直接求之於孔子本人原來所編撰之典籍，由朱熹所創立的宋儒學說，或朱學在中國、朝鮮以至日本之傳人，均不能詮釋古文字的真正意義。上述看法十分有趣，因為朱熹在1100年前後所提出的主張，便是要重返古代儒家經典，反對倚賴後人解讀。

　　徂徠尊崇孔子，亦頌讚那些遵奉儒家思想而建立各種政治制度的古代聖王。他強調武士必須以古代聖王為法，敦勵品行，克盡義務。他亦要求武士以古代制度為師，改革今天的體制。徂徠認為古代聖王之所謂「大道」是指政治倫理體制，它並非是上天賜予，而是各個聖王以其高超智慧及前瞻所創製。言下之意，包括德川幕府的後代聖王皆可以改革政治體制，其出發點是必須正確理解古代典籍、禮法以至制度。

　　對徂徠及其同時代人，甚至包括其後繼者，問題在於如何合理化各種制度改革，同時鼓勵創造性的政治活動。他們很清楚社會正在變化，但動能卻是源於古代的思想及經驗，它們最後歸結於一個永恆「大道」，超越時間，其根源來自中國，亦是徂徠所力奉不懈的。在18世紀初，徂徠出任幕府公職，他一方面建議幕府採用中國稅制及文官制度，另一方面亦考慮到實際情況，建議幕府執行大膽措施，如容許農民買賣土地。[3]

　　18世紀初，商人亦如徂徠等武士出身之學者一樣，開始研讀古籍，關心當前社會，並提出批判性見解。最突出的例子是，大阪地區出現一些由平民資助的學術機構。當中最著名的是懷德堂，它獲得德川幕府正式承認。近年研究懷德堂的成果改變了過去對德川商人的看法，以前認為在儒家體制中，商人的地位一直低下，不會在政治上產生作用。研究懷德堂的學者則指出政治與經濟其實是不可分的，故武士與商人在實際情況是平起平坐，前者不過是掌管官僚行政工作，而後者則是經營經濟事務，而經濟同樣是整個社會不可或缺的一部分。

　　當然，懷德堂的知識分子無意挑戰武士的統治權，當時日本商人的想法與18世紀歐洲城市資產階級不同，他們無意反抗貴族權力，德川時代所強調的是商人與官僚間的相輔相成關係，同時兩者的行為操守及社會作用都是相對等量齊觀，無分軒輊。在現實裏，城

鄉商人均擔任工商業龍頭角色，盡力發財致富，但國家亦得以富強，這些想法逐步成為德川文化傳統的一個重要部分，並延續至近代。[4]

德川時代的文化因素不但見之於規行矩步的武士學人裏，或商人支持的嚴肅學院環境裏，其流風所及，亦見之於在各大城市的娛樂場所，其中又以江戶城及大阪城最明顯。在那裏，劇院以至書坊，與茶樓娼館並肩而立，武士亦混雜在老百姓中，一起欣賞木偶戲及歌舞伎。戲劇的內容多半是蜚短流長的八卦新聞及聳人聽聞的罪案，不過亦反映當時一些社會中更深刻的矛盾：如責任與慾望、公法與私義等。

德川時代的各大城市是小說、詩歌及繪畫匯聚所在，它們栩栩如生地反映出百姓及浪人的生活，亦間接挑戰那些在現成體制中高唱仁義道德的冬烘。以井原西鶴（1643–1693）為例，他所寫的通俗小說常以宗教、商人的貪婪以及世人的物慾為嘲弄對象，他亦愛寫低下階層人物，並以之作為小說中的男女英雄。在《好色一代女》中，他用諷刺手法講述一個追求宗教真理的故事，主角是一個藝妓，她希望找到一個理想的愛人，到故事結尾，那位藝妓站在一所寺廟內，環顧裏面上百尊佛像，每一個都提醒她以前的一位愛人。另一個著名江戶作家是詩人松尾芭蕉（1644–1694），他具有敏銳的觸覺，其俳句歌頌自然及消逝中的過去。雖然身居在繁榮的大城市中，卻不時避居到農村，他的作品充滿鄉愁，眷戀著寧靜的鄉村生活。[5]

由於文藝市場空前繁榮，德川時代亦有豐富的文化收穫，其中最聞名於世的是「浮世繪」木刻版畫（見圖3.1）。顧名思義，「浮世」是代表秦樓楚館中追求片刻歡娛的世界。木刻畫約在德川中期開始普遍，藝妓及歌舞伎等木刻像得以大量生產，畫家亦因而在文壇中受到注目，他們稍後轉向山水畫，產生不少名作，與芭蕉的農村作品互相輝映。版畫常附有文字說明，故德川時代的版畫事業，也許為日本20世紀的漫畫首開先河。

在城市文化生活中，有兩個重要的戲劇傳統興起，即歌舞伎及「文樂」木偶戲。歌舞伎源起於男女娼館為招徠客人尋歡作樂，表演

圖3.1　木刻風景版畫在江戶後期十分流行，其風格亦十分成熟。本作品名為《內川暮雪》，是著名浮世繪畫家歌川廣重在1835年至1836年間作品。（慶應義塾大學提供）

原為戶外，場地多半選擇乾涸河床，再加上熊虎表演或相撲遊戲，故洋溢著一片嘉年華氣氛。1629年，幕府禁止女性參加歌舞伎演出，目的是打擊娼妓，但歌舞伎最後仍存活下來，而且因禍得福，表演方式進一步改善，成為具有特色的日本傳統藝術。因為女角色要由男演員擔任，更能專心發揮演技，成為歌舞伎舞台中最耀眼的部分。同時一些後現代觀念亦浮現其中，在17及18世紀的舞台上，性別身份完全看當時表演的需要，並非由其生理特徵所決定。

「文樂」木偶戲僅次於歌舞伎，成為江戶時代最新的文化成果。它的演員是木偶，大小約等於真人三分之二，每個木偶最多可由三人操作，在音樂伴奏下，一個技巧甚佳的藝員會連說帶唱地介紹劇情。木偶戲能夠吸引眾多文人學者，主要是因為它不需要處理自我甚強的演員，劇本常具有很高的文學性。最偉大的「文樂」作家是近松門左衛門（1652–1724），他的作品突出一般百姓生活上的悲哀，經常包括當時社會上流傳的家庭凶殺悲劇。

近松作品掌握到德川時代思想及社會中的矛盾對立所在。人情與義理間的緊張性經常在其中流露出來。《曾根崎心中》是其中一齣名作,「心中」意指殉情,它是以曾根崎發生的一對戀人自殺事件為經緯。男主角是個賣紙商人,愛上一名娼妓,結果招致家人不滿,再加上生意失敗,最後卻把妻子的和服押當,以所得金錢為該名娼妓贖身。由於遭妻子及家人唾棄,在罪惡感與人慾交相折磨底下,他與他的戀人終於自尋短見。在故事結局裏,人生責任毀滅了人慾,但觀眾對男女主角仍充滿同情,希望有情人能成眷屬。

近松所探求的矛盾人生,亦發生在政治層面中,最具代表性的是《四十七名浪人故事》,浪人指失去主人的武士。1703 年,四十七名赤穗武士為其主復仇被判死刑。1706 年,近松將之寫成木偶戲,1740 年代,赤穗武士故事又被改編為歌舞伎,名為《忠臣藏》,它是德川時代舞台中流傳最廣的劇作,即使到今天,仍是日本電影及舞台中甚受歡迎的題材。雖然它的出處普為人知,但木偶及歌舞伎劇作均沒有直接提及 1703 年的事件,而是把場景移至數百年前。整個故事歌頌武士的忠義,他們的主人為政敵冤枉致死,為了報仇,他們罔顧法令,攻殺其主人之政敵。與家傳戶曉的《曾根崎心中》一樣,破壞法律及秩序者必須受懲罰,因此四十七名武士被幕府賜以自盡,作為其報復私仇之代價。雖然無論在現實事件中或在戲劇中,武士們均死得轟轟烈烈,但亦突出德川政治世界中一些重要矛盾,即武士究竟是向誰效忠?

劇作家及演員均有意探求上述各式各樣的矛盾,但最終仍以娛樂觀眾為目的。同時德川的政治顧問及御用學者亦設法限制這些文化形式,並謀求解決各種矛盾。因此劇場與妓院四周圍以高牆,它的位置亦常限於城市邊緣,遠離人煙。武士被禁止踏足。幕府與諸大名又訂立《奢侈禁止令》,規定社會行為必須符合其世襲地位,例如各級武士、商人以至平民均有一定的服色要求,亦規定誰才有資格乘坐輿乘,房屋大小面積亦要與屋主之身份及地位相配。法令甚至規定飲食習慣,農民不許飲用茶,只能喝白開水。

在整個德川時代,幕府不斷重申上述各種禁令,亦反映出它執行的難度,很多人根本沒有遵守。由此看來,幕府的專制權力是有

其極限。然無論如何，法律定出一個肅殺的調子，其所隱含的矛盾，稍後便顯露出來。不過直到今天，日本的道德標準與其他社會一樣，一方面在文化生活及公共政策上傾向於排斥奢華生活，歌頌克己節約，另一方面大眾文化仍鼓勵發財致富及有品味的大量消費。

　　當政者亦嚴加限制歌舞伎演出的劇目、時間及次數，反映出德川要全面防堵其統治下的各種矛盾。荻生徂徠曾向幕府獻策應付四十七名浪人的復仇事件，亦提及到盡忠某一大名與維繫整個社會的秩序價值，兩者會有衝突。荻生承認他們是義士，因為知恥近乎勇，他們是下定決心報仇，以維持自身的清白。雖然如此，荻生仍認為國家法律必須維持，故四十七名浪人應受懲處。以武犯禁是不能寬恕，如果原則因特例而受到損害，國家綱紀便再不會受到尊重。[6]

　　還有其他最後無法解決的矛盾，其中一個便是世襲與個人才德的衝突。按照儒家傳統，統治者是有才德者居之。在中國，所謂才德是個人通過不斷學習，最後憑科舉攀上高位。日本在奈良平安之世曾一度實施過科舉制度，但德川時期之武士卻無須參加考試，他們的地位及收入是世襲制，官吏任用亦大致與其世襲地位高下相關。故終德川之世，大部分時間是無須為才德與世襲間矛盾煩惱，學者及統治階層雖然口頭上強調要為名藩及幕府選賢與能，但實際上，家世仍是武士仕途最重要的因素。

42

　　到18世紀，當社會逐漸覺醒到危機的來臨，有人開始抱怨統治階層不能選用「才德之士」到高位。因此「服務大名」一詞被提及時，常被當時社會視為笑柄。在18世紀及19世紀，一些史家稱為賢能改革者的思想家，呼籲統治階層任用人才，改革制度，他們的目標基本上是要保存及強化現存政權，不過他們的批判卻另有一層含義，意指當政者若繼續漠視才智之士，他們政權之合法性及生存終將不保。[7]

　　第二個具顛覆性的衝突環繞在天皇與將軍的關係上。德川幕府一方面密切監管朝廷所有活動，同時亦利用各種象徵——由日光等神社以至外交儀禮，以強調另一種統治合法性的根據。但另一方面，將軍名號理論上仍由天皇授與，此種大義名分終幕府之世是不絕如縷，倡議者有些固然是位於德川統治階層外圍，但亦有位於權

力結構中，他們主張德川幕府只不過是代天皇攝政，地位完全由天皇委任。以水戶藩為例，它是德川家族成員，將軍若無子嗣，理論上可以入承將軍大統。在17世紀末，水戶藩主光圀每逢新年，便會身穿朝服，向京都膜拜。他向從臣表示：「天皇為君，當今將軍為德川一族之長。」[8] 在這種思想影響下，一旦日本出現動亂，不滿德川統治的人便很容易會利用天皇，作為他們造反之憑藉。

三、改革、批判及反亂各種思想

從18世紀初開始，由於統治階層負債纍纍，不少官員認為是源於道德及財政問題，因而推動一連串改革運動。但改革浪潮是一個比一個短，而且成效不彰。八代將軍吉宗是率先領導改革的統治者，他在位於1716年至1745年間，史稱「享保改革」(享保範圍由1716年至1736年，但改革則延續至1745年)。雖然吉宗的改革在政策上沒有太深遠的影響，但在思想上卻非如此。他支持日本學者努力不懈的研究自然世界(本草學)，並引導他們改變焦點，由某一地區動植物誌的分類，進而探究自然世界更廣泛的實用目標。[9]

稍後1767年至1786年間，十代將軍家治任用田沼意次(1719–1788)為老中。田沼為改善政府收入，實施一系列踰越常規的經濟政策。不過田沼的生活豪奢，為保守政敵所攻，最後是被彈劾下台。松平定信(1759–1820)為田沼的對頭，繼任首席老中之職，他在1787年至1793年間實行「寬政改革」，主要政策是穩定米價、削減政府開支、增加收入。最後一個改革在1841年至1843年間，史稱天保改革，做法亦同樣是要重振德川體制。總體來說，幕府的改革並無太大成效，反而一些大名能做到。

改革方式大致分兩種，一種可以稱為「儒家死硬派」，最具代表性的是18世紀初的德川吉宗及稍後的松平定信。他們的政策是鼓勵節儉、反對奢侈、儘量減省政府開支，此外更加強道德說教以鞏固封建體制。武士既要努力學習，亦要重新著重武藝訓練，松平定信亦答應下級武士，以後不論高低級別，只要勤奮及有所表現，即可以晉升到實職。1790年代，松平頒令排斥異端思想，重申朱子學在

幕府的正統性;同時命令推動嚴厲監管制度,包括禁止各種色情作品。負責訓練高級官員的幕府學塾會每年舉辦考試,理論上對幕府所有才智之士廣開門徑,但實際上對低下層武士仍未能一視同仁。[10]

另一種改革方式則為田沼意次所代表,他於松平之前在1777至1786年前担任老中1830年代的天保改革亦屬此,他們是鼓吹掌握或利用時勢。與歐洲歷史經驗比較,此種改革類似重商主義,或是國家主義,由國家誘導經濟發展,目的是鞏固國家權力。田沼一方面跟隨松平,鼓勵農民開墾荒地以增加稅收,另方面比松平更進一步,由於日本本島缺乏荒地開拓的機會,田沼把經濟發展轉向北方的北海道島嶼。他亦主張幕府承認商人地位,但商人必須獲幕府特許或向幕府繳稅方得經營。田沼亦推動對華貿易,藉擴大輸出以換取銀貨。他同時鼓勵科技發展及西方書籍翻譯。

死硬派主張重返先王之道,在意識形態上較具吸引力,但實際上不可行。時勢派主張接受現實,並從中漁利,做法雖然務實,但在意識形態上則備受質疑,難以服人,因此德川統治階層意見既紛紜不一,亦無決心貫徹時勢派主張。反而一些外藩在政策上更具改革彈性,到19世紀中葉危機來臨之際,上述外藩在權力鬥爭中因此獲得優勢。

要進行大規模改革的危機感並不限於統治階層及其官員,到18世紀初,由於商業與教育蓬勃發展,農村中的富農及上層知識分子與城市之武士商人交往日多,農村的精英階層的注意力已超越本地範圍,視野漸及於全國政治經濟事務。

這些精英階層熱心在村中寺廟興辦學校,有時亦會送學生到藩塾學習,打破過去由武士壟斷的教育。一旦掌握學問,這些鄉巴佬——有時候亦會包括一小部分女性——便會與城裏的老師及作家通信,談論文藝,上至日本古典文學,下至儒家思想,一應俱全,有時甚至唱和品評漢詩。他們亦會送小孩到京都朝廷或大阪江戶的商屋見習。

很多地區的農村精英後來參加了國學派,本居宣長(1730–1801)是該派創立者之一。國學派出現的原因,部分可以追溯至日本儒者如荻生徂徠等過分推崇中國思想。本居宣長及其他國學者同意荻生

44

以古文為依歸之主張，亦仿效荻生利用古代典籍批判時政，要求改革。但本居認為日本人不應求諸外來的漢籍，應從本土知識分子傳統尋求答案。

由於本居宣長熱衷尋找一個純正日本文化，他不得不轉向日本古代典籍，包括712年寫成的《古事記》、11世紀出現的《源氏物語》。本居歌頌這些作品，認為它們才真正代表日本民族的核心價值：亦即以同情感性理解別人、所謂善惡之辨不在乎理性而是在乎直覺。他把神道提升為人類與諸神間的橋樑，神道雖界定一個神秘境界，但並非完全超越人間，與之仍息息相關。天皇在此扮演一個關鍵角色，他是精神與現世連接的中介。

到19世紀初，國學者與其農村信徒間的網絡發展得十分迅速。本居宣長作品並未多談政治，但他的徒眾，特別是平田篤胤（1776–1842），把本居思想進一步政治化。他們突出忠義這一價值，但卻將其廣義化。德川時期大部分人都以大名及名藩作為其盡忠的對象，但在國學者提倡下，現在已轉化為「日本」。舉例來說，德川時期日人多認同自己所居的名藩，故漢字「國」是用以稱呼各藩，而非以日本全國作為對象。平田提倡超越各藩的忠義，有類今天的民族主義，當日後西方列強入侵日本時，它成為日人回應侵略的基礎。平田約在1850年代去世，根據當時的紀錄，他的信徒約有三千七百四十五人，[11] 他們很多是老師或國學的熱心倡導者。

平田以日本為神道諸神所居之地，因此在宇宙秩序上佔有超越地位，日本當前面臨的各種內憂外患，證明統治階層無法履行其對諸神、天皇以至人民之義務。國學派無意直接推翻德川幕府，但他們的言論卻造就一種氣氛，當大動亂及改革條件一旦成熟時，便能超越德川體制，舉國一致。

對現狀批評最深刻而影響又最深遠者來自水戶藩儒士，該藩屬德川家族之一，具繼將軍大統身份。其中最著名學者是會澤正志齋（1782–1863），他擔任水戶藩公職，曾著《新論》一書，常為當時倡亂者所引用。該書一方面反對西方，同時亦反對幕府，1825年出版後即私底下傳鈔，1840年代及1850年代間在志士中流傳甚廣。

《新論》指出統治階層之弱點，大名及他們的高級官員據説生活
在恬不知恥的奢華中；面對西方船隻年年有增無已的入侵，他們束
手無策。書中指責幕府為維護其霸業，有意令各藩委弱不振，結果
整個日本不能應付外國侵略者。群眾被看成為無知與不忠，會澤在
書中常譏諷人民的愚昧，當基督教士毫不費力地説服大眾入教，他
為此忐忑不安，深信日本終會有一天失去其神國特質。

會澤希望統治階層能晉用賢人，並以身作則，重振民間道德風
氣。對一個改革者而言，這看法並沒有甚麼特異之處。會澤支持天
皇作為日本象徵，擁有實權者應團結在天皇之下，共禦外侮。書中
為此建議德川自身及在其權力範圍中重新振作。雖然會澤貌似要鞏
固德川體制，但由於他呼籲進一步尊奉天皇及全面改革內政以應付
外患，故實際上有顛覆德川政體的可能性。

德川時期的西方學問稱為「蘭學」，原因是荷蘭人能在長崎進行
貿易，成為西方學問輸入的主要渠道，亦是第二個催化思想變革的
來源。由1640年代開始，幕府禁止輸入基督教書籍，不過有關如醫
術或航海等實務著作，則不在此列，故鎖國以後數十年中，仍有一
些西文書籍流入，其中有部分更是中文翻譯本。[12] 到1720年，書禁
開始鬆弛，以荷蘭文為中心的西學開始形成，其中在長崎特別昌
盛。蘭學者探索西方的自然科學、醫學及植物學，他們也編撰了不
少有關這方面的字典及地圖。蘭學當然是一門冷門學問，一直到
1840年代，蘭學者轉為研究西方的軍事技術，情況才改變過來。

國學、提倡改革的水戶學、以蘭學為中心的西方學問，對農村
上層的半精英者及中下級武士都具有一定吸引力。其訴求亦影響到
德川幕府體制下各邊緣部分，如農村、傳統上與幕府關係惡劣的外
樣及譜代大名，以及長崎南端。

第三個具顛覆性思想則孕育在窮苦農民之間。上章已經提及，
德川中期以後農民造反例案日漸增多，新宗教運動亦蓬勃發展。幾
個在德川後期新成立的世俗宗教團體，其徒眾數以萬計，比較著名
的宗教有黑住教 (1814)、天理教 (1838)、金光教 (1857)。各個宗教
的創立都是因某些善男信女的神蹟啟示或重病起死回生，而教義則

由神道或佛教拾取。入教農民都相信大變亂即將來臨，社會應被重新改造，改造後的世界會更公平，人人安居樂業。有些宗教會扮演穩定角色，勸說教眾少安毋躁，等待美好的明天，但亦有宗教鼓吹信徒揭竿而起，儘快實現世界救贖。當權者對這些宗教團體是頗為焦慮不安的。

　　除此之外，德川時期亦曾出現過幾個大規模的朝拜運動，進一步鬆動農村結構。這些朝拜運動稱為「御蔭參拜」或「伊勢參拜」，因為很多朝拜團的目的地均是伊勢，希望藉此祈求福蔭。終德川之世，朝拜事件約六十年出現一次，而在最後兩次的規模特別龐大。旁觀者在1771年曾作報導，約二百萬名農民束裝上道，前往伊勢，神廟中護身符物從天而降。1830年的朝拜規模更龐大，當時日本人口約三千萬，據說四個月內有五百萬人上道前往伊勢，朝拜者在路上推擠、唱歌、吵嚷、行乞、偷竊、互相毆打。大規模朝拜行為本身並不具革命意義，但卻提升了求變的氣氛。

＊　　＊　　＊

　　總括來說，到19世紀初，時代的錯位這種感覺成為德川思想家著作及其批判者一貫主軸。世上事物本不應是如此，要趕快採取行動改正過來。所謂改正，意指回到德川初期所刻畫的古代先王之道，甚至會澤正志齋在書中亦有意幫助幕府重振聲威。但事情並非如此簡單，若稍深入到歷史背後，很多人思考的對象或利益並不止於幕府，天皇反而成為改革的聚焦點。到1850年代，歷史情景又有急遽變化，幕府在屈辱的條件下被迫進入西方世界，向來所企求的行動又再加上許多人的不滿與野心，民族主義情緒因此發酵滋長，原來的改革思想終轉化成為革命。

第四章

德川幕府的覆亡

　　18及19世紀交匯之際，由歐美前來的捕鯨船、商船、炮艦相繼出現在日本水域，次數日增，而且不斷提出許多要求，令日人疑懼。日人的猜疑並非完全沒有理由，西方列強事實上是國家權力的象徵，亦代表資本主義及民族主義革命，這些革命已在歐美進行，亦逐漸伸展到其他地方，最後要徹底改變整個世界。日本亦無法擺脫此種命運，它們把日本一些本來只不過是陳年問題引爆成一場革命。維持德川秩序的人面對這些問題已有數百年，每當遇上社會中農民及武士間的不滿或財政危機時，將軍及諸大名都會運用其庫藏解決，尚能勉力穩住大局。但在這趟混水中卻來了一些不知所以的外國強權，挾其軍事、經濟及文化的優勢，要求一種聞所未聞的新式國際秩序，德川幕府的統治合法性因此突然受到質疑。

　　幕府雖面臨重大威脅，但它仍一度有挺下去的可能。在1860年代，幕府曾嘗試推動軍事改革，調整江戶與各藩間關係，接受最新科技。但駐日外交人員卻各懷鬼胎，英國表面上是中立，私底下卻與反亂的外藩暗通款曲，有部分英商甚至直接援助諸大名；但法國則支持德川改革者，希望藉此扮演一個主導角色，把日本整合到西方的外交及經濟圈。

　　結果還是英國人比較善於運籌帷幄，決算千里。幕府由於其利益太深，無法擺脫其沉重傳統負擔，至於各外藩大名，他們雖與幕府同樣小心翼翼，有時甚至會鎮壓藩內反叛者，但在關鍵時刻，外藩仍敢支持較富創造性的人。這些人多半來自低下階層，自命不凡，勇於行動。他們揭櫫「尊王攘夷」大纛，逼幕府交出大權，最後發動近代史中最偉大的革命之一。

一、西方列強與不平等條約

第一個重新對日本發生興趣的西方列強是俄國。到1780年代，俄國探險家便到達西伯利亞東部的廣大林區，獵人與商人之活動亦遍及庫頁島及千島群島北部，甚至涉足北海道，俄國政府並進行沿海地區探測。1792年及1804年，俄人進一步前來北海道及長崎，要求幕府給予通商權利，但幕府委婉地拒絕所請。這只是一個前奏，此後數十年間，類似要求接踵而至，間或亦會出現武裝衝突。1806年至1807年間，俄國海軍便曾攻擊日本人在北海道、庫頁島及擇捉島上的殖民區。

一年之後英國亦加入這個需索行列，1808年，英國戰艦「馬車」號進入長崎港，宣稱當時英國正受拿破崙封鎖，要攻擊港內荷蘭人。1818年，英船開進江戶附近之浦賀灣（今千葉半島西部），但幕府馬上拒絕其通商要求。為應付此等不速之客，幕府在1825年發佈《異國船打拂令》，凡外國船進入日本海域者，一律以武力驅逐，這是實行鎖國政策以來最嚴厲的一次規定。1837年，美船「馬禮遜」號前來，本擬提出同樣要求，但卻遭無情炮火輪番轟擊。1844年，在長崎貿易多年之荷蘭人，於其給幕府的年度報告中附上荷王威廉二世致幕府書信，書中指出世界形勢一變，西方的外交體制及通商活動遍及全球，日本將無法獨善其身，應積極參與。

震驚中外的鴉片戰爭成為荷人書信一個有力注腳。1839年，由於鴉片為害甚巨，中國政府曾嘗試禁止此種貿易，但英國藉口保衛「自由貿易」，發動戰爭。1842年，中國終於屈服，在《南京條約》中，中國被迫開港通商，並接受英國人建議之關稅率，英國人亦在中國領土中獲得治外法權，其子民在華若有法律糾紛，會由英國官員處理。凡此種種，均開以後日本對外關係的先河。

當接到鴉片戰爭的消息，部分日人深為憂慮。幕府老中水野忠邦（1794–1851）便表示，「戰爭雖發生於國外，但對我邦仍是一種示警」。[1] 然而德川官員並未接受荷蘭人勸告，無意為躲避戰爭而締約通商，不過他們仍採取了一些新措施，1842年，幕府放寬了1825年的《異國船打拂令》，規定西方船隻若因海難進入日本水域，當地官

地圖4.1　德川日本

員可以提供燃料及食物，並保護他們平安回到海上。除此之外，幕
府亦接受水戶藩等改革者的建議，阿部正弘 (1819–1857) 在1845年
出任首席老中後，便開始在幕府要地建立海防，他亦容許其他大名
發展軍備。

　　幕府對列強壓力的回應並未能紓解困厄，反而削弱其地位。因
為當時日本政壇有些活躍政治分子正嶄露頭角，幕府的措施強化了

他們的國家意識。事實上，鴉片戰爭證明了他們心中最害怕的狀況，來自西方之蠻夷貪得無厭，他們不但要通商牟利，更要掠奪領土。在此種情形下，日本似仍應堅守原來鎖國政策，但由現實層面考慮，避免戰爭是當時較合理的選擇，可以讓幕府及諸大名有時間鞏固防務，因此幕府對列強應至少作個短期讓步，不能死硬鎖國，否則無法馬上輸入西方科技，作為國防之用。幕府是以處於一個進退維谷之境，若採強硬立場，則必須馬上面對戰爭，但若要爭取時間建立國防，則又顯得懦弱怯戰。

由今天的角度看，當時日本人所提出的各種攘夷理論似是廢話及非理性。至少在亞洲，西方列強並非以征服為唯一目標，他們更看重是商業利益，並非領土。但日本人之恐慌性憂慮亦非全無根據，西方之自由貿易是一個意識形態，它建基於一種自以為是的道德信念，凡所到地方，絕對不肯讓步，在必要時候，亦會毫不客氣的實施殖民政策。因此德川時代日本人的看法也有其道理，他們認為西方夷人所販乃奇巧淫技，得之無所益，失之亦不足惜，故列強到來的確威脅到他們的生活方式，無論是物質或政治生活，日本都將面臨新變化，從此走上一條不歸路。

1853年，美國海軍司令官麥菲‧培理（Matthew Perry）來日，帶來了西方列強歷來最明確有力之訊息：若不願和平簽訂商約，則只有戰爭一途。培理之行是美國向西擴展的里程碑，首先是美國的捕鯨業已竭盡大西洋之漁獲，當時正進入太平洋深處之漁場。美國的經濟發展需要鯨魚油，主要用作照明及工業上的潤滑劑。捕鯨者無疑會被世界餘下最豐富鯨魚數量的所謂「日本漁場」、白令海峽和鄂霍次克海等地區所吸引（日本的捕鯨事業在當時亦相當重要，但僅限於近海漁場）。其次是在1848年美墨戰爭中取得加利福尼亞州後，美國人對太平洋商業及軍事上之野心油然而生，甚至有意與英國競一日之雄長，不過培理當前最迫切之需要，則是要日本保證售賣煤炭予美國海軍及為捕鯨業者提供補給港口。總括來說，導致日本與西方建立新的外交關係，以及最後引致本身革命性轉變的緣由，主要是生產能源資源的需求，形成了全球經濟和環境背景的變化。[2]

　　培理1853年7月東京灣之旅及翌年重訪日本，是一個劃時代的歷史事件，其過程既有趣，亦處處充滿溝通問題。當培理在1854年重訪日本時，日本人為其舉辦相撲遊戲，目的是向美國人示以兵威，但美國客人卻毫不在意，其中一位客人在其日記中描述，相撲是個「擠推、叫罵、拉扯、呼喊、扭打和蹦蹦跳的玩意，但看不出他們要幹些甚麼」，因此他下了一個結論：「這玩意是要展示力量，但卻毫不成功，我只是看到一、兩個撲跌。我所認識的相撲手很多塊頭只有一半大，但他們若看見這些比賽，一定會捧腹大笑。」[3]另一方面，美國人亦力圖陳示西方最新科技，其中包括一輛比例四分之一的火車頭及一道三百七十呎之圓形火車軌：「蒸汽在冒升，一個工程師已登上駕駛室，而幕府派來的官員亦已就位車箱中，火車風馳電掣，時速達每小時十八英哩」，[4]日本官員的長袍在風中翻飛，據說他頗愜意於此次火車之旅。

　　上述事件無法掩蓋培理是一個硬繃繃及毫無幽默感的人，他在1853年7月離開日本前，留下一封措辭嚴厲的信，表示會再回來等待回覆，信上說：「敝人為示友好之意，是次只帶同四隻小型戰艦，明春再回江戶時，若有需要，必會帶同更大型之艦隊。」[5]培理之訪引發江戶內外之恐慌，它亦促使幕府一個史無前例之決定，即為了向美國讓步以避免戰爭，幕府必須取得國內共識，因此幕府下令各大名以書面提出應付美國人之最好辦法。

　　1854年初，培理如約率領九條戰艦重回日本，其中三隻是蒸汽船。幕府同意美國船隻可以停靠在較偏遠的下田和函館，美國亦獲准在伊豆半島南端之下田設立領事館，這個所謂《神奈川條約》，亦陸續適用於法國、英國、荷蘭及俄羅斯等歐洲列強，不過幕府仍不肯答應馬上開港通商，然西方各國仍鍥而不捨，繼續要求。美國首任領事唐遜德‧夏理斯 (Townsend Harris) 在1856年到下田履新，他恐嚇幕府，表示若不答應美國之商約要求，英國可能會提出更苛刻條款，若幕府同意其所請，它可以成為各國仿效的模式，反而有利日本。

　　1858年2月，美國終於不費一槍一彈，與日本簽訂《日美友好通商條約》，內容大致與中國在鴉片戰爭所訂條約相仿。幕府官員了解到國內政敵會趁機大肆攻擊，不過除此以外，他們認為沒有更好的

辦法，若訴之於戰爭，不會有甚麼效果，若把希望寄託在新的談判對手，要求也不會變得更寬容。

《日美友好通商條約》內容包括開放八個通商口岸，更值得注意是日本放棄關稅自主權，亦允許條約港口的治外法權。條約中硬性規定進出各條約口岸貨物之通關稅率，日本政府以後無權更改，外國國民若在日本觸犯法律，會在領事法庭審判，審判法官是外人，所用法律亦是外國法律，這通稱為「治外法權」。幕府其後與其他西方國家訂立相同條約。

這些「不平等條約」無論由理論或實際層次來看都是可以説是國恥。如果要找些光明面，則只是美國同意日本要求，不進行鴉片貿易，販賣者會受法律制裁，而英國亦不反對此項約定。假使鴉片能自由進入日本，日本歷史的進程也許是完全不同的樣相了。雖然如此，這些「不平等條約」仍置日本於半殖民地地位中，就法律角度而言，日本在政治及經濟上均成為外國政府附庸，在此後數十年間，屈辱事件層出不窮，此起彼伏。很多令日人憤恨之罪案，最多是從輕發落，甚至無罪釋放。在1870及1880年代，全國報紙的版面中常會出現很多令人氣憤的新聞，例如強姦者無罪、傷人者獲開釋等等，每一次的事件都嚴重打擊日本人的自尊心，亦可以説是損害日本主權的另一種方式。

但如果説「不平等條約」所踐踏的民族尊嚴及主權，早已存在在日本一千多年的歷史中，這種看法則是錯誤。事實上近代日本民族主義的創立並不早，它是在1800至1860年代間洋人勢力東漸，日本與其不斷交往過程中逐步浮現出來。在此段期間，無論幕府官邸、大名城堡以至各個私人學塾中，關懷時勢的武士，希望由歷史及時政的辯論中尋找出一個對策，一個新的「日本民族」概念才得以慢慢形成，成為守護以至統治的對象。另一方面，德川幕府一向宣稱只有它才是日本的正統「守護神」，這種觀念亦日漸遭削弱。

二、德川統治勢力的瓦解

　　通商口岸貿易對日本經濟造成的衝擊是立竿見影的。外商發覺在日本可以用銀塊換取黃金，而其價格只是當時世界價格的三分之一，他們自然歡喜若狂。在第一年的貿易中，外商大量購買黃金，以三倍價錢在中國市場出售。1860年，幕府為阻止財政上損失，不得不降低金幣成色，與世界其他地區價格看齊。但黃金成色減低，卻促使貨幣供應量大增，最後導致通貨膨脹。另一方面，絲價亦因為外商需求而上升，到1860年代達原來三倍，無論外銷或國內市場，其價格均無軒輊。在此同時，外國商品由於價廉稅低，因此大量進口，其中以棉織成品最明顯，消費者固然可以享用低價商品，但不少日本生產商卻因此而破產。

　　消費者及製造業者均表不滿，並採取暴力手段抗議。1866年通貨膨脹達到高峰，城市居民忍受不了米價持續上升，便在江戶及大阪發動暴動，搗毀數以百計的米店，各地城市附近之鄉鎮亦出現類似暴動。1866年，製絲工人間亦醞釀著不安情緒，江戶西部地區約有六千名農民及製絲工人發動暴動，為期達一週之久。他們由村過村，沿途吸引不少人加入，債主、地主、村中之領導層及放貸者等人的房屋均遭破壞，最後幕府不得不出動軍隊鎮壓。[6]

　　上述的抗議活動通常是以日本人為目標，特別是都市中的米商及農村裏的放貸者，參與抗議的人都認為這些人是剝削階級。但到1860年代便不同，不少人開始指責外國商人是老百姓生活困苦的罪魁禍首，製絲工人其實在絲織品需求增加及絲價上揚中得到不少好處，但亦加入反對行列，而且矛頭漸轉向日本當局，因為是他們准許外人前來經商。國學者平田篤胤之門徒便藉詩歌發洩其不滿情緒，一名在日本中部伊那河谷製作蠶絲、閨名松尾多勢子的女子，寫下一首著名詩歌：

　　真令人討厭
　　　　為絲綢而搞動
　　　　今日的世界

52

自從那些船隻

　　由外國開到

　　諸神及天皇國度來

　　為的是尋找

　　珍貴的蠶蛹

人心

　　雖敬畏交加

　　已紛亂如絲

　　充滿憤怒[7]

　　無論是用行動或詩歌表示不滿，民眾的憤怒並未真正導致德川幕府之覆亡，不過幕末志士一直攻擊德川虐害百姓，輕蔑天皇，民眾種種抗議無異為反幕浪潮火上加油。

　　強迫開埠還有另一個更直接之政治衝擊。幕府對外政策之最終目的仍是限制外人活動，但其做法卻一反常規，對全國的武士及大名採取協商姿勢，結果削弱幕府統治的合法性，加速本身衰落。

　　1853年，幕府老中阿部正弘面臨培理初次訪日，要求各大名提出對策。表面上阿部是廣開言路，實際上他了解幕府做法會招致國內極大反彈，故希望事前取得共識。在某種程度上，這可以說是日本國內政治的「開國」，與對西方「開國」是同樣重要，但我們一般只知道培理訪日的影響，反而忽略國內層面。所謂無心插柳，它暴露了幕府之弱點，亦為過去一直遭受政治上壓迫的雄藩開啟了權力大門。這些雄藩包括薩摩、長州及土佐等，它們是所謂外樣大名，在1600年關原戰役中，便與德川家康採敵對立場，雖然經過兩百多年，但各藩大名及武士之反德川情感仍不絕如縷。至於德川內部，身為親藩大名之一的水戶藩，對幕府有極大影響力，亦力主改變現行政策，重新調整幕府、諸大名及朝廷三者間之權力關係。水戶藩看法亦受到會津及越前等親藩大名的支持。水戶藩主是德川齊昭，他是一個死硬的攘夷論者，水戶藩亦成為尊王攘夷（當然表面上仍是尊德川幕府）的大本營，結集了不少如會澤正志齋的學者在其旗下。1855年，一場大地震撼動江戶，死亡數以千計，不但房屋倒塌，連幕府最近為了應付培理闖關而在新開拓地建造的炮台也無法倖免。

當這些觸目的象徵倒塌入海時，它反映的不是幕府的權威，而是其積弱。地震發生在陰曆乙卯年，在十二年的循環中有其特別宗教意義，也強化了本地千禧騷亂的感覺。[8]

對德川幕府第二個更嚴重的打擊來自1857年與1858年兩個事件，即有關將軍繼承問題與日美通商條約簽訂的爭議。將軍德川家定年紀不大，但體弱多病，本人亦無子嗣，原來是由阿部正弘擔任老中一職，身負幕府行政上最高負責人的任務，但阿部在處理培理要求時，深受諸大名的批評，不得不在1855年引咎辭職，繼任者為堀田正睦（1810–1864）。堀田馬上要面對上述兩大難題。首先是將軍家定身染重症，堀田必須馬上解決繼嗣問題。另一方面居於下田之美國領事夏理斯正積極策劃訂立日美商約，他亦須考慮與美國及西方各國再簽新約，但卻不能觸犯正滿腔怒氣的大名。堀田是屬於所謂譜代大名之一員，該集團掌控決策權力，因此偏向一個較易受控制的繼承人，最後選中了親藩大名紀州藩主德川慶福，他年方十二歲，政治上不形成任何威脅。但水戶、薩摩及其他幾個比較傾向改革的大名卻聯合起來，不但反對與外國再訂新約，亦反對德川慶福，他們屬意於德川齊昭之子，以其年長及賢名聞於國內，他已過繼給一橋家，故又名一橋慶喜。

在此關鍵時刻，堀田為強化其在外交及繼承問題上之發言權，便上奏天皇，請求批准與美國簽訂之商約。堀田更打破慣例，親自帶領大批禮物，在盛大扈從陪同下入覲孝明天皇，希望能得到朝廷支持。孝明天皇亦打破朝廷向不過問外交內政之慣例，反對日美商約。孝明此舉是得到朝臣及改革派大名如水戶藩之支持，他不但否決日美商約，同時亦暗示贊成一橋慶喜為將軍繼嗣。

堀田兩頭落空，可以說是極大挫敗，唯一的出路便是辭官歸里，然損失已無法挽回，朝廷公開表示不再無條件支持德川政權，對幕府威信不啻是個空前打擊。從此之後，日本開始了一個長達十年、三足鼎立的政治遊戲。主角之一是幕府中之死硬派，他們主要是參與幕府之譜代大名，雖然主張開國外交、軍事及財政各種改革，但堅持以幕府原來之行事作風達成，其目的是鞏固幕府傳統權力。另一個主角是一些有力外樣及親藩大名之領導層，亦包括部分

朝廷官員，其立場是與前者針鋒相對。他們以尊王攘夷為口號，藉此轉換整個領導中心，奪取權力。第三個主角之社會地位則較低，他們是所謂以忠義自許的勤王派，或稱為「志士」，為達成他們之政治目的，不惜對其國內政敵或夷人使用恐怖手段。

這些志士通常都是憤世青年，出身於中下武士階層，不過亦有不少熱衷政治之農村及都市精英加入他們的行動，甚至包括一些積極女性。在整個日本革命過程中，他們在理念及行動上都扮演十分關鍵角色。這些志士大都自視甚高，認為無論從先天背景或後天學養，他們之學問均足以為其藩主或整個日本安世濟民，雖然他們口中之日本仍是一個未能清晰界定之概念，但天皇無疑具有代表性的象徵。在傳統德川仕途養成過程中，文武訓練是合而為一的。武士在學校一面誦讀儒家經典，一面亦學習劍術及武道，由於此種雙重訓練，他們認為無論從思想或行動上均負有兩種責任：一是要為當前社會問題求取解決方案，二是以大無畏精神將其付之實踐。

大鹽平八郎(1793–1837)是上述精神及實踐最具代表性的人物。在1830年代，他是大阪町奉行(市政府)一個下級武士，在思想上他屬於陽明學派，主張正義之士必須以行動體現其理想。1838年日本出現所謂天保大饑荒，大鹽痛恨高層武士不理他的請求，未能及早賑濟受災平民，因此率領大阪市民揭竿而起，把大阪四分之一的房屋夷為平地，最後才為幕府軍隊敉平。

到1850年代，日本各藩亦出現類似的憤怒及力求實踐之異議團體，而且有互相呼應，聯合起來之趨勢。其中尤以薩摩、長州、土佐及肥前等藩最具影響力，因為這些藩之藩主及高級官員對勤王派均採同情態度。在各個勤王派團體中，其中最著名是吉田松陰(1830–1859)，他是長州出身之儒學武士，其聲名傾重全國。1859年，幕府大舉鎮壓全國異議者，吉田因而被殺，不過他的信徒仍繼續致力推翻幕府，而且日後不少成為明治政府之中流砥柱。京都以至各地城下町之廟宇及旅館，均成為此等志士秘密聚會地方，最後演變為革命溫床。勤王派推翻舊體制至今已經有一百五十年，就像美國的革命者，他們許多人在日本民眾的想像中亦成為英雄，在無數自傳、電影及電視劇中以戲劇性的主角出現。

圖4.1　本照攝於東京1869年，最左邊是長州的伊藤博文，最右邊是薩摩的大久保利通，過去認為中間兩個年輕人是薩摩藩藩主的兒子，然目前多數學者已不認同此觀點。其時年輕武士以尊王為口號，成功推翻德川幕府。（石黑敬章提供）

　　志士之思想來源得自於理想主義及實際改良主義之折衷，他們主張直接訴之於武力行動，認為現存制度不尊重人才，讓他們投閒置散，這當然有些自我投射味道。他們推崇天皇，反對夷人以武力入侵日本。他們把仇恨化為行動，以暗殺對國內政敵及外人進行報復，受害者包括美國領事夏理斯之荷蘭翻譯員及一位著名英國商人。不過有一點值得我們注意，雖然他們最初之政治理念是以抗衡外國船堅炮利為出發點，要利用刀劍把夷人馬上趕出日本，但不少志士了解到這只是一時氣憤填膺，成功希望微乎其微，故很多一早便放棄其極端做法，改以實際手段應付。

　　是以時間一長，不少志士開始了解到西方有許多地方值得學習，不能無視它的存在。土佐藩的坂本龍馬（1835–1867）是最典型例子，甚至到今天他仍是日本歷史劇常愛採用之題材。最為人傳誦之故事發生於1862年，當時坂本偷入一位幕府官員勝海舟（1823–1899）之官邸，勝海舟力主用西法改造幕府海軍，故坂本決意要取其性命。當時已拔劍相向，但勝海舟卻說服坂本，先聽他說明為何要實行海軍現代化的理由，經過一個下午的長談，坂本不但沒有殺

他，而且被說服現代化是改革必由之路。隨著時間之推移，愈來愈多志士像坂本龍馬一樣，開始深入了解西方之思想、制度及科技，並逐步將之根植到日本土壤上。

三、暗殺與協調的政治

德川幕府面臨之威脅有三個：列強、桀驁不馴的大名及頭腦發熱的武士。但幕府卻手足無措，政策前後矛盾，無法應付此種新局面。幕府領導人在開始時是採取妥協態度，但不如意時又採取強硬路線，以後一直是依違在兩者之間，舉棋不定。他們希望發奮圖強，振作幕府，但又不願下放權力。堀田的繼任者是井伊直弼（1815–1860），是德川幕府創立以來少數獲得大老職位以統轄幕府的人，他放棄堀田之妥協政治，企圖重建德川之壟斷權力，因此不顧朝廷反對，在1858年7月逕自與夏理斯簽訂《日美友好通商條約》。在繼承問題上，他選擇德川慶福為世子，並向朝廷及諸大名明白表示不要插手幕府之內政外交，當然亦包括將軍繼承問題。1858年，井伊興起著名之安政大獄，好些改革派大名被迫退出幕府，德川齊昭亦遭軟禁，約六十九名反幕志士被殺或下獄。

不過時機太晚了，反幕的瓶口已打開，鎮壓行動亦無濟於事。1860年3月，水戶志士刺殺井伊於江戶城之櫻田門外，宣稱井伊是個專橫無道大臣，不但殺戮同志，而且輕蔑天皇，大逆不道。井伊之後繼者再次回到妥協路線，為了取得朝廷及有力雄藩之支持，幕府在某些關鍵地方作出讓步，不過對急進派武士則未有手下留情，繼續鎮壓。而朝廷首都京都，無論從象徵或實質意義，已變成各方力量競逐權力的地方。

幕府之新領導人為推動其妥協政策，提出一個「公武合體」口號。所謂公是指朝廷，武是指武家，但其實質意義則因人而異。對幕府而言，「公武合體」意指朝廷與幕府關係水乳交融，其象徵是促成皇妹和宮下嫁新任將軍德川慶福（出任後改名家茂）。對薩摩、長州及土佐等雄藩與水戶及會津等親藩大名而言，「公武合體」則別具含義，其意是指政治權力由江戶轉移至京都，於此成立大名會議作

為決策中心，因此將軍變成與其他大名無異，最多只能說是首席大名，但仍以天皇為侍奉中心。

幕府沒有其他辦法，只好接受部分大名改革之要求。1862年，幕府同意停止實行多年之參覲交代制，讓大名可以改善其拮据經濟。幕府向來在政治上監管諸大名甚嚴，現在亦願意鬆縛，允許諸大名可以使用餘款加強各藩海陸軍，以助國防，不過結果是增強了大名的反抗力量。幕府亦同意委任三個有力大名為「三大老」，成為將軍之特別顧問。

幕府原來是希望藉對大名之讓步以分化急進派武士及其藩主間之關係，使得以全力對付急進武士。但這個願望未能馬上實現，反而在1862及1863兩年，日本各地勤王志士大舉在京都匯集，交結朝廷公卿。在尊王攘夷的口號下，他們不惜犧牲，用暗殺方式消滅政敵，京都頓成急進政治之溫床。由於這些冒險犯難的武士不計成敗，亦全無政治野心，他們的精神以及所策劃之各種義舉，在近代日本政治上遺下非常深遠的影響，而幕府亦不得不再冒大不韙之風險，推動另一波新政策以謀奪回主動權。

1863年，志士說服孝明天皇，向幕府提出馬上攘除夷狄的要求。幕府被迫由將軍親到京都商議此事，這是1634年德川家康到京都以來，幕府將軍首次上訪。此行象徵地緣政治中心已漸由江戶轉移到京都，幕府本來寄盼在「公武合體」名義下，同情幕府之大名能助其一臂之力，說服天皇取消攘夷。但結果令幕府十分失望，雖然各雄藩均了解到攘夷是天方夜譚，然在朝議上卻保持緘默，特別是舉足輕重之薩摩藩，在商議之關鍵時刻卻偷偷溜走，故朝廷為攘夷派壓倒性操縱，將軍沒有其他選擇，只好接受1863年6月25日為攘夷日期，最後黯然離開京都。

幕府官員很清楚本身力量實不足以執行所謂「攘夷令」，故到此日，江戶甚麼事都沒有發生。但遠處九州南端的長州藩卻不同，藩軍隊中之勤王志士向美艦發炮，美法軍艦馬上還擊，戰鬥延續了好幾個星期，最後美法軍隊在下關登陸，銷毀沿岸一些炮台作為報復。列強本還打算進一步採取行動，但幕府及薩摩在京都已先發制人，聯手把長州志士及反幕之朝廷公卿逐出首都。

幕府接下來的工作是鞏固其勝利果實。它命會津藩組成一支正規
外之武士兵隊，監控京都內外一切活動，不過幕府亦答允天皇「馬上」
實施攘夷，其方式是在日後關閉橫濱港口，朝廷由於其激進派已遭剪
除，除了接受幕府所言外，亦無其他辦法。然危機仍未完全化解，
1864年，各地之勤王志士聚集於長州，而長州藩主亦容許他們活動。
以長州為基地，他們策劃下一波動作。新攻勢是組織勤王軍隊向京都
推進，另在京都發動政變，希望內外配合，將天皇由德川幕府勢力下
挽救出來。不過由於薩摩及會津兩藩仍忠於幕府，結果功敗垂成。

57　　　幕府乘勢征伐長州，並明言長州若不想滅亡，藩主必須將攻擊
京都之為首者處死，長州藩主最後不得不屈服。由於激進者被遣
散，溫和派重掌長州藩政，幕府遂躊躇得志，下令撤軍，一時間主
張「公武合體」者似乎佔了上風，日本政局重新走回溫和路線。

四、幕府復興、薩長反叛及國內動盪

由今日回顧，幕府的勝利很明顯只不過是曇花一現，但在當時
卻不是如此看。長州藩一敗塗地，而德川慶喜則剛接將軍之職，年
輕有作為，頗有中興氣象。不過影響日本歷史更重要的因素是過去
數年的動盪不安，結果它逼使日本走上改變的道路，無論是任何人
當政都不能夠再走回頭路了。幕府及幾個重要大名（尤其在九州）都
已實施各項影響深遠的政治及社會改造工作，其核心是廣招人才，
不論其出身背景，均能容納至各軍事及內政機構，進一步達成政治
架構改造。

在幕府內部，勘定奉行（財政專員）小栗忠順（1827–1868）從
1865年便開始推動西式軍事改革，其後更直接參與軍務。小栗甚至
考慮廢除各名藩，成立一個全國中央政府。法國公使里昂‧羅淑
（Leon Roche）於此十分活躍，積極提供小栗各種意見，甚至財政援
助。但幕府中之保守派及旗本則為了保護其傳統利益，橫亙在任何
革新之中，因此小栗之軍事及政治新政反而比不上一些地方大名改
革的速度。1866年夏天，德川慶喜接任將軍之職，支持小栗之改革
計劃。德川慶喜在1857年至1858年將軍繼承問題之爭時，曾受當時

改革派大名的支持，如今入繼大統，決意與小栗及羅淑合作，把幕府改造為一個西式民族國家政府。雖然幕府之保守力量仍不願有任何改變，但革新已著手進行，整個改革方式與數年後之明治維新其實是相當類似，假使幕府有幸「存活」下來，它的政治體制也許與其取代者不會有太大差異。

　　德川幕府失敗於兩個因素。首先是權力的難以分享，各個外藩領導人大多不願再回到昔日為德川臣屬的狀況，其中以長州及薩摩尤為明顯。其次是各藩武士均已推動大規模改革，並取得軍隊領導權，有時連藩主亦無法控制，他們直接挑戰德川權力，並將之擊敗。

　　長州志士在1864年的確遭遇滑鐵盧之役，被趕出權力圈，但幕府並未徹底擊潰他們，志士餘黨仍然活躍，他們使用西式武器及西法組成非正規部隊，而且在兵隊組織上有一重大社會突破，即容許農民參軍(雖然有時農民是被脅迫的)，其中又以長州藩高杉晉作(1839–1867)之奇兵隊最為著名。在德川二百五十年統治中，農民一直被嚴禁參軍，甚至持有武器，但現在卻有機會上戰場。農民參軍之動機也許因人而異：有以參軍為光榮，亦有以參軍為天皇或國家服務。然無論如何，農民與武士所組成之軍隊具有高昂士氣，戰鬥能力亦強。1865年，高杉晉作之奇兵隊首先在長州藩內戰中旗開得勝，藩領導權再次落入急進派手中。由於長州類似薩摩在十數年前便開始改革藩內財政，故藩內收支一向有剩餘，因此長州軍人有經濟能力向英國購買武器及軍艦，逐步發展成一支戰鬥力甚強之軍隊。

　　薩摩雖沒有長州激進，直接挑戰幕府權威，但亦一直現代化其軍隊。由於薩摩實行重商政策，鼓勵出口及種植如甘蔗一類之經濟作物，故藩庫收入甚豐，財政狀況良好。同時薩摩亦如同長州一樣，擁有比例甚高之武士，一方面是防範幕府，另外亦因該藩離江戶較遠，幕府要管亦鞭長莫及。因此在先天背景上薩摩與長州十分相近，似乎應有合作空間，事實卻不然，要把兩名藩牽引在一起並不容易，需要有一個無利害關係的第三者來催生。

　　土佐藩的坂本龍馬擔任了這個歷史性的使命。前面提及坂本要刺殺勝海舟，但在勝的遊說下，坂本由一個攘夷刺客轉變為一個開國論者。1866年坂本秘密為薩摩及長州兩藩作仲介，結成秘密同盟，

58

盟約規定若幕府攻擊兩藩中任何一個，它們都會互相支援。對付幕府的時機很快便到來，1866年夏天，幕府以長州的勤王志士漸取回藩內控制權，它絕對不能忍受長州第二次威脅，因此它下令再次征伐長州，並命各大名參加。然由於有盟約在身，薩摩拒絕參加，有些大名亦跟進。幕府因為師出無名，士氣不振，結果為長州大敗。

幕府不但戰敗，更嚴重的是幕府軍隊在眾目睽睽下由本州南端潰散回來，威信大失，德川幕府之瓦解似乎指日可待，引發人民對未來的憧憬，甚至有種大亂將至、末世即臨的感覺。在幕府統治最後的兩年中，農民反抗事件層出不窮，有些是反對苛捐雜稅，有些則直接攻擊農村之領導精英，其中在1866年最明顯，統計當年共有三十五次都市暴動，一百零六次農民起事，大部分都是發生於幕府二次長州之役以後。

最不尋常而又饒具趣味的是，在1867年末日本出現大規模之慶祝活動，範圍遍及由江戶至大阪整個本州中部，參與者極盡歡樂之能事，類似嘉年華會。事情起源於大阪、京都、名古屋以至很多城鎮，突然從天降下吉祥符咒，在少數地方，當局抓到一些人從屋頂撒下符咒，目的是要製造氣氛，但是不是所有符咒都是有人故意製造或真的來自天意，現在是無從稽考，但它卻產生強大效果。只要在有符咒降落的地方，人們都會跑到街上，盡情唱歌、跳舞及縱酒。他們之所作所為，是要挑戰現有秩序。仔細觀看當時所留下來的歌曲內容，強烈反映出德川幕府覆沒前的政治鬥爭氣氛，而大部分都是站在反幕一方。一個在大阪居住的英國人曾在1867年記下其所見所聞：

> 群眾都穿上節日衣服，一面跳舞，一面唱著「這不是很好嗎，這不是很好嗎」的歌曲，房屋用各色米餅、蜜柑、香袋、稻草及花朵裝飾得一片熱鬧。衣服則是紅色慶服，間中亦有藍或紫色，很多舞者在頭上都戴有紅燈籠。群眾如此狂熱的原因，據說是天上掉下來無數紙片，上面寫著兩個伊勢神宮神明的名字。[9]

在上述極不尋常的突發性風潮影響下，無論幕府及大名陣營，其重要人物均了解到後德川時代即將來臨，他們必須謹慎計算出下

一步的走法。問題的核心是誰能掌握發言權：是否由一個包容性高
的大名會議取代幕府，最後走上像西方議會制度的形式？或是由少
數反幕人士壟斷新政權，形成寡頭政治？答案當然不會馬上出現，
這些問題不止在倒幕時期存在，它是以後數十年間日本政治史中極
為重要的問題。

　　在此關鍵時刻，土佐藩的坂本龍馬及後藤象二郎（1838–1897）
再度發揮其中介角色的作用。土佐的構想是以英國模式取代幕府，
即以貴族及平民二院作為政權基礎，貴族院由大名組成，平民院則
由下級武士以至平民組成。1867年11月，將軍德川慶喜終於被説服
接受這建議，向天皇上表，實行所謂「大政奉還」，同意卸去將軍之
職，天皇擁有主權名義及最後裁決權力。不過德川家保有原有領
地，仍是最有影響力之大名，故在未來之大名會議中，幕府估計它
仍可繼續扮演領導角色。

　　對幕府而言，它已經作出最大讓步，但薩摩與長州及朝廷內之
反幕力量仍不滿意，1867年12月，薩長聯軍進軍京都，取得首都控
制權。在薩長進軍京都以前，孝明天皇崩殂，明治天皇新任帝位，
聯軍入京後促請天皇維新。1868年1月明治天皇宣佈廢除幕府，設
置總裁、議定、參與三職，由朝廷公卿、大名及武士擔任，向天皇
負責，而德川在新政府中則無任何實職，這自然引致幕府怨恨。幕
府遂與薩長軍隊發生衝突，但節節敗退，由京都退回至江戶。勝海
舟受任陸軍總裁守衛江戶，但在1868年4月，卻不經一戰舉城投降
反幕陣營。六年前勝海舟曾勸服激烈的勤王派坂本龍馬放棄反叛（及
暗殺），轉為致力幕府改革。他的想法並沒有改變，但當幕府已失去
正當性，不值得為其拼力死戰，如何和平建立新政治體制才是當前
最重要的問題。

　　並非所有幕府派都效忠天皇，認同一個民族國家的政治實體。
本州北部大名對反幕派尤其不信任，他們恐懼薩長派會擯其於新政
權之外，故誓死反抗到底，因而引起一場死傷頗重之戰爭，成為幕
府及其效忠大名的最後堡壘，故明治天皇雖在1868年1月正式宣佈
「維新」，但戰事真正平息則要到十八個月以後，會津藩之役傷亡最
為慘重，據説有三千人犧牲於戰場中。

　　因此幕府之敗亡並非兵不血刃，在政治上其實是一場相當大的震動，引起不少混亂。然而經過攘夷派及反幕派多年活動，各地之勤王志士對政治及社會體制均已有一個新認識，大異傳統。例如在1860年代初，幕府及大名均派出代表團出使至歐美，大部分代表在實地考察過歐美後，均放棄要所謂立即「攘夷」之妄想。雖然各人之反應仍有差異，但已反映出他們開始了解到西方科技以至政治制度的優點。

　　到1868年，有些人的想法更大膽，原來他們主張師夷長技以制夷，打算生聚教訓十年後才驅逐洋人，現在連這種戰術讓步也放棄。他們認識到日本最終是無法自外於這個全球性的民族國家體制，反映出志士們已出現某種民族自覺，至少武士階級中，民族主義已經滋長。就民眾方面，他們亦非如一般武士所認為那樣愚蠢或無知，對時局的變動抱有期待，甚至可以說有解放的感覺。很少人會為幕府的崩潰而悲哀，不過亦很少人馬上認同新政權。究竟誰會成為新的政治領導人？新政權會是如何一個樣子？當明治天皇在滿天飄舞的符咒中宣佈維新政府成立時，各種基本問題其實仍懸而未決。

2 現代革命

由明治維新至日俄戰爭

第五章

武士革命

　　明治天皇在1867年及1868年間所發動之「維新」，其實僅能稱之
為政變，因為推翻德川幕府只是一小撮反幕派，他們號稱「王政復
古」，要恢復天皇親理政事的傳統。但睽諸史實並無其事，在日本歷
史上沒有幾個天皇是有力而且可以親自處理政務的。以此為號召的
原因，是當時各政治派系害怕薩長兩藩武士挾天子以令諸侯，再建
立另一個幕府，日本政權依然由少數集團操縱，換湯不換藥。事實
上王政復古後，政治架構並沒有改變太多，除了京都及江戶若干紛
擾外，整個日本仍有近二百個大名，它們互不隸屬，各擁有自己的
獨立財政及軍事權力。武士依舊根據其先天身份地位接受俸祿。無
論城市或農村，的確一度陷入混亂，但農民起義多半是短促而且零
散，未構成真正威脅。

　　然若將1868年的政治、經濟、社會以至文化各方面情況，與十
年後之日本再作比較，其轉變則令人大吃一驚，完全可以稱之為「革
命」。所謂「革命」，並非說與過去一刀兩斷，沒有一個社會可以這
樣，日本亦不例外。但其在深度及廣度上之轉變，不但令當時人訝
異，就算在一百五十年後之今天，亦足以令人目眩五色。英國學者張
伯倫（Basil Hall Chamberlain）便是實際目擊日本歷史性變化的見證人，
他從1873年開始在日本居住三十年，他在1891年便寫道：

> 一個人若活過近代日本之過渡階段，他會有一種與別不同的
> 老邁感，因為他目下完全活在一個現代世界，上下周圍儘是
> 談論著腳踏車、桿狀菌及「勢力範圍」等等現代事物，但其腦
> 海裏仍可以清晰記得中古時期的事情。那些親愛的老武士曾

引領我進入日本語的神秘領域中，當時梳的是辮子，身上帶
著兩把利劍。這些封建遺風現在已沉睡在涅槃中。

老武士的現代繼承人，現在可說頗流利的英語，日常穿著高
領紳士服，望之與歐洲人無大不同，所差者只不過是日本人
游移不定的眼光與稀疏不密的鬍子，舊東西好像在一夜之間
便消失得無影無蹤。[1]

雖然張伯倫強調這「過渡期」的開展是不同凡響的迅速，但他的文章
其實亦指出日本的變化只不過是全球變遷之一部分而已。的確，若
由近代革命的全球視點觀看，日本在1860年代便開始的變化只是其
中一個環節而已，由19世紀到20世紀世界各地所發生的改變，亦一
一反映在明治維新。

在世界史中，日本固然與其他近代化社會有著共通之點，但其
過程仍與18世紀及19世紀的歐洲革命有所不同。在歐洲，推翻貴族
特權之動力來自於新興階級，特別是城市資產階級；在日本，明治
時代帶頭攻擊舊有秩序的人卻是武士，屬於原來體制內的精英。由
於武士之特殊角色，不少歷史學家稱日本19世紀之「維新」為「自上
而下的革命」或「貴族式革命」。[2]

在20世紀各國革命中，不少社會精英在舊社會中便享有崇高聲
望，然在改革其政治架構時，卻不惜弱化自身地位。日本之革命模
式並非獨一無二，它與早期歐美革命不同，較類似後期歐美革命。
這種精英式的革命在日本出現，與其武士階級的特性有關，也為它
帶來優點及缺點。由消極層次而言，精英革命之所以可能，因為武
士並非地主階級，缺乏安全保障，他們基本只是領主的受薪隊伍，
雖然是世襲，但完全沒有土地所有權，有異於歐洲封建莊園、中國
之鄉紳地主、甚至朝鮮之兩班地主。故與其他社會精英相較，武士
可以說是一無所有。另一方面，當新政權要取消封建特權時，他們
卻是封建體制底下某一程度的受益者，又不得不極力維護這些特
權，維新後有些武士的確痛恨昔日同志的做法，要以行動反抗；不
過大部分則沒有採取任何行動，原因也許是沒有辦法，也許是不願
意。由積極層次而言，在維新運動過程中，不少勤王志士已不再以

單一大名為其效力對象,他們把層次提升至全國,這種急速上揚之民族意識亦為他們的行動落下注腳,說明他們為何願意接受明治政府各種影響深遠的改革計劃。

一、民族革命下的各種政策

1868年明治政府成立,其領導人沉浸在輕而易舉打敗德川政府的興奮情緒中。雖然在對外關係上,不平等地位及列強揚威耀武的恥辱彰彰在目,外力蠶食之憂慮揮之不去,在國內也仍有各種反對勢力,但至少主要軍隊保持穩定,有些甚至還有不少西式裝備。

上述挑戰反而成為刺激明治革命者的動力。另一個刺激革命的動力則為德川遺留下來的問題,這些議題自幕末以來便一直為志士熱烈討論,它們包括軍事及經濟力量的衰落,缺乏政治統一,無法讓賢者出頭的僵化社會結構等等。在對舊政體恐懼及不滿之雙重因素下,明治領導人雄心勃勃,設計一個涉及面甚廣的計劃,在不斷修正與嘗試中,要把日本變成一個新式的民族國家。

1. 政治統一及中央官僚制度

第一個激烈行動便是「廢藩置縣」,把一個實行二百六十年的政治制度馬上完全解體。在維新派發動政變後,臨時政府的領導人如長州之木戶孝允 (1833–1877)、薩摩之西鄉隆盛 (1827–1877) 便立刻決定要結束四分五裂之藩閥體制。在經過小心翼翼的策劃後,他們在短短三年內便實現其目的。一個英國觀察家在1872年便很訝異各種變化:「四年前我們仍在中古時代,但現在已大躍進至19世紀,猶如由詩經時代進入平易實用的散文時代。」[3]

建立中央集權政權的動作始於1869年3月,當時新政府遊說一些具影響力及權勢的大名,特別是薩摩、長州、土佐及肥前等藩,希望各大名能自動把領地奉還給天皇。由於他們多半身為發動政變武士之藩主,深信各武士所言,即在奉還領地後,其原有地位仍受尊重,同時只要願意,在新政府中亦會獲得發言權。事實上,在奉

63

還土地後，各藩主都被重新委任為藩知事，其收入仍然可觀，其自主權亦一如往昔。到1870年初，所有大名均在形式上把土地交還天皇。雖然如此，這個史稱為「版籍奉還」的決定，建立了「普天之下，莫非王土；率土之濱，莫非王臣」之近代日本天皇直接統治原則。

為了進一步徹底廢除大名制度，明治改革者嘗試在各藩佈置心腹親信。他們敦促各藩任用有才幹的下級武士，這些人一般都比較容易接受改革。為爭取各藩有力者之支持，木戶孝允及其他明治政府領導人亦實行軟硬兼施政策，一方面承諾授予各大名及其追隨者在中央政府之職位，另一方面則以薩摩及長州武士為基礎，成立天皇親兵，親兵雖然從未真正使用過，但其力量不但大於任何一藩之武力，亦大於任何雄藩之聯合力量，因此構成阻嚇力。

用上述政策安撫了潛在反對領袖，並在主要名藩中建立好支持勢力後，明治政府在1871年藉天皇宣佈「廢藩置縣」，縣知事不再由原來藩主出任，改由中央政府直接派出。故它已不止是藩名號的改變，而是一個根本改造，其結果十分明顯，中央政府直接向各藩領地直接收取稅項，各大名則要移居至東京，其原居藩堡亦遭夷為平地，在命令發佈後短短三個月內，日本之地方制度迅速變化，由原來一百八十個藩變為七十二個縣，大部分新任縣知事都非原來藩主，他們都是反幕派名藩中的中級武士，維新後在明治政府中任重要職務。

廢藩置縣後，明治政府對大名實施巨額補償。大名每年可以向政府領取一筆可觀之報酬，約等於原來藩稅年收入的十分之一，但大名卻無需為藩的開支操心，一切均由中央政府承擔，因此不少大名雖被迫退出政壇，但並無任何怨言。在短短三年之中，德川幕府建立了二百多年的藩幕體制便全然消失，幕府以至數百個半獨立的藩便不再存在。

明治領導人同時亦要建立一個中央政府架構，以管理新成立的各縣。因此在前幾年摸索的方向中，政治組織屢次變動，有時會令人糊塗。為了坐實王政復古之名，維新者使用日本平安時代 (794–1192) 官制名稱，作為新政府之職稱。首先在1868年初設三職，三職為總裁、議定、參與，分別由公卿、藩主及武士擔任，雖以天皇

名義，實際上由三職掌握臨時政府大權，其中又以薩長最具影響
力。稍後維新派又設太政官，作為最高權力構關，但仍由維新派佔
有最重要位置。然太政官組織在1869年及1871年均先後修正過，到
1871年，置太政大臣及左、右兩院，左院負責立法，右院負責草擬
政令，太政大臣下轄大藏、外務、工部等省。

明治維新體制顯得頗有效率，一直能維持到1885年，其後因為
模仿歐洲，改為內閣制。內閣由總理大臣統率，下面為管理實際行
政之官僚部會。1889年明治憲法通過，內閣制正式成為制度，本章
稍後會討論這部憲法。這部憲法亦設立一個具審議權力的國會，但
內閣並非向國會負責，而是向天皇負責。

在明治初期，各省官員任用，多透過私人關係，故位置大半由
薩長武士及其盟友佔據。不過一個無私、用人唯才的文官制度很快
便出現。1887年，明治政府開始實行考試制度，從此刻開始，日本
帝國各部會之用人便完全以考試成績為錄取標準，而考上者亦獲得
社會上極高名譽。

官僚國家的出現是日本近代史一個非常重要的一步，德川幕府
的傳統是以文人化武士出任官僚，明治政府繼承此項遺風，並進一
步發揚光大，即廢除各藩，擴大用人範疇；其次是德川之官僚體制
因為其權責重疊，是以行政效率不彰，現代明治政府用功能較清楚
之部會替代，亦實現了德川體制中賢能者在位的理想，明治政府的
合法性進一步得到鞏固；最後一點，明治政府鼓吹出仕即為服務天
皇，是無上光榮，亦為增強明治政府地位的方法。總括來說，明治
領導人為其國家建立一個亙古所無的政府，比以前更有合法性及更
有力量。

2. 四民平等

明治維新初期第二個改變更為突出，不過其代價亦更大。1876
年，維新成功八年而已，武士之經濟特權即被一掃而光。武士是一
個半貴族式之社會階級，亦是維新領袖出身所在，但卻被完全
消滅。在整個過程中並非沒有反抗，有時亦會相當激烈，甚至血流

成河,但維新領袖最後仍能克服各種困難,完成此類似社會革命的任務。

明治政府決定要廢除武士階級,其主要原因在財政問題。在廢藩置縣時,政府乘勢削減武士俸祿。但到1870年代中,武士俸祿支出仍大,約佔財政支出半數。而新政府建立之初,百廢待舉,在在需財,領導層認為武士之花費太大,但回報卻不高。武士中的確有不少才智之士,但卻被投閒置散,他們原來所受的刀槍劍擊的教育,當時則一無用處,因此俸祿變相成為社會福利,為特定家庭出身而設。

在維新之初,各領導人已深知廢除武士階級之必要,事在必行。但要實行則為一艱巨挑戰。它前後花費約十年時間,最後喪失了不少武士的支持。這些武士原來很多是支持維新號召,不過在1868年後仍留在原來各地名藩中,主持明治政府的領導人都是舊日同志,因此他們大為不滿,認為遭同志出賣。明治政府在推動此政策時,與廢藩置縣一樣,起初非常謹慎。1869年,它將武士分為兩類,上者為士族,下者為卒。到1872年,又實行所謂「四民平等」政策,把下級武士身份轉變為平民,雖然當時仍保留其俸祿。

1873年,政府宣佈徵收武士俸祿稅,次年又鼓勵武士將其俸祿改為債券。政府發行債券之價值約等於武士五到十四年的收入,武士若用俸祿換債券,則可收取五厘到七厘利息,理論上俸祿愈低者,其利息會愈高。不過若收入真的是靠債券,就算用最優惠的債券計算,其金額仍會稍低於年俸祿,故只有少數武士願意參加。

1876年,政府終於下令強迫武士參加,所有俸祿均轉換為債券,很多武士因而損失慘重,與大名之優厚待遇有若雲泥之別。他們的收入最多只得回原來90%,有些更甚至低至25%。不單如此,帶刀原為武士特權,新規定是所有人民均不能帶有武器,唯一例外是軍人及警察,武士的尊嚴又受到另一個打擊。

廢除武士特權一方面可以讓新政權重新分配財政及人才資源的使用,亦促使社會轉型,由過去一個身份地位僵化的封建制度,變成一個流動性強及用人唯才的社會。另一方面,廢除武士階級意味著社會武士以外人口的解放,讓他們同樣享有武士過去的特權。因此,日本理論上已成為一個自由社會。在1870年,在法律上所有非

武士的日本人均被視作為平民，德川時代有關旅遊、衣服、髮式的限制均全部取消，有關職業限制亦同樣。德川時期有所謂穢多或非人，他們是世代相傳之賤民，法律上亦規定不能歧視，由於原來稱謂頗不雅，政府為他們更名為部落民，原因是他們與社會仍有隔閡，多集中居住一處，故以此為名。事實上，部落民之後代到今日仍受到社會歧視。另外在性別上仍然不能完全平等，此點會稍後提及。

有些平民隨之而發跡起來，其實這並不意外，特別原來是地主、貸主、農村小生產商等人，他們在德川時期便頗富有，亦受到一定教育，在明治時代一個較為開放的社會環境中，自然很容易冒出頭來。但有部分則十分貧困，生活過得十分吃力，特別是那些身無寸土的人。他們只能倚賴地主不可靠的善心，才可以在疾病、歉收、農價下跌中生存過來。至於武士，他們雖失去俸祿及社會地位，但他們具一定教育程度及企圖心，很多武士可以自立自強，亦有些武士用其債券投資到新企業中，不過多半失敗告終。亦有些反抗新政府，或以武力，或從事政治運動，要求召開國會、訂立憲法。

明治時期是個轉變的時代，要了解其所帶來之發奮精神、各種機會及危機，當時之文學作品是個非常好的渠道。作家德富蘆花（1868–1927）以1880年代為背景，在1901年寫出《回首記》一書，生動地反映出當時情況，廣受讀者歡迎。其中一段寫及老師與他的對話，他老師是一個自由民權活動家，面對這位充滿理想情操的學生，指出：

> 此後的日本，再不會像以前馬馬虎虎便可以了事，完全是靠實力決勝負。就算在政界，1890年以後才是真正困難的開始。*其實不止政治，其他方面亦一樣。現在日本正爭取加入世界各國行列，能爭取多少便爭多少，考驗國家實力的機會愈來愈多，此亦不正是有志之士自愛之秋？能不修養奮發嗎？我所謂志士不限於政治家，它包括各方面，只要有志貢獻國家的人便可以。[4]

---

* 譯注：1890年日本正式選舉國會議員。

66　　**3. 徵兵令**

　　遠在武士失勢以前，明治領導者便決意要從基層開始改革軍隊，長州出身的幾個主要領導人如木戶孝允、大村益次郎 (1824–1869)、山縣有朋 (1838–1922) 等等，深深體會到長州軍隊以武士–農民合作基礎，在維新戰爭中發揮重要作用，因此他們極力主張軍隊應向全國招募，而且是強迫徵集。他們的觀點引起很大爭議，一些武士是極端反對徵兵制，1869年12月，他們暗殺大村於京都。至於在政府高層裏，來自薩摩的武士則有不同看法，由於薩摩藩人口中武士之比例甚高，約佔五分之一，故對百姓採較為敵對態度，認為他們多半是無知，而且反叛性強，主張武士在明治政府中應有重要地位。薩摩的靈魂人物是大久保利通 (1830–1878)，他是明治政府頭十年中最具影響力的領導人之一，與長州木戶孝允並駕齊驅。剛開始時，大久保所代表之薩摩觀點取得優勢，而且得到當時政府中最有力之朝廷公卿岩倉具視 (1825–1883) 支持。1871年，明治政府創立親兵隊，人數約萬人，主要是由參加維新之武士群中選出。

　　因此在軍隊中，保守觀點似佔上風，不過並不長久。其後山縣有朋由歐洲訪問歸來，根據歐洲經驗，他主張全面展開徵兵制，認為不但有助增加軍事力量，同時亦有利於鞏固人民對政府之向心力。1873年，山縣之看法獲得認同，政府下令推行全民徵兵制，凡二十歲或以上之成年男子均有義務入伍三年，退伍後擔任後備兵役四年。

　　徵兵令並不受民眾歡迎，同時它的普遍性亦受限制，政府列出若干免役規定，包括一戶之長、有刑罰在身者、體格不合規定者、若干規定學校之師生以及公務員。它亦容許人民納款免役，不過金額巨大，約為二百七十日元，超過當時一個普通工人之全年收入。由於人民想盡辦法逃役，不是尋找迎合免役資格的方式，便是湊合款項，付錢消災。因此徵兵常出現不足額情況，但政府則稱其為「血稅」(模仿歐洲當時用語)，認為是人民必須履行的義務。在1873年至1874年間，出現十六次民眾暴動，許多徵兵站被憤怒人民搗毀，約有十萬人因此被捕及受罰。

近代以來，日本軍隊給人的形象總是紀律嚴明，盡忠報國，上述反抗事件反映出這種形象並非日本之「國民性」，亦非自古以來的傳統。在歐洲及美國也存在過同樣的反抗，美國內戰時期即出現過大規模的反徵兵行動。日本與其他地方一樣，愛國精神是現代民族主義運動下一個結果，它吸引無數青年自願從軍，但要民眾真正接受，其實是需要數十年的時間才能出現效果。日本軍隊第一個考驗是1877年之「西南戰爭」，不過它最終敉平了武士的大規模反叛。忠君教育其後逐步展開，1882年的天皇諭旨中諄諄教誨海陸軍人，年輕人應以赤心及勇敢報答君主。公共教育系統在教科書及老師的宣導下，成為忠君教育之支柱。日本海軍在1880及1890年代逐漸茁壯成長，到1890年代中，陸軍已不只是守土衛國，而是開始向海外擴展。到此時，參軍才開始被許多壯丁及家庭視為男子愛國責任的表現。

4. 義務教育

67

與軍事改革同時進行的是新式教育制度的移植，它發展得十分迅速。1872年，明治政府發出豪言壯語，要實行四年義務小學教育，凡男女學童均有資格入學。它誇言「在村中無家不入學，在家中無人不讀書」。這亦反映出明治領導人對西方富強原因有一定了解。事實上，當木戶孝允等領導人切身考察過歐美社會後，體會到全民教育與全民徵兵一樣，都是西方經濟及軍事力量的基礎。他們最初是以法國及美國為楷模，於1872年在全國設立中小學及高等學校系統。剛開始時，政府明言學校是以實務學習及獨立思考為目的，只有這樣一般人民才能夠發揮個人所長以效忠國家。

對明治政府來說，全民義務教育是一個大膽的嘗試，亦是一種冒險。德川思想家如會澤正志齋等多次指責老百姓為愚民，常輕易被巧舌如簧的傳教士欺騙，最後背叛其領主以至天皇。明治領導人若接受他們的想法，以安定為先，肯定不會讓其臣民有接受教育的機會，更不用說學習那些宣傳自主的啟蒙思想，因為臣民是以服從為第一義。事實上，明治領導人並非不了解其中情況，但他們認為日本若要走向富強之道，必須要消滅愚民。不過他們亦發展出一套

教育理論，即男女兩性之學習目標不應該一樣。前者學習知識，是以服務大眾、富強國家為目的；後者則除了身為天皇臣民外，其最重要學習目的是如何在家庭中擔任賢妻良母的角色。

社會對義務教育的反應是好壞參半。當時的文學作品反映出某些年輕人對義務教育的期待，認為是一個上進的好機會，同時若能到新首都東京工作，盡忠國家，亦是他們夢寐以求的事。德富蘆花在《回首記》一書，亦記述1880年代初期年輕人熱衷學習的情況：

> 八月底收到松村一封信，帶來一個大消息。在那些日子裏，對我們這些年青人所謂「大消息」，其實就只有一件事：松村下個月要出門，上東京學習去。你可以在他筆走龍蛇、上下飛舞的字裏行間感覺出他的興奮。他的字從來是有氣無力，但這次卻截然不同。信上的字每行一氣呵成，歡欣之情躍於紙上。[5]

不是每個人都興高采烈的盡義務上學，最後完成學業。小學經費是由地方政府補助，財源來自於地稅附加稅，約為10%。因此1870年代納稅人對義務教育的反應如同徵兵令一樣，用暴行發洩其不滿。被群眾搗毀的學校至少二千所，大部分是遭燒毀，約佔當時全國學校數目十分之一。消極者則以拒絕上學作為反抗手段，這種情形更普遍，因此在1872年至1881年間，男女學童之出席率甚低，約為就學人數之25%到50%。

不過上學最後如同徵兵一樣，成為效忠天皇臣民應盡的責任，為廣大日本人民樂意接受。到19世紀末，小學之入學率達90%以上。到1905年，在法律規定下，小學之適齡學童入學率，男性是98%，女性是93%。隨著義務教育深入發展，一個新的社會價值亦逐漸形成，每個人的生命從小便應該在一個開放環境中成長，讓他的天份得以自由發揮。這種思想對年輕人尤具吸引力，它成為以後日本社會一個最受人認同的基本價值。因此選賢任能與世襲交替兩種價值，在德川幕府時期一直處於衝突狀態，明治政府的社會革命則把這個意識形態問題解決掉，強調用人以才能為主。

5. 一君萬民

　　明治革命諸多嶄新政策中，其中一個便是有關天皇，其結果便是將天皇建構為政治秩序的核心。維新派志士是用天皇名義發動政變，但當政變成功，一旦大權在握，他們對天皇便各有不同主張。一般老百姓並不特別把天皇當作一個效忠的政治符號，而明治天皇本人無論是穿上傳統禮服或西式軍裝，看起來也不是一個令人印象深刻的年輕人。

　　當討幕派節節勝利，最後攻陷德川幕府大本營江戶後，明治天皇亦臨幸其地。其時明治政府內部仍未能決定未來首都的所在，有人主張把首都移至江戶，並更名為東京，有人則主張天皇還駕京都，仍以該地為全國首府，有人甚至建議同時建都於江戶及京都。事實上在明治政府成立後，天皇在東京居所一直被稱為臨時行在，到1889年正式定都東京，天皇居所才正式稱為「皇居」。[6]

　　由1868年到1889年這二十年間，當首都逐步由西移到東時，天皇之形象亦在改變中，明治政府不斷地為天皇與皇后增添象徵意義。在1880年代，皇后及其侍從均穿著西式服裝，目的要顯示天皇制度是一個現代產物。為呈現明治天皇是一個現代化君主，他本人亦有個令人吃驚的變異過程。其中最突出的例子便是明治天皇的肖像，1888年一位義大利著名藝術家為天皇畫像（見圖5.3），若與天皇早期繪像比較，其差異是頗為顯著的。這幅畫像其後被攝製成照片，只要合資格的公立學校請求，照片都會送過去。教師則利用它在各種儀式中鼓勵學生效忠皇室和國家，而明治天皇的形象亦自此固定下來。

　　同一時間，憲法亦提升天皇之法律及文化地位。在1880年代到1930年代間，天皇制度成為一個有力之統合力量，影響力大得異常。它是國家、社會、個人等認同的共同起點。透過天皇制度的運作，個人因而可以聯繫到家庭、工作場所、鄰里各個社群，最後形成一個想像出來的民族與帝國之有機體。明治政府一方面以天皇名義頒佈新憲法，另一方面也給予皇室更多財富，1889年和1890年先後撥給山林地，使皇室有更可靠收入，無需倚賴國家每年預算，也比數百年以前富有得多。[7]

圖5.1　1872年明治天皇穿上朝服，坐在一日式椅子上，神情頗不自在。須藤光暉，《明治天皇御傳》(東京：金尾文淵堂，1912)。(T. Fujitani提供)

圖5.2　1873年明治天皇穿上西式軍裝，髮型也是西式，嘴上留了鬍鬚，坐在一西式椅子上。照片描繪出一個新皇帝及新國家的西化及近代形象，反映出當時日本政府熱切追求的方向。從明治天皇的姿勢，可以看出這位年青人仍未完全習慣他的新角色及新形象。須藤光暉，《明治天皇御傳》(東京：金尾文淵堂，1912)。(T. Fujitani提供)

圖5.3　明治天皇在1888年所攝照的成年肖像，當時日本全國學校都供奉此照。肖像是義大利著名畫家愛多魯·伽森(Eduardo Chiossone)的作品，它成為日本這位近代新君主的官式畫像，與十五年前的年青形象比較，明治天皇顯然是有威嚴得多。這種差異，不單代表明治天皇比以前更成熟，亦反映出當時日本政府要利用這形象來突顯它的新權威及力量。渡邊銀太郎編，《御大葬御寫真帖》，第一卷(東京：新橋堂書店，1912)。(T. Fujitani提供)

二、富國強兵之道

　　明治領導人非常欣賞西方工業資本主義所帶來的爆發力，對曾外出訪問的領導人而言，其印象尤為深刻。他們了解到歐洲列強能夠國富民強，其原因不單止是船堅炮利，更在於工商業的發達。歐洲各國之軍事力量只是表面現象，經濟力量才是真正基礎。在整個明治政府領導層中，木戶孝允可以説是個典型，他在1872年出遊歐美，當參觀過西方建築物、教育、工業等各項成就後，在其日記中便充斥「驚人」、「無法形容」、「宏大規模」等字眼。[8]

　　震懾於西方的學問及工業成就，明治領導人提出「富國強兵」口號，作為治國的優先目標。他們採取許多策略以實現此等口號，有些是間接措施，主要是推動工業經濟各種基本建設；有些則是政府直接投資，用以建造工廠，開發天然資源。

　　1870年代最重要的經濟改革是建立新税制。明治政府剛成立時，財政十分拮据，其税收只能倚賴德川原有領地，但收入並不足夠應付支出，要向大阪有力商人借貸渡日。1871年廢藩置縣後，一方面固然要承擔發放武士俸祿及諸大名退休金的責任，另一方面亦趁機接收各藩税金，成為中央政府收入的一部分。1873年，大久保利通訂立一個新的全國土地税法，原來之目的是統合幕府及大名税收，讓中央政府有一個穩定財源。

　　不過新税制的重要性超逾了財政作用，它改變了地主與國家之根本關係，亦改變了地主間之相互關係。在德川時代，土地所有權是建立在各村的不同習慣上，同時税收亦非向個人徵收，税金繳納是以全村為基本單位。至於國家本身則沒有既定機關管理土地登記或契約，因此土地買賣並無正式政府機構監管。税率方面則不以土地價值為計算基礎，而是按土地產量抽取田賦。田賦以實物繳納，通常以米為主，因此政府收入常因物價波動受到影響，假設米價上升，則政府收入增加，若米價下跌，政府收入則下降。

　　1873年税制改變了整個税收之性質。由於它是一個全國性統一税制，政府在1870年代中期便開始丈量土地，確定每一塊土地之所有權，並發給地主契約，近代日本土地私有權得以確立；其次，它替每一塊土地估計其市場價值；最後它將田賦定為土地價值的3%。新

稅制不但給予明治政府一個穩定財源，不再受物價波動影響，更重要是它確立土地私人所有權，中央政府得以躍過大名，直接與各家庭戶長聯繫。在新稅制下，付稅之農民固然要承擔物價波動帶來的風險，但也享受它帶來之機會。若穀價下跌，農民為了付稅，必須多賣一點穀，反之，若穀價上漲，他們則可以多賺。不過人民亦開始意識到其與國家間的政治及經濟關係，與過去已截然不同。賦稅與財產的改革對森林使用也有重大衝擊，明治國家重新規劃山林地，並用私有地方式徵稅。這妨礙了農村社區的公共使用權，農民長期以來都是無償使用山林地，作為燃料、建築、草料和肥料的來源。對這些改革的憤怒導致了許多縱火事件，農民故意以此破壞新近私有化的山林。[9]

因此之故，稅收與財政預算成為明治時期爭議性最大的兩個政治議題。在19世紀末，明治政府運用新稅制部分收入於公共工程及各種制度建立中，它開拓商港，建造燈塔，改善沿海運輸，也為礦業的急劇擴張提供資金，導入新式科技於新舊礦場；它由1869年代開始鋪設電報線路，1871年模仿英國設立郵政；它鼓勵私人投資者用合股方式開設公司，在1880年代中，它模仿歐洲設立中央銀行，發行紙幣，統一全國貨幣。故可以說明治政府為日本近代資本主義工業經濟奠定各種基本設施基礎。

其中最重要便是鐵路建設，政府在這方面是首開風氣者。第一條鐵路是東京——橫濱線，約在1872年完工，1889年延伸至神戶。政府亦鼓勵私人興建鐵路，1880年代出現一股鐵路投資熱潮，原來的大名及上級武士很多將其退休金投資到一些有財力的私人公司中，日本近代股票市場因而慢慢形成。到1890年，日本已擁有一千四百英哩鐵路，約有40%由政府投資及經營，其餘則為私人所有。

鐵路對日本的影響如同世界其他地方一樣，不但在經濟上，亦在文化上。它改變人們之時間觀念、距離觀念、甚至社會行為方式。火車到今日是普通已極，但1870年代及1880年代之日本人好像數十年前的西方一樣，火車牽動其無限遐思：其行如飛，「快逾箭矢」；無遠弗屆，「縮地成寸」。他們亦留意到火車是按時間表行駛，因此需要精確的時間觀念。變化是緩慢的，不過亦逐步顯露出時間觀念的改變。首先是對火車服務的投訴，在20世紀初，不少乘客指

責鐵路公司誤點及工作散漫。不過當乘客表示不滿時，其實已反映出觀念上的改變，鐵路時代的來臨，代表以分為單位的時間已出現，不再是過去以半小時為核算單位，因此鐘錶的使用變得重要。慢慢地，所有日本人都開始留意要遵守準確時間。[10]

除了基本建設外，明治政府亦在發展及經營工業企業上扮演重要角色。政府領導人相信民間商人不會積極投資近代工業，亦無足夠知識經營。但外國資本卻不可以盡信，他們曾仔細研究過「夷務」，了解中東之所以成為英法兩國殖民地，主要原因是當地統治者向兩國貸款，最後尾大不掉，逐步被蠶食。這個教訓十分深遠，故外國資本固然不會被全面禁止，但亦不會太受歡迎。

因此日本近代第一批工業企業，基本上由國內投資，其中又以政府為主。在1870年代，明治政府先後設立一批企業，直接經營，稱之為模範企業，它們包括造船、煤銅礦、工程、軍火、棉紡、絲織、玻璃、糖、甚至啤酒，總數約二十多個。雖然明治政府不樂意接受外來投資，但一度大量僱用外人擔任顧問及經營工作。特別在1870年代，它不惜耗費龐大預算，從二十多個國家招募數千名稱為「受僱外國人」的外籍人士。顧名思義，這些外國員工只作細部技術指導，沒有更高層次作用。他們的薪水高昂，大部分與明治政府高層官員同酬，不過這些技術大材和顧問的確在經濟及社會各方面，提供不少寶貴意見。

在日本近代經濟發展過程中，政府的角色究竟有多重要？經濟史家到今天仍有不同看法。有些人認為政府只不過建造了二十多個企業，開採資源，發展了電報網路及鐵路，其總投資額仍遠遠比不上軍事方面，而且大部分是虧本。這當然是事實，大部分國營事業都不賺錢，因此到了1880年代，政府都以低價把國營事業賣給商人。比較成功的是煤礦及金屬礦事業，不過政府稍後亦將其出售，價格則稍高。日本近代史上稱這個國營事業計劃為「殖產興業」政策，若僅以成敗論英雄來評價這個政策，很容易忽略其重要性。在明治政府之努力下，國營企業訓練出第一代的經理及工程人才，一個小規模的產業工人隊伍亦已成形，一個強化開發自然資源的近代化計劃也開始了。因此國營企業為日本未來發展奠定一個良好基礎。

　　事實上，明治政府原來是鼓勵私人企業投資到新式工業範疇，但它無法強制江戶時代的商人或地主花錢冒險。大久保在1874年便寫道：「貨物增產，固有賴百姓之辛勤努力，但更重要是政府及其官員的指導與鼓勵。」十年之後，政府決定出售各國營企業時，內部官員並不樂觀。一個有力官僚在1884年寫道：「日本人一般來說不懂操作外國機器，他們對機械科學是如此愚昧無知，甚至連開個西式鎖都一竅不通，因此只要是機器，縱然稍為複雜一點，我們便無法讓它們運作。」[11] 語氣是稍為悲觀，說日本人愚昧或無能是有點過分，他們只不過是缺乏經驗，一切均從零開始，冒險性是免不了，故謹慎亦是自然而然的態度，不能過於苛責。總括而言，有關國營事業最穩當的評價，所謂「模範工廠」若完全依賴私人企業投資，它們肯定不會那麼快出現。

　　國家積極措施還有另一個重要作用。由於國家地位尊崇，而且發揮潛力大，故其參與可以在政府內部或外部產生信心，成為經濟發展助力。在整個20世紀中，日本人有一個強烈信念，即國家不應只是個中介者或指導者，它應該積極介入經濟發展，這種想法可以說完全源於19世紀。當然，薩摩藩與長州藩在德川時代已實行專賣政策，也許對日後明治政府的經濟措施有所啟發。然嚴格而言，國家積極政策並非源於日本傳統經濟思想，它是明治領導人反覆思考下所作的決定。他們認識到當日世界經濟結構是以國家為單位，而日本是一個後進者，需要不惜一切趕上，否則會淪為半殖民地。為達成這個目的，他們拒絕接受英國亞當‧史密斯 (Adam Smith) 的自由放任學說，轉而傾向德國的國家領導發展哲學，尤其是腓力特克‧列斯 (Friedrich List) 的經濟思想，更受當時日本領導人歡迎。其他亞洲政治精英亦跟隨明治領導人的腳步，其結果如何，到今天仍在爭論中。

三、開國進取

　　明治政府在1870年代進行革命性的改造，其構思是源於對歐美科技及思想的熱衷。與1850及1860年代之排外言論及行為比較，明

治政府之開放可以說是天壤之別，這當然亦與政府領導人大力推動有關。他們所以接受外人來日及外國科技，原來是基於時勢需要：所謂「師夷長技以制夷」。然當西化日深時，明治領導人開始真正欣賞西方各種事物及思想，了解到它們才是西方富強所在。

對年輕的明治政府領導人而言，真正切身的西方體驗是來自於海外遊訪中之耳聞目見。早在1860年代，薩摩、長州以至幕府均有派學生到歐洲留學，其中最著名是長州的伊藤博文（1841–1909）與井上馨（1835–1915）、薩摩的大久保利通，甚至有澀澤榮一（1840–1931）等商界傑出領袖。他們不但帶回第一手的西方知識，亦成為日後明治政府的決策者。最重要的一次海外訪問是在1871年至1873年間的岩倉使節團，數十名政府領導人在歐美遊歷了一年半，成員包括岩倉具視、大久保利通、木戶孝允及伊藤博文。他們實際參觀西方各種制度及措施的運作情況，如國會、學校以至工廠等，深深體會到近代工業培養出來的經濟力，也體會到民族國家下教育發達，其主體公民所創造的社會力。故西方之遊有如劉姥姥入大觀園，眼花繚亂，他們如飢似渴地在西方社會中尋求需要之各種制度，包括中央銀行、大學、郵政及警政。

日本一方面極度推崇西方思想所代表的各種力量及價值，另一方面又非常不滿日本與西方間之不平等政治關係。岩倉使節團外出之最初目標是要修訂1858年與各國所簽訂之不平等條約，但結果卻到處碰壁。歐美各國都拒絕日本要求，認為在短期內要修改的機會是微乎其微，原因是日本國內的法律及政治制度仍未達西方標準，日本若不改革，條約是無法修改的。

在這種情況下，西方固然是日本仿效的對象，但亦是潛在敵人。雙方之敵對不只來自於外國之海陸軍事力量，亦來自於民主思想，它一直是明治領導人的關切對象。他們認為國會是個分裂國家力量，不會替國家帶來統一及富強。因此從明治政府成立之始，他們雖然一直希望鼓勵群眾支持，但亦害怕群眾過度參與會造成危險的政治性挑戰或大規模叛亂。

西方不但可能是政治動亂之源，亦可能破壞社會秩序。這種憂慮最常見於顛覆男女兩性關係之中。在幕末以至明治初期之西方旅

行日記中，日人常指責西方男女間過分隨便的親密關係，男性的大膽積極態度，亦令他們十分不滿。根據他們的觀察，西方婦女的地位通常比日本女性高，這種看法其實頗有商榷餘地，但明治時的男性的確擔憂女性會要求婚姻平等，甚至整個社會地位要一視同仁。

在亞洲方面，明治領導人及當時精英知識分子同樣採取一種愛恨交集的態度。有時候他們會提出「泛亞細亞主義」，呼籲亞洲各國團結一致，共同抵禦弱肉強食的歐洲帝國主義侵略。有時候又採取一個專橫外交方針，自視優勝於亞洲各鄰國，這種心態在1870年代便露出端倪。他們認為日本是亞洲之當然盟主，有責任領導亞洲鄰國走向近代化，與西方爭一日雄長，然完全忽視亞洲各國的想法。

日本的亞洲政策終於在1873年有突發性的開展。當時岩倉具視使節團正在外訪中，薩摩之西鄉隆盛留在東京，負責處理日常事務。西鄉為一民族主義者，主張攻打朝鮮。在1870年代，日本商人一直希望朝鮮能開港通商，但遭朝鮮政府堅決拒絕，西鄉希望用武力解決，一雪遭朝鮮回絕之恥辱。促使西鄉動武還有另一個原因，對朝戰爭可提高武士在明治政府中的地位，不少西鄉的支持者，如土佐藩的板垣退助 (1837–1919) 等亦贊同這種看法。

當時明治政府內部有贊成及反對侵略朝鮮兩派，然諷刺的是，無論哪一派的主張，都沒有想過日本之侵略朝鮮行動，與1850年代西方向日本擴張行為並無軒輊，而日本卻正要與西方力爭修改不平等條約。岩倉使節團成員大都反對西鄉之計劃，但其理由卻主要在戰略上。在外遊中的所見所聞，使他們相信日本必須先進行大規模內部改革，才能對外發展。然西鄉之侵朝計劃似勢在必行，不能不引發岩倉使節團的憂慮，大久保及木戶因此縮短行程，提前返回日本，希望能及時阻止西鄉的行動。雖然如此，他們並非完全反對施加武力於亞洲鄰國。

因此，大久保及木戶在第二年 (1874) 便在台灣發動一場小規模戰爭，日本史上稱為「台灣事件」。該事件源於1871年，有數十名琉球人在海上遇難，漂流到台灣後遭原住民殺死。當時日本正要合併琉球，因此向中國政府要求賠償，中國政府則以琉球為其藩屬，拒絕日本所請。大久保當時已取得明治政府的控制權，1874年決定派

出三千人的軍隊往台灣，懲罰原住民。不過日軍在台灣並未能取得
重大進展，同時由於水土不服，約有五百多人病亡，故出兵台灣，
可以說一無所得，最後由中國政府賠償一筆不大的款項，軍隊才退
出台灣。

　　琉民遇害是1871年，但日本在三年後才出兵，故出兵決定基本
上是戰略上為安撫政府內部之征韓派。日本出兵台灣還有另一個原
因，明治政府準備在台灣建立一個殖民地，開化島上的原住民部
落。這種想法完全是西方外交思想影響下的結果。當時西方各國發
展殖民地，其中一個理由便是要白人有責任開化各地土著。在出兵
之際，明治政府並未公開其殖民台灣的想法，事實上這計劃很快便
束之高閣，原因是中國的強烈反彈，怕因此觸發中日戰爭。[12] 雖然
師老無功，但台灣出兵仍為日本外交開創一個新階段，明治領導人
不單止開近代日本炮艇外交之先河，同時亦首次提出日本外交的責
任，就是要把文明傳播到亞洲各地。

　　在明治政府打造民族國家的頭十年中，其領導人也為日本劃定
連串擴張的領土範圍。這個過程的影響甚至延續至21世紀，形成許
多牽涉日本、中國和俄國等國家無法解決的領土糾紛。北海道在德
川幕府時期被稱為蝦夷地，是今天日本少數民族愛奴人 (Ainu) 的居
所。* 1869年，明治政府正式宣佈合併北海道，設立開拓使。其後
明治領導人遣送大批舊日武士及其他職業人士到北海道開墾耕地。
明治政府設立開拓使監督這個雄心勃勃的計劃，在北海道建設一個
新的首府，稱為札幌。它位於昔日蝦夷捕魚狩獵之地，在江戶時期
北海道最大城市箱館的北方，箱館日後成為條約港，改稱函館。札
幌的建設構想可以遠溯至德川時代，當時一面要在經濟上發展這個
北方島嶼，另一方面則要保護領土，免受俄羅斯侵略。開拓使邀請
美國及歐洲的農學者為顧問，在這首府的市中心內監管各項建設，
包括一座實驗果園，以及其他模範農業及製造業場所。

─────────

* 譯注：原居住於北海道及庫頁島，為高加索與蒙古人種之混血人種。日本古
　代稱本州北部以北居住者為蝦夷人，其他為蝦夷地，到14世紀以後，改稱為
　愛奴 (Ainu)，至於蝦夷人與愛奴是否同一人種，目前學界仍有爭論。然明治
　以後，由於與日本人雜居的關係，目前純種愛奴人已幾乎消失。

這個殖民化建設逐步改變北海道的生態和經濟。開拓使佔有傳統的蝦夷地，把大批土地開放給由本島移民來的日本人，用作旱地耕種和牧場，以及煤礦和林業開發。殖民化迅速增加北海道的人口，由1869年不到六萬人遽增至1900年約一百萬。支撐這個成長背後有重大的環境後果：要發展畜牧業便要保護牲口，不能讓野獸捕獵，結果觸發一場消滅狼群的殘酷行動，而且十分有效。到1905年日本原生的野狼次種已完全被消滅。[13]

在北海道的北面，明治政府於1875年和俄國達成一項疆界協定，日本控制由北海道向西北伸展的南千島群島；俄國則擁有北海道正北方的樺太島(中文稱為「庫頁島」)。

在九州的南面，明治政府在1879年強迫琉球國王退位，日本併吞琉球群島為沖繩縣。琉球群島最南端有一些無人島嶼(中文稱為「釣魚島」；日文稱為「尖閣群島」)，它們距離台灣較為接近。中國1850年代至1870年代的地方誌提及它們的位置，但語意模糊，例如「台灣以北之海中」。日本的沖繩縣官員曾在1885年探測過該處，到1895年日本政府正式宣佈它們為沖繩縣的一部分。

明治政府逐步訂定邊界，整合一些新民族及舊帝國模糊界定的邊疆為領土，但要收編這些地方的居民為日本民族的一員，卻非輕而易舉的事。

1872年，日本實行新的戶籍制度，住在北海道的愛奴人亦可以登記，根據日本之戶籍法，愛奴在法律上已成為日本人，但在戶籍上他們仍記有「舊土人」等字樣，與其他日本人不同，愛奴人直到1890年代才開始被徵召入伍。[14] 琉球人的同化過程更慢，原因是怕實施全面「日本化」政策後，會招致中國方面的反彈，徵兵及新土地稅一直要到20世紀初才在琉球實行。因此明治初期很早便承認新關領土中之人民為日本臣民，但國家政策卻一直搖擺不定，要到很晚才真正把他們納為實施對象。

＊　＊　＊

明治政府成立後頭十年中，日本產生天翻地覆的變化，究竟如何評估它的歷史地位，歷史學家在過去一百多年中一直爭論不休。

早期歷史學家多半以18世紀以來法國或其他歐洲革命為藍本，認為明治維新所推動各項改變為一個不完整的革命。當然，若以法國大革命為準，它在1790年代所做的一切才算真正革命，則明治維新顯然是個不完全的革命，逸出歷史的常規。按照歐洲模式，所謂現代革命是指資本主義下資產階級的出現，它的崛起是順應歷史潮流，貴族舊政體只能俯首稱臣，別無他法。而明治維新的確有異此模式，因為明治時期各種變化，主要來自武士「貴族」中一部分人的推動，非由資產階級主導。

上述的西方模式影響非常大，甚至到近年，無論是日本人或非日本人歷史學家，很多都或明或暗地使用這個模式來理解明治時代及20世紀之日本歷史。然而要真正了解日本近一百多年的變化，這個模式不會有太大幫助。它武斷地把一個歐洲經驗放到世界史中，沒有真正嘗試理解世界其他地方，亦即是它們如何處理自身歷史。

明治時代的各項重大變化，實際反映出近代革命之一種形式，即「自上而下的革命」，它的發動者的確是舊政權中的精英武士，擁有世襲特權。直到明治維新前夕，這群出身於中下階層的武士一方面是雄心勃勃，另一方面卻又鬱鬱不得志，極缺乏安全感。與平民姓相比，他們是擁有特殊權益，但把他們看作是貴族革命者則是大錯特錯，所謂「自上而下的革命」，是指先天便有各種特權的貴族，最後毅然把特權拋棄掉。事實上，他們只是位處夾心階層，連薪水亦因時地而變，名義上雖是統治階級之一部分，但雄心壯志則屢屢不能發揮。這種不平之氣是明治維新之原動力，亦觸發各種影響深遠的改革計劃。故明治維新實際是個不得志的下層精英革命。[15]

要真正了解明治維新，除了避免上文所提及的歐洲中心主義看法外，亦要了解近代革命是一個持續而且波濤洶湧的過程，它是世界共同現象，明治維新亦不能例外。明治政府所推動種種改革，如徵兵、義務教育、新稅制等，都是自上而下，強加在一個充斥不滿情緒的群眾身上，同時不平等條約仍在國內有很大爭議空間。當明治政權一開始誕生，社會各階層均熱衷投入，它們極度關注甚麼人有權參加新政府，而且在甚麼條件下能參加新政府。是以明治政府改變許多現狀，但不表示它已解決了各種問題。

第六章

明治初期的參與和抗爭

在德川幕府時代，人民能夠在政治舞台上有合法角色這種想法是天方夜譚。人民通常被視作政治活動之客體，本身沒有任何主體能力。仁心仁德統治者的責任是讓其子民能活下去，但亦僅此而已。據說德川幕府時，德川家康曾下過一道嚴厲命令，裏面便指出「農民過的生活應該是不死不活」，他們就好像製油用的芝麻一樣，「你愈用力榨，它就出得愈多」。[1]當精英武士討論政治事務時，他們亦集中談及所謂「愚民」問題，1825年，會澤正志齋便曾寫道：

> 夫天下萬民，蠢愚甚眾，君子甚少。愚蠢之心一旦有所外鶩，則天下由始不可治……昔夷教〔指基督教〕入西邊之時，誆惑愚民，蔓延在所，未及百年，註誤陷戮者凡二十八萬人，由此豈不明其入民之速乎。[2]

要防止夷蠻異端思想在愚民間傳播，應採取甚麼樣的措施呢？生活在19世紀初的會澤正志齋當然不會建議積極招引人民參與政治，以增強其向心力。他提高人民忠誠度的方法是宣揚天皇理念，讓他們了解天皇本質上的尊崇，自然不會再有異心。

明治政府的政治精英在某種程度上延續了會澤正志齋的想法，他們心目中的政治秩序是建立在天皇制度的超越性及絕對主權理念上。為達成此目的，明治政治精英刻意將天皇置於政治之外，甚至超然其上。這種做法的背後隱藏著不單止是矛盾，而且具有一定危險性，因為以天皇作為政治核心，而他又不涉及實際政治，故日後誰都可以宣稱他的想法代表了天皇的意志。

　　雖然明治政府力圖封閉人民思想，並用各種方法灌輸正統意識形態，但日本之政治領域很快便向一般民眾開放，其速度之快，不要説是會澤正志齋，連明治政府早期領導人亦無法想像。1880年代早期便有所謂民權運動，它的衝擊十分重要，最後促使明治憲法的頒佈。1880年後期，東京街頭接二連三的騷動，亦阻撓不平等條約的修正，日本與西方各國之外交談判不得不中途作罷。1890年，日本正式召開國會，民選代表馬上成為政治舞台的焦點，這些都是明治初期各種政治爭論及實踐所產生的結果。

一、政治論述及其爭論

　　早在幕末時期，參與各種政治決策的傳統門限已被打破，無論從理論或實踐上，都可以看到處處破綻。當培理及其野心勃勃的夥伴乘坐黑船來到日本，幕府便不得不邀請各大小名藩提出意見，以助解決美國之需索。慢慢地，要讓更多人參與政治這種想法已經不限於大名間，而且開始擴散到社會上。早在1850年代及1860年代，各級武士或城鄉裏較為富有的人都會在各式各樣的地方聚面，商談當前時勢。聚會的方式有很多，較重要的是學校、學社或是詩社等文化組織，在幕末的農村社會中，它們扮演覺醒政治意識的角色。當時大部分的人都嗅出變動的氣息，了解大時代即將來臨，連不在高位的人都感到關注，甚至有時要採取行動。

　　特別在1866年及1867年幕府即將崩潰的前夕，社會各階層的人都相信一個不可知的變動即在目前，在德川幕府最後幾個月中，問卜前程的符咒紛紛從天而降，城市街道上之嘉年華歡樂氣氛，著實反映出對未來之朦朧憧憬。有幾個藩的活動則較具體，而且與當前形勢有關，它們構想出一個具審議權的議會，若成立新政府，它便可以發揮其功能。在各種計劃中，最突出的便是坂本龍馬所擬訂的兩院制議會，並獲得土佐及越前兩大名的支持，在坂本的設計下，上院是由朝廷公卿及大名組成，而下院則由武士以至平民組成。

　　1868年初剛成立之際，明治政府急需鞏固其權力基礎，而其領導人亦十分了解政治各階層——無論是敵是友——均存在上述類

似政見，亦反映出他們對政治的熱衷參與。故當前首要工作便是善誘這股熱情，不讓它肆虐為患。所謂「五條誓文」便是在這種情況下出現，它經過新政府內部反覆討論，最後在1868年3月以天皇名義公佈，其內容如下：

> 一、廣興會議，萬機決於公論；
> 二、上下一心，盛行經綸；
> 三、官武一途，下及庶民，各遂其志，無使人心倦怠；
> 四、破除舊來陋習，建基於天地之公道；
> 五、求知識於世界，大振皇基。

五條誓文反映出一種改革精神，亦預示明治政府以後十年要實施之革命性變化方向，這點在第三、四、五各條表現得最清楚。第一條亦十分重要，透過所謂「公論」，明治政府承諾擴大人民之參與程度，這體現在所謂「廣興會議」，不過會議究竟有多大權力，則沒有具體說明。這些含糊不清的承諾造成以後數十年政治上爭議所在。無論是政府內或政府外之政治積極分子，為配合他們的利益及視野，一直企圖為誓文內容作具體解釋。

至於政府方面，它根據五條誓文的條文，1868年創立一個兩院制的「公議所」。「公議所」原來是土佐藩在兩年前建議，其成員均為委任，並非民選，但具有立法權。明治政府以後曾多次修改政府架構，公議所在1869年7月被廢，改稱「集議院」，功能降低為一諮詢機構，到廢藩置縣後成為一空頭機關，1873年正式被廢止。不過各種諮議機關的出現，起碼代表明治政府是同意設立有廣泛基礎的審查機關。

在政府外部，民間更熱衷實現五條誓文所答允之「廣興會議」，因此在明治時代初期，公眾輿論範圍不斷擴大，其中爭論最激烈的一點便是要不要成立一憲法體制，其目的便是要在憲法架構內設立民選代表及議會。1870年代在近代日本史中被稱為「啟蒙時代」，當時新發行雜誌及報章如雨後春筍，形成一股討論公共事務的熱潮，而議會又是其中討論最激烈之題目。

在1868年到1879年間，日本輿論界都有強烈主張，而且各有立場。第一份日報是《橫濱每日新聞》，創刊於1871年。翌年《日日新

聞》在東京發刊，它是今天《每日新聞》的前身。這些刊行物很快便
成為公共討論之中心，話題多集中在明治政府之未來方向。它們多
半要求設立議院。到1870年代末，商業性較濃報紙開始出現，首先
是大阪的《朝日新聞》，它到今天仍繼續出版。這些報紙的銷量增加
得很快，但競爭激烈，不少小型報紙因而被吞併，到後來，東京及
大阪成為大型報紙的中心，而小型報紙則只能在地方各縣中發行。

　　翻譯西方書籍是明治初期文化活動一個重要構成，透過譯書，
政治思想蜂擁而至，一個好學不倦的讀者，他在1870年代末所讀到
的書，上至穆勒(John Stuart Mill)與盧騷(Jean-Jacques Rousseau)，
下至德國保守的國家主義及斯賓塞(Herbert Spencer)的社會達爾文主
義，而且由於日本受教育人口增長迅速，故各種作品的市場亦擴張
得很快。除此之外，不少西方的知識，還有西方對世界的視野，都
用一種較不顯著的方式進入日本。由德川幕府末年到明治初期，
英、美針對學童的廉價英語教科書透過荷蘭殖民地巴達維亞
(Batavia)大量進口日本，並被翻譯成日語。它們提供有效方式，學
習由算學到地理的實用技術和知識，迎合了讀者群的強烈需求。因
為在這目眩五色的社會及經濟變遷中，他們若想出人頭地，就必須
掌握這種知識。[3]

　　在1870年代的「啟蒙時期」中，影響力最大的出版物無出《明六
雜誌》之右。而在這本雜誌中，言論最受注意則為福澤諭吉(1835–
1901)。《明六雜誌》創刊於1873年，亦即明治六年，故以此為名，
它是一個知識分子團體「明六社」所辦，福澤諭吉亦是創社成員之
一。「明六社」的重要性在其介紹西方思想到日本，並大力倡導。福
澤諭吉是明治時代極具影響力的知識分子，他從1860年代到1890年
代寫過許多部著作，銷量達數百萬部。在1866年與1870年間，他出
版三冊《西洋事情》，介紹西方各種制度、風俗習慣及物質文明，是
當時最佳暢銷書。在1870年代，他亦寫了《學問之進路》及《文明論
之概略》兩本著作，重點是要為日本未來刻畫出一個方向，他主張學
問以實踐為基礎，研究則應以自由及懷疑為出發點，對於近代日本
社會，則應該建基於個人自主及機會均等之上。

　　無論是福澤諭吉，或其同道者如西周(1829–1897)、中村正直(1832–1891)(兩人將約翰‧穆勒的功利主義思想介紹給日本讀者)，都絕對擁護當時西方流行之「進步」觀念，它的價值及必然是走向「文明」的不二法門。他們都接受當時西方之民族國家概念，認為是進入世界文明之敲門磚，因此所謂日本個人之奮鬥，並非意味著爭取個人快樂，最後只不過是爭取民族進步及富強的一個方法而已。

二、自由民權運動

　　幕末時期所追求的民主參以及社會改革，和上述啟蒙時期所追求的理念並不一致，因此引發許多政治性爭論。其中最重要的政治運動便是所謂「自由民權運動」，這個運動源於全國各地桀驁不馴之輩，亦是許多群眾推動的結果，因此對明治政府極具挑戰。捲入自由民權運動的男性與女性為何有如此高的政治覺醒？其中最關鍵的是兩個基本問題：首先是日本應採取哪一種政治體制？其次為哪些人才可以參與？有關這兩個問題的爭論，很快便歸結到制訂基本法，亦即憲法，只有憲法才可以回應上述兩個問題。

　　到1870年代初，無論在政府內或政府外從事活動的人，縱然看法有異，但都同意如下的一個簡單邏輯：西方是當時世界最富強的地方，而西方各國都有憲法，日本人民也希望日本富強，故日本亦須要一部憲法。這種三段論法有一個前提，就是以追求國家富強為最終目的。無論是統治者或是那些反對明治寡頭政治的人，他們都接受憲法，但並非因為憲法保護個人自由、快樂或福祉，而是憲法能維繫及發揮人民動能，最後可以達成建設富強國家的任務。

　　因此在1872年及1873年間，政府內部達成某種共識，同意訂立憲法。與此同時，非政府甚至反政府組織間亦結成聯盟，要求成立民選議會，制訂憲法便成為他們之共同綱領。支持民選議會者原來散處全日本各個地域，但經過相互聯絡後，漸漸出現全國性網絡，最後成為自由民權運動的核心力量。由於明治政府成立後，其權力逐漸集中在前薩摩及長州兩藩武士手上，民權運動者便指控「薩長藩閥」已取代昔日之德川暴政，這種看法在當時是有一定說服力。

81

　　1874年，以板垣退助為首的土佐藩昔日武士組成第一個政治組織，稱為「愛國公黨」，揭櫫「民權」旗幟。把愛國放在公黨之前，已清楚顯示出國家之重要性。板垣原來是明治政府重要領導人之一，但1873年因為征韓論爭議，攻打朝鮮計劃遭否決，板垣憤而辭去參議一職。板垣雖然不滿明治政府，但不像西鄉隆盛用軍事作亂方式洩憤，板垣向政府呈遞建議書，要求召開全國性民選國會。他主張只有自由討論及民選政府才能夠富強國家，1874年1月，板垣提出其著名的〈民選議院設立建白書〉：

> 然為達成此目的，今日我政府應為之事，則要立民選議院，在使我人民振起其敢為之氣，辯知分任天下之義務，得參與天下之事，則闔國之人皆同心焉。[4]

　　板垣的建白書引起各方面注意，他亦因此一直被稱為立憲代議政府的守護神，不過這有點過譽。板垣實際是個機會主義者，當他的戰友陷入困境時，板垣曾三番四次投向政府懷抱，為的只不過是高官厚祿。他的政治運動開始時並未受到廣泛支持，追隨者多半是昔日武士。除了政治改革外，板垣亦致力解救一度為天之驕子，現在卻一貧如洗的武士。雖然板垣採取溫和路線，但不少支持他的昔日武士繼承幕末志士的暴力精神，以為只要動機純正，訴之於政治暴力手段亦未嘗不可。

　　板垣組織的愛國公黨很快便瓦解，不過到1870年代末卻出現另一個政治群眾運動，雖然同樣要求議會與憲法，但主要力量來自社會草根階層，其中以1879年至1881年之間尤甚，全國地方人士組成近二百個政治團體，參加者多半為農民及昔日武士，他們政治動員既深且廣，可以說史無前例，最後組成兩個全國性政治團體，它們極類似今天政黨，所差者只不過是沒有全國性大選而已。政黨成員均要繳納黨費，他們自己擬訂地方黨部組織章程，依照規定選出代表出席全國黨大會，然後再敲定政綱及行動。地方團體會舉辦各種活動，發行刊物，主要領袖亦會巡遊到四周鄉村演說，甚至與地方支持者推動大型籌募經費宴會。為了敦促政府訂定憲法，召開國

圖6.1　圖中為民權運動木偶，和服上繡有「自由」兩字，這些木偶是在德川時代普遍用作木偶戲表演，但這種最新服裝設計顯示出民權及自由的號召力，它已經深入民間文化及宣傳中，不單止限於知識分子圈內。（瀨沼卜オル提供）

會，他們亦會辦理署名請願運動，簽名人數有時達二十多萬，成為
政府莫大壓力。

　　除此之外，自由民權運動亦能利用傳統象徵以增強其號召力，他
們利用德川時代「文樂」木偶戲宣傳，例如把「自由」兩個漢字繡在木
偶的戲服上（見圖6.1），以增加能見度，新的童謠亦摻雜很多自由民

權的理念。部分自由民權運動家，亦將儒家中統治者有實行仁政義務這種理念，引進到西方自然人權的政治思想中，加強其宣傳效果。

不過當時日本政治狀況最值得注意的地方是，上述活動都屬於草根階層，而且都是自發性，它們在需要時組成各種學習小組，成員定期聚在一起讀書討論，商議請願書或宣言，甚至起草憲法。有些是在東京的華廈中碰面，有些則在鄉村中之農舍會商，他們商議的結果很多時被束之高閣，其付出心血一直為歷史所遺忘。到近年來，日本史學界出現所謂人民史學，要了解普通人民的政治創造能力，上述文獻經過近百年的失落，最近才陸續被發掘出來。

自由民權運動以許多不同的形式出現，在農村曾出現一些所謂「產業結社」的組織，談論農村技術改造問題，如新的農耕技術、合作實驗站，甚至提高稅率，發起人多半為地主及地方上有聲望人物，參加成員包括村長、教師、地方商人、神社神官及醫生。1881年，明治政府決定成立農工商省，其目的是要把這些人納入控制範圍，不要讓其活力失控。

城市的學會亦推動各種活動及自由民權教育，它們的成員基本上是新聞從業員及教育者，背景大多是昔日武士，因為在明治維新後，不少武士聚居城市，成為都會知識分子的來源，有些著名學會日後演化為日本著名私立大學，其中最著名的便是福澤諭吉的慶應義塾大學及大隈重信（1838–1922）的早稻田大學。

與都會區學會相類的是農村中各種文化及政治組織，事實上在自由民權運動中，它們的數目是最多的，在整個運動中佔有相當重要的位置。它們與「產業結社」成員的出身有所區隔，參與者大部分是昔日武士，他們政治性較強，喜歡談論政治思想，當然亦有閱讀有關經濟及農業文獻，經過一段時間的討論後，他們通常都會採取行動，最常見的是向明治政府提出請願書，要求訂定憲法，召開國會。

從日本的總人口來看，這些組織成員佔極小的比例，不過我們應從它的積極影響作用來看，才能了解其歷史意義所在。特別是與德川時代比較，1870年代及1880年代之政治活動，實在已反映出日本的參與人數是前所未有，而且關注的都是近代日本最急待解決之政治問題。

最首要而又爭論得最激烈的問題便是天皇的地位，亦即天皇與官僚、國會以至人民的關係，究竟他的權力要有多大？他的角色在哪裏？在明治日本中，西方古典意義的「共和」幾乎是不存在，只有極少數知識分子，因為受到法國模式影響，接受人權宣言及法國大革命看法，才會主張真正「共和」。因此大部分日本人仍然希望天皇能維持其主權形象，繼續扮演政治體制的核心。但至於政治體制如何安排則眾議紛紜，各有不同看法，然在討論天皇問題過程中，它並不會如日後成為一個禁區，不能碰觸。有些地方組織甚至會公開談論大力限制天皇權力。1967年，在東京都五日市城外一個農莊發現一份明治時期草擬的「憲法草案」，其中便有一條提及國會權限，它可以審查及修改政府官員及天皇所提出之各項計劃。[5]

第二個激烈爭論的問題是人民應享有權力及權利的範圍。民間私下草擬憲法是一般都主張民選議會有財政權，同時亦可以有與外國締約、起草法案及監督行政部門等某種程度特權。以五日市憲法草案為例，在幾個新被發現的憲草中，它算是一個比較溫和的方案，其中一條便規定：

> 政府於原則上不遵奉諸民平等、或違背財產所有權、或傷害邦國之防禦，設若有此等事，國會得有權竭力主張反對之言論，並得溯其根源，拒絕公佈之。[6]

當然，此條文並不實際，因為它沒有具體說明何人能決定政府「原則上不遵守憲法」，不過這是一個草根階層要限制國家權力之典型例子。

自由民權運動在1880年與1881年之間達到最高潮，全國各地總共收集到二十五萬個署名，分在一百張請願書中呈遞給東京之中央政府，各地方團體組成全國性的「國會期成同盟」，並在東京先後召開三次預備會議。1881年10月，第三次預備會議召開時，參加代表宣佈成立「自由黨」，並馬上召開全國代表大會，提出黨綱，內容主要為主權在人民及召開立憲會議。

到1882年初，以大隈重信為首的另一個政黨亦相繼出現。大隈出身於肥前藩，當時在明治政府中任參議及大藏卿之職，身居重位，但由於大隈支持明治憲法以英國為楷模，亦即國會擁有較行政

83

84

部門更大的權力，觸怒伊藤博文等其他明治領導人，1882年10月大隈被免官，史稱為「明治十四年政變」。大隈成立「立憲改進黨」，支持者主要來自新興之商人階級，而其黨綱亦因此較自由黨為溫和。

無論從深度或廣度看，自由民權運動在1881年10月達到其史上之最高潮，這點並非偶然，是有其歷史背景的。天皇之所以於是年10月宣佈訂立憲法，並預期在1890年公佈，主要因為明治領導人深切體會到自由民權運動所引起的危機。1879年，山縣有朋便曾寫信給伊藤博文：「我們多等一天，民權者所散發之毒素便會進一步傳播到各地方，更會深入年青人之內心，最後產生無休止的大害。」[7] 兩年後，即在1881年，伊藤極為親近之書記官井上毅亦有同樣想法，他希望政府能儘速完成一部保守、以國家為中心之憲法：

> 若失今而就因循，以至二、三年後，天下人心既已胸有成竹……縱使政府提出，百方辯解，而憲法成案終為輿論所唾棄，以至民間私擬憲法全勝。故今日憲法制定之舉，寧失於早，莫失於遲。[8]

明治政府決定制訂憲法，自由民權運動在時點及方向上都是一個重要因素，不過並非表示明治領導人完全屈從於反對運動。他們自有其主張，立憲的目的是要贏得國際尊敬，確立日本在世界的地位，同時匯聚全民力量於此，作為「富國強兵」之用。他們朝此方向之第一個步驟是在1878年建立民選縣議會，不過權力只限於諮詢。由於選民資格只限於繳納高地稅的富農，明治政府是藉此以獲得農村有產精英層的支持，不過事與願違，地方議會卻成為自由民權運動發展的溫床。

自由民權運動請願及到處宣傳演講的活動可以說是日本歷史上的創舉，它對制訂憲法的決定有兩方面的影響，雖然今天看來有點諷刺性。首先是自由民權運動加速政府訂立具壓迫性的檢查法律。1875年該類法令首次出籠，翌年進一步收緊，到1887年法令更見嚴厲。其次是自由民權運動強化政府內統治者傾向保守的決心，一意以1854年成立的普魯士憲法為藍本來制訂明治憲法，該憲法一方面增加君主及其閣員的權力，另方面則限制人民的權利。明治統治階

層的看法一向是要限制民權，並儘量不許民眾參與，他們要撰寫這樣的一本憲法當然並不困難，但若真要藉明治憲法來推動他們的想法，事後證明是困難重重。

三、武士反亂、農民起義、城市叛亂及新宗教

在這個時期，還有其他幾個挑戰明治政府的勢力。他們是沒有固定立場的保守者，主要是出於對1870年代新事物的恐懼，故希望阻止進步的車輪，甚至恢復舊時體制。有平民百姓反對徵兵，因而搗毀新兵登記處；亦有反對義務教育及因此而徵收的地方學校稅，不少新建學校被破壞。此外，在1870年代出現一些昔日武士的反亂。

這些武士反亂的動機及要求與自由民權運動有類似的地方，雖然一個是訴諸武力，另一個則較平和。兩者共同不滿的地方，首先為未能參加明治政府的決策過程。在1870年代，鬱鬱不得志的昔日武士發現兩個影響政府的方法，一個是重訂參與政治的遊戲規則，另一個則是用武力解決。另一個共同之處是外交政策，無論自由民權運動家或反亂武士都比政府具侵略野心。1873年因為征韓論導致政府內部分裂時，板垣退助及西鄉隆盛均辭去政府官職，板垣發動自由民權運動，而西鄉則最後領兵作亂。

西鄉作亂，史稱「西南戰爭」，是明治時期武士作亂中規模最大的一次。事實上武士起事作亂可遠追至1874年，與西鄉同屬征韓派，並一起辭職的江藤新平（1834–1874），在是年便領導一萬二千名武士攻擊九州之佐賀縣政府，目的是要恢復原來大名及武士之俸祿。在1876年，九州之熊本縣及福岡縣亦出現同樣騷動，不過規模不大，只有數百名武士參加而已。明治政府迅速派出軍隊，平定亂事，而率眾鬧事的首要武士亦被處死。

征韓論爭議後，西鄉便回到其九州家鄉薩摩藩，但現在已改名為鹿兒島縣。西鄉創立一所私人軍事學校，不過跟隨的人則甚多，在他的影響力下，鹿兒島縣到1876年實質上成為明治政府內的獨立王國，既不上繳稅金給東京，亦不執行明治政府各項社會改革。1877年冬天，西鄉帶領一萬五千名武士離開鹿兒島，宣言進軍東

京。然西鄉領軍前進時，從未明確宣示他的起兵目標，頂多質疑東京政府的政策，而他的手下則清楚表示不滿政府的武士改造工作，剝奪武士各種特權。當叛軍進入鄰縣熊本時，由於當地亦為反政府大本營，故人數馬上擴充為四萬，它們並進攻當時日本六大軍區之一的熊本鎮台。明治政府迅速派出六萬以上軍隊救援當地守軍，經過三星期血戰，終於擊敗叛軍。雙方均傷亡慘重，叛軍死傷人數達兩萬，而政府軍方面亦有六千人陣亡，受傷者達九千五百人。西鄉則不願投降受辱，最後自殺身亡。到今天，西鄉仍被日本民間尊敬為英雄，認為他的出發點毫無私心，而且堅持原則，寧可犧牲性命。不過西鄉之失敗，亦反映日本已無復辟舊社會秩序，再走回頭路的可能。另一方面，徵兵組成之軍隊旗開得勝，亦證明農民作戰能力不輸於武士，明治政府可倚賴他們敉平任何武裝反抗。

雖然如此，農民並非完全雌伏於明治政府，由於日後為貧苦所逼，農民好幾次揭竿而起，與裝備優良的政府軍隊對抗。農民頻傳起義的原因，是當明治維新之初，政府走向市場經濟，不少雄心勃勃的小地主以為可以趁此機會多賺點錢，便借貸開發山間土地，大事種桑養蠶，其後明治政府開徵各項稅收，他們更要借貸付稅。到1880年代，明治政府實行通貨收縮政策。1884年，整體物價比四年前下跌約25%，不過米價與絲價則跌50%，故米農及養蠶戶損失特別大，而稅項並未隨物價下跌減收，故負債情況登上歷史新水平，不少米農及養蠶戶因此失去田地，為借貸者所沒收。

在全國各縣，破產農民組成「借金黨」或「困民黨」等組織，要求當地債主減少債項，最好是免其還債，否則延期償還亦可。這種情況以養蠶業發達之關東地區最為嚴重，在那裏爆發規模最大之農民反抗運動「秩父事件」，秩父在埼玉縣，約東京以西五十哩。1884年11月，六千名下層民眾匯聚一起，襲擊政府官廳，銷毀債約。他們由村過村，招納群眾，焚燒借貸者之房屋，地方警察完全被他們震懾，中央政府最後不得不派出軍隊，花了十天時間才平定整場動亂，五名為首者在審判後被處決。部分地方自由黨黨員有參與亂事，一些起事者自稱為「自由黨軍隊」，事實上自由黨中央並未參與，但最後決定解散自由黨，以免被指責為支持叛亂。

圖6.2　圖中顯示1880年代一次民權運動集會中，警察打斷講者演說，企圖鎮壓反政府言論，因而引起群眾憤怒。當時政府為應付民權運動，便立法收緊言論尺度，並在所有政治性集會中派出警察監視，演講者的說話內容若過分反政府，越過尺度範圍，第一次會先被警告，再犯其講演便會遭警察強行中止。對群眾而言，他們之所以參加集會，部分原因便是希望能觀看這個衝突場面，甚至有人想參與。（東京大學法學部附屬明治新聞雜誌文庫提供）

除了一些以東京為基地的自由民權運動，以及下面提及因修改條約而在東京產生的混亂外，明治初期的都市抗議是比後期少許多。唯一例外是近代日本第一場針對環境問題的抗議。1887年，東京電燈株式會社在東京市內建立日本第一座煤炭發電工廠，到1890年已設有五座，遍佈東京市內。這是一個相當觸目的科技進展，因為愛迪生公司在倫敦和紐約開始運作世界第一所煤炭工廠，也只不

過是五年前的事。但電廠附近的居民卻不一定高興，很多人投訴工廠排出的黑煙。最嚴重的抗議出現在 1893 年，主要是回應籌建中的淺草火力發電所，它是東京電燈當時規模最大的工廠。其後由於居民投訴，東京市政府派出警察調查，發現工廠的排放物會危害附近居民的健康，因而宣佈中止該項計劃。東京電燈後來同意建造一座六十米高的煙囪，裝置除煙技術系統，並使用無煙煤——雖然這種煤在日本很罕有，但可以由藏量豐富的中國東北和朝鮮地區進口，這項計劃最終得以通過。環境問題經過抗議而得到若干改善，這種模式在未來日子會不斷重演。[9]

除了武士、貧農及憤憤不平的都市居民外，第四個挑戰明治政府之力量則來自新興宗教團體。明治時期的宗教團體，有些早在德川幕府後期時便成立，如天理教及金光教，有些則是維新以後才出現，如丸山教及大本教，到 1870 年代末期，丸山教及天理教各自宣稱擁有徒眾數十萬，創教者通常是女性，自稱得到神靈啟發，並親自書寫或口述該宗派的聖典，其教義多半勸人在今世節制忍耐，目的是在來生求得救贖。與德川晚期的宗教類似，它們有時候也會宣揚今生的解放，方式是透過一個所謂「世直」的過程，意即馬上平分財富的社會改造。因此這些新興宗教團體亦同情「借金黨」或「困民黨」等社會組織，也不滿社會及經濟制度種種不公平現象。有時候這些不滿會引發類似的暴力事件，因此宗教團體與政治組織串連的謠言不脛而走。以 1884 年一個事件為例，時間僅在「秩父事件」發生後一星期，靜岡縣（在本州中部，約東京西南方）之丸山教徒眾要求財富平分，最後以群起搗毀政府機構告終。

對明治政府各種挑戰實來自深刻之社會及地區背景。自由民權運動之基本群眾主要屬於昔日武士、富農及貧農三種社會階層。昔日武士及負債纍纍之農民最支持武裝反抗或新宗教活動。有趣的是，昔日武士參與反抗的程度與其明治維新支持度成正比，亦即武士最積極參與武裝反抗或自由民權運動的地區，也就是最支持明治維新的地區。這種情況以九州及土佐地區最突出，該等地區武士以為幫助明治政府奪權成功，他們應可以在新政權中佔有一席之地，然隨著時間推移，他們開始感到失落，甚至覺得被排斥於權力圈

外，因此態度傾向激烈，要用行動表示不滿。農民反抗則多集中在農產商品化程度較高的地區，特別是產絲地區，因為絲價最容易受國內及國際市場影響。

四、婦女的參與

明治革命所帶來的社會混亂，亦影響到兩性議題及其意識形態基礎，有人開始質疑男女之社會基本角色。早期日本人往國外旅行，對西方男女毫無規矩的混雜一起現象，在文字上常流露出莫名恐懼。舉例來說，1860年幕府派出使節團訪問美國，美國國務院邀請使節團參加舞會，其成員之一村垣範正 (1813–1880) 便寫道：

> 一雙雙的男女墊起腳尖跳舞，隨著音樂節奏在大廳中轉動，就像一群老鼠在追逐溜轉。國務卿居然邀請外國大使參加這種場合，真是不可思議。我的煩厭是不言而喻，真不知尊卑、禮教及責任為何物。[10]

更令他害怕的是美國婦女的粗魯不文，一個年輕女子對日本一竅不通，居然在國宴中追問他有關日本之政治及社會習俗。

雖然不同意西方之女性觀，明治政府在各種改革中，仍鼓勵一定婦女參與，以示女性的支持。岩倉使節團的學生代表中便有五名女性，年齡由六歲到十六歲。她們都在美國留下，接受美式教育，成為日後建設新日本的女性楷模。使節團中亦有年輕的男性同行，但與女性比較，他們被忽視，支持度亦不高。在上述五個女性中，一個馬上回國，另一個在美國去世，兩個則在回國後與統治階層精英結婚，沒有遺留任何獨立自主風範給後世。只有最年輕的津田梅子 (1864–1929) 能投身婦女運動，致力提高婦女之社會角色，她去美國時只有六歲 (差一週即滿七歲)，回國後，她創辦津田女子義塾大學，成為女子教育的領導人。

在這些年間，民間正展開討論，究竟如何定位男女各自之角色與權利。從今日留給史家的紀錄看，討論開始時只談到男性應如何對待女性，《明六雜誌》就這議題談得最熱烈。當時最著名的知識分

89

子如福澤諭吉、森有禮（1847–1889，日後出任文部大臣）等都有參加
討論，議題包括男女平等的意義、女性教育的價值、法律上承認妾
侍身份及其子女繼承權有無弊端。[11] 各方面意見的差別很大，不過
與19世紀西方類似，男性中改革者的主流態度是小心翼翼。《明六
雜誌》的作者花了不少時間討論男女問題在各自範疇與社會整體間應
否有不同對待辦法，事實上他們鼓勵男女對各自範疇互相尊重，至
於政治及法律權利則屬社會整體，其態度便趨向保守。因為評論者
都認為社會平等會造成兩性間分裂性的矛盾，進一步會破壞社會和
諧。1875年阪谷素（1822–1881）便寫道：

> 目前「同權」這個詞，用於閨房之內並無問題，但卻萬萬不可
> 使用在一般生活上。今天如果我們在生活所有方面都建立兩
> 性平等，我們的社會最後會變成男人想盡辦法壓迫女性，而
> 婦女亦會想盡辦法壓迫男性……總而言之，「權利」一詞弊端
> 甚多。[12]

當男性首先按照文明與啟蒙的觀念展開具體實踐後，有些婦女
亦開始為這些觀念賦予不同意義。以服飾為例，1871年，明治政府
鼓勵武士全面改變個人服飾，並且發出命令，要武士放棄傳統雉
髮，改為西方髮式。當天皇率先改換髮型後，大部分的武士亦跟
進。東京一些婦女稍後亦打算作同樣改革，她們組織一個團體，鼓
勵女性髮型應以簡短及實用為上，這些婦女亦走在風氣前，把自己
的頭髮理短。不過政府卻採用打擊措施，在1872年禁止婦女剪短頭
髮。根據政府公佈的法令，連年紀大的婦女因健康理由要理短頭
髮，亦要先得到政府的批准，當然在現實生活中，所謂批准是指到
一間理髮店或髮型屋，便可完成程序。

有些婦女則直接透過自由民權運動的參與以要求改革。由1870
年代末至1880年代初，婦女曾有一陣子非常活躍，在各種自由民權
運動的集會中，女性人數不但相當多，她們甚至會成為演說家。少
數中堅者大力鼓吹男女平等的政治及法律權利，其演說吸引不少聽
眾，當中最出名的是岸田俊子（1864–1901）及福田英子（1865–1927）。
岸田公開指責「蔑視婦女，獨尊男性」這種觀念，認為已經完全過

時，她描繪一個「進步」及「文明」社會的藍圖，在那裏婦人和男子完全有平起平坐的政治及經濟權利，她呼籲給予婦女教育機會及家庭內之平等權利，岸田亦攻擊妾侍的合法性，它使得一個情人可以與正式妻子及其子女具有相同權利，繼承丈夫一切所有。

福田其後在其回憶錄寫道：

> 聽到她〔岸田俊子〕的演說，在其生動活潑的說話技巧下，我無法按捺心中的恨意與憤怒……因此馬上開始把婦女及其女兒組織起來……積極向外界說明甚麼是自然權利、自由及平等，並進行大力推動……是故我們可以匯聚情感，一起打破那些與婦女有關的舊日陋習。[13]

對自由民權運動的男性而言，像岸田這樣的一個女性，既代表威脅，也代表機會。她的激進態度無疑會招來政府的鎮壓，但她也有足夠的吸引力，把熱情及好事的群眾呼喚到演講堂，甚至是公開聚會。

對1880年代的明治領導人而言，他們無疑已接受其妻子在半公開場合擔任一定角色，成為全國模範或日本在世界舞台上之代表。上流階級的紳士淑女在舞廳中翩翩共舞，與外國嘉賓樂聚一堂。所有活動都舉辦於富麗堂皇的西式大樓「鹿鳴館」，它位於東京市中心，是1883年外務大臣井上馨下令建造，目的是讓外國人了解日本西化程度的迅速，有助不平等條約的修正，史上稱為「鹿鳴館時代」。當然，不是每個人都同意連女性都要接受西化生活，新渡戶稻造是日本早期到美國留學的學生，他在1905年便寫出那本舉世著名的《武士道》，向英語世界介紹甚至創造「武士道」這一概念，連老羅斯福亦受其影響。新渡戶在1891年出版其第一本書，把西方舞描繪成為「好像一群醉醺醺的男女在耍雜技一樣，跳來跳去」，而那幢巍峨聳立的鹿鳴館則是令人望之而生厭。[14]

在公開場所中，女性作為男人的夥伴，她的恰當角色是甚麼？這問題固然引起熱烈爭論，然接踵而來的公開討論（主要在男性之間）便是婦女參政的界限在哪裏？有些人會同意動員婦女，讓她們扮演一定政治角色以發展國家。高級政府官員以至記者，亦討論及皇

室公主入繼大統的問題，研究她們能否與太子享有同等權利，在
1880年代中，有些居高位的官員並不完全反對這種想法。

自由黨及改進黨兩個自由民權運動的主要政黨在1884年瓦解，
其原因可以歸究於內部派系鬥爭、揹上與農民運動勾結的黑鍋以及
政府鎮壓等，然經過縱橫捭闔後，兩黨又再重組，但以前男性政治
家與女性婦運分子的同盟已無法復現，甚至日後雖然通過憲法，盛
況亦已不再。婦女對政治及社會活動之興趣，逐漸轉移至教育、文
學方面，至於組織活動則為非政治性，如東京婦女改革會等。

91　　　　婦女參政熱情之減退，政府應負大部分責任。它把皇位繼承權
限於男性。1889年頒佈明治憲法前夕，它實施一連串歧視婦女的法
令，如禁止婦女參加政治組織、不得參加政治集會，更不得發表演
說，連在國會旁聽亦在禁止之列。明治政府的苛刻措施引發連串憤
怒的批評，女性教育家及改革家如清水紫琴、矢島楫子猶為不滿。
特別是禁止女性旁聽國會議事，更是滑天下之大稽，她們嘲笑政
府，認為不許女性旁聽，是日本男性精英了解自己的行為不堪，怕
被旁觀席目睹。部分男性政治家及媒體人亦反映這些不滿，政府不
得已，只好在這點讓步，准許女性在國會旁聽。不過自由民權運動
中大部分男性的立場較接近政府，與他們的昔日女性盟友看法反而
更為扞格。對於婦女參政這回事，他們一直是不太接受，遑論其他
更具體的婦女權利問題，傳統禁忌仍有巨大作用。

是以日本統治階層一面推動改革，一面仍企圖把改革置於一定
限制之中。婦女運動可能會突破社會界限，逾越女性規範內的本份
及行為，這種恐懼仍然廣泛存在於統治階層。他們對改革之愛憎交
集態度，在界限婦女角色時特別明顯，而由髮式之個人範疇以至公
眾集會演講之政治範疇，都成為改革立場的試金石。

五、條約改正與國內政局

因自由民權運動而崛起的兩個在野政黨，雖然在1884年瓦解，
但民間活力仍在以後十年中不絕如縷。明治政府在自由黨及改進黨
消亡後，並不能強加其意志於民眾身上，其控制力在1880年末期更

日見衰弱。其中最明顯的例子便是日本與西方談判修改不平等條約問題，其過程迂迴曲折，可以說是好事多磨。明治政府原來的計劃是先在1880年代中末期間修改部分條約，結果觸發反對運動，而問題重點卻由條約修正轉移到日本在世界中之恰當地位。另一方面，1880年代之條約改正，亦如1870年代之憲法問題一樣，引發強烈政治體制改革要求，最後要以尊重民意為依歸。

　　條約改正起於1873年之岩倉使節團，希望與歐美國家修改「不平等條約」，結果以失敗告終。在以後整個1870年代中，政府遂將目標縮小，希望西方列強把部分關稅權交還日本，而日本則答應開放更多通商口岸。但英國拒絕讓步，故談判一事無成。井上馨在1880年代初出任外務大臣，他宣言要在東京召開多國會議，解決不平等條約問題。當西方人士與日本人在鹿鳴館高貴舞廳中翩翩起舞時，與條約有關之各國公使亦於1886年5月在東京聚首。經過一年努力，各國公使最後在4月草議一份協定。根據該草約，日本可以取得關稅自主，同時亦大致取回各通商口岸的治外法權，不過日本則要同意開放全國，外人得自由居住及通商。

　　除此之外，該草約還有兩個附加限制，內容是相當重要的。首先列強要求日本訂立一部新法典，這點本不成問題，事實上當時日本亦正在草擬一部新法，但列強要求新法典必須先經各國審查，經同意後新通商條約才能生效。其次，新通商條約規定日本法庭必須僱用外籍法官審理有關外國人案件。這樣的要求引發日本國內的反對聲浪，反對者認為列強的規限仍繼續原來對日本主權的侵犯，是可忍孰不可忍。農商務大臣谷干城 (1837–1911) 認為西方列強所提建議，比當時現況還要糟，因此憤而辭職，頓然被社會視作英雄。前自由黨及改進黨黨員亦重新在全國組織活動，向中央呈遞之請願書有如雪片，反對按照列強立場修改條約。各主要報章評論亦火力十足，批判新條約內容。約有兩千名年輕人前赴東京抗議，他們舉辦示威及大規模造訪官廳運動，用一位政府官員的話，「人心已被刺激到極點，有招致內閣傾倒之可能」。[15] 面臨如此強大的壓力，政府最後只得放棄原有修訂計劃，而外務大臣井上馨亦只好引咎辭職。

92

繼任外務大臣是大隈重信，他亦好不到那裏。大隈在1889年希望與列強協商一個較為有利的新約，並且已獲得一些成果，但政府內部及外面的反對派的看法仍好壞參半，要求完全平等條約的請願書依然大量湧入首都。1889年10月，極端民族主義組織玄洋社的一個成員用炸彈暗殺大隈，最後剖腹自殺。大隈活下來，不過卻失去一條腿，成為殘廢之人。明治政府只好放棄修約計劃，並解散內閣。

在條約改正的政治漩渦中，參與方式可以説集各家大成，一方面繼承幕末「志士」的強烈暴力手段，另方面又運用西方政治模式，以輿論、請願及遊説為後盾。參與者的背景亦十分複雜，包括由具豐富民主知識的民族主義者到只顧眼前行動的草莽，不過他們卻確實反映出社會背後的一股潮流，亦即排外情緒及幕府末年出現的尊王思想。參與者用新瓶裝著舊酒，相信只有一個給予人民自由及政治權利的體制，國家才有富強可言，在國際才能有立足之地。

六、明治憲法

當條約改正引發接二連三的政治風潮時，明治政府亦正在審訂憲法的最後草案。大眾政治參與會帶來甚麼樣的惡果及混亂，明治領導人是親歷其境，兩位內閣大臣因條約問題被迫辭職，這種記憶仍栩栩如生。因此當1889年正式通過憲法，並以盛大儀式頒佈，這部憲法的實質重點是強化國家權力，儘量減少人民的干涉。

明治憲法在1886年及1887年已進行秘密草擬工作，實際工作是一批才智之士擔當，但真正之大方向則是在伊藤博文及井上毅指導之下。伊藤曾在歐洲研究過憲法，並為日本僱用大批一流外籍法律顧問，其中最著名的便是德國法學教授賀曼‧羅斯勒(Hermann Roessler)。1888年，明治政府為商議憲法，成立一個名為樞密院的諮詢機構，參與者都是當時政府最高層人員。然當明治憲法頒佈後，樞密院仍然繼續存在，成為一個憲法體制外的機關，其成員以供天皇顧問為理由，操縱整個政局。1892年日本報章以「元老」稱呼任職樞密院之明治領導人，為日本近代元老政治之起源。原來之元老如伊藤博文及山縣有朋等，都在政府中擔任要職，特別在1880年

93

代，均掌控內閣或官僚體系。「元老」雖非正式組織，不在憲法體制之內，但並不表示這是個模糊不清的角色，誰是元老，大家都有一個不成文的默契。[16]當一旦成為元老，他們的一生便要為複雜的政治穿針引線，只不過當年紀更大時，便不得不退居幕後，擔任如樞密院等機構的領導職位。

明治憲法於1889年2月11日正式頒佈，由文字上來看，它是天皇給予其總理大臣及人民的恩賜。憲法發佈敕語中便毫不含糊地說：「朕以國家隆昌及臣民慶福為欣榮中心，根據承自列祖列宗之大權，對現在及將來臣民宣佈此不磨大典。」由於天皇手握最後大權，故內閣閣員對天皇而非對國會負責。雖然如此，憲法中亦有文字防止天皇有超越一切的直接權力，雖然語意並不十分明確，在發佈敕語中便有：「朕及朕子孫，將來必遵循此憲法條章，實踐時無逸出之事。」憲法中亦規定所有天皇敕令必須由內閣大臣副署，官僚藉天皇取得的權力因此而得到鞏固。憲法第十一條中規定「天皇統帥陸海軍」，陸軍參謀本部便藉此取得特別獨立地位。憲法亦給予人民各種公民權利，「我臣民之權利及財產安全會受注重，亦會受保護」，不過是在「此憲法及法律範圍內」。

國會本身包括眾議院及貴族院兩院，眾議院議員由選舉產生，而貴族院議員由天皇委任。為替貴族院鋪路起見，日本在1885年引入歐洲形式的貴族制度，成立所謂華族，該制度分為公、侯、伯、子、男五等，接受勳位約有五百餘人，大多為朝廷、政府及軍隊中顯赫人物。貴族院成員主要是天皇由華族中敕任，但也包括其他有突出成就的個人以及一些繳納高額所得稅者，貴族院的目的是制衡人民的參與。

雖然如此，憲法仍給予選民相當重要空間以伸張其想法。選民的資格由法律界定，而國會則掌握草擬及通過法律的權力。國會更關鍵的權力是通過或否決國家年度預算。但在設計憲法時，政府故意留了一手，憲法其中一項規定：如果國會無法通過新預算，則上年度的預算可以自動繼續生效。然由於政府花費不斷增加，這個漏洞的幫助並不大。因此明治憲法實行後，日本政府內少數有力者對議員的要求不得不讓步，這與他們在召開國會前所期待的完全不同。

＊　　＊　　＊

　　憲法的頒佈及民選國會的召開，象徵日本已成為一個由公民主體所組成的國家，民眾一面要承擔國家義務，另方面也獲得政治權利。義務包括男性要服兵役、所有人都要上學、每個人都要納稅。權利包括少數人得到選舉權、能夠在政府決定預算中表達意見。不過值得注意的是，這些權利只限於男性，而且要有相當財產。第一次選舉法實行時，能繳納規定賦稅而可以投票的人，只佔日本總人口的1%。很明顯，草擬憲法的人只不過想用它來制衡反對派。然而不能過分強調明治憲法的負面意義，說它只是限制人民權利，這樣會忽略它的歷史意義，明治憲法是未來改革的一個重要基礎。最重要的一點是在憲法規定下，一個民選國會出現，它的職權不止是個諮詢機關。另一方面，憲法背後亦象徵主體或公民的存在，它們在政治上是活躍的，而且有無限發展的可能。事實上，當寡頭體制決定實施憲政時，他們已非常清楚這樣的一個現代國家政體正在形成，它自身亦要發展出一套有自己獨特性的政治體制。

第七章

明治初期社會、經濟、環境及文化的變遷

　　由1860年代到1890年代，只不過三十年的時間，日本便崛起成為亞洲經濟火車頭，有人稱之為「亞洲工廠」，這種特徵直到20世紀仍存在。到1890年代為止，日本之紡織業便掌控國內市場，並開始與英國公司在中國與印度競爭，可以說是相當成功。日本船隊亦能與歐洲貿易商一較高下，其貨運能力甚至遠至歐洲。

　　就長期發展而言，明治日本之經濟成就更令人肅然起敬，無論在國與國之間比較，或以1860年代以前與之後的生活水準比較，明治日本無疑創造了一個先例。不過對19世紀末的日本人民而言，工業革命所帶來之衝擊，其立竿見影的效果是重重災難。受害最深的是兩類人，一是小家庭農民，另一則是年輕女工，他們數量龐大，兩者身份也許會重疊。在經濟發展過程中，大批農民失去土地，為債權人所取走，而數以十萬計的青少年女性受僱於棉紡、織布、火柴以至欣欣向榮之娼館，其所遭受的痛苦是不為人道的。

　　上述落差甚大的評價亦適用於這數十年間的文化變遷。明治日本中，新舊文化似並行不悖，無論由小說到油畫，作家及藝術家都熱烈擁抱新文化形式。另一方面，詩歌以至文樂歌曲等傳統文化亦展示其堅韌的生命力。不過在1880及1890年代，文化焦慮已浮現，而且緊張程度日益加深，其根源是恐懼在盲目崇拜西方現代性的熱潮下，日本可能失去某些東西。在這種憂慮下，日本知識分子不得不加工趕製一個全新的日本「傳統」。新日本「傳統」的出現亦與社會騷亂及政治不安有關，政府官僚為應付各種挑戰，決定要將個人思想及行為限制在一框框內，甚至不惜使用高壓手段。

一、地主與佃農

明治時期日本之經濟變遷，農業扮演十分關鍵的角色。它是人力、糧食、稅收及出口創匯的重要來源，沒有它，工業革命是不可能的。

在1880與1900年之間，日本人口由三千五百萬增至四千五百萬。同一時期，農村及農業人口則稍降，因為數以百萬計之人口由農村流向城鎮，或由城鎮流向大都市，這種流動亦出現在職業上，人口由農業轉向工商業。在這種轉變下，糧食危機的出現是無法避免的，要避免糧食不足有兩種方法：依靠進口或提高國內生產。直到1920年為止，日本農業是用增加產量以支撐不斷成長的人口。農業能夠維持糧食增加的原因有三：首先是有效利用現有耕地，過去這種有效性只限於高度發展區域，但現在則逐步擴散到全國。其次是選用新作物、新種子，以及使用更多肥料。除了倚賴傳統的糞便及由森林收集而來的綠色肥料外，隨著明治日本疆界的拓展，農民也使用有機氮肥。在德川時代，北海道四周海域已生產鯡魚乾，隨著捕魚技術機動性及效率的提升，產量也急劇增加；中國東北的豆餅也是氮肥另一個來源。上述兩個肥料的製造過程，都使生產地的環境付出代價（直到1920年代以後，日本才在數量上顯著使用無機肥料）。第三，耕作畝數的增加相當迅速，部分原因是九州、四國、本州等本島地區開拓耕地，但更重要的是北海道的開發。國家有各種支持計劃引導移民開拓旱田、畜牧牧場，而新的耐寒稻米品種的出現，最後更促成稻田的開墾。到1920年，北海道佔有日本全國耕地15%。[1]

土地生產力的增加幅度到底有多少？到今天這問題仍在爭論中，目前估計之年生產增加率約由1%到3%不等，數字並不一致。[2]但即使採用最低之增加率，其增長仍是可觀及重要，因為它足夠支撐一個成長中的人口，免除糧食問題，因而可以保留貴重的外匯以支付工業及軍事技術進口。

農業是國家稅收一個關鍵財源，沒有它，不可能進行大規模現代化計劃。在1870及1880年代，田賦佔政府收入約80%。到1890

年代，政府開始徵收消費品稅，包括醬油、鹽等民生必須品，另外再加糖、清酒等日常用品，田賦之比重便開始下降至60%，不過農地的收入仍為政府稅源之最大宗。

另一方面，農業出口茶葉及絲織品亦為日本創造重要外匯收入。1868年歐洲出現蠶桑自然災害，有利日本之蠶繭出口，為以養蠶業為主的小家庭事業帶來榮景。法國生物學家巴斯達 (Louis Pasteur) 及其他科學家很早便發現真菌是植物枯萎的因素，它存在於歐洲，也存在於日本。歐洲的蠶是內部交配，容易受疾病侵害。德川時代的養蠶業則幸運地在山區環境發展，而且使用多元及非標準化的培養技術，因此不知不覺產生品種非常多元的蠶蟲。多樣化的做法和大量的雜種能消減枯萎疾病，比歐洲以科學為基礎的劃一方法來得更有效果。[3]

上述的能力十分關鍵，再加上培養蠶蟲的新式技術，使日本在全球蠶絲市場裏佔有一重要位置。當歐洲的蠶害消失，日本轉而出口蠶絲，在1868年與1893年之間，生絲產量由二百三十萬磅增至一千二百萬磅，增幅達五倍，大部分是以出口為主，主要是出口歐美。在19世紀最後二十五年內，絲出口佔日本出口總值達42%。日本對中國及朝鮮之出口亦有一定數量，輸出產品主要為農村裏的傳統食物及手工藝品。

農業還有一個間接貢獻，就是輸出勞動力。事實上勞工輸出是繼茶與絲以後，為日本創匯第三個最重要來源。1900年前後不少日本人前往夏威夷、加州或拉丁美洲工作，再匯款給其農村中的家人。

蠶絲的紡與織通常都在農村中的小型工廠進行。老板及管理人員都屬於農村企業的精英階層。事實上，在日本資本主義經濟的發展中，農村社會的上層階級擔當十分重要之角色。他們投資工廠，不斷發展經營，一方面繳交大量稅收給政府，一方面又培養家中小孩接受高等教育。學業有成的下一代又繼續在政治、經濟以至官僚領域佔有領導地位。在農村中，他們放高利貸給附近農民，若無法還債則沒收土地，又僱用農家少女紡織蠶絲，工作時間有時長達每天十四小時。因此從整個經濟政策及社會效果來看，這些地主的重要性是不容忽視的。

97

　　在政府方面，它除了要負擔大量造價高昂的經濟及軍事計劃外，更使其喘不過氣的是西南戰爭的龐大軍費，故在1878年，明治政府便要面臨巨大的預算赤字。它先以發行紙鈔以應付急需，卻引起劇烈通貨膨脹。由於明治政府的收入以預估地價為主，地價並未自動隨通貨膨脹而上升，故財政實質收入降低，使收支赤字進一步惡化，唯一好處是農產價格上升，農村暫時得以好景。

　　1881年大藏卿松方正義實施嚴峻之財政及貨幣政策。松方出身於薩摩，幕末時以志士身份活躍於政壇，明治以後，一直擔任領導工作。1881年「明治十四年政變」後，松方出任大藏卿，為了抑止通貨膨脹，他大量削減國家預算。上述財政政策，無論是好的影響或壞的批評，傳統都歸因於松方正義，事實上他的兩位前任大藏大臣已經開始實行類似政策，亦即削減政府開支、增加稅收及減輕政府債務。到1880年，政府已解僱大部分在1870年代聘用的外國顧問，松方只不過是加快及擴大實行這些政策。松方上任後，便大力整頓由外國顧問協助設立的國營企業，把賠本的加以出售。他亦收緊貨幣供給，首先是關閉印刷廠，不再大量生產廉價紙幣，改回原來銀本位政策。到1883年6月，只不過是一年半時間，他把日本貨幣供應量縮減14%。結果是物價迅速下跌，由於同時期遇上全球性不景氣，通貨收縮更為明顯。

　　由於1880年代初國內政策及國外壓力，其所產生之經濟狀況便是所謂「松方緊縮」。在1880年至1884年間，農產品價格暴跌多至一半，為了生存，小自耕農不得不向附近富有的地主借錢。在無法償還情況下，土地兼併便大量出現，亦是所謂「借金黨」或「困民黨」走上反亂的原因，「秩父事件」便是最好的例子。*

　　經濟緊縮政策下最明顯的一個結果便是土地所有權的大轉移。
98　但與農業增產數字一樣，這時期失去土地而變成佃戶的人數，一直

---

* 譯注：秩父位於東京市旁西北方的埼玉縣，1884年10月，該地數千農民要求減少雜稅，延長債務限期，發生武裝暴動，波及群馬及長野等縣。詳見本書第六章。

是學者爭論的問題。根據保守估計，佃戶耕種面積由1870年代的30%，增加至1880年代的40%。若用此統計數字換算，則日本約有十分之一的土地轉換了所有權，而且僅在十年之內。到1880年代末，松方財政改革的確把日本經濟穩定下來，但卻為數百萬的日本人民帶來了深重災難。[4]

二、產業革命

到1880年代初，明治政府已為資本工業經濟安排好各種基本建設，以後二十年的日本便沿著這基礎進一步發展，陸續出現了鐵路網、新商業法、為工業提供貸款之各種專業銀行。而一小撮私人投資者則在製造業上發展，過程雖相當艱苦，但到1880年代末，已具一定獲利能力。接著在世紀之交前後的二十年，日本的經濟便正式起飛了。在這段時間內，日本工業產量每年約以5%速度成長，與同期世界的3.5%比較，它的表現是相當優異的，甚至比美國還要好。美國之工業產量由1895年至1915年成長一倍，而同期日本則為2.5倍。

日本的工業化是由紡織業帶動，由1890年代到1913年，日本絲出口增長四倍，傳統日本絲綢是用手工紡製，但到第一次世界大戰前夕，日本之蠶絲已有四分之三用機器製造，同時每年四分之三的產量是以出口為目的。棉紗的生產亦如此，它產量的成長率與絲相同，機器亦漸取代手工。不過棉品的出口則以亞洲為主，約50%輸往中國及朝鮮。

工業化中第二個主要項目為煤及金屬資源的開採。由1876年到1896年，金屬生產增加七倍，礦區僱用勞工數目亦僅次於紡織業。煤產量約半數來自九州及北海道之煤田，成為日本工廠燃料主要來源，其餘則大部分供各海港蒸汽船之用。把埋藏在古生物層的能源開發出來，不但加強日本社會的生產能力，也有利帝國及其商業向外擴張。日本的能源需求後來要仰給於海外的煤炭和石油來源，但在19世紀，該國擁有足夠煤炭藏量以應付國內需要，甚至可以有剩餘出口。

除了眾多煤礦外，日本還是世界上最大的銅生產國之一，包括巨大的足尾銅礦及其提煉廠。到 19 世紀後期，銅能用於製造導線，在愈來愈依賴電力的工業化世界中擁有了前所未有的重要性。銅的出口，就如蠶絲，帶來了重要的外匯收入，但這也付出了可怕的代價。1880 年代和 1890 年代，足尾銅礦設施所排出的有毒污水，流遍東京以北的渡良瀨川流域。農田被污染，莊稼歉收，水生生物消失，農戶也患上可怕疾病。作為回應，一位反傳統、充滿熱情的當地政治家田中正造領導了一場反對礦山的鬥爭；這也成為日本早期工業時代最重要的環境抗議活動。田中動員數千農民在東京示威並與警察發生衝突，1901 年他甚至直接向天皇發出呼籲。政府最終採取行動，迫使足尾銅礦採取補救措施。環境的恢復是緩慢且不完整的；時至今日，這片土地仍然留下明顯的傷痕。[5]

第三個項目為運輸革命，它亦成為新工業的支柱。到 1880 年代末，日本鐵路已超過一千哩，到 1900 年，總長度超過三千四百哩。日本是一個山國，故興建鐵路是個艱巨任務，需要巧奪天工的技術。另一方面，鐵路系統亦助長其他工業的發展，它降低原料運輸成本，亦可以低價把工業成品運到國內市場，或運到港口再送往世界各地，新運輸系統對煤礦及紡織業尤為重要。

工業化亦為社會及經濟組織帶來重要改革，1880 年代末之鐵路投資熱潮助長了一股更全面性的「私營公司浪潮」。在 1886 年和 1892 年之間，私人投資者建立十四間新鐵路公司，私營鐵路的總長度是政府之兩倍以上，這股投資熱延伸至紡織業、礦業以及其他事業。不過到 1890 年，由於「投資過熱」，日本出現第一個金融危機，不過也給日本投資者一個非常好的教訓，讓其終於了解到組織合股公司及股票市場的經營法則。在股市崩盤後，許多抱著投機心態的公司倒閉，不過也產生汰弱留強的作用，大部分的鐵路公司均體制健全，它們與其他新公司經過 1890 年金融風暴考驗後，更能茁壯成長，成為私營領域的佼佼者。

日本新興資本主義體制中，最具特色的是財閥的出現，它在壟斷過程中擔任重要角色。有些財閥可以追溯其歷史至德川時代的「兩

替商」，*三井及住友便是其中的佼佼者；有些則是白手興家，在明治時代才崛起，三菱是其典型例子。不過無論哪一種公司，到1870及1880年代才逐步發展出今天的形態。它們的創辦人利用其長期政商關係及主要企業間的依附聯絡網，建立一個龐大商業帝國。以三井家族為例，從1670年代開始，他們便在江戶及京都建立乾貨零售據點，他們也是幕府將軍的金主，雙方關係一直維持到幕府覆滅為止。另一方面，三井的經理人亦在1860年代接近倒幕勢力，培養彼此關係，故在1868年後，三井家族能繼續發展。三井負責處理明治政府部分稅收，故在1876年創辦三井銀行。同年，它亦創立三井物產，負責貿易業務。其後伊藤博文出任工務卿，與三井物產簽訂合約，獨佔官營三池煤礦銷售業務。伊藤很直截了當地說：「我們不會苛刻，貴公司可以用成本價取得煤炭，再用它發展你們的事業吧。」[6]三井無疑在這個協議中獲得大量利益。1888年，三井乾脆把三池買下來，雖然收購價格相當高。三井亦利用三池煤炭與英國公司簽訂合約，三井物產出售煤炭給英國蒸汽船，但可以在上海、香港以至倫敦開設分公司。這種銀行、礦產及貿易三方面的結合，於1880年代出現。在以後日子裏，三井以此為基礎發展，再利用其利潤收購或創辦其他公司，其中比較著名的包括芝蒲製作所、鐘淵紡績、王子製紙。

100

其他財閥的發展方向稍有不同，如三菱便專注於海運、造船、鐵路，不過興起的過程差不多，時間亦在1880及1890年代。各創業家庭大都保留對財閥複合體的財政控制權，不過從開始便避免「一人得道，雞犬升天」的家族企業毛病，僱員都是年輕人，由家族以外招募，同時委以重大管理權。在近代工業發展史上，日本企業算是較早實行所有權與經營權分離的政策。

為何這些高度壟斷的財閥能夠發展得如此迅速？部分原因當然是歸究於資本主義經濟體制，它必然會走上壟斷方向。看看美國

---

* 譯注：江戶時代之金融業者，原來是以匯款為主要服務項目，後發展為存款、貸款及號票發行等業務，甚至幕府之公款亦存放於此。

的鐵路、鋼鐵、石油、煙草及金融等帝國企業便很清楚，泛達比爾特(Vanderbilt)、卡耐基(Carnegie)、洛克斐勒(Rockefeller)、杜克(Duke)、摩根(Morgan)等大公司的出現並非偶然，因此日本之有力壟斷財閥與他們具有同樣性質。但財閥仍然有它們的特性，就是無所不包的經營範圍。它們不只是橫跨各行業，而且更橫跨各個領域，由金融到製造業，無所不在。每一個財閥似乎都要鯨吞所有數得出的事業，由貿易與航運，到金融、開礦及各種製造業。單單用資本主義經濟似乎無法解釋這種現象。

　　有人認為財閥這種企業不止出現於日本，19世紀末德國銀行主導之獨佔公司，或俄國之國營企業均有相似地方，其原因可以歸究於上述三個國家經濟發展的「後進性」。一個後進國要趕上去，同時在國際間又要有競爭力，必須發展新工業，要達成此目的，則要在短時間內動員稀有之資本、技術勞工及技術，但只有大組織方能完成上述任務。在某些後進例子中，國家會擔任此種角色，但在日本，其動能則來自政府計劃與大型私人公司的合作。[7]

　　後進因素也許能解釋日本財閥興起的原因，但卻無法解釋明治時代日本資本主義為何有如此優異的表現，在西方以外，似仍無法找出相同案例。德川時期之經濟及社會因素也許是其中一個原因，在明治維新以前，日本已存在相當程度的企業管理及生產技術，它有可能直接應用到現代工業，或轉換到一個商業金融及近海運輸的複雜網絡中。除此之外，日本的人口成長並不快，故農業收入可以移用到其他新的領域中。

　　在上述的社會及經濟基礎上，日本還有一個相當關鍵的因素，就是工廠僱主可以招募到一群廉價勞工。在19世紀後期及20世紀初期，日本工業已日趨機械化，然與先進的西方國家相比，日本之個人生產力仍遠遠比不上(個人生產力是每個人平均生產之貨物或服務價值)。由於生產力趕不上，日本經濟要具競爭力，唯一的方法便是降低工資水平。在這段時間中，非技術性工人的低工資是日本製造業有強勁表現的重要原因。

　　國家的積極作為也是另一個重要原因。明治政府在1870及1880年代實施各項基本建設，為早期財閥提供良好基礎。稍後，國家表

面上只是推動工業層次的提升，實際上是直接參加，促使製造業轉
向資本密集及高技術生產。在這方面，日本之廉價勞力是無法成為
相對優勢的。舉例來說，日本鐵路公司在1890年代發展，火車頭及
鐵軌是必須品，但由於鐵廠及工程公司或是不存在於日本，或是價
格太高，因此不得不由西方進口。到20世紀初，明治政府採取關鍵
措施，把經濟上之供應方與需求方兩者關係扭轉過來。在供應方
面，政府在1896年出資興建八幡製鐵所，亦撥給預算津貼海運業，
甚至機械製造、工程及造船等私人工業。在需求方面，政府在1906
年幾乎將所有連接大都會的鐵路收歸國有，並利用這個機會，規定
鐵路使用之火車頭及路軌必須向國內廠家訂購，而且凡具競爭力之
進口貨均抽以重稅。[8] 在這幾個政策下，私營重工業得以受惠，否則
那時候它們是無法生存或成長至日後規模的。

　　最後一個因素是私營領域中的相互競爭及企業精神，為日本式
的資本主義錦上添花。明治時期的年輕人一直夢想發財致富，不少
獨具慧眼的財閥亦願意送他們到海外學習，在歐美的紡織廠、造紙
廠、工程建設或類似地方實習，學成歸國後，就在財閥下的企業管
理工廠，擔任要職。另外日本國內工程及造船公司林立，互相爭取
政府之鐵路或海軍採購，亦有不少私人鋼鐵廠是由八幡衍生出來，
卻又成為八幡之對手。因此關稅雖然在20世紀初為日本公司提供保
護網，減少外國貨的競爭力，但日本能真正增加其生產力及生產質
量，卻是靠國內互相競爭所致。

　　是以日本之經濟成長，主要是倚賴國家與私人企業積極性之互
相配合，而企業精英的心理則是把服務國家的理想與個人發財的夢
想編織在一起，兩者好像無須偏廢，亦不會衝突。日本的資本家亦
類似國家官僚，沒有過分歌頌市場的創造能力，以為市場只是個簡
單及直接的機制；他們亦無意推崇毫無限制的利潤追求，不認為這
就是最有利於社會的做法。相反，他們仍繼續使用儒家語言，宣揚
一種「無私」牟利的哲學。

　　澀澤榮一是推動上述想法最有力的人，他是明治時代最重要的
金融家及工業家。作為一個活力充沛的企業家，他把合股公司概念
引進日本。澀澤亦率先為日本創立一些大型紡織廠、造紙廠及私人

銀行，而且相當成功。澀澤一方面宣揚自立美德，一方面反對「國家與社會進步要倚賴個人主義或自我主義」的看法，他的反駁論據是：「我無法贊同這個説法⋯⋯雖然每個人都希望出人頭地，榮華富貴，但若都只從個人立場出發，國家的秩序與安寧便會因此被破壞。」明治時代陶瓷業鉅子森村市左衛門亦表示：「在商場要獲得成功，其要訣便是要決心為社會及人類以至國家的未來而努力，有時甚至不惜犧牲個人自己。」[9]

三、工人隊伍及工作環境

102

上述的想法也許真的反映出很多企業界領袖的信仰，但為國發展實業卻不一定換轉到好好善待工人這一層次，其中尤以女工待遇更為明證，她們多半是出身農家的青少年，在「松方緊縮」中所受苦難最深。

根據政府統計，到1911年，十人以上之工場或礦區所僱用工人總數約為八十萬人（見表7.1），其中有四十七萬五千人在紡織廠工作，包括棉或絲的紡織，而女性所佔的比例達80%。她們通常都會居住在工廠的宿舍，到晚上便會鎖起來。故一旦發生火災，宿舍便成為死亡陷阱。雖然當時的上層階級一般認為女性比較柔弱，但這種看法無助改善女性待遇，她們的工作時間每天至少十二到十四小時，而產業男性工人則平均每天只不過做十二小時左右。與男工比較，在同一工種中女性的薪酬約是其50%到70%而已，與重工業的男工比較，更只有30%到50%。薪酬是按件制，用競爭方式，以其產量及質量作計算基礎。工廠的規定相當苛刻，執行時常因人而異，男上司常有性騷擾行為，雖然不能從文獻中考訂出確實數字，但在女性的歌謠中，經常會反映出這個問題。

最後要提及的是工廠之惡劣通風環境，它是疾病溫床，特別是肺結核，有若今天的愛滋病，它令人身體虛弱，無藥可救，最後導致死亡。肺結核在德川時期便存在於日本，不過問題仍有限，直到19世紀末20世紀初，問題才日趨嚴重。當時對整個傳染過程的理解有限，但肺結核基本上是近代環境問題產生的疾病，非常受四周環

表7.1　20世紀初之勞工人數

	1902			1911		
	男性	女性	總數	男性	女性	總數
紡織業	32,699	236,457	269,156	67,128	408,257	475,385
機器／工具製造業	33,379	983	34,362	67,271	3,817	71,088
化學工業	38,615	43,683	82,298	47,159	22,414	69,573
飲食業	16,837	13,316	30,153	34,202	12,922	47,124
雜項	20,729	11,579	32,308	37,831	20,123	57,954
電力或天然氣公用事業	475	21	496	4,476	40	4,516
開礦及提煉業	42,888	7,230	50,118	59,321	8,924	68,245
總數：所有行業	**185,622**	**313,269**	**498,891**	**317,388**	**476,497**	**793,885**

資料來源：勞働運動資料委員會編，《日本勞働運動資料》，第10卷統計篇（東京：中央公論事業出版，1959），頁104、106。

境影響。紡織廠的設施對傳播肺結核而言可謂十分完美、天衣無　　103
縫：封閉空間、缺乏重要營養的食物、筋疲力盡的勞動、潮濕粘連
的空氣中充滿各色粒子。工廠女工一旦染上肺病便被送返家中，坐
以待斃，她們亦同時把細菌傳到家鄉。更令人傷感的是文化規範妨
礙了醫治，感染者長期以來被污名化，被人以為涉及禮俗上的血液
不純潔，使得受害者不敢張揚其病徵，而醫生也忌諱説出診斷。

　　不過當時日本生活困苦，一般婦女若不在紡織廠工作，也沒有
其他更好的出路。她們若留在農村，與家庭一起居住，亦要幫助農
事，工作量至少與工廠一樣，甚至更為繁重。究竟她們是否樂意接
受工廠生活？許多紡織女工的回憶是互相矛盾的。有些人認為工廠
的規定苛刻，靠嚴厲賞罰以刺激工人拼命賺錢，在她們的描繪下，
工廠是個不快樂的修羅煉獄。亦有人認為與其他工人相處甚歡，衣
食足保溫飽，食物至少比農村好。薪水與男工比較是相當微薄，但
與其他女性工種比較，仍算不錯。當時的女性若留在農村家庭中，
通常是無償勞動，若從事家庭手工業，由中間商人轉發，按件計
酬，所得亦不會高。

　　婦女若要取得高薪，唯一的途徑便是淪為娼妓。在19世紀後
期，娼妓行業僱用婦女之多，僅次於紡織業。娼妓在當時日本是合

法事業，政府會發給執照，並訂立各種法規管理，不過仍然有不少非法娼妓存在。在20世紀之初，日本約有五萬名合法娼妓，當時從事棉紡業之女工只有六萬(棉紡女工數目位居第三，第一是織絲，第二是紡絲)。如果說娼妓之回報不薄，但其代價是相當高的，她們要付出健康、尊嚴，甚至自由。家庭在「出賣」少女到娼館時，通常先收取一筆相當可觀的訂金，該少女則要償還全部訂金後才能夠離開，一般要三到五年的時間才能清付該筆賬目。

要真正了解工業時代初期的女工如何回顧自身地位並不容易，她們只接受過初等教育，因此沒有留下太多的回憶文獻，歷史著作一直以來亦未嘗把女工當作一個重要主題處理，只有在社會改革者、記者及政府報告中才留下蛛絲馬跡的紀錄。根據有關的工廠工人統計報告，不少女工以辭職來應付惡劣的工作環境，故工人之年轉換率達百分之百，是十分稀鬆平常的事。著名政府報告《職工事情》在1903年出版，它搜集日本全國各地工廠的資料，包括當時日本最大紡織廠「鐘淵紡績」，為我們提供一些令人印象深刻的數字。在1900年年初，該工廠僱用四千五百名女工，到該年年底，女工人數裁減至三千五百人，但在同一時期，由於女工大量轉換，結果在1900年內僱用了四千七百六十二個新女工。女工流失的原因，有四千八百四十六名是由工作中「逃走或出走」，六百九十二人被辭退，二百五十五人因病離職，三十一人死亡，死亡率接近1%。[10]

有時候工人亦會聚眾生事，用集體形式抗議。由1897年到1907年，在紡造廠與大小織造間中，總共有三十二次紡織工人罷工事件，訴求是提升薪酬或改善工作環境。罷工多半只持續一至兩天，甚至只有幾小時。能實現訴求的很少。事實上，女工都集中住在宿舍，公司管理又十分嚴格，她們要組織起來抗議或與工廠外的社會改革者聯繫，並非是件容易的事。如果真的舉行抗議，她們一般都會被辭退，最後別無選擇，只得回老家。

紡織女工即興唱奏的歌謠都是由旁觀者記錄下來，這些歌曲反映女工憤怒與失望的情緒，結果導致高流動率及罷工，女工一方面希望追求更高水平的生活，另方面也為自己的貢獻感到驕傲，因為她們知道自己的努力有助國家的財政收入及國力。女工的驕傲是工

圖7.1　圖中是明治後期長野縣繅絲工廠內一景，工人都是年輕女性，亦是她們唱出政府或自己編織的歌曲以反映工廠生活。在她們前面是一鍋熱水，要從裏面的蠶繭抽出蠶絲。照片中女工的儀容都經過打扮，頭髮也梳得十分整齊，看起來是工廠拍攝的公關照片，用以宣傳職場的積極正面形象。（岡谷蠶絲博物館提供）

廠經理及招工者所促成，當女工穿山越嶺，前往應募工廠時，廠方沿途每天都會傳播同樣的冠冕堂皇的話：

> 翻轉又翻轉的生絲
> 紡動中連串成線
> 它是帝國的財源
> 出口價值超逾億元
> 有甚麼更好於絲線
> 我們是和平時期的軍人
> 婦人貢獻效果高
> 帝國自身兩皆好
> 艱難辛苦不在乎

但經過女工的即興刪改，歌詞內容卻大為不同：

> 女詩人如紫花，事務員即如楊柳
> 女教師如蘭花，女工即如路邊草

105

另一齣即興譜出的歌詞：

> 宿舍淹毀，工廠燒毀
> 看門公霍亂病死
> 那真的大快人心
> 招募員舌燦蓮花
> 「這樣的公司不來真可惜！」
> 騙得女工團團轉
> 早上六時愁眉苦臉
> 晚上六時笑逐顏開
> 可憐的蠶蟲，被絲赤裸裸縛住
> 真想插翼飛出去
> 直到遠方的陸地[11]

在日本的工業時代初期，男性熟練技術工人團體亦逐步形成，不過他們的數字遠少於女工。到1902年，約三萬三千名男工在造船業、機械及工具業、鐵路公司工作。在礦業及金屬提煉業中，男性工人約有四萬人，不過在礦業中，女性所佔比例則甚低，另外十萬名男工則在其他各工業門類幹活。

男工的個人感受是複雜的，一方面是不滿意自己的生活環境，甚至有點自慚形穢，另方面又有強烈自尊心及決心，一心一意要自力更生，因此他們的生活形態是顛簸不堪。在第二次世界大戰以後，日本工人是以其「終生僱用」制度出名，但在日本工業時代初期，男工就業方式是截然不同的，他們認為要成為一名熟練工人，而且是真正獲得大家信任，就必須在不同工廠工作以取得一定經驗，才能學習到更多技巧，在專業上方能進步，因此男工轉換工作的速度就如紡織女工一樣。不過女工在離職後，通常都不再回到工廠做事，而男工則被稱為「遊歷職人」，由一個工作跳到另一個工

圖7.2　1890年芝浦製作所一個製模車間中男性工人的情況。工頭穿著西式帽子及制服站在中間，他是整個車間的最高領導人，而工頭與一般工人間關係緊張，是司空見慣的事情。在崗位上的工人常運用傳統技工的方式操作，因此左下方的工人是穿上江戶時代工匠的衣服。（東芝株式會社提供）

作，是其生涯規劃不可或缺的一部分。他們通常希望存一筆錢後便創立自己的小型工廠，有小部分人最後能成功創立事業。

　　男工亦曾組織一些罷工活動，甚至嘗試在1890年代組織工會，不過工會的壽命通常十分短暫。金屬業工人在1897年成立一個鐵工工會，會員人數在最高時有五千，不過只是曇花一現，由於會員變動頻密，到1899年，該工會已經失去支持力。1900年，政府通過一個《治安警察法》以限制工會活動，工會最後終於瓦解。無論罷工或工會活動，都反映出工人的憤怒，他們除了希望獲得高薪報酬，也不滿工人尊嚴遭到忽視。組織最完善的罷工發生於1899年，由日本

鐵路公司的火車頭技工發動，罷工者主張「我們的工作是高尚，並不卑下；應受到尊重，不應被蔑視」，工人其中一個重點要求是更動他們的職稱，他們自認比普通文員及站務員有更高的技術要求，所承擔的責任更重，但火車頭技工覺得其職稱聽起來卻是低人一等，毫無尊嚴。[12]

　　老板認為這些技工桀驁不馴，難以倚靠。一間頗具規模的工程公司的經理在1908年訪問美國，回來後在一份雜誌上大吐苦水，批評時下的年輕工人，認為他們雖受過良好教育，但自以為是，毫無反省精神。至於老一輩工人則冥頑不靈，只知抱殘守闕，維持過去經驗，因此「教他們任何東西，就如對貓念佛」。他認為美國的工人比較馴服，「只要一個命令，便會自行完成任務……但在日本，不只要三令五申，而且要不斷督促，否則事情是無法辦好。」[13]

　　上述對工人的負面印象，與工人本身所留下來的紀錄可以説南轅北轍，大相逕庭，因此必須帶著懷疑的態度重新審視。根據工人自己的説法，他們有學習決心，希望不斷改進自身技術，最終有一天能開間小型工廠，當上老板。故管理層認為工人都是冥頑不靈，態度散漫，並不表示工人都是無知或死氣沉沉，這只不過反映出管理層不能善待工人，他們才無意為公司盡心盡力而已。

四、平民教育及高等教育的發展

　　到1880及1890年代，反抗義務教育的浪潮已逐步減弱，學校出席率亦不斷上升，另一方面，政府則開始改革教育課程。由於教育漸漸普及，人民可以運用其知識閱讀報紙，甚至簽署請願書，批評政府政策，文部省因此實施一個更以國家為中心、充滿道德性的教育政策，走上與1870年代之自由及實用教育氣氛截然不同的道路。推動新教育政策的領導人是森有禮，他出身薩摩武士，1886年至1889年間曾任文部大臣一職。在他領導下，文部省加強教科書之中央管控，在公立學校內亦引進一種軍事式的教師訓練，完全吻合當時的軍事精神。政府另一方面提倡儒家忠孝、恭順及友悌等價值觀

念,同時又接受德國顧問建議,加強學校之德育課程,強調忠孝對國家的重要性。

這種保守政策最明顯的結果便是教育敕語的出現,它於1890年10月30日以天皇名義頒佈。敕語內容清楚反映出政府內部高層官員及其顧問的觀點,教育目的以服務社會及國家為主,他們認為明治初期之教育政策過分著重個人解放,違背維新初旨。不過在如何服務國家上,官員間則有不同看法。他們的歧見出現在擬訂教育敕語的過程中,爭議點是應否以儒家傳統論述表達國家主義教育目標。當時擔任明治天皇講讀的元田永孚(1818–1891),便主張突出忠孝兩點作為基本社會價值,但伊藤博文等實用派反對以天皇名義樹立一個道德上的法統,怕因此把天皇牽引進政治糾紛中。

由於兩派觀點不同,教育敕語便成為一個揉雜各方意見的文獻。敕語的一部分引用儒家思想中有關人文關係的價值:

> 爾臣民繼述祖先,孝於父母,友於兄弟,夫婦相和,朋友相信,恭儉持己,博愛及眾。

也有些敕語推動盡忠國家的精神,反映出19世紀歐美政治體制中流行之民族主義:

> 進而廣公益,開世務;常重國憲,遵國法;一旦有緩急之際,義勇奉公。

在忠孝之道與愛國主義兩個截然不同的道德領域中,敕語則用天皇及祖宗等價值把兩者聯繫起來,因此敕語開宗明義便指出:

> 朕惟我皇祖皇宗肇國宏遠,樹德深厚,我臣民亦克忠克孝,億兆一心,世世厥濟,此我國體之元素,實教育之本源。

其結尾為加強敕語之力量,更表示:

> 斯道實我皇祖皇宗之遺訓,子孫臣民俱應遵守之所。通之於古今不謬,施之於中外不悖。

在教育敕語頒佈後，它更被供上聖壇，成為一個權力的象徵。在全國每一所學校裏，教育敕語都被放上一個壇席上，旁邊再加上一幅天皇肖像（見圖7.3）。凡舉行任何典禮，都要對集會學生朗誦一遍。誓死保護教育敕語及天皇肖像的故事亦不斷流傳，說校長在學校發生大火時，不惜冒險甚至犧牲性命，亦要把教育敕語或天皇肖像搶救出來。學生們很難完全理解這些文言，但能明白基本訊息：就是天皇制度使日本與別不同，人民應該感激權力者，無論父母以至天皇，他們都要尊重。除了教育敕語教本外，文部省亦派發明治天皇肖像的正式照片，供各學校舉辦儀式之用。但政府不是主動派送給每一所學校，它們要自行申請。直到1930年代，只有小部分學校幸運地拿到一冊，因為申請的學校必須符合文部省訂定的課程及設施標準。國家不單止利用肖像規範學生成為一個忠誠的臣民，更藉此要求各學校遵守政府的標準。[14]

與教育敕語及小學比較，高等教育則是另一天地，其精神及構造完全不同。到1905年，約有十萬四千名學生進入各式各樣之中等學校，為當時入學學生總數的10%。「師範學校」是男女生並收，主要功用是訓練師資。除此之外，還有一大批不同種類的職業學校，目的是培養年輕人成為技術員、文員以至工程人員。中學生畢業後，有一小部分人仍會努力往上爬，繼續在公私立高等中學深造。有些高等中學特別為女子而設，1899年，政府要求每一個縣至少都要設立一所女子高等學校，另外西方傳教士亦為女性設立高等教育。不過最出名還是七間為男性而設的國立高等學校，其中最著名的是東京的第一高等學校，在1886年創立，其他六所則先後在1901年以前成立，每年入學人數約為五千三百人。

站在整個教育系統的頂端是七所帝國大學，只招收男性學生。在這七所大學之中，東京帝國大學更是拔尖中的拔尖，尤以法學部為然，它是通往政府及商界領導階層的終南捷徑。

初等小學以上的教育不是義務，而是自願選擇。故向上升學的人都要通過入學考試，而且家裏環境還要不錯，能夠負擔學費及不需要孩子工作賺錢。另一個比較矛盾的現象是學風，當學生越接近

圖7.3　藝術家筆下20世紀初的恭讀教育敕語情境，一個小學校長恭捧敕語，
高聲朗誦。天皇肖像的照片則恭奉在講壇中間，深掛在帷幕之後。這個儀式完
全模仿1889年的頒憲大典，當時天皇把憲法作為「恩賜」，親自交與首相及國
家。（湯島小學校提供）

教育金字塔的頂端時，學風愈自由，學生通常會有較大思考空間，
高等學校及大學更給予學生一定程度的自治權，學生可以自行組織
課程以外之活動，在教室裏，他們亦可以廣泛閱讀西方的哲學及政
治思想。這種開放精英階層思想亦見於文部大臣森有禮，他當時正

推行高等學校教育，為日本培養未來的愛國領導精英，他認為高等教育學生必須學習如何發揮所長及認識責任所在，因此在他們的成年階段中必須給予足夠的自治空間。

文學作品可以反映這一代學生的社會及心理世界。當代最知名的作家之一夏目漱石（1867–1916）在1914年出版了一本自傳式的小說《心》，裏面談及兩個角色，反映大學中兩個不同世代的經驗。在這個死亡與自殺的故事裏，夏目漱石不留情面地直接指出現代人那種疏離生活，對讀者產生無可比擬的震撼力。夏目的寫作並非無所依據，在其小說出版之前，一個名為藤村操的第一高等中學學生於1903年在日光著名的華嚴瀑布跳下自殺，*並留下一封遺書，《心》裏的主角也同樣留下一封信：

> 悠悠哉天壤，遼遼哉古今，以五尺之小軀而欲測此大，何禮索（Horatio Alger, Jr, 1832–1898）之哲學竟有如此權威之價值。**萬有之真相，唯一言以蔽之，曰不可解。我懷此恨而煩悶，最後決以一死。既已站立於瀑布之前，胸中無有不安之感，始知大悲與大樂竟無二致。

這個自殺事件成為媒體間一個重要新聞，它產生大量的明信片、圖畫書、紀念品，亦有不少仿效他的人。一位歷史學者稱，在自殺事件出現後八年之中，約有二百個人在同一個瀑布跳下自殺。[15]

這些事件只不過是明治後期日本文化一個面相而已，其他回憶錄及小說（如夏目漱石比較輕鬆的作品《三四郎》）都顯示出城市及大學是各種夢想、冒險以至慾求的所在地。年輕的男性，以至少數私立高等學校的女性，都在上進心與進取精神的驅使下來到城市。他們喜愛城市各種新奇事物及開放性，忘不了那種流動及變動的感受。當時高等教育界流行閱讀西方文學及哲學書籍，包括康德、盧

---

* 譯注：第一高等中學校，簡稱一高，戰前日本最出名的大學預科學校，1949年改為東京大學教養學部。
** 譯注：何禮索是19世紀末美國小說家，與馬克吐溫成為當時最受歡迎作家之一。受到進步主義影響，對人生抱有積極希望。

梭、穆勒等人，這些作品激發想像，鼓勵年輕人追求反叛及堅持自
我。因此在19與20世紀轉折間，對那些有幸升學的年輕人而言，它
是個令人興奮的年代，好好思考他們在「新日本」中應該要做出甚麼
大事業。

五、文化與宗教

　　要打造一個「文明開化」的現代國家是明治時代的一個重要訴
求，這股力量不但改造了日本的文化面貌，亦改造了經濟及政治體
制。從1870年代開始，政府官員、教育家及藝術家等人便探討各文
化層面在西化後會產生甚麼影響。這個問題出現的原因，是當時如
火如荼的提倡「全盤」近代化。舉例來說，由於西方軍隊都附有軍樂
隊，日本軍隊主管在1871年亦決定成立日本軍樂隊，認為這才符合
軍隊的西化政策，而日本軍隊很快便發展出一套西式軍樂，日後成
為日本軍人一個新傳統。在同一方式下，1880年明治政府聘請一位
波士頓公立學校老師，負責為日本新成立學校策劃一套「正規」近代
音樂課程。1881年，該位老師為日本編出第一套學校兒童歌本，約
半數歌曲是西方樂譜，由日本詩人填詞，故訴說離情的《友誼萬
歲》，被改寫為甜蜜的懷舊老歌《螢之光》，另一些歌曲則是沿用日本
舊歌歌譜，但配以西式和音。[16]

　　在這種實用精神下，富國強兵與藝術家專業形成奇妙的結合。
1870及1880年代，政府支持知名畫家用西式油畫創作。德川時代已有
畫家採用西方畫具及運筆方式，譬如在18世紀的木刻畫便曾使用消點
法，明治畫家得以作為借鏡。為了推動西式畫法，明治政府舉辦藝術
比賽，設立學校。故到1880年代末期，日本作家如二葉亭四迷 (1864–
1909)、森鷗外 (1862–1922)，以至日後的夏目漱石，均開始創作散文
小說，其形式與西方小說不相伯仲，亦廣受讀者歡迎。

　　在戲劇方面，雖然傳統戲劇已開始受到批評，但新的戲劇形式
仍發展得很慢。在德川時代，重要的能劇劇團都得到德川將軍或諸
大名資助；明治維新以後，這些財源被切斷，能劇只掙扎了一段很
短的時間便沒落了。歌舞伎的群眾基礎比較好，但它在明治初期也

面臨許多困難。由於歌舞伎很多情節都是以娼館為背景，西化派改革者一直批評它為腐化及封建，因此在1880及1890年代歌舞伎便進行「改革」，劇作家把西式服裝及現代生活各種情節引進舞台，但新劇種並不受觀眾歡迎。

　　日本文化之西化或近代化，其深度及廣度是史無前例的，但傳統文化形式仍繼續存在，雖沒有國家的支持，亦能進一步開花結果。目前並沒有明確的統計數字證明，西方音樂雖然成為學校主要課程，傳統音樂如木偶戲淨瑠璃的唱曲，或三味線及日本琴，它們不但仍存續下來，其受歡迎程度更有增無已；歌舞伎亦未因批評而倒下來。著名演員一直呼籲保存古典戲劇，同時江戶時代的表演藝術仍在民間流行。

　　由1880年代中期開始，一個要求保存或振興傳統日本文化的運逐步出現，與西化派改革者形成兩股衝突的力量。這個負有文化使命感運動的領袖有歐美人士，也有日本人，其中最為世人所知的是厄那斯特‧費諾羅莎 (Ernest Fenellosa) 及岡倉天心 (1863–1913) 兩人。費諾羅莎是哈佛大學畢業生，主要接受藝術史的訓練，1878年應聘來日本教授哲學，其後沉醉在日本文化及藝術中；岡倉天心原來是他的學生，後來則成為同事。

111　　　　兩人共事多年。他們的情況有點像18世紀的本居宣長，本居面對的是日漸普及的中國思想，而他們面對的則是西方文化。兩人極力鼓吹東洋思想，認為東方文化著重精神，對美學著重直接體驗，與西方的物質主義截然相反，這點在日本文化中尤為明顯。岡倉與費諾羅莎是受到黑格爾的世界觀影響，認為東西方文化互相作用下，會綜合成一個超級全球性文明，兩人之表達方式則沒有黑格爾的尖銳。不過其他的反動保守文化主義者則利用這個題目，直接攻擊西方文化在日本的影響。[17]

　　由文化史的角度而言，明治中期到晚期是一個重要的糅合時期，日本本土文化具有很大彈性，與各種西方進口因素並存、混合，有時則互相衝突。在這個過程中，很多舊文化形式急遽地被改造，但日後世代則視這些改造過的形式為「傳統」，代表日本。其實所謂「日本性」，它已經是一個全新概念。以能劇為例，它之能夠存

續，是因為日本政府把它等同於西方戲劇，因而大力提倡。1879
年，美國總統尤利西斯‧格蘭特(Ulysses Grant)訪問日本，為了招
待客人，能劇便成為格蘭特參觀項目之一。而當時能劇所展示出的
各種儀式，以前根本從未實踐過，在某種意義下它是被重新創造。
現代功夫如柔道，運動如相撲，藝術如盆栽，均可作如是觀。它們
一方面在表演層次上有改變，另方面在象徵意義上，亦首次成為日
本性的代表。[18]

　　在近代化過程中，創造了各式各樣之文化傳統，包括「萬世一
系」天皇統治的政治傳統，都令人目眩五色。然這並非日本所獨有，
甚至要在現代化物質下一心一意保存精神價值的現象亦非日本所獨
有。在中國，民族主義者於1911年現代化的辛亥革命中推翻清朝，
建立新政府，他們所用的辭藻、所宣導的精神，與明治天皇1890年
的教育敕語並無二致。當新時代領袖以漢民族為中心創造一中華民
族時，新與舊便混在一起。他們宣稱一個四千年的連續性可以追溯
至傳說中的黃帝身上，自此之後便建立一個抵抗外侵的傳統。[19]歐
洲在近代化中亦與日本一樣，很多人在面對近代性時，認為它不人
道、過分物質主義，因而轉向昔日以尋找或發明精神傳統，藝術家
及詩人可說是其中佼佼者。

　　明治時代的宗教亦要面對同樣的混亂與變遷。德川時代已創立
不少本土性的宗教團體，以傳播福音為主要任務；到明治時期，它
們擴張得更快。明治時期另一新興宗教運動則是基督教，它在德川
時代曾遭受殘酷壓迫，但仍有為數約六萬的「隱匿基督徒」存在，在
1868年幕府崩潰時，他們依舊履行基督教各種儀式。1873年，明治
政府廢除幕府的反基督教法令，但未有明言如何保護宗教活動。
1889年憲法保證宗教自由，但並非是無條件的，前提是「限於無礙和
平及不妨害公民義務」。

　　在這種模棱兩可的背景下，天主教、東正教、基督新教傳教士
在1870年代紛紛回到日本，信徒數字的成長只是強差人意，基督教
徒人口佔日本總人口不到1%，不過這些男女信徒的作用則相當大，
在日本之文化及政治生活上發揮不成比例的影響力。在19世紀末與
20世紀初之間，無論是社會主義運動或勞工運動，基督徒活躍分子　112

均在各個改革領域中扮演領導角色。他們都相信個人道德良心的指導，理論上甚至可以超越或抗衡國家的指導。由於當時政府強烈主張帝國臣民要全面效忠，不容許有貳心，基督教的看法無疑是勇於挑戰現狀，事實證明要堅持下去並不容易，很多基督徒寧願視宗教為一非政治性活動，以避免與國家衝突。[20]

雖然明治政府的宗教政策並不一致，但它對各種宗教活動採取積極態度，目的是藉此建立其統治合法性。在神道方面，伊勢神社自古與天皇關係便十分密切，但1868年以前，所謂神道活動主要為到本地神社參拜，表示對社區神祇的崇敬，與國家無絲毫關連。在明治初年，政府創立一個全國性神道組織，這是日本歷史上首個類似組織。1868年明治維新時，政府設立一個神祇官。1869年，明治政府發佈聲明，表示國家應遵循「神道」指導。1871年，正式規定神社為國家機關，扮演「國家宗祀」角色。

新政府同時亦採取兩步驟把神道與戰爭犧牲者關連在一起，其影響至於今日。在征討幕府戰役中，總共有七千七百名士兵為天皇捐軀，1869年明治政府為他們建造一中等規模神社，稱為「東京招魂社」，作為紀念。1877年西南戰爭，在討伐薩摩藩過程中約有七千名官兵戰死，死者靈位全部移入東京招魂社，1879年該社改名為「靖國神社」。

不少政府官員及宗教人物質疑把神道與國家緊緊連在一起的想法，然在此後數十年中，政府依然繼續操作神道，不過其在國家中的地位則較以前下降。從1871年至1877年之間，開始時神祇部官的職權被分拆，到最後則完全被廢除，1877年更名為社寺局，歸內務省管轄，到1900年再更名為宗教局。*雖然在官僚制度內的位階不斷下降，國家的角色依舊不變，它認證神道僧侶，強調神道與皇室不可分的密切關係，用以強化天皇制度新得到的地位。

---

* 譯注：1869年明治政府頒佈職員令時，神祇官地位原來在太政官及各省之上，1871年降為神祇省，與各省並列。1872年又分神祇省為教部省與式部寮，教部省繼承神祇省的宣教及宗教事務，式部寮則管理皇宮中一切祭祀活動。1877年改教部省為社寺局，不再插手宣教事務。1900年社寺局又分為神社局與宗教局，神社局專管神道，佛教及基督教則由宗教局管理。

　　日俄戰爭結束時，政府給予靖國神社一個較顯著的角色，即負責國家典禮。甲午戰爭及日俄戰爭中戰歿的九萬二千個士兵，他們的靈位全部入祀靖國神社，使其重要性日增。另一方面，日本亦在其殖民地內建立神社，殖民地人民在某些情況下亦要參加神社典禮。總括來說，神道的地位雖然一直在變化，但當明治時代建國者創造出日本民族認同時，神道便成為民族古代起源的一個象徵。[21]

　　當神道與國家互相擁抱之際，佛教僧人及其信徒則遭受批評及迫害。1868年，明治政府頒發《神佛分離令》，終結江戶時代佛寺之半官方地位，它亦禁止僧人同時兼任神社職務。江戶時期，每一個人都要向佛寺登記戶籍，現在則規定在本地神社登記，各種措施都讓一般人了解到神道與佛教在禮拜儀式及信仰神靈上都不相同，政府的政策亦觸發民間一股攻擊佛寺的風潮，到1871年達到高峰，很多寺廟、佛像及遺物都因此被毀滅。

　　有部分佛教信徒採用以牙還牙的方式回應，他們舉辦示威，甚至暴力活動，要求傳播佛教之自由，亦要求驅逐基督教。由1870到1890年代，佛教僧侶及思想家為了保護自己及再度獲得人民與政府的支持，很多隨波逐流，跟著社會交錯甚至矛盾的潮流奔走。有些人發出強烈呼籲，要求國家尊重宗教自由；有些人則為求取合法性，因而跳上反動的民族主義列車，指責基督教及物質主義西方握殺了亞洲的精神性；更有些人擷取對手的餘緒，指責基督教缺乏現代的理性精神。其中聲音最響亮的便是井上圓了（1858–1919），他是哲學家，亦是老師。1885年，他創立一個非常重要的哲學研究所，他認為基督教信仰提倡一神，與佛教之無神論想法比較，基督教顯得更缺乏理性及現代性。

六、加強日本的認同及命運感

　　明治時代日本令人目眩五色的改革引發各式各樣的回應。有些人認為改革會帶來解放及個人機會，有些人認為改革會帶來整體國家光榮。對另一些人而言，改革等同危險、墮落，以至道德淪喪。對改革的恐懼至少呈現在三方面的政策及爭論：恐懼政治權力失控、恐懼性別失控、高度關注「日本人是誰」這樣的文化問題。

第一種恐懼源於政府領導人害怕活躍的民眾會挑戰他們的權力，最後決定以普魯士為藍本，制訂一部保守的憲法，保守政策結果導致學校實行軍事訓練，教育敕語強調為國犧牲的精神。第二種恐懼是害怕為了急著走上近代化道路，產生男女兩性間的無政府狀態，明治領導人早在1872年便下令禁止女性蓄短髮，到1890年，這種恐懼再次導致禁止女性參與政治。

明治時代因轉變而產生的第三種恐懼，其實早在培理來日前便存在，它可以用「攘夷」兩字總括下來。所謂「夷」是指由海上來的外人，他們會毒化日本人民，傳入基督教精神，破壞日本人的真正認同。在明治初年，由於政府領導人忙於近代化工作，這些恐懼大都被抑制下來，由1870年代到1880年代初期，主流思潮認為支持改革才算是一個真正日本人，故真正的愛國者必須以西法為師，建設富強的日本。

然而在各個改革計劃之中卻隱含一個問題，這個問題在幾個叛亂中已明顯有人提出，它亦使得日本人民與其他地方人民不同。這個問題就是日本人努力不懈的改革，最終目的究竟是甚麼？若果我們日本人大力興建鐵路，採用歐式憲法，與歐洲一模一樣，那我們日本人還有沒有自己獨特的身份認同？若果有，則又是甚麼？

這些問題在1880年代中以後更常被提起，所提問題可說相當尖銳及深思熟慮。其中一群年青人在1888年組成政教社，發行雜誌《日本人》，他們可說是最早提出這些問題的知識分子之一。他們認為日本是一個民族國家，但現在卻跟著一條所謂「文明開化」的路走，它會「使我日本失去民族性格，日本本土因子悉被打破」。《日本人》創刊者之一的棚橋一郎（1862–1942），他曾寫道：「嗚呼！今日之日本是何種之日本？舊日本已亡，新日本今仍未興。余輩應奉何種宗教？應持何種道德主義？將來又承受何種主義之教化？一想至此，茫茫然如彷徨於五里霧中，仍未知歸著之所，寧不無感也。」[22]

到20世紀之初，有關政治失序的恐懼、性別的無政府狀態及文化精神的失落好像稍為減緩。雖然不能說已完全解決，起碼政治領袖如伊藤博文以及重要的媒體人員及記者，已建立某種政治、社會及文化的正統原則。

　　第一個而且又是最重要的原則，就是天皇被建構為一個政治及文化中心，它可以稍為紓解各種焦慮產生的壓力。明治的精英統治者亦毫不含糊地高舉以天皇為尊的政治大旗，主張天皇「發動繼承自列祖列宗之大權」，用憲法形式頒佈一個「永恆大法」。

　　把皇室當作象徵操作是一個風險性頗高的嘗試。精英統治者一方面希望把天皇高捧至神座，遠離政治，故政敵不會再如幕府末年，利用天皇奪取權力。另一方面，由於他們舉全力利用天皇之象徵及一言一行以鞏固政治體制，有時候不免流於僵化，容易產生矛盾，教育敕語便是一個很好例子。在教育敕語頒佈不久的幾個月後，一個偶發事件釀起了軒然大波，在1891年1月，東京第一高等中學舉行教育敕語的「安奉大典」，敕語還有天皇之親筆簽名，因此校長命所有出席人士向天皇之御筆行禮，但學校一名英語老師內村鑑三 (1861–1930) 是基督教徒，認為憲法保證所有人民有「良知自由」，拒絕向天皇御筆行禮，他認為行禮便是等同「崇拜偶像」，是基督教所不容許的。

　　報紙在幾天之內便爆發一連串抗議聲音，內村不久亦放棄其堅持，在其他公開場合多次向敕語行禮，但反對聲浪終於迫使內村辭職。這個事件促使當時日本一些最著名的哲學家及教育家出面為行禮一事辯護，主張強制向敕語行禮是合乎憲法，因為無論教育敕語或憲法的道德意義都屬於公共範疇，故遵從國家或天皇是世俗最基本義務，它是超越任何個人倫理或宗教信仰的。

　　除了提高及加強天皇的最終權力外，第二個新觀念涉及女性，因為國家一方面要處理對性別無政府狀態的恐懼，另方面又要應付其兩性臣民之慾望，不得不提出一個「賢妻良母」的理想模式。明六社一個成員中村正直首先倡導這個理想，其背後之含義當然是以限制為主。婦女的職能被限定為哺養者，她的角色是以家庭為中心，婦女不得參與政治，不得繼承財產，甚至在民法上不能得到任何獨立自主的地位。

　　在某些意義上，婦女之基本義務是從事賢妻良母的雙重角色這種想法，並非全然反動或有限制性，它仍有意在一個新時代中改善女性的地位。在德川時期，婦女一向被視作不可教，因此亦無需太

115　多正規教育，這種看法對武士家庭中之婦女尤為明顯，因此婦女在公共生活中無任何重要性可言。然在明治體制中，才女需要教育，因為在新時代中，只有知書識禮的母親，才能教養好下一代，她需要稍為了解家庭以外的世界。如果兒子要從軍衛國，母親的家庭責任也就更重，成為培養軍人的半公共角色，是以在20世紀之初，明治政府官員所積極推動的「賢妻良母」口號是有其新意，即婦女亦應接受教育。同時婦女治理家務，甚至在工廠做事，其意義亦有異往昔，現在已被看作為對國家服務之一種。

　　值得注意是「賢妻良母」這種意識形態並非獨限於日本，在20世紀初的中國，知識分子及教育工作者便開始爭論「賢妻良母」角色，究竟它對近代國家的打造有多大的重要性？「賢妻良母」這個漢字詞彙在東亞各國成為一個常見的口號，雖然有時會有些異議，但究竟是否一定妻是「賢」、母是「良」？兩者其實差別不大。

　　在近代日本，天皇制度的重要任務就是事先規範男與女的性別角色。在天皇的身體力行下，男性的髮型可以向西方看齊；而皇后的個人服飾則是新舊混合，因此她的傳統髮型無異向全國婦女暗示應該保留原來的長髮及高髻式樣，她的西式臉部化妝則鼓勵全國女性不要剃掉眼眉或染黑牙齒。高髻黑齒自古以來便被視為女子美麗的象徵，直到德川時代仍如此，但在西方的批評及其掌控主流價值下，王室一直支持改革黑齒習慣，風氣自此方逐漸改變。

　　在政治及性別外，第三個想法便是重新界定「日本文化」，作為認同日本的基本標準。在20世紀之初，保守人士如岡倉天心、費諾羅莎以及雜誌《日本人》的作家群均開始從事此項工作，然正如「賢妻良母」這種意識形態，「日本文化」也非完全是個反動概念。政教社的成員其實亦同意日本必須借用西方科技，方能達到富國強兵的目標，但他們要追尋一個獨一無二的「日本」價值，而且在追尋過程中要把它發揚光大。在所有日本獨特價值中，他們最強調的便是日本具有一個與別不同的美學觀念，這種美感是根源於藝術及自然環境。他們認為在一個大轉變時代，一個特別的美感及道德感，可以成為文化穩定力量。為了突出美學上的「日本性」，無形中也強化了女性美德的典型。因為日本傳統文化常由一些作家界定，而他們又

以女性角度歌頌美麗和優雅。除了藝術，傳統的自然思想和近代科學也界定日本性，並將其陳示於世界，它們所扮演的角色亦相當重要。明治時期的官員開始歌頌富士山，它原來便是宗教崇拜的地點，現在則成為世俗的民族國家象徵。1881年，文部省把「富士山」放進學校音樂課本中，歌曲來自於海頓 (Joseph Haydn)，歌詞是這樣寫的：「外國人仰之彌高，日本人也同樣，〔富士山〕是我們的驕傲」。[23]

　　近代科學與日本傳統兩者的複雜關係可以很典型地反映於地震學上。在明治初期，西方的建築師和工程師便警告其日本同行，面對經常發生的地震，堅固的磚塊和鐵質架構是必須的，如此才能讓日本成為更能抵禦地震的國度。1891年，名古屋附近的濃尾平原發生巨大地震，不但死亡人數達七千人以上，也震塌了東京至大阪等城市的鐵橋和磚牆，但傳統的木造建築如寺院高塔卻安然無恙。如此的其中一個結果是對傳統日本建築和建造技術的重新正面評價，另一個則是令日本科學家成為全球崛起中的地震學的領導者之一。[24]

　　透過上述不同方式，突顯文化獨特性的期待是日本思想和文化生活的一個常態，有時甚至流於執著。與此同時，歌頌日本傳統──甚至是那些圍繞皇室制度的傳統，也並非完全通行無阻或不受挑戰。雖然頒佈教育敕語的目的是要加強人民的忠誠度，但它的解釋及實踐過程具有壓迫性，在此後數十年中，異議者此起彼伏，不絕如縷。

　　異議者的成分複雜，由女性主義者到社會主義者及共產主義者都在其內。他們反對天皇至高無上的法統，亦獲得不少附和者。然它們的發展受制於明治後期的政治及文化反應，這些反應界定及限制各種文化、社會及政治討論，日人到今天為止，仍然強調變化的連續性，並希望從中尋求意義。

＊　＊　＊

　　明治時期各種變化仍是日本歷史上爭議最大的課題。1968年，當明治維新滿一百年，究竟要不要紀念它便成為激烈爭論的話題。第二次世界大戰的陰影影響這次爭論，它的影響到今日依然存續。

批評者認為明治體制是以天皇為中心的一個極權政治及文化制度，再加上經濟制度是剝削農村，限制國內市場發展，日後不得不走上災難深重的戰爭道路。然在1960年代以來，無論在日本或海外都出現一個較為正面的明治史觀。這種進步的敘事方式成為官方在2018年慶祝明治一百五十週年紀念的定調，並沒有引起多少注意，更沒有挑起太大爭議。日本在1889年是第一個非西方國家實行憲法政治制度，在同一時期，它亦是第一個非西方國家走向工業及資本主義經濟制度。日本的政治及經濟成就令人印象深刻，而其他非西方國家在這一時期卻受制於歐美民族國家的霸權擴張，成為其政治及經濟的附庸。有些西方國家雖然「先進」，但其極權程度卻不下於明治新體制。無論如何，明治維新就如近代其他革命一樣，它的各種改革會留下進步的軌跡，亦會留下痛苦的軌跡。

第八章

帝國與國內秩序

　　明治革命改造了日本的國內空間，鐵路把農村連接向東京、橫濱、大阪、神戶等港口或都會中心。明治革命亦改造了日本與世界的關係，到19世紀末，日本已經從亞洲邊緣位置，逐漸成為一個地區強權，它一步一步的掌控朝鮮，台灣則成為日本殖民地。在修改不平等條約後，日本已與西方列強取得形式上的平等，它亦與英國結盟，雖然只是次要夥伴，但戰略上則十分重要。無論在人口或在貨物方面，日本都已有一定流動數量，它從朝鮮進口糧食，向中國輸出紡織品，在亞洲及美洲兩地，亦有不少男女以學生或勞工身份往來其間。因此日本人民正在對外發展，成為東亞以至全球體系的一部分。

　　日本的國內變遷有其全球因素，也產生一定全球性影響。同樣情況，日本帝國的建立亦有其國內根源，也衍生許多國內效應。上章曾提及明治時期之民族國家建設運動，它引發日本人間一種新愛國主義，支撐日本政府的對外積極措施。同樣的運動亦引發人民參與及改革，但對統治者卻是好壞參半的事，因為它可能威脅到其統治權，甚至可能具顛覆性。統治者為了鞏固國內社會及政治體制，不得不推動各種有關措施，他們把帝國打造成一個日本人民認同及團結之有力象徵。在這種情況下，帝國主義其實亦是日本人民與其國家關係變化的反映。

一、帝國的進程

　　日本在1870及1880年代的對外關係，最重要的地區便是朝鮮半島。1876年，日本使用炮艦政策，強迫朝鮮簽訂《江華島條約》，開

放三個通商口岸，給予日本人治外法權，事件的整個過程和結果與二十年前培理來日本時的要求無甚差別。日本商人趁機謀利。在新的條約下，日本靠轉口歐洲工業製成品，快速擴大對朝輸出。日本亦由朝鮮輸入稻米及大豆。在整個1870年代，朝鮮的出口約有90%是輸往日本。

118　　　　　在1880年代，日本政府希望與朝鮮進一步發展出更親密的政治關係，這無疑會影響中國和朝鮮。在數百年的朝貢關係下，朝鮮不但與中國往來密切，而且倚賴甚深，而日本的政策則是鼓勵朝鮮建立一獨立於中國及俄國的政權，唯日本馬首是瞻。明治領袖中最具地緣戰略觀念的山縣有朋便曾提出過一個戰略想法：朝鮮應該屬於日本「利益線」的一部分，重要性在於保護日本本島的「主權線」。

　　　　為了確保所謂「利益線」，日本在1881年派遣軍事顧問到朝鮮，幫助其陸軍近代化。朝鮮當時是高宗在位，他頗富改革思想，與其廷臣亦留意到日本各種近代化計劃，而且印象深刻，因此有意仿效，不過其時朝鮮內部保守及排外力量正盛，改革與保守雙方對峙嚴重。此後因為內部連年不和，政治混亂，使朝鮮無法抵禦外來壓力。這時候日本政府、日本主流反對黨的成員，與政府有千絲萬縷關係的日本政治冒險家及浪人，紛紛利用朝鮮的混亂局面爭取利益。1882年，與高宗為敵的排外分子發動政變，並殺了好幾個日本軍事顧問，史稱「壬午事變」。事後雙方簽訂了《濟物浦條約》，日本要求新政府賠償損失，並容許日本軍隊駐守漢城，以保護當地日本外交人員。

　　　　日本政府及民間仍然支持傾向改革的「獨立黨」，但朝鮮之所謂獨立與日本是不同義的，朝鮮人不但希望由中國獨立出來，亦希望與所有外國保持獨立關係，日本當然亦在此外國之列。但他們依然願意接受日本的援助，部分「獨立黨」成員曾在日本接受教育，並受日本經濟援助。由於日本積極支持改革派，而朝鮮政府則傾向保守，雙方關係日趨疏遠。朝鮮的保守派仍希望與中國維持親密關係，日本的政策亦觸怒中國的統治者，中國因此開始擺脫其傳統政策，以朝貢制度宗主國身份積極介入朝鮮事務。

　　1884年，改革派金玉均發動政變，他事前曾暗中得到駐漢城日本公使的支持承諾。金玉均在好幾年前便與日本的福澤諭吉交往，福澤勸金玉均以日本為楷模，在朝鮮推動近代化及民族運動。政變爆發後，金玉均之反叛部隊刺殺保守的丞相，脅持高宗，不過兩千名清軍介入後，終於把亂事平定。憤怒的朝鮮群眾不滿日本在整個事件中的角色，參與平亂過程，殺死了十名日本軍事顧問及約三十名居朝日人，史稱「甲申事變」。

　　日本的輿論界及政治組織對甲申事變反應強烈，要求政府報復，中日間瀕臨戰爭邊緣。部分前自由黨積極分子甚至組成民間軍隊，打算親赴朝鮮，幫助其「獨立」。但政府內部對派兵海外非常猶豫，首先是力有未逮，西南戰爭所帶來的人力物力損失，記憶猶新，其次是擴軍計劃尚未完成，三者是民間海外出兵，很容易失控。1885年發生所謂「大阪事件」，大阪當地警察破獲一個秘密行動，目的是準備派遣民間志士到朝鮮，首謀者是自由民權積極分子大井憲太郎（1843–1922）及女性運動支持者福田英子，他們均被警方拘捕。國內反對者亦不滿政府與中國在1885年達成所謂《天津條約》，它是伊藤博文親赴天津與李鴻章會晤後簽訂，雙方均承諾由朝鮮退兵，並同意以後若出兵朝鮮，事前應知會對方。

119

　　1885年亦見證日本報紙刊出〈脫亞論〉這篇文章，作者是無名氏，其後知道是福澤諭吉的作品。由於他的黨徒在去年朝鮮政變中一敗塗地，福澤失望異常。福澤認為朝鮮及中國無法走上「文明」之路，因此主張日本應該「脫離亞洲國家這群體，轉而加入西方文明國家之列」。福澤在他的自傳中回憶，他當時其實希望「遠東各國能合併成為一大國，一方面對抗西方的大不列顛，一方面參加世界邁向進步之旅程」。[1]

　　1881年至1885年發生的各個事件，在此後二十五年間不斷重複出現，成為日本打造亞洲殖民帝國時的一種既定行為模式，而福澤諭吉的看法則為日本帝國主義崛興提供意識形態基礎。首先是日本輿論界及反對政府人士一面高唱亞細亞主義，一面鼓吹各種正義口號，譬如朝鮮由中國獨立，或亞洲與西方平起平坐等。事實上他們口中的亞細亞團結是指以日本為師，甚至是由日本領導的霸業。其

次是日本政府的回應方式，它對上述民間意見加以限制，但沒有完全禁止，因為政府之行動方向與他們並無二致，只不過稍為小心謹慎而已。海外發展目的地雖不止朝鮮一個國家，但朝鮮半島仍然是最重要，它成為日本軍人、外交官以至民間「志士」匯聚的地方，在那裏他們反抗中國人、俄國人、英國人、甚至朝鮮人。不少民間「志士」其後發展出一套有力的新民族主義，用以反抗中國的霸權，亦反抗日本、俄國以至所有外國的霸權。

要理解日本對外擴張的日程，必須注意其軍事擴張計劃，它自明治維新以來便持續不斷，目的是建立一支內可以平亂，外可以稱霸的武裝隊伍。在1880年代及1890年代初，政府撥出大量經費，建立一支頗具實力的海陸軍。除此之外，山縣有朋重新規劃軍事指揮系統，使其儘量脫離民間及國會的監督。以德國模式為藍本，他創設各種軍事學校，訓練出一批軍事精英，同時亦設立參謀本部，直接向天皇負責。這種軍事體制，使作戰系統相對獨立於內閣之外，有時連海陸軍大臣亦無法指揮。

在短期而言，山縣各種措施有止戰作用，各級指揮人員都是小心慎謹，他們反對民間的好戰聲浪。無可否認，最高軍事統帥由早期開始便無法掌握戰場上好勇鬥狠的軍官。第一個不服從命令的重要行動出現在1874年，儘管當時政府發出停止行動的命令，西鄉從道（領導西南戰爭的西鄉隆盛的弟弟）依然發動台灣征討（參考頁94–95）[2]，但直到1930年代末為止，軍方只有在條件有利的情況下才對日本以外地方使用武力。但由長期而言，由於整個軍事結構缺乏外在制衡力量，軍人很容易為了擴張便會輕率出戰。

在《天津條約》締結後的十年中，日本政府一直在朝鮮維持低姿態，中國的影響力則相應增加，它派出不少「顧問」留駐朝鮮朝廷，指導其進行軍事及通訊網路改革。除此之外，俄國外交人員在朝勢力亦有所增長，主要是朝鮮人希望引進俄國以制衡中國力量。但俄人的南進卻引發英國不滿，以佔領朝鮮半島沿岸「巨文島」表示抗議，[*]

120

---

[*] 譯注：1884年甲申事變後，朝鮮為平衡中國力量的擴張，一度求助俄國，並商議租界接近朝俄邊界的永興灣給予俄國，1885年11月，英國出兵佔領位於對馬海峽的巨文島，以抗拒俄國力量南下。

1887年俄國承諾保證朝鮮領土「完整」，英國方肯退兵。美國也加入競逐朝鮮半島勢力的行列，好些美國人在1886年到1890年代被高宗任命為外交顧問。

外部壓力可以説來自四方八面，朝鮮領導人力求獲得一些轉圜空間，並同時維持國家獨立，但似乎並不容易。由於經濟不景氣及外力入侵，醞釀很久的農民不滿終於在1890年代初爆發出來，就是歷史上著名的「東學黨之亂」，它成為1894年中日甲午戰爭的直接導火線。

東學黨是個宗教組織，其信徒認為他們所以貧苦不堪，應歸究朝鮮的精英階層及外人，所謂外人，主要是指日本人，但中國人亦在指責之列。東學黨徒攻略不少地方，包括一個省府，朝鮮政府不得不向中國求助，要求派兵平定亂事。

中國承諾出兵，給予日本政府一個渴望已久的藉口，最後導致1894年至1895年之中日甲午戰爭。日本的海軍實力到戰爭前夕大致已與中國相等，山縣有朋及其他領導人認為確保朝鮮優勢地位的時刻已到，決定放手一搏。在1894年6月，日本利用「保護日本居留民」，派出八千人軍隊到朝鮮，要與中國爭取在朝鮮內政中平起平坐的地位。中國拒絕所請，日本的反應是在7月佔領朝鮮王宮，並成立一個親日本的內閣。它強迫新內閣終止與清朝的朝貢關係，要求中國軍隊撤出朝鮮。以與朝鮮傀儡政權合作為藉口，在朝日軍攻擊中國軍隊，數天之後向中國宣戰。

中日甲午之戰其實是兩國爭奪朝鮮半島控制權的戰爭，它包括好幾場陸上戰役，但主要是海戰。1895年4月，它以日本大獲全勝告終。其後日本在下關進行和平談判，簽訂《馬關條約》。*日本清楚表示其要攫取的利益不只是朝鮮，它還要取得台灣本島及附近島嶼，亦要中國割讓遼東半島及南滿洲地區的鐵路建造權。台灣最後成為日本殖民地，不過並非毫無代價。台灣的抵抗十分激烈，結果日本要派出六萬軍隊才能確保這個日本帝國第一個殖民地，但代價是四萬六千名將士的傷亡。南滿洲鐵路日後的確成為日本在中國東

---

* 譯注：德川時代，下關稱為馬關。

北地區發展的重要基石，但在1895年4月，俄國聯合德、法兩國外交人員共同介入，最後日本被迫歸還遼東半島給中國(參看地圖11.1)。

中日甲午戰爭的結果對世界及對日本都有重大影響，西方各國政府及人民本以為中國會取得優勢，清帝國的失敗催化西方帝國主義在中國的競爭，要在弱化的中國內部劃出一個本國的勢力範圍，而對日本則另眼相看，認為它是非西方世界的模範生，能成功達到近代化。倫敦《泰晤士報》便是一個好例子，它對日本能短時間內晉身成為全球強權之一，表示十分訝異，在1895年4月，它引用查理士·柏斯福德(Charles Beresford)公爵的說話：

> 日本在過去四十年所遭遇到各種行政變化階段，等於英國在八百年間與羅馬在六百年間所經歷過的，我只得承認，對日本而言，沒有甚麼是不可能的。[3]

在國內，甲午之戰觸發一股巨大的民族光榮感。原來為了預算問題，政府與國會產生嚴重磨擦，現在國會卻全力支持政府。新聞界齊聲譏笑中國人，說他們「穿著女人衣服，喬裝由戰場逃跑」，它們歌頌日本發揚「文明」，1894年12月，著名新聞記者德富蘇峰(1863–1957)意氣風發的說：「現在我們不必再以身為日本人為恥，能挺直腰幹面對世界……在此之前，我們不了解自己，世界也不了解我們。但現在我們已測試過我們的實力，我們已了解自己，亦為世界所理解。更重要的是，我們亦知道世界已了解日本的存在。」[4]政府亦完全了解到對外擴張會產生團結效果，事實上他們之所以發動戰爭，其中一個原因就是要鞏固國內的支持力量。

中日戰爭不但有政治上的效果，經濟上亦有很大收穫。和約中規定日本可以自中國得到三億六千萬日元的高額賠償，這約等於日本戰前年度預算的4.5倍。賠款中約有三億元花在軍事用途上，一小部分則投資位於九州的官營八幡製鐵所。附近是位於長崎外海的端島，生產日本質量最高的煤炭。間接得到的利益可能更重要，軍事擴張有助工業發展，其中最明顯的是武器生產。賠款亦減輕政府其他預算的壓力，它容許政府撥出巨額津貼給運輸業及造船業。

　　在1890年代，日本除了成功走上帝國之道外，它亦達成拖延好久的條約改正。條約改正是1880年代開始進行，但並無結果（參看第六章），另一輪新的談判在1890年開始，直到1894年7月，就在甲午戰爭爆發的兩星期前，日本方與英國簽訂新約，裏面規定到1899年全面終止治外法權，至於關稅自主權則沒有馬上歸還給日本，新約規定到1911年以前，大部分進口日本貨物的關稅率不得超過15%。與1880年代條約修正談判比較，新約沒有所謂過渡期，這是1880年代條約修改飽受批評的原因，在此期間外國法官有權出席日本法庭。當日英新約簽訂後，其他列強亦跟進，簽訂同樣的條約。

　　當時憲法已經成功實行，日本政府最急需的是要社會支持條約修正，雖然憲法把締結條約的大權賦予天皇，但它也承認國會「有權代表政府及法律以至所有人民」，一個不受歡迎的條約會嚴重妨礙國會之程序進行，亦會阻止其他法律或預算的通過。

　　不過由於中日戰爭正在進行，事情結果出乎意料的順利，公眾輿論及各政黨均熱烈歡迎修正的新約，其中較為保留的只有一條。舊約給予外人各種特權，但亦限制外人活動範圍，他們只能居住在所謂條約港口之內。所有外人都不准居住日本內地，也不能購買地產。為了廢除治外法權，新約同意在1899年終止上述限制，接受所謂混雜居住。新規定引發各式恐懼，包括西方物質主義及性別平等會泛濫成災，以及「外國害蟲會毒化日本」。[5]

　　這種莫名恐懼很快便消失，新約與混雜居住進行得非常順利，沒有任何意外。「害蟲入侵」亦未出現，雖然資本主義及女性主義的確有深遠影響（前者比後者更大）。20世紀之初，日本民間或官方都與明治初期一樣，認為西方制度及科技是富強之源，但西方本身及西人仍是一個威脅。1895年三國干涉還遼事件更助長這種看法。戰後的痛苦程度與其在戰爭期間的興奮並無二致，德富蘇峰回憶當時情況：「遼東歸還事件影響我整個後半生，當一聽到這事件，我心理上完全變成另外一個人。無論你怎樣解釋，它之所以出現，只不過因為我們不夠強大。歸根到底，如果你不夠強大，真誠與正義不值半文錢……日本的進步……最後都要倚賴我們的軍事實力。」[6]

122

　　雖然有這樣的悲觀論調，但20世紀初期仍有其他國際潮流讓人
較為放心，相信在和平環境中可以實現國家富強。日本的對外貿易
在中日戰爭前後成長迅速，其中一個結果便是貿易港口大量增加，
反映出國內熱衷於自由貿易，而主要的推手則是全國各地的在地商
人。1850年代的條約強迫德川政權開放五個貿易港口給西方列強，
但沒有禁止日本開放更多港口。由1880年代後期至1890年代，日本
政府加開二十七個所謂特別貿易港給外商，主要是因為國內壓力。[7]
在這個不斷發展的海洋網絡下，日本由1880年到1913年進出口量增
長八倍，幾乎每十年便增加一倍，是當時整個世界貿易量成長率的
兩倍。在這種情況下，日本進出口值佔國民總生產值的百分比便不
斷提高，在1885年，它佔國民總生產值只不過5%，到第一次世界大
戰前夕，便上升至15%。[8]進出口是經濟增長的互補因素。日本為其
成長中的國內工業進口了精密機器及原料——尤其是原棉。這時期
日本的主要出口不只是紡織品。在大量本土知識的基礎上，結合從
西方積極進口的技術，使日本的採礦產值由1880年代初至1913年增
加十倍，在這幾十年裏，銅和煤是該國最有價值的出口產品。[9]

　　日本經濟成長另一個重要國際因素是對外移民。從1880年代開
始，日本之商界領袖及知識分子便主張對外移民，認為它可以讓貧困
的日本人改善生活，日本亦可以因其匯款而增加收入。不過初時移
民數量不多，到1890年，夏威夷的日本移民人數不超過五千人，加
州約有一千人，中國和朝鮮亦有一些。到1907年，夏威夷的日本移
民已達六萬五千，美國本土則有六萬。大部分的移民都是農業勞
工，他們匯回日本之款項約佔日本這段時間內外匯總值3%，[10]當時
一些著名日本人便認為和平移民及貿易可以取代武力殖民政策。不
過大部分的記者、知識分子及政府官員則認為經濟擴張及移民只是輔
助殖民帝國的發展，無法取代，一個強大的軍事力量仍是必要的。[11]

　　由1895年到20世紀初，朝鮮仍然是日本戰略上主要關注點。
1895年之《馬關條約》迫使中國承認朝鮮為「獨立」國。依據該條文，
日本預估可以排除中國於朝鮮半島之外，但戰後被迫歸還遼東半島亦
危及日本在朝鮮的地位。朝鮮的閔妃原來親近中國，現在為了消滅日
本的影響，轉而向俄國求助。1895年10月，一個非比尋常的違命事件

出現，日本駐朝鮮全權大使三浦梧樓陸軍中將及他公使館的一些人員殘酷地殺害閔妃及其他一些妃嬪。日本政府其後召喚三浦回國，並控以謀殺罪名，但法院認為證據不足，甚至沒有開庭審訊。[12]

雖然東京政府沒有參與謀殺事件，但它仍支持在朝鮮半島維持優勢地位。此後數年，日本試圖進一步控制朝鮮政府。日本派遣顧問駐在漢城，指導朝鮮實行明治維新式改革，但朝鮮領導人不滿日本之操縱及改革方向，他們繼續實行以夷制夷政策，向俄國求助。在此後十年中，俄人成為日本在朝鮮之主要敵手，不單如此，俄國在1898年租借遼東半島南端的大連港，威脅到日本在中國東北之利益。為了重新掌握朝鮮及建立日本在亞洲的霸權地位，日本領導人採取一些積極措施以回應俄國。在1900年到1901年義和團事件中，日本派出一萬名士兵參加八國聯軍鎮壓拳亂，這是八國中人數最多的一支軍隊。義和團攻擊居住於北京及天津的外國人，事件持續了好幾個月。團員都是秘密會社成員，他們修習傳統拳術及其他儀式，自稱不怕西式槍彈，故又稱義和拳，但事實證明他們無法抵抗西式軍隊，當亂事結束，日本得以與西方列強平等地位參加和平談判，並獲得在北京地區派駐「維和部隊」的權利。

在義和團起事前夕，俄國派遣軍隊駐守東北地區，並希望在撤軍以前，能向中國攫取更多獨家利益，俄國的行動促使日本接近英國。1902年，日本與英國正式結為同盟，根據雙方協定，英國承認日本在朝鮮之特殊權益，如果俄國及第四個國家共同攻擊簽約國任何一方，兩國應互相支援。聯合攻擊並未發生過，但到20世紀初，日本已佔領台灣為殖民地，駐兵北京，並與英國結成同盟，無疑已確保其亞洲強權帝國成員之一的地位。

其後數年中，日本領導人首要任務便是致力鞏固其在朝鮮之霸主地位。日本有兩個選擇，其中一個是與俄國在外交上達成協議，伊藤博文對此特別有興趣。其方式是日本保證俄國在東北的優勢，但俄國相應從朝鮮半島撤出。日本與俄國之談判延續至1903年仍無結果，事實上日本政府並未全力投入談判，它不願意俄國完全掌控中國東北，而俄國亦同樣堅持要在朝保留一定地位。除此之外，各個政黨、記者及包括東京帝國大學教授的一些主要知識分子，都主張強

硬政策，他們舉辦集會，發表聲明，要求對俄宣戰。日本政府內部
另有一批強硬派，因民間的支持而聲勢大盛，因此當時日本的氣氛有
點類似1898年美西戰爭前夕的美國，開戰輿論是壓倒性，而好戰的
傳媒則在旁敲邊鼓。到1904年2月，日本政府決定以武力確保其在
朝鮮及中國東北之地位，接著便向俄國宣戰。為保有朝鮮，日本在
十年內第二次發動大規模戰爭，成為歷史上著名之「日俄戰爭」。

　　日本的陸海軍領導人從一開始便了解到這次戰爭是一場冒險。
他們的害怕並非沒有道理，故日俄戰爭的戰果是乍憂乍喜。當日軍
由朝鮮半島向北挺進中國東北時，它是連戰皆捷。到1905年，在遼
東半島南端之旅順港已被圍半年，終於在1月被攻破。同年5月，日
本海軍亦在對馬附近殲滅俄國艦隊。但日本無法完全消滅俄軍之主
力，而本身的人力物力消耗卻十分高，彈藥也幾乎消耗殆盡，難以
為繼，軍費亦開始不足。俄國亦希望停戰，它害怕戰爭若再繼續下
去，會觸發國內之革命運動。

　　1905年5月，日本精英統治階層私下要求美國總統西奧多爾‧
羅斯福 (Theodore Roosevelt) 調解。1905年9月5日，雙方在美國新
罕布什爾州樸茨茅斯 (Portsmouth, New Hampshire) 簽訂和平條約。
條約內容反映出戰爭結果的不確定性，日本取得俄國在南滿洲建造
的鐵路，亦取得俄國原來由中國租借之大連及旅順兩港口，俄國亦
承認朝鮮為日本之特殊勢力範圍。然在領土方面，日本只取得庫頁
島南部，它是一個無人居住地方，除此以外，日本就得不到任何土
地，在賠償方面更是一無所獲，這與中日甲午戰爭不可同日而語。
由於在戰爭中所得到的都是令人鼓舞的消息，日本人民不了解日本
的力量在軍事上及經濟上已到極限，國內輿論因此極度失望。

　　雖然如此，日本已確定取得朝鮮控制權，它的朝鮮顧問實際上
掌理政局，日本軍人則透過駐在朝鮮武官決定其外交政策。1907年
日本迫高宗退位，並解散朝鮮軍隊，駐在武官的權力進一步獲得擴
大。1910年，日本片面實行合併，韓國統監的地位為朝鮮總督所取
代，它是由天皇直接任命。到1945年為止，朝鮮總督所領導的殖民
地政府擁有軍事、司法、立法及內政權力。

　　由日俄戰爭結束後到併吞朝鮮，日本在這一期間的對外關係可說四面楚歌。朝鮮人及中國人對日本心懷怨忿，不斷反抗日本之霸權。美國亦在此時成為太平洋地區的一個海軍強國，它自20世紀初便對日本的移民採取敵視政策，1907年到1908年間，美國強迫日本接受所謂「君子協定」(Takahira-Root Agreement)，只准日本人近親者移民。除此之外，美國又在1899年宣佈「門戶開放政策」，主張所有國家都應有公平機會進入中國任何通商口岸經商，美國這種看法有違日本強調其在東北有特殊權益之立場。

125

　　不過最低限度日本在台灣及朝鮮的地位已經確保，獲得國際承認：朝鮮原屬於所謂「利益線」，轉而成為「主權線」的一部分，到現在日本又再要尋找新的「利益線」。各個領域的外國人均頗欣賞日本的諸多成就，有時甚至使用令人討厭的種族比較。英國著名社會主義者伯特力斯‧韋伯(Beatrice Webb)在1911年曾東來亞洲旅行，根據她的記載，中國人是個「可怕的」民族，她用同樣的語氣指責朝鮮人，但對於日本人，她則認為是「令我們的行政能力汗顏，令我們的發明能力汗顏，令我們的領導能力汗顏」。[13]

　　亞洲對日本崛起成為強權之反應不一，可以説由憤怒到欽佩。最憤怒是朝鮮，1909年追求朝鮮獨立的志士安重根暗殺日本委派的首任韓國統監伊藤博文，伊藤曾先後四次擔任首相，亦是明治憲法的主要締造者。有關此次暗殺，安重根在韓國近代歷史敘事中贏得光榮地位，但在日本歷史中則被痛責。但從日俄戰爭進行期間以至結束後，在朝鮮有部分民粹主義者或近代化改革者組成一個名為一進會的組織，向日本尋求支持。大部分韓國史學者都貶斥這些人為「叛國者」，出賣國家，但這個觀點過分簡化。一進會並非單單與日本結盟，他們亦不滿傳統朝鮮儒家政府的腐敗，他們推動西式服裝，割去高髻，一改傳統精英的服色。一進會並要求地方分享更多稅源，有關這一點，無論朝鮮精英及日本人都不喜歡。[14]

　　日俄戰爭結束以後幾年中，土耳其、伊朗及印度等較為遙遠的地方的反應卻不同，當地的近代化推行者或反帝國主義活動者都受到日本戰勝俄國的刺激，認為日本是向西方爭取獨立、走向建國道路的好榜樣。有兩百多名越南留學生在東京組成反法獨立運動。而

清政府自1900年至1901年義和團叛亂後便開始派遣留學生出國學習，希望能把近代化知識帶回來。日本由於其成功及使用漢字文化，成為最合理的留學地點。中國留學生數字由1902年的五百人急升至1906年的一萬三千人。辛亥革命最重要的領袖孫中山，由1902年便開始居住在橫濱，直至1907年初，日本亦成為其轉化學生能量，發展革命運動的地方。而這群學生亦是在其留日期間，開始欣賞日本建國方法的成功，因此接受了急進民族主義，雖然他們也對日本高壓手段漸漸產生不滿，提出尖銳批評。

這群革命者亦獲得日本一些重要政治人物的同情，因此向孫中山提供重要的經濟援助。但日本政府卻不願意為了支持反帝國主義革命的年輕人，而犧牲與西方列強的友誼。故在1907年法國政府要求下，日本在兩年後把所有越南學生都驅逐出境。亦是同樣在1907年，北京政府接到孫中山反清活動的報告，便向日本施壓，並終於成功趕走他。在第一次世界大戰期間，亦由於英國政府要求，日本終於勉強同意交出印度著名民族主義者玻斯（Rash Behari Bose），然最後仍被他逃脫。[15]

在此情況下，日本政府崛起成為亞洲一個強權國家，台灣成為其正式殖民地，朝鮮則實際由其掌控，在中國東北則取得經濟優勢。它先蠶食其他民族的政治自主權，接著再將其一舉除去。日本所以逐步走上帝國主義之路，背後有幾個因素在起作用。首先是國學學者或水戶藩知識分子所建立的本土文化傳統，它對傳統中國或近代西方的國際秩序均採排斥態度。這些知識分子宣稱日本是神國，「為宇宙之首肩，應掌控世界各國」，[16]故在世界具特別地位。明治日本的新領導人一面要確保日本在亞洲之地位，另一方面要高捧天皇為國內秩序的支柱時，很容易便吸取這種看法。新聞界、公共大眾及冒險家亦一面主張對外強硬，一面要結成以日本為首的亞洲同盟，這種觀點也是受傳統本土思想所啟發。

其次是明治領導層接受地緣政治觀點，認為近代國際關係是帝國主義與殖民地二者擇一的體制，沒有所謂中間路線，他們看見西方強國正逐漸併吞非西方國家為殖民屬土，日本別無選擇，為了本國獨立，只好努力轉化為帝國主義陣營的一員。這也是山縣有朋戰

略思想出現的背景，要保衛主權線，必先保衛四周之利益線。當時列強正競逐世界舞台，這種想法背後隱藏的邏輯便是騎上虎背後，只能勇往向前，無法後退。日本領導人本來可以利用與近鄰及遠方國家的貿易或移民機會，以維護日本之獨立及經濟利益，不一定求之於帝國主義擴張，但沒有一個領導人相信這方法。眼看其他強權的做法，他們不容易改變其理念。

第三是有影響力的日本人在海外已建立相當重要的商業利益，其中在朝鮮尤為突出。日朝間的貿易關係自1880年代便增長得十分快速，金融事業鉅子亦有同樣的利害關係。1878年，商界領導人澀澤榮一推動日本第一國家銀行在朝鮮開設分行，結果成為朝鮮當時最大規模的金融機構，它合商業銀行與中央銀行為一體，處理海關業務、發行貨幣、提供債務及保險各種服務。航運業及鐵路業者亦在朝鮮經濟擔當重要角色。當然，海外活動的總值仍未能佔日本整體經濟太大比重，但參與朝鮮各種活動的商人均具政治影響力。他們與伊藤博文的關係特別密切。1907年，伊藤迫高宗遜位，為日本正式吞併朝鮮奠下基礎，而伊藤也在1909年為朝鮮志士安重根刺殺。

軍事控制與經濟控制其實是一個銅板的兩面，所有日本的知識分子及發出強烈聲音的輿論界，他們都視朝鮮為日本光榮與權力擴張的疆域，有待開拓，有時甚至整個亞洲亦包括在內。因此走向帝國的道路可以說是「堅定不移」的信念。總而言之，軍事力量、地緣政治競爭、擴展中的貿易與投資、日本第一的本土理念，上述種種看法交織成為一個互相關連的邏輯，驅使日本走向帝國主義。同時當時流行於西方的種族思想，更進一步加強這種看法。

二、帝國主義、資本主義與民族國家的脈絡

由明治維新到1890年代，官僚與軍人以天皇名義統治日本。到1889年，伊藤博文與其同僚頒佈明治憲法，允許國會的下院以選舉組成，總算給日本人民一些發聲的空間，雖然仍有許多限制。不過他們觀念未改，仍認為官僚及將軍會一如往昔的把持政局，不必對廣大人民負上任何責任。

圖8.1　甲午戰爭中，一位母親及其小孩接到他們的丈夫/父親的死訊，這幅畫是松井昇（1854－1932）1898年的作品，它一方面傳達生存者的傷心，另一方面亦企圖點出為國犧牲的光榮與昇華遺族家眷的嚴肅反應。諷刺的是，這幅畫本屬宮內廳所有，1960年代被著名史學家家永三郎採用，收入其編纂的教科書中，藉此說明戰前社會及政治特色，但文部省審查時卻沒有通過此書，家永因此控告政府，這宗官司纏訟經年，引發很多爭議。（宮內廳三の丸尚藏館提供）

圖8.2　1905年9月5日，日比谷公園發生暴動，抗議日本與俄國戰後所訂和約的內容。圖中是一個政治活動者在東京一間戲院的陽台上向群眾演說。這種政治集會過去通常不會演變為暴力事件，在1890年代及1900年代初，每年均有數以百計類似活動在各大城市出現，有些在室內，有些在戶外，當選舉期近時，其活動更是頻繁。轉刊自《東京騷擾畫報》（《戰時畫報》臨時增刊，第66號，1905年5月。）

　　然事與願違，由1890年代開始，一場轟轟烈烈的國會政治運動便出現，而且投入程度高，一直延續至20世紀初。國會支持者並不反對天皇主權，甚至可以説是擁護，同時亦支持日本以帝國主義強權的面貌縱橫亞洲舞台，但他們挑戰官僚及軍人的領導。故到20世紀之交，明治維新領導人苦心孤詣所奠定的基業，希望能藉此令日本人民緊隨政府，但現實已無法如他們所期待。

　　從19世紀末到20世紀初，日本政局出乎意料的混亂，其背景因素與日本統治精英所推行的三個近代化措施有關，它們分別是帝國主義的實現、工業革命及民族國家打造政策。

　　帝國主義能影響國內政局，主要因素是帝國發展必須大量經費。1896年以後，政府一直尋求新税源，以維持日本在亞洲大陸的據點。人民雖然同意擴張，但卻不滿隨之而來的徵税。帝國擴張更有一個間接政治影響，在中日戰爭及日俄戰爭時期出現大量遊行及示威以支持政府，但卻給予公眾集會合法性，城市集會的增加更明顯。因此政府動員人民支持戰爭，意想不到的結果是加強人民的自我信念，國家在人民的投入及犧牲下才能發展，故在政治決策過程中，人民的意願亦應受尊重。

　　工業資本主義興起於19世紀末的日本，帶來一連串重要政治變遷。在中日戰爭與日俄戰爭的十年間，重工業開始發展，原因是帝國向外擴張，需要生產大量武器，同時中國的賠款也轉化為工業投資，對造船業及鋼鐵業的幫助特別大。工業化亦造就一個受薪工人階級，裏面有技術男工，也有女性紡織工人，這些人匯聚於東京及大阪等大都會，成為20世紀初政治騷動的重要角色。

　　隨著工業及貿易的發展，新式或傳統行業中的零售商店、批發公司以至小型工廠的數目亦相應增加，這種小商人在歐美地區被稱為小資產階級，他們負擔各種地方税及國税，然有義務無權利，在國會開設的前三十年裏，他們完全沒有投票資格。只要讀過歷史的人都知道，要付税卻無代表權肯定會激怒這些人，從1890年代到1920年代，他們發動好幾次抗税行動，表現出不小的活動能量。

　　打造民族國家的措施對政治亦有深遠影響，最淺顯的道理就是憲法締造了一個民選國會，只要留心時務，每個人都可以從這裏了解到日本已經是一個以主體人民組成的國家，每個人有他的義務，也有

他的政治權利。國家的義務包括入伍當兵、接受教育、付稅；男性的權利則包括選舉權、制定法律和決定國家預算時的發言權。選舉政治亦有利發展各種政黨報紙、政黨及其他民主選舉活動，故演說、遊行、聚會、示威等漸成常態。到1890年代，各大城市每年都會有數以百計的政治聚會，它們合法而且公開，在日本歷史上，這是個新生事物。

選舉國會議員雖然只是少數人的權利，但表示已存在著一群政治上頗為活躍的人民，而且他們的數字正在不斷擴展。在20世紀初期，所有政治領導人及其追隨者均是腰纏萬貫，學識淵博，他們有地主、資本家及都市新興專業人士，包括律師及記者等。但後來陸續參加各種聚會及運動的人很多是平民，有男性，也有女性，他們原來居於偏遠地區，不關心政治，經濟能力也較差，然在自覺身為國家一分子後，他們準備發聲，對外交內政提出自己的看法。

三、國會政治的紛擾

日本國會是根據明治憲法召開的，分為眾議院及貴族院兩院，其權力是通過法案，核准政府年度預算。然在1890年召開第一屆國會後，它馬上成為日本政治生活的焦點。

選舉法在1889年與憲法一起頒佈，它對投票及候選人資格均有相當財產限制。眾議院選舉分全國為二百五十七個選區，選出三百名代表(有些大選區是可以選舉兩名代表)。第一批當選的眾議院議員多半出身地主，除此之外，零零星星有些商人、前任官員、都會專業人士贏得席次，專業人士包括記者、出版業及律師等人，出身於昔日武士階級的人約佔議員總數的三分之一。

貴族院則非由選舉組成，其成員是天皇由一些特定類別中委任，其中包括1885年創立的世襲制華族、皇室男性成員、全國納稅最高者。天皇亦會委任對政府有功或學術有成就的人。整體而言，貴族院由前任高層官員、昔日大名、德川家族一小部分成員及國內富人組成，它是個特權階級，政治態度極端保守。貴族院的作用是克制眾議院提出來的自由化議案。

國會議員有法案表決權，而法案則由內閣各部會或由議員自身提出。除此之外，國會亦表決預算及其他一些事務，其中一個議題是選舉資格的擴大。從1897年開始，部分國會議員亦與新聞界的積極分子合作，共同推進普選運動。1900年，政府降低投票資格。由原來每戶年繳交十五日元改為十日元，新選舉法擴大日本選舉人數，由原來人口的1%增至2%。

國會議員從1890年第一屆國會開始便談及社會問題，他們討論過工廠工人的工作環境及健康，也談到師法歐洲的「工場法」，究竟是否真的起到保護作用則是爭論焦點。政府官員傾向限制女工及童工的夜間工作時數，議員則與紡織界巨頭及其他工業家站在同一陣線，反對通過這樣的一個法案。到1911年，雙方達成協議，通過一個內容比較緩和的《工場法》。國會議員亦談及外交政策，當日本發動擴張戰爭時，他們都會一致擁護國家立場，但到和平時期，他們通常挑剔軍費太高，反對擴張軍事規模。

在早期議會政治中，談論最多的是國內問題。其中稅收及其用途是最具爭議性的題目。國會中的地主們要求政府不要光倚賴地稅作為主要財源，1896年國會通過一個「企業稅」，它廢除1878年以來由各縣向商界徵稅的制度，代之以中央徵收的稅項，它根據企業的員工多少、房屋數目以至收入多少來徵稅。故經過一段時間後，地稅佔國家財政收入的比例便逐步下降。另一方面，與重要資本家有聯繫的國會議員，則發起運動廢除企業稅。

除了稅源是一個爭點外，如何分配國家財政亦是各部會大臣與議員爭議的地方。財政是否主要供海陸軍之用？或是應用在改良港口及道路等地區工程？若是，則哪一個地區優先？正如其他國家一樣，這種國會政治大戲每天都會在近代日本上演。

頭六屆國會舉行於1890年1894年間，它是國會惡鬥政治最典型的例子。一方是政府，它是由天皇委任的內閣大臣組成，內閣下面則是一個龐大的國家官僚機器，根據新出爐的文官考試制度運作。與政府對著幹的則是反對政黨，其主要成員是昔日自由民權運動的活躍分子，1890年7月第一屆選舉時，他們重組為自由黨與改進黨參選，並以一百七十一席取得多數席次。而明治政府統治階層

亦組成一個親政府黨派，但只取得七十九席。反對黨馬上要政府削減明年度預算，當時首相是山縣有朋，他原本打算抗拒反對，甚至不惜解散國會，但山縣並非一個全無警覺性的人，為了讓第一屆議會能順利完成，他終於同意在數字上作讓步，最後通過預算。

　　直到1894年前，連續幾屆國會的情況都一樣，自由、改進兩黨　　131
的國會議員與明治領導人的強硬派相持不下，衝突不斷，其中尤以山縣有朋及松方正義兩任首相期間，雙方之抗衡最激烈。對明治統治精英而言，國會是毫無幫助的，他們曾挾用天皇名義，迫使若干政治家支持政府，有時相當成功。另一方面，內務省本來的任務是督導選舉，但常利用其警察力量或賄賂方式，迫令選民支持政府的候選人（歷任首相名單見附錄）。

　　1892年的第二屆國會選舉尤其血腥，在投票時警察與黨派支持者之間屢屢發生打鬥事件，至少有二十五名選民死亡，數百人受傷。雖然如此，反對黨仍在國會中掌握過半議席，政府在這段時間中用盡各種方法讓國會通過其議程，包括恐嚇、賄賂、由天皇發出警告、解散國會等方式，故議會政治在日本開始得十分艱苦。

　　甲午戰爭爆發以後情況稍有改變，議員都熱烈支持戰爭，國會採取一個比較合作的妥協態度，暫停對政府的政治鬥爭，統一在首相伊藤博文的戰時內閣下。伊藤本身同時亦採取合作政治戰略，為換取議員的支持，伊藤亦同意議員出任官僚職位，在經費分配上亦給予他們一定發言權。

　　戰事結束後，雙方的友好氣氛稍為退卻。雖然第二次松方正義內閣（1896年到1898年1月）任命改進黨領袖大隈重信為外務大臣，但卻不願意對改進黨作太多讓步，在一次不信任投票下，松方決定解散國會。山縣有朋在1898年11月到1900年間第二次組閣，亦採取強硬路線，拒絕與政黨分享政府職位，最後內閣倒台。

　　1900年是一個轉捩點，伊藤博文第四次出任首相，是明治領導人與國會關係的最後一次嘗試。在某種意義下，伊藤是成功的，因為伊藤博文採取一個協調及結盟政策。因此踏入20世紀象徵一個新時代的開始，內閣大臣與民選國會議員走上一條比較妥協的道路。1900年，伊藤組織一個名為「立憲政友會」之新政黨，其核心成員是

坂垣退助所組成的自由黨的前黨員。1901年伊藤卸任首相，在以後十二年中，首相職位便由桂太郎（1848–1913）與西園寺公望（1849–1940）輪流擔任，史稱「桂園時期」。桂太郎出身長州軍人，是山縣有朋的左右手；西園寺公望出身貴族，曾留學法國，頗富自由思想，與伊藤關係密切。桂太郎任職首相時間為1901年至1906年、1908年至1911年、1912年至1913年，西園寺任職時間為1906年至1908年、1911年至1912年。政友會在這段時間內逐步成為眾議院中的核心力量，兩人都依賴它以順利執行政策。西園寺比較支持民主制度，他事實上擔任政友會黨魁之職，西園寺認為把有能力的人組成政黨，會有助日本政治及社會穩定，但桂太郎則不信任政黨政治，他之與政友會結盟，只不過因為事實上的利益及需要而已。

這時期另一個重要政治人物是原敬（1856–1921），他出身於昔日武士家庭中，環境尚算富裕。原敬由1904年開始便擔任政友會領導人，能力不錯。[17] 他之能夠成為一個有力溝通者，得力於其豐富歷練。開始時原敬在政府工作，為時甚短，接著轉到新聞界，成為一個頗出色的編輯。1880年代，原敬應徵考進外務省，但到1890年代後期又回到新聞界。1900年擔任政友會之書記長，1905年他曾短期擔任古河礦業公司副社長，而古河公司擁有足尾銅山。1902年當選為國會議員，直到1921年去世前，原敬仍擔任這個職位。

一位史家稱原敬為「妥協政治」的推手，經常在幕後縱橫捭闔，強化政黨及當選政治人物的力量。[18] 原敬說服其政黨支持政府預算，目的是要換取一至兩種政治利益，首要利益是讓政黨成員出任官職，特別是內閣職務。第二個利益是政黨選區的公共開支，舉凡道路、海港修築、學校、鐵路均屬之，若黨員能出任中央官職，更有助攫取地方利益。原敬可以說是日本版「分贓」政治之父，這種政治作風遺留到今天。

最重大的利益交換出現於1904年，原敬主動支持桂太郎的戰時預算，換取西園寺公望出任下屆首相的承諾。日俄戰爭後，桂太郎履行所約，政友會則利用此機會安插黨員到內閣各個位置上，直至1912年為止。在此種操作過程下，一方面政友會變得更一體化、更官僚化；另方面官僚則變得更政黨化。一個如原敬的政黨領袖出任

內務大臣，只要各部會官員能效忠其政黨，他們便馬上有機會晉升至縣府或警察部門的高級職位，前途將一帆風順。為了投桃報李，他們亦會在監管全國選舉或地方選舉時，為執政當局提供有利環境，成為政友會在選舉中的重要工具。

政友會由1900年創立後到1912年為止，它一直是國會內唯一有組織的政黨。不過到1912年，日本卻爆發1890年國會成立以來最大的政治危機。事件發生於1912年7月，當時明治天皇去世，由其子嗣大正天皇繼位，到是年秋天，一場政治風暴便出現，歷史上稱為「大正政變」。

作家夏目漱石在其1914年之著名小說《心》一書中，深刻地描繪出明治天皇的去世情境，象徵一個時代的結束。小說中的主角便說：「我的感覺是明治時代精神隨著天皇而開始，今天他去世，亦跟著結束了。」[19] 數以百萬的日本人亦與他同感，近代化中的日本正站在十字街角，向一新時代過渡。乃木希典事件更加強這種變動感覺，乃木希典大將 (1849–1912) 與其夫人在明治天皇葬禮那一天雙雙自殺，乃木在中日甲午戰爭中一舉成名，但在日俄戰爭時，乃木所指揮的戰役常師老無功，傷亡慘重，他的自殺似乎是為其戰爭責任贖罪，不過輿論界則以醒目標題渲染，乃木夫婦之死是向最高軍事領袖表達其鞠躬盡瘁之意。

大正天皇即位之初馬上出現重大政治鬥爭，使民眾更加相信新時代的來臨。政治風暴在1912年11月爆發，西園寺在接任首相後，陸軍一直施加壓力，要內閣撥款增加至少兩個師團 (約兩萬人) 的預算。這原是1906年的擴軍綱要中的規定，內閣當時亦同意，但西園寺要縮減政府開支，拒絕增加軍費，陸軍大臣因而辭職。根據現行法規，海陸軍大臣必須是現役軍人方可擔任，但軍方有意使西園寺難堪，拒絕提出後繼人選，西園寺無法組成內閣，只好辭職。

政友會不滿陸軍增加經費要求，當時它在國會擁有多數，亦得到民間的一般支持。輿論及著名知識分子認為陸軍的策略侵犯了「立憲政府」，所謂立憲政府是指尊重民選國會議的權力，經費撥給是國會的預算權。商界領袖沒有這樣的意識形態，但他們也贊成政友會的削減預算運動。在軍方與政黨的對立下，桂太郎繼西園寺為首

相，他拒絕向政友會讓步，結果桂太郎的政敵聯合一致，發起「擁護憲政運動」，包括發表各種聲明、舉辦戶內及戶外活動，出席人數頗眾，到1913年2月達到高潮。

桂太郎本身亦了解到要解決政潮，他需要國會內部一定程度的支持。桂太郎自信可以拉攏到一些民族主義者議員，包括其中無黨無派的，也包括那些由政友會或國民黨脫黨的議員。國民黨於1910年創立，主要由國會中反對政友會但卻不屬任何黨派的議員組成。然當桂太郎在1913年2月7日發動新政黨，組成「立憲同志會」時，參加者卻只有九十三個議員，其中大半來自國民黨，由政友會叛降而來的卻一個也沒有。因此桂太郎可以説弄巧反拙，在國會外為群眾請願行動包圍，在國會內要面對政友會的不信任票，感到十分狼狽，不得不如以前其他明治精英統治者一樣，向天皇求助，他希望天皇能下詔命讓西園寺率領其政友會在國會合作。

當示威者繼續在國會外聚集時，一些不尋常的事情發生了，政友會議員直接挑戰桂太郎。被稱為「憲政之神」之一的尾崎行雄（1858–1954），在2月5日發表一篇演説，成為日本國會史上最重要的文獻之一，尾崎指責桂太郎及其同夥：

> 天天自稱忠心耿耿，好像只有他們才真正了解何謂盡忠天皇，盡忠國家，實際上他們只不過是躲在天皇背後，向其政敵施放冷槍。他們所作所為，就是利用天皇作護身符，聖諭作子彈，藉此消滅敵人？[20]

桂太郎曾一度嘗試説服天皇以助其在政治鬥爭中壓倒政黨，但並未成功，據其中一個文獻記載，桂太郎「面色馬上發白，如死人一樣……他的面部表情就像一個人正要被判死刑」。[21]

幾天之後，東京及其他城市相繼發生暴動。2月10日，群眾焦急的聚集在國會外，等候桂太郎去向的揭曉，當時大部分人認為桂太郎辭職是無法避免的。然當國會不能即日召開的謠言傳出後，群眾馬上鬧事，東京有三十八個派出所被毀，親政府的報紙亦受到攻擊，有人被殺，更有數以百計的人被捕及受傷，原敬在其日記上寫道：「若桂太郎仍拒絕辭職，一場等同於革命的暴動恐怕無法避免。」[22]

　　桂太郎的確辭職了。碩果僅存的元老山縣有朋、松方正義及西園寺公望要求海軍出身的山本權兵衛（1852–1933）組閣，同時答應政友會在新內閣中佔有一定份量。原敬同意元老的建議，他為政友會爭取到三個內閣的職位（包括他自己亦出任內務大臣），另外有三人一向同情政友會，答應在入仕內閣後會加入政友會。但首相、陸軍大臣、海軍大臣、外務大臣四個最關鍵的職位還在無黨派手中。山本權兵衛在組織內閣時，確實向原敬作出一些重要讓步。他同意修改規範，原來規定現役軍人才能出任海陸軍大臣，實際上賦予軍方有否決內閣的權力，新規定則是退休軍人亦可以擔任海陸軍大臣，山本權兵衛同時規定各省次官為政治任命，為政黨進入官僚體系開拓更廣之門徑，山本也削減預算及官僚人數。

　　政黨的收穫相當豐富，但護憲運動的支持者對結果卻十分失望，他們似乎認為這是一個無力的妥協，完全因為原敬希望拉攏薩摩派領袖山本權兵衛。在過去幾過月，他們辛辛苦苦組織運動「打倒藩閥政府」，現在的結果與他們原來的期待相差甚遠。[23]

　　大正政變帶來清楚的訊息，到了明治時代末期，政治領袖已不能無視國會民選議員的力量，政友會雖然只是唯一政黨，但它已經成為一個團結力量，控制國會之多數。另一個值得注意的地方則是同志會的成立，桂太郎雖然在1913年之政治鬥爭中一敗塗地，但倉卒成軍的同志會卻存活下來，而且漸有起色，成為另一股政治力量。在這個紛擾的日子中，兩黨政治隱然成形，一直發展到1930年代才終止。

四、民眾抗爭的年代

　　暴動是大正政變一個非常突出的面相，它亦解釋為何原敬願意接受妥協，令「護憲運動」的強硬派十分失望。原敬無疑主張地主及商界在政治上應有一定的發言權，政友會是代表他們發言的渠道之一。另一方面，原敬與其政敵山縣有朋或桂太郎有類似的地方，對群眾的衝動及政治化，他是感到害怕的，原敬不想助長在群眾或其領導者中的此種風氣。

表 8.1　1905–1918 年發生於東京的騷動

日　期	主要訴求	次要訴求	出事地點	事件要點
1905 年 9 月 5 日－7 日	反對日俄戰爭之和平協議	反對藩閥政府；要求「立憲政府」	日比谷公園	17 人被殺；70% 的警察站崗、15 輛電車被毀；親政府報紙被攻擊；311 人被捕；神戶及橫濱出現騷動，全國性遊行
1906 年 3 月 15 日－18 日	反對街車加價	反對官僚及政友會的「違憲」行為	日比谷公園	數十輛街車被砸毀；攻擊街車公司職員；多人被捕；取消街車加價
1906 年 9 月 5 日－8 日	反對街車加價	反對「違憲」行為	日比谷公園	113 人被捕；數十人受傷；數十輛街車受損毀；警察站崗被毀
1908 年 2 月 11 日	反對加稅		日比谷公園	21 人被捕；11 輛街車被擲石
1913 年 2 月 10 日	要求成立立憲政府	反對藩閥政府	在國會外	38 警崗被砸毀；親政府報紙被攻擊；數人死亡，168 人(110 個警察)受傷；253 人被捕；神戶、大阪、廣島、京都均出現騷動
1913 年 9 月 7 日	要求強硬中國政策		日比谷公園	警察被擲石；外務省被砸亂；代表進入外務省談判
1914 年 2 月 10 日　12 日	反對海軍腐化，要求成立立憲政府	反對商業稅；要求強硬中國政策	在國會外	國會議員被攻擊；國會及報館被砸亂；街車及警崗被砸毀；435 人被捕；大阪出現騷動
1918 年 2 月 11 日	要求普選		上野公園	示威者與警察衝突；19 人被捕
1918 年 8 月 13 日－16 日	反對高米價	反對寺內正毅內閣	日比谷公園	搶掠米糧；商店被砸毀；578 人被捕；全國均出現騷動

圖8.3　在1905年日比谷反日俄條約暴動中，群眾衝擊內務大臣邸，並縱火焚燒。日本當時類似《生活雜誌》的《日本圖畫》雜誌曾出版專號，題為〈暴動圖集〉，將當時情況如實反映，上面便是收錄在該專號其中一張圖畫。暴動發生的原因，其表面理由是因為日本軟弱外交的表現，但內務大臣卻成為憤怒群眾的發洩對象，因為正是他負責治安及鎮壓政治組織，連警察本身亦成為攻擊對象。轉刊自《東京騷擾畫報》。

這種恐懼並非無的放矢，在20世紀的頭二十年中，一方面是國會及其議員在精英政治遊戲中節節得勝，另一方面社會大眾騷動也是連續不斷。一位歷史學家便稱此為「一個民眾暴動的年代」（見表8.1）。[24] 民眾蠢蠢欲動，再加上新出現之政治急進主義，終於迫使元老及政黨政治人物聯手，以維持社會安定及自身的特殊權利。

除了1913年大正政變中的暴動外，東京群眾在1905年及1918年間曾先後八次使用暴動形式以表達他們的不滿；在同一期間，日本其他城市亦出現同樣的暴動。

第一次暴動出現於1905年，原因是日本人民不滿日俄戰爭結束時所締結之和平條約。日俄戰爭的軍費八倍於十年前的中日甲午戰爭，戰爭死亡高達六萬，再加上二萬人死於疾病，故總犧牲人數為甲午戰爭的四倍。政府及輿論一直讓人民相信戰爭結束後，日本可以在賠款及領土上得到補償，結果是一無所獲。

自國會議員以下，知識分子、記者、群眾等整個民間都充滿怨憤之氣。國會議員組成各種團體反對和平條款，1905年9月5日他們準備在東京市中心的日比谷公園召開請願大會，但警察不批准。而群眾仍自行聚集，發表演說，參與群眾並四處散溢，一連三天引發暴動。全國其他城市亦出現同樣暴動，東京據稱進入無政府狀態，有十七名群眾被殺，整個城市的派出所70%被砸毀。

對日本的官僚及軍人而言，日比谷暴動是令人震驚的事件。人民藉由事件中之行動及演講辭，似乎要訴說他們為帝國的犧牲，為帝國的盡忠，因此他們之心聲亦應在政治上受到尊重。雖然他們對帝國及天皇忠心耿耿，但認為各省大臣漠視他們所謂「人民的意志」。暴動的組織者及領導者在演說中表示天皇與人民的要求是一致的，但現行之政治體制卻視若無睹。有些「要求」是相當具體的，他們希望降低稅率、稱霸亞洲、受西方尊重、集會自由，以及提出訴願的自由。

國會中有身家地位的議員在一定時期十分鼓勵這些聲音，他們在1912年至1913年，以至1913年至1914年的政治風暴中都有號召各種活動，雖然很清楚會引發暴動的結果，不過若民眾把矛頭指向元老，他們肯定會得利。但這只是個臨時利益的結合，到第一次世

界大戰結束，精英政治家開始看到他們與官僚與軍方有共同利益，威脅社會的力量正從四方八面出現，他們需要的是安定及規範。

他們認為日本第一代社會主義者屬於這類顛覆力量。西方社會主義的影響力在1890年代後期已開始滋長，很多社會主義書籍亦翻譯成日文。1901年創立社會民主黨，核心人物包括安部磯雄（1865–1949）、片山潛（1859–1933）及幸德秋水（1871–1911），但在其成立那一天便馬上被桂太郎禁止。但社會主義者仍繼續活動，1903年創辦《平民新聞》，該報紙除報導工人運動情況外，亦是當時唯一反對日俄戰爭的聲音。

日俄戰爭結束後，這一小撮社會主義者逐漸變得更激進，1906年他們領導群眾反對東京市街車加價，結果引發一場小型暴動，1908年發生所謂「赤旗事件」，因為他們在活動中揮舞繡有「無政府主義」、「共產主義」等字樣的紅旗，結果有十六人被捕。1911年更發生所謂「大逆事件」，該事件源於部分社會主義者策劃暗殺明治天皇，結果為警察發現，警方趁機大舉逮捕社會主義者，有十二人被處極刑，由於政府使用強力手段鎮壓，並且大事宣傳，在此後數年中，左翼運動一度走入低潮。

1911年「大逆事件」中被判死刑者中有一名女性，名為菅野須賀（須賀為音譯，1881–1911）。菅野為一女性主義者，除支持社會主義運動外，她亦與其他女性共同推動日本20世紀初之女性主義運動。正如社會主義一樣，女性主義者觸發男性領導人的恐懼及排斥。菅野與其同志在1907年創辦《世界婦人》，報導女工在礦區、紡織廠及娼館的生活情況，它亦談及世界各地的女性參加爭取選舉權及和平運動的最新消息。

早期大部分女性主義者均由母親或妻子的立場提出婦女的要求，她們認為婦女身為母親及妻子，應受到特別保護。她們這種論說不一定直接挑戰傳統男女性別角色，但卻挑戰國家權力，亦即政府有無權力徵召她們的丈夫及兒子出征，為國犧牲。政府因此認為這些婦女活動是顛覆國家。由於警察不斷騷擾，《世界婦人》被迫在1909年停刊。[25] 雖然如此，女性主義者並未因此消失，日後仍繼續發聲。

　　女性主義者也關注婦女的工作環境，因此進一步挑戰當權者的第三個領域。礦工與工廠工人在20世紀初便開始反抗他們或她們的上司與公司老板，而且次數不斷上升。在東京，由1870年到1896年間，勞工糾紛僅只有十五宗，但在其後二十年間，即由1897年到1917年，勞工糾紛高達一百五十一宗，組織這些罷工行動的主要是紡織廠的女工，以及在煤礦、銅礦、軍火廠、造船廠及建造工程中工作的男工。他們的要求不止在薪酬，亦在工作尊嚴及合格的食物供應。舉例來説，全日本最大軍火廠的一群工人在1908年發動抗爭，社會主義者片山潛曾在美國旅遊時學習過英文，便在一個英文專欄中描述這場發生於東京的工人運動：

> 一直以來，國營軍火廠用最不人道的方式來對待它的員工。連在休息時，工人要上廁所也得領取通行票，而通行票在每百工人中只有四張，結果許多人要等上五小時才能上廁所……任何輕微錯誤都要罰款，罰額至少等於五小時工作酬報，如果他們忘記帶走自己的私人物品，則要罰上十小時工作報酬。現在連吃飯時也只能飲熱水……由於忍受不了這種對待，這間工廠的一萬五千名員工一起組織罷工行動，向當局請願改正這些待遇。[26]

　　整個事件並未發展成真正的罷工，他們的要求亦沒有得到回應。不過隨著時間的發展，這些抗爭是愈來愈有成效。到第一次世界大戰期間，罷工已經可以連續幾天，而不是幾小時而已，因為每間工廠的罷工在事前已有較詳細規劃，同時參與工人的比例亦愈來愈高。

　　勞工運動結合增強的另一個象徵是工會，它比以前穩定得多。在1890年代，一些行業因為在傳統時期便存在，因此可以組織成較有效率的工會，造船匠便是一個很好的例子。除此之外，一些重工業行業工人在1880及1890年代亦會偶然興起組織工會的念頭，但到1900年，工會運動可以說是完全瓦解（詳情請見第七章）。真正的工會組織運動始於1912年末，發起人是鈴木文治，他是一個基督教

徒，也是東京帝國大學畢業生。鈴木模仿英國傳統工人運動方式，以組織一個小型工匠及工人自助團體為目的，開始時稱為「友愛會」，位於東京市中一個教會的地庫中，人數只有十三人。到1915年，人數發展為一萬五千多人，而且都要繳交會費。其後友愛會進一步在日本大城市之工業區發展，不分大小工廠，都設法建立支部。

　　平澤計七 (1889–1923) 是友愛會會員，也是一個具創作熱誠的作家，他在一個劇本中栩栩如生地反映出友愛會的溫和精神，在劇本中，平澤用同情口吻描繪一個工人拒絕參加罷工，借用劇中人的口，他表達工人應如何保有他們的尊嚴：

> 日本人的血緣不適合社會主義呼喚……現在是時候了，日本人應重新振作他們作為日本人的靈魂。日本工人的敵人不是政府，也不是資本家。日本工人不應以工人身份行動，他們應以人類及國民身份行動。[27]

換句話說，平澤與鈴木認為工人階級若以溫和姿勢及日本同胞身份向其僱主提出訴願，他們應獲合理回應，待遇亦應得到改善。

　　在20世紀之初，無論是有產者之政治活躍分子，或是公民抗爭分子，他們都開始使用新的政治語言，使用新式空間的場所，包括國會、公共公園等地方，行動方式也是新形式，由選舉、遊行，以至暴動、罷工。由平澤的劇作中，我們可以看到這些政治語言的關鍵字，它就是「國民」。「國民」一詞，就字義可以解作為國家的人民，但亦可以翻譯為「民眾」或「民族」。到20世紀之際，「國民」一詞的流行度可以與「帝國」一詞並駕齊驅，它們都成為日本民眾運動的口號，並以之迫使政府開放其政治決策過程，統治過程亦需照顧到各民眾心中的利益。而諷刺的是，「國民」與「帝國」這些觀念之所以能生根立足，完全由於政府在1880年代要推動各種打造國家計劃所引起。明治領導人已建立一個以天皇為中心的立憲政府，並推展出一個資本主義式及工業化經濟，以及帶領日本成為亞洲帝國強權。在這些成就之下，他們卻觸發各式各樣的運動，挑戰他們的政治壟斷權力。

五、操控民族主義

　　由世紀之交到第一次世界大戰這些年間，我們可以看到各種相互矛盾的政治趨勢。一方面，統治階層與民眾都為帝國的驕人成就同樣興奮不已，與當時世界最大強國英國結盟更是一件錦上添花的美事；另一方面，官僚及軍隊領導人亦不滿來自四方八面的挑戰，包括在野政黨領袖、工人、社會主義者、女性主義者。由20世紀之交到1920年左右，內務省、陸軍及文部省是三個最積極回應上述挑戰的群體，他們的做法是全面推動涵蓋面更廣的民族主義，要對國家及當局有更高的忠誠。

　　內務省從1880年代末便一直急劇改造地方政府制度，強迫小村落合併成為較大的行政單位，到1890年代，它已經把日本全國七萬六千多個小村重組為一萬二千多個大村。政府認為減少村落數字，有利中央控制地方。因為同樣理由，內務省亦下令重組全國十九萬個神社，不少神社原位於偏遠地區，只由當地村民供養，沒有神官管理，重組後神社約有一萬二千個，是國家正式認可寺廟，亦成為1900年國家創立神道體系之一部分。內務省亦成立各種中央控制社會團體，鼓勵男女性參加，藉此培養向心中央的集體精神，農村的信用會即其一例。內務省在1901年創設婦人愛國會，到日俄戰爭時，全國有會員五十萬人。

140

　　日俄戰爭後，內務省亦將分散全國的「報德會」組織起來，由政府監督。報德會是明治初年成立，原來由地主組成，目的是改良技術及加強社區合作，他們尊奉一位德川時代名為二宮尊德(1787–1856)的農民道德家，到1907年，各地的婦人報德會亦相繼建立。但內務省仍未滿意制度改革及道德勸說的效果，它仍然害怕中央政府若繼續在農村實行重稅政策，地方精英會起來攔阻。為加強國家對地方社會的掌控，內務省在1908年推動「地方改良運動」。所謂「地方改良運動」是鼓勵並認可模範村，讓它成為地方行政的良好榜樣，同時在全國各地推廣道德講習會，教導人民支持政府的責任所在及實現日本作為為世界強國的目的。[28]

陸軍方面，1910年亦成立自己的「帝國在鄉軍人會」，形式是自願性質，會員多半是通過徵兵考試的年輕人。到1918年在鄉軍人會實際在日本每一條鄉村均有支會分佈，會員人數達二百萬。其創辦目的是匯聚那些在緊急時會應召當兵的人，作為提升軍事力量的手法之一，不過它有更廣泛之總目標，就是在社會動亂時加強社會秩序。田中義一是在鄉軍人會創辦人之一，他在1913年寫道：「如果我們能考慮及未來，又能正確指導後備軍人……則我們可以完全掌控群眾的理想，亦可以鞏固國家基礎。」[29]

文部省為強化民族主義及對權力當局的尊敬，亦在1907年把義務教育延長兩年。它更進一步穩定學校財源，同時改變課程，加重強調民族主義以及天皇。文部省亦提高老師地位，視其為國家公僕及地方的社會與文化領袖。

因此政府為了維持社會秩序，把力量深入伸展至地方社區。最後一個例證是文部省重建地方傳統青年團體，這些團體在德川時代便存在，以性別劃分為男女不同所屬，它們與西方大學的兄弟會或姐妹會有相類似的地方，團體會員經常在晚上聚會飲酒、唱歌或賭博，男子團體會到鄉村拈花惹草。1910年政府進行的一項調查顯示，這些團體缺乏紀律，甚至有時候會觸犯輕微法律。調查亦指出團體成員好逸惡勞，「縱然下一點點雨，便要求農地停工一整天」，同時「其中一個若因事被捕，其他人會協助其逃亡」。官員亦感歎地指出他們「在節日期間，由早到晚縱情跳舞，甚至在節日前幾天便如是，他們強迫村中年輕女性一起跳舞，有時更強拉她們加入」。[30]

在日俄戰爭後，文部省有意取代這些團體，於是在全國發展年輕人團體，它們由官方支持，在各村落積極拉攏青年，再聯合組成一個全國性網絡，政府便可以加強控制。日本的做法與英國建立童子軍的理念相近，雖然英國的推動者來自民間，而日本則以政府為改革動力。新青年團體的目的是向全國傳播政府的訊息。在地方市長及學校校長的推動下，青年團體舉辦各項節日活動、運動賽事，以及宣揚良好公民道德的講座。

20世紀初期，在地方精英的協同辦理底下，政府推行各式各樣運動，目的是強化社會秩序及與中央政府掛鈎。在農村的山野間，

原來存在著各種遺世而獨立的小團體，政府亦希望取得他們的效忠，因此設法在各村鎮成立由國家控制的團體，藉此掌握這些山間野民。到第一次世界大戰，國家與日本人民已發展出千絲萬縷的聯繫。由理論層面看，在鄉軍人會與義務軍人、婦人團體與三從四德的妻子及女兒、信用組合或報德會與受人尊重的佃農、地方神社與虔誠村民、青年團體與熱情學生，近代日本國家藉此與其人民建立緊密的關係。

夏目漱石在1914年便冷嘲熱諷地譏笑政府作出的「可怕」事情，它鼓勵日本人民「為國家吃飯，為國家洗臉，為國家上廁所」。[31] 不過人民與國家的關係並非百分之百的緊密，官方報告經常表示不滿意人民的冷漠，對政府毫無反應。1913年地方軍隊組織對近一千六百位年輕人進行調查，結果令人訝異，只有20%的年輕人正確無誤知道天照大神的重要性所在。[32] 很多政府官員亦認為農村青年都羨慕城市的新鮮感，以它為楷模，把農村放在一旁。事實上在國家範疇以外，我們仍可以看到不少民間活動，內容五花八門，而且活力充沛，因此政府雖然下了不少工夫，藉此操控及培養一種新的國家忠誠，其效果顯然是有限的。

明治後期各種運動並不是完全沒有效果，它的確建立了許多組織及制度，為民族及愛國理想帶來新的衝擊。它建立了一個日本正統標準，基礎是一套忠誠的價值系統：如青年對成人、女性對男性、佃農對地主、工人對老板、士兵與臣民對天皇及國家。很多時，人民仍有一些空間可以操作，甚至挑戰這個系統，但日本帝國之政治秩序仍產生一定的抑制效果，不容忽視。

3 | 日本帝國的興衰

第九章

一戰後的經濟與社會

1910年代及1920年代日本經濟史及社會史的特徵是多元化及緊張矛盾。在經濟上，戰爭帶來史無前例的繁榮，但緊接著卻是一個漫長的戰後衰退期。至於經濟表現則因領域而異，工業領域與農業領域、技術先進的財閥企業與生產力較低的小型公司，它們都顯示出相當程度的差別。社會生活上亦有類似情況，男性與女性、城市居民與農村老鄉都活在兩個截然不同的世界。甚至光是農村裏，大地主、小地主以至身無一物的佃農，他們的生活方式便有天壤之別。大城及市鎮出現許多社會群體，受薪工人、店員與大公司上班族和公務員的「新興中產階級」，它們性質各自不同，但卻被迫站到同一陣線。一小撮的財閥老板及政界最高領導人所擁有的華麗大樓，與逼仄擁擠的貧民區一起點綴著整個城市的外貌。

新興出版事業正蓬勃發展，雜誌、書籍以至報紙如雨後春筍，銷量亦大，它們歌頌現代男女中產者的生活，新聞亦不停地報導現代人的焦慮，他們怕逆水行舟，不進則退，決意要在社會出人頭地。大眾傳媒所突顯的主題，成為近代日本人生活的一種共同經驗，也給予民眾一個共同參與感，無論是日本帝國的功業，或是經濟的發展，參與者都因此而感到驕傲。它亦建立起一個共同空間，各方批評者都可以在此抒發其對社會及政治的緊張感受，這亦是近代多元社會構成不可或缺的一部分。

一、戰時景氣及戰後衰退

第一次世界大戰為歐洲帶來史無前例的創傷，但在亞洲，它則送來了意料不到的機會。戰爭阻隔了歐洲貿易商與其亞洲市場的連

繫,給予日本新興工業經濟一個可乘之機。在1914年及1918年之間,日本工業產品的出口值由十四億日元增長至六十八億日元,它的增長速度是驚人的,日本棉布在這段時期的海外銷售量上升185%。[1] 工廠開工率隨之而上升,勞動力供應突然不足,薪金因而急速上揚。但大多數工人及消費者並未受益,因為物價漲的更快,日本面臨其在近代中最惡劣的通貨膨脹。在1914年與1920年間,米的零售價格上升174%,而批發價格則整體上升150%。[2]「暴發戶」成為這次戰時繁榮的社會象徵,日本和其他地方一樣,用漫畫盡情冷嘲熱諷這種「暴發戶」,他的形象就是一個肚滿腸肥的商人,大手筆地用金錢點亮房間(見圖9.1)。在大亨底下工作的白領階級亦蒙受其利,他們領到的獎金有時是其原來薪水的四倍。

戰爭結束後,好景仍持續一個短時期,但到1920年4月經濟榮景便突然終止。股票市場大幅下落,日本最重要的出口產品——絲綢——亦面臨同樣情況,不少銀行倒閉。在短短一年內,幾個主要工業的生產值急劇下降,最低達原來的60%而已,大公司因而大量裁員。

在整個1920年代,日本顛簸而行,面臨一個又一個的經濟危機。最基本的問題是日本生產成本在戰時攀升得太高,就全球市場而言,它的產品價格過高。歐洲競爭者在戰爭結束後便陸續回到亞洲,日本出口商因此處於極度劣勢。要挽回劣勢,其中一個方案是日元貶值,降低日元與其他主要外幣的匯價。但這個方案卻與主流經濟思想背道而馳,當時政府主張日本維持一個穩定及強勢的貨幣政策,亦即與金價掛鈎。在這種想法支配下,政府認為要增加日本經濟的競爭力,最好的方案便是降低國內價格,因此政府堅持一個嚴厲的政策,就是降低開支,縮減經濟活動,認為只有這樣才能重振經濟。雖然如此,政府有時仍不得不擴大經濟活動,與其政策相違背。[3]

1922年及1923年間,製造業產量出現復甦跡象。但1923年9月1日卻發生「關東大地震」,給東京及其周邊地區造成嚴重打擊。除了萊特(Frank Lloyd Wright)剛剛完成的著名帝國酒店,另一些由日本人設計的建築物也在地震中倖存下來,引發人們對日本嘗試結合

「傳統」技術與近代科學的讚賞，雖然這也不無質疑。但地震的整體
衝擊卻是可怖的，當時正是午飯時候，家家戶戶都在生火造飯，或
燒煤炭，或點天然氣。社區的房屋櫛次鱗比，巷道狹窄，氣霸式火
爐翻倒，因此城裏到處失火。洩漏的化學品及破裂的天然氣管線，

圖9.1　上圖為著名漫畫家和田邦坊的創作，名為「繁榮時代的新富」，它諷刺第
一次世界大戰景氣時期有錢商人的生活方式。圖中的產業界大亨正步出宴會場
所，一名藝妓或女侍應抱怨說：「太黑了，我找不到您的鞋子。」他馬上點燃一
張百元日鈔，並說：「怎樣，現在應該光亮點吧？」（灸まん美術館與さいたま市
立漫画会館提供）

無疑助長這場大火。因此,這不單是一場「自然」災難,也是近代科技擴展而造成的一場災難。

其後兩天,強烈的旋風把火舌推向城市東區,東京的特點是住宅、商業及工業樓宇混合一起,因此導致所受創傷更重。死亡及失蹤人口約在十萬與二十萬間,地震及火災毀壞房屋共五十七萬間,約為全城房屋總數的四分之三。[4] 日本最大的城市東京,有一段時間可以說是完全陷入死寂。

在震災以後的幾年中,經濟出現短暫復甦,大地震帶來了「重建景氣」,刺激東京地區的就業及市場。政府亦沒有遵守緊縮財政的正統經濟政策,反而鼓勵銀行放鬆銀根,以刺激經濟復甦。在機械及造船等主要產業上,生產額的確穩步上揚,但由於國際價格高,基本問題仍然存在,很多製造商的基礎十分脆弱。以國內紡織業為例,它無法與中國的低價敵手競爭,也包括在海外投資的日本廠商。

另一方面,由於日本金融體系長期以來的某些不健全和缺失,最後在1927年爆發重大銀行危機。首先,日本的銀行數量眾多,但都規模小,體質差,不少銀行投資過分分散,而且它們都不能及時消除戰後不景氣時期的壞賬,因此僅在財務報表上無法真正看到其惡化情況。其次,大地震後所放出的貸款很多都有償還問題。第三,個別銀行的貸款過分集中,貸款人都集中在某一地區的特定行業,而且都是少數幾間企業。最後,政府未有立法保障存款人的權益。

1927年春天的危機正如把火種扔到乾柴裏,頓時在日本國內及整個帝國內引爆開來。當時有流言說1923年及1924年所借出的大地震貸款出了問題,不少銀行瀕臨破產邊緣,就在這時刻,謠傳日本殖民地機關台灣銀行即將倒閉。台灣銀行是半官方企業,作用是推動台灣建設。它一直積極擴充業務,甚至日本一些大企業在台灣進行投機活動時,台灣銀行亦貸款支持。1927年初,台灣銀行的客戶鈴木商社據說週轉不靈,台灣銀行的投資者紛紛取回其在銀行的短期債款,台灣銀行因而被迫休業。這個案例很清楚反映出帝國擴張與日本國內經濟與社會的關係,因而引發恐慌性的連鎖反應,存款者急忙跑到銀行提款,到4月及5月,政府不得不宣佈銀行在三個星

圖9.2　1927年金融風暴之際，有三十七間銀行倒閉，存款人蜂擁到銀行提款成為司空見慣的事。圖中是1927年4月中，男女群眾正焦躁地在東京儲蓄銀行外等候，希望能及時取回他們的存款。（每日新聞社提供）

期內「停止所有賬戶來往」，但最後仍有數十間中小型銀行倒閉。

　　透過倒閉及合併，日本銀行數字在以後幾年中銳減一半。到1920年代末，製造業產量雖繼續有增加，但整體成長率只及過去三十年的一半。故在1929年至1930年間世界經濟大恐慌衝擊來臨以前，日本的經濟已經步履蹣跚地走了很長一段時間，民間輿論與知識分子指責政界領袖只顧中飽私囊，不理大眾死活。

　　當批評者要尋找代罪羔羊時，財閥集團是十手所指的目標。很多大財閥在19世紀末已經創業，有些甚至可以追溯至德川時代，但「財閥」一詞則直到第一次世界大戰前後才開始被廣泛使用，一般認為也就是此時，財閥掌控經濟以至政治，導致日本走上歧途。

　　三菱、三井、住友、安田等集團以及其他較小財閥的確很大影響力，在1920代它們已經達到成熟階段，每一個大財閥都是一個無孔不入的商業王國，包括數十個企業，經營金融、運輸、貿易、礦業及製造業等各式各樣的生意；每一個財閥都是由一個控股公司

表9.1　三井及三菱到戰爭結束時所擁有的核心子公司

	三井合名會社控股公司	三菱合資會社控股公司
第一線的子公司	三井物產	三菱商事
	三井礦山	三菱礦業
	三井信託	三菱信託
	三井不動產	三菱地所
	三井化學	江戶川工業所
	三井造船	三菱石油
	三井精機	三菱製鋼
	三井生命	三菱銀行
	三井農林	三菱電機
	三井船舶	三菱倉庫
		三菱造船
第二線的子公司	大正海上火災保險	東洋高壓東京海上火災保險
	三井倉庫	日本光學工業
	三井輕金屬	三菱製鋼
	熱帶產業	北洋商會
	三井油脂	三菱化工機製作
	三機工業	三菱汽船
	東洋棉花	日本鋁業（アルミワこム）
	日本製粉	明治生命保險
	東洋尼龍	
	東洋高壓	

資料來源：Eleanor M. Hadley, *Antitrust in Japan*（Princeton, N.J.: Princeton University Press, 1970），pp. 63–64.

掌握；直到第二次世界大戰前夕，這些控股公司都完全為個別家族單獨擁有（三井家、安田家、住友家、三菱集團則為岩崎家），財閥家族透過控股公司徹底掌控集團內所有事務。

　　財閥集團在某些方面相互支援，排斥外人。如三井屬下製造業公司只委託三井物產出口它們的產品，對財團內其他企業，它們收取費用亦較低。一個例外的地方是財閥銀行會對外貸款，不只限於集團內企業，其目的是要減低財團的風險及擴張其實力；另一個例外是人事政策，管理層人員並不是財閥家族成員，而是由東京帝國大學畢業生充任。當然，在聘用這些精英時，其標準不但是管理能力及個人進取心，是否忠心於財閥家族也是十分重要。管理層中的明日之星有時會與家族內的女性結婚，這亦會加強他們的向心力。

1920年代雖然面臨許多經濟動盪，財閥仍不斷擴張其版圖。1918年，在日本製造業、礦業、貿易業三大經濟領域中，八個最大財閥在私人資本中的比例超過20%，其中最大的兩家財團三井與三菱又佔上述領域所有資本的12%。1927年的金融風暴使財閥銀行更能進一步控制金融界，並且合併了不少小型公司。因此三井及三菱帝國在最高峰時期的影響力的確令人側目（見表9.1）。

　　在當時的日本社會中，財閥極具爭議性。1920年代末及1930年代初，右翼刺客經常以財閥高層行政人員為對象，他們振振有詞地表示其行為是有道理的：「政黨後面的黑手就是財閥大老板。」[5]甚至歷史學者對財閥亦有不同看法，至今爭論不休。財閥一方面在日本工業化中有重大貢獻，他們能夠動員各種資源及專才，包括資本、勞動力、原料及技術，這是小型企業無法辦到的；另一方面，由於他們匯聚大量財富，亦造成財富及所得的分配極度不均，而且情況愈來愈嚴重。雖然財閥大亨對帝國國會的政黨大解善囊，他們同樣也拉攏軍人與官僚的精英。財閥最終目的是求取自主及穩定，對於民主或自由政治，他們不信奉其原則，亦視環境情況才決定是否支持。

148

二、地主、佃農及農村生活

　　20世紀初至1930年代，農村生活從一定層面上看是十分安定的。地主、自耕農及佃農間的比例相對穩定，幾乎沒有甚麼變化。而前一時期佃農數目大幅躍升，若以前後期比較，兩者可說有天壤之別。同時佃農在20世紀初的生活環境亦有改善，與1870年代及1880年代不同。大部分佃戶收取農穫後，除去個人所需及租稅支出，仍會有口糧剩餘，可以拿到市場出售。軍方統計指出1890年代中期到1905年入伍的新兵平均身高比過去增加三公分，他們大部分都是來自農村。這個指標雖然並不精準，但亦可清楚反映出大部分人口在生活水平及營養上得到改善。

　　雖然如此，1920年代的日本農村仍充滿不安定感。明治維新以來，日本農村的總生產量一直增加，但到1920年代，其生產力則不再成長。在較先進的中部及西部地區，經過一連串種植工具及技術

改良，用不高的成本已經能使效益得到充分發揮，但當工具及技術
向北方轉移時，速度卻非常緩慢。因此在成長停止之後，社會及政
治衝突便日益嚴重，農村上層階級的生活形態開始與其他階級有
異，而且差距愈來愈大，結果中下層農民漸表不滿，其抗議行動比
以前更為激烈。

最富有的地主約佔整體農村戶數的2%到3%，[6]他們不用耕作，
田地都放給各個佃戶，靠收租過活。地主的生活舒適，居於豪門廣
廈，奴僕成群，一呼百諾。明治初期，地主有時候會主動改良農業
技術，增加農村產量，有利農民，亦有利他們自己的收入。[7]在某些
領域上他們能起倡導作用，例如將電力引導入農村。地主家中的太
太群經常推動各種婦女組織，1901年成立的「婦人愛國會」便是其中
一例。她們亦動員同村婦女向海外日本部隊致送慰問包之類的東
西，她們經常見面，喝茶聊天，抱怨她們的僕人們；她們亦為自己
兒女的婚事操心，設法安排他們與門當戶對的家庭結合。地主本人
除管理田租外，亦會經營放貸事業，有時也會投資在小型製造業
上。他們的消閒生活則比較傳統，會與藝妓在溫泉旅館中尋歡作
樂。有時他們也會追求一些時髦玩意，例如政治，不是自己參加地
方或全國性選舉，就是支持同儕好友的地主競選。總而言之，無論
男性或女性，地主家庭都生活得十分寫意，他們積極進取、信心十
足，認為他們是新興日本帝國的地方樑柱，對世界有莫大重要性。[8]

至於農村中其他階層人士，他們的經濟生活則各有不同，有些
稍為富裕，有些則頗拮据，更有些三餐不繼。在年頭好時，有些佃
農可以把剩餘口糧賣到市場上，謀取蠅頭小利，改善生活，不過他
們仍有許多問題要面對，例如田租上升、物價波動等。較為幸運的
農民可以擁有自己的土地，雖然面積一般不會太大，他們的生活亦
只是勉強糊口，假若連續兩三次收成不好，便要質押田地才能夠繳
交地稅。如果情況不能好轉，他們便要面臨沒收土地，失去僅有的
生活工具，淪落為佃農，要倚賴別人過活。

1910年，長塚節寫了一本小說《土》，生動的反映出當時農民的
情況。小說的內容寫及「貧窮農民全心全意埋首於田裏工作，希望種
取足夠糧食，然而收成後，他們要繳出大部分辛苦所得的農穫，事

實上只有當農作物未收割，仍然生長在泥土中，它們才屬於農民所有」。[9] 這些佃農居住在細小及黑暗的房屋，廚房裏的地面一片骯髒，其餘地方則只是釘上木板，完全沒有「榻榻米」。* 房屋四壁千瘡百孔，暴露在冬天虎虎北風之下，賴以為生的口糧是單調的小米糊及醃瓜，偶然一頓大米飯及新鮮蔬菜便算是很好的牙祭。當老天爺不賞臉時，他們只能倚靠有錢人的好心救助。

　　靠救助為生正是20世紀初日本農村各種憤怒及矛盾的泉源，農民生活在一個階級森嚴的世界中，社會史家安‧維斯塢（Ann Waswo）便解釋道：

> 佃農在村中的道路或小徑遇上任何地位比他高的人，他都要閃在一旁讓路。地主的田地或是家中若有甚麼需要，縱然是雞毛蒜皮小事，他也要隨傳隨到，就算自己有任何重要事情也要放下。經過一天辛勤勞動，若地主賜以飯食，他們要滿懷感恩，躲在地主廚房一個黑暗角落裏進食。[10]

在這種情況下，有如即將爆發的火山，沸騰的怒火正在表層下燃燒著。以上村秀二為例，他在1915年出生，1990年接受訪問，當時已經七十五高齡，但童年時他父親與地主相遇那種屈辱經驗仍然強烈留在他的記憶中：1920年代中，每一年的12月，他父親會休息一天，從田裏把米租送給地主。上村有時會跟著父親一起去，當他看到父親向地主深深鞠躬，千多萬謝時，心中便生出疑問，「作為一個小孩，心裏不禁問『這世界究竟是怎樣一回事？為甚麼要多謝地主？他應該多謝我們才對！』」[11]

　　這種不平等制度能夠維持下來，並非全靠強制力量。地位與權力的上下關係，很多時另外有一些傳統慈善活動作補充。每當節日慶祝，地主通常會捐助經費；當時年不佳，地主會減免田租；若佃戶生病，他亦會代付醫療費用。正因為地主承擔這樣多的照顧，故上村父親的地主在接受其父親道謝時，他想到並不止是田租，還有

---

* 譯注：日本式房間裏鋪的草墊，漢字為「畳」。

圖9.3　1920年代農村情況，一個農村佃戶家庭成員正在出稼途中。農民為了分散風險，常常從不同地主租賃小塊耕地，結果各塊耕地有時會相距甚遠，從家裏要長途跋涉一番才到。（Akira Konishi 提供）

其他各方面，是以欣然接受。另外農村亦存在一個數量相當多的中等階層自耕農，它亦能緩衝農村中的不平等生活。自耕農較為優裕者，會有一些多餘土地放租給佃農；較為貧困者，則需要向地主承租一或兩塊地，故自耕農內部亦有級別之分。無論如何，自耕農扮演十分重要的角色，把少數極為富裕的地主與極為貧窮的無地佃戶的差距彌補過來。

　　然衝突並非一定可以化解，在1910年代及1920年代，地主的慈善義務似乎逐漸萎縮，不再像以往照顧同社區的社會及經濟的弱勢者。愈來愈多地主選擇居住在首府或大都會，這些地方無論文化、經濟以至政治上的活動都較多。他們把土地管理權委託給一個農莊代理人，但代理人對佃戶並無絲毫感情。部分富裕地主仍在農村居住，但其小孩則會到各地方首府或大城市接受中學甚至更高等教育。與居住鄉間的精英比較，這種「寄生地主」不太會用傳統慈善方

式救助貧苦農民，*亦成為社會對立的根源之一。1930年，左翼作家小林多喜二曾出版一本名為《不在地主》的小說，便深刻的指出寄生地主好像「一條奇怪的雜種魚，就好像美人魚一樣，上半身是地主，下半身是資本家，而且下半身很快便向上蔓延」。[12]

　　大約在第一次世界大戰前後，佃農開始聯合起來，要求地主減租，他們採用逐個擊破的戰術，成效卓著。過去佃農習慣從好幾個不同地主承租田地，以避免過分倚賴某一個地主（就好像地主也把田地分租給不同佃戶），一群組織良好的佃農，可以趁收割時候聯合拒絕為某一地主的農地開工，那樣地主便可能損失全部收穫，而各佃戶則損失一部分而已。大部分地主在面對此種抗爭時都會讓步，有時會減免一年的田租，有時更會永遠減免。在1923年與1931年間，佃農與地主的糾紛每年約一千五百件到二千七百件，其中70%的糾紛是為了減免田租，這是最常見的要求。參與人數由一條村裏的幾戶人家，到好些村聯合起來的數百佃戶。總計在約四分之三的糾紛中，佃農至少贏取了部分要求。[13]

　　農村糾紛的策動中心是佃農組織，它是日本鄉村一個全新現象。在1920年代中期最高潮時刻，全日本約有十分之一的佃農加入各地佃農組織，各地佃農組織再聯合為地區性組織，甚至是全國性聯繫。其中最大團體便是「日本農民組合」，它創立於1922年。不過法律並未給予佃農組織任何合法地位及保護，各地鄉村領導人為阻止農民加入，嘗試利用某種社會壓力，甚至或明或暗的威嚇。在這種情況下，在數年內便有10%的佃戶加入，實在是個令人印象深刻的成就。

　　到1920年代末，地主開始進行反擊，並且相當成功。他們組織起來，僱用律師，並創立自己的團體作出回應，這些行動的確能在某種程度上抵抗農民的要求。不過部分最富有的地主則認為經營農田實在太麻煩了，在整個1920年代，特別是後期階段，很多寄生地主賣去田地，減少手上農地數目，他們把資本轉而投向股票

* 譯注：「寄生地主」，地主居所遠離自己的土地，並委託別人管理，日本歷史通稱為寄生地主。

市場或工業生產。工商業的回報率高，而且又沒有沉重的人際關係負擔。

　　1910年代及1920年代的社會不安並非根源於傳統封建結構，亦非經濟落後所造成的極度貧窮。它的基本因素是農村社會比以前更現代化，因而產生各種問題。1920年代的地主與佃農糾紛，大多數是發生在商業化程度較高的日本中部及西部，與較為貧瘠及落後的東北部相比，其比例約為兩倍。抗爭領導人並不是最窮苦的農民，反而是那些有能力把產品運銷到市場的人，他們渴望能從中發財。現代化寄生地主愈多的地方，糾紛就愈多。這種糾紛其實反映出社會關係的逐步改變，日本農村從一個互相倚賴的人際關係轉化成非以人為中心的經濟結構。

　　這時代另一個衝突的場域是有關經濟發展和環境保護，讓農民對上了商業利益。自1890年代以來，包括地理學者、植物學者、鐵路發展商及公務員等各個階層，都在爭論設立國家公園和保護自然景點。對某些人而言，目的是透過旅遊發展經濟；對某些人而言，是要保護原生環境；對另一些人而言，在公園遊覽和遠足，則是對日本國民的健康有益。其中一個最突出的爭論焦點是在中部山嶽美麗而偏遠的黑部川峽谷。一間大阪的電力公司從1922年開始建造四座水壩，基本上用於工業發電，但下游廿多個農村卻可能失去灌溉農地的水源，因此強烈抗議。最後村民勝利，電力公司補償因施工時沙石流入河川而造成的損失。到1929年，各村落組成黑部川保育同盟，首先提出保護自然的想法。比起保護自身生活的訴求，這提法能引起更廣泛的支持。[14]

　　在走進資本主義經濟的過程中，農民抗爭者的目的是要求取得一個更有利的位置。現代社會固然比過去提供更多的機會，但亦同樣產生更大危險性，傳統的社會支撐機制亦相對減少。無論是沒有土地的佃農或是小自耕農都會租賃田地，並希望得到其上層的尊重和支持，同時也希望有一個能讓他們自主及安心的制度。所有村民都可以參加，以保護他們的土地，免受環境侵蝕。但村內及全國的保守派則認為這種農村的新面貌是近代社會分崩析離的象徵，令人不安。

三、城市生活：中產階級與工人階級

20世紀初的城市就如同農村住民分化成複雜的地位系統一樣，本身亦包括各式各樣的階級，不止是受薪大眾及有錢的老闆。中產階級是個廣大而參差不齊的範疇，他們的家庭、他們的商店，都給予城市生活一定的安定、社區及活力的感覺。

以1908年的東京為例，「商人及店家」這一類別約佔所有被僱者總人數的41%。[15] 在日本任何一個大城市社區散步，都會遇見小型市場，其中有賣魚的、賣米的、賣蔬菜豆腐的、浴室、書店、理髮店、美容院、巧克力店、玩具店、照相店，再摻雜上數以千計的小餐館。在商業街背後的小巷，亦可以看到數以千計的批發商供應各種零售貨品，亦有相當多的小工廠在其住家背後生產，如木屐廠、榻榻米廠、雨傘廠、小型鑄造廠、五金廠、陶瓷廠及食物加工廠。

圖9.4 在全國各城鎮的所謂「舊中產階級」，其較為底層部分為數以千百計的小型家庭企業，它們包括零售及批發買賣和小型工廠。圖中的玩偶店便是個典型，照片攝於1920年，店主及其女兒坐在緊靠街道的店面，正在招呼一對母女顧客。（每日新聞社提供）

這些小型家庭企業多半是家族經營，丈夫與妻子分工合作，[16] 比較成功的企業會成為社區的骨幹。他們十分活躍，不但競選區議會或市議會議員，也會組織商會，要求政府實行各種保護政策，如減免稅項等。第一次世界大戰爆發後頭幾年，各地市政府從全日本的市鎮及鄉村招募這些小商人，替政府執行各種福利。到1920年，全國約有一萬名這種社會領袖出任這種所謂「方面委員」，對貧窮的鄰居進行家庭訪問，致贈為數不多的福利金。[17]

在大企業任職的低階事務員或工人，他們的收入也許比這些中階以至低階的小型企業主優厚，但寧為雞口，毋為牛後，自己做老板總是比較好的。芝蒲製作所工場部主任小林作太郎，1908年曾在《太平洋商工世界》等雜誌上發表文章，認為工廠工人多半是自嗟自怨及不安於位，「教他們就像要教一頭貓祈禱」。不過他也指出，這些人一旦當起老板，則渾身是勁，頭頭是道。他的公司便經常有些「滑頭的工人」，拆開自己家裏的地板，裝上一兩台機器，便當上了廠主，還搶走公司不少生意。[18]

153

這些數以百萬計的零售商店、批發商、小工廠老板，以及他們薪水微薄的僱員，史家統稱之為近代城市中的「舊中產階級」，他們有些在德川時代的平民社會中便存在，到20世紀初，亦有昔日武士加入他們的行列。不過到世紀之交，一群面目嶄新、數量不大的「新中產階級」接著出現，他們教育程度高，多半受僱於大企業及政府官僚。

19世紀末，「新中產階級」已逐漸出現。1890年前後，三井及三菱等大企業已經在大學招募未來經理人，頂尖公私立大學一些畢業生亦認為可以選擇私人企業，前途不會比政府官僚差。在同一時間，中等職業學校的數字亦迅速增加，一個多層次的招募制度逐漸形成，把職業學校、高等中學及大學聯結到企業及政府。因此各大城市公私立領域辦事人員的數字愈來愈多，在東京，他們的數字由1908年的6%增至1920年的21%。[19] 這些工作人員便成為20世紀的「新中產階級」，他們多半是家庭主要收入者，類似德川時代的武士行政人員，其性質有點像層層分級的科僚。但在20世紀中，這類工作雖然不斷增加，但競爭者亦愈來愈多，不單止昔日武士的子女，

城市中商店老板及製造業等舊中產階級的後代，甚至鄉村裏的中等農戶亦想分一杯羹，走進新城市中產階級的行列。[20]

　　中產階級辦公室事務員不止有男性，亦有女性。大企業僱用女事務員最著名的例子出現於1894年，三井銀行大阪支店經理一度訪問費城的愛買百貨公司（Wannamaker），啟發了他的靈感。他僱用了好些年輕少女，她們都剛從高等小學堂畢業出來，被安置到會計部門。到1920年代，百貨公司僱用年輕女性擔任辦公室及門市工作，已逐漸蔚成風氣。[21]

　　城市裏的百貨天堂外面金碧輝煌，裏面有身穿制服的年輕女性在櫃檯服務，但能享用的只有少數城市居民。大多數的事務員收入微薄，成為當日社會評論者筆下可憐或可笑的一群。1928年，一個旁觀者為當時男性事務員的薪水作了個統計，低薪者的收入每月約20到30日元；而一個熟練的機器工人，1927年每日收入平均為2.6日元，約為事務員的兩倍。一個女性紡織工人每日收入約1日元，與女打字員同薪。[22]因此在第一次世界大戰通貨膨脹最高潮時期，學校老師，甚至是大貿易行的僱員，會突如其來的組成鬥爭團體，要求增加薪水。了解上述背景，這情況便絲毫不突然。1919年，他們在東京組成「東京俸給生活者同盟會」，到1920年3月，東京橫濱地區各公司的打字員亦成立日本第一個女性事務員工會，她們要求更高薪水及與正式男性僱員同等地位。[23]

　　這些女性打字員其實是模仿工廠工人。工人在20世紀初便匯聚在日益發展的城市內外，他們不分男女，要求愈來愈多。社會改革者鈴木文治在1912年創立「友愛會」，由1916年開始，便有大量紡織女工加入。工會中的男性領袖向來認為丈夫與父親是一家衣食的最大支持者，因此把女性放在稱為「準組合員」類別中，不承認其正式會員地位。在紡織及其他產業工廠，婦女的平均收入不到男性一半，同時當時男性的薪水會隨其在工廠的年資而增加，而年已四十歲的婦女，其工酬只不過比二十歲的年輕女工多10%而已。起初女性尚比較能忍受這種情況，但到1920年代中後期，環境逐漸轉變，她們也史無前例的積極參加各種工人運動，其原因有下面幾點：

　　首先是產業經濟發展迅速，婦女可選擇的工作環境比以前多，她們不但在大紡織廠工作，也有在小型工廠，特別是化學產業及食品加工產業則更多。在小型工廠者主要是住在家中，通勤上班，很少住在宿舍。因此她們有更大行動自由，也比較常與男性工人並肩工作，與紡織廠女工比較，她們更有機會接觸勞資糾紛。

　　其次為教育程度，愈來愈多工人受過完整小學教育，甚至連紡織工人也沒有例外。這些工人已能夠閱讀工運組織者派發的小冊子及傳單。第三個因素是政府的政策，原來法令禁止女工出席政治集會，更不准登台演講，但到1922年政府解除此禁令，使得婦女參加工人組織及示威活動不再像以往那樣危險。在以後幾年中，婦女參加工會及發動抗爭的數字，以史無前例的速度增長。

　　驅使婦女行動激進的原因，除了不滿薪水太低，工作不穩定外，亦由於與主流文化有一種深沉的疏離感，她們希望在其工作環境中得到更多的尊重。作家佐多稻子在一篇名為〈來自糖果廠〉的小說中，很生動地彰顯了這種精神。小說是以1920年代後期東京一個社區為背景，女主人翁是希露子（音譯），她在酗酒父親的敦促下，十分勉強地接受了一份東京隅田川附近的糖果廠的工作。在上班時，她遠眺到河流對岸屋頂一幅廣告板，為肥皂作宣傳，陽光經廣告板整天反射出來，但照在她們的工作間則只是陰影：「（反射在廣告板上）的陽光看起來生氣勃勃」，不過她與她的同事則抱怨：「但我們連買新年禮物的錢都付不起。」當一天唯一的休息時間到了，工人可以成雙出外買些零食。然而衣衫襤褸的女工走在大路上時，在希露子的眼中看起來已不似人形。到一天的盡頭，女工下班時都要在大門旁排隊，接受檢查。在刺骨的寒風底下，每一位女工和服的袖袋、胸袋及餐盒都要逐個搜索，看看有沒有挾帶的糖果，希露子與她的同伴都滿懷怨忿地責罵檢查員大剌剌的態度。[24]

　　一位女性工會領袖帶刀貞代1929年曾在東京創立「勞動女塾」，固然舉辦「無產階級經濟學」課程，但也有非常傳統的婦女訓練班，教導縫紉及烹飪技巧是其最大賣點。帶刀貞代曾說，一般而言婦女「認為她們只想做普通人可以做的事」。[25] 率先領導女性工人運動的是東京及大阪紡織工廠的女工，她們要追求所謂的「人道待遇」，除

155

了抗爭削減工資外，她們特別關注改革嚴苛的宿舍生活規則。大部分的大企業都要求女性住在宿舍，其中尤以紡織廠最普遍。宿舍的管理規則可以說十分嚴厲，她們嚴禁外出，除非是上班或偶然參加由公司舉辦的外遊。1920年代大型罷工會有數以千計的婦女參加，她們最後贏得了較好的伙食，也可以有較大自由進出宿舍。爭取能像「普通人」生活是這些女性鬥爭的一部分，這段時間可以說是戰前的高潮，基本上她們只不過要求最小限度的自由，也希望為她們對家庭或國家的貢獻爭取應有的尊重。

工廠及礦坑的男性工人所用的抗爭語言也是一樣，他們爭取改善待遇，要像普通人一樣，也要做一個正常的國民。由於社會對正常性別角色有其根深蒂固的看法，男性工人的生活方式與女性非常不同。因此他們用完全相異方式界定「人道」， 而訴求方法也不一樣。

在19世紀末，紡織業是產業經濟的重要支柱，故在產業工人中，女性人數遠多於男性。其後數十年中，造船、鋼鐵、機械及金屬等重工業不斷成長，逐漸超越輕工業。而重工業以僱用男性為主，到1933年，全日本男性工人數目達九十六萬八千人，比九十三萬三千名女工人數稍多一點。[26]

在1910年代及1920年代，接近一半的女工是青少年，但男性工人方面，超過80%的年齡在二十歲以上。無論男性或女性，他們都經常離職，但轉業的模式則大不相同。最常見是女工在轉換工作一至兩次後便會離開職場，走上婚姻道路，男性工人換工作則如走馬燈一樣，這是他長期策略的一部分，目的是希望在工作上能得到出人頭地的機會。

不少男性工人渴望最後能獨當一面。一個不知名的機械工在1898年留下一些名言，一直為20世紀初那些所謂「旅行工匠」的頻頻換工作者奉為座右銘。他說：「工人就是要以其技能入世，而且要做得遠，做得廣……最後才能成為千古留名的工人。」[27]在以後數十年中，內田藤七最能反映這種精神，1908年內田剛好二十歲的時候，他開始在東京一間頗具規模的海軍軍器廠工作。內田相信要出人頭地，必須磨練好技術，他在晚上又找了另一份工作，是一間小型的鑄金工廠。兩年後，他可以獨自一人生產火爐架。他仍然留在軍器

156

廠，不過他說：「我覺得火爐技術操作是我未來的一個保證，我一直沒有丟棄它，只要有可能我就會儘量搜購有關它的器材」。1939 年，內田年已五十一歲，他終於創立屬於自己的金屬工廠。[28] 對於在日本工廠的工人而言，內田的生涯是一個十分普遍的例子，亦是一般人夢寐以求的目標。

除此之外，單單由一個工作轉換到另一個，亦是工人對工作環境的抗議，表示無法接受。在第一次世界大戰期間或以後，同樣這些人很多加入工會或組織罷工，表示抗議，要求提高工資，改善待遇。內田藤七亦是其中一人，1913 年鈴本文治創立友愛會只幾個月，內田便參加。其後他回憶道：

> 我的精神已瀕臨爆炸邊緣，軍器廠內上下級別森嚴……薪水原來規定每兩年調升一次，但賄賂是決定性因素。我一向相信世界應憑真材實學，一分耕耘，一分收穫，因此我感到非常不滿。[29]

1919 年，友愛會慶祝它成立七週年紀念及會員達到三萬人，[30] 因此更名為「大日本勞動總同盟」，並採取一個更高姿態的戰略。勞總同盟宣佈它是個工人組織，考慮使用罷工方式以謀取其要求，那一年是日本有史以來有組織工人糾紛最多的一年，總共有四百九十七件罷工，另外有一千八百九十一件糾紛，其後獲得解決才沒有罷工。參加這行動的總人數達三十三萬五千名工人，大部分都是男性。[31]

1920 年代，其他工會相繼成立，有些是支持革命性政治，甚至有時與剛成立的日本共產黨建立聯繫；其他則只是要求提升工人地位，無意打破整個資本主義制度，勞動總同盟亦是其中一分子。在整個 1920 年代，罷工是家常便飯，而且不限於大工廠，亦逐漸蔓延到小型工廠中。戰前最高峰點是在 1931 年，約有 8% 的工人參加工會組織，人數達三十六萬九千人。[32]

乍看上述數字似乎比例並不高，但若要衡量其重要與否，必須注意下面幾點。首先是工會並無法律保障，這意味著參加工會是個危險性決定，一個工人若因參加工會活動而被開除，他是無法求助法律的。第二是罷工人數問題，由於工會會員流轉量大，另外很多

罷工並非由工會發動，不少男女工人雖非工會會員亦參與工會或罷工，因此罷工人數會在任何時候都比工會會員人數高。參考其他國家，若與日本法律環境及工業化發展階段類似，工會會員與罷工人數的比率大概都差不多。[33]

　　1920年代，大企業老板與經理人開始認為技術工人流動性大，會加重生產成本，他們亦頗憂心工人組織及罷工的蔓延，因此制訂許多政策，希望既能克服工會，又可以挽留有價值的技工。他們效法西方模式，在廠內設立「工場委員會」，勞資雙方可借此作為交換意見的平台，也許亦能借此削弱獨立工會的支持力量；他們亦舉辦各種廠內訓練計劃，培養較為馴服的男性工人，並承諾給予受訓者較為長期的工作保證，雖然並非由契約規定。他們亦設立醫療中心及各種儲蓄計劃(有時候有些儲蓄計劃是強制性的)，他們並開始分發紅利給有技術而又忠心耿耿的工人，規定每六個月定期調薪一次。

　　工人的反應則是多樣性的，當1920年代人浮於事的時候，有些人放棄「旅行工匠」的想法，希望能守住一間公司，從一而終便算。特別在一些大規模工廠中，它們的福利比較優厚，那些工人為取得大老板的歡心，常常疏遠工會，轉而支持協調會。不過另一些工人則沒有那樣歡欣鼓舞或逆來順受，他們要求老板言行一致，不要出爾反爾。一位歷史學家注意到，這些工人認為「福利是他們應得的權利」。[34] 甚至在1920年代及1930年代初經濟不景氣時代，有些工人發動罷工，要求停止解僱，這才算是真正兌現廠方所說的對工人似家人一般的照顧。他們這種策略的效果如何，值得懷疑。另一些工人則主張所有工人都應該每半年定期加一次薪，不能只惠及少數。這些工人強調「在天皇之前，每個人都是平等」，正如英國工人大聲疾呼，要求「生而自由的英國人的權利」，都是同樣道理，日本人所談的「人道待遇」，是以日本國民為標準。

　　有些老板很粗暴地回答，「我們很同情你們的不幸，但你們的窮困，我們沒法負上責任」。[35] 另一些人主張改革各種五花八門的報酬方式，實行以年資作為提薪基礎，而且要制度化。雖然實際上未能做到，但到1920年代，這種想法已日漸萌芽，一個好老板必須提供長期性穩定工作，而且對忠心耿耿的男職工應定期提升工資。

　　城市中另一個令人憂心的問題是工業污染，以日本的製造業中心大阪尤其嚴重。運河與港口一度使大阪成為「水上首都」，但第一次世界大戰帶來的榮景，使大阪的工廠煙囪如雨後春筍，贏來一個新的綽號──「煙霧首都」。一本初級小學教科書卻以此成就為傲，宣稱「〔工廠〕的煙囪像森林裏的樹一樣，排列成行，日以繼夜地冒出濃煙。大阪擁有各式各樣的繁榮製造業，是日本真正最偉大的工業城市」。工廠裏的工人擠在城市邊緣的貧民窟公寓，他們無法分享上述煙硝裏的樂觀景像，更遑論工業的經濟成果。1918 年夏天由於米價暴漲而產生的抗議，造成全國性動亂，而最大的抗議運動則始於關西地區的大阪貧民窟。大阪副市長關一（後來成為市長）是個雄心勃勃的改革者，他與其同僚致力都市規劃，包括改善道路系統、提升居住品質、推動衛生環境，並區隔住宅與工業社區，但在 1920 年代和 1930 年代仍無法阻止大阪空氣和用水品質的惡化。[36]

　　城市社會中還有三類邊際社群，尤其是集中在大阪，他們一直是為生活而掙扎，這些年終於贏得一定尊嚴。首先是朝鮮人，他們在世紀之交移居日本，尋找工作機會，當時人數並不多。到 1910 年日本併吞朝鮮的時候，已經約有二千五百名朝鮮人住在日本，大部分都在東京或大阪。此後二十年中，朝鮮人數字大幅增長，到 1930 年，人數已達四十一萬九千。韓僑多半住在破落的貧民窟，從事工作多半具危險性，酬勞菲薄，例如建築、煤礦、橡膠、玻璃、漂染等行業的傭工。

　　與世界各地的移民族群一樣，韓僑是在種族主義及歧視下過活，日本人會說移民都是懶惰及愚蠢的，試圖用這種成見來說明他們貧窮的緣故。由於日本工人階級自己也在為生活掙扎，因此對新來移民的競爭充滿忿恨。1923 年關東大地震出現時，由於損失慘重，長久累積下來的偏見便馬上爆發出來。地震後幾個小時內便有謠言流出，說朝鮮人與社會主義者縱火，又說他們在井中下毒，並圖謀造反。在當權者的鼓勵下，整個災區居民組成近三千個義勇隊，它們的目的是維持災區鄰里的秩序，保護個人財物，以免被人趁火打劫，亦防止朝鮮人或左翼分子造反。不過部分義勇隊採用極

端手段，它們檢查過路行人，並用簡單用語盤問，若果回答者帶有朝鮮或中國口音，馬上便遭殺害。

　　傳媒、警察及軍方亦有助長這種歇斯底里風氣之嫌。內務省的官員、陸軍以至警察都扮演一定角色在散播或間接證實朝鮮人不法行為的流言，雖然各種傳說及事件的結果難以清楚說明。舉例來說，在9月3日晚上，當民間糾察隊開始攻擊時，內務省警保局局長向全國警察機關發出電報，要求他們「嚴格監視朝鮮人各種活動」，因為聽說東京部分朝鮮人參與縱火及叛亂行動，至於在此之前有無發出同樣警告則不清楚。報紙亦應為屠殺負上煽風點火的責任，它們經常報導沒有查證的朝鮮人出動新聞，舉例來說，一份重要報紙《東京日日新聞》在9月3日那天發出好幾則報導，說「不守法的朝鮮人」參加縱火及暴亂。雖然它在9月5日版面曾提及有關朝鮮人暴動之報導是毫無根據流言，並促請日人不要攻擊或傷害朝鮮人，但其間社會上的歇斯底里效應已造成悲劇性後果。更嚴重是警察及軍方在東京逮捕了數百名朝鮮人，並在不知名地方殺害了三十人至九十人。死亡數字到現在仍無法有精確統計，估計因屠殺而死亡人數達二千六百至六千六百人。[37]

　　第二個重要社群則能勇敢的站出來，面對社會給予他們的歧視。他們便是日本歷史上常處化外的「賤民」，現在則改稱為「部落民」。他們是德川時代化外社會的後代，當日本在1870年代進行各項改革時，理論上他們已經被解放出來，事實上仍面臨正式與非正式的歧視。部落民的人數約有五十萬，聚居在日本各個都市及農村社區中，不過以住在大阪及京都地區附近的人數最多。與過去一樣，他們大多從事屠宰業，或是被佛教認為是不潔的工作，如皮革製造、造鞋、肉類加工、賣肉等。

　　不過在新的環境中，他們亦開始組織起來，改變自己的命運。約在1900年前後，年輕的男性部落民已經組成好些溫和的自助會，他們主張部落民只要爭取教育機會，努力工作，日本的社會主流應該會接受他們，然效果並沒有想像中大。1922年，由於受到急進思想的影響，部落民成立了「水平社」，對於實際上歧視他們的行為，

部落民要抗爭及鳴鼓而攻之。他們大張聲勢，甚至使用暴力，而政府的監控更嚴密，有時更使用公權力打擊他們。

1920年代聚居在日本西部還有數以千計來自琉球列島（1879年以後更名為沖繩縣）的移民。因為1921年世界糖價暴跌，打擊島內經濟，沖繩人大量移居到日本（還有南美洲、夏威夷及菲律賓）。光在大阪府一地，沖繩人口便由1920年一千人左右上升至1930年的八萬人，他們大部分從事低薪的勞動工作，男性多半在建造行業或小工廠出賣勞動力，女性則基本在大阪的紡織廠工作。他們與前面兩種族群一樣，同樣的受到岐視。僱主貼出告示，明寫著「朝鮮人及琉球人不能申請」，這種情況十分常見。雖然沖繩的本土語言及文化與日本本島有明顯差別，同時琉球在近代以前一直與日本保持著政治距離，但沖繩人與朝鮮人不同，他們沒有強調本身的不同族群身份，他們社區的領袖亦如部落民一樣，堅持認為本身是日本人的一部分。[38]

四、社會變動中的文化回響

大部分日本人對少數社群的不幸都漠不關心。事實上這時代的經濟環境雖充滿不確定，與此截然相反的則是文化生活，不單止在繁榮的1910年代，甚至整個1920年代，它可以說是多采多姿。嶄新的消費產品及消費行為編織出現代生活的幻想曲，「理性」、「科學」、「文化」等流行術語，「燦爛」、「新鮮」等大受歡迎的形容詞，均是其反映。百貨公司裏一行行目眩五色的消費產品，成為那時代「燦爛新生活」的象徵。百貨公司顧客完全無需多費腳步，可以一面上館子、參觀藝術展覽或音樂表演，一面選擇最好的國內或進口產品，例如服飾及化妝品、鞋子、有品味的食物、傢俱、陶漆器以及玩具，一應俱全。[39]百貨公司的地點也多位於主要火車站，東京或大阪周邊地區正在發展，鐵路網四通八達，車站新建百貨公司吸引不少當地居民。百貨公司所鼓吹及歌頌的消費方式，無疑是對一個人辛勤努力工作的回饋，尤其是那些丈夫有一份中產階級受薪工作的，百貨公司更是最好的消遣地方。[40]

圖9.5　1932年5月日本電影界知名人士招待查理‧卓別靈（Charlie Chaplin），
卓別靈在照片的最右方，卓別靈身旁是著名妓藝市丸，她抱著的小女孩是著名
電影製作人城戶四郎（右三）的女兒。卓別靈在日本電影界享譽多年，他的日本
之旅本來備受矚目，但在其訪問日本期間，剛好遇上首相犬養毅被刺殺去世，
使旅程蒙上陰影。（迫本君江女士提供）

　　是以新式家庭居住在東京周邊的「花園衛星城市」,乘火車到百
貨公司購物,這些居所可以稱作「文化家庭」,其百分之百西式佈置
的客廳更是象徵標誌。星期天到銀座商店街之旅就是逛街購物,有
時會到三井集團屬下的三越百貨公司買一二件最時髦的成衣,購物
者有時會到咖啡屋或啤酒店歇歇腳,這兩個地方亦是20世紀初城市
的新生事物。他們喝的咖啡大多是由移民巴西的日本農民種植的咖
啡豆沖製而成的。[41]一天行程將盡,他們也許會到豪華的西餐廳進
晚飯。

　　有個新名詞用來描寫這種現代休閒生活,它就是「逛銀座」。有
關日本現代生活的新術語如雨後春筍般出現,反映出這個時代令人
著迷之處。江戶時代有個術語——「腰便」,其後也用來反映中產階
級的生活。這術語原來是指繫在武士腰間的便當盒,便當就是午餐
盒的意思。到19世紀末,它用作描繪一個辦公室事務員身穿西服,
手裏帶著便當上班的情況。另一個名詞是「受薪階級」,它源於英文
salaryman一詞,在1910年代,有些漫畫用「受薪階級天堂」或「受薪
階級地獄」為題,因而得以風行。這些漫畫用誇張手法刻畫中級經理
人的難處,工作上壓力大,薪水又不算高,受薪階級一向被視為現
代城市居民的代表,這些通俗作品損害他們社會地位的形象。[42]整
個1920年代還有別的類似「受薪階級」的術語,如「知識人」、「新中
產階級」,較為口語化的有「腦力勞動者」,還有常為人用的「便當
族」。[43]但到1920年代末,各個術語都相繼消失,只有「受薪階級」
一詞仍留下來,成為居住城市中產階級最通用的代名詞,它的含義
包括接受高等教育,替政府或私人企業工作,同時完全憑自己的實
力取得職位。

　　百貨公司、郊區衛星市鎮及新創的中產階級專用名詞等等,均
反映出1910年代及1920年代初一種更寬廣的政治、社會及文化的面
相。好萊塢及日本電影亦開始在全國吸引大量觀眾到數以百計的戲
院裏,留聲機及爵士音樂同樣的受到大眾歡迎。

　　其中一些最有趣的新文化潮流則與女性有關。在1910年代及
1920年代初,報紙與雜誌以大量篇幅刊載文章,熱烈爭論何謂新女
性。作者包括不少明日之星的女性,以後在詩歌、小說、散文各領

域均有出色表現。她們提出嚴肅的主題，譬如女性教育及其政治角色、女性在家庭及職場的權利，以及女性性慾的控制。不過主流媒體在報導這些爭論時，大都把注意力集中在女性作家的私生活上，尤其關注她們的性醜聞或男女關係。[44]

　　這些處理手法反映出現行性別角色受到質疑時，仍有許多不安。當另一個所謂「摩登女郎」形象的熱門話題提出時，不安仍然繼續。討論者大部分是男性作家，反映出日本的近代話題焦點，由1925年到1930年代初，它吸引不少人注意。「摩登女郎」被稱為日本的新生事物，她能跟上潮流，但維持個人風格，而且外型清新窈窕（見圖9.6）。一篇文章頌讚她的大膽開放行為，並以感歎號作結尾：「加油！跳吧！大腿！大腿！大腿！」文章對「摩登女郎」持正面態度，頌揚她刺破偽君子的面孔，在這個世界裏，只有男性才能擁有經濟自主、性慾自由及政治自由，但「摩登女郎」現在也享有同等自由，她們在都市的辦公室做事，支持女性參政權，結交男朋友。[45]

圖9.6　1930年，時髦的「摩登女郎」在東京街頭優悠漫步，她們爭妍鬥麗的形象通過卡通、文學及圖片突顯出來，代表性慾解放精神，對某一些人是威脅，對另一些人則是新鮮事物。（每日新聞社提供）

　　正如三十年前「賢妻良母」形象進入日本的文化及社會舞台一樣，摩登女郎跨越了界線。她的確是個全球現象，不止在美國及歐洲引起各式各樣的説法及議論，在拉丁美洲，甚至從日本到印度的整個亞洲亦同樣。很多人認為「摩登女郎」是好萊塢電影向世界推廣的結果，而所謂「時髦女郎」完全是美國「興奮的20年代」的女性形象，換言之，摩登女郎只不過是由西方向東方的文化單向傳播結果，這想法完全不正確。文化歷史學者近年來已指出摩登女郎的形象是多方向流轉，舉一個簡單的例子，日本在1920年代的美容廣告，其主打形象是白人外表的「摩登女郎」，但在同一時間的德國，相同廣告的女郎則是個明顯有亞洲特徵的女性。[46]

161

　　無論歌頌或畏懼，「摩登女郎」為人所注意的主要是其新潮的性觀念。同時出現的是「摩登男士」，雖然他們在當日的通俗文化中沒有那樣突出，但這些摩登男士則以其新式政治激進主義聞名。1918年，一小撮學生在東京帝國大學法學部裏創立一個稱為「新人會」的組織，東京帝大是當時體制內精英匯聚地方，以此為基礎，他們建立一個戰前最有影響力的學生政治組織，其他大學亦成立同樣的組織。學生組織開始時比較溫和，只呼籲民主改革。到1920年代中，新人會漸漸傾向馬克思主義立場，要求經濟及社會平等與政治革命。[47]在俄國革命影響下，他們打出「走到人民中」的口號，其成員也開始參與各種勞工及佃農組織的運動。

162

　　熱烈擁抱新中產階級、文化家庭及百貨公司、電影與爵士音樂、「摩登女郎」及馬克思主義男孩等新生事物，其實與內心焦慮分不開，這也是個新生現象。在亮光閃閃的現代生活中，卻有陰暗的另一面，它是個貧窮、你爭我奪、社會混亂的負面論述。1900年至1920年是個中產階級擴張的年代，學校數字亦同時迅速增加，為莘莘學子大開方便之門。然教育仍無法保證一定可以出人頭地，在經濟不景氣時，辦公室大量裁員，甚至在好景時期，例如第一次世界大戰的繁榮中，仍有相當數量的討論，談及中產階級生活的青黃不接。這種案例在報紙上屢見不鮮，1918年一位小學老師寫信給報紙編輯。根據這位老師的説法，他一家五口，每月開銷總共20.75日元，在列出這個賬目後，他強調説：

> 我每個月扣稅後所得……約為十八日元及一些零頭，其實
> 二十日元也不夠，我們如何能靠十八日元活下來？但別無他
> 法，只好從削減米飯開銷入手，每頓都要滲上一半以上小
> 米，每天都有一餐是小米粥。由於煤炭昂貴，全家人一個月
> 以上都無法洗澡。要喝杯清酒，吃幾片肉，甚或一個地瓜，
> 我們都負擔不起，要買件和服真的連想也不敢想。一個小學
> 老師，他的生活就是連過年時也無法為他的小孩買件和服或
> 吃塊糯米糕(新年時的吃食)，有沒有比他生活更悲慘的事？[48]

這樣一種為生活奔波的老師有個外號，俗稱「洋服貧民」，20世紀初年，這個自相矛盾而又譏諷味道濃的名詞已經十分普遍。那些身穿洋服的人，原來被認為應屬新日本社會的上層分子，教養高，生活安定，而居住在貧民窟的窮人才會屬於那個遙遠的世界。然上面小學老師的說話，反映出就算有資格加入中產階級的人，同樣要面對不安定的生活及經濟上的貧乏。[49]沒有人比政友會總裁原敬的體會更深刻，他在1910年的一番話可以說是自己的寫照：「要防堵〔社會主義的〕傳播，必須由社會政策入手，像老師或警察這類人，只要走錯一步，便會變成社會主義者，因此最根本的政策，必須小心在意有關他們的待遇，以防感染。」[50]

不過更令人擔憂的不安定及激進主義潛在源頭並非中產階級，而是工廠工人，他們的組織愈來愈具攻擊力。1925年，一位官僚領導人便說，國家不應該支持工會，因為工會永不會安於一個溫和的地位，「就像山上的一輛車，它一定會滾下山，不可能停下來」。[51]工人有任何集會，講台旁一定會坐著個警察，如果講者逾越政府規定演說的範圍，譬如提及「革命」、「資本主義」、「毀滅」等字眼，講者首先會遭警告，再犯演講會被中止，講者或者會被逮捕。警察與演講人的相持不下，有時會為工會的集會活動製造一些滑稽場面，不過終究是一個嚴厲的限制。

另一個觸發對現代性恐懼的因素是年輕人，尤其是年輕婦女。雖然有些人歌頌摩登女郎的生氣勃勃形象，亦有人擔心她反映社會墮落的開始，日後一發不可收拾。他們認為解放後的女性也許會危

163

及社會既成的秩序，弱化整個日本，其為害性比那些憤怒的教師及好鬥的勞工更厲害。報紙有關年輕男女的報導也顯得焦慮不安，説他們或她們是共產黨煽動下的結果，要腐蝕大好前途的青年人，目的為弱化整個國家。他們亦擔心離婚不斷增多，在女性的推動下，最後導致家庭制度的崩潰。1925年，一名短頭髮、衣著西化的婦人被控謀殺外國人，報紙稱她為「前衛摩女」，[52]利用這種污名化手段，摩登女郎被視為非日本，甚至是充滿罪惡。

　　20世紀初期出現一股新宗教熱潮，這種文化表現亦反映出日本人在這段時間中的恐懼及競爭。新興宗教多半為神道主流各派的分支，佛教則比較少。創教者是一些具魅力的男女，常常對信徒自稱為真神下降，有些教派是全新創造，有些則源自19世紀。最高潮是在1930年代，這些「新宗教」號稱擁有數百萬信徒，支持者大部分來自城市居民或農村中較為商業化以至工業化地區，不少信徒剛移居至城鎮，他們希望尋找新的社區認同及精神慰藉。新教派與主流佛教或國家神道不同，它們通常能給予信徒具體及實際的幫助，所提供的服務包括治療疾病、替信徒解決經濟困難，甚至私人問題。從一些信徒留下來的證言看，新教派服務可説無所不包，上至婚姻糾紛，下至小兒尿床，均在其內。[53]

　　新教派也許真的能替其信徒提供各種精神及實質上的幫助，但政府官員仍視其為威脅，負責管轄勞工及其他社會問題的內務省官員，稱這些新教派為「偽教」或「邪教」。在1920年代，為了鎮壓其中一些教派，政府拘捕了它們的領導人，並控以罪名頗為嚴重的大逆罪，給予判刑。[54]但這些教派並沒有瓦解，它們繼續奮鬥到1930年代。

　　社會演變的方向、現代日本人生活的特性，上述所有有關這些問題的爭論都在當時欣欣向榮的媒體市場中呈現出來。各種雜誌如雨後春筍，發行量亦有增無已。其中以講談社出版的《國王》成為銷量最大的雜誌，《國王》模仿美國《星期六晚報》(*Saturday Evening Post*) 風格，*1924年12月創刊時銷量即達七十四萬份，[55]到1928年

---

* 譯注：1821年創刊，標榜「家庭性，政治中立，具道德感，純文學」，1969年停刊。

11 月增至一百五十萬份。該雜誌特別針對婦女讀者群，亦證明不輸於一般性刊物 (多半是男性導向)，同樣受歡迎。收音機廣播始於 1925 年，慢慢成為一種新的文化形式，不單止是政府文宣，爵士音樂及戲劇亦因此得到推廣，愈來愈多聽眾。在 1926 年與 1930 年間，日本的收音機數字由三十六萬台急劇升至一百四十萬台。[56]

　　文學作品經常以連載方式在雜誌及報紙中刊出，其讀者人數亦有增長。從明治時期開始，日本文學便受到西方強烈影響，因此日本作家經歷過不少西方文學思潮，包括浪漫主義及自然主義。到 1920 年代，大部分作家已經擺脫這些思潮，要尋求不同風格。這時期最突出的風格稱為「私小説」，它類似一種懺悔式的自傳體裁，藉此再創造作者的心理狀態。除此之外，另有兩個新的文學運動，分別為「新感覺派」及「無產階級文學」，前者是日本首次明確出現的現代派寫作，後者則強調小説作者的社會任務。

　　這時期的文學作者在日本文學史上影響深遠，歷久不衰，但嚴格上來説，他們不屬於任何派別。芥川龍之介 (1892–1927) 的作品扣人心弦，有時亦有異常的想像力，但他並非模仿歐洲最新潮流，而是經常從日本古典文學中汲取靈感。例如其小説《藪之中》便取材於日本 12 世紀文學作品《今昔物語》，* 其後著名導演黑澤明借之而拍成電影《羅生門》。谷崎潤一郎 (1886–1965) 一方面赤裸裸探討人類的性衝動，另一方面又打破敘事的真實性，是「私小説」的基礎。

　　無論是日本文學作品或是翻譯作品，其受歡迎程度有增無已，這種現象反映於「一元書籍」的推廣，它亦反過來促進日本文學作品的大量生產。1926 年出版公司「改造社」發行一套六十三冊的《現代日本文學全集》，其作品有幸被收錄在《全集》的作者，一夜之間頓成鉅富。當作家愈成功，其收入愈加豐富時，寫作生涯便漸漸變得商業化。而《全集》則創造一個新文化形式，把文學變成商品，提供給更多的日本民眾，無論是新舊中產階級，都被包括在內。

---

* 譯注：「物語」為日語，意指故事。

＊　＊　＊

　　在20世紀之初，日本出現了一些新的社會群體及文化趨勢，但並非沒有前例。在德川時代，農村由富農、貧農及處於兩者中間的人組成，而城市的居民則是擔任公職或治安的武士、平民商人、商店老板及小巷製造商，文學及藝術燦爛奔放，出版事業亦已經商業化。因此到1910年代及1920年代，生活於其間的農村及城市民眾，常常用昔日的語言來比喻今天的世界，例如不安於位的工人使用德川時期的用語「旅行工匠」，以描繪自身跳槽處境，辦公室事務員則用江戶時代「腰便」一詞自稱。

165　　　但仍有些現象是新鮮的，日本與世界其他地方並無不同，今日與昔日時代是有差別的。與德川時代比較，資本主義社會有更多經濟機會，但不安全感亦更大。日常生活更多地為全球知識與資源的流動所形塑，包括從棉花到咖啡的各種資源。市場與昔日不同，再沒有國家或地方精英願意負起緩衝責任。普及教育到20世紀之交已差不多達成，更多人能夠參加比較廣闊的公共事務領域，他們自己也能認識到日本已是世界帝國的一員及其他帝國國家的存在。現代傳媒事業日漸發達，全球連結日漸密切，它們是個整合力量，但也是個分裂力量。傳媒中有關「摩登女郎」及馬克思主義學生的報導，常常歪曲不實，工人及農民的抗爭亦經常出現在新聞中，無論如何，這些消息都讓讀者了解到國家內存在著不少矛盾。這些社會及文化衝突有時候會產生焦慮，原因是害怕失去昔日的傳統社群，故急著要恢復它。[57] 農民與工人要求那些有財有勢的人承擔過去的責任，繼續扶貧救困的善舉，不過他們開始認為救濟是應有的「權利」，這是個新的現代語言，有其不同於昔日的政治及文化含義，因此工農大眾所爭取的已不是維繫舊時傳統，而是要重新界定新傳統。

第十章

兩次大戰期間的日本帝國與民主

　　1912年明治天皇去世，三十三歲的皇太子嘉仁繼位，改元大正。大正天皇幼時患有腦膜炎，日後雖然恢復，為皇太子時亦能巡訪日本全國各地，但1918年健康再度惡化，到1919年已無法視事。與此同時，歐洲的君主制度陷入危機，接二連三被推翻，首先是1917年的俄國革命，沙皇下野，其後德國以至奧匈帝國、土耳其諸國皇帝及國王，亦無一倖免。當時日本也同樣面臨政治動亂，皇室大臣憂心忡忡，認為要擺脫險境，必須有一位能支撐大局的主政者。在此情況下，諸大臣安排皇太子裕仁出任攝政一職，嘉仁天皇事實上是被迫退位。1921年3月，他們送皇太子裕仁出國，在西歐作史無前例的六個月「考察」之行。停靠之處包括英國、法國、比利時、荷蘭及義大利，還有歐洲的殖民地香港、埃及、新加坡及越南，考察的目的一方面是拓寬這位未來君主的全球視野，同時也在海內外提升皇室的聲譽。1921年11月，裕仁回國不久，當時的元老便把他由皇太子提升為攝政。以此職位，裕仁取代其父親，擔任天皇各種職能，直至大正天皇在1926年去世為止。

　　與前任明治天皇相比較，大正的統治時間要短得多，同時亦由於他是在特殊情況下交出權力，很多人都相信大正天皇一直是疾病纏身，而且精神極度不穩定。日本著名思想史家丸山真男 (1914–1998) 在回憶戰前歷史時曾說過，他與他的小學同班同學在1921年便聽過大正天皇的奇言怪行，並因此傷心不已。據說有一次國會正在召開會議，天皇原要頒佈一項詔令，但大正天皇卻在眾目睽睽下把詔令紙捲起來，把它當作望遠鏡，向滿座大臣及議員作窺視狀。[1]無論是真是假，這故事及大正的羸弱形象一直流傳。

　　然而諷刺的是，歷史與事實並不完全一致，大正一朝常被視作自由主義堡壘，傳統上史家稱由1905年至1932年的這段時期為「大正民主」，它始於1905年，時值日本民眾發動政治抗爭，抗議日俄戰後和平條約，終於政友會內閣倒台的1932年。總括來説，這個時代可以用「帝國民主主義」一詞概括，* 雖然乍看有些自相矛盾。在大正時期，政治家經由選舉出身，並以政黨為基礎組成內閣，已漸成為政治慣例，這是民主實踐過程中一個相當急劇的變化。但仍可窺見其背後的延續，所有熱烈支持國會政治的人，他們都謹事皇室，與明治的獨裁者及其軍事及官僚支持者並無二致；他們亦同樣支持大日本帝國。戰前日本與大英帝國或荷蘭一樣，追求自由民主體制的人都相信忠君、熱愛帝國及大眾參與政治，三者不會互相衝突，甚至是互補。但只有由歷史回顧，用日後經驗去衡量，才了解到它們的目的潛伏著自相矛盾的因素。

一、政黨內閣的出現

　　在第八章已經談及1913年的「大正政變」，政壇因而一度產生混亂。海軍大將山本權兵衛與政友會結盟，方得以組閣，但為時亦僅一年而已，1914年初，由於海軍發生醜聞，山本不得不解散內閣。事情源起於海軍高級將領收受德國西門子公司佣金，而以購買德國軍火當作回報。當醜聞外泄後，一年前的擾動又再度上演，示威與暴亂相繼出現。一個興奮的街頭演説家因此惹禍上身，他對聚集市中心的群眾大聲疾呼：「山本是個竊國大盜，打倒山本。我們必須把山本梟首示眾。」這位中年的裁縫師傅昔日是位民權運動者，他因此被捕，政府控以煽動暴動罪名，但他卻向法官解釋道：「因為這是人民的意志，我別無他法。」[2]

　　由於群情洶湧，輿論壓力太大，山本不得不因醜聞而含羞下野。1914年到1916年的執政者則是重作馮婦的大隈重信，他是明治

---

* 譯注：「帝國民主主義」為本書作者提出的一個概念，有關説明，可參看中村政則、Andrew Gordon，〈日本の近現代史を再考する：アメリカの日本研究ズとの對話〉，《世界》，718號（2003年7月），頁120–132。

早期政府的領導人，亦曾經推動過民權運動。他得到國會新成立的「立憲同志會」支持，＊因而出任首相，但該黨在內閣中只擔任五個職位。大隈施政方針不得不屈從於軍方長久以來的要求，特別是山縣有朋及桂太郎一直希望國會能增撥兩師團經費，它也是引發「大正政變」的導火線。到1916年及1917年間，元老開始攻擊大隈的外交政策，最具代表性的當然是向中國提出的廿一條（稍後會討論到）。最後，長州出身的寺內正毅（1852–1919）取代大隈，出任首相。寺內內閣表面上是舉國一致，不分黨派，實際上與政友會及原敬均維持密切關係。

在這種情況下，1913年與1918年間，政友會及同志會兩黨政治領袖的方針策略，與十年前並無不同，亦即國會議員透過與官僚以至軍人的談判、妥協及聯盟，進一步攫取權力。不少熱衷議會政治的人亦支持政黨領袖，他們當時認為權歸議會是立憲政府的最基本原則。

在1918年時，一小撮元老是最關鍵的政策決定者，他們包括歷任下野首相，以天皇名義統治日本。元老間的地位雖然相等，但以山縣有朋的影響力最大。是年夏天，由於第一次世界大戰的關係，日本的通貨膨脹達到最高峰，米價高至去年的兩倍，一股抗議浪潮席捲全國，米商及政府均受到攻擊。山縣是一個嚴肅的人，平日不苟言笑，但對近日本國內的騷動則顯得十分不滿，他決定求助於政黨，當時國會最大政黨政友會領袖原敬政治歷練豐富，是唯一可以穩定當前局面的人。

1918年9月，原敬組成內閣，閣員除海陸軍及外務大臣外，其他均為政友會成員，這是日本歷史上第一個最完整的政黨政府，而且效率不錯。政友會執政時間長達四年，原敬行動迅捷而有力，在1920年迅速派出軍隊，解決煉鋼廠的罷工問題，連一生排斥政黨不遺餘力的山縣有朋也不得不高聲稱讚：「原敬真的有辦法！電車及煉

＊　譯注：「立憲同志會」創於1913年，到1916年更名為「憲政會」，1927年再更名為「立憲民政黨」，與戰前另一大黨立憲政友會比較，立場較為急進，主張普選及政黨內閣。

鋼廠風潮已經平息，原敬政策是出類拔萃的。」[3] 可惜原敬在 1921 年 11 月被刺殺去世，元老只好委任大藏大臣高橋是清（1854–1936）繼任首相一職，但政友會的政權在半年後便結束。

原敬及政友會在政壇上崛起是他們經過二十多年努力的結果，在這段時間內，危機不斷，騷動頻仍，各種密室權謀政治充斥，然政黨及其民選代表終於進入權力核心，站上政治舞台的高峰。不過仍有問題存在，遴選政黨領袖組織內閣的程序仍未完全建立，新任首相高橋是清便無法平息黨內各派系鬥爭。1922 年高橋卸任首相，山縣亦於是年去世，其後兩年中，僅存的三名元老再次由無黨派人士中挑選，先後由兩名海軍出身的將領及一名樞密院議長繼任首相，但都很快便下野。他們都號稱中立，要組成所謂「超然內閣」，與政黨的關係都不很密切。海軍大將加藤友三郎（1861–1923）在 1923 年去世，繼任者是前首相山本權兵衛，接著是樞密院議長清浦奎吾（1850–1942）。清浦挑選的內閣成員，主要來自貴族院，憑藉選舉出身的眾議院議員無法入閣。

當時政友會內部正出現派系糾紛，部分支持清浦內閣的黨員脫黨組成第三黨「政友本黨」。然面對新內閣的挑戰，大部分的政黨領袖不得不放下其微不足道的分歧，共同應付新的敵人。當時另一個主要政黨是憲政會，它是 1916 年成立，由當日的同志會轉化而成。1924 年，政友會的主流派便聯合憲政會，與另一個小黨「革新俱樂部」共同合作，發動「憲政擁護運動」，主張回歸「憲政常道」，他們堅持內閣必須容納民選國會議員，方為「憲政常道」，否則眾議院會拒絕和內閣合作。

新聞界及公眾輿論的態度則與 1910 年代不同，特別在「大正政變」時，他們都強烈支持在野政黨，但到 1920 年代，支持政黨政治的熱度已大為降低。雖然如此，在 1924 年的國會選舉中，在野黨以護憲為號召，最後仍取得大多數的席次。同時憲政會亦首次取得國會多數，清浦沒有選擇餘地，只好下野。1924 年 6 月三黨組成聯合內閣，不過主導權則在憲政會手中。首相加藤高明（1860–1926）是憲政會的黨魁，他在日本精英層中有相當崇高的地位。加藤出身東京帝大，大隈內閣時曾任外務大臣，他的妻子是三菱財閥創立人岩

表 10.1　1918–1932 年間之政黨內閣

年 份	首 相	執政黨
1918–1921	原敬（1918/9/29–1921/11/13）	政友會
1921–1922	高橋是清（1921/11/13–1922/6/12）	政友會
1922–1923	加藤友三郎（1922/6/12–1923/9/2）	超然內閣，加藤內閣閣員主要來自官僚及貴族院
1923–1924	山本權兵衛（1923/9/2–1924/1/7）	超然內閣
1924	清浦奎吾（1924/1/7–1924/6/11）	超然內閣
1924–1926	加藤高明（1924/6/11–1926/1/30）	憲政會、政友會、革新俱樂部三黨聯合內閣
1926–1927	若槻禮次郎（1926/1/30–1927/4/20）	憲政會
1927–1929	田中義一（1927/4/20–1929/7/2）	政友會
1929–1931	濱口雄幸（1929/7/2–1931/4/14）	民政黨
1931	若槻禮次郎（1931/4/14–1931/12/31）	民政黨
1931–1932	犬養毅（1931/12/31–1932/5/15）	政友會

崎彌太郎長女，故在政界及財界均有一定人脈關係。加藤年輕時曾留學英國，親自體驗到議會民主政治，認為日本未來要尋求權力及穩定，必須經議會政治道路。

　　聯合內閣建基於政友會、憲政會及革新俱樂部三黨的合作，事實證明只是一個短暫的聯盟，1925 年因為對稅制改革有不同意見，三黨便分道揚鑣。但加藤能夠組成一個清一色憲政會的內閣，可以穩坐首相一席。1927 年憲政會從政友會吸收一些叛黨分子，憲友會更名為民政黨。顧名思義，1920 年代中期的憲政會／民政黨的政治立場已接近政友會的自由主義分子，它認為要安定社會，最好的方法是支持擴大選舉權。由 1924 年三黨聯合開始，直到 1932 年 5 月，民政黨與政友會輪流組織政黨內閣，穩坐權力寶座（見表 10.1）。

　　政黨政治的出現是一項突出的成就，當明治精英訂制憲法，他們完全沒有想及這情況。根據 1880 年代原來的設計，議會只不過扮演極為有限的角色，但三十年以後，民選的議會議員由一個尋求權力的局外人，一躍成為行政權力的核心，與官僚共商國是。政黨政治之所以成功，主要是 19 世紀建設民族國家政策產生的結果。明治

169

維新的改革廣泛傳播一個信念，人民是國家的基礎，他們的意見應
受尊重。這種信念為一般小老百姓廣泛接受，上文提及到的那位裁
縫，因此便大聲疾呼，要山本首相成為人民代言人，説出「人民的心
聲」。人民要發聲這股風潮，在1910年代最為雷厲風行，亦是日本
群眾積極要求「立憲政府」的原因。所謂「立憲政府」，就是民選議會
議員出任首相，組成內閣。

　　「立憲政府」在1920年代中得以實踐，但在政治制度演進過程
中，卻出現不少不確定及意想之外的情況。因為在政黨掌握權力
後，它要與黨外人士妥協及合作，具有理想的政治家便批評政黨為
了攫取權力，不惜出賣人民，這種批評，不但來自於新聞界及學術
界，亦有來自於社會大眾。

二、議會政府的結構

170
　　明治憲法所設定的政治架構，原來目的是要把議會政治變作為
政黨領袖與非政黨精英間一個溝通及妥協場所。首先，憲法規定天
皇為神聖及主權所在，天皇的聖體不可隨便觸摸——天皇之隨侍及
醫護人員要接觸天皇身體時，必須要帶上手套。[4] 明治天皇、其子大
正天皇以至其孫裕仁，均相信在明治憲法架構下，他們應以九五之
尊積極參與政務。在1921年至1926年間，由於其父身患惡疾，裕仁
很早已執行君主工作，他以皇太子身份出任攝政一職，實際上是履
行天皇職務。大正天皇去世後，裕仁之登基大典是到1928年才舉
行，但早在典禮以前他已經走馬上任。

　　「昭和」是裕仁天皇的年號，其意是陽光下的和平。從今天來
看，這年號是有點諷刺，因為昭和天皇到1989年去世為止，他統治
下的日本既有戰爭日子，亦有和平時期。在擔任攝政時，裕仁便小
心翼翼的掌控教育，因為他意識到他不久便有機會登上龍座，而明
治憲法是以君主為中心，因此身負重責。[5] 日本仿照英國做法，內閣
大臣定期向裕仁報告施政情況，此習慣一直沿用不衰。裕仁相信君
主有責任向臣下提出指示，他的看法當然會產生嚴重後果。舉例來
説，在1927年至1928年間，由於張作霖事件及山東濟南慘案，導致

中日兩國國交的不愉快，裕仁不滿首相田中義一的做法，提出質疑，田中因此被迫辭去首相一職。[6]

另一個與天皇有關的政治架構是軍人與官僚的權力，他們無須向國會負任何政治責任。憲法規定天皇是三軍最高統帥，可以直接指揮軍隊，軍事將領利用這條款作護身符，不願意受內閣首相管轄，要獨立行動。官僚亦在法理上不受國會監督，雖然他們所擬訂的法律及規劃的預算均需要國會通過，但他們的職位來自天皇委任，與國會無絲毫關係，故其進退亦不受國會影響。

另外尚有樞密院及貴族院兩個正式機構，它們的作用是鞏固天皇權力，免其受制於國會及民眾力量。樞密院成員有十四人，他們具有無比之法律地位。樞密院是1889年由明治天皇下令設立，目的是審查憲法草案。憲法頒佈後，它仍然繼續存在。樞密院院會是不公開的，天皇有時會親臨主持，其作用是備天皇諮詢，包括憲法或其他法律上的詮釋、預算分析及對外條約的批准。樞密院的成員多半立場保守，而且職位是終身的，元老伊藤博文、黑田清隆、山縣有朋均任職樞密院。在1920年代，樞密院與政黨內閣的政策常相齟齬，但樞密院經常勝利，拒絕內閣的決策。另一個機構貴族院的情況也一樣，是保護天皇權力的堡壘，其成員或來自血緣，或由天皇親自委任。

由1890年代到第二次世界大戰結束，日本有一個最重要的但卻是體制外的組織，由一群所謂「元老」組成。他們的作用與樞密院及貴族院一樣，目的是維持以天皇為核心的政治架構，元老有時亦會兼任樞密院及貴族院職位。元老作用之一是協調政黨領袖與非政黨精英的想法，無令他們衝突。不過最重要的作用便是向天皇提名首相人選，這種功能並非依據法律產生，而是由1890年代以後的慣例逐步形成，到後來，首相人選實際上決定於元老手中，天皇很少在這問題上提出異議。然而到1912年，原來的七名元老相繼去世，西園寺公望及桂太郎先後加入這個非正式但權力甚大的元老集團。他們分別是伊藤博文及山縣有朋的代理人，在1900年代是政壇上的核心人物。桂太郎在成為元老的第二年便去世，再加上山縣有朋及松方正義分別在1922年及1924年去世，西園寺公望成為碩果僅存的元

171

老，到1930年代初，西園寺公望在政治上亦漸退居幕後，原因之一
是年歲日增，到1930年西園寺已八十一歲，無法再積極參與政治；
其次則為軍方影響力日漸擴大。取代元老的是一群稱為「重臣」的高
層領導人，參與者多半為前任首相，另加上宮內大臣及樞密院議長。

在1924年與1932年間，元老或其繼任者雖然原則上有權任命政
黨領袖出任首相，但並不一定要選取多數黨黨魁。事實上，元老要
求國會多數黨黨魁出任首相的案例只有兩次。一次在1918年，政友
會在國會中佔多數，山縣有朋提名其總裁原敬組閣；另一次在1924
年，憲政會在國會大選中取得多數席次，西園寺提名其總裁加藤高
明組成聯合內閣。在以後的八年中，政黨政治成為常態，憲政會（後
改名民政黨）與政友會兩政黨輪流執政，其中三次（1927、1929、
1931年）因為現任執政的多數黨面臨倒台邊緣，由西園寺領導的元老
委任少數在野黨黨魁為首相。每當新首相上任，接著便解散國會，
重新選舉，結果其政黨都能在眾議院中贏得多數。少數黨執政後即
能勝選，關鍵在掌控內務大臣一職，內務省管理警政治安、監督選
舉，舉足輕重。因此日本選民只不過在政府做成既定事實後，才投
票通過，他們根本不能創造甚麼。

另一個體制外因素則是政治恐怖主義，它潛伏於社會底流中，
不時突然爆發出來，危及代議制政府。一位美國記者稱這時期的政
府為「暗殺而成的政府」，[7] 1930年代是其高潮，但早在1920年代已
見端倪，首相原敬在1921年被暗殺，1923年身為攝政的裕仁親王亦
遭刺殺，倖而身免。刺殺原敬的兇手年僅十九歲，他不滿原敬及政
友會涉入許多政治醜聞，認為原敬內閣只注重政黨利益，罔顧人民
福祉。襲擊裕仁的兇手則是一個左翼分子，他不滿日本政府在1911
年處決社會主義者幸德秋水，忿而報復。暗殺行動對日後的政黨領
袖有寒蟬效應，不過輿論卻頌讚兇徒動機純正，與只知私相授受的
政黨領袖相比，實有雲泥之別。不過政治恐怖行動削弱議會體制的
統治合法性。

三、意識形態的挑戰

　　暗殺行為能夠在近代日本滋長，部分可歸因於幕末時期勤王武士揮劍斬奸的政治傳統，正義之士為了執行其神聖使命，點燃革命火花，採取暴力手段似乎變得順理成章。明治維新以後，秘密政治團體相繼出現，它們都主張暴力行動，藉此推動各種政治及社會改革，其中最著名的便是內田良平 (1874–1937) 在 1901 年建立的黑龍會。他選擇以黑龍江為名，因為這條河流是俄國與中國的分界線，也反映出防範俄國入侵中國東北的目標。內田良平是個極端尊王論者，為了鞏固家長式統治及天皇神聖，他一貫主張日本對內實行改革，對外擴張於亞洲大陸。他不滿元老的懦弱，亦反對政黨領袖及自由主義者的民主思想。

　　在思想上最具影響力的則是北一輝 (1883–1937)，他提倡激進民族主義，啟發了 1930 年代的政治騷動。1923 年他撰寫《日本改造法案大綱》，一方面同意內田良平的天皇至上主義，另一方面則受到左翼政治思潮影響，要追求經濟平等的目標。他鼓勵先知先覺的青年軍官及平民起來行動，奪取政權，終止明治憲法，重新改造政治體制，使天皇與人民真正能打成一片。他亦期待這群先知先覺者重建經濟秩序，新經濟體制會尊重私人財產，但要設立各種「生產」部門，達成平均財富及經濟成長的目的。北一輝亦主張授田給農村佃戶與工人分享工廠利潤，不過在兩性平等上，他認為婦女仍為「人民的母親及妻子」。總括來說，北一輝的政治主張是國內改革，實行原則是以天皇為中心，反對政黨政治，國外則是擴張。他的看法頗受當時日人認同，在 1920 年代，數十政治團體起而響應。

　　不過在政黨領袖及無黨派精英眼中，左翼運動的威脅比北一輝更嚴重。由俄國革命到 1930 年代初，各式各樣的左翼運動如雨後春筍，而且爆發力驚人。正如第八章指出，社會主義、女性主義以至工人運動在 20 世紀初便已出現於日本，為當時的統治階層帶來不少煩惱。但到大正年間，日本社會的資本主義已進一步發展，再加上教育普及、政治理想漸深入人心，1917 年共產主義者在俄國革命中奪權成功又是另一個衝擊，上述因素觸發日本異議者不滿國內社會

的不平等及貧窮，要進行更有力的活動。日本的左翼與世界其他地區的左翼分子並無不同，他們面對的不平等是一致的，而內部亦同樣有策略及意識形態的爭議。以大杉榮（1885–1923）為例，他在20世紀初便積極參加社會主義運動，1911年發生密謀行刺天皇的「大逆事件」，由於大杉榮早已入獄，因此免於牽連，其同志則有些被判死刑。到1920年初，大杉榮轉變為一個無政府主義者，他追求一個更自由、更平等的社會，要達成上述理想，大杉榮是訴之於直接行動，例如罷工或攻擊統治當局。

另一些較年輕的積極分子則追求一個理想的共產主義世界，他們受俄國布爾什維克的影響，要組織一個先鋒革命黨，其中最著名的是山川均（1880–1958）及荒畑寒村（1887–1981）。在蘇聯共產國際的支持下，他們在1922年組成日本共產黨。山川均希望透過聯合戰線與非共產主義者合作，把人民大眾組織起來，但其對手福本和夫則有頗深之黨派成見，主張在聯合戰線下，日共應固守自身組織，並秘密擴大其影響力。由於日共在1945年以前並非合法政黨，故無

圖10.1　圖中為1926年五一勞動節集會中被捕的演講者，對這個工人運動的年度慶祝活動，當局監控甚嚴，參加慶祝活動的人亦心知肚明，他們正游走法律邊緣，隨時有被捕可能性。（法政大學大原社會問題研究所提供）

法得知其黨員確實數目，不過到1920年代末，其附從者僅約數千人。

　　上述之小團體組織，其成員多半以大學畢業生為主，他們在1920年代末開始連繫工人組織，希望藉此擴大其群眾基礎。1920年，日本首次在5月1日舉辦勞動節慶祝會，當日會場中紅旗與標語飄揚，號召解放工人階級。其後數年中，每逢勞動節或罷工，數以千人的集會遊行已成為慣例，演講者不但要求增加工資及改善工作環境，更不斷引用列寧的說話，他們大聲疾呼「工人階級必須動起來，打倒資本家剝削」及「徹底消滅現有社會體制」等口號。[8] 在戰前日本，每次政治性集會都有警察在演講台邊監視，每當警察聽到這些口號時，他便制止發言，甚至解散聚會。

　　1910及1920年代亦出現另一股女性主義的新思潮，對統治階級形成同樣威脅。這些年代所發表的女性主義文章中，日本婦女都被描繪為「籠中鳥」或「柔弱的花朵」，因此焦點便集中在如何打開鳥籠或保護花朵。有些女性主義者如平塚雷鳥 (1886–1971)、高群逸枝 (1894–1964) 等，提倡一種名為「婦女中心的女性主義」思潮。她們繼承早期女性的看法，認為女性最突出的特徵便是母親的身份，因此需要對婦女作特別保護。高群逸枝是其中佼佼者，她呼籲地方機構應為母親提供社區服務，指責現存婚姻制度為害婦女。高群最不同的地方是從歷史為女性主義尋找支持證據，她認為古代日本是母系社會，婦女受尊重，母親的工作亦得到各種方便。與高群稍為不同的是與謝野晶子 (1878–1942)，她是作家，也是詩人，她認為女性尋求解放，不只因為是母親，也不只因為是日本人，而是因為屬於全世界人類的一員，因而有解放之必要。山川菊枝 (1890–1980) 更進一步把女性主義與社會主義聯繫起來，她認為女工受到性別與階級雙重壓迫，她們必須組織起來，反抗父權式統治及老板剝削，推動「經濟制度革命，因為經濟才是女性問題之真正癥結」。[9] 因此日本之女性主義思潮與當時其他社會思想領域一樣，可以分為「婦女中心」或「人文」兩個方向，其中所引起的論爭亦見於西方19世紀與20世紀，兩者不但相似，甚至可以說由西方思想的輸入而帶起。

　　對政黨政府的嚴厲批評並不限於反體制的人，甚至原來支持近代資本主義體制及議會制度的人，亦開始不留餘地的評論時政。最

著名的便是吉野作造 (1878-1933)，他是一個基督徒，在東京帝國大學法學部擔任教職。吉野長期以來擁護自由主義及代議政體，1916年吉野發表一篇著名文章，界定何者才為適合日本的立憲政府。吉野認為政府的目的在保護國民的福祉，要達到上述目的的最佳手段便是透過選舉及向國會負責的內閣。因此吉野一面提出政治制度必須以民為本的「民本主義」，另方面又尊稱天皇為主權所在。但當吉野在1920年代檢視日本情況，認為所有主要政黨都是私利當頭，只知服務與它們利害密切的財閥。政黨已經是一個道德上敗壞的團體，無法真正為人民服務。[10]

四、帝國民主主義的統治策略

戰前日本的議會政府既受困於體制內及體制外因素，亦面臨各種意識形態挑戰，它們有來自以天皇為中心的右翼激進者，也有來自各式各樣的左翼分子。到1920年代末，議會能夠掌控的社會力量並不多，只有它們所謂的「天然」友人如媒體或知識分子。既然如此，由1918年到1932年為止，政黨如何能夠組成內閣，執行它們的權力？

政黨能夠加入統治階層，部分原因是其領導人都是極端務實的政治家，他們視官僚及軍人為盟友而非敵人。由社會層次來看，他們的出身與官僚及軍人精英並沒有太大差別，有出身於富裕地主及大商戶；有出身於退休官僚，但不甘雌伏，仍想在政治上一展身手；有出身於都會區的專業人士，如律師、出版商以至記者等。在教育上，他們亦多來自相同的一流高等學校或帝國大學；在經濟上，他們的家庭亦多為享有特權的世家門第。到20世紀初，高爾夫球漸成為少數人的玩意，他們甚至是同一高爾夫球俱樂部的成員，他們的小孩亦相互結婚。

政黨政治能存在的另一個原因是其經濟基礎。政黨內閣實際掌控了公共工程及教育經費，地方首長、商界領袖以至學校校長均有必要支持當權政黨，當地方選票投向執政黨，或至少答應投票，火車線才能開通，港口才能開挖，學校才能興建。在同時代的美國政

界中，這種利益交換被稱為「豬肉桶」(pork-barrel) 制度，在日本亦一樣無往而不利。亦是這個原因，在野黨一旦執政，便會在以後選舉中所向無敵。另一方面，由於媒體不斷報導這種政治交易，甚至是毫不掩飾的買票行動，嚴重打擊政黨政治的統治合法性，亦使許多有理想的選民轉而反對政黨政治。

　　議會政治能由1910年代支撐到1930年代初期尚有第三個原因，因為無論政黨內或政黨外的精英，都在政治上採取相同立場。大部分的政治領袖視民主為手段，非最終目的。他們所追求的是天皇、大日本帝國以至社會倫理地位的鞏固。因此只要統治階層及廣大民眾相信政黨政治能達成上述目的，政黨政治便具統治的合法性。

　　無論黨人、官僚或軍方主流都同意為政之道是分而治之，故容許不同聲音。當投票權擴大，有地位及實力的人便藉此代表民意，出席國會，一位政友會的有力議員曾說，所謂新時代的政治就是「以民為本，從而發掘社會各種問題」，[11] 但亦只限於此，所有政治精英都同意經濟民主或政治上攻擊天皇制度仍是禁忌，此範疇絕對不能碰觸。1920年當政友會執政時，原敬在處理全國最大煉鋼廠罷工事件時便毫不手軟。1923年9月發生關東大地震，政府一方面容忍甚至有時縱容屠殺數以千計的朝鮮人，另一方面卻不惜使用暴力鎮壓政治上被目為異議者，展開一連串的臭名昭彰的國家暴行。首先被警察殺掉的是著名女性主義者伊藤野枝 (1895–1923)，她的無政府主義愛人大杉榮及其甥橘宗一，接著軍警又聯合出動，包圍工會，把工人領袖平澤計七 (1889–1923) 及其他九名勞工殺死。這些人當時其實對日本統治者並無威脅，但不少統治精英，特別是軍方及司法界，亦包括部分官僚，對所有激進思想都採取一種「誓不兩立」的態度。政黨領袖很多時亦似乎採取接受姿態，在上述各種行動中，他們都不置一辭。1925年憲政會執政時，國會通過一項十分嚴厲的《治安維持法》，若批評天皇，其罪可及死刑；若批評「財產私有制」，則可被判至十年徒刑。1928年政友會執政，警方發動一場大規模搜捕日本共產黨人的行動，共有一千六百人被捕，其中有五百人被起訴。次年再進行另一場拘捕行動，有七百人以共產黨員的罪名被起訴。

因此政黨在事實上與其他精英共享權力。他們之間有共通的社會關係，彼此互相交換經濟利益，政治上則官官相護。在思想上，他們的意識形態基本上相同，亦即接受一定程度的民主參與，但前提必須是支持天皇制度及大日本帝國。

在1920年代民主化過程中，政黨間以至文官與軍方之間亦開始出現一些重要的策略性分歧。部分人認為日本帝國的民主制度，只適用於資本及地主階級的男性；部分人則不同意這看法，他們認為要國家富強，社會安定，最佳辦法便是把日本建設成一個更開放、更民主的社會。為達成此目的，所有男性，甚至是女性，只要他們遵守一定的思想及行為規範，均有權成為參與者。

上述兩種方法都可稱之為「帝國民主主義」，在1920年代均嘗試實踐過。政友會及農商省官員比較偏向保守，亦成為第一次世界大戰結束後的主導國策。政友會小心翼翼的擴大政治參與的法律基礎，首先原敬提議降低選舉人的財產資格限制，1919年國會通過原敬提案，選舉人口增至三百萬，約佔當時總人口的5%。政友會同時亦承認婦女地位上升，在政治邊鼓上有一定的作用。1922年政友會再提議修改1900年的選舉法，不再一刀切地否定婦女的政治權利。根據新通過的法例，婦女仍不能參加政治結社，但可以出席各種政治性集會。至於普選，原敬當時仍反對全面開放，甚至是男性普選制度亦不允許：「這一步走得太快了，廢除選舉權的財產資格限制，意即消滅階級差別，這想法太危險，我無法同意。」[12] 原敬內閣的內務大臣床次竹二郎 (1867–1935) 鼓勵工場成立協商機構，以爭取職工的向心力，但反對准許更有自主性的工會活動。1919年床次成立一個智庫型的「協調會」，得到國家及財團的資助，該會的目的就是研究社會各種問題，希望能維持勞工與資方的和諧關係。政友會亦嘗試鞏固農村中自耕農的地位，1920年農商省曾成立委員會，考慮改造佃農狀況，給予佃農一定的法律地位，各項草案本已擬訂好，最後由於大地主的反對而作罷。

政友會內閣 (1918–1921) 及其後的「超然內閣」(1922–1924) 亦曾草擬過一連串福利政策，要在全國及地方政府推行。原敬首先在1919年於內務省成立一個社會事務局，專門處理失業、勞工糾紛、

佃農抗議等事務。1922年，該局在國會提出一個《健康保險法》及修訂《工場法》。《健康保險法》規定中型以上的企業必須為其僱員成立健康保險，資金來源分為兩種方式，一個是由企業及其員工共同支付保費，另一個則是企業准許其員工加入政府管理的保險計劃。《工場法》則是提高傷亡意外賠償額及病假薪資。[13]

除此以外，以大阪為首的地方政府亦在1918年急速推動一個低成本的社會政策，為最窮苦的家庭提振道德士氣，並給予各種輔導服務。該政策是給予社區領袖一個無薪給的「方面委員」名銜，把他們包攬至行政系統內。地區委員要經常走訪社區內住戶，輔導衛生環境、指引就業、勸令儲蓄、介紹各種公私立救濟資源。到1920年代末，內務省曾稱讚地區委員制度是日本「社會工作服務的核心機構」。[14]

上述各種政策均有一定作用，但卻受制於政府預算，內閣不願意真正花錢解決社會問題。最大阻力來自樞密院，它反對撥款執行新《健康保險法》及《工場法》，連國會通過亦愛莫能助。1920年末，地區委員曾發動強大集體行動，迫使政府加強補助貧窮救濟，但並沒有任何結果。

憲政會（民政黨）是「帝國民主主義」另一個方向，其政治家與內務省年輕世代關係密切，採取一個較為自由開放的政策。內務省官員從戰後歐洲汲取經驗，了解自由開放改革有助社會穩定，尤以英國例子最為明顯。1924年憲政會的加藤高明組成政黨內閣，正式推行一個預算龐大的社會政策，加藤首先說服國會通過《佃農爭議仲介法》，在一定程度上承認佃農有權組成合法團體，在以後十六年中，約三分之二有案可稽的佃戶地主糾紛，都是根據這個法案獲得解決。[15]另一個在1926年的相關步驟，是農林省提出的一個適度資助計劃，向有興趣並有能力從地主那裏購買田地的佃農提供低息貸款。加藤亦打算改革華族制度，降低其權力，不過並不成功。加藤最大的成就是在1925年成功推動男性普選法，二十五歲或以上之成年男子，只要不是接受公共援助，都有投票資格。

1926年，憲政會提出一個包括三個部分的「工業界普選」模式：其一是給予工會法律地位的條例；其二是勞資爭議調停法；其三是廢除1900年《治安警察法》中之反工會條文。由於農商省官僚、政友

會及大部分工商團體反對，第一項的《工會法》未能通過，不過其他兩項提議則成為法律。另外在1922年通過之《健康保險法》及《工場法》，由於政府無法撥出預算，結果名存實亡，現在加藤終於成功爭取到款項，正式執行。內務省官員亦在1926年通知各縣政府，指出工會法雖未獲國會通過，但仍應尊重該法案之精神。總括來說，上述各種政策都有一定重要含義，它們促使社會支持工人，隱喻工人有權組織工會及罷工。

憲政會（民政黨）內閣亦擴大女性的政治及公民權利，1922年的政治改革幅度相當有限，它只容許女性參加政治集會。各婦女團體不願到此為止，要繼續追求仍未得到的各種權利，包括政治結社權利、出任地方公職權利。1929年首相濱口雄幸 (1870–1931) 與其外務大臣幣原喜重郎 (1872–1951)、內務大臣安達謙藏 (1864–1948) 破天荒接見女性民權領袖，要求她們支持政府之緊縮預算及財政政策。濱口對女性之開放態度，一方面由於當時嚴峻的經濟危機，另方面則由於其自由主義思想，認為擴大參與，可增強長期穩定。在會晤濱口首相後，婦女團體樂觀地認為女性地位已獲得承認，不久將來可以在政治上完全平等。

憲政會（民政黨）的政策是讓體制外的團體有發聲機會，能在體制內佔一席之地。在男性普選制度下，新的工人政黨馬上挑戰傳統政黨力量，然在1928年首次普選中，它們的表現並不好。民政黨在各大城市的工業區域取得新支撐力，執政黨的勞工政策鞏固了較溫和工會的地位，而這些工會領袖又相對支持現存的政治體制，認為共存共榮是可能的。因此民政黨的帝國民主主義是更具包容性，它的政策似乎能強化社會安定，贏得選票，同時亦能獲得部分官僚、軍人以至商界人士的認同。

但很多統治精英卻十分不滿民政黨的各項改革，不少財界領袖、法務省及農商省官員及政友會黨員均認為上述措施過分急進，帶有危險性。在知識分子方面，由於政黨政治的腐化，深感失望，故對民政黨的社會自由主義頂多是有限支持，部分批評者更由於不滿民政黨，轉而攻擊整個政黨政治。不過只要社會達到一定的安定

程度、經濟沒有太大危機，以及日本帝國無外敵入侵，無論哪一個政黨都可以按正常程序執政，官僚、軍方及商界仍會繼續作為政府盟友，然這種權力基磐並不穩固。

五、日本、亞洲與西方列強

　　1910年代與1920年代的日本對外政策，與其內政的情況相似，外交基本目標與戰略順序雖然大致上有一定共識，但仍掩蓋不住分歧點。主流政黨及其他精英都熱切支持建立一個海外帝國，他們極力爭取日本與西方列強地位的平等，不過在亞洲，他們則以為日本的地位應較列強優越，因此不斷促使西方承認日本在亞洲的特殊政治與經濟利益。在整個外交總目標上，他們與軍方及報界作者看法大致相同，但無論政界或軍方內部，在實行方法上均有很大紛爭。

　　其中爭議性最強的是下面幾個問題，它們之間又相互關聯。第一，日本若要在中國謀求經濟及軍事利益，應否要與歐美列強合作或自行其是？其次，自辛亥革命推翻滿清後，新生的共和政府正風雨飄搖，地方政權都不買新中央政府的賬，日本究竟應要支持中央政府，與之合作，還是與反對中央、被稱為「軍閥」的地方軍人討價還價？最後，日本應否承認蘇聯，共同協力，或是圍堵蘇聯，甚至消滅它？由第一次世界大戰以至整個1920年代，日本一直嘗試各種可能性。

　　第一次世界大戰的爆發帶出上述所有問題，戰爭也給日本一個在亞洲擴張的黃金機會。1902年，日本與英國結成同盟，1905年及1911年再次修訂。第一次世界大戰中日本以英國同盟國的身份，很快便在1914年8月加入戰爭，到該年年底，日本軍隊已經掌控德國在中國山東的所有利益，包括膠濟鐵路及青島軍港，德國在太平洋的島嶼亦落入日本手中。密克羅尼西亞（Micronesia）這些小島在日本的戰略思想中佔有一個重要位置——特別是對帝國海軍而言。日本的行動無疑會被其盟友英國接受，但卻使中立的美國感到困惑。美國無法阻止日本在太平洋的擴張，並視其為一個威脅。1915年1

月，當日本政府向中國提出臭名遠播的廿一條要求時，事情變得更為複雜。當時由大隈重信擔任首相，在國會中與同志會結成同盟。大隈與其外務大臣加藤高明決定向袁世凱政府提出廿一條要求，內容約略分為五部分，其中最激發中國人忿怒的是第五部分，它規定中日兩國合辦警察業務，又要求中國政府委任日本人為政治、經濟以至軍事事務顧問；若真的實行，中國最後會淪為日本的殖民地。

中國民間的反應是激烈的，反日分子發動群眾，杯葛日本貨及航運事業。袁世凱亦不同意日本的要求，嘗試尋求國際援助。由於英、美兩國反對日本的過分要求，日本最後答應撤銷第五號內容，袁世凱則答應其餘部分，其中包括承認日本繼承德國在山東的權益、讓日本在山東建造鐵路、甚至同意日本在南滿擁有特殊地位。

日本軍人本來是支持大陸政策，謀求日本在亞洲的經濟及戰略利益。但山縣有朋及其他軍人不滿意大隈及加藤做法，認為會激起中國的反日情緒。令山縣更憂心的——或至少同樣憂心的——是加藤不但明顯要強化文官的外交決策地位，亦要強化政黨在內閣中的指導能力。其後由於選舉買票醜聞案，加藤不得不辭去外務大臣一職，不久大隈亦被迫下台，山縣才能推薦其派系內的寺內正毅出任首相，限制政黨發展。[16]

寺內組閣以後，內部有關外交問題的糾紛雖減少，但日本仍趁戰爭機會繼續擴張，與西方列強的矛盾並未消除。1917年美國加入協約國，正式成為日本盟友。兩國政府簽訂「石井—藍辛協定」，* 根據該協定，日本會尊重中國獨立，同時答應不妨礙美國商業利益進入中國，其機會與日本完全平等；另一方面，美國則承認日本在滿洲有「特殊利益」。由實質結果看，「石井—藍辛協定」是兩國同意互相保證對方在亞洲的殖民地。在這種情況下，日本1918年向中國提出所謂「西原貸款」，目的是進一步保證日本在華特殊利益。「西原貸款」的推手是西原龜三，他事實上是寺內正毅的代表，但貸款表面上是由日本私人銀行借出，用以幫助中國各種經濟計劃，例如興建

---

* 譯注：石井指當時日本外務次官石井菊次郎 (1866–1945)，藍辛則為美國國務卿 Robert Lansing。

鐵路。事實上該筆貸款是用來支持段祺瑞進行內戰，打擊其他軍閥對手，而日本則藉此換取山東及東北的經濟利益。

　　中日問題的矛盾延伸至第一次世界大戰的和平會議中。1919年在巴黎凡爾賽宮召開和會，日本以戰勝國一員身份參加會議，其出席代表的最重要任務，便是讓國際確認日本掌控德國山東地盤以及德屬密克羅尼西亞島嶼之事實，他們亦提出種族平等原則，希望能增列在國際聯盟創立會章中。美國總統威爾遜（Woodrow Wilson）及其他協約國領袖同意日本立足山東，同時在經過討價還價的協商後，他們允許日本行政上掌控密克羅尼西亞，但要透過新成立國際聯盟「託管」的方式。但卻不願在國聯憲章中加入種族平等條文。威爾遜在戰爭中曾提出平等及自決原則，主張戰後國際秩序應建基於此，西方列強的立場實際削弱了威爾遜所提出的理想，亦加強日本的不滿，認為西方政府都是心口不一。

　　日本的對蘇政策亦同樣引發西方列強的猜疑，其中最受觸目的行動便是所謂「出兵西伯利亞」事件。布爾什維克1917年11月在俄國奪權成功，日本統治者一直想辦法策動俄國的反革命力量，以消滅俄國新建立的共產政權，由於布爾什維克仍未能控制俄國遠東領地，它又鄰近日本，故日本希望至少在此建立一個反共政權，不過寺內政府卻不願單獨行動。

　　1918年出現一個付諸行動的機會。在3月，英國、法國及美國均同意出兵西伯利亞，目的是維護協約國儲藏在俄羅斯的軍需武器，同時一支親沙皇的軍隊正在海參崴集結，亦要協約國救助。威爾遜總統因此請求日本加入軍事行動，對寺內首相來說，正求之不得，故美國原只要求七千名軍隊，日本馬上答應派出一萬二千人，其實真正出動的軍隊絕不少於七萬人！受到獲得西伯利亞豐富天然資源的前景推動，他們儘量擴大其活動範圍，最遠達到極西的貝加爾湖，離海參崴幾乎有一千哩之遙。到1922年日軍仍留駐在西伯利亞，而早在1920年，列強認識到反布爾什維克力量已日薄西山，決定撤兵，但日軍仍逗留不退，繼續支持海參崴的一個反革命政權。然日本之出兵西伯利亞，不但勞而無功，且獨行其事，不斷受到國內及國際間的批評。到1922年末，日本終於決定撤兵返國。總計是役死亡日軍人

數達三千，最後一無所得，反而招致西方列強之猜忌和蘇聯的不信任，可謂畫虎不成反類犬。

《凡爾賽條約》及西伯利亞出兵是戰後各帝國主義國家協力合作的起點，亦是前途多舛的象徵。在整個1920年代，列強多方面尋求合作方法。在西伯利亞出兵走入尾聲之際，原敬答應出席在華盛頓召開的國際和平會議。此時英國、美國及日本三國海軍正如火如荼地進行競賽，會議目的之一就是要終止此等軍事對抗。原敬當時的政策是經濟優先，準備削減政府開支，自然歡迎此項提議。最後華盛頓會議中的五國公約規定英國、美國及日本三國將其主力艦噸數限制在5：5：3的比例內，日本願意接受較低比例的原因，是英、美兩國答應不在西太平洋建設軍事要塞。各國政府認為主力艦噸數比例的規定，既可保障各國之國防安全，亦能制止軍備競賽，收一舉兩得之效。

在整個1920年代，日本政府一直縮編其軍事力量，其中有戰略因素，亦有經濟因素，當時大部分將領都同意這政策。當政府一意削減軍事人員及武器後，軍事開支大幅度滑落，1918年國防支出佔總預算55%，到1924年降為29%。在其後數年中，裁軍仍然繼續。1925年陸軍大臣宇垣一成（1868–1956，其陸軍大臣任期為1924–1927及1930–1931）削減四師團，約三萬四千人。但所省下費用，大部分都用來增加新式武器，宇垣亦開發民間軍事資源，如在高中及初中實行軍訓課程，作為軍力後盾。上述種種作為是日本總參謀部反省的結果，他們總結第一次世界大戰的教訓，認為未來戰爭是總動員體制，決勝於社會人口及資源的運用。

1920年代的日本一方面在軍事上採取緊縮及近代化政策，另一方面在對華政策上亦較為收斂，不像第一次世界大戰時肆無忌憚。一戰後日本在中國影響力大增，究竟要如何維持已建立的強勢地位？同時中國政壇山頭林立，群雄並起，日本要如何對待各方勢力？這些都是日本當時急待解決的問題。在1900年，日本在中國僑民不超過四千，但到1920年，日僑人數約達十三萬四千人，雖然居住範圍以東北及華北為主，但日商到1920年代已在上海有相當數量投資，特別以紡織業為然。

　　1920年代的中國政局變幻頻仍，頗不利日商發展。中國國民黨繼承清末以來之革命傳統，但整個1920年代中，它的政治影響力仍然有限，說不穩定已是樂觀看法。由左邊來的障礙是城鄉中蓬勃發展的共產主義運動，由右邊來的障礙是稱為「軍閥」的地方軍人，他們擁有堅固的地方軍事實力，尤以華北及東北更是軍閥重鎮，這些地區同時亦是日本向來視為特殊經濟及軍事利益之所在。

　　原敬領導下的政友會內閣採取合作政策，希望能與西方列強以至國民黨政權共同維護日本的利益。原敬中止了西原貸款，避免藉此介入中國政局。在1922年華盛頓會議的帶動下，原敬與中國協議歸還山東，不過日本仍於主要鐵路擁有長期權益。1924年至1927年的憲政會（民政黨）則委任幣原喜重郎（1872–1951）為外務大臣，幣原傾向親西方路線，仍繼續原有的協調政策。從1925年到1927年初，中國排外運動正處高潮，英國或美國曾三次邀請日本出兵，以提防潛在的排外危機，但幣原均拒絕派遣軍隊。

　　另一方面，幣原不主張日本商界純粹倚賴市場機制，以為一個開放自由的中國便可以發展商機。華盛頓會議曾承諾修改中國關稅稅率，故1925年列強在北京召開一個國際關稅改革會議，目的是恢復中國關稅自主權，八十年前由於鴉片戰爭失敗，外貨入口中國關稅便被條約固定在一定比率上。不過幣原在一開始便對關稅自主採保留態度，他怕中國取回關稅控制權後，便會阻止日本紡織品進口，因此在重要問題上，幣原一概不肯讓步。而日本不喜多國一同會商，對雙邊協議更感興趣。由於中國內戰仍持續不斷，在這種環境下無法達成任何協議，關稅會議最後以失敗告終。[17]

　　儘管幣原在經濟問題上寸步不讓，但在國內卻備受批評，認為他的外交路線軟弱，原因是幣原一直不肯出兵以制衡中國的反日運動。1927年，田中義一大將（1864–1929）出任首相，組成政友會內閣，採取一個與幣原截然不同的政策。田中出身行伍，軍中地位甚高，1925年被邀出任政友會總裁。田中並非反對與西方列強合作，但主張一個比幣原更積極的外交政策。在1927年到1928年間，田中曾三次出兵中國，表面理由是保護在華僑民及經濟利益，但實際情況並非如此。1927年，雄心勃勃的蔣介石率領國民革命軍北伐，並已實

際控制華中地區。不過他對日本的威脅，並非如日本國內報導，對日本馬上形成威脅。蔣氏之成功代表他可能會把力量伸進華北，挑戰日本在華北及東北之利益。政友會及軍方領袖一致認為日本應獨行其是，並與地方軍閥合作以保障自身利益。

由今天的角度來看，在田中首相對華政策所引起的各種極大爭議中，最受爭議是1927年他在東京召集的一場會議，史稱為「東方會議」，會議中討論日本對華政策。1929年，中國發表一份稱為「田中奏摺」的文件，據稱它就是「東方會議」中所起草，裏面詳述日本要征服亞洲及世界的藍圖，中國把它翻譯並發表出來。在1930年代，當日本與中國及西方的關係不斷惡化時，這份文件受到極大注意，並成為日本有侵略野心的明證。不過到現在仍找不到該份文件的日文原本，因此日本及西方學者大部分認為它是偽造。雖然如此，田中的外交政策很明顯比他的前任強勢得多，亦造成東亞地區的緊張局面不斷升溫。[18]

日本人民反對與西方在對華政策上合作的另一個原因，則來自於美國的日本移民政策。到20世紀初，日本移民夏威夷及美國本土的人數接近十萬人，此時出現一種反移民論調，在西岸更為普遍，認為「黃禍」威脅又再來臨。老羅斯福總統為了撫平此種情緒，1908年與西園寺首相訂立一個所謂「君子協定」，即法律雖無明文規定，但日本政府限制移居美國的日僑人數。

然對當時已定居的日僑，美國的處理政策則不那麼「君子」，根據加州新訂立的法例，它禁止日本人購買土地，甚至不許長期租用土地。1922年美國高等法院裁定日本人或其他亞洲移民不得歸化為美國公民，1924年美國國會通過一個新移民法，正式禁止日本移民，無形中廢掉原有之「君子協定」。上述措施不僅違背戰後瀰漫國際的合作氣氛，亦妨礙美國的亞洲政策，無法再要求日本遵守「門戶開放」原則，以符合美國利益。美國之排斥日僑措施的確引起日本不滿，日本駐美大使埴原正直曾致函美國國務卿休斯：

> 關鍵之處是日本身為一個主權國家，它有沒有獲得他國的正式尊重或關注……〔排斥移民條款〕呈現的目的就是不把日本

當作一個國家看待，在美國人民眼中，日本人已被醜化為一
文不值，棄之亦毫不足惜。[19]

　　第三個更重要的原因則是亞洲的反對日本殖民統治及帝國主義
潮流，促使日本國內批判其外交政策。日本在1905年戰勝俄國，其
結果是中國、越南以至菲律賓、緬甸、印度等地，捲起一股反殖民
浪潮，亞洲各地人民均視日本為反殖力量，認為日俄戰爭是近代首
露曙光，顯示黃種人是可能戰勝白種人。然在日本帝國主義者的強
權政治考量下，各種解放亞洲的夢想很快便煙消雲散，更不用說尋
求日本人的協助。舉例來說，日本在1907年與法國訂立秘密協定，
互相尊重對方的殖民屬地，最後，日本政府強迫越南留學生離開。
在其後日子，日本先併吞朝鮮，又向中國提出廿一條，看在亞洲人
眼中，日本的擴張政策並非代表亞洲解放力量，而是壓迫象徵。

　　1919年更同時爆發兩個震撼力強大的反日運動。1918年威爾遜
在凡爾賽和會前提出「民族自決」口號，朝鮮流亡海外的愛國者聞之
而深受啟發，他們嘗試由夏威夷派出代表，前赴巴黎，但日本拒發
護照。1919年2月數以百計留學東京的朝鮮學生組成「朝鮮青年獨立
團」，並通過一個即時獨立宣言。在漢城，朝鮮末代皇帝高宗於
1919年1月去世，其喪禮亦同樣凝聚一股氣氛。其殯禮原定在3月3
日舉行，主事者皆有強烈民族主義思想，預估當日會有大批日本警
察出現，因此在3月1日便發出一個獨立宣言，此舉馬上觸發和平示
威，數十萬學生、勞工及其他人士匯集漢城街頭，並傳播至全國各
地。日本當局見整個事件引發之民氣銳不可擋，而且主事者事前組
織十分周到，震驚之餘，決定強力鎮壓。日本軍隊屠殺數以千計朝
鮮人，上萬人被捕，在血腥政策下，4月底終於恢復社會秩序。[20]

　　朝鮮「三一事件」之後，中國亦馬上出現大規模示威運動。4月
末，列強拒絕凡爾賽中國代表請求，中國無法從日本手中取回山東
權益。5月4日，數千名學生在天安門廣場舉行示威，與朝鮮情況一
樣，示威運動馬上傳播至全國各地。運動的目標部分是針對中國本
身政府的積弱不振，但不滿日本的蠶食鯨吞仍是主要動力。「五四運
動」是中國大眾民族主義的里程碑，自此之後，民族主義的深度與廣

183

度便進入一個新階段，反帝國主義活動在1920年代已成為家常便飯，包括無數次的杯葛日貨運動。1925年又出現「五卅運動」，事件起因於上海一間日資紡織廠的罷工，5月30日英國巡捕射殺數名示威者，一場包括示威、杯葛及罷工的全國性運動頓然成形，其規模遠超1919年。

有鑑於中國所發生的一連串事件，1920年代的日本政界領袖大多實行較溫和措施，以保護日本在華經濟利益。在同樣考量下，原敬首相認為只用鎮壓方式，無法維持日本在朝鮮的殖民統治。原敬之整體政策目標是要把朝鮮同化於日本，朝鮮人不再是殖民地的一個臣民，而是比較平等的人民，他們可以與日本人同住在一個社區，上同樣的學校，甚至通婚，透過這方法，朝鮮人可以慢慢整合到日本。[21] 故在「三一事件」之後，他馬上委任海軍大將齋藤實(1858–1936)為朝鮮總督，其主要任務是恢復「日本與朝鮮的和諧」，齋藤稱其治韓新政策為「文化統治」，簡而言之，其政策本質是分而治之，行政官員受命支持合作的朝鮮人領袖及團體，但若有任何抗日活動，則要隔離及鎮壓。

「文化政治」通常被譏諷為表面文章，對外高唱改革，其背後仍是毫不留情的威權統治。齋藤上任後，警察局及派出所的數字在一年內遽增四倍，警察在全韓遍佈特務及線眼。在經濟發展的名義下，殖民地行政人員增列預算改善水利，產量的確有增加，但大部分的收成都運往日本，朝鮮人的個人消耗米量事實上是下降了。

不過若客觀評價，齋藤的改革並非完全是華而不實。他逐步增加朝鮮公立學校的數目，招募更多朝鮮人出任殖民地政府的公職，縮減朝鮮人與日人在薪資上的差距。與以前比較，朝鮮人可以出版更多種類的書籍、雜誌及報紙。殖民地官員亦允許更多朝鮮人組織舉辦各類活動，數以千計的教育、宗教、青年、農民以至工人組織，先後出現。少數的朝鮮資本家亦於此時得到新的經濟機會。

雖然文化統治及同化等政策確實得以廣泛實行，且持續不斷，但很難想像這些政策能真的把日本人及朝鮮人帶到一個快樂共處的境界。殖民統治者似乎亦很清楚這一點，故全面檢查及監控的政策

並沒有放鬆，只要稍微質疑殖民統治都會被關進監獄，備受折磨。因此政治上的民族活動並未稍竭，它們或用複雜的偽裝，或以地下形式進行。無論如何，文化統治所開拓的空間，仍給臣屬朝鮮人機會，得以譜奏出一種變調的朝鮮式現代性。與日本社會一樣，它們生氣勃勃、百花齊放，電影、無線電廣播以至文學都先後在整個1920年代以至1930年代初期出現，其形式當然會較日本更為曲折。

至於日本社會，它們對戰後新國際環境的回應，比政府來得更多樣化。部分如吉野作造的知識分子，他們既支持國內民主制度的發展，亦支持殖民地人民逐步走上自決的道路，其變化以對朝鮮態度最為明顯，吉野等人在戰前是絕對反對朝鮮獨立。除此之外，吉野與其他知識分子——如出版家兼政治家島田三郎（1852–1923）——亦強烈支持裁軍。在1921年，公眾輿論都激烈反對出兵西伯利亞，報紙亦呼籲政府儘快撤兵。在1920年代初還流傳一些小故事，說士兵不敢在公共場所穿上軍服，以免難堪。1920年，日本最大的勞工組織「大日本勞動總同盟」把「大」字由其名稱去掉，以表示反對帝國主義。總同盟亦發表宣言，支持朝鮮人自決，並不時發表文章，披露朝鮮工人的悲慘生活。勞工政治團體在1920年代末亦支持中國人民的自決權利，他們一致批判田中大將及政友會的武力外交政策。

亦有其他民間人士批判西方帝國主義，不過他們卻擁戴日本成為另一種強權，事實上他們是支持日本進一步對外侵略。較為舊式的極端民族主義者可以內田良平為例，從1880年代開始，他便主張日本的亞洲帝國主義，他認為要鞏固天皇統治地位，必須進入亞洲大陸。在思想上最具影響力的當然要數北一輝，他宣揚上述看法不遺餘力。其代表作《日本改造法案大綱》（1923）反對國內實行階級鬥爭，但卻認為可以在國際舞台上實踐。他認為日本是「國際無產者」，同時提出質疑：「日本應有權利以正義之名發動戰爭，奪取〔英美的〕壟斷。」[22]

上述想法並非沒有市場。神野伸一是石川島造船所的機械工，1920年前往歐洲學習機械，途中經過上海，當他看到中國在自己土地的公園門前，卻掛著禁止「中國人與狗」內進的告示，不禁大為吃

驚。他開始放棄其國際社會主義，自詡為「日本主義者」，要求工人支持天皇及日本帝國，與西方抗衡，追隨他的人並非少數。在中國，有數以百計的所謂「中國浪人」，他們表面上支持解放亞洲，其實要從政治遊戲中謀取利益。到1920年代末，各式各樣的民族主義政治團體已漸建立人脈關係，不但把國內外的民間民族主義聯成一體，亦與年輕而急於行動的軍官互通聲氣。他們亦得到高級將領的默許，有時甚至公開支持，其中最有名的是前後任陸軍大臣宇垣一成及荒木貞夫（1877–1966）、朝鮮總督齋藤實，他們的口號是大亞洲團結起來，共同抵抗西方，不過他們的內心則自詡日本為亞洲霸主。

由於那時代沒有民間輿論調查，無論是支持或反對帝國主義的論調，究竟它們的廣度如何，目前是缺乏數據證明，能夠指出的只是當時確實有一股反對軍方的氣氛，但肯定不是主流想法，甚至在戰後國際主義最高潮時期亦只能算是支流。知識分子及民間的主流聲音是擁護大日本帝國，縱然他們也批判西方帝國主義。

在整個1910年代及1920年代，由政府內部到外部，日本外交路線主要爭議點並非支持或反對帝國主義，他們所討論的只不過是「緩進」或「急進」的帝國路線。前者主張與其他國家合作，特別是英國、美國及中國三個國家；後者則主張以獨行其是的政策來解決各種矛盾。兩者的分歧並非以政黨為界，同時民間與軍方亦非截然對立，雖然民間多主「緩進」，而軍方多主「急進」擴張。所以大隈重信與加藤高明雖然與同志會的關係深厚，但也是他們兩人在一戰時提出侵略性極強的廿一條。直到1920年代末期，日本國內正為外交政策進行激辯，一些較明確的路線才逐漸浮現。民政黨主張合作政策，願與英國及美國協商，同時亦願意面對中國的民族主義；政友會則支持較具侵略性及較獨立的外交政策。軍方領袖及中下層軍官則不耐煩協調外交，對民間政治家的批判愈來愈激烈。陸軍認為日本在亞洲盟主地位的最大威脅來自中國，特別是華北及東北問題，然亦是華北與東北問題給予日本解決難題的最大機會；海軍則專注太平洋，認為這是與西方列強決勝的場所。

我們必須認知到日本的外交策略，基本上與其他帝國主義國家沒有太大差別。在1920年代，所有強權仍繼續競逐殖民地或半殖民

地，一些國家説要實行同化，另一些國家答應最後給予獨立或自決，其實都只不過是操弄著監護有色人種、為有色人種進步等名義，真正目的是合法化它們的統治。所有強權嘴巴上都説合作，骨子裏每一個強權都想辦法在自己的勢力範圍鞏固其霸主地位，因此美國高唱它在美洲獨一無二的權利及利益，與日本尋求它在亞洲的特殊地位並無二致。

　　不過西方與日本兩者仍有差異，而且頗為重要。由1920年代中期開始，西方列強較為願意從其帝國主義底線讓步，接受國民政府某些自主要求，然日本則頑固到底。亦是由這一點開始，日本與西方在對華政策上的衝突漸漸擴大，其後果十分嚴重。到了1930年代，由於明治憲法的缺陷，政治領導人無法協調各種矛盾，其原因是憲法沒有制衡軍人的規定，他們可以為所欲為。理論上天皇可以指揮軍隊，但他卻無法同時也不願意行使其權力。[23]

　　總括來説，帝國民主主義秩序到1920年代末期及1930年初期便備受國內外的挑戰，而日本各界領袖都以天皇及日本帝國為重，民主被放在次要地位上。當面對經濟不景氣及國際糾紛時，他們則選擇排外性帝國主義，而非合作式帝國主義。最後的結果是放棄議會統治的民主形式，走上權威政治的道路。

186

第十一章

經濟大恐慌及其回應

在1890年代到1920年代的帝國民主主義下，日本產生一種混合政治。日本天皇制度走向近代化，整個明治政治體制則建基於此。它是模仿英國君主立憲制度，並以此為空間，為多元主義提供一定活動餘地。地主、商人、工人、佃農、男性以至女性等組織則如雨後春筍，它們各自有其追求目標，在一種和稀泥的政治體制下，互相衝突及妥協。

接下來的1929年與1932年間，則是連串動盪及不安——經濟大恐慌、社會矛盾、軍事擴張、政壇上首相及財閥迭遭暗殺，這一切改變了整個日本政治體系。到1930年代末期，獨立政黨、商人團體、生產者合作社、工會、佃農協會，這些組織通通不見了，取而代之的是各種國家大型機構，希望能在對華「聖戰」中發揮總動員作用，並帶來國內和諧，維持社會治安。上述政治體制與德國及義大利的法西斯組織十分類似，它的出現使日本及亞洲陷入一場生靈塗炭的戰火中。官僚、陸軍及海軍將領領導這個新體制，在國內及殖民地中加強經濟及社會控制，並在整個帝國的範圍內更積極地掠奪人力及自然資源。宣稱面臨「國家的危急關頭」，他們帶領全國走上一場禍及全亞洲的戰爭，亦導致日本的全面失敗。然而，日本帝國雖然崩潰，但在大恐慌時期及1930年代邁向戰爭的過程中所作的改變，卻烙下難以磨滅的印記。

一、經濟及社會危機

紐約股市在1929年10月大崩盤，全球經濟危機隨之而來，它是日後日本政治變化的主要催化劑之一。世界陷入不景氣同時，日本

剛好推出新的金融政策，兩個因素湊合一起，給予日本重大打擊。
1929 年 7 月，民政黨執政，由濱口雄幸 (1870–1931) 出任首相，為了
振興長期低迷的經濟，他決定推動兩個政策。第一個是壓抑國內物
價，鼓勵出口，方式是緊縮貨幣供應量，削減政府開支；其次是恢
復固定匯率，以穩定對外貿易及投資。日本與西方列強都是在第一
次世界大戰時脫離金本位，故恢復固定匯率便是重回金本位，其貨
幣與黃金比率是以戰前為準。上述政策在 1920 年代均曾實行過，只
是沒有十分認真執行。

　　首先實行的是財政緊縮政策，到 1929 年下半年，它似乎進行得
十分順利，批發物價下跌 6%。因此在 1930 年 1 月，日元按照計劃恢
復金本位。然這決定卻是災難性的，因為當時全世界的物價均大幅
下跌，它抵銷日本國內價格下跌的優勢，而恢復金本位後，日本無
法隨市場調降日元匯率，出口因而大受影響。[1]

　　除此之外，日本各財閥銀行的決策亦在政治上造成損害，雖然
從經濟層面說，他們的做法並沒有錯。銀行界看出政府的金融政策
必然要放棄金本位，貶值日元，他們因此大量出售日元，換回美
元。1931 年日本決定脫離金本位，日元與美元匯率貶值達 50%，日
本銀行決定又用美元收購日元，一夜之間，它們的資產陡增一倍。
銀行固然賺了大錢，但卻鞏固了社會上一個流行看法，即資本家與
其政黨盟友是自私而貪婪的。他們趁不景氣的機會，出賣國家，大
發私人財，結果國內大部分人都不名一文。最早是馬克思主義者發
明這個理論，初時只是少數人看法，現在卻成為普遍信念，認為日
本整個體制已走入死胡同，政治架構及經濟似乎陷入癱瘓，社會秩
序紊亂，人慾橫流。

　　其中又以鄉間農民的危機最為嚴重。在 1929 年及 1931 年之間，
基本農產品的平均價格下跌 43%，由於收入驟降，不少小地主無法
繳納田賦，只得收回佃戶耕地，由家內勞動人口下田耕作，以增加
收入，同時城市失業的年青人回流，亦增加家中勞動力。不過佃戶
卻不願交回田地，租務糾紛的數目因而大增。

　　農村糾紛的本質亦轉變，在 1920 年代，佃戶是積極一方，大部
分的農村糾紛是因為佃戶要求減租而起；但現在佃戶是狀況不佳，

態度消極，當時大部分的糾紛是租約問題，佃戶拒絕交回田地，在1920年代初，租約糾紛只佔農村問題的5%，到大恐慌年代，它上升至50%，佃戶經常在田地周圍築起欄杆，並劃上防守界線，不少田地糾紛演變成暴力事件。

在大城市裏，大恐慌亦威脅到小商店、工廠老板以至他的僱員。由於減薪或失業，原有顧客的購買力減弱，不少零售商破產。東京地區零售商的破產率在1926年至1930年間差不多暴增一倍，報紙上充斥小商人逃債的故事，在茫茫黑夜中遠走高飛，失敗的小型工廠亦數以千計。

很多小商人不滿現有政黨的無能，認為其完全無法應付當前危機，因此紛紛組織起來，成立新的政黨。他們指責政友會及執政的

圖11.1　1930年新潟縣的佃農糾紛，一個農民組織領袖站在米穀堆上，正向其組員演說。在經濟大恐慌年代，地主與佃農糾紛大幅增加，對立情況亦愈來愈嚴重。（見小學館刊《昭和の歷史②》，「昭和の恐慌」。小學館出版局提供）

189　民政黨是「大資本家的走狗」。其中一個名為「帝國中產者總連盟」宣
稱：「現有政黨已經出賣我們，成為大資本家的政治奴僕，把工商農
業的中產者踩在腳下。」中產階級「一直在經濟上支持國家，全心全
意保衛家鄉」，換來卻是長期痛苦，為了挽救他們，日本應有一個
「經濟思想革命」。這些團體要求新政策以保護「主流階級的興盛」，
所謂「主流階級」是指納稅人、生產者及出口商，亦只有這些人生活
安定，他們才可以把日本從「勞資戰爭」中挽救回來。[2]

　　他們所描繪的可怕情境並非完全杞人憂天，由於失業率已達到
空前境界，中產者要面對一群敵意甚深的僱員。根據一位歷史學家
的估計，1930年到1932年日本全國的失業率達到整個工業界勞動力
的15%，城市的失業率最高更可達一倍，而且肯定超過20%。[3]

　　與破產的小商人不同，失業男女工人無法遠走高飛，是以勞資
糾紛層出不窮，其影響範圍亦愈來愈廣，有類同時期的農民抗爭。
190　工潮發生地點包括大小工廠，女性參與的情況亦比以前多，在紡織
業中尤為明顯。在1930年一次東京工人示威中，一名女性演說者便
向群眾大聲疾呼：

> 就算我們回到農村，我們的父母、我們的兄弟連自己也無法
> 吃得飽。明白到這一點，我們還要回鄉嗎？[4]

　　有組織的工人發動工潮後，爭執時間比以前拖延得更長，而且
轉變為暴力事件的機會更多。有時候是經過計算及安排才有衝突出
現，當工人被裁撤後，他們通常會在工廠門外紮營，要求資方再僱
用，或是發給六個月至一年工資的遣散費。他們知道警察以維持秩
序為優先目的，便會先製造混亂，如與工廠警衛打架等，待警察及
當局介入調停，勞方通常能贏得一個較優惠的妥協，例如三到四個
月工資的遣散費，根據1926年修改的《工廠法》，最低的遣散費是十
四天工資。

　　這種戰術運用的最佳例子便是「煙囪漢」活劇。1930年11月，東
京富士紡織公司川崎工場一群工人發動罷工，一名工人爬上煙囪，
並表示工廠若不讓步，他絕不下來。他出此主意的原因，是天皇會
在數天後搭乘火車出遊，而禮車路線剛好經過這煙囪下，天皇是如

此尊貴，警察絕對不許一個罷工工人從那麼高的地方俯視遊行隊伍，只好全力協調這次糾紛，最後終於得到解決，而整個事件亦成為報界的熱門話題，大幅報導。

不過有時候衝突的發生不是故意的，然其震撼性則更甚。在1930年秋天，東京的東洋棉紡廠出現工潮，原因是廠方大規模裁員，數以百計的女工晚上舉行示威，社會主義者亦有加入，當遊行隊伍穿過黑暗的街道時，他們擲石頭、搗毀街上的電車、與警察打鬥。報紙馬上稱之為「巷戰」，它們用戲劇性手法描繪年青女示威者的戰鬥精神，東洋棉紡廠的工人因此名聞遐邇。

令統治當局及公眾震驚的女性不只是工廠女工，還有1920年代中期那些出名的中產階級「摩登女郎」，她們最早受觸目是因為其大膽的服裝，接著是她們眩人耳目的作風，直到1920年代末，她們仍領導社會新風潮。不過最令社會改革者及政府官員迷惑的便是女服務員，她們在各大城市中如雨後春筍般出現，泛濫在咖啡廳、舞廳等地方。她們並非娼妓，但其形象則極具誘惑性。她們的收入主要來自小費，故咖啡廳經理鼓勵她們與客人勾搭，大送飛吻，甚至與合意的恩客發生性關係。在1929年，日本全國女服務員的數字達五萬人，這個數字比合法娼妓還要多。到1936年，警方的數據更達到十一萬一千人。

官員及公眾之所以容忍娼妓，部分原因是基於男人有性需求，必須尋找發洩地方，這樣反而可以保護賢淑婦女。他們認為貧窮的農家婦女淪落娼館，主要是生活所需，她們把皮肉錢寄回家供養父母，這是一種孝道，值得讚揚，無須指責。然咖啡廳女服務員則不同，她們的繁衍會削弱兩性關係及道德秩序。警方及內務省官員認為女服務員所追求的並非是家庭扶養，而是個人享受。由於有娼妓的存在，社會假設中產階級的年青女性不應再介入性慾，她們現在的做法其實是縱情肉慾，「自甘墮落」。故女服務員與她們的男友有若今天的「現代不良少男少女」。由1929年到1930年代，官方推動過多次運動，清理各大城市的「紅燈區及爵士世界」，被捕的女服務員都被控以無照娼妓，他們亦禁止學生進入僱用女服務員的咖啡廳。[5]

　　大恐慌時期的大學生行為，亦加劇社會上的普遍危機感。在1928年的大搜捕中，數以百計的大學生被疑為共產黨員，因而被捕。文部省下令解散東京大學的新人會。雖然如此，1930年及1931年間，各重要大學仍出現學生抗議浪潮。雖然抗議議題不一定是全國政治，不少與校園內問題有關，不過政府害怕地下共產運動、馬克思主義以及革命思想仍有相當影響力。文部省相信日本面對一個嚴重的「學生思想問題」，它全力監控及鎮壓學生的積極性，到1934年，學生運動已可以說是奄奄一息。[6]

　　1930年，著名社會批判者大宅壯一 (1900–1970) 在一篇年末文章作出總結，認為日本社會正面臨空前危機。他特別提及走上街頭的紡織女工，其筆下的形象是：

> 在東方最大的X印刷廠裏，管理員宣稱無論要他剪裁多少張紙，他都可以將它們化為兩種格式，一種是用於「婦女」，另一種用於「階級」。由於前者的需求在最近突然增加，假如要他印製一萬張，很多在他知道以前已印出來⋯⋯對兩種格式需求的突然增加，是否反映出1930年社會的真實面相⋯⋯寢室已經搬到大堂，搬到客廳，最後甚至要搬到街上。[7]

　　經濟大恐慌帶給日本的衝擊是十分廣泛的，整個社會陷入混亂及痛苦，最後反映到上述的文學作品中。單從失業及生產量的統計數字看，美國的恐慌程度事實上比日本嚴重得多。但它在日本所產生的危機感，波及範圍不止是精英，也同樣及於一般大眾，其後果深刻而又嚴重。在大恐慌以前，民眾對於議會政治亦只是勉強支持而已，當國際危機一併出現，大恐慌的傷痕促使日本在海內及海外走向一個新的轉捩點。

二、打破瓶頸：國外新出路

　　突破動力之一是來自於軍官組織及其民間右翼盟友。在整個1920年代，很多軍官對日本的內政外交愈來愈感到挫折，他們及其民間同志不滿政黨的協調外交，認為這是懦弱的表現。不少出身農

村者對其家中所遭遇的經濟悲劇，表示無限憤慨。更令人生氣的是
削減軍事預算、裁撤部隊，他們深恐中國的國民黨會挑戰日本在東
北及華北的霸主地位。在國內，軍隊的地位日益低下，他們認為軍
隊士氣不振，是因為青年士兵的家庭日漸貧弱，成為資本主義制度
下的犧牲品，而財閥與政黨的密室勾結，卻又是形成資本主義的基
礎。軍人違抗命令的近代源起，可以追溯至1874年未經授權的台灣
遠征，以及1895年暗殺閔妃的陰謀，他們用反叛行動及個人軍事行
動抗議，最後終於改變了整個政治生態。

　　中國東北關東軍成為軍人騷亂的溫床，它成立於1906年，目的
是保護日本租借自中國的土地及南滿各鐵路線，這些都是1905年日
俄戰爭中的勝利果實。到1920年代末期，關東軍領袖重新界定其任
務，並藉叛亂及陰謀以達成其目的。所謂新任務是關東軍不再以防
衛日本在東北利益為滿足，他們認為日本與西方未來終將一戰，關
東軍是擔任一種戰爭前鋒的角色；不單如此，他們更認為關東軍負
有社會改革任務，應在其轄區實驗新社會。1928年6月，關東軍密
謀暗殺中國軍閥張作霖，在鐵路爆破張作霖所乘列車，然後嫁禍給
其中國政敵。張作霖與日本關係一直友善，日本亦大力支持張作霖
對抗由蔣介石領導的國民政府。然當國民黨力量不斷擴展時，張作
霖對日本的忠誠似搖搖欲墜，關東軍希望藉暗殺張作霖，以促使田
中首相採取更積極的滿洲政策。田中內閣在路線上是比民政黨積
極，要用軍事力量保護日本在華利益，但不願採取太急進的策略。
其後田中內閣發現關東軍是張作霖死亡的真正策劃者，但皇室卻施
加壓力，要求田中不要張揚此事，以免有損軍威。日本政府因此開
一惡例，對違反紀律的軍人不採取有力的行動規範。天皇裕仁很清
楚的向身邊的臣屬及向田中本人表示不滿意田中處理事件的方式，
結果田中只好被迫辭職。有關裕仁的態度，目前史學界仍有爭議，
究竟他是不滿田中無法審判主謀者，還是他本來便不滿意田中，因
此趁機借題發揮，迫使他下野。[8]無論如何，這次事件反映出在危險
關頭，天皇有意願而且有能力在幕後發揮其政治影響力。

　　日本不但與中國因東北問題生齟齬，與英國及美國亦因海軍問
題而產生矛盾。1922年華盛頓會議規定列強要在1930年於倫敦再會

面，商談延續或修改1922年的限制海軍規定。民政黨在政治上犯了一個嚴重錯誤，事先宣佈要增加日本軍艦噸數比率，即由原來英、美、日之5：5：3，改為10：10：7，亦即日本軍艦總噸數增至英美海軍之70%。英美兩國拒絕接受日本的要求，在多方折衷後，英美最後答應讓日本在某些艦種上增加噸數，但並非全部。

談判結束後，日本代表回到國內，但卻受到報界及海軍交相指責，認為倫敦協議與濱口首相在事前所提要求完全不同，該協議是出賣日本的國家利益。在以後三年中，反條約派——也稱「艦隊派」——控制整個海軍。一般認為海軍條約爭議削弱民政黨的合法性，甚至政黨政治亦開始不受信任。[9]

193　　對政治體制的攻擊，無論是言論上或實際上並未稍減。由1930年底至1932年間，青年軍官與民間志士合作發動連串暗殺或企圖暗殺事件，震驚社會。1930年11月，民政黨首相濱口雄幸被一右翼青年槍擊，次年8月去世，他是第一個政治暗殺的犧牲者；1932年2月及3月，前大藏大臣井上準之助 (1869–1932) 及三井財閥團琢磨 (1856–1932) 被極端民族主義團體「血盟團」暗殺。除此之外，年青軍官亦計劃在1931年3月及10月發動政變，雖然未成事，但事前已得到某些高層將領默許。

發動暗殺或政變的人都隸屬於某些讀書會或團體成員，這些組織是秘密性的，遍佈全國，並且成為軍官及民間意識形態者的溝通橋樑。他們認為合法的政治體制應該尊重天皇及人民，並能把兩者聯成一體，而政黨及資本家則為天皇與人民之敵。在這方面，右翼分子有點像日本20世紀初的政黨領袖，他們當時亦批判明治元老及官僚不尊重天皇與人民。至於哪些人或階級方有資格代表天皇或人民說話，右翼分子的意見則不一，有些人主張軍方，有些人主張農村裏的農民地主，亦有人主張是城市裏的工商業者。

關東軍領導人對上述看法有很重要的貢獻，他們策劃在東北舉事，作為突破內政外交瓶頸的手段。其中最重要的主角便是石原莞爾大佐 (1889–1949)，他在1929年至1932年間擔任關東軍的作戰主任參謀。石原偏好佛教日蓮宗及世界史，並從其中建立一套神秘而又富幻想的世界觀。他相信世界會有一個「最終戰爭」，為人類帶來

一個統一宇宙，在此情況下，日本與美國最後難免一戰。他不斷向
下屬宣揚其想法，認為日本若要取得勝利，必須要控制中國東北，
因為這地區礦產豐富，土地肥沃，是農民移民的好地方，同時日本
亦可以藉此紓解其人口壓力，改善農村貧窮狀態。除此之外，石原
亦視東北為一個人類實驗場所，在此嘗試建立一個秩序良好、公平
正義的社會，免受資本家剝削，人人亦效忠國家。若果在東北實驗
成功，以後亦可以在日本國內推行。

　　1931年9月18日，石原部下發起一個大膽的秘密行動，史稱
「九一八事變」。他們炸毀南滿鐵路在瀋陽以北一個路段，並聲稱
是中國軍隊所為。以此為藉口，關東軍全面進攻東北地區的中國
軍隊。

　　1931年，關東軍終於攫取了1928年暗殺張作霖所得不到的東
西，到12月底，日本軍隊佔領南滿大部分地方。到今日為止，史家
仍然爭論東京的軍事將領事前是否得知，同時有沒有首肯整個行
動？今天我們所熟知的九一八事變，無疑是一個相當秘密的行動，
主要由當地關東軍軍官策劃及指揮。不過我們可以肯定東京的文武
大臣完全了解當時關東軍軍官的想法，甚至事前亦知道其部分計
劃。因此事件爆發後，他們絕非如從五里霧中，恍然大悟。

　　無論是否事前得知，由首相犬養毅及政友會領導的日本政府在　　194
接獲事變報告後，其反應十分軟弱。與其前任濱口首相比較，犬養
在姿態上是傾向強硬。他不同意軍方吞併東北的要求，但仍讓關東
軍尋找能合作的中國人建立一個傀儡政權。這些向日本投靠的人包
括軍事權力掮客及社會精英分子，他們相信日本承諾會保存他們已
有的地位，甚至會更好，例如可以減免稅款。由長遠看，這些承諾
只是一紙空文，不過當1932年3月滿洲國成立時，日本的確得到他
們的支持，避免一場可能的反抗運動。[10]然滿洲國只表面上是一個
獨立國家而已。為何不直接建立殖民地而假惺惺建立一個「獨立」國
家於東北？部分原因是其意識形態以解放全亞洲及反對西方帝國主
義為主，藉由「滿洲國」的建立反映出來。另一個原因則是當時世界
已受到威爾遜民族自決理想的影響，故要藉此將日本奪取滿洲的行
為合法化。但在實踐上，日本人完全掌控這塊被征服的土地，他們

扶植滿清末代皇帝溥儀登上「滿洲國」的龍座。不少日本史學者稱九
一八事變為「十五年戰爭」的起源，所謂「十五年戰爭」是指第二次
世界大戰的亞洲戰場，始自1931年，終於1945年。由事後來看，
九一八事變的確成為以後糾紛的出發點，不解決東北問題，進一步
的衝突似無法避免。

　　雖然關東軍佔領東北未經正式批准，但軍方高層將領支持九一八
事變所代表的新方向，日本帝國主義決定要在亞洲獨行其是。以宇垣
一成大將為例，他算是軍方中的溫和派，在1927年到1931年之間，
他先後擔任政友會及民政黨內閣的陸軍大臣。當1930年至1931年大
恐慌情況惡化時，宇垣開始相信日本正面臨體制危機，他不滿意左翼
及右翼激進分子的暴力行徑，但亦認為資本主義及民主制度要為日本
的衰弱及混亂負全責。與其他官僚一樣，他與一些軍事將領懼怕日本
分裂，變成一大群貧窮的無產階級與一小撮的資本家在對抗。放眼世
界，宇垣認為把「國防安全只限於〔日本〕領土內」是不足夠的。他在
1930年寫道：世界貿易體系正在崩潰，全球市場的自由競爭已不可
能，宇垣了解日本的經濟倚賴由其他列強進口的各種原料，包括由印
度和美國輸入的原棉。日本要尋求市場和資源，只能倚賴擴張的外交
政策，才有可能提升生產力、減少失業及避免「社會悲劇」。[11]

　　在九一八事變發動後，警察及軍方亦加強控制及鎮壓國內之異
議分子，其實這是多餘的，要正當化佔領東北十分容易，無須任何
武力。一般日本民眾——甚至精英分子——都歡迎1931年到1932
年在中國的軍事行動，他們在事變後雀躍之情，溢於言表。報紙大
量報導日本軍隊的進展，新聞短片及收音機爭相播放戰場上各種情
況，而且充滿感性。昔日的左翼分子亦改變其論調：佔領東北並非
資本帝國主義行為，因為它可以舒緩失業，有利整個國家。為了歌
頌取得日本帝國耀眼的「皇冠明珠」，流行歌曲譜新詞，歌舞伎演新
劇，甚至餐廳亦擺出新菜單，以示慶祝。[12]

195　　　甚至最敏感的政府官員亦鬆了一口氣，司法省在其1932年「危
險思想」年度報告亦云：九一八事變是「神風」，掃清社會上各種不滿
情緒。1932年5月，陸軍省亦認為事變培養一種新的「團結氣氛」，
取代過去的社會矛盾。

　　九一八事變是日本近代內政外交一個重要分水嶺，不過它並未
穩定日本的國家邊界，反而開創一個擴張的新時代。它亦未穩定日
本國內的政治及社會情況，暴力仍繼續出現。1932年5月15日，首
相犬養毅被一群海軍年青軍官暗殺，犬養時年七十六歲，當時任政
友會總裁，而這個暗殺行動亦為日本議會政治劃下休止符。

　　五一五事件策劃者希望透過暴力手段，迫使政府頒佈戒嚴法及
實行「革新」政策。他們同時攻擊三菱銀行、政友會總部、內務大臣
官邸及六個電力站，不過他們的舉事並未引發大規模革命。

　　雖然如此，他們的行動已近乎政變。在暗殺行動後，陸軍與元
老西園寺公望舉行多次協商，以決定繼任首相及內閣各大臣職位的
人選。軍方領導層目前已包括過去幾年秘密圈子的成員，他們強力
主張東北各種擴張策略及國內革新。他們認為「形成〔暗殺等激烈行
動〕的主因在政治、經濟以至社會各種問題，一個全面革新勢在必
行」，[13] 為了推動革新及提拔能掌控年青軍人的官員，他們反對由政
友會組閣，雖然當時國會是以政友會佔多數。5月26日，海軍大將
齋藤實繼任首相，組成舉國一致的內閣，在十五名閣員中，只有五
人是政黨出身，其他十個職位都由軍方高層或官僚擔任。

　　在此後數年中，內閣領導人很少花時間去恢復軍中紀律，更不
要說改變外交政策的擴張方向。一個不斷升級的思考模式驅使日本
的策略有進無退，每當西方或中國對抗日本新的蠶食時，日本則把
它當作理由，說服其人民支持日本另一輪侵略中國的行動。以1933
年2月為例，李頓調查團經過幾個月的調查後，向國際聯盟提出報
告，指出「滿洲國」是不合法的傀儡政權。國聯在接受該報告後，要
求多邊會商，成立一個非軍事區。日本外交官則以一個絕不妥協的
咆哮回應，認為日本在一個敵對世界環境中已成犧牲者，決定在
1933年3月退出國際聯盟。

　　在東北地區的南部，日軍與中國軍隊仍繼續衝突，關東軍步步
進迫。1933年5月，它佔領熱河，並把熱河合併到「滿洲國」中。日
本的實質佔領地已伸展到長城，離北京只有四十英哩。其後兩年，
在日本內閣的支持下，日本軍隊利用邊界衝突及反日活動為理由，
不斷蠶食國民政府的華北領土。1935年6月，關東軍迫使國民政府

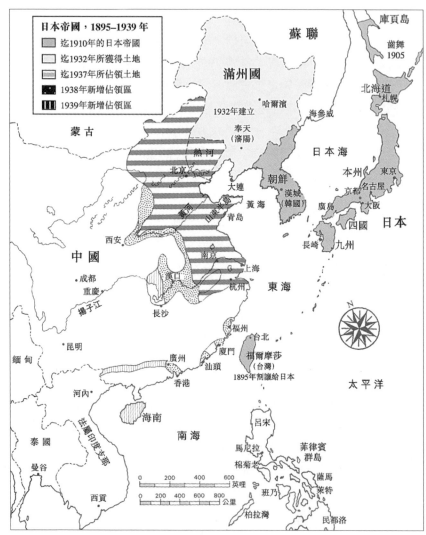

地圖11.1　日本帝國，1895–1939年

軍隊撤出長城以南地區，北平及天津等大城市落入日本影響力範圍內。成為滿洲國與國民政府間的緩衝區。11月，日本在冀東成立一塊傀儡政權，由軍閥王克敏（1873–1945）管理這一戰略地區，日本的做法進一步削弱了國民政府力量，並激化中日間矛盾。

　　他們亦強化了日本與西方列強的衝突，英美兩國均支持國聯譴責日本佔領東北。雖然有些美國企業希望與日本合作，能有助投資

該地區，但美國政府仍拒絕承認「滿洲國」。在日本方面，海軍在1930年勉強同意三國裁軍協議，但對武器限制愈來愈感到不耐煩。1934年12月日本政府決定廢棄三國海軍協定，次年12月三國在倫敦再開會商議，仍無補於事，內閣決定擴建海軍，戰略上採北守南進政策，在北方對抗蘇聯、美國及中國三個國家，在南方則以東南亞為目標。

　　當日本統治階層逐步形成其新「滿洲國」政策之際，其對韓國、台灣等舊有殖民地之戰略亦重新釐定。過去日本的殖民政策以安定、自給自足為主，現在則認為殖民地應為其母國提供人力及物質資源之所，它們亦應編入動員體制。宇垣一成在1931年出任朝鮮總督，他推行的經濟與社會政策無孔不入，同時十分苛刻。在佔領鄰近的滿洲後，殖民政權對朝鮮北部的森林資源採取一個更激進的立場。殖民地官員和日本私人企業把邊境兩側的豐富森林當作單一地區處理，他們斫伐整列整列的木材，運到國營林場及私人的木漿廠處理，導致嚴重的森林砍伐。[14]

　　在工業上，宇垣鼓勵日本工業家投資，包括戰略性礦產、水力發電、化學肥料、鋼鐵等，部分朝鮮資本家亦有投資工業而獲得利潤。然無論何人投資，所有工業均倚賴朝鮮的廉價勞動力，而所得之生產品及資源，均用作供應日本軍事化經濟。為動員人力資源，宇垣在學校推動強迫性的同化教育，日本語成為教育必修課程，而且不斷擴充，韓語教育則大受限制，到1930年末，韓語完全被禁止。

　　殖民地官員對台灣的看法亦同樣改變。台灣總督在1936年便成立一間半官方的「台灣拓殖株式會社」，主要是推動島內的蔗糖生產，以增加對日本輸出。在1930年代末期，台灣拓殖株式會社已經成為台灣最大企業，它的任務亦進一步發展，負責對中國沿海省份的工業投資，並且成為日本南向政策的跳板。實行「科學林業」是帝國戰爭動員的一部分，它被視為一種現代而可持續的林業體制，要逐步積極清除原始森林。[15]台灣當局也對自治政治運動進行鎮壓，雖然它在1920年代曾被容忍。

　　對新攫取的「滿洲國」，日本經濟策略的重點集中在戰略投資和資源掠奪，並且在國家支持下進行。日本及世界各地的評論者愈來

197　愈多人談及「滿洲國」是日本的「經濟生命線」，既是如煤炭的工業原料來源，也是農業產品來源，尤其是大豆。[16] 由 1932 年到 1936 年，「滿洲國」政府在各個主要工業成立壟斷公司，總數有二十六個，範圍由礦業、航運到飛機生產都有，資金分別來自國家與私人機構。東京政府相信世界已經分裂成各個互相敵視的武裝集團，它把日本統治下的殖民地視作一自給自足的貿易共同體，「滿洲國」所扮演的角色尤為重要。政府官員及軍方領袖相信資本主義的市場法則不但浪費，而且不道德。他們希望能設計出一種國家主導的發展戰略，而東北在這場實驗中擔任先行任務。

198　　　　　　　三、走向新社會及新經濟的體制

　　與侵略東北同時，日本國內經濟亦出現急遽變化，兩者其實有相互關係。由 1931 年到 1934 年，日本從經濟大恐慌復元的速度比西方經濟快，它的工業生產數字在這段時間內成長 82%，由 1930 年到 1936 年日本帝國對外輸出亦增長近一倍。日本不但成為世界主要棉產品出口國，亦開始製造各式各樣產品，種類由玩具及輪胎到自行車，甚至是簡單的電機產品，它們大舉進入美國百貨公司及亞洲市場。有人認為日本由 1930 年到 1936 年的經濟成長達 50%。1937 年，日本最知名的經濟學者有澤廣巳 (1896–1988) 便認為日本在 1930 年代的表現簡直是「經濟奇蹟」，到 1938 年，老板開始投訴人力短缺，工資上揚太多。

　　日本經濟之所以能飛躍發展，其原因有二。首先是日元貶值，大藏大臣高橋是清實行脫離金本位政策。1931 年，美元與日元的比率是 1：2，一年以後，兩者比率下跌至 1：5，日製產品因此能爭取到新市場。不滿的批評當然亦隨之而來，歐美競爭者指責日本的做法為「社會傾銷」，他們認為日本輸出的成長不在匯率而在工資低廉，工人被大幅剝削。很多國家因此紛紛提高日本產品的關稅或實施配額制度。但在日本人的眼中，外國的抗議恰好證明長期以來軍方所持看法：世界是互相敵視，日本必須建立一個自給自足的帝國。

　　日本1930年代繁榮的另一個原因是實行凱恩斯（John Maynard Keynes）的經濟政策，不過這政策是出自於實際需要，而非理論。1936年，著名英國經濟理論家凱恩斯發表他的名著《就業、利率及貨幣的一般理論》，他認為在經濟不景氣時，赤字預算可以扮演「水泵」角色，振興經濟。在該書發表的四年前，大藏大臣高橋是清已經憑藉自身經驗實施此項政策。[17] 由於擴張東北的軍事行動，高橋同意大規模赤字預算。正如凱恩斯估計，高橋的赤字債券奏效，日本經濟因而受到激勵。當時政府大量支出特別有利重化工業生產武器，及涉及韓國以至東北重大工程建設的發展。更在廉價日元的幫助下，這時期工業製造產品增長速度比消費品更快，[18] 到1937年，軍事開支佔整個中央政府預算的四分之三，與1930年的三分之一，實不可同日而語。

　　經濟雖日趨發達，但在執政當局眼中，日本其時是處於「危急之秋」。西方各國一面高築關稅，一面指責日本佔領東北，而中國的杯葛日貨運動亦如火如荼，當局認為日本正面臨空前危機，有必要推動各種新措施，這些措施改變了國家與社會的關係。

　　在經濟領域，國家介入經濟活動日益強化，即戰後所謂「產業政策」，它是於大恐慌及其復元中逐步浮現，亦是第二次世界大戰留下的政治經濟遺產的重要構成部分。它約起源於1920年代末，當時部分商工省官僚研訂「合理化」經濟政策，希望提升生產效率。商工省於1925年成立，由原來農商省分化而來，目的是加強政府在工業生產的作用。1930年，商工省成立「臨時產業合理局」，其任務是推動托拉斯及卡特爾組織，以避免自由競爭的浪費生產。該局其中一個重要成就是向國會提出《重要產業統制法》，1931年獲通過。該法案為卡特爾成立提供法律根據，規定每一行業卡特爾的成員資格，以至各成員的產量、價格及市場分配比例。其後數年中，共設立二十六個卡特爾，包括煤礦、電力、造船及紡織等行業。

　　到1930年代，隨著軍事規模的擴大對電力的需求急劇增加，軍方在遞信省的官僚盟友亦積極支持建造水壩發電，但其他國家機關反對上述計劃。農林省關注的是保護山林；文部省亦希望保護日本

199

的山嶺河谷，作為全國青年修養心性的場所。1931年國會一致通過
《國立公園法》，當時正值經濟大恐慌危急之際，上述機關的政策目
標亦與旅遊業的商業利益不謀而合。但水力發電的國家和私人支持
者則把水壩和礦地剔除於《國立公園法》之外。在整個1930年代，開
發和保護自然環境的緊張關係一直持續，它們到戰後又再出現。在
當時，雙方都說他們是為了國家利益著想。[19]

　　由於對自由市場懷有根深蒂固的猜疑，上述改革規模不斷擴
大。日本政府內不分文武官員，一直害怕無規範投資只會便利財
閥，對國家毫無好處。所謂「國家」利益，當然是由官僚界定。世界
不景氣似乎確認官僚們的憂心，因此資本主義必須改革，否則其無
效率經濟將危及社會。然政府官員無意以國家經營取代整個私人領
域，事實上亦不可能。他們希望摸索出一條介於左右之間的路線：
左方是蘇聯的社會主義，一切由國家管理，硬性依照計劃運作；右
方是美國或英國的經濟自由主義，以市場放任為主。路線摸索繼續
到戰爭時期，甚至到戰後仍在進行。

　　在1930年代政府官員推動新政策的初期，他們做決定時仍小心
翼翼，不過由於大企業掌控了卡特爾，故事實上財閥老板成為真正
主導者，與他們的原意相左。其後政府愈來愈直接介入經濟事務，
1937年，掌控內閣的官僚及軍人決定制定國有化電力工業法令，雖
然企業界及政黨強烈反對，結果仍獲通過。同年，陸軍與官僚開始
實行五年計劃，希望能引導若干工業的發展及投資到政府既定方向
中。同年，政府將現行的「資源局」及「企劃廳」合併成「內閣企劃
院」，成為國家在戰爭時期的超級統合機構，有學者稱之為日本的
「經濟參謀本部」。雖然財閥反對政府干涉私人公司的營運，但內閣
企劃院事實上與軍方參謀本部以至財閥領導層有密切聯繫。[20]

　　軍方同時亦支持一些新財團，企圖在商界培養親軍人力量。這
些所謂「新財閥」特別活躍於中國東北。它們以重化工業為中心，為
應付軍方需求而迅速成長，例如「日本窒素肥料」及「昭和電工」等，
均成為業界龍頭，有些存活到戰爭結束以後。新財閥的影響力在韓
國最為顯著，但它們的問題是缺乏自己的銀行體系，在整個1930年
代，中國東北的直接投資仍然以舊財閥為主。

　　在這種情況下，無論新舊財閥都是政府的跟隨者，他們在與官僚及軍人緊密合作下方能染指東北。除了來自財閥的資金外，滿洲與韓國的發展亦仰賴官員口中所謂「總合技術」，意指透過大規模指導計劃把經濟生活合理化的企圖。在中朝邊境鴨綠江上建造的水豐水庫，1943年完成時是亞洲最大水壩，它為發展中的殖民地化學工業提供電力，但建造時所使用的殖民地人力，不但勞動漫長辛苦，衛生環境不佳，而且為防叛亂或反抗，管理層和警察對工人的監督都十分嚴厲。然而這些計劃在後來的影響是重要的：官僚和工程師在殖民地初試啼聲，戰後繼續在日本和東南亞建造水壩。[21]事實上，水豐水庫今天成為了北韓的國家象徵。

　　國家在1930年代與農村的關係更形密切。與工業政策一樣，經濟大恐慌是新關係的催化劑，不過政府向來便重視農村的重組，這種心態由戰爭期間到戰後都有其延續性。由1929年到1930年代初期，由於農村價格崩潰，無論佃戶或小自耕農都要借貸以支付田租或稅金。政府在1932年估計整個農村債務達國民生產毛額的三分之一，為解決此問題，內閣迅速增加農村之公共工程預算，以擴大就業機會，政府亦立法提供農民信貸或轉貸辦法，以舒緩還債壓力。政府的各項計劃收到顯著成效，它們不但有助佃戶以至中等農戶解困，地主亦同時受惠，由於地主在農村地區有相當高的政治權力及社會影響力，此舉有助農村穩定。

　　政府的農村政策背後有股農民民族主義思潮在支撐著，認為沒有一個和諧而團結的農村，日本是不可能強大的。愛慕農村的思想家指責城市及貪婪的資本主義，認為它們必須為農村危機負上責任。這股思潮促使青年軍官在1932年刺殺犬養毅首相，也是這股思潮刺激農林省採取新的農村政策，不再以公共工程及解救債務為限。由1932年開始，農林省把資源大量灌注到「農山漁村經濟更生運動」，它宣揚重振日本農村的合作精神，指責西方個人主義，認為城市把這些腐敗思想傳播到農村，使其社會散渙。強化農村意識的結果，是城鄉差別漸成為主題，取代過去的階級鬥爭學說。為了復興農村，更生運動策劃一連串廣泛措施，包括工業合作社、農作物多元化、成本會計訓練及長期社會規劃等。更生運動領導人不斷

在全國及各地區告誡農民，所謂吉日晦日或風水都是迷信，千萬不要以此作為辦事標準，安排農事，應用科學及理性方式，數以千計的農村參加這個運動，政府亦建立模範村，作為其他地方的仿效對象。[22]

在宇垣總督的管治下，朝鮮的殖民地體制實行類似的農村振興計劃，它是要找出模範農村，帶頭增加生產並減少社會緊張局勢，從而加強朝鮮臣民的忠誠度。一些朝鮮人本來已在組織「農村復興」運動，但建基在節儉和孝道這些傳統價值。官方的振興農村計劃消除這些私人力量，但整合他們很多想法。因此韓國也如日本國內，存在一個跨戰爭過程。朴正熙政權 (1963–1979) 推動的農村改革，焦點一樣是經濟發展和「傳統」價值。[23]因此一方面宣揚傳統，作為團結口號，一方面以現代管理方式改善農村，就是重新改造日本農村和朝鮮殖民地的共同特色。這種混合方式反映較早年代的社會改革計劃。與1920年代一樣，改革者亦特別以女性為對象，同意給予她們嶄新的角色。他們呼籲婦女盡力改善廚房的設施及衛生環境，把日常生活安排得更有效率、更科學，改革者指出婦女的責任與社區中的公共角色一樣重要，很多日本女性及一些韓國婦女都十分熱烈地投入運動。

無論工業政策或農業政策，國家似乎不斷擴大它在社會的角色，管得愈來愈緊，不過這只是表象，很容易誤導。官僚把相當多的權力留在財閥手中，而農村原來的領導層仍保有很大的自主權，更生運動的領導人包括大小地主、男性及女性。國家雖已經不斷擴張其活動範疇及關注點，但在1930年代的時點，它仍只不過是現存各種社會組織的協調，談不上是個獨裁者。

在社會事務上，政府官員愈來愈要把手伸進去，這點是十分清楚的，不會有問題。最明顯是政府對勞工態度的轉變，在1920年代，內務省與民政黨都支持工會，認為它是社會安定的力量。到1930年代初期，內務省仍然容忍工會的存在，特別是總同盟已放軟身段，答應在緊急狀況下，工會會放棄罷工，同時承諾會合作增加生產及改動工作條件。不過政府很快便改變維持秩序的看法，主張動員工人以服務國家為先。

　　1936年9月，陸軍害怕工會與無產階級政黨會在軍事工廠組織
「反法西斯統一陣線」，強迫八千名軍火廠工人自總同盟的公務員公
會中退出。軍人及官僚決策者企圖設計一個不需要工會的勞資協調
機制，以增加生產。1937年，他們決定在各地工場成立全國性的「職
場懇話會」網絡，懇話會包括工人及管理層代表，兩者共同協商，防
止矛盾發生。這些組織取法於法西斯模式，例如1934年納粹的全國
勞工組織法便規定全德國之工廠若僱用工人二十人以上，便需要成
立「信任委員會」，扮演諮詢角色。雖然日本設計者一直拒絕承認是
學自德國，日德兩國的設計都是追求一個無階級的民族國家社群，
兩者亦企圖建立一個全廠性的委員會，扮演諮詢任務，並以之取代
工會。同時兩者也都利用農村、本土以至家庭等神秘模式，提出和
諧而團結有機體的響亮口號，宣揚要建立一個類似的工業「車間共同
體」。日本的所謂工業和平促進者拒絕了自由主義及階級鬥爭，他們
主張一個企業「共同體」，這種看法有深遠影響，在戰時以至戰後仍
持續不衰。他們的理念是公司等於社區，所有成員在天皇之前均平
等，各有其職能，但貢獻則一樣，使用當時流行的一個比喻，工人
與管理層就好像一頭鳥的兩翼。經過幾年的策劃，政府在1938年7
月成立「產業報國連盟」，在日本全國各地推動「報國會」。

四、走向新的政治體制

　　國家不但在經濟及社會中扮演更吃重的角色，它亦加強控制政
治生活。全國性「選舉肅正」運動的出現，便是轉變的明顯象徵。內
務省從1935年開始推動這個運動，目的是清除政治或政黨貪污，例
如防止政黨候選人與官僚利益交換或購買選票。這運動一方面對公
眾宣傳「選舉肅正」，另一方面亦加強警察之選舉監督。到1937年，
「選舉肅正」運動再不限於中立形式的監督，內務省乾脆直接介入，
要各政黨候選人的選舉訴求必須配合國家政策。當時的內務大臣後
藤文夫曾在中央報德會發行的雜誌《斯文》發表文章，指出：「憲政下
國民投票，實荷翼贊大政，鞏固國礎，圖國運昌隆之重大責務。」[24]
警察監視選舉活動，若聽到其言論與軍方或官僚的方向不同，誤

導選民，警察經常會干擾活動。演說中若有人批評「法西斯主義」，或提到「軍人與人民有差距」，警察一定會提出警告，甚至直接終止活動。

選舉肅正運動並未驅使日本選民遠離主流政黨，以婦女組織為例，它們一方面支持肅正運動，另一方面仍繼續支持主流政黨。在整個1930年代，民政黨及政友會兩政黨在歷次選舉總得票率從未低於90%，兩黨在國會之聯合席次亦未低於九成。雖然如此，政黨的影響力是節節下降，投票率到1930年代中期更是大幅減少。在都會地區，合格選民投票率最低達到60%。與1910年代及1920年代不同，沒有多少人要為維護「正常」的立憲政府而發聲，政黨雖在選舉中取得絕對多數，但執政者卻非多數黨，然從沒有公眾舉行抗議活動。在1932年到1937年間，五任首相都不屬於任何政黨，亦有愈來愈多官僚及軍人進入內閣，擔任公職，專業政治家的人數則日益減少。第一個非政黨首相是齋藤實，他在所謂「非常時期」組閣，有三分之一的閣員有政黨所屬，其後擔任首相有：1934年至1936年是海軍大將岡田啟介 (1868–1952)、1936年至1937年是外務官僚廣田弘毅 (1878–1948)，其政黨閣員先後只有五及四人。到1937年陸軍大將林銑十郎 (1876–1943) 及1937年至1939年公爵近衛文麿 (1891–1945) 組閣時，國會議員入閣者則更僅有一至二人而已。

由於軍人及官僚在整個政治體制內已攀至權力高峰，他們未感到政黨領袖構成任何威脅，無須使用逮捕或鎮壓等急激手段。大部分的政治人物都支持海外擴張，有些在事前，有些在事後。政黨人物亦為了維護其職位或其支持者的利益——尤其是財閥領袖及地主的利益，他們寧願與新統治階層合作，不願採取對抗態度，由這角度看，他們是相當成功的。政黨有時會設法阻礙或弱化某些軍方政策，例如戰略產業的國有化，此舉會危及企業界的自主性。總的來說，主流政黨是弱勢一方，但他們仍贏得選舉，扮演中介角色，協調官僚軍人與政黨背後的支持者，故他們雖非位於權力核心，但亦並非全無權力。

1930年代另一個新的政治現象是下層階級出現統一性的政黨，要為貧苦大眾發聲。1932年，社會主義者領導人安部磯雄及麻生久

(1891–1940) 等創立「社會大眾黨」，把1925年以來冒升的各個小型「無產階級政黨」團結起來，這些小黨原來是支持男性普選，而且相互競爭。到1936年及1937年間，社會大眾黨在地方及全國選舉中都取得一定成果，1936年它有十八個候選人進入國會，在1937年選舉更贏取三十七席次及9%選票，到1937年一次都市選舉，社會大眾黨在選舉領先，取得20%選票。

　　由於沒有一個主流政黨在1937年選舉中贏取多數，社會大眾黨成為一個關鍵性「小黨」，可以與其他政黨聯合，控制政局。但它卻選擇與軍方接近，原因是大家對資本主義都不信任，亦討厭現有政黨利字當頭，只知謀取「自私」的利益，兩者故聯合一起。社會大眾黨採取「不入虎穴，焉得虎子」策略，要執政當局支持它的維護群眾政策。它要求限租、削減水電費用等地方性改革，亦要求給予工人健康保險、退休金及法律保護等全國政策，它用「只有群眾生活富足，國防安全才完整」等口號作為政綱。[25] 社會大眾黨因此亦接受日本控制中國東北以至全中國的前提，同意反抗西方的種族自決想法。

　　1930年代政治上最關鍵性的特徵有二，其一是軍隊內部持續性的動亂，第二是軍隊力量凌駕於官僚、法院及政黨之上，這兩者其實又互相關聯。政黨政治所以逐漸衰退的原因，是元老間認為只有軍方領袖才能制衡軍隊中下層狂熱分子。由1920年末期到1936年，軍中大部分的急進分子都匯聚在所謂「皇道派」之下，該派軍官及其民間同志不但想清除財閥及政黨的影響，連打算維持現狀的元老及法界人物亦在整肅之列，他們認為要日本富強，最重要的基礎在精神教育及效忠天皇，這一派的年輕分子得到高層將官支持，其中最著名的是荒木貞夫，他在1932年到1934年間任陸軍大臣。

　　皇道派的同路人發動了許多次恐怖行動，如在1930年到1932年間暗殺政界財界領袖，甚至軍中的反對者亦不能倖免。由於有高層支持，刺客有時候可以利用在法院作供時侃侃而談，法院成為宣揚其純正動機及政治理想的地方。這種表演式審判贏得報紙及民間同情。一個最著名的例子便是1935年相澤三郎 (1889–1936) 的審判。相澤是皇道派一個年輕軍官，他刺殺當時陸軍省軍務課長永田鐵山大佐 (1884–1935)，相澤不滿意皇道派領袖之一的教育總監真崎甚三

郎（1876–1956）被永田等人排擠。永田他們的看法與皇道派有異，主張國防安全建基於經濟及物力近代化，並非精神教育。

204 　　永田這一群與皇道派對立的人被稱為「統制派」，他們多半為較高級的軍官，東條英機亦為其中一人。統制派最重要的目標是動員各種社會資源，為日後與西方進行總體戰作準備。由這個角度看，統制派成員很少屬於溫和派，不過他們想透過合法手段掌控國家機器，與現有精英合作。他們排拒恐怖手段，因為這亦會挑戰軍內紀律及上下級體制。

　　統制派與皇道派的矛盾最後達到臨界點，引發戰前日本最大的政治動亂——「二二六事件」。1936年2月26日，在一個大雪的早上，約一千五百名忠於皇道派荒木貞夫的軍人佔領東京市中心，他們同時派出小組刺殺內閣成員及前任首相齋藤實，以及其他在軍中及朝廷王公中的反對者。他們要求元老委任同情皇道派的人出任首相及閣員。「二二六」發動者稱這次行動為「昭和維新」，由文字即可知道，他們以明治維新的繼承者自任，其目標是尊崇天皇、保衛帝國及改善一般大眾生活。

　　在事變當中，岡田首相因躲在家中之儲藏室，得以逃過一劫，叛兵以為他的襟兄便是岡田，因而將其誤殺。他們亦殺害內大臣齋藤實、大藏大臣高橋是清、軍隊教育總監渡邊錠太郎。不過他們的真正目標卻未有達成，雖然得到部分高層支持，但裕仁天皇強烈指責這次行動，並下令叛兵投降。事後沒有所謂公開審判，而且處理十分迅速，指揮整個事件的十九人被判死刑，包括十七名現役軍人及北一輝、西田稅兩名意識型態強烈的民間人士，死刑是秘密執行。雖然政變不成功，但軍人影響力事後反而比以前更大，軍中領袖會商後，終於下定決心清除以暗殺為志的激進分子，官僚及民間政治家亦震驚於此次政變，衷心歡迎軍隊重振軍紀。

　　1930年代日本一方面是國內權力分佈版圖變動，另一方面則是與中國及西方緊張關係的升級。在這種背景下，官僚及軍人對思想的管制比以前更為嚴苛，共產主義以至馬克思主義向來是日本精英的禁忌，但除了1920年代末期大事搜捕共產主義分子外，左翼文學現時亦成為注意對象。小林多喜二（1903–1933）是一位才華洋溢的

無產階級文學作家，他有潛力從文學上作出突破，但可惜在1933年被謀殺於獄中。[26]

到1930年代中期，連一些向來受到支持的保守思想亦成為清查目標，最著名的是所謂「美濃部事件」。美濃部達吉 (1873–1948) 是東京帝國大學一位很受尊重的法學教授，他過去曾提出一個著名的「天皇機關說」理論，他認為天皇的角色是由憲法所規定，是國家體系中一個機關，而非超越國家以上或以外的神聖不可侵犯制度。數十年來日本國內各精英大學都以此種理論教授學生，也未產生甚麼特別爭議。然在1930年代「非常時期」的敏感時刻，部分與皇道派有關的學者及軍人則指責美濃部，認為他所提倡的理論是「大逆不道之作品」。整個事件到1935年達到高峰，美濃部本人為貴族院議員，但在院內亦受到猛烈攻擊，一個貴族院議員甚至稱他為「學術流氓」。[27]國會兩院均要彈劾他，認為他侮辱天皇。雖然美濃部從未被控告觸犯法律，但他的書則以「違背國體真實意義」而遭禁，他本人亦在威嚇中退出貴族院。

在日漸苛刻的政治環境中，還有如瀧川幸辰 (1891–1962) 及河合榮治郎 (1891–1944) 等受害者，雖然受迫害情況沒有那樣嚴重。瀧川是京都帝國大學法學部教授，河合則為東京帝國大學經濟學部教授。1932年，右翼意識形態者攻擊瀧川的自由思想，文部省屈服於壓力，次年迫他由京都大學退休。河合的專業是英國自由主義哲學，1938年被控觸犯出版法及輸入「危險的」西方思想，被迫退休。此外新成立宗教團體的命運亦一樣，雖然新教派在1920年代開始便遭受攻擊，但這時期的迫害最為嚴重。1934年大本教、1938年天理教、1940年耶和華見證會，上述宗教團體均先後遭起訴，接著被解散。[28]

1920年代民主思想雖受爭議，但它仍成為立憲政府及民眾參與的理論基石，與天皇及帝國共存共榮。然在1930年代的正統思想下，天皇被視為超越一切，其包容性更弱。1937年文部省向全國學校頒發一份著名的指南，稱為《國體之本義》。它把日本的社會及意識形態危機歸罪於西方思想，是個人主義、共產主義等思想之本源。它強調「服務天皇，體奉天皇御心，實為今日我等歷史生命存在之所以，亦為全體國民道德之根源」，並以之成為社會生活及道德原

205

則，取代西方思想。它把效忠及軍人精神提升為國家的核心價值，而自上而下的家庭組織則成為核心制度。

因此監視陰影無處不在，正統思想一枝獨秀，它們都以各種不同形式散播在整個政治生活中，所謂傳統日本道德被歌頌到極端程度。不過以上各點不能過分誇張，一般日本人民的社會及物質生活在各方面仍十分現代，甚至1937年中日戰爭全面爆發後，西方影響仍為大眾接受。有時候國家會與現存組織合作，成立由財閥控制的商會或農村各種互助組織；在別的情況下，國家又會推動新組織，例如「愛國勞動組合」或「國防婦人會」等，無論如何，以功能為基礎的各種組合仍存在，並且繼續發展，打造近代社會的努力仍未稍懈。

物質文明機械化的發展仍大步向前，尤以中產家庭為然。美容所遍佈全日本城市，為數以千計的中產階級婦女燙出時髦髮式，到1939年，光是東京便有八百五十所美容所。不少企業及私人家庭都申請電話服務，1926年電話用戶為五十五萬，到1937年已幾乎倍增至九十八萬二千人。城市街道上充塞著公共汽車及計程車，亦有少數私用汽車出現，與自行車、電車及行人在道路上爭路。日本第一條地下鐵路於1927年在東京開通，受到熱烈慶祝。1933年大阪市亦開始使用地下鐵路。到1939年東京已建成一條連貫地下鐵，由較為平民化的淺草區通至高級的銀座區，再直抵澀谷區，把東京各個商業及購物中心連成一體。

各式各樣之大眾文化仍在發展中，收音機已成為中產階級不可或缺的用品。在1932年，約26%的都會家庭擁有收音機，不過農村家庭則不超過5%，到1941年，約有六百六十萬台收音機通過電波把新聞與娛樂節目傳送到全日本45%家庭中。[29]無線電廣播及留聲機推廣了爵士音樂及西方的古典音樂，日本流行曲及軍歌亦得以流傳。小津安二郎(1903–1963)等著名導演亦開始拍製極受歡迎的電影，描繪一般老百姓的生活，而另一些導演則致力歷久不衰的武士道歷史通俗電影。好萊塢製作吸引大量觀眾。查理‧卓別靈(Charlie Chaplin)在1932年5月訪問日本，雖然正遇上首相犬養毅被刺身亡，但仍成為大眾話題的焦點。(卓別靈本人也是反西方暗殺者的目標，

圖11.2　1933年東京街頭一景，城市的外貌反映出近代化仍然持續發展：新的商用大廈愈來愈高，街道上到處都是汽車、電車及行人，東京的地鐵系統亦在這時候開始營運。（每日新聞社提供）

他能倖免於難的原因，是他在犬養毅之子的陪同下，偶然改去參觀相撲比賽！）

　　在1931年及1934年，美國棒球聯盟重要球員訪問日本，並與日本各棒球隊進行表演賽。在1934年的訪問，美國隊帶來當日最紅球員，包括巴比‧魯夫（Babe Ruth）及婁‧哥力格（Lou Gehrig），激發日本球迷極高熱情。在其一個月的訪問中，棒球明星在十二個大城市與日本的明星隊對壘，入場觀看球迷有數千以至數萬。其首場比賽在東京舉行，六萬五千人座位的棒球場被擠得水泄不通。這次巡迴表演賽帶來的熱情，促成日本在當年組成第一隊職業球隊，到1936年職業聯盟球隊已正式開始比賽。[30] 所有這些娛樂活動的盛行都反映出對所謂不道德的西方文化的譴責，不少人並不熱衷甚至漠然以對。

　　總括來說，1930年代的日本有一股「傳統主義」的熱潮，在表面上它是大張旗鼓，強調以古為尊、萬古常新的日本行為原則及理

圖11.3　上圖為日本最著名評論性及諷刺性雜誌《東京紅孩兒》1936年2月號的封面，它恰巧是「二二六事件」發生前出版。圖畫譏笑當時的軍方影響力無所不在，漫畫家筆下的人物是兩個歐洲婦女，也許是英國人，她們視軍方徽號為另一種時髦潮流玩意，不過該期文章的語調，內中帶有批判性，暗示日本社會正走向軍國化。（小野耕世先生及川崎市民博物館提供）

207　想，並以此為日後之道德及行動基石。但這些日子裏並未真的回到以前的傳統社會，民間文化仍然十分世界性及生氣勃勃，物質文化也包容全球最新潮流，甚至1930年代的主流政治力量亦自認為明治維新的繼承者。因此天皇制度正在改革中；官僚制度以能力為晉身之階，故自視甚高，信心滿滿地掌理整個社會；軍方則擁有先進技術，效率甚佳，這一切都顯示出1880年代以來民族國家欣欣向榮的特徵。

　　強調各方面的連續性並非否定變革，暗殺、鎮壓、軍人─官僚體制、文化正統主義、片面亞洲大陸擴張，這一切一切累積下來的政治效應，都足以改變日本近代化過程的特質，這種改變亦為數百萬的人帶來悲劇性的後果。

圖11.4　美國重要棒球隊在1934年來日本，與日本棒球隊進行巡迴表演賽。圖中是美國球員魯夫與日本明星投手伊達正男合照。在整個1930年代，甚至到太平洋戰爭時期，雖然官方曾打算限制，但棒球仍然極受大眾歡迎。（每日新聞社提供）

　　總結1930年代的特徵，我們能否說日本在這時候出現了法西斯主義？我的答案為「是」，雖然有史家不一定同意。不過若仔細思考當時的歷史，我們不應為區區定義所困擾，有人把1930年代的日本稱為「法西斯」，有人則稱之為「軍國主義」，其實這都不重要，更重要的是了解當時日本的政治及文化生活各種狀態及實相，它與歐洲的法西斯國家實在有許多共通的地方。

　　從德國、義大利及日本的經驗，我們可以找到一個共通的特點，它們代表第二期近代化國家的反應。歐洲法西斯模式啟發1930年代日本的統治者，三國的統治者均透過一個光榮的國體以激發國民潛能，以達成軍事上霸權、帝國經濟自足以及國內既反民主又自上而下之體制。然在面對各種現存政治及經濟權力單位，日本及義大利均無法全面瓦解它們以建構一個極權體系，希特勒也許好一些，不過仍不能說是成功。

208

　　三個國家相互之間當然有重要的差異，日本從未有過一個掌權的法西斯政黨，它亦缺乏如希特勒或墨索里尼等具個人魅力的人物，不過三國法西斯奪權的經過則如出一轍，他們都面臨同樣情況，如經濟危機、左右兩翼極端分化、工場與農村內部各種矛盾、右翼恐怖行動；三國的知識分子都有種文化失落感，認為會危及國家；傳統兩性角色岌岌可危的疑懼亦十分普遍；三國的精英及公眾輿論都認為英美強權妨礙該國在國際上應有的發展空間。其實1930年代日本真正的困難所在，並非是傳統一元化的同質性，或是封建社會及思想，而是如何解決現代社會的多元化及緊張性。由於日本回應上述問題的方式導致戰爭災難，物極而反，戰後一邊倒的反對法西斯主義及軍國主義。事實上政治以至經濟改革及動員在戰前已出現，它在工業、農業以至社會政策上的影響，一直遺留到戰後。

第十二章

戰時日本

1937年7月7日，日本與中國在北京西南面的盧溝橋發生輕微衝突，7月11日，雙方地方負責人協議停火。雖然如此，日本內閣仍決定從朝鮮及東北增派軍隊，中國不甘示弱，隨即抗衡日本的決定，衝突進一步擴大。7月底，日本軍隊進攻並佔領北平及天津，在短短一個月內，盧溝橋事件晉升為中日兩國間全面戰爭。

一、中日戰爭的擴大

目前仍無法確定是誰在盧溝橋開第一槍，但與六年前導致東北失陷的九一八事變不同，由近衛文麿首相領導的內閣很明確的頒下通令，要發動一場大規模軍事攻勢。日本陸軍內部意見分為兩派，一派主張擴大，另一派反對，但人數較少，他們擔心衝突演變為長期戰爭，主張協商停火。近衛最後接受擴大派的意見，目的是要掌控華北的煤鐵資源，同時亦認為蔣介石的國民政府是日本控制華北及東北之絆腳石，擴大派希望消滅南京國民政府，由一個較親日的政府取而代之。

近衛雖然決定擴大戰爭，但他最初的目的是用軍事壓力促使國民政府讓步，1937年秋天，日軍推進至北京以南地區，佔領山東半島及部分黃河流域一大片土地。在海軍協助下，日本亦攻取上海，到12月中，他們即迅速佔領南京，但協商卻遙遙無期。到1938年初，已很清楚看到國民政府不會承認日本所創造的滿洲國及接受日本掌控最近侵略所得地區。中國已喪失三個大城市，蔣介石決定繼續向西撤退，要打一場防守式抗戰。近衛首相則在1938年1月發表

新政策，強烈聲明關閉所有和平談判之門，他表示日本「不承認國民政府」，並恐嚇會繼續作戰，直至「消滅」國民政府。

當近衛發表其新政策時，南京正進行20世紀中最大規模的屠殺之一。日軍在1937年12月中旬進入南京，他們開始大批集中平民及投降軍隊，到次年1月底的七個星期內，他們屠殺數以萬計的人，不分年齡的婦女遭到強暴。「南京大屠殺」的死亡人數到現在仍有爭論，部分日本史家堅持一個較低數字，約有四萬人被殺，而中國政府則強調死亡人數為三十萬。也許永遠不可能得到一個各方都接受的數字，但無可否認，日本士兵的確執行過一場慘絕人寰的屠殺。

如果說難以估計屠殺人數，則解釋屠殺的原因也同樣不易。由於進軍南京路上戰況激烈，再加上不易分辨中國軍隊與平民的差別，游擊隊攻擊的陰影也經常存在，日軍第一線部隊肯定已充滿怨氣。就日軍內部而言，其紀律嚴厲，同時軍事教育也不斷宣揚不要對敵人仁慈。在這種環境下，士兵殺紅了眼，對平民或投降軍人作出了瘋狂攻擊行為，雖然不值得同情，但並非完全出人意表。在近代戰爭史上，這種例子實在太多了。

不過「南京大屠殺」更大的困惑——或可說更大的罪惡——就是日軍南京最高指揮官准許連續數星期的圍捕、強姦以至殺戮。東京執政當局大概亦有所聞，但卻沒有採取任何決定以約束士兵。也許由於無法由中國政府得到較優厚的停戰條件，南京及東京的高層領導人大概以為用這種屠殺例子，可毀滅中國人的抵抗意志。如果他們真的這樣想，則與屠殺一樣，又犯上另一個錯誤。

在以後數月中，日軍擴展迅速，佔領更多的大城市及鐵路線。不過到1938年秋天，軍事形勢便陷入膠著狀態。日本其時已投下六十萬軍隊到戰場，但僅能控制淪陷區的城市及交通線，在此以外的農村地區則毫無辦法，士兵更要面對持續不斷的游擊隊襲擊。在整個戰爭中，日軍在多起事件中殺戮平民及士兵，尤以華北地區最明顯，用恐怖手段制服民眾是日本「平定」中國的軍事策略之一，結果證明行不通。

國民政府最後撤退到西部遙遠的山城重慶，險峻山嶺及相當遙遠的距離保護它免受日本的攻擊。除此以外，1939年夏天，日本與

蘇聯在中國外蒙間邊界諾門罕（Nomonhan）爆發重大衝突，兩國雖不願張揚，但實際進行了多次戰役，蘇軍裝備較佳，擊敗了不可一世的關東軍，日本總共出動了部隊六萬，戰爭傷亡卻達兩萬人。[1]

　　當日本發動戰爭，繼續擴大規模時，其在東京的政府或在戰場上的軍人並沒有一個細密的計劃控制其治下的三億中國民眾。在戰爭初期，日本是隨現實而為，沒有統一做法：首先是1937年在內蒙古及華北建立數個地方傀儡政府，到1938年則在華中建立另一個傀儡政權。經過長期談判，日本最後在1940年3月於南京建立最重要的一個傀儡政權。[2]南京政府由汪精衛領導，他是國民運動中蔣介石的宿敵，同時亦不信任蘇聯及其他西方列強。他與日本志同道合，認為雙方都主張泛亞細亞團結，共同反對外來力量，因此中日兩國軍事合作是最好的選擇。日本人卻強迫汪精衛政府簽署「屈辱」條約，這個基本條約沒有給予汪精衛控制華北的權力，汪對其他「特殊地區」的統治能力亦非常有限，與汪精衛宣稱他有廣大民眾支持及統治合法性的說法背道而馳。汪精衛政權只是一個軟弱無力的傀儡政權，沒有日本軍人支持，根本無法生存。

　　自1930年代中期，日本少數戰略家一直提出警告，日本不能分散其軍事力量，其中最有力的支持者便是石原莞爾。石原是九一八事變的發動者，但在高層中是極力反對佔領中國的人，他認為日本缺乏應有資源，而最大敵人則是蘇聯及西方列強，並非中國。他一直敦促日本政府集中力量建設東北，保持實力與主要敵人對抗。不過石原的觀點並沒有被接受，在1937年秋，石原被調職，外放到一個冷門位置，然而他最害怕的事終於發生，日本統治者既不能建立一個具合法性的友好中國政權，亦無法克服國民政府及中國共產黨的抵抗，他們把自己及士兵捲入大陸戰爭的泥沼之中。

二、往珍珠港之路

　　由於無法解決對華戰爭的僵局，近衛首相在1939年1月下野。在其後一年半中，先後繼任者為極右派的平沼騏一郎（1867–1952）、陸軍大將阿部信行（1875–1953）及海軍大將米內光政（1880–1948），

212

他們使用所有方法以打破對華戰爭僵局。對於蔣介石，他們企圖孤立蔣以打擊其生存能力或意志；對西方列強，他們則運用外交手段以說服其承認日本在華所獲一切；在北方，他們的外交官想辦法緩和蘇聯的威脅，讓關東軍有餘力在中國採取行動；在南方，他們面對馬來西亞的英國、印度支那的法國及印尼的荷蘭，其方式是外交及軍事行動並進，企圖中立化或消滅三者的根據地。日本南向政策的原因有二：若東南亞成為掌中物，則其石油、橡膠及錫等天然資源成為軍隊戰略物資來源；同時它亦可以作為包圍及攻擊中國的基地。

當希特勒政權逐步邁向戰爭邊緣時，歐洲的緊張形勢吸引了平沼內閣的注意，因而突發奇想，要聯合納粹德國以對抗蘇聯及亞洲之西方強權。日德兩國原來便有合作基礎，1936年日德曾簽訂反共協定，規定兩國共同反對共產主義，1937年義大利亦加入。三國均承諾沒有其他兩國同意，不能單獨與蘇聯達成任何協議。但希特勒破壞此協定，1939年8月日本軍隊在諾門罕與蘇聯作戰而且吃了大虧，德國卻突然與史達林簽訂互不侵犯條約，日本之聯德策略完全失敗，平沼亦因希特勒不守信用憤而辭職。

第二次世界大戰在9月初開始，當希特勒宣佈簽訂德蘇互不侵犯條約，隨即馬上揮兵進軍波蘭。英法信守盟約，若波蘭遭受侵略即給予援助，同時立即向德國宣戰。對於歐洲的最新發展事態，阿部及米內內閣謹守中立，同時轉移其外交目的，結好英美，並藉兩國之力調停中日戰爭。但陸軍看法卻不同，仍希望與德國結成軸心同盟，由於米內首相一力主張與英美妥協，最後被迫辭職。

1940年夏天，因為精英及民間都希望政府能加強其領導能力，在國內外建立一個真正的「新秩序」，近衛文麿重組內閣。近衛身為華族，與天皇又有血緣關係，在這個動盪時局中，他有一定號召能力。1940年9月，近衛踏出第一步，決定與德意兩國簽訂三國軸心協定，該協定規定若美國參與戰爭，三國共同合力對抗。日本領導人希望這協定能為日本打開南進之路，在此之前，希特勒軍隊已在1940年5月入侵法國，於6月佔領巴黎，並建立傀儡的維琪政府以統治法國淪陷地區。由於維琪政府亦統治法國原來的殖民地，三國軸

心協定有助日本南進計劃，最後日本與維琪政府達成協定，日軍可以進駐越南北部。若法國是一獨立國家，無疑它不會允許日軍駐守北越。

但日本南進計劃能否成功還要看美國政府的回應。日美間關係一直處於緊張狀態，在整個1930年代中，美國口頭上都強烈支持中國自主，但實際上卻沒有多少行動以援助國民政府。部分商界人士希望與日本合作，共同開發東北。然在1939年7月，羅斯福總統為了表示決心阻嚇日本擴張，廢除了日美兩國的商業協定。該條約中止後，美國可以視情況需要，隨時禁止對日本輸出。

當日本駐兵北越時，美國逐步擴大其禁運範圍，這亦同時刺激日本內部的鷹派。日本的強硬派認為必須先下手為強，打擊美國及其盟友。德國的行動使日本的計算更形複雜，1941年6月希特勒打破其與蘇聯互不侵犯的承諾，揮軍西進，但日本卻沒有跟隨希特勒的步驟，向蘇宣戰。日本當前的策略是南進，它必須與蘇聯維持友好關係，因此在1941年4月，僅於德蘇開戰的兩個月前，近衛與蘇聯訂立互不侵犯條約。日本隨即擴展在印度支那的勢力，1941年7月在維琪政府允許下派遣軍隊進入南越，日本與維琪政府的協定實際讓日本控有整個印支半島。

美國的回應是強烈的，而且是有威脅性。羅斯福向中國供應低於成本的軍事物資，同時對日本的外國石油供應發動國際禁運，並產生真正效用。到1940年代初，石油逐步成為日本民間經濟的重要資源，每年需求約達一千三百萬桶。更重要的是，石油和汽油都是日本軍隊必不可少的資源，作為船隻、坦克和飛機的動力。國內的石油數量不多，軍方估計1941年累積儲備的石油約四千三百萬桶，僅足夠一年多一點的用量。[3]

諷刺的是，美國在1850年代為了尋求鯨油，使它花力氣強迫無可奈何的日本統治者在戰爭或向全球經濟開放的選項中作出選擇。差不多一個世紀以後，對石油的需求，迫使日本政府在不得不兩個同樣無可奈何的選項中作出選擇：一是依從美國條件，由中國撤兵，以換取禁運撤銷；另一則是依從強硬派提議，攻擊英美兩國，以武力奪取東南亞油田，再在此優勢下提出停火談判。

　　在某一時點裏，日本是外交與軍事兩個方法並舉。外務省提出一個由中國部分撤兵的方案，希望在外交上能同時滿足軍方及美國的要求；而軍方則策劃一個突擊性軍事行動，藉此迫使西方列強承認日本在亞洲之優勢地位。日美談判一直維持到1941年的秋天，其間日本內閣首相人事雖有變動，由東條英機替代近衞文麿，但談判仍沒有中止。只是日本高層領導者考慮到全面戰爭的可能性，認為應由軍方出掌政局，在此情況下，東條英機可以說集大權於一身，同時兼任首相大臣及陸軍大臣兩職，有時亦短暫兼任內務大臣。

　　到11月，日本內閣領導人物了解到已無法由外交手段達成協議，日本只願意由印度支那撤軍，而美國則要日本撤出九一八事變以後自中國取得的領土。11月5日，在天皇親臨的御前會議中，核心內閣決定美國若在最後回合談判中仍不肯接納日本在亞洲之地位，則陸軍會實行攻擊英國與荷蘭在東南亞的殖民地，亦包括美國亞洲屬地菲律賓；海軍則會同時攻擊美軍駐守珍珠港的艦隊。日美最後回合談判當然無法達成任何協議，外務省原意在偷襲珍珠港前一刻，向美國遞交一份長篇備忘錄，正式中止兩國談判，此舉當然與宣戰無異。但由於電文過長，日本駐華盛頓大使館要花不少時間解密、翻譯及打字，故實際上在1941年12月7日（日本時間12月8日）珍珠港被襲擊後才送出。

　　珍珠港事變是過去無數外交及軍事互動的結果，日本最後終於發動戰爭，為全亞洲人民帶來深重災難。回顧歷史，日本領導人不幸於關鍵時刻常常計算錯誤，莽然行動，鑄成大錯。在1937年，日本大部分的軍人、文官、政治家、知識分子以至輿論界都低估了中國的民族主義，無法理解它所能產生的抵抗力量。同樣在1940年到1941年間，日本仍未進入戰爭階段，但其領導人不能了解美國的決心，為了保護英國及荷蘭殖民地，會不惜中斷與日本貿易。到1941年秋天，當他們決定發動戰爭時，日本領導人清楚知道美國的經濟實力，日本不可能在長期戰爭中獲勝。但當日本決定戰爭時，它的軍事預算事實上是大於美國，雖然美國的整體經濟規模是日本四倍。[4]日本統治者天真地說服自己，美國是沒有意志為一塊遙遠的土地，而動員其經濟和社會投入戰爭。

在 1940 年與 1941 年間，美國的確採取了積極行動阻止日本擴張，亦因此使日本部分人認為日美戰爭是無法避免的。若干史家認為責任在美國，是它的動作導致戰爭爆發。不過上述觀點亦無法證明美國若採消極措施，戰爭即可避免。假設美國低調回應，鑑於日本過往的擴張模式，其軍人也許會視此為示弱，實行進一步侵略。日本領導人完全不設想對方有不屈從的可能性，由 1931 年開始，日本對所有領土衝突問題都以強烈推進手段回應，從沒有思考過原地不動，甚或後退一步的方式。假如所有衝突都是無法避免，追源溯始，九一八事變無疑是日後連串事件的源頭，最後只有出於一戰之途。

三、太平洋戰爭

太平洋戰爭開戰之際，日本海陸軍的進展如摧枯拉朽，攻無不克，戰無不勝。珍珠港的偷襲殲毀美國太平洋艦隊的核心力量，九艘主力艦中有六艘被擊沉，兩艘嚴重損壞。另一方面，日軍一鼓作氣攻下馬來半島，趕走英國人，新加坡亦背後受敵，無招架之力，在 1942 年 2 月落入日本手中。菲律賓之役則在 5 月結束，美國將軍道格拉斯・麥克阿瑟（Douglas MacArthur）被迫率領敗軍退往澳洲。在戰爭發動的六個月後，日本亦由英國人手中取得緬甸。日本也控制荷蘭東印度群島屬地，西起印尼，東至婆羅洲及西里伯島，稍後中太平洋及南太平洋島嶼亦落入其手中（見地圖 12.1）。

在美國人的記憶中，珍珠港事變已成為一個「偷偷摸摸襲擊」的代號，含有不道德及鄙視之意。日本人表面上是給予事前通知，但其實時間有限，根本不讓美國有足夠時間防衛夏威夷。無論日本之做法如何，美國領導人至遲到 1941 年末已有足夠情報證明日本人正在準備戰爭，而且會在短時間內攻擊亞洲某個地區。他們在過去幾年其實一直擔心戰爭的可能性。從 1930 年代末開始，美國一直與南北美洲其他國家商議，一旦與日本發生戰爭，如何禁閉日裔人士的計劃。珍珠港事變發生前，美國聯邦調查局就在偵察墨西哥與南美洲，甚至美國的日本人。當戰爭開始，美國迅速啟動應急計劃，把

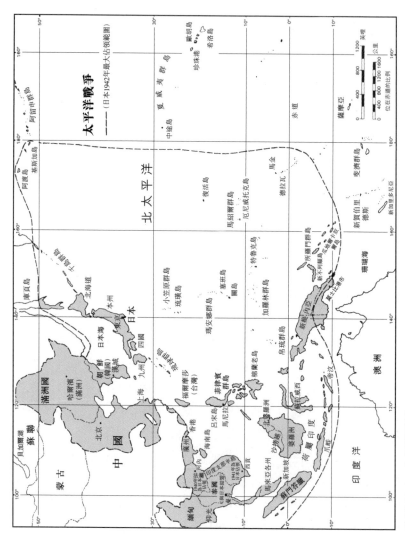

地圖 12.1　太平洋戰爭

居住在西部各州十一萬多名日本人禁閉起來。美國政府還安排十個拉丁美洲國家約二千多名日本人轉移到美國的禁閉營。[5]

在1905年日俄戰爭中，日本亦曾施展同樣方式突擊旅順港。由禁閉計劃的態度反映，美國已有疑慮，故在1941年中，美國軍方不應該沒考慮及這點，但美國太平洋艦隊司令部過分自滿及大意，毫無準備。其實若再回顧1905年日俄戰爭，當時西方的觀察者不單沒有指責日本的突襲行動，反而讚揚其戰略高明。

根據上述的理由，今天若再指責日本偷襲行為的不當，其實是沒有甚麼意義的。不過就當時而言，美國人對日本的手法非常憤怒，再加上偷襲當天損失慘重，美人死傷達三千七百多人，要求報復的怒火席捲全美各地，「毋忘珍珠港」成為戰時口號，其影響一直延續至戰後，日本人的形象被簡化為不可信任。珍珠港事變所產生的民憤，亦使羅斯福總統得以宣佈參戰，成為歐戰中正式對抗軸心國的一員。沒有珍珠港事變，美國公眾對戰爭是猶豫不決的，羅斯福亦不敢冒然行動。

偷襲珍珠港一戰成功，在日本當然是萬家歡動。日本政府與媒體強調日美戰爭是正義之戰，日本所追求的是把亞洲歸還給亞洲人，但從實際層面而言，日本政府所面臨的任務十分重大。日本帝國統治範圍擴張迅速，由北到南約有四千英哩，由東到西亦約有六千英哩，日本應採取甚麼樣的理由及方式去統治它呢？1938年近衛首相曾宣稱日本要建立「新東亞秩序」，中日兩國共同平等合作；1940年當日本要進軍印支半島時，日本擴大原來說法，聲言要建立「大東亞共榮圈」，把東南亞包括進來。但事到臨頭，真的要管理這些區域時，無論日本的軍人或官僚事前均完全沒有真正準備。

官方政策可以說是倉卒出籠，且戰且走。對於舊有殖民地，政策是比以前更為嚴苛，朝鮮總督府動員學生到工廠工作，此外約有四百萬人被強迫離鄉別井，他們部分被送到日本，從事採礦工作；部分則送到中國，擔任監獄管理工作或建築飛機場；數以千計婦女更被送至亞洲各地成為「慰安婦」，在軍隊中從事皮肉生涯。台灣男性則應召加入「自願團」，在亞洲各地及太平洋地區提供各種軍事及

後勤服務，大部分的分派是強迫性而非自願性；留在島內的則被動員參加「奉公團」，在各工廠或地區工作。

216　　　在東南亞新征服地區，日本的統治政策則因地而異。日本佔領軍直接統治印支半島及印尼。至於緬甸、泰國及菲律賓等國，由於日本在姿態上是指責西方帝國主義，同時又希望動員亞洲人支持其戰爭，日本起碼表面上是支持其獨立建國。直到1942年春天，日本才開始策劃一個統籌性部門 ——「大東亞省」，該省同年11月正式成立，但大東亞省權力一直不張，無法有效整合統治各地。1943年11月東京舉辦「大東亞會議」，出席者有緬甸、泰國、汪精衛政權、菲律賓及偽滿洲國等五國代表，是戰時中唯一有關會議，會中強調亞洲的團結及指責西方帝國主義，不過卻無具體政策以整合或發展整個地區的經濟。

在現實層次，真正主導政策的是日本當地指揮將領。他們一方面鎮壓反對日本的民族主義運動，另方面則資助反對西方帝國主義及效忠日本的民族主義分子。在緬甸，一群反英的緬甸民族主義者組成緬甸獨立軍，並得到日本陸軍支持。他們在1942年初即加入日方，共同協力作戰，但到1944年卻轉而反抗日本，並進行地下游擊活動。至於印度，日本在攻下新加坡時俘虜大批印度軍人，日人動之以民族主義，並答應幫助印人驅逐英國，一名狂熱的印度民族主義者辛巴斯·查德拉·玻斯 (Subhas Chandra Bose, 1897–1945) 成立印度國民軍，與日軍合作。1944年春玻斯率領一萬名印度國民軍，與八萬日軍合作，共同進攻印度，展開因帕爾戰役 (Imphal Campaign)，*希望能由緬甸進侵印度。但日軍無法提供足夠後勤支援，結果損失慘重，或因戰爭，或因環境惡劣染病，約七萬五千人傷亡。越南的情況則全然不同，在整個戰爭中，日人都嚴厲鎮壓越南民族主義運動，1944年日軍為供應駐菲律賓以及其他東南亞地區部隊的需要，強迫徵收當年稻米收成，導致越南大饑荒，在這個兩千萬人口的國家，死亡人數高達至少一百萬，甚至可能是兩百萬。[6]

---

* 譯注：因帕爾位於印度境內，鄰接緬甸邊境。因帕爾戰役被稱為日本在亞洲最後一次攻勢。

　　在開戰之初，日本打著團結亞洲、趕走西方殖民地者的旗號，的確贏得一些善意，但在佔領區先後出現的連串殘酷事件下，最後是徒勞無功。印尼、菲律賓、越南等地的民族主義者，在開始時是抱有一定希望，以為日本會幫助其民族解放運動，最後知道是受騙了。雖然如此，日本的短暫統治仍有其深遠影響。戰時風起雲湧的各個民族獨立運動，無論是受日本支持或鎮壓，戰後仍然存續，它們打破了法國、荷蘭及英國的希望，以為戰後可以重新恢復過去的光榮及殖民地所有一切。

　　「大東亞共榮圈」無法產生作用還有另一個原因，就是日本的戰事逆轉太快。1942年5月日軍企圖進攻珊瑚島（Coral Islands），結果無功而返。6月，日軍在中途島（Midway Island）大敗，其時距珍珠港事變只不過半年而已。在中途島戰役中，日本失去四艘航空母艦，它們是日本海軍主力，自此之後，美國及其同盟國便展開逐個擊破的長期策略，一步步地迫近日本本島。同盟國使用潛艇及飛機重創日本的運輸船隊，帝國各地與日本本島遭分割開來，島內經濟亦因此無法正常運轉。美國撇開日本駐守在中國、印度支那及印尼的大量部隊，集中力量於海上，其戰略是在太平洋展開一個鉗形攻勢，一邊是麥克阿瑟將軍，他由新幾內亞反攻菲律賓，另一邊是察斯特·尼米茲（Chester Nimitz, 1885-1966），他率領美國海軍進攻日本在中太平洋領有的島嶼，1944年7月取得塞班島（Saipan），從此日本四島落入美國空軍的轟炸範圍，日本空軍亦無法防禦飛行高度超高的B-29轟炸機，它們不分民居或工廠，實施地毯式轟炸，所投下的燃燒彈造成日本極大損失，日本在此刻其實已經大勢已去，距離其正式投降日子還有一整年。

217

四、總體戰的動員

　　當日本在東亞要建立一個新秩序之際，其官僚、軍人、政治積極分子及知識分子亦大聲疾呼要在國內建立另一個新秩序。各式各樣的改革分子——包括一些熱衷政治的婦女——都把未來寄託在近衛文麿身上，希望他能整合各派系，重建日本。「新秩序」這個口

號首見於1938年近衛第一次組閣的時候，其目的是統合自1920年代以來各個思潮，那些自命為「革新分子」的人企圖創造一個新的經濟、政治及社會體制，重建工業及農村結構，甚至改良文化生活。

支持「新秩序」分子擬想一個繁榮燦爛的本土實踐，能夠超越墮落的西方。不過他們所使用的方法，在有意無意間極為類似德國的納粹分子及義大利的法西斯分子。新秩序支持者鄙視多元主義，以其顢頇無能，必須用中央計劃經濟取代。中央式計劃是權威體制，它需要一個單一團結政黨及強力社會規範。與西方法西斯分子一樣，他們歌頌戰爭動員，認為它是「創造發明之母」。因此戰爭既促進變化，同時亦是變化的結果。

「新經濟秩序」是商工省及企劃院的「經濟官僚」及軍人共同協議而成，另一個參與機構則是「昭和研究會」，它是近衛的智庫。「新經濟秩序」主要領導官員之一是商工省次官岸信介。在東條內閣中，岸信介出任商工大臣。1943年商工省改組為軍需省，他續任軍需省次官（1950年代末，岸信介曾出任內閣首相）。不少人如岸信介等不滿唯利是圖的惡性競爭，希望「合理化」控制工業。他們認為工業有其「公共」目標，就是服務國家，私人企業並非其最終服務對象。在自由競爭的經濟制度下，最後會導致不景氣及社會矛盾，國家力量則受到削弱，只有在國家控制下，資本主義才能避免衝突，解決危機。

近衛先後兩次出任內閣首相，第一次由1937年6月至1939年1月，第二次由1940年7月至1941年10月（1941年7月近衛內閣曾改組），這段時間經濟統制發展最快。其中最關鍵的是1938年3月國會通過《國家總動員法》，該法規定若國家宣佈進入「緊急時期」，則政府可以無須國會同意，隨時依需要發佈命令以「掌控所有物資及人力資源」，近衛為贏得國會同意，他曾明示對華戰爭並未進入「緊急時期」。但在通過不到一個月，他便實施《國家總動員法》，國家因而得以攫取新增權力，建立新體制以動員「所有物資及人力資源」，事實上大部分社會及經濟活動都無法置身這體制之外。

近衛政府在1941年利用總動員法設置「統制會」，成為新經濟秩序的基石。所謂「統制會」是按照《重要產業統制令》設立，該法令授權商工省在各行業成立一個類似超級卡特爾的「統制會」。統制會的

功能是分配原料及資金，設定價格，規定生產量及市場佔有率。在實際操作層面，各大財閥的總裁均入選為統制會成員，與其中官員共同決策，因此大企業在與國家共渡時艱的名目下，對各卡特爾及統制會保留相當大的控制權力。

在經濟新秩序成立的頭幾年，小企業尚能獨立運作，但到1943年政府在各生產事業設立全國性組織，稱為「工業組合」，而且是強制入會。數以千計的小廠商遂喪失其獨立地位，在資源共享的政策下變成「工業組合」的一員。各種以紡織業為例，小廠商奉命封存機器，轉而生產空軍飛機所需零件，不得不淪落為大企業的承包商。

這種自上而下的動員方式是要追求經濟效能及社會安定，然其支持者認為經濟改革無法完全達成上述目的，需進一步推動「勞動新秩序」。由1930年代中期開始，內務省官僚及警察人員便曾策劃設立以工廠為單位的「懇談會」，分別由工人及管理層派出代表組成，這些協調會成為全國及各地區金字塔式組織的一環。

1938年7月內務省及厚生省推「產業報國連盟」（簡稱「產報」），表面上是一個獨立及自發性組織，與當時僅存的一些勞動團體共存。開戰以來，勞動團體並無怨言，大部分一致支持戰爭，與管理層合作無間。不少大企業原來在1920年代曾成立職場懇談會，以與工會分庭抗禮，現在均更名為報國會，加入「產報」，成為其轄下單位。至於小型工廠，它原來既無工會，亦無其他組織，然老闆亦不得不加入「產報」。管區警察經常介入，強迫該地工廠組成「產報」單位，到1939年，全國各地已有一萬九千個企業組成「產報」，涵蓋三百萬名僱員。由今天看，「產報」至少是個令人心煩意亂的組織，甚至可以說是外來干擾性力量。

1940年，第二次近衛內閣改組「產報」，成立「大日本產業報國會」，強迫當時五百個現存工會解散，有關會員總數達三十六萬人。它亦命令全國工場都要成立報國會，到1942年，在全國約八萬七千個工廠中已成立該等組織，擁有會員約六百萬。

產業報國會支持者希望報國會能提升士氣，團結僱主及僱員間的精神，同時為亞洲「聖戰」擴大產能。他們所致力的模式，在幾年前已見諸於納粹德國的「納粹勞工陣線」。在實際層次上，僱員對報

國會冷淡以對。一名受薪者事後回憶指出:「每次會議我們都是打瞌睡渡過」,另一名僱員則說會議「完全是浪費時間」。老板及管理階層亦沒有給予報國會太高評價,但報國會似乎在提高煤礦和紡織業的生產力方面發揮了一些作用。[7]此外,報國會也為日後職場組織形態立下楷模,它提出一種冠冕堂皇的論調,亦即強調企業所有員工之價值,他們的貢獻均有功於公司以至國家,這種強調員工價值的精神一體適用於白領或藍領階級,亦為戰後工團運動所採用及轉化。

219　　　戰爭動員嚴重限制管理層及僱員各方面的自主性。1938年通過總動員法後,內務省及厚生省官員與各校校長合作,分配應屆畢業生到各軍用工業中。到1941年,其時戰況已愈來愈緊張,必須徵用男性成年工人入伍,因此政府又要徵召一批新勞工以取代他們的工作,因此下令十六到四十歲之成年男子及十六到二十五歲之未婚女子均須接受政府指派的工作。其後數年中,進入職場工作的人數男女各約一百萬,女性原多半為家庭主婦,而男性則原來多半任職於「和平性質」工作,新任務是在軍火或戰略性企業。在1943年與1945年間,約有三百萬男女學生應徵到工廠,為戰事作貢獻;另有近百萬朝鮮及台灣勞工被徵召到日本,從事工廠及礦場業務,他們的工作環境惡劣,而且受嚴厲監管。

一旦向新工作報到後,要轉換便不容易,而且隨著戰況發展,要更動便愈難。在1939年與1941年間,政府根據總動員法授權,推動職業登記及工作證制度,其內容複雜,但實際效果是禁止轉換工作。國家同時逐步訂定嚴厲法規限制工資,政府官員的目的是要穩定人力成本,藉此幫助僱主及穩定物價。

政府之所以設計上述種種限制措施,原因之一是不相信自由市場制度。這些規定所隱含的意義是表明僱傭關係已再非勞資雙方的私人契約,無論是管理層或勞工,他們對國家都負有一定的責任。政府認為僱主責任是給予工人「足以維生的工資」,由於年紀愈大,工人的家庭負擔便愈重,故工資應隨其工齡遞增,這種做法才可以提升僱員的士氣及生產力。1943年,厚生省官員強迫數以千計公司的管理層更改其人事規定,每兩年為其工作人員加薪一次。僱主的人事權力因此大為削弱,不但無法獎賞突出的工人,亦不能懲戒工

作表現不佳者。以年資作為提高薪水準則，是當時獎勵工人的一個
不成文做法，但日本政府所建立的法令把上述非正式規定制度化，
同時更推廣到數百萬工人間，而戰後的勞工運動亦以此為出發點。

　　國家對戰時農業亦實施前所未有的強力管制，其出發點同樣是
以排斥自由市場制度為據。1939年農林省開始管制米價，同時亦限
制田租。與管理工資一樣，農林省的目的是消滅通貨膨脹，鼓勵生
產，不過其手段則以保護佃農為主。1942年通過《糧食管理法》，政
府實質上完全控制稻米的買賣，連其他穀物亦無例外。政府不但設
定稻米批發價格，亦掌控其運銷與零售，它直接從農民處購買穀
米，再轉售給各城鎮的消費者。

　　政府的農村統制政策採用各種方式刺激生產，對實際下田的農
民有好處，但對地主則不利，因為糧食管理法設立一雙重農價制
度。一種是所謂「地主稻米」價格，是地主由其佃戶收取之稻米，然
後再轉賣給政府；另一種是「生產者稻米」價格，是佃戶或小自耕農
直接將其所有稻米賣給政府。政府給予「生產者稻米」的價錢較高，
開始時政府把「地主」價格定為五十日元一石（一百五十公斤），給予
生產者的價格則加五日元優惠價，然到戰爭末期，地主價格仍保持
不變，生產者的優惠價已增至二百日元。因此自耕農及佃戶可以得
到每石二百五十元的收購價，比地主整整多五倍。[8] 這時已有三分之
二的米穀在政府掌控之下。除此之外，政府在1943年相當有規模地
擴大1926年的計劃，容許佃農購買自己耕種的田地，並限制土地價
格，強迫地主賣給有興趣的佃農。僅僅兩年，便有二十五萬農民利
用這機會得到了好處（這計劃由開始至1942年，只有三十萬農民參
加）。倚賴不同方法，政府富裕了自耕農，而地主的經濟基礎則遭到
削弱，其社會聲望亦因此而降低。

　　上述各種工業生產及農作的措施，目的是要為戰爭動員，然在
實行這些措施的過程中卻充滿矛盾。例如勞動規則制訂的目標是提
供安穩的「生活工資」，然為了讓年輕者更勤快工作，政府的現場督
導員卻容許各公司實施獎金鼓勵方式。農業中喊出的口號是村內和
諧，但政府的鼓勵方式卻促使佃戶及其他種植者反對地主。政府在
經濟政策的矛盾，最明顯是反映在婦女的角色上。當數百萬的男性

220

由原來工作崗位調上戰場，讓婦女加入工作行列，補充原有人力是急不容緩的事。但男主外、女主內這種傳統性別想法仍然根深蒂固，1942年內務省便拒絕徵用婦女到工場去，原因是「考慮及家族制度」。首相東條英機（1884–1948）的解釋更偉大：

> 承擔守護家庭、養育子弟責任，又為前線後盾，激發丈夫、兒子及兄弟報效國家，此等溫馨泉源均建基於家族制度之上。其為帝國婦女之當然天職，將來亦應永久保存。[9]

到1943年底，政府官員雖了解兩者先天上的矛盾性，但仍要知其不可為而為之，設法找出調和兩方面的答案，正如一個官員說：「一面要動員婦女，同時亦要尊崇她們在家庭中既有的任務。」因此他們首先推動一個未婚女性政策，鼓勵她們到職場工作，事實上是強迫的。方法是規定所有十二至三十九歲的單身女性都加入所謂「婦人勤勞挺身隊」，成為日後工人的後備隊伍，由於街道團體「町內會」的壓力，實際上所有女性都被迫參加。在1943年與1945年間，約有四十七萬女性透過這團體進入職場工作，佔戰時整個女性勞動力增長的三分之一。

到1943年，動員力量已經達到最高峰，東條首相仍堅持原來想法，他企圖用不斷灌輸的力量去強調徵用女性「反映短視的西方式的個人主義……我們一定不能東施效顰，毀滅日本特有的家族倫理……我們一定要避免毀滅日本的家庭制度，它可以說是我們國家的基礎」。[10]由於高層持有這樣的看法，整個婦女勞動力動員便無法有效展開。在1941年與1944年間，約有一百五十萬年輕成年女性成為勞動力，意味著在戰時經濟最高峰時期，總共有一千四百萬女性在家庭以外的地方工作，亦即佔整個民間勞動力的42%。婦女工作人數的增長，既反映市場需要，亦反映國家壓迫力。雖然增長數字頗大，但若與美國的50%比較，仍較為落後，更不用說蘇聯、德國及英國，那些國家婦女工作數字的增長更驚人。

與經濟改革同時，日本在戰時亦推行「政治新秩序」，但與經濟改革一樣，不是設計者過於野心勃勃，無法達成目標，便是內部矛盾重重，因而遭受挫折，其成果可以說是好壞參半。政治改革始於一

些官僚及軍人有瓦解現行政黨之意，希望建立一個以希特勒為師的單一大眾政黨，其目的可說只達到一半。到1940年，所有政黨均被取消，但卻創造不出一個有活力的大眾政黨。取代原來政黨的是所謂「大政翼贊會」，然它的工作其實是替政府敲邊鼓，扮演花瓶角色。

1937年，支持新大眾政黨的人匯聚在近衛首相旗下，敦促他發動群眾運動，對抗現行政黨，他們主要的目標是壓抑民政黨及政友會。民政兩黨雖在蕭殺的政治氣氛中，但百足之蟲，死而不僵，在1937至1938年度國會中，兩黨仍有足夠力量阻延政府法案，甚至修改其內容。大眾政黨支持者認為投票率低迷不振，是選民抗議政黨的表現，他們認為無論個人主義或社會主義，都會毒害老百姓的思想，無法使一般人民全心全意配合各部會大臣推動其政策。

在其第一次出任首相時，近衛致力於拉攏各個山頭的精英，建立共識，因此採取低姿態，不希望為創立新政黨而產生衝突。此後數年中，「新秩序」的支持者與反對者對峙激烈，引發連串權力鬥爭。軍方及官僚的主要領導人、社會大眾黨、民間右翼分子，他們支持較為純粹的法西斯體制，希望近衛首相能扮演火車頭作用。他們的主要觀點認為若要達成國家的目標，則必須有一個能強力動員大眾的組織，好發揮一般人民的經濟與精神力量。他們的反對者主要是政黨及其支持者，其中以財閥領導人最為明顯。

1940年7月，近衛第二次組閣，他終於宣佈「政治新秩序」政策，並成立「大政翼贊會」作為推動工具。在這個新秩序下，所有政治政黨均要解散，當選議員的政治家則要以個人身份加入「翼贊議員同盟」。然正如財閥之於經濟統制體系，政治人物表面上接受，實際卻「上有政策，下有對策」，民政黨及政友會在新的政治勢態裏亦保有部分自主性。

這種「半吊子」的新秩序，在1942年的國會選舉中便十分清楚地反映出來。選舉中約有一千個候選人，競逐四百六十六個席次。在經政府同意下，翼贊會提出一份剛好是四百六十六人的名單，其中包括二百四十七名現任國會議員，二十名前國會議員，骨子裏其實就是上一屆國會政黨勢力的延續。除翼贊會提名者外，尚有五百五十名獨立候選人，其中一百五十人是屬於其他政黨。選舉結果，翼

贊會候選人在四百六十六個席次中取得三百八十一個，勝選率為
82%。事實上由翼贊會推薦的現任議員均再次當選，[11] 政黨成員的影
響力仍在，無論他們是翼贊會的一分子或是獨立候選人，其地方支
持者還是效忠如故。概括來說，原來政黨的成員並未完全失落，仍
屬統治體系的一部分。

　　雖然依舊是權力的一部分，但政黨的影響力是遠遠比不上過去
的。國會中新當選議員有一百九十九名，替換率比以前選舉是高出
不少，同時國會議員現今所扮演的角色，不再是人民利益的代表，
只不過是政府利益的傳聲筒，負責向人民作説明。他們不再是一個
獨立或有組織的力量，國會中大多數議員都支持東條首相，反對者
只能私下表達不滿，否則即遭拘捕，鋃鐺入獄。

　　整體而言，國家動員體制雖然雄心勃勃，有意全面統制各種資
源以「革新」整個國家，但距離成功階段仍有距離。民主因素雖受到
限制，但基本勢態還在。所謂「新經濟秩序」、「產業報國聯盟」以至
「大政翼贊會」，它們均無法把國家統制力凌駕於日本人民之上。雖
然如此，為了戰爭動員社會，並從而重新打造社會，在這個過程
中，動員體制的確改變了國家、社會和個人三者的關係。國會的作
用被邊緣化，社會主義、婦女、工人、佃戶、商人、政黨政治家各
個團體，其地位本來較為獨立，到戰時不是被解散，就是被改造，
國家影響力史無前例地深入各個階層，政治言論尺度亦愈來愈窄，
動輒得咎。

　　總體戰動員所及不止是人類領域，也擴展到帝國內部的動物身體
及自然生態。由於化學肥料的海外供應鏈被切斷，日本唯有把植物
材料及人類糞便作為肥料使用到農田及稻田上，結果是森林被斫伐
一空，水源受到污染。由於有一個錯誤想法，以為可以從松脂中提取
發動機的燃料，結果又損失了大面積的松木樹林。1943年，為了激發
國人犧牲的精神，當局執行一個完全荒謬的行動，把上野帝國公園內
的大型動物全部殺掉，並舉行一個廣為宣傳的「動物烈士追悼式」。
不過正如政治動員運動，國家與自然開戰是有其極限及矛盾的地方。
在1930年代，日本的深海拖網船恣意捕魚，糜爛整個太平洋，但
到1941年海軍發動戰爭後，海洋生物反而得到一個喘息的機會。[12]

　　為了追求動員和新秩序，政府利用了最新的科技，包括收音機、新聞短片以至電影。日本在數十年前進入近代化後，便出現不少新式組織，最新科技利用它們把人民整合到國家及天皇的框架內。到戰時，國家體制已嚴密控制每個組織，青年、婦女、鄉村鄰里、職場、農業及工業產業工會等各方面，無一漏網。戰爭體制是用傳統方式包裝，歌頌古代對天皇的忠誠，但事實上它在很多方面是極度近代的。

五、戰爭陰影下的生活

　　在整個1930年代，日本對華戰爭的規模不斷升級，開支亦逐步擴大，然大部分的日本人仍生活得相當優裕，物質無甚匱乏。由1937年到1941年，工業生產成長達15%，重化工業因為軍事需求關係，其發展更為明顯；公共討論空間的確受到箝制，但文化生活仍頗為蓬勃而有生氣。因此當日本領導人把日本內政外交帶往一個新方向時，從個人的周圍環境觀察，大部分人民實無需懷疑其領導人的智慧。

　　正如上面提及，太平洋戰爭是在1942年發生逆轉，日本開始陷入劣勢，然而早在1930年代末，一些令人不安的跡象其實已逐漸浮現。在經濟方面，1937年以後的成長速度很明顯地放緩，通貨膨脹率在戰前是6%，雖不理想，但仍在控制範圍，然1937年中日戰爭爆發後，通膨率開始加劇，遽增至兩位數字；徵稅額亦在1930年代下半葉急升；到1938年，軍事開支已佔去政府預算的四分之三、國民生產總額的30%。如果與蘇俄在1970年代及1980年代的經濟狀況比較，日本的失衡情形有過之而無不及，在此後數年中，其嚴重情況更是變本加厲。到1940年代初，消費經濟實質上已消失。為了嚴格掌握資源去向，紡織及其他消費工業絕無其他渠道可以取得任何原料及資本，總動員計劃更迫使其設備轉為戰時生產服務。不過物價與工資管制產生意想不到的惡果，它迫使消費者、僱員及工人轉向黑市求取所需貨物及工作，最後導致生活水平大幅下降。由1934年到1945年，日本實質工資下跌60%，而美國及英國同期的實質工資則上升20%，德國則是維持原狀。到1944年初，當時各大都會仍

未遭燃燒彈空襲，民間生活已經好幾年陷入物資匱乏狀態，政府亦
實施管制。

　　這種每況愈下的情形可見於一個老板娘的平實回憶，她原來的
生活相當富裕，與丈夫在東京經營麵包店。根據她的自白：

> 有一陣子我們只能買到一種上海〔假〕雞蛋⋯⋯它們不像真正
> 雞蛋可以起泡沫，因此糕點也不能發脹了，不過到後來也沒
> 法買到，我們只好改賣三明治，其後糖又沒得供應了。我們
> 買來十條麵包，能切多薄便多薄，由於買不到火腿肉，只好
> 用鮪魚作材料⋯⋯不久，我們這些小老百姓連雞蛋也買不到
> 了，更不用說鮪魚，我們只好放棄三明治生意⋯⋯到後來，
> 我們連烤麵包機器也給了軍部，因為它們是鐵製⋯⋯我們身
> 邊也沒有多少東西剩下，飛機空襲又一天比一天緊，最後我
> 們決定離開東京⋯⋯我們門前中町的家是在3月9日那一天的
> 空襲中燒毀⋯⋯不過我們還算幸運，家裏的人都在戰爭中活
> 下來。[13]

　　當動員與戰爭的陰影逐步籠罩一般平民百姓的生活時，日本的
文化領袖卻扮演各式各樣的角色。或是為自保，或是為不滿時局，
有些人便投入藝術工作及非政治性活動，藉以逃避。著名的作家谷
崎潤一郎 (1886–1965) 致力翻譯古典文學名著《源氏物語》為現代日
語，約於1938年完成。一些左翼學者亦由積極變為消極，轉而翻譯
歐洲古典社會科學名著，久留間鮫造 (1893–1982) 就是在這時期開始
編纂馬克思著作辭典，最後完成一項鉅細無遺的浩大文化工程，有
類今天網際網路世代的搜尋引擎，其不同之處僅在於它是電腦問世
以前的產物。[14]

　　有少數異議者雖未有互相交流，但各自企圖躲過言論檢查，發
表其批判性看法。下面一首詩發表於1944年，很明顯未有被當局檢
查出來，因此得以宣揚其和平主義觀點：

〈鼠〉
拋棄生死之生
一隻老鼠有若浮雕

挺立於熱鬧街道之中
俄然老鼠壓得扁平一塊
來往如織的
車輪
一起飛滾而來
像熨斗壓向老鼠
把它熨得扁平
老鼠
一隻的老鼠
不但老鼠沒了、一隻也沒了
死亡陰影頓時銷聲匿跡
有一天、在熙來攘往街道
只看見一塊扁平之物
於陽光下遭受踐踏與蒸烤[15]

　　然那首詩的作者究竟是少數，大部分的知識分子多半熱烈支持戰爭，他們加入政府主辦的藝術家與作家翼贊團體，或是撰寫文章，或是發表演講，主張戰爭動員及革新是一個偉大任務，目的是「超克近代」。

　　戰爭爆發以後，思想界最重要的工作便是批判現代性及西方文化，其努力到1942年7月達至高潮，亦即當時在京都大學所召開的「近代之超克」研討會。日本國內不少著名學者聚首一堂，希望能把他們在學術的貢獻與地緣政治學連結一起，思想工作其實是整個戰爭的一部分，應為進行得如火如荼的「聖戰」盡一番力量。對他們而言，中國與太平洋戰爭是有其「世界史的意義」，這意義不外「日本人的血與西方知性之間的相剋過程，西方知識至今已形成一個體系，橫行霸道，而日本人的浴血奮鬥才是我們知性活動的真正原動力」，與西方思想扞格不相容，兩者必須作殊死決戰。正如在實際戰爭中，日本要解放亞洲，不要接受西方霸權；在文化戰爭中，其目的亦是要反抗近代性及西方，不要屈膝於西方之文化理想中。[16]

　　「近代超克」的支持者認為文化上的真正敵人是理性的「科學」，它可以溯源至希臘、猶太及基督教，日後逐漸成為西方傳統。西方

傳統文化是以人神對立為中心，然日本則相反，它從來沒有人神之間或人與自然之間的矛盾或緊張的關係，因為日本精神是源於神道，其基礎為一個「知的統一性」，強調存在、生命以至萬物的「全體性」。[17]

反近代性者認為自1880年代以來，明治維新便遭出賣。他們認為明治維新真正的精神是承擔東方的責任，聯合各東方國家反抗西方。從某一層次而言，日本是成功的，因為當印度遭凌辱、中國被瓜分之際，日本卻屹立不倒，成為反抗西方之中流砥柱。然其後卻不是這回事，明治日本稍後的「近代化」政策導致全國陷入西方物質主義中，日本人民變得自私自利，看不到他們真正的目的是在天皇仁愛的領導下，共同創造一個不分階級、和睦相處的社會。反近代性者認為日本到1920年代更泥足深陷，大家渾渾噩噩，只知追求個人利益及快樂，而「摩登女郎」、美國電影、速度、縱情聲色，均成為這些生活的特徵。上述所謂商業化及庸俗化的生活，其實已存在於德川時期的大眾文化，不過當時把一切過失均諉之於西方文化的侵略，特別是美國輸出的毒素，美國民主被指責為一種掩人耳目的手法，這種小恩小惠卻欺瞞了許多無知大眾。

下面一首詩可以説是上述批判精神的總結，它是竹村健太郎在1941年12月4日所作的詩，剛好是珍珠港事變發生前夕，當時的氣氛是期待戰爭擴大。也許是偶然，這首詩剛好發表在12月8日，正是珍珠港事變發生的日子。

> 我立於義與生命
> 彼立於利
> 我可説捍衛正義
> 彼可説利之侵略
> 當彼藐視四方
> 我則打造大東亞家庭[18]

225　　　戰爭的目的被神聖化，它要解放亞洲，不再受西方操縱的現代主義壓迫，重新恢復亞洲社會的和諧。長谷川如是閑（1875–1969）

是著名作家，*1942年曾在《日日新聞》寫道：「東亞民族將會以大東亞
戰爭為開端，建立一個共通文化區域，與自中古時期以來的歐洲類
似……而第一步就是要將西方影響力逐出東亞。這偉大的任務現在
正落到日本的肩膀上。」[19]

　　日本政府的戰時文化政策是上述精神的反映，國家政策是公然
排除英美文化的影響力。德法電影雖仍准許上映，但只限於那些歌
頌英雄事跡的電影，愛情片則被拒於門外。所有「敵國音樂」都在禁
止之列，特別是那些靡靡之音的爵士音樂。日本音樂文化協會是由
政府控制的一個組織，擁有相當多的教師及音樂家會員。由於爵士
音樂在日本十分風行，它在1943年1月宣佈，要「橫掃美國爵士音樂
的影響出日本」，每一個月的第三個星期五都規定開會討論「消滅頹
廢爵士音樂」的方法。自1920年代出現的美容院，其後日益普遍，
到戰時亦被指責為污染女性的純潔，燙髮因而被列為禁止項目。棒
球在1890年代後便十分受歡迎，亦成為目標，在1943年4月文部省
下令暫停「東京大學野球連盟」的校際比賽，主要是配合大學體育課
程以軍事訓練優先的目標。日本政府同時發動一個淨化語言運動，
要改變多年來英語及其他西方語言混雜於日語的情況，故棒球中的
「打擊」及「出局」等外來語要由本土詞彙取代；「日本阿爾卑斯山」等
用詞亦要重新命名為帶本土氣息的「中部山岳」；政府也不鼓勵民間
使用「爸爸」、「媽媽」等西式稱謂。[20]

　　無論知識分子或政府都大聲疾呼，要求全民拋棄墮落無恥的西
化生活方式，用犧牲精神取代，這才是真正的日本皇道。他們的呼
喚確實努力不懈，而且是無所不在。因為消費品愈來愈短缺，刻苦
而又自我犧牲的生活事實上是無法避免的。西方的奢侈品已從商店
架上消失，城市婦女亦不再穿時髦服裝，換上所謂傳統日式女性工
作服，美容用的吹風筒則被送往軍方，作為再生軍事物資使用。

---

* 譯注：長谷川如是閑，著名日本媒體人，主張自由主義，1920年代積極支持
　大正民主。

圖12.1 日本政府政策之一是鼓勵日本價值，回歸「傳統」文化，其實施方式為限制西方文化各種影響，由音樂、運動以至服色均在其內。圖中背景是1940年東京銀座鬧區，一位軍人督察員正在告誡燙髮婦女，要她們配合政府政策，回歸日本的髮式。(每日新聞社提供)

　　然當文化行為與物資短缺或軍事需求無關時，其限制的效果則不太彰顯。人們對棒球的興趣仍然維持不減。1943年10月，軍方開始徵召大學生入伍，當時在文部省強制下，大學棒球比賽已經禁止六個多月。但當早稻田大學及慶應義塾大學校方在主辦歡送學生入伍聚會時，兩校間的棒球比賽仍被視為最佳紀念方式，兩校的比賽吸引了一大批觀眾。至於職業比賽，球員都換上軍隊制服及軍帽。1944年1月，聯盟名稱亦改為「日本棒球國家服務協會」，球迷依舊蜂擁到球場去。甚至在1944年，當比賽在後樂園球場(今日東京體

育館所在位置)進行時,看台上方要佈置高射炮防守,平均仍有二千
五百名球迷觀看這個敵國的全民娛樂項目。直到1944年11月,職業
賽事才被完全禁止。[21]

　　音樂界的情況亦一模一樣,當爵士音樂被禁止時,咖啡廳只好
把留聲機關上。但老板很快又開始播放舊流行曲,開始還把聲音調
低,後來便愈來愈大膽。甚至在軍隊內亦無法完全禁止「敵國音
樂」。四個神風特攻隊隊員在等候任務分配時偷空參加一個傳統詩歌
創作比賽,在他們創作的和歌中,其中有兩句寫道:

226

> 與美國人拼命的男人在聽爵士音樂,
> 久違了爵士樂,真希望和平快點來臨。[22]

　　所謂克服近代文化的工作是充滿矛盾的,與新政治及社經秩序
事業的打造如出一轍,無法產生一貫的政策,在執行時亦漏洞百
出。在思想層次,反近代主義事實上源於西方,日本當時所用的觀
念性語彙,均為歐洲的尼采及海德格等人所提倡。而且的確,當力
竭聲嘶地喊出「超克近代」的口號時,所反映出的現實就是日本的近
代化已根深蒂固;在一般大眾層次,西方的潮流、品味及習慣已深
深打進日本社會,無法輕而易舉的割棄。口號雖然叫得震天響,但
要打仗,則必須倚賴「理性科學」以生產飛機,也要用它來應付生產
及戰場上各種需要。事實上,日本工程師所設計的零式戰鬥機十分
出色。另一方面,臭名昭著的731部隊科學家把冷酷的「近代」理性
應用在生物戰爭計劃中。這支部隊亦稱為「石井部隊」,以其創立人
石井四郎而得名。該部隊於1935年創立於東北哈爾濱郊區,日本軍
方在此實施大量人體實驗,基本上以中國人為對象,過程相當殘
酷,目的是要開發和試驗細菌對平民大眾的影響,例如鼠疫、肺結
核等傳染病。[23]最後,我們必須了解到近代性及傳統價值的喪失所
引起的不安感,此種不安感並不限於日本或軸心國,它是近代生活
的一種明顯特點,全世界皆然。戰時日本使用極端方式以應付這種
揮之不去的近代性難題,最後造成災難性後果。

227

六、戰爭的結束

　　在整個戰事過程中，日本人民私底下雖然有不少疑惑，但在公開場所，他們仍十分沉著，顯現出其堅忍一面。不過到戰爭的尾聲時，社會崩潰跡象與日俱增。就算在大空襲以前，工人仍未需疏散到鄉村地方，日本各個大城市內工廠的缺勤率已達到20%，而且成為常態。1944年及1945年大空襲開始，缺勤率常為整個勞動力的50%，因薪資及工作環境引致的突發性糾紛層出不窮。憲兵亦注意到消極抗拒陸續出現，例如反政府塗鴉等等，情況令人擔心。一個皇室家庭的助理在其日記中寫道，1943年12月曾遇上一件令人驚心的事，一個喝醉的紳士，在電車裏一面大聲唱歌一面叫吼：

　　他們發動戰爭
　　戰爭肯定要輸
　　仍死口說必勝、必勝
　　大混蛋！瞧瞧，我們哪裏會贏
　　失敗的歐洲變紅
　　亞洲亦早晚成為共產世界
　　當這時刻來臨
　　正是俺之出頭天[24]

　　戰爭勝負的趨勢愈來愈明顯，日本人了解到大勢已去，難以逆轉，皇室、外交圈子、企業界甚至軍方少數將領，都有人考慮到徹底投降，它總比寧為玉碎的最後一戰好。近衛文麿便是持有這種想法的佼佼者。在幾年前，近衛前首相曾經是急進改革者所寄望的中流砥柱，但到今天，近衛和好一些人都害怕蘇聯會參戰，成為日本敵國（在整個戰爭中，日本與蘇聯在1941年所簽訂之中立條約仍然有效）。另一方面，近衛身邊的人最害怕是戰爭膠著不前，它最後可能會損害天皇制度，他們所擬想的是個三箭齊發的情況：外國入侵、下層民眾的騷亂、上層的革命行動，最後毀滅了日本整個精神及文化的核心世界。

圖12.2 戰爭快要結束之際，日本政府為了保衛本島及皇室，大力宣揚「玉碎」政策，與敵人決一死戰，其動員亦空前廣泛。圖中是長崎婦人自衛會成員，正在受訓使用竹竿，作為1945年最後決戰的準備。（每日新聞社提供）

　　他們的恐懼有點言過其實，特別是軍方及官僚急進分子會否發動國內革命。有關戰爭結束方式的確存在著派系對立，尤其是近衛一派與陸軍領導層間的矛盾更為明顯。但他們間的差異並非是皇室近親者支持天皇，軍方革命者反對天皇。他們爭論的核心是要附和美國或蘇聯哪一國，亦即哪一國對天皇制度的威脅性最大。陸軍將領不喜美國人，他們甚至一度計劃在最後關頭時，一面在日本本島作殊死戰，一面將天皇遷至亞洲大陸，由蘇聯庇護。而近衛一派則主張接受美國的和平條件。

　　在終戰第一階段中，陸軍的策略佔上風。首相東條英機已失去皇室、海軍及自身內閣官員的信任，於1944年7月辭職。不過統治階層認為他們無法取得陸軍信賴，故繼任的首相小磯國昭（1880–1950）仍出身於陸軍。1945年2月近衛見事無可為，決定作最後一次嘗試，企圖由陸軍強硬派手中取得主導權。他親自向天皇提出一份名為「近衛上奏文」的文件，建議向美國謀和，縱使接受無條件投降亦在所不惜。近衛強調這方法是唯一可「救民於戰爭之水深火熱中，同時亦為維持國體，謀皇室之安泰」之道。[25] 天皇似乎頗為動容，但

無法接納其建議，因為沒有可用之人出任首相以實行近衛之主張。
幫助近衛擬訂上奏文的人，結果被捕下獄，其中包括戰後首相吉田
茂及其他一些外交官員。小磯在公眾面前仍擺出信心滿滿的姿態，
要繼續進行戰爭，不過私底下他卻向蘇聯示意，希望能得其協助，
展開和平協議。

但到1945年春天，小磯的工作明顯地失敗了。由於美國一直強
烈要求蘇聯參戰，蘇聯宣佈不會與日本再續中立協定，1945年4月
小磯辭職，由海軍大將鈴木貫太郎 (1867–1948) 出任首相。當時整
個環境十分惡劣，美軍已於沖繩展開其激烈攻勢。6月，美國終於取
得沖繩，但戰場上的犧牲人數達一萬二千五百人，而日本陣亡人數
更達二十五萬人，其中十五萬人是沖繩當地的平民。這時德國已經
投降，飛機空襲亦幾將日本各大城市夷為平地。

那些能夠接收真實消息的人很清楚的知道，再繼續打下去是沒
有結果的。鈴木本人及天皇周圍的元老重臣雖然了解繼續作戰，其
結果只是更多死亡及損失，但更害怕和談是未知數，皇室可能因而
消滅。由7月到8月初，日本統治者一面準備面對一場未來的入侵，
在祖國大地上決一死戰；但另一方面，他們仍盡一切外交努力，期
待蘇聯能起協調作用，日本投降後仍可以保有天皇。

歷史學家嘉倫 (Sheldon Garon) 有說服力地論證，由不同因素所
組合所而成的災難性後果，最後才迫使日本領導層達成投降決定。
同盟國由1945年3月發動「飢餓行動」，在各個港口實施空中佈雷，
以封鎖糧食進口日本本土。在整場戰爭中，日本統治者很少對其國
民展現人道關懷，但為了讓戰時經濟得以持續下去，必須給予勞動
力足夠的糧食。戰後有些日本領導人告訴美國官員，糧食封鎖是最
有效結束戰爭的策略。[26]在糧食狀況愈來愈惡劣的時候，德國的崩
潰及其後國家分裂的狀況，也引起日本對可能會走上相同命運感到
恐懼。另一方面，1944年中對日本各城市實施真正的燃燒彈空襲，
其強度在1945年3月開始達到最高峰。到夏天，約八百五十萬人離
開主要城市，工業生產面臨癱瘓。

8月是殘忍的一個月，美國在廣島 (8月6日) 和長崎 (8月9日)
投下原子彈，而8月9日蘇聯兌現了對羅斯福的承諾，在德國投降剛

好三個月後參戰。雖然有爭議性，蘇聯的宣戰在這三個最後的打擊中最為重要。由日本領導人的觀點看，原子彈可能只是燃燒彈的延伸，但蘇聯在戰場上展開新戰線，使日本領導人失去了他們微弱的希望，即史達林可能會與同盟國仲介出一個和平協議，何況還要面臨蘇聯佔領日本部分領土的惡夢。[27]

　　雖然各種極不尋常的噩耗及未來的威脅匯聚一起，但日本人仍要花上差不多一個星期才達成投降決定，並罕有地要求天皇裁決。8月9日最高軍事指揮官及內閣經過整日會議協商，到將近半夜時再開會，裕仁天皇本人亦有參加。甚至到此時此刻，陸軍參謀總長、海軍軍令部長及陸軍大臣仍堅決拒絕盟軍的「無條件投降」要求。天皇最後投下決定性一票，同意首相及「最高戰爭指導會議」另外兩名成員的提議，*即投降的唯一條件是保有天皇制度。然當時美國的回答並不具體，只說天皇的命運應由日本人民自行決定。事實上華盛頓的高層決策者早已決定保留天皇，讓佔領能更順利進行。到8月14日，也許認為美國佔領較蘇聯佔領為佳，裕仁天皇再打破另一僵持的會議，決定接受美國的投降條件。8月15日，天皇親自透過廣播，向全國宣佈此一消息。9月2日，同盟國與日本代表在停泊於東京灣的「密蘇里號」戰艦上正式簽署受降文件。

七、戰爭的責任及遺產

　　這場戰爭留下一個複雜的遺產，無論在日本本身或日本以外地區，其所產生具體的以至心理上的傷痕，仍然刻骨銘心；戰爭結束至今已超過七十年，傷口並未完全癒合。另一方面，戰爭亦為戰後世界奠下一個與往昔非常不一樣的基礎。

　　日本在戰爭中一度把英國、荷蘭、法國及美國統治者趕出東南亞及菲律賓，結果是在有意無意中加速亞洲殖民地主義的崩潰；日

---

* 譯注：出席「最高戰爭指導會議」為天皇裕仁、首相鈴木貫太郎、外務大臣東鄉茂德、陸軍大臣阿南惟幾、海軍大臣米內光政、參謀總長梅津美治郎、軍令部長豐田副武。

本亦在其自身殖民地發展近代工業，因而為朝鮮、東三省以至台灣孕育戰後工業化基礎。但這些大東亞共榮圈的執行者並沒有贏得任何掌聲，他們在殖民地及戰時佔領區所實施之高壓政策，其帶來的仇恨至今未熄，尤以韓國及中國為顯著。一波又一波的帝國擴張及戰爭，其手段苛刻，數以百萬計的人民因而陷入水深火熱中，若一個個地細數下來，它們包括南京大屠殺、無數在華暴行、越南饑荒、慘淡無望的印度獨立軍之役。與此同時，約三萬六千名英美戰爭俘虜死於戰俘營中，約佔當時俘虜總數四分之一，[28] 有倖生還者在數十年後仍餘憤未消。

在戰爭當中或戰爭結束之際，尚有另一群受社會忽視的戰爭受害人，她們就是數以千計被稱作「慰安婦」的年輕女孩及婦女。她們被迫前赴前線，在其附近設立的所謂「慰安所」工作。其中約八成是朝鮮人，餘下的包括中國人、日本人及少數歐洲婦女。朝鮮的招募者多半是私人機構，有些是日本人，其他則是朝鮮人，都是替軍方工作。他們經常穿著制服，讓他們看起來像警察或軍官。他們對一些婦女詐稱招募女服務生或家庭傭工，另一些則乾脆擄劫而去。在印尼，軍事人員有時持槍搶掠婦女。無論怎樣，這些婦女全都被帶上前線，被迫向日本士兵提供性服務。由日本軍人的觀點看，慰安所與日本國內的合法娼館並無兩樣，表面上日本士兵在召妓後必須付費，但實際上很多婦女並沒有收到分文，另一些則會收到軍票作為報酬，它可以用來購買肥皂或食物等日常生活必需品，因此她們的生活環境與一般娼妓不同，反而類似奴隸。當然，在一般戰爭情況中，也會有娼妓出賣自己的身體給士兵，「慰安婦」最與別不同的地方是日本當局的介入程度，上至內閣大臣，下至地方司令官，各級官員親自頒佈命令、訂立管理規則，有時候甚至直接管理。至於慰安婦的數字與屠殺死亡人數一樣，無法得出一個準確數字，政府也沒有保留仔細記錄。根據士兵與「慰安婦」比例的不同估算，估計人數在二萬至二十萬之間。[29]

戰爭中自然環境遭受的損害有幾方面。台灣及中朝邊界的森林自1930年代以來便飽受嚴重斫伐。當戰況逆轉，不利日本時，本土再無法由帝國其他地方取得資源，環境衝擊便來到國內。由於煤、

天然氣及石油限於軍方需求，平民只好回到前工業時代的模式，使用樹木及木炭。到戰爭結束時，以木炭推動、冒著煙的汽車和公共交通工具到處可見。軍事建築也需要大量木材，據說在戰爭結束時，日本最好的山林有15%被伐，大部分都被破壞得體無完膚，也沒有再種植。為了獲取食物而發動的狩獵及捕捉鳴鳥運動，更使野生動物難逃一劫。上述環境衝擊雖然嚴重，但大部分都是暫時性。[30]戰後開始重新植林，鳥群最後亦恢復過來。在戰後和平時期，日本人民則面臨不一樣的環境衝擊，是由急劇經濟成長帶來的挑戰。

當然，戰爭對日本人民來說也是個重大創傷，而且這種對人類的影響是更深遠的。在1937年與1945年間，約一百七十萬士兵陣亡；另外戰後也有大批俘虜在蘇聯的戰俘營失蹤，最高估計有三十萬之多。大空襲讓九百萬人無家可歸，死亡的平民約二十萬人，另外再加上死於兩枚原子彈的二十萬人。原子彈爆炸是個恐怖經驗，在爆炸半徑兩公里內，所有人類剎那間盡成灰燼，廣島及長崎兩座城市頓成火場及死亡煉獄，建築物亦化為頹垣敗瓦，由於放射性疾病的後續影響，在以後數月以至數年間，尚約有十萬人以上成為原子彈的犧牲者。整體來說，日本死亡總人數約達二百五十萬，最重要的是它承受了史無前例的原子彈經驗，這使日本人有一種強烈戰爭受害者的感覺，而非加害者，戰敗的感受亦瞬間改變數百萬日本人對戰爭的看法，深深體會到所有戰爭的可怕。

戰爭期間實施的各種政策，亦奠下一直以來所稱的「1940年代體制」。不過更準確地說，「1940年代體制」是戰爭期間一連串措施的集合體。[31]戰後最為人所知的產業政策，就是源於經濟大恐慌至1945年間的各種嘗試，在不斷實踐與修正後才摸索出來。在這段期間，負責官員設立各種指導及控制私人企業的機制，而且頗耐得起考驗，戰後終於能存活下來；他們也孕育大企業與下游供應商的網絡，讓其運行無阻，為戰後開先河；戰爭動員措施同樣改變了農村中的地主佃農關係、職場組織及男女角色等體制。戰爭中地主權力日益衰退；藍領工人雖然在物質方面得不到甚麼好處，但意識形態上則地位大為提高，號稱與管理層平起平坐；婦女進入職場的數字亦是空前的。日本戰敗投降無疑是其近代史上一重大轉捩點，然無

論是社會文化生活、國內政治以至國際關係，戰後各領域要重新出
發時，亦會建基於戰時經驗，兩者關係是錯綜複雜的，有時甚至是
出人意表的。

第十三章

美國佔領下的日本：
新出發點及延續的舊結構

1945 年 8 月 15 日，日本天皇在其第一次收音機廣播中宣佈日本
向盟軍投降，當聽到這消息，對某些人的衝擊十分大，根據他們日
後回憶，8 月中午這一刻是「再生」的開始，過去的價值及經驗馬上
失去其合法性，他們決定無論為個人也好，或為整個民族也好，都
要探求一個全新方向；另一些人原來已為空襲所困，天天掙扎於糧
食與居住問題中，顯得一片絕望與消極；還有一些人決心要保衛傳
統世界，其中又以在高位者為然。因此敗戰雖為全國共同經驗，但
每個人的感覺並不相同。

　　甚至在戰爭結束以前，不少皇室、政界、商界以至政府等各方
面人員，均恐懼戰敗會帶來革命，消滅天皇制度，並用蘇聯模式的
社會主義取代之。在投降後，這種恐懼有增無已，因為美國似乎要
來播下革命種子。雖然有些人衷心歡迎它，有些人則畏之如蛇蠍，
但這種上天注定的革命並未真正實現。當然，日本戰後的特徵仍是
充斥著各種深刻的衝突與矛盾，但我們在說明日本在 20 世紀下半葉
的歷史時，核心命題是解釋其安定化過程，以及如何化解各種衝
突。換言之，戰後保守政治及社會秩序如何及為何能崛興於戰後日
本？它們在 1945 年後又怎樣能延續下來？

一、忍其難忍

　　當日本數以百萬人民聆聽天皇廣播投降消息時，這是他們第一
次聽到其最高元首的聲音。高頻率的講辭透過收音機電波傳送出來

時，他們不得不十分訝異，然更令日本人民大吃一驚的是廣播的內容。*八年以來，日本的統治階層一直勸導其子民不斷犧牲以完成這場偉大戰爭，這不但是服務天皇，更是為了由殘暴的「英美惡魔」手中把亞洲解放出來，最後勝利必屬於日本。日本軍人在整個亞洲殺戮數以百萬的士兵及平民，而七千萬日本人口中，死亡人數亦達二百五十萬。然在剎那間，天皇用一種官式及有意含含糊糊的語言告訴他們戰爭已經結束，日本已經被打敗了。

233　　　　裕仁在其「玉音放送」中要說明日本為何決定投降，它可以說是歷史上最低調的文獻之一：「然交戰已四歲，雖陸海將兵勇戰，百僚有司勵精圖治，一億眾庶各各盡善奉公，戰局未必好轉，世界大勢亦非有利於我」，他強調敵方所使用新發明的「殘虐爆彈」，若繼續交戰，「不止會招來我民族之滅亡，亦進而破壞人類文明」。對與日本合作的國家，他以「與帝國始終致力東亞解放諸盟邦，不得不表遺憾之意」。裕仁表示其目的是「為萬世開太平」，並勉勵其子民「堪其難堪，忍其難忍」，團結一致，「傾力將來建設，篤道義，鞏志操，誓發揚國體精華，不落後於世界進運」。[1]

裕仁的廣播頗引人注目，這是他及其宮內顧問首次嘗試肯定戰爭的無私，又當日本面臨天翻地覆的轉變時，他卻為其日後權力基礎作辯護。整個廣播內容視日本人民甚至國家為戰爭及殘酷武器的受害者，雖然裕仁在廣播結束時引用明治時代的術語，要求日本模仿西方世界的進步，但重點則是忍辱負重，而非追求大改革。

對少數人而言，他們無法接受一個敗戰的前景，當廣播發表後，約有三百五十名軍官自殺。不過軍方領袖一向強烈呼喚士兵在決一死戰時要為國犧牲，若以此標準衡量，五百多萬軍人中僅三百五十人在戰爭結束時殉身，則比例並不算高。大部分的平民及士兵對於戰敗的態度，或是實事求是，或是消極，並無極端行為出現。

在官僚、軍事及企業機構中，有一項最實際而又最急迫的戰後工作：戰爭是在8月15日正式結束，而麥克阿瑟將軍及其佔領部隊

---

*　譯注：天皇裕仁之敗戰廣播稱為「玉音放送」。

則在9月初才到達，在這空窗期的兩個禮拜中，數以百計的火頭騰燒在東京各處。因為官員及企業經理害怕盟軍秋後算賬，必須湮滅戰時有關證據，故數以千計的各方面文件因而遭到毀滅。

　　另一個實際而又迅速執行的措施是招募娼妓，這本來是日本戰時政策的一部分，但現在的服務對象則轉為盟國軍隊，目的是「保衛及維繫我大和民族的純粹」。官方慰安所是在8月18日開始策劃，到1945年底，所謂「特殊慰安施設協會」(Recreation and Amusement Association, RAA) 已經遍佈全日本各大城市，數以千計的婦女出賣其肉體，其中大部分從未當過娼妓。1946年1月，佔領當局責難官方慰安所，認為是違反婦女基本人權，因此不單官方慰安所被立法禁止，公娼執照制度亦被廢除。但同年12月，日本政府使用另一個名稱恢復頒發公娼行業執照，紅燈區又再死灰復燃。政府認為有需要防止性病在無執照的私人妓院傳播，故承認特種餐廳及酒吧的合法地位，讓它們在昔日紅燈區營業，同時容許女性在這些地方進行性交易。

　　佔領軍士兵是紅燈區十分穩定的客源，而身為娼妓的女性有時候會與芳客建立較為長久的關係，便會遭遇到雙重歧視。美國官方雖容許娼館開門營業，但不鼓勵美國大兵與日本女子結婚，然仍無法避免日美混血兒童的出現，他們在日本頗受歧視。

　　第三個對敗戰的實際回應是企業精神，無論它合法也好，不合法也好，都是充滿活力。小川菊松是個明顯例子，他的職業是編輯，當天皇宣佈投降後，他馬上意識到英語會話書籍會有大量需求，因此臨時編纂了一本名為《日美會話手冊》的書，到年底，其發行量已達三百五十萬冊，到1981年，它仍經常名列為日本最暢銷書之一。[2] 更典型的便是地下市場的興起，日本戰時是實行糧食分配及物價管制，當戰爭結束，這政策仍未改變，市場上食物及家庭用品供應奇缺，很多男性及少部分婦女從事地下市場生意，大發黑市財，其中不少韓國人及台灣人亦有插手。這種被稱為「青空市場」的黑市並不合法，但為當局所容忍。事實上很多黑市由黑道操縱，為保護地盤，黑道經常訴之於暴力，演變為流血事件。到1945年10月，全國各城鎮共有約一萬七千多個「青空市場」。供應商想盡辦法搜求貨源：農村、戰時物資的秘

234

圖13.1　圖中是戰爭結束後兩年中日本最常見的倉惶景象，城市居民要擠上火車，急著前往農村尋找糧食。他們手裏拿著一袋袋個人物品，如和服之類，希望與農民交換蔬菜或大米。（每日新聞社提供）

密倉庫、與供應豐富的美國基地有掛鈎的美國大兵或娼妓，不一而足，有些衣服及毯子甚至是由死人身上剝下來的。[3]

　　數以百萬計的日本人民幾年來一直要面對飢餓，事實上已有數以千計的人死於糧食不足。[4] 1946年春天，由於農業失收，口糧分配制度運作失衡，城市面臨嚴重糧荒。在1946年，每一個家庭平均花費68%的收入在食物上，小學學童平均身高及體重一直遞減，到1948年才稍為竭止。[5]新聞紀錄片上常出現些不忍卒睹的鏡頭，小孩身體乾瘦，腹部鼓脹，而厚生省人員正焦累地為他們作健康檢查。不論成人或兒童、婦女或男性，他們都一窩蜂地擠上往鄉村的火車，希望用手上的和服換回糊口的白菜（見圖13.1）。一部當時的回憶錄訴說：「剝掉身上衣服去換取食物，我們開始時把它比喻作蛇剝掉它的皮一樣，但後來又把它比作削洋蔥，因為一邊做，一邊忍不住掉下眼淚。」[6]

235　　　日語中的醫學「虛脫」一詞，用來形容戰後初期日本人民的心理狀態是最貼切不過。當時大眾傳媒指出酗酒與毒品是最嚴重的社會問

題，報紙刊載很多有關飲用家釀酒而致死的新聞，與1920年代及1930年代相比較，武裝搶劫及盜竊案件增加很多。雖然如此，謀殺案並沒有增加。政府及傳媒有關人員雖然不斷記錄其所焦慮的事情，指出社會正陷入空前混亂，其實只是一種錯覺，有相當程度的誇大。

　　另一個象徵當時情況的詞彙是「粕取」文化，「粕取」原意是指一種流行於大眾的廉價酒，它用酒糟渣滓釀成，質量低劣。當時指一種心理上的自憐狀態，因未來看似無望而只活在當下。正如一個黑市的買賣人說：「我一天所賺的錢等於白領階級一個月的薪水，這使我很難擺脫這種生活。但我絲毫沒有考慮到存半分錢，我只留一些第二天會用到的錢，然後今朝有酒今朝醉，我一直在喝酒，生活就像一朵飄揚在半空的浮萍。」當時好些著名作家，其中最具代表性的是太宰治（1909–1948）及坂口安吾（1906–1955），無論在其筆下或實際生活中，都不斷歌頌和平時期的人性墮落，言下之意是反對戰時非人性的忠誠，在其久為人知的散文〈論墮落〉，坂口寫道：

> 我們可不可以說出神風英雄只不過是場幻夢？可不可以說出
> 人類歷史是開始於我們走進黑市市場？我們只不過回歸到人
> 類的本性，人類走向墮落──忠心耿耿之士及聖潔的女性亦
> 走向墮落。[7]

二、美國的佈局：非軍事化及民主化

　　與日本人民截然相反，在1945年9月開始陸續進駐的美國人，他們營養充足，裝備優良，每個人都信心十足，滿懷徹底改造日本的理想。在美國人統治下的七年，是日本有史以來第一次被外國人佔領，統治者運用他們的權力重訂法律，改革經濟及政治體系，甚至要改變日本之文化及價值觀念。

　　理論上，佔領是同盟國各國的集體事務，1946年初成立一個由四強組成的同盟國日本委員會，目的是作為「聯合國最高司令部」（Supreme Commander for the Allied Powers, SCAP）的諮詢機構。同時另外有一個遠東委員會，成員共十一人，負責制定佔領政策及監督聯合國最高司令部。[8] 然在實際執行過程中，由於最高司令部的領導

人是麥克阿瑟，他的作風強勢，其下屬又多半是美國人，故最高司令部可以說是直接聽命於美國政府，其他機關根本起不了甚麼作用。簡而言之，所謂最高司令部便以麥克阿瑟本人及其下屬各級官僚為代表。[9]

美國對日本的佔領策略可以用兩個詞概括：非軍事化及民主化。為達成第一個目標，最高司令部馬上瓦解日本的海陸軍組織。在1945年11月30日，日本的武裝力量正式被解除，不過真正的後續工作卻更為艱鉅，因為復員軍人數目龐大，總共要遣返約六百九十萬人員回日本本島。當戰爭結束時，日本人口約有十分之一身處海外，即有三百七十萬軍人及三百二十萬平民分佈在朝鮮、東三省、台灣與中國大陸，甚至遠居在南方極端遙遠的佔領區。除了約四十萬人被羈留在蘇聯，成為戰爭俘虜外，又有少數人留在東三省，到1948年底，復員與遣返工作大致完成。要處理如此數量的人員是一個十分複雜的任務，它的影響為何？到今天仍未有充分的了解及研究，不過總的來說，整個過程是相當迅速及順利的。無論是軍人或平民，遣返者在回到「家園」後，都有種百感交集的失落情緒，一方面是回來時身無長物，一貧如洗，因此有點自卑；另一方面是因為曾參與戰爭，結果一敗塗地，自然受到冷眼看待。在1950年代及以後，不少復員軍人參與政治，而且頗出鋒頭，他們一直強力要求政府再軍備，並且修改美國在佔領時期強加於日本的各種變革。

其他非軍事化政策則主要集中在那些支持戰爭但卻不屬於軍方的人。1945年10月，美國人解散「特別高等警察」，它簡稱「特高」，是戰前監控思想的組織，具鎮壓人民的作用。在1945年到1948年間，佔領當局亦從政府及企業內清除二十萬人以上，理由是他們都在戰爭中擔任領導角色，國家神道亦被解散。戰爭結束不久，同盟國召開傳統戰犯法庭，審判約六千名軍人，罪名包括虐待戰犯等，約九百人以上被判有罪，並遭處以死刑。佔領當局亦推動一項龐大戰爭賠償計劃，相當一部分的日本工業設備遭拆卸並裝載上船，再運送給日本在亞洲擴張時的受害國家。

戰後對日本的懲戒，最重要的便是遠東國際軍事法庭，簡稱為「東京裁判」。審判從1946年5月到1948年11月為止，它把日本戰

時領導人送上審判台。法庭控告以東條英機大將為首的二十八人，其罪名除了戰爭中所犯各種傳統惡行外，亦包括「破壞和平罪行」，這是新創立的罪行形式，於1946年定著，並首次在紐倫堡審判中用於審判納粹各領導人，第二次便用在東京裁判上。傳統的所謂戰爭罪行多半指在戰爭時期所犯各種罪惡，但「破壞和平罪行」則是指計劃及發動「侵略戰爭」。在上述審判以前，無論因為那一種原因發動戰爭，向來都沒有被國際法視為罪行，所有在東京裁判上受審的人都因某些指控而罪名成立，東條與六名戰犯被判死刑，其餘十六人則被判終生監禁。[10]

美國1945年在日本要做的事不止非軍事化及懲罰其領導人，其目的是用自己的方法改造整個世界，日本只不過是其中一環。在這種精神下，最高司令部在1945年秋天及1946年間強制實行一連串改革，他們的基本邏輯十分簡單：軍國主義導源於財閥壟斷、政治專制及經濟貧乏，因此要建設一個和平、非武裝化的日本，瓦解其軍事力量只是第一步，接著必須有更大規模的改變，包括粉碎權威式統治，政治以至財富必須平等化，價值觀當然亦在改造之列。

最高司令部在1945年10月宣佈第一波改造運動，保證言論自由、出版自由、集會自由，工人及農民亦有權利組織自己的團體。它亦命令日本政府開放各種公民及政治權利給女性。到12月，佔領當局通知日本政府進行土地改革，讓佃農能購買他們自己的土地。

透過上述政策，美國人傳遞一個很清楚的訊息，就是未來日本必須建基在民主制度上，而民主的支柱又仰賴憲法的訂立。在1946年冬天，也許是懷抱著聖經創世紀的宗教感情，麥克阿瑟將軍下令佔領人員成立一個小型委員會，在六天內便起草一個日本新憲法。翌年春天草案提交帝國國會(它在戰後仍存在，直到新憲法通過才被取代)，經激烈討論後通過。新憲法在1946年11月公佈，1947年5月生效。*

237

---

* 譯注：新憲法共11章103條，開頭另有前文。第1章〈天皇〉、第2章〈放棄戰爭〉、第3章〈國民之權利及義務〉、第4章〈國會〉、第5章〈內閣〉、第6章〈司法〉、第7章〈財政〉、第8章〈地方自治〉、第9章〈改正〉、第10章〈最高法規〉、第11章〈補則〉。

　　戰後憲法削弱天皇的絕對權威地位，他只是「國家及人民統一的象徵」（第1條）；新憲法第3章亦給予日本人民一連串「國民之權利及義務」，包括美國人權法案中所包含的各種人民權利，如言論自由、集會自由及宗教自由。同時權利觀念亦引用到社會範疇，新憲法保證教育權利，「全體國民在法律規定範圍內，人人在其能力內有接受教育的權利」（第26條）；同時「全體國民有權謀取最低限度的健康及文化生活」（第25條）；它亦保證工作、組織團體及集體交涉的權利與義務；它排除基於性別、種族、信仰、社會地位及家庭出身的歧視；它給予女性在婚姻、離婚、財產、繼承及「其他與婚姻及繼承有關事項」上平等地位的明確保證。最後在憲法第9條中規定，「日本國民真誠冀求以正義及秩序為基礎的國際和平，日本國民以後解決國際糾紛，將永久放棄以國權發動戰爭，以武力威脅，或以武力行使等手段」，成為日本和平憲法的最大特徵。

　　日本精英層頗驚駭於上述各項廣泛而深刻的保證，特別是美國人堅持日本政府必須以本身名義向社會大眾提出憲法草案，另一方面，社會對草案的反應則十分熱烈。雖然憲法的目標或理想是自上而下，但其企圖心甚強的條文從此規範了當代日本的各個制度及論述。很多人支持這個憲法，並利用它要求更多的女性權益和對窮人有更多保障；另一些人則指責這憲法為「麥克阿瑟憲法」。他們一直追求修改憲法第9條，到現在仍是如此，同時也要求修改那些給予公民太多權利卻太少責任的條款。

　　從1945年到1947年，佔領當局亦強制實行其他重要改變。早在1945年10月4日，最高司令部便將獄中所有共產黨員釋放。它廢除了日本監督言論的機構，容許一個比同時期美國國內尺度更寬的政治表達空間，雖然改變頗具爭議。另一方面，最高司令部自己卻制定政策，監視最近得到「解放」的言論世界，以防止軍事或戰爭體制苟延殘喘，與其解放言論政策相對，頗為自相矛盾。

　　佔領改革者亦攻擊財閥企業無孔不入的勢力，財閥家族是倚靠控股公司維繫其龐大事業，如三井、住友、岩崎（即三菱公司所有人）、安田、淺野等均為其佼佼者。為削弱財閥力量，佔領當局奪去其在控股公司的所有權及控制權，同時進一步分解財閥屬下一些大企

業。他們亦鼓勵工會組織，甚至給予指導，在佔領之初，最高司令
部十分歡迎工會組織活動及罷工。在農村方面，最高司令部實施土
地改革，地主的領地被取去，分發給原有佃戶，創造出鄉間的小家庭
農村體系，亦為日本農村之社會及經濟權力分配進行革命性改變。

　　學校也是改革對象。最高司令部命令文部省不准在學校上課時
宣揚戰爭及盡忠國家的道理，取而代之的是有關和平及民主的主
張。在戰爭結束的第一年前後，舊課本仍在使用，有關坦克及戰艦
等刺眼的句子則要劃掉，由於有些課本要刪改的地方實在太多，結
果變成墨淋淋一片（見圖13.2）。不過新教科書很快便出現，取代戰
時課本。

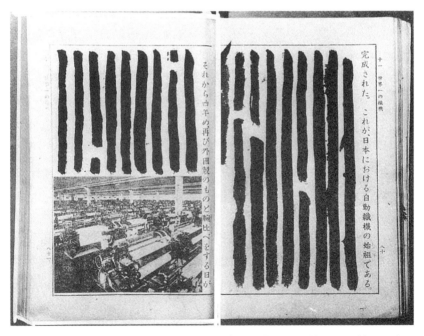

圖13.2　在新教科書印行以前，戰時教科書是學校唯一能使用的教材，但裏面
充斥著日本帝國及軍人光榮的宣傳，佔領當局只好命令老師及學生把刺眼地方
劃掉，有時候因為要塗掉的地方太多，結果整版都被塗鴉得不能用。很多年輕
學生都親身經驗過，亦一直無法忘記，美國人這種民主化日本政策，如果不是
虛偽，它起碼是個笑柄。（見小學館刊《昭和の歷史⑦》，「占領と民主主義」。小
學館出版局提供）

238 　　自1890年代以來，以天皇為中心的教育有兩個衍生的象徵，即天皇的肖像和帝國教育敕語，它們經歷了不同命運。到1945年末，在沒有最高司令部的催促下，文部省召回所有裕仁天皇的軍裝官方照片（並燒毀），作為把天皇再造為新日本象徵的政策的其中一環。一年之後，文部省下令製作一幅穿上早服的天皇肖像，分發給少數有興趣的學校。至於教育敕語方面，最高司令部命令文部省從所有學校丟棄那些精心印刷的文本。文部省雖然照命令實行，但極力反對官方公開放棄教育敕語內容的要求。日本的辯護者認為教育敕語包括孝道等價值，是無可否認的道德展現，為教育不可或缺的基石。但最高司令部則視教育敕語為軍國主義及狂熱民族主義的基礎，直到1948年6月，佔領當局才成功迫使日本國會通過決議案，宣佈教育敕語「失效」，因為它違背戰後日本當前對和平與民主的承諾。[11]

　　當教育的實際內容有所改變時，人們獲得教育的機會也在擴大。1947年義務教育延伸至初中三年級，大學教育亦急速發展，戰
239 前少數的精英國立大學都掛上「帝國大學」招牌，現在都把「帝國」兩字除去，簡化為「東京大學」或「京都大學」，至於新成立或擴充成立的四年制大學則如雨後春筍，充斥日本全國。1947年，日本女性被准許進入公私立大學就讀。學校管理方式亦採用美國制度，在各地成立學校委員會，教育控制權轉移到地方身上。

　　上述各種措施的影響廣泛而深遠，它改變了思想氣氛，亦改變了經濟及社會權力分配的結構。一股「民主化」熱潮直捲日本，其支持者用極端廣義的解釋以說明各種政策的民主及平等涵義，民主已不止是選舉及土地改革，它等同人類靈魂的再造，這種詮釋有其積極意義，但也形成一種威脅。思想界熱切參與，他們在摸索，在深入探討，究竟在一個真正民主人身上，自主主體性是如何孕育出來的？很多人轉向馬克思主義尋找答案，亦希望日本共產黨站出來領導，因此左翼政治團體及政治思想獲得史無前例的支持度，成群成群的人在舊書店裏流竄翻找，他們如飢似渴地尋求思想泉源，另一些人則在大書店外徹夜守候，目的是購買最新出版的政治哲學巨著，改造、重建、轉化等討論課題回響震盪於整個日本上下。

圖13.3　麥克阿瑟將軍於1945年9月27日在東京美國大使館首次會見天皇裕仁，翌日這幅照片便在全日本各大主要報紙上刊登。照片中兩位政治人物是截然相對，高矮明顯不同，麥帥衣著隨便，裕仁則服裝端正，這幅照片產生了很大衝擊，它給予日本國內的訊息是確認日本已經戰敗，日本與佔領者是一個上下屈從的關係。（每日新聞社提供）

　　在強制實施大規模改革中，麥克阿瑟將軍成為美國權力的人事象徵。麥克阿瑟是個魅力很強的領袖，極度充滿自信。他善於運用他個人形象的象徵意義，不過卻不會濫用，在平常日子他儘量維持與一般日本人民的距離，很少作直接接觸，然麥克阿瑟在其統治日本時，卻公開發表了一幅政治性照片，它可以說是在世界史或日本史中最震撼人心的照片之一（見圖13.3）。1945年9月27日，天皇裕

仁拜訪麥克阿瑟，這是兩人首次見面，地點在麥帥的總司令部，並非皇宮。到第二天，所有主要報紙均發表兩人共拍的一張照片，照片傳達出日本一國及其人民處於屈從地位的訊息，對全日本產生很大震撼力量。

雖然麥克阿瑟的個性倔強，在日本的形象有如皇帝，我們仍要注意他並非完全自主的統治者，可以隨自己意思推動政策。在1943至1945年間，最高司令部的政策是由華盛頓一個逐步擴大的決策團體設計，主要在國務院。杜魯門總統批准這個改革戰後日本的具體方案，命令麥克阿瑟執行。當佔領開始後，這計劃得以逐步實現，但值得注意是杜魯門總統作為外交新手，比羅斯福總統更倚賴國務院，羅斯福則以不信任專家顧問著稱。[12]結果無論是終戰後的改革，或是1947年美國政策明顯轉向，都是美國主流設計者政策的反映。

只有一個領域是麥克阿瑟發揮其個人影響力，它就是宗教。麥帥是個虔誠基督徒，他希望利用其名聲及權力改變日人的精神面貌，把他們感化為基督徒。麥克阿瑟鼓勵傳教士重回日本，他要求印刷一千萬冊日文版聖經，以派發給日本人民。[13]然到最後，他的努力並無任何結果。雖然的確有人轉奉基督教，但原因多半是面對戰後的荒涼頹敗，他們要尋求精神上的慰藉或解脫。整體而言，日本的基督教徒仍不多，變化也不大，約為全人口的1%。

麥克阿瑟個人觀點有比較長遠影響力的是有關天皇制度，他的確幫助了美國政府訂立此方面的政策。華盛頓一群被稱為「軟和平」的人支持保有天皇，利用他的聲望使佔領當局的改革更具合法性。不過直到佔領開始，這問題仍未得到最後解決，到1945年秋天，麥克阿瑟轉而成為天皇制度的大力支持者。在其送回美國的報告中，他提出警示，設若天皇被迫退位或要接受戰犯審判，則日本可能會出現動亂，社會秩序及美國要實施的政策可能因此不保。在他的遊說下，日本戰後的政治體制成為一個駁雜不純的體系，有人稱之為「帝國民主主義」。[14]

三、日本人的回響

日本在被佔領期間，美國人的權力表面上是至高無上的，但無論精英或一般平民，仍能夠保有他們自己解釋佔領者各種改革的空間，因為最高司令部只是間接統治，它必須倚賴現存日本官僚體制以推動各種改革。最高司令部只能這樣做，原因是人手不足，語言能力也是問題，要負擔整個政府的任務，執行各項政策，根本是不可能的事。最高司令部設立一總部 (General Headquarter, GHQ)，它是日本政府各官僚機構的影子政府，不過編制則較小。最高司令部／總部設立一聯絡處，人員則是會英語的日本官員，它透過聯絡處把其決定傳達給日本政府同級官僚。這種形式給予政府官員及其他戰時精英一個操作空間，可以不執行佔領當局的命令，就算執行也可以陽奉陰違。

一般老百姓也同樣擁有相當程度的自由，視需要才配合美國的政策。在這種情況下，佔領當局雖然不遺餘力地推動改革，其成功與否，也只能成為眾多因素之一而已。更重要的因素是歷史，戰前各項戰爭準備及戰爭期間各種措施，對改革仍有很大影響力。日本社會及政府內，原來有不少個人及團體關注制度的現代化，他們至今仍努力不懈，雖然在其內部或與佔領當局之間，矛盾仍然不斷。

第一個最明顯的例子便是土地改革，它是佔領時期最徹底而又最長壽的政策之一，但該改革政策自有其歷史根源。遠在1920年代及1930年代初期，地主已經採取守勢政策，組織起來的農民不斷衝擊地主，要求減租或保障其租佃權，地主均無法抵抗，最後只好把部分田地賣掉。在戰爭時期，政府亦曾介入農村問題，目的原來並非要改造社會，只是要促進生產。政府補助佃戶收購稻米及購買土地，這政策更削弱地主力量。除此之外，農林省官員從1930年代便開始呼籲土地改革，希望藉此穩定農村社會。最後，佃戶當然亦希望能擁有自己的田地。

因此土地改革是個戰前便開始的工作，只有在掌握這歷史背景後，才能理解最高司令部為何能推動此影響深遠的計劃。另一方面，最高司令部所提出的構想，其涉及的範圍亦肯定超乎日本官員

想像之外。1945年12月，日本政府通過其自身的土地改革法，最高司令部認為它力度不足，要求日本政府重新訂法。1946年10月新法律出籠，它規定地主只能保留家庭限度內的土地，其餘均要以1945年的價格賣給農民。有人曾開玩笑，當農民真的付款購買，由於通貨膨脹的關係，地主實際所收到的錢只夠買一條香煙，這看法並非完全與當時情況脫節。土地改革的本身及其推行並沒有增加農業生產力，[15] 但由於消除了早年地主與佃農糾紛的基礎，它的確為鄉村帶來了新的社會和政治穩定。

為了確保農業部門的穩定和生產力，林業也必須恢復。由德川時代中期開始，重新植林是維持林地穩定生態的關鍵手段，但到戰爭末年，大部分都已中止。光禿禿的山頂不但缺乏重植的樹木，亦因此令泥土被侵蝕，洪水泛濫。東京都知事安井誠一郎承認此事，1947年颱風凱薩琳造成災害，他巧妙地表示此非「自然」災害，而是「戰時粗暴的森林開伐和河防失修」所造成。美國人同意日本面臨一個「森林危機」，他們願意幫助日本政府推動積極造林計劃，也遵循美國國家公園管理局「永續使用」的哲學，確認日本自然地貌對「公眾休閒及娛樂」的價值。佔領期間，在原有1930年代的十二個公園外再加上五個國家公園。[16]

其次是社會政策，戰前的戰爭準備措施在這方面亦有重要作用。在1920年代後期，內務省一些官員便曾推動一個工會法，這些人到1945年仍在任上。而最高司令部則視內務省為一個鎮壓國內異議的機關，故在佔領期間，它是除軍事機構外唯一被解散的官僚機關。但有些官僚卻轉任到新成立的勞動省（1947年設立），結果佔領時期的勞工改革是由他們掌管，他們要求工人與管理層合作，做法有時與戰時的產業報國連盟並沒有兩樣。因此他們只不過恢復1920年代政策，就是工會及集體交涉必須受一定的制衡，社會才能在長遠利益下達到最大穩定度及經濟生產力。

第三是組織工會問題。少部分產業工人在戰前便具有組織工會的經驗，於戰後他們很快便成為火車頭，帶動工會組織、交涉及罷工等各式各樣活動。工人運動很快便號召數以百萬的男女工人參加，他們不滿意工資卑微、工作缺保障、在職場毫無發言權，因此十分積

極參與，到1946年底，工會會員人數由零成長到五百萬。工會裏臨時工人的比例到1949年達到高峰，約為整個勞動人口的56%。

在戰後1945年到1947年間，企業界領袖毫無其他選擇，只能對強勢的工人運動讓步。在工會的集體交涉下，他們同意大幅增加工資。企業界也簽下數以千計的合約，承認新成立的勞工——管理層協調會，工會代表亦可以出席。雖然企業環境惡劣，但面臨風起雲湧的罷工行動，日本國內一些大公司亦只好決定取消裁員計劃。

但與土地改革的情況不同，在勞工改革運動過程中，強大的抗衡力量仍處處可見。企業界雖然作出相當多的妥協，但他們與政府部分官員都害怕鬥爭性強的工會主義衝過頭，最後會走向共產主義。企業家因此決心改變過火的形勢與工會的性質。另一方面，美國人在1947年及1948年間開始，亦漸轉移其政策重心，由偏重民主化到偏重經濟復甦，管理層趁此機會取回主導權，與溫和的工會首領溝通，培養持久的合作關係。

第四點是女權問題。一群人數不多的女性自1920年代便大力提倡選舉權及其他民權，由於最高司令部總部與她們合作，婦女政治地位得以深入發展。甚至在新憲法通過以前，美國當局在1945年便命令日本政府給予女性選舉權。在戰後首次選舉中，有三十九名女性進入國會，為當時國會席次的10%，反映出婦女普選權是頗受歡迎的改革。

除政治改革外，最高司令部亦在憲法中強調婦女之社會及法律 243 地位。有關婦女憲法條文的草議者是邊特‧施露達（Beate Sirota, 1923–2012），*她在1930年代生活於日本，當時是小孩，故日語十分流利。1945年她剛好從大學畢業不久，以研究者身份隨同最高司令部到日本。1946年冬天，施露達做夢也想不到會入選為最高司令部其中一個委員會，擔任草擬日本新憲法的任務。趁此機會，她在憲法中寫入條款，保證在婚姻及其他有關繼承及家族法律事務上，「兩性能基本平等」。

---

*　譯注：俄國猶太人，其父為著名鋼琴家，十月革命後流亡奧地利，後到東京教音樂，1938年施露達往美國大學受教育，戰後隨佔領當局回日本。

在婦女問題上，日本當時的思考方式及權力結構均無法與上述急劇改革共鳴。雖然有些日本女性主義者極力支持對兩性角色及權力架構作根本改革，但憲法並沒有改變家庭以至整個社會裏的男性優勢地位。儘管這樣，施露達所擬的憲法條文最後是白紙黑字的寫下來，它成為一個新的出發點，給予男女雙方以後數十年的討論空間，重新看待男女關係轉變後的優點及缺點。

在某些範疇中，佔領當局的改革並未得到日本內部的認同。美國人來日本時，便認為財閥是日本擴張及發動戰爭的主要因素。最高司令部開始時的政策是規定大公司財閥把自己手上的股票賣出，其屬下子公司亦要分解為規模較小的公司，並且各自獨立。但戰後負責經濟事務的日本政府官員，原來與財閥關係便十分密切，從經濟大恐慌到戰爭時期的總動員運動都合作無間。這些官員認為國家官僚與大企業合作，才是經濟復元的最好保證，他們認為美國人要瓦解財閥，完全是個天真而不切實際的想法。日本的政界領袖亦同意此等看法。甚至左翼政黨，他們雖然反對資本家壟斷，但並不反對大規模經濟體本身，他們以為一個強大國家才能國有化產業，這樣才能有利工人及人民。無論從思想上或社會上，要徹底走上市場自由及經濟力量分散的模式，並沒有太大的支持力量。

因此瓦解財閥的進度十分緩慢，同時當美國人的政策焦點由改革轉向復元後，財閥所承受的壓力便大為減少。結果財閥擁有的控股公司的確被消滅了，但它屬下的企業又以原來財閥銀行為中心，重新凝聚起來。新集團同樣願意與國家官僚合作，亦成為日本戰後的起點，在此後數十年中，日本資本主義以銀行為中心，同時亦在官僚的指導下發展。

佔領當局企圖瓦解警察及教育的集權模式亦同樣不成功。這種做法源於美國人地方自治的思考模式，但在日本卻找不到類似的相同因子。最高司令部強制地方的市、町及村提供本地警察部門的經費，當然亦連帶負上督導的責任。不過到實際執行時卻阻障叢生：政界人士害怕警力會因此削弱，無法應付左派的挑戰；地方納稅人則毫無意願繳付警察所需預算，其中以小社區尤為明顯。因此當佔領結束時，政府讓地方自行決定是否繼續資助本地警察工作，大部分地方都不願意

繼續，故到1954年，便成立一個全國性的警務機關。教育的情況亦一樣，1948年的改革是在日本各地成立教育委員會，以選舉方式產生，但日本政府遲遲未有執行。當佔領結束時，教育法令重新修訂，教育委員會的產生由委任取代選舉。在戰後數十年中，教育制度的內容一直是爭論的重點，有時達到白熱化程度，然無論是保守派、自由派或急進派，他們在爭論中都很少談到地方自治問題。

　　上述爭論有其政治意涵，它們經常是左派政黨與右派政黨的分野界線，然兩者之對立其實亦可以上溯至戰前。日本戰前政友會及民政黨兩個政黨，在經過五年的大政翼贊會時期後，戰後分別重組。政友會原來剩下的成員組成「自由黨」，而民政黨的成員則大部分加入「進步黨」，稍後再更名為「民主黨」。這些政黨在佔領期間雖極力依附權力，但一開始便困難重重，因為佔領當局以各黨之創黨元老不少是屬於戰爭時期統治階層，結果把他們大部分清洗出局，故兩黨之戰後勢力，與戰前相差甚遠。

　　至於左翼中的非共產黨部分，他們原來是時薪工人及佃農的代言人，然在戰爭期間都是政府的擁護者，部分成員在戰後亦遭佔領當局清洗。雖然如此，剩餘下來的社會主義領導人在1945年末組成「日本社會黨」。由於他們批判戰時體制，亦批判其戰後繼承者的企業界精英、官僚及政界人士，因而得到相當一部分人的支持。「日本共產黨」在戰後首次能公開合法活動，他們在戰前便反對帝國主義及對外擴張，在戰時亦同樣，雖然無法公開反對，但因其立場一貫，故贏得道德上的正當性。

　　在1920年代及1930年代的選舉中，政友會及民政黨兩黨控制約80%到90%的選票，至於無產階級政黨在男性普選第一次選舉中，其得票率只有約3%至4%，到1930年代中期，則成長至近10%。社會主義者及共產黨在戰後繼續這種成長趨勢。1947年4月舉行總選舉，社會主義者的席次達一百四十三席，得票率為28%。共產黨在工會及知識分子間影響力較大，對一般大眾則不怎樣。在戰後初期選舉中，它的得票率僅只3%到4%，席次也只有四或五席。除此以外，獨立候選人的力量也不小，其得票率及席次均頗可觀，在1946年4月首次戰後選舉中，其得票率高達20%。

　　反對力量雖不斷成長，吉田茂（1878-1967）領導的自由黨在1946年選舉中與其他保守政黨合作，最後仍取得組閣權。吉田茂是位資深外交官，1930年代末出任日本駐英國大使。他是日本帝國的積極支持者，曾企圖說服英國接受日本在中國的優勢地位，不過在戰爭時期吉田與軍部保持一定距離。1945年初，近衛文麿直接向裕仁建議及早投降時，吉田是近衛看法的主要支持者之一，亦由於這緣故，吉田在1945年4月被關到監獄裏，不過時間不長，反因為吉田有過反抗軍部的經歷，戰後被看作為自由分子的一員。

　　吉田的權力並不穩固，在組閣以後一年中，工會接二連三的成立，罷工及示威抗議相繼出現，社會黨及共產黨亦趁勢而起，它們特別針對政府，指責其貪污及經濟政策的無能。1947年，由各工會組成的「全國勞動組合共同鬥爭委員會」（簡稱全鬥）領導下，全日本工人準備在2月1日發動所謂「總罷工」，吉田內閣岌岌可危。但事情急轉直下，最高司令部在1月31日晚下令禁止罷工，對企圖推動革命的共產黨及左翼社會黨是個重大打擊。雖然如此，兩個月之後，亦即1947年4月，當日本根據新憲法首次舉行選舉時，日本社會黨取得多數選票，並與民主黨組成聯合內閣，由社會黨黨魁片山哲（1887-1978）出任首相一職。*1948年3月，片山被迫辭職，內閣壽命僅八個月。片山內閣倒閣，表面原因是他希望根據生活指數為公務員調升薪金，卻無法獲得國會通過其補充預算。但煤礦是戰後政治以至經濟的核心，片山的社會黨曾答應選民，當選後會國有化煤炭工業。但內閣倒塌更根本的原因是社會黨黨內的鬥爭，片山為了實現煤炭工業國營化目標，決定與聯盟政黨妥協，但遭黨內激進派反對。繼任的內閣仍是聯合政權，社會黨亦有參與，但出任首相的則是民主黨的蘆田均（1887-1948），蘆田內閣一直維持到1948年年底。在此時刻，社會主義是個政治趨勢，它在日本似乎有掌握政權的可能。

---

* 譯注：和歌山人，東京帝國大學法學部畢業，1930年當選為眾議院議員後，歷任十二屆議員，曾組織社會民眾黨，屬社會民主派系。

事實證明片山內閣所代表的只不過是社會主義者分享權力的插曲而已，到1949年選舉，自由主義者在吉田茂領導下又東山復出，取得重大勝利。他們在眾議院贏得過半議席，可以自行組閣。自由黨是以戰時政友會勢力組成的「舊有政黨」，它能夠媲美反對黨社會黨初期的發展，的確令人印象深刻。事實上日本在1931年到1932年間對外擴張之初，政友會當時便是執政黨；另一方面，自由黨黨魁吉田茂雖然在戰時曾建議及早投降，但在整個1930年代，他是帝國外交政策的忠實執行者，我們可以預估不少人指責這些政治家，認為他們身為戰時領導精英，應為日本無數家破人亡的家庭負責。

無論如何，戰前政黨是百足之蟲，死而不僵，它仍維持可觀實力，大概日本人對未來懷有恐懼，極度希望能在某種程度下回到自己熟悉的「正常狀態」。自由黨及民主黨在1930年代及1940年代都是位於政府權力的邊緣，它們可以解釋說戰時與政府合作，只是迫不得已。它們可以宣稱自己是中道改革者，有決心建立一個和平的日本，亦有決心逐步改革，不會過分急進。除此之外，更重要的一點是戰前大小企業、農民，甚至新近獲分土地的舊佃戶，與兩黨人士都有親密關係，只有這些兩黨老朋友出來，才有可能提供昔日舊友的各種國家資助或保護網。

因此在美國人佔領時期及其後，舊有政黨能重新執掌權力，其基礎是建立在戰前經驗，同時亦在承諾能回復正常狀態及政治分贓。社會黨及共產黨則以反對黨領袖的姿態出現，充滿戰鬥性，但經常處於少數地位。

四、逆轉的過程

當日本的改革達到高潮時，亦是美國及蘇聯關係出現空前緊張的階段。當溫斯頓‧邱吉爾 (Winston Churchill) 在其1946年的著名演說中提到鐵幕於歐洲已經降下，「冷戰」算正式浮現在國際政治舞台上。1947年美國國務卿喬治‧馬歇爾 (George Marshall) 正式宣佈其著名計劃，準備援助歐洲經濟復興。在亞洲，中國的國民政府原

246

被美國視為戰後亞洲的安定力量,但到1947年,它的優勢逐步為中國共產黨所蠶食。在日本,社會黨在選舉中正取得上風,街道上大規模示威一波接一波,共產黨掌控了勞工組織,不斷策劃罷工以達成其政治目的。

上述趨勢使得美國政府官員不得不重新思考其戰略及權力佈局結構。其實在計劃受降以前,華盛頓一些決策者已經質疑全面改革日本的構想,它究竟是不是保證日本穩定的最佳方式?華盛頓有一群所謂日本通的人,他們的首領是美國前駐日大使約瑟夫・格魯(Joseph Grew),他一直擔任副國務卿一職,直到戰爭結束為止。他們主張一個較為溫和的改革,麥克阿瑟在東京的主要助手也採取同一態度,特別是麥帥的情報部部長查理・威魯比將軍(Charles Willoughby)(麥帥稱之為「我所寵愛的法西斯主義者」)。

根據他們的看法,日本是一個相當不錯的國家,整個體制都井井有條,戰爭只是一時失誤,主要是受到少數軍人的脅持,因此瓦解軍部,建立政治民主的基本法則便可。若進一步走向以社會為基礎的大眾民主,可能會過了頭,產生危險。他們主張把政權交給戰前精英中的「穩健分子」,包括商界領袖、外務省比較親西方的官僚,如幣原喜重郎和吉田茂等。他們支持利用天皇作為穩定力量,讓日本社會傾向保守及團結一致。

上述態度由1947年開始發生影響力,塑造華盛頓及東京的各種政策。這種新出發點被稱為佔領當局的「逆轉過程」。1948年美國人很快便減緩其改革速度,不再大規模瓦解各財閥集團屬下的子公司,到1949年他們甚至連戰爭賠償權利亦放棄。1948年最高司令部鼓勵日本政府修改勞工條例,禁止公務人員罷工,弱化保護工人法規。當1950年韓戰爆發時,它便鼓勵日本成立全國性警察隊伍,讓駐日美軍得以派遣到韓國,亦成為以後美國持續推動日本再軍備的出發點,同時軍備上限線亦逐步放寬。

美國人亦實行打擊日本共產黨,在最高司令部的鼓勵下,日本政府在1950年發動「紅色清洗」,約有一萬三千名在公私立機構工作的人,因被懷疑為共產黨員而失去職務,解僱理由是他們的政治活動妨礙佔領當局執行其政策。最高司令部的做法與1945年至1946年

間對待戰時日本領導層一模一樣，但對象卻逆轉過來。當進行「紅色清洗」時，原來被清洗的戰時領導人則得到解放，他們很快地在政治舞上重新呼風喚雨，這是所謂「逆轉過程」中最突出的事例。

　　美國日本政策的迴轉，在當時造成很大爭議，至今仍是史學界爭論的話題，在日本各方意見衝突尤為激烈。有人指責美國政策的逆轉，違背戰後初期要建立真正民主的承諾，其結果是容許日本精英在佔領結束後進行連串反動及逆轉政策。有人則認為佔領當局的新方向是實事求是，它維持日本穩定，讓早期改革能日後開花結果，故逆轉政策是必要的。

　　美國改變其佔領政策，再加上原來保留天皇制度的措施，的確縮小日本戰後改變的規模，沒有原來預想的大。「紅色清洗」亦改變了政治生態，各種勞工及文化組織的影響力因此減少。不過逆轉過程並非全面，仍保留早期改革的許多重要措施，例如新憲法及土地改革等，仍完封不動。它沒有介入選舉，影響輿論，或禁止憲法第9條和平條款支持人士的活動。佔領當局新政策的確改變整個政治環境，但對於當時政治或文化生活中，各方面激烈爭辯不休的派系活動，佔領當局並未直接規定答案。美國改革方向的改變，部分原因是為追求安定的臨時回應措施，因為它既把政治開放到一個史無前例的程度，最後不得不把舊勢力的現存分子安插回來。

五、走向復甦及獨立：另一個不平等條約？

　　經濟復元是戰後安定的一個基本因素。在佔領之初，最高司令部不肯負起恢復日本經濟的責任，日本商界領袖在這個前途渺茫的環境中要自己作出決定，承擔所有後果，一面固然不安，另一面亦認為是發財的好機會，最後卻造成損失慘重的結果。戰後初期，政府給予大公司重建補助，希望所花經費能用作復興生產之用。但商人卻認為把資金花在生產製成品，不如買入原料，再把它賣給黑市仲介商人，獲利更豐。其結果是一方面戰爭中存活過來的工業設施被閒置不用，另一方面物價飛漲，在1945年到1949年間達到失控的情形。一個居住日本的美國人事後回憶說：「戰後四年中，物價狂漲

籠罩整個日本，是個揮之不去的巨大陰影……到 1949 年，通貨膨脹終於受到控制，但物價在四年間已上升一百五十倍。」[17]

在這些年中，個人的經濟條件及國家整體經濟狀況都到絕望境地。日本在 1946 年的實質國民生產總值 (除去通貨膨脹) 為一百一十六億日元，只不過是該國 1934 年到 1936 年平均國民生產總值的 69%。在投降以後的幾個月內，產生活潑黑市市場的能量同樣亦推動成長，很快由低水平上升。由 1946 年到 1947 年，經濟成長 9%，1948 年達到 13%。成長的來源是消費者的支出，最重要的是食物，但亦由於要重新建造最基本的居住條件。相對而言，商業投資於工廠或設施並不多，不過看起來修理及重啟機器的商業機制能在盟軍轟炸中存活下來，有部分仍完好無恙。[18]

日本政府計劃恢復商業信心及重啟工業生產，其中一個早期重要措施見於 1947 年，經濟決策者觀察到主要物資出現短缺的惡性循環，而貨物生產的復原會因此受阻。最明顯是煤炭業，煤炭生產受限制，結果妨礙鋼鐵工業的復原，但鋼鐵產量無法提升，對煤炭需要又減少。「傾斜生產方式」成為解決此難題的方案，根據戰時經驗，商工省官員制訂一個優先順序，按照順序把煤及進口燃料分配給鋼鐵廠，鋼鐵廠在重振生產後，可以供應鋼材給煤炭業，煤炭業者又因此可重建礦坑各種設施，提升九州、福島和北海道的煤炭產量。這個計劃在振興產業上頗為成功，亦為其他的需求提供更多煤炭。

當日本經濟沿著這條復原和成長的道路前進時，相當一部分最高司令部的官員積極支持更大規模的天然資源開發。美國政策制定者與日本的進步經濟學者合作，以大恐慌時期著名的田納西河谷管理局為藍本，共同推動發展日本豐富的河川資源作為可靠的國內能源，同時也可以增加農村就業機會。美國的農業專家對其農林省的同行提出各種建議，包括開拓土地、改良牲畜品種、用化學殺蟲劑控制植物疾病，以及再植森林。美國的漁業專家則提供技術指導及物質援助，更新日本的南極捕鯨隊裝備，並說服他們鯨魚肉是蛋白質的最主要來源。與此同時，美國的採礦工程師則給予重要技術和物質支援，讓日本煤礦公司能更好地探測以至更有效地找到煤礦。[19]到 1949 年，復甦的步伐突然減緩，全年經濟成長只有 2.9%。與戰後

時期相比，雖然通貨膨脹明顯放緩，價格上漲仍有24%。不過套用陸軍部長肯尼斯‧羅雅爾（Kenneth Royall）的說法，美國人已決意扶植日本為亞洲的「反共產主義支柱」，他們非常憂慮經濟復甦會遭遇困難。喬治‧肯楠（George Kennan）是戰後時期美國最重要的戰略家，1949年10月他直截了當地說：

> 最突出的問題就是日本人要怎樣才可以過得了關，除非他們某一程度上重啟帝國機制，向南發展。很明顯，我們應做的事⋯⋯就是要打開貿易機會，給予日本一個前所未有的商業機會，其規模是他們從未見過的，這個任務十分艱巨。[20]

作為此方向的第一步，美國在1949年2月派遣底特律一名銀行家約瑟夫‧道奇（Joseph Dodge）到東京，擔任特別財政顧問。道奇是個正統經濟學家，反對政府介入經濟，亦反對政府規範經濟。他在美國佔領德國的經濟政策方面亦曾扮演十分重要的角色。1949年春天，道奇在東京與日本大藏大臣池田勇人及首相吉田商議，並簽訂協定，為日本開了三張頗為辛辣的處方：平衡預算、停止所有政府對工業界貸款、實質上取消所有國家津貼。道奇的建議亦導致日本實施固定及單一匯率（取代當時因不同工業而有不同匯率制度），即三百六十日元兌一美元，對日本出口貿易極為有利。

這個稱為「道奇路線」的影響有多重要到目前仍有爭議。有位著名政治學者認為道奇嚴苛的做法無異要「勒殺」日本的經濟，幸而韓戰在1950年6月爆發，它所產生的需求替日本打了一支強心針，克服了道奇帶來的通貨收縮。但另外兩位美國經濟學者則認為道奇的建議，「為日本的復甦及成長打下堅實的基礎」。[21] 兩種不同看法各有它們正確的地方。政府削減開支的直接結果，大概三十萬公務員或半公務員失去工作，同時主要私人公司亦削減工作機會。接二連三的措施，不但廣為社會各界所知，而且營造一種艱苦現實的氣氛，尤其是直接受影響的人感受更深，故道奇就是「勒殺」日本經濟，也使1949年的成長放緩下來。同時韓戰的悲劇無可否認為日本帶來好運，當時日本經濟通脹受到抑制，各個企業急著找地方投資，在某種程度上配合了戰爭帶來的需求。

249

當戰火燃燒，由於日本位近前線，有地利之便，美國軍方向日本工廠採購訂單數量急速上升。在1951年到1953年間，軍事採購價值約為二十億美元，約等於當時日本出口的60%。日本領導人歡呼吉田首相所說的「天賜良機」，商界亦稱之為「老天的及時雨」。[22] 由1949年到1951年，出口成長達三倍，生產額亦增加近70%。自投降以來，日本大公司首次出現利潤，它們亦相對大幅增加新廠房及設備的投資，國民生產總值開始以兩位數字成長，日本正邁向復興之路。

就某種意義而言，復甦老早便已開始。在道奇計劃實施以前，通貨膨脹已日漸消失，道奇所要求的裁減亦沒有完全執行。1946年以後經濟便緩步成長，1949年的低迷只是短期現象，有其相對性。「道奇路線」沒有勒殺日本，而韓戰也沒有挽救日本，它們只是加速原先的前進步伐：例如降低通脹，企業對抗勞工能力的提升，以及不斷增長的工業投資與出口成長。[23]

當日本的改革已經上路，經濟亦開始復甦，另一方面美國又面臨韓戰壓力，需要投入大量軍事資源，因此要求終止佔領的壓力在華盛頓逐漸滋長。不過佔領結束步伐之快，卻出乎不少人意料之外。1945年時，一些美國高層官員曾說過需要佔領日本二十年，甚至一個世紀，而結果正式佔領時期只有將近七年。

美國一些戰時盟友不想太快簽訂和平條約，更不想佔領太快結束。英國政府、中國政府以及東南亞各國政府均期待一個苛刻的和平條約，不單止要戰爭賠償，更要有效保證日本軍國主義不再復活。在國務卿約翰‧杜勒斯 (John Foster Dulles) 的領導下，美國極力遊說各方儘快締結和約。它與菲律賓、澳洲、紐西蘭等國家訂立防衛協定，以消解它們的恐懼。和約亦規定亞洲各國日後可以與日本訂立雙邊協定，以解決賠償問題。1951年9月，四十八個國家在舊金山舉行會議，簽訂和約，正式結束與日本的戰爭狀態，佔領在1952年4月正式結束。

好些重要問題仍未解決：美國仍保有琉球的控制權，未明言佔領期限，然大部分日本人則視該群島為日本領土的一部分；無論台灣的中華民國或大陸的中華人民共和國，都想以中國唯一代表政府的身份簽署和約，兩者都未被邀請至和會中，它讓日本自行決定與

哪一個政府商議；蘇聯與其他歐洲共產國家則在會議中途退席，它們最不滿意的是在佔領終止後，仍有大量美軍駐守日本。蘇聯到今天仍控制北海道北面數個小島，與日本有疆界糾紛。

《舊金山和約》簽署兩小時後，美國與日本批准爭議甚大的《日美安全保障條約》，它容許美國有權在日本保有軍事基地及駐兵。美軍駐留的任務，是保護日本，不受外國攻擊，同時亦作為維持國際和平及安全之用。由美國及亞洲許多國家的觀點視之，美軍的作用既是保護日本，同時亦是制衡它。安保條約在日本國內遇極大反對力量，一些政治上左傾人士認為安保條約觸犯日本的中立地位，亦違反寫入憲法內的非武裝和平原則，這點看法有它的一定道理。他們亦害怕美國軍隊會利用日本作踏腳石攻擊其敵國。其他的左翼分子則認為安保條約不但觸犯日本之中立地位，更侵犯日本的主權，此點也有它的道理，保守陣營亦有部分人仕同意此點，他們指責吉田首相接受了一個「從屬性獨立」。吉田在過去幾年的確認為在美國駐軍及美國女神的安全網下，縱然是從屬地位，亦是日本最好的選擇。吉田的所願終於得償，不過有些人卻以安保條約為「第二次不平等條約」，它在以後數十年間，一直成為激烈爭論的焦點及政治鬥爭的目標。

＊　　＊　　＊

佔領當局在1945年進駐日本，從開始便決心為日本鋪展一個由根挖起、逐步推廣的改革，他們的確帶來巨大變革。雖然如此，當美國人在1952年打道回府時，舊日本帝國原來部分體制以及戰時動員政策所作的改變仍然存在。

佔領者視財閥為軍國主義的經濟基礎，曾嘗試毀滅它；他們亦企圖消滅官僚的中央集權力量，特別在教育及治安等範疇上；他們也策劃清洗海陸軍中的軍國主義者、其民間中的支持者、政界及商界人士，有意將之永遠驅逐出公共領域之外。

美國人統治者在日本上述領域中，都曾作過努力。不過到1950年代初期，戰前財閥屬下的子公司雖失去其控股母公司，又重新以銀行為中心結集；戰前政黨亦存活下來，掌控國會及內閣；文人官

僚體制的影響力一如往昔，甚至有過之而無不及，這種政治及經濟力量的延續性，穿越戰前、戰中以至戰後，有歷史學家稱之為舊體制的「連貫」。[24]

　　雖然本書中曾指出戰時政策的延續性十分重要，但戰後日本的安定並非純粹倚賴舊體制的力量，戰後秩序亦是根源於各種巨大及持續的變革。憲法在民權、土地改革、勞工運動、婦女法律制定等方面均有貢獻，若光靠日本統治者本身是絕對無法完成的，同時人民亦因此成為整個體系的一個重要構成部分。戰後日本逐漸走向安定，並非說它紋風不動，一成不變，事實上只有在巨大變遷後才可以得安定。改革加速變遷的進行，亦重新啟動鬥爭。政治與社會範疇最後定著於三方勢力的相持不下：社會、文化及政治三者間的關係十分緊張，影響日本甚大，有時可以說是爆炸性的，不過始終仍規範在臨界點內。

　　在以後數十年間，經濟日趨繁榮，大企業、政黨政治體制、官僚機構，三個盤根錯節的系統取得主導地位，而且長期高踞上位。戰後的穩定固然建基於舊體制的「連貫性」，不過整個社會的安定性亦根源於中產階級的成長與擴大，他們憑藉教育及進入工廠或辦公大樓的職場，經過不斷奮鬥，終於在整個體系中取得一席地位，這些都是改革的遺產。

251

4 | 戰後與當代的日本
1952–2019

第十四章

戰後經濟及社會的轉變

　　由1950年到1970年代初期，日本經濟以驚人的步伐邁進。由韓戰景氣開始，史家稱這二十年為「高度成長時期」。日本由一個頹垣敗瓦、一貧如洗的地方，轉眼變得繁榮興盛，其轉變速度是史無前例的。它是如何發生的？這個所謂經濟奇蹟部分根源於市場自身的轉化能力，不過其市場模式稍有不同，它是個管理下的奇蹟，由日本國家本身主導。高度成長的代價也相當大，工作因為時間長，規律嚴苛，常有職務齟齬；城市與鄉村、男性與女性、大企業與小公司，它們之間的福利分配並不平均；環境污染亦十分厲害；從煤炭轉向石油為基礎的能源經濟在社會和政治層面充滿了爭議。上述成長過程產生種種代價及矛盾，在這一章，我們會談及由此而生的許多政治鬥爭。

　　在社會範疇裏，人們所體會到的變化比較慢，然當戰後經濟開始起飛那幾年中——約由1950年代後期到1960年代——一個「戰後」社會逐漸形成，與戰爭期間及戰爭結束期的「過渡期」日本社會截然不同。一種新的生活方式開始主導日本，有人稱之為「新中產階級」模式。所謂日本中產階級，只不過是某種特定生活價值之反映，然無疑愈來愈多人親身感受到這種經驗，它已經成為社會「主流」，亦即中產階級社會模式。雖然如此，別的社會階級仍存活，而且相當重要，亦有一些階級被重新打造，不過仍未遭消滅。

　　官僚機構及執政黨的領導人是日本的雙頭馬車，在大企業管理層的合作下，積極把上述價值打造為中產階級的共同生活方式。透過各式各樣的計劃，家庭、學校及職場均被裝嵌到既定的生活形態

內。日本戰後的社會史就如同經濟史一般,由無數國家計劃所打
造,影響到每一個公民的思想與行為方式。

一、戰後的「經濟奇蹟」

由1950年到1973年間,日本的國民生產總值(即GNP,為一年
內產品及服務的總值)平均以10%以上的速度增長,在世界經濟史
上,已經很久沒有看到以這樣速度增長的紀錄(只有在1980年代以後
中華人民共和國的發展速率可以媲美)。由表14.1看,日本自1950年
以後經濟發展是順暢的,而且是大幅上升,只有幾次輕微回跌,
例如1954年因為韓戰結束而導致的不景氣。若以美元為單位,日本
之國民生產總值在1950年約一百一十億美元,到1955年已經倍增
至二百五十億,到1973年更增至三千二百億,約為1955年的十三
倍。若與其他國家比較,日本經濟在1955年為美國經濟規模的7%,
而且落後於同期歐洲所有國家。到1973年,日本的國民生產總值
已達到美國的三分之一,成為全世界第三大經濟體,僅次於美國及
蘇聯。

同樣令人印象深刻的是資本形成,日本對新科技及生產設施的
投資是龐大而且實質的,了解基本投資最好的數據是毛資本額的形
成。1955年到1970年是日本高速發展的核心時期,其資本形成速度

表14.1　1951–1980年五個主要國家的名義國民生產總值(Nominal GNP,
單位為10億美元)

	日 本	美 國	西 德	法 國	英 國
1951	14.2	328.4	28.5	35.1	41.4
1955	22.7	398.0	43.0	49.2	53.9
1960	39.1	503.8	70.7	60.0	71.9
1965	88.8	688.1	115.1	99.2	100.2
1970	203.1	992.7	184.6	145.5	124.0
1975	498.2	1549.2	418.2	339.0	234.5
1980	1040.1	2633.1	816.5	657.1	525.5

資料來源:經濟廣報セ ソ ター ,*Japan: An International Comparison* (Tokyo:
Keizai Koho Sentaa, 1983) , p. 5.

圖表 14.1　1951–1976 年實質國民生產總值及資本形成

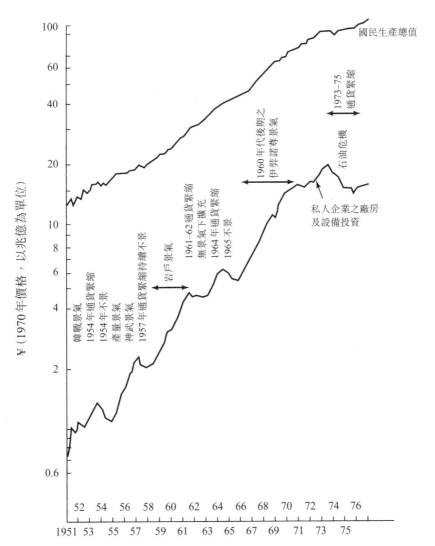

資料來源：經濟企劃廳，《國民所得統計年報》，引自 Nakamura Takafusa, *The Postwar Japanese Economy* (Tokyo: Tokyo University Press, 1981)，p. 50.

每年平均超過22%，與國民生產總值一樣，這亦是史無前例的，而且沒有一個國家是可以媲美的。

如果說這樣的發展是空前的話，從歷史中仍可以找出其經濟結構變化的根源。戰後景氣中最令人觸目的產業是鋼鐵、造船、汽車及電子，它們佔盡優勢，然就是這些產業在1930年代帶領軍事化的經濟走向榮景，甚至連生產企業也是那幾家。我們現在可以看出，這些重工業能在戰時發揮繁榮經濟作用，在和平時期也可以擔任同樣角色。由1955年到1970年，重工業在整個生產比重中從45%躍升為62%，而如紡織業等輕工業的比重則大幅下滑。

早在1962年，英國雜誌《經濟學人》曾刊出一篇專文討論所謂日本的戰後「經濟奇蹟」。[1] 這個名詞已經成為通稱，它描繪戰後高度成長的年代。歷史學家及經濟學家都曾嘗試找出一套成長理論，為這個令人驚異的發展作一個既合邏輯又合乎現實的解釋。

戰後奇蹟出現的一個重要原因，是其特殊有利的國際環境，經濟繁榮在其他國家亦有出現，「經濟奇蹟」一詞不止是用於日本，同時亦用於德國。在1950年代及1960年代間，全球經濟整體成長非常快，年增長率約為5%。美國在這方面起領導作用，它帶頭協商一個比較開放的貿易體系，例如1947年的關稅及貿易總協定（General Agreement on Trade and Tariff, GATT）。結果在短短二十年內，世界貿易總數陡增三倍。另一方面，石油成為一種廉價及可靠的能源，它來自中東及世界其他地方，工業因此不用太高成本而得以發展。1950年，日本的煤炭僅能供應日本基本能源的半數需求，水力則佔三分之一，而石油只佔6%。到1960年，石油的份量已劇增至35%，煤炭則降至38%。[2]

最後，由於世界經濟的開放，日本及其他國家的商界可以倚賴各種專利協定，不用花太高費用便可以獲取大量最新科技，由半導體到煉鋼高爐，應有盡有。

不過，好運面向整個資本主義世界，為何唯獨日本經濟發展得特別迅速？有幾個國際因素更有利於日本：韓戰在關鍵時刻刺激出口，美國長期駐軍及憲法限制日本發展軍力，使日本不用負擔太高的國防費用。假如日本由1950年代開始，其稅收與國防開支與其他

工業國家如西德達到同等水平，有人估計它到1974年的經濟也許會減少30%。[3]最後是匯率，由1949年到1970年代，日本對外匯率較低，實際上成為一種出口補貼。

不過要説明日本經濟成長的原因，仍要再加上國內因素，方算全面。企業經營能力是其中一個，無論是舊有或新成立的公司，一群新世代而又充滿幹勁的管理人員已出掌大局。他們的崛起，部分歸因於佔領時期的清洗行動，不少戰時經濟的高層管理人員被迫提早退休，在好些著名例子中可以看到，雖然在世界其他地方已有經驗老到的競爭者，年輕的管理人仍不聽政府官員的警告，決心投資在新領域及新技術上。

舉例而言，政府曾勸汽車製造商進行合併，才有能力與美國底特律三大汽車廠競爭，但豐田、日產、三菱、五十鈴及東洋工業（萬事達）均決定要自行設立生產線。更令人印象深刻的是本田車廠，一個新興摩托車製造公司，它是由本田宗一郎（1906–1991）設立，他不聽官員警告，於1963年進入汽車產業，從長期觀點看，他最後得到成功。同樣情況，果敢的西山彌太郎（1893–1966），原為川崎重工董事長，1950年將該公司之金屬產業分出，另外成立川崎製鐵所，他計劃利用龐大投資建立一個整合完全、技術先進的煉鋼廠，但政府官員拒絕幫助他向國內尋求資金，最後只得改向日本以外的世界銀行貸款。1961年，川崎製鐵所成為日本國內第四大鋼廠。另外一個例子為索尼公司（Sony），其創立人是兩個富冒險精神的年輕人盛田昭夫（1921–1999）及井深大（1908–1997），他們向政府申請購買生產半導體專利，結果經過好多個月的奮鬥，才在1953年得到官員勉強批准。索尼公司在1950年代開始製造收音機，開始時只不過是間小公司，很快便成為全球電子消費品大製造商，品質及技術改良均為同行楷模。

總的來説，日本的私人公司擴展迅速而大膽，不惜從銀行大舉借款，故負債頗為沉重。至於私人銀行以至如工業發展銀行等公家機構，它們的資金來源則倚賴個人存款，再轉貸給大小企業。在高成長時代，一間日本公司的負債與純資產的比例通常為75：25，與戰前情況大不相同，那時的負債比率都只是接近40%。不過由於生

產額增長快，同時收入亦由於通貨膨脹增加幅度甚大，企業都有能力償還債務，沒有太大困難。

另一個有利戰後經濟的因素是人力資源的優良品質。在美國佔領時期，義務教育延伸至中學，職場中年輕工作人員的教育程度愈來愈高，各年齡層的僱員都欣見有回到正常工作的可能性，可以有機會為自己的前途奮鬥，不需再為軍方犧牲。勞動者加入工會的比例是史無前例，在1940年代末及1950年代初，其數字超過50%。組織起來的工人無論在行動上或要求上都是勇於出頭，但他們同時亦朝氣勃勃，全力投入工作崗位，自動自發延長勞動時間及學習新技術。當新技術用到生產線上，而且能有效運用時，生產力便有效提升，由1955年到1964年，製造業的勞動生產力上升88%。

一般日本人除了辛勤生產外，在儲蓄及消費上也扮演重要的角色。與收入相比，戰後日本受薪階級一般都有相當高的儲蓄率，此情況與戰前大為不同，但卻是戰爭時期的延續。在1950年代初，平均每戶的儲蓄率是其收入的10%，經濟愈發展儲蓄率則愈高，1960年達到15%，1970年初更升至20%。一直至1990年代初，儲蓄率都維持在家庭年收入的10%以上。從那時開始，家庭儲蓄率大致都超過20%，這些資金不是存在商業銀行的儲蓄戶口，便是存在政府經營的郵政儲蓄系統，形成一股龐大資金，成為工業投資的生力軍。

一般人民雖然喜歡儲蓄，但他們仍毫不吝嗇地花費其日益增加的薪水，買各式各樣的消費產品。外銷市場無疑是重要的，是經濟的命脈，外銷所賺的美元成為投資外國技術的關鍵性財源。但若由國民生產總額看，由1950年代到1970年代初，出口只佔其11%。同一時期的西歐各國，它們的出口總值卻佔國民生產總額的21%。[4] 因此國內需求——包括零售消費市場——是經濟成長的重要火車頭之一，消費者經濟與生產者經濟一樣，都於1920年代及1930年代見其端倪，其間一度為戰爭所中斷。消費者一窩蜂的到商店購買各種家用及休閒產品：洗衣機、電飯鍋、收音機、唱機，稍後是電視機。這些產品都所費不菲。在1957年，一台新電視機售價約為八萬五千日元，約為當時一個中等城市家庭的兩個半月的收入。在戰前數十年，縫紉機或收音機等商品的分期付款制度已發展得不錯。以此為基礎，製造

商與新興的金融企業合作，讓消費者能「輕鬆付款」，用六個月或十二個月的分期便可以購買各類產品。1950年代後期的調查顯示，消費者以信貸方式購買了60%至75%的商品，例如電視、冰箱或縫紉機。[5]日本在1965年已有超過五分之四的家庭擁有電視。整體而言，1955年至1973年間，國內個人實質消費約以每年7.5%速度上升。[6]

　　在日本戰後經濟史中，國內最受爭議的因素便是國家的角色，日本政府並不採用蘇聯模式，實施「統制經濟」。私人企業有相當大的自主權，有時甚至違反政府的勸告。然戰後日本經濟也非全然是一個自由市場經濟的奇蹟。在戰前及戰爭期間日本便已嘗試各種國家管理措施，它們所涉及的範圍其實是相當廣泛的。這些措施其後總稱為「產業政策」，它產生非常大的作用。

　　在佔領時期聯合國最高司令部的協助下開始，日本政府便保留戰時重要的經濟權力，包括外匯及技術專利權等。它利用這些權力作為操作槓桿，選擇性地支持某些特定企業，或消極地抵制某些企業。在戰爭終結之初，這些制度所賦予的權力扮演重要角色。然隨時間推移，國家干涉的重心漸不再以成文法律為依據，改以較非正式形態，被稱作「行政指導」，而最重要的指導機關便是「國際通商產業省」，英文名稱為 Ministry of International Trade and Industry，省略為MITI。它的前身是戰前的商工省，戰爭最高潮期間改為軍需省，到1945年它更名為通商產業省，1949年再改至現在名稱。其他政府機構亦同樣扮演重要角色，其中包括大藏省、運輸省、建設省、郵政省及經濟企劃廳。

　　在最一般的情況下，政府只在經濟運作中扮演推波助瀾及背書的角色，藉此加強信心的氣氛。從1948年開始，經濟企劃廳便公佈一連串的「五年計劃」，然並無約束力，它們只不過具告知作用，讓私人投資者了解政府正關心某些特定產業的發展，並且願意提供各種協助，或是信貸；或是協助私人企業獲得外匯、原料以至技術特許；或是紓解企業面臨的困難。日本政府之勇於協助企業，有時會受到外國人一定程度的責難（也許是妒忌）。最著名的例子發生於1962年，當時日本首相池田勇人正訪問法國，戴高樂總統稱其為「半導體推銷員」。

258

在較為直接的情況下，國家機構會保護及培養正在萌芽的產業。1960年代中，國家機構比較傳統，會利用關稅以限制入口。另一個方法是操作外匯，一間公司若要進口貨物，一定要將日元換成美元，然購入美元又必須政府批准。日本政府便可以利用這種權力操縱國內市場中的進口貨，因此得以排斥外國競爭者，保護日本企業。國家亦利用各種優惠政策以培育其關愛的日本企業：政府借貸機關會給予特定產業低息貸款；至於計劃發展的產業，政府則會為有關企業安排技術專利及各種稅務優惠。由於企業為趕搭列車而蜂擁投資，很多時造成產能過量，在這種情況下，通產省會介入，誘導成立「不景氣卡特爾」。這是某一產業內各主要公司間的協議，根據協議，它們會降低產量，以免惡性競爭，確保大家都能生存下去。

上述做法的確產生實質效果，同時也沒有只圖利用特權的內圍人士。舉例來說，1950年代奧地利人發明一種技術卓越的鹽基性酸素製鋼法（BOF轉爐法），真正自由市場的做法是有興趣的生產商自行與發明者協商，各自付費取得自己的專利權。但通產省力圖說服各主要鋼鐵生產企業共同買下這項技術的專利，不但可以分擔成本，亦可以共享利益。日本生產企業用這種方法取得一項重要的技術，而所花費用卻比美國鋼廠少了許多。[7]在這情況下，日本企業終於能迅速發展新世代的生產設施，超越世界各地對手。

通商產業省和其他國家機構利用這些權力一方面支持新興產業，另方面則保護夕陽產業。這兩種政策會在同一個經濟領域出現，例如十分關鍵的能源部門。在1940年代後期及1950年代初期，日本政府曾支持重振煤炭生產，作為全面經濟復甦的關鍵。但在整個1950年代，它的優先選項陸續地轉移。通產省一方面繼續給予資助，鼓勵煤炭工業投資到新的技術及降低成本；另一方面，政府則撤除限制石油進口的管理辦法，又資助港口改良工程以讓更大的油輪靠岸，同時鼓勵私人投資到國內的進口石油製煉。[8]

259 　　　所有這些非正式國家機制對經濟活動的介入被稱為「行政指導」，它其實在戰爭期間已出現，而且是當時政治經濟的主要基石。「行政指導」的雛形最初見於1920年代及1930年代的政策及實踐，當時為合理化工業生產，因此在主要產業中鼓勵甚至強迫成立各種卡特

爾。到了戰後，官僚進一步發展這個管理式資本主義的作用，不過在態度方面則較戰時緩和，主要靠說服方式，並非完全是強迫性，因此仍給予市場運作空間；那些能有效運用政府優惠政策，可以在市場中獲得回報，而政府與企業間之互動方式證明是有其正面作用。

二、「跨戰爭」模式的社區鄰里、家庭、學校及職場

前面已提及過所謂政治及經濟方式的「跨戰爭」體制，它形成於經濟大恐慌，貫穿戰爭以至戰後時期，具體而言，可見之於產業政策及企業財團之重組、勞資關係、勞動階級中之女性新角色，以至農村土地改革。不過由社會角度而言，「跨戰爭」體制亦同樣由1920年代延伸至1950年代，也有一定作用，產生一系列社會模式。因此在第二次世界大戰結束以至其後十年間，仍可以看到社會結構及人民的生活方式中帶有跨戰爭痕跡。所謂跨戰爭社會體制，是指一個異質化社會，無論從社區鄰里、家庭、學校及職場，均可見到這種歷久不衰的異質性，甚至因而產生對立。

在1940年代初期，戰時物資缺乏、轟炸及疏散等因素，無疑短暫地摧毀了都市社會，不過生氣勃勃的城市生活很快便重現，甚至在經濟復元之前。日本在19世紀便有人口流向城市，現在亦已恢復。在1950年代及1960年代，每年約有一百萬人離開農村，移居城市。由於城市鐵路支線在1910年代及1920年代已開始建造，故郊區新社會陸續出現，市郊生活亦慢慢成形。東京及大阪等大都會在1950年代及1960年代繼續發展，成為那些追求燦爛、新鮮、現代生活的人群所嚮往之地，日本的城市人口在1950年佔全國人口的38%，到1975年增至75%。

人口流向城市這現象並未妨礙農村，由於數以百萬計士兵在戰後復員，有些回家團聚，有些則創立新家庭，總括來說，日本與世界其他地方一樣，出現一個戲劇性的嬰兒潮。最高潮是1947年到1949年，每年出生人數達二百七十萬。在1945年與1955年間，日本整體人口增加一千八百六十萬。因為增加速度快，雖然數以百萬人口流向城市，農村的人口數字仍相當高。在戰爭結束時，日本農村

人口約為三千六百萬，佔全國人口的50%。十年以後，亦即是1955年，農村地區的人口比例已經下降，但絕對數字卻沒有減少，跨戰爭期日本生活的異質性是造成都市及農村社會活躍的原因。

跨戰爭社會的另一個特徵是日本人民接受教育的多元性及賺錢方式的多元性。佔領時期，盟軍總部雖在教育上實施改革，然整個教育制度到1950年代仍上下分明，其中又有三個十分重要的分水嶺：初中畢業、高中畢業、大學或高等學校畢業。雖然由1940年末期到1950年代，愈來愈多人接受高中教育，但到1955年，約有半數青年完成其初中教育後便不再繼續進修，另外有三分之一完成高中教育，能進入高等教育學校的則只有15%。

以教育程度作為社會階級指標的做法可以溯源至戰前及戰爭期間，但其差別到1950年代的職場最為清楚。初中畢業生，無論其為男性或女性，他們的工作主要為藍領操作層次，其發展前景則十分有限；男性高中畢業生則可以找到生產技術工作或事務員職位，一般而言，他們至少都可以晉升到主管職位，有時會更上層樓，女性高中畢業生則可以擔任大企業秘書職位；男性大學畢業生很多時會在大企業及政府機構擔任管理精英職位，至於女性大學畢業生則與其他資本主義工業國家女性一樣，在戰後初期面臨巨大障礙，不容易找到工作，只有小部分能在公立學校中執教。因此性別與教育程度成為決定每個人的職業標準，不同性別或不同教育程度的人會擔任不同層次的工作，薪酬亦當然因此不同。

工作形態亦與戰前差不多，是高度分散的。只有小部分人因為其教育程度可以在家庭以外地方工作，領取工資，這些地方包括工廠礦坑、政府機構、大小公司等，至於大部分人的工作環境，無論是城市或農村，都是空間狹小，他們都以居住地方為基礎，從事家庭事業或農事。1950年代的勞動力分佈情況與戰前差不多，超過一半的勞動人口所從事的工作是與家庭有關，如家庭農場、家庭漁船，或小型家庭零售、批發或製造業。一個企業，無論是農場、或是菜市場、或是理髮店，老板通常是丈夫，妻子會從旁協助，通常稱為「家庭勞工」，但在政府統計上永遠不會把這些婦女算作「僱員」，因為她們沒有薪水，家庭的總收入被算作是她們的收入。由

1930年代到1950年代，超過三分之二的女性屬於上述「家庭勞工」類別，這些女性及其家庭成為日本戰前或跨戰爭時期「舊中產階級」的核心，它們包括小商店、小型貿易商及小型工廠，在戰後日本各個城鎮的社區裏，它們一直是個重要力量。

在跨戰爭社會模式中，家庭類別亦五花八門。在1920年代，核心家庭佔所有家庭數目的54%，其餘大部分為三代同堂的延伸家庭，通常住在同一個房屋中。這兩種家庭彼此共存是跨戰爭社會的特徵。

1950年代的日常生活物質條件與舊式跨戰爭社會較為類似，並不像今天所知道的戰後新世界，觀看圖片便可獲得此種感受。1950年代的照片較像1930年代，與1970年代顯著不一樣：農村日常衣著主要仍是拖鞋及和服式樣的家庭服，房子屋頂多半是茅草，道路還未鋪上水泥，稻田上仍有成群耕牛，當時農村的機械化仍未普及。1963年拍攝一個年輕女子的手部照片，其粗糙程度與20世紀初所看到婦女的手並無二致（見圖14.1），反映出農村工作十分吃力，而且非常容易受傷，是以疤痕累累。一些令人興奮的消費產品已經在各城市及農村地區流行，在1950年代後期，這些消費品包括電燈、收音機、唱機及電話，與1920年代及1930年代的消費品並沒有太大差別。

戰前那種世界風及本土風混雜一起的日常生活方式，到1950年代仍同樣延續下來。1950年東京地區曾舉行一個「勞動家庭」的社會調查，大部分婦女平均每天都要花上兩小時以上在縫紉工作中，有些是使用縫紉機，她們模仿商店出售的時裝款式裁製。這種風氣在20世紀初便出現，由於百貨公司大力促銷，一個時裝商業世界便逐步形成。不過婦女的大部分縫紉工作仍是修補舊衣服，無論用手或用縫紉機，它仍是一個耗費時間的工作，同時身為家庭主婦，她仍需要一定手藝才能勝任。因此一方面存在一個現代消費領域，以成衣供應客戶需求，另方面亦存在一個以家庭為基礎的領域，進行非商業性的生產活動。

本土世界是以家庭為基礎，商業化程度是半吊子的，與此共存的另一個世界則是大眾化、官僚化及利潤化的體制。在整個1950年

261

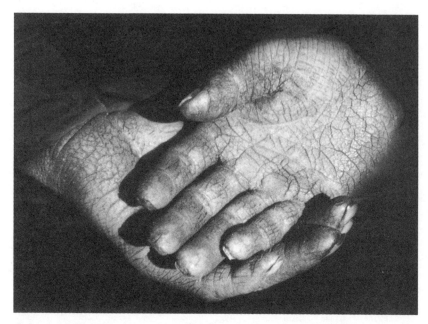

圖14.1 1963年所拍攝一個21歲農家女子的手部，其田裏及家裏工作的艱辛程度，光從手上各條縱橫交錯的縐紋便可以想像出來。這照片反映出由20世紀初期到1950年代，農村社會的生活及耕作技術仍有很強的連續性，直到1960年代高度成長開花結果，農民能機械化其操作，農村社會的工作習慣才真正的改變過來。（南良和先生提供）

代，本土文化及休閒活動也一如戰前，與社區慶典有密切關係，例如神社及佛寺各種祭典、假日時到鄰近勝地或古老村落遊玩。個人以至家庭的各個重要日子，例如婚嫁、生日、喪禮等等，都在一個親切環境中慶祝。直到1950年代末，大部分的日本人是在家內出生，接生者不是醫生，而是接生婆，大部分人亦死在家中。婚喪喜慶諸事，通常在農村較大的家宅或寺廟中舉行，很少會在專門為婚喪喜慶服務的商業化場所辦理。[9]

三、戰後的共同體驗及一體化生活方式

在高度成長的年代中，整個社會有十分深刻的變化。戰爭及戰後時期接二連三所引發的事件，如大空襲、聯合國最高司令部實施

的土地及勞工改革、摧毀戰前精英財富的大規模通貨膨脹，原有的
經濟基礎因此在很大程度上受到衝擊。在這種背景下，當經濟再趨
向成長時，共同化生活方式很快便成為一種潮流：城市與農村間的
落差減少；更多人口成長於核心家庭，非再以延伸家庭為重心；學
歷高低的差距亦逐漸縮減；職場內上下級的僵化關係比以前好轉。
當然，過分強調社會階級的衰落是個錯誤的看法，把1970年代以後
的日本說成是個同質社會天堂亦是個虛幻的範例。但無可否認，由
1950年代到1970年代，日本人民間共同體驗的確是有所增長，亦見
證了跨戰爭時代為戰後時代所取代。

　　共同體驗的發展與日本地理環境的變化有關，它讓人民之間能
更容易及更迅速地接觸。在1946年，日本的九十萬公里公路中，僅
只有1%鋪上水泥。到1970年，已有15%公路鋪上水泥，其中更約
有六百四十公里的收費高速公路。到1980年，水泥公路數字已躍增
三倍，達到總公路長度的46%。東京與大阪間的高速「子彈列車」在
1964年開始服務，使兩大城市的來往時間由八小時縮減為三小時。
在國外，它是以子彈列車聞名，但日語則稱為「新幹線」，它代表的
含義更為平實。事實上新幹線十分突出，它不但改變日本兩大都會
間的距離感，也是日本技術成就的驕人象徵，站在地球先進的前列。

　　除了擴張運輸系統，日本政府用新方法開發該國的地貌，達到
全球史無前例的地步。由於得到美國佔領官員的鼓勵，日本政府在
1950年代發動一個歷史上最具雄心的商業造林計劃。它與戰前的造
林類似，但規模更大，即種植大面積的雪松和日本柏樹，它們可以
固定泥土，並迅速提供木材。結果，針葉樹林成為山間千篇一律的
綠色景緻，這些新的山林地不像舊有的雜生樹林，難以支撐多元的
生物社區。過量的雪松和柏樹造成花粉熱，每年春天感染數以百萬
的人們。[10]

　　其他全國性的發展計劃主要集中在大型公共工程，包括填海、
引導河流入運河。大型計劃如愛知縣的佐久間水壩，它的水泥用量
打破世界紀錄，並開啟了日本大型水壩的建造。在1950至1990年代
間，日本建造超過一千個水壩，最後涵蓋了97%的全國河流。以水
泥渠道或水庫阻斷河流，用以發電及幫助調節洪水，但當沙泥淤

積，便威脅到水壩的使用，也破壞河流生態。評論者指出日本倚賴公共工程，促進建設公司和政府各省的密切關係，而日本的「建築公司國家」頗類似美國的軍工複合體。[11]

當表面環境迅速獲得清理改善，農村的內涵則不斷萎縮。全職農民的數目及比例急劇下降，而且持續不斷，1955 年全職農戶的數字是二百一十萬，到 1970 年降為八十三萬，是原來的一半不到。農業僱用勞動力的比例，到 1970 年已跌至 20% 以下，不過同期兼職農民的數字則在增長。造成這種現象的原因有三：首先是農業機械化，其次是日本農戶平均規模不大，第三是農村出現新的僱用模式。由於道路改善，摩托車及汽車成為普遍的交通工具，適齡工作者能夠由農村前往附近城鎮的工廠或辦公室工作，而祖父母則留在家中照顧孫子及種植蔬菜或稻米，成年小孩亦可以在週末幫忙。農村愈來愈像郊區社會，只是成年男女在平日均外出，不會留在家中。到 1970 年代，農村的改變縮短了鄉村、城市及郊區間生活形態的差距。在最極端的例子中，有全部人口均外移到城市，村落頓成鬼墟。不過一般而言，農村是靠上述方式存活下來。

社會經驗共同化是穿越日本全境，然其核心則是大規模的官僚式商業機構滲入平民百姓生活，涉及程度可以說是史無前例。自 19 世紀以來，所謂現代社會經驗是以公立教育及軍事服役為主，不過到二次大戰以後，其他體制亦迅速擴大其範疇。醫院成為誕生與死亡的必經之地：在 1955 年，約 82% 的小孩出生於家中，然到 1975 年其比例減至 1.2%。[12] 婚禮場面亦愈來愈鋪張及浪費，全國各地的飯店及婚宴禮堂如雨後春筍，數以千計，它們積極拉攏顧客，婚禮亦變得十分專業化。[13] 這種事業亦擴展至喪葬及每年各種佛教紀念活動，趨勢有增無已。當新幹線、汽車及航空交通成為中產階級日常生活的一部分時，大規模的國內外觀光事業便急速發展，標準商業旅遊套餐遂然而興，而且大受歡迎。在 1960 年，只有十二萬人外出旅遊，到 1970 年便增至一百萬，到 1980 年，約近四百萬日本人出國旅遊。

學校及工作場所是共同化社會體驗兩個最重要的範疇，1950 年代末到整個 1960 年代，教育變革十分巨大。高中入學率急劇增加，

1955 年其入學率約為 50%，到 1970 年增至 82%，到 1980 年更增至
94%。進入二年制及四年制大學的學生比例亦大幅躍升，到 1975 年
為止，日本每年進入大學的高中生比例約為 35%，這個數字領先不
少歐洲社會，亦接近美國水平，連高中教育也無法接受的人可以說
是微乎其微，原來的教育差別是分為三個層次，現在已縮減為兩個。

公立大學仍然是最受人嚮往的地方，為平步青雲的必要階梯。
然由於大眾高等教育的出現，這時期的教育與跨戰爭期（甚至以後時
期）有一個顯著不同的地方：就是進入大學之門是相當平等的。在
1960 年代，最貧苦家庭小孩進入大學的比例，與其在全國人口中的
比例相同（見表 14.2）。[14] 學生背景能分佈得如此均勻，是相當令人
驚歎的，它的成功，並不是如美國實行強制平等入學政策，而是因
為全國公立高中教學水平的提升，同時升幅均甚整齊。它也呈現一
個事實，考試完全以成績為錄取標準，家財萬貫的父母用捐贈方式
以「買取」進入一流大學的門票，這種現象在日本不會發生。另一個
可能因素是戰爭的破壞及戰後初期的通貨膨脹，令昔日精英階層的
地位受到動搖，財富分配得以更加平均。

新建立的學校制度較往日平等，但也成為中產階級的淘汰標
準，它的結果就是名聞遐邇的「受驗地獄」。要進入精英高中以至第
一流大學，唯一的衡量標準就是入學試的成績，學生不得不日以繼
夜把精力消耗在考試中。如果考不上心目中理想的精英學校，他們

264

表 14.2　1961–1974 年進入日本高等教育的平等情況（公立大學全國錄取人
數中五個所得層次的學生百分比）

公立大學	1961	1965	1970	1974
I（最低所得層）	19.7	16.3	17.3	14.4
II	20.2	15.1	13.9	11.2
III	15.4	18.6	17.7	16.0
IV	18.5	22.5	21.2	24.3
V（最高所得層）	26.2	27.6	29.2	34.1

附注：由第 I 層到第 V 層，都以家庭所得為分類基礎，每一層次均代表 20% 的
　　　戶數。

資料來源：轉引自 Thomas Rohlen, "Is Japanese Education Becoming Less
Egalitarian?," *Journal of Japanese Studies*, vol. 3, no. 1 (Winter, 1977), p. 41.

通常會在畢業後再花一到兩年時間準備及重考，這些年輕人浮游在
高中與大學之間，被稱為「浪人」，這稱謂套用自德川時代失去主人
的武士。很多老師不滿意這種以考試為中心的教育制度，希望尋找
不同的學習方式。他們認為傳統教育制度的重點是淘汰莘莘學子，
讓學生馴服在制度內。最後在這種重重複複的沉悶考試壓力下，只
不過要學生取得經驗，好在日後成年時可以養成在緊張及競爭環境
下工作的習慣。

　　日本的職場出現同樣新鮮的「戰後」共同化特色，大部分的工人
再非以家庭作為其工作場所，他們要離開家庭，外出賺取薪水，總
體勞動力中的家庭工作比例不斷下降，由1950年代末的三分之二降
至1960年代末的二分之一以下。這種變化對男女兩性均有影響，在
1960年與1970年間，在家庭以外受僱的女性工人，其比例由42%增
至53%。[15]

　　戰後日本職場的另一個重要轉變與學校情況一模一樣，昔日的
上下階層差別受壓縮，平等精神成為普遍現象。在1960年代及1970
年代，幾乎每個人都有受高中教育的機會，高中畢業文憑已沒有特
別優勢以晉身社會，它成為一個必要的門檻，結果之一是提升勞動
力的教育水平，強化工作紀律；另一個結果則是縮短白領與藍領工
人間的差距，其中以男性尤為明顯。在戰前，管理層是大學畢業，
技術人員則是高中畢業，他們共同管理的工人則是中小學學歷，彼
此涇渭分明，際遇及前途均截然不同。到1970年代，所有職場僱員
大體上都接受義務教育至十八歲，而大學又以通才訓練為主，較少
針對新知識或新技術的傳授，因此由高中招募的藍領工人，與由大
學聘用的白領畢業生，彼此間在技術上的差距並不算太大。

　　在高度成長年代的新社會秩序中，家庭生活體驗亦被共同化到
一定程度。核心家庭在整個1960年代中增長至60%，到1975年，更
上升至三分之二間。與此同時，單身家庭由1955年的3%增加至
1975年的14%，他們多半是年輕、未婚的受薪階級，居住在公司提
265　供的宿舍或公寓。延伸家庭的數字則下跌，由總數的三分之一遞減
至五分之一。不過「延伸」家庭的界限有點模糊，大部分上了年紀的
父母親並非與其兒女同住一地，但多半距離不遠，只要花一點時間走

路或開車便可以到其孩子及孫子的居所。[16] 我們也許可以稱之為「核心延伸家庭」。然無論如何，單身家庭數字的增加及延伸家庭的減少，使兩代同堂家庭的形式漸成為組織家庭的主流趨勢，大異往日。

核心家庭是日本「新中產階級」的骨幹。「新中產階級」是 1950 年代社會評論者所創造的一個名詞。[17] 其曰「新」即表示有異於舊中產階級，舊中產階級是指鄉村的家庭農戶、城市的商人及小生產者。新中產階級不斷擴大，居住於東京、橫濱、名古屋及大阪等城市中欣欣向榮的郊區。由 1960 年代到整個 1980 年代，由於經濟好景，原來是種植稻米蔬菜的田地或山坡，紛紛轉換為高聳的公寓大樓，日本稱之為「團地」。其中約有一百萬個單位是由公共房屋部門建造。私人地產商亦在各大城市四周興建獨戶房屋，滿足成功的中產階級所需。結果，日本種植土地面積的比例，由 1961 年超逾 19% 縮減到 1995 年的 15%。

新建築物利用戰前的各種改良，為住者提供一個「現代」生活空間。睡房與餐廳／廚房空間已區隔開來，桌子亦配上坐椅，不必再坐在地板上。小孩們亦可以擁有自己的睡房。在高度成長年代，一個典型的核心家庭的丈夫每天都搭火車通勤，由上述種類的住所到辦公室或工廠上班，工作是全天候，而且是忙碌緊張的。太太則會兼差賺外快，但她主要的工作仍是照顧小孩，孩子的數目通常不會超過兩個。

當人們追求一種新的家庭形式時，他們亦追求家庭內一種新的關係。在 20 世紀初的日本，上層及中產階級的婚姻多半憑媒妁之言，雖然以愛情為婚姻基礎這種反叛性理想已經出現，但畢竟是少數。到 1950 年代，在白領受薪新中產階級工人中，相親仍然是主要形式。父母、親戚、朋友甚至職業婚姻介紹所會提供各式各樣的對象，兩位當事人會見上幾面，日語中稱為「見合」，之後便會論及婚嫁。[18] 不過在同一時間中的大學生及年輕社會人士，交男女朋友的風氣已逐漸流行，日語中的「約會」是外來語，由英語 date 翻譯過來。「愛情婚姻」的理想逐漸被接受，而且愈來愈受歡迎（見圖 14.3）。在這種情況下，豪華宴會成為這種婚姻的見證，亦成為戰後家庭共同形態建立的起點。

圖14.2　戰後的房屋熱潮，主要導因有二，一為政府的公共房屋投資，二為戰後嬰兒潮父母，他們省吃儉用的存錢，然後作私人投資。圖中攝於大阪府近郊的枚方市，類似的公寓社區，在全日本比比皆是。（每日新聞社提供）

圖14.3　從1950年代後期開始，男女約會及「愛情婚姻」的追求變得愈來愈普遍，上圖攝於1960年代東京皇宮附近的和田倉橋，橋上雙雙對對，展現男女間的熱情。（Tomiyama Haruo 提供）

　　同時，職場與家庭對許多中產階級的男女性而言，仍是兩個截然不同的世界。男人必須一心為公司服務，這種情況以白領階級尤為明顯，因此在下班以後，他通常要到有女性服務員的酒吧，與同事或客人飲酒及交際。這種由女性作伴的應酬被稱為「水商賣」，意指女服務員所提供的混合飲料，它是兩種文化的混合體：一種是1920年代的咖啡廳文化；另一種則是藝妓，她們多才多藝，以色笑娛人，是流行於精英階層的一種消遣，通常不會發生性關係，亦不排除偶然間與客人有進一步的交往。1960年以後，日本的水商賣十分蓬勃，出現數以千計的「媽媽生」(通常是年紀較大的婦人，都出身於女服務員)，為自己及其僱員賺取數十億元的財源。[19]

四、分歧的持續與重組

267

　　戰後社會共同體驗有實質的增加，固然是我們要留意的地方，但亦不能忽視重要的社會分歧仍然持續，只是有時會以新形式呈現，這些分歧包括：新舊中產階級之間、能入讀大學預備校高中學生與以職業訓練為目的的「落榜」學校學生之間、男性與女性之間、日本人與「其他」少數族群之間，他們包括朝鮮人、部落民、北方的愛奴原住民及南方的沖繩人。

　　其中一個持續不斷的現象便是各城鎮裏新舊中產階級間的分歧。城市內個體經營的舊中產階級與農村一樣，並沒有因高度經濟成長而消失，仍有大批人口存在，他們只是被改變而已，與此同時，新中產階級則快速增長。各地方的零售及貿易商人與「受薪階級」家庭一樣，為了佈置家居，大量購買消費商品，他們的小孩亦接受同等基本教育，其進入著名高中的機會亦無不同。小商店及小型工廠的綿密地方關係，成為城市鄰里的凝固劑，為各社區提供安全而又熱鬧的空間，讓居民放心生活及購買日常用品，城市內的蓬勃生氣亦得賴以維持。[20]因此表面看來，兩者的生活方式似乎有合流的可能性，不過舊中產階級與大公司的受薪階級相比，其經濟前景仍稍有不如，小企業的破產率是相當高的：在整個高度成長時代，每年倒閉的小企業約為總數的3%至5%。[21]

圖14.4　1958年精工手錶公司的女工正在生產線上工作情況。當時成千上百的女性在初中畢業後，或進入欣欣向榮的高科技行業，如電子業、精密製造業等，或進入紡織等傳統行業。（每日新聞社提供）

　　在教育方面，主要分歧點則以新形式出現。由於高中教育已大致普及全民，初等教育與高等教育的差距因而逐漸消失，但新分歧點卻出現於高等中學及大學內。因為高中及大學入學試是以成績作為錄取依據，而初中及小學公立教育又相當平均，結果高等教育的競爭情況反而比過去激烈，故無論從個人角度或集體角度看，平等的機會最後造成不平等的結果。在所有大城市的公立高中內，都會造就一些明星學校，它們是所謂大學「預備校」，只要能通過激烈的入學試，一朝有倖錄取，便能夠安安穩穩地渡過三年高中，再經過大學入學試進入著名大學。其他高中則亦按照考試成績建立其位階次序，接受那些在考試中成績較為不理想的學生。

　　日本蓬勃發展中的製造業亦重組其分歧點，由於教育制度改變、工會力量擴張及新的管理政策，大企業對待其藍領及白領男性僱員的態度亦日漸平等，不過這些屬於幸運兒，他們只佔所有勞動力的四分之一到三分之一而已，其他勞動人口則仍然接受偏差待

遇。在1960年代，中小企業中的受薪男性，其薪水約為大企業工人的50%到60%，[22] 他們的工作保障當然亦及不上大企業的工人。

　　整個戰後年代中最重要的社會差距則是性別關係領域。舉例來說，在高度成長年代的職場內，男女勞動者的分工與以前相比，並無太大改變，這是令人十分訝異的。在戰前的製造業中，重工業工人都以男性為主，而三分之二的女工則留在紡織業中。到1950年代初，製造業中的女工最高仍約有55%是從事紡織業工作。與此同時，由於大規模電子零件廠商出現，而且成長迅速，它們僱用了數以千計的女性 (見圖14.4)。首先是半導體收音機、手錶、照相機，其後是電視機，這些產品的生產線聘用了大批女工，亦成為國際間日本經濟奇蹟出現的象徵。女性工人在紡織業的比例因而下降，1955年約有55%的工廠女工從事紡織業，到1965年只剩下18%，而昔日紡織操作的特徵亦為電子工人所取代：企業直接僱用完成初中義務教育的少女，她們住在公司宿舍，而企業則用父權管理方式給予女工各種規限性的福利。事實上，電視生產線上的勞動強度，與紡織業工作並無很大的不同。

　　各日本企業的辦公室亦在擴充，但聘請回來的女性只被視作「辦公室花瓶」，為職場中營營役役的男同事增添明亮的氣氛而已。所有女性執行的工作，多半層次甚低，只屬事務性，升級希望不大，但聘用之初，即被諄諄告誡要擺出笑臉迎人的姿態。每一位女性在僱用時都要簽上契約，保證結婚後馬上放棄工作。有婦女挑戰這種職業歧視，她們有些透過集體交涉，但最重要的還是透過法律途徑，要求司法仲裁。最著名的案例是1966年的住友水泥訴訟，法庭裁決女性工人得直，結婚後仍可保有工作。但不少企業仍堅持執行職場中的男女性差別待遇，為了鑽法律漏洞，它們修改僱用策略，儘量避免聘請那些有強調其工作權利傾向的女性，例如四年制大學的女畢業生；它們比較願意僱用二年制學院的學生，由於環境使然，縱然公司不要求，這些學生結婚後也多半會辭職不幹。[23]

　　宗教信仰也是戰後日本社會的分歧點，呈現日本人不同的生活樣相。在發財立業的競爭過程中，有些人是失敗者，為了尋求社會及精神慰藉，遂轉向各種令人沉迷的新宗教。有些宗教團體在19世

紀及20世紀初便創立，有些則是在戰爭結束後不久出現，有些規模細小，而且曇花一現。對俗世中人而言，這些宗教看起來像異端團體，它們有時候會透過雙手接觸以增強信仰，或透過一位法力無邊的聖僧以傳送神力。

有幾個宗教團體十分成功，吸引數百萬的信徒。最大的一個是「創價學會」。它約在1930年代末冒起，原來只是日蓮正宗的一個小支派，然到1950年代勢力漸大，到1960年末，已號稱擁有七百萬信徒。其他如日蓮分支的「立正佼成會」、天理教，都是戰後新興的宗教，影響力甚大，亦號稱擁有百萬信徒。原來的佛寺及神社仍墨守成規，雖然是大部分日本人信仰所在，卻沒有甚麼作為。新宗教團體無論在爭取信徒及規劃財源上，都較為積極進取。它們在現世中給予信徒慰藉，亦宣揚來生的救贖。創價學會是新興宗教中以積極傳道聞名，它的禮拜儀式包括每天要在佛壇前頌經三十分鐘，若夠虔誠，創價學會認為無論信徒遇上感情上或經濟上的任何問題，都可以立刻迎刃而解。新宗教告訴其信徒，宗教類似信用卡「先買後付」的觀念，信徒可以「先祈禱，後信奉」，亦即在祈禱時可以有懷疑精神，然一旦洪福降臨，信念自會油然而生。由於信奉者組成一個強大的關係網，新信徒在其幫助下很容易便找到職業，結交新朋友，滿足其經濟及精神需求，宗教團體自然坐大。

戰後社會的另一個分歧領域是少數族群及種族，其情況原亦由來已久。在戰爭結束時，約有二百萬的韓國人居住在日本，他們或是自願移居，或是強行前來。當美國佔領結束時，大部分韓國人都回國，留下來的約有五十四萬人，他們的法律地位由天皇臣民轉變為外國居民。1945年10月在日韓人組成「在日朝鮮人總聯合會」（日文簡稱為「朝鮮總聯」），宗旨是協助遣返韓國及經濟互助。到1947年，該組織亦發展出一個教育網絡，包括近六百所學校，服務對象約六萬二千人。開始時該組織並無黨派意識，然當朝鮮半島分裂為南韓及北韓時，「朝鮮總聯」便自然逐漸政治化。該組織之主流是向北韓效忠，因此在最高司令部的支持下，日本政府便在1949年解散該組織，然到1950年代，該組織再次出現，首先使用「在日朝鮮統一民主戰線」名稱，簡稱「民線」，到1955年正式恢復「在日朝鮮人總

聯合會」稱謂。北韓政府對「朝鮮總聯」給予相當大的財政資助。在
1960年，在日六十一萬三千名韓僑中，約四分之三登記為朝鮮人民
民主主義共和國公民。[24]當日本經濟高速成長時，日本韓國僑民仍
保留有力的韓僑社區，也有自己的私辦學校網，不過經濟環境並不
好，社會上亦受歧視。職業選擇空間並不大，多半從事艱苦及低薪
工作，如按日計薪工作或建築行業。

　　另一個少數「族群」是部落民，他們的卑賤身份名義上在明治時
代已經廢除，但到20世紀中葉，時間已近百年，歧視仍然存在。在
1950年代及1960年代，有名氣的企業在聘用新晉人員時，通常會檢
查申請工作者的戶籍，若是部落民則馬上出局。所謂部落民，顧名
思義是以其聚居的傳統村落或社區為標誌，再加上明治時期便實行
戶籍登記制度，每個人的社會出身均有官方紀錄，故要找出部落民
身份並不困難。「部落解放同盟」是個十分健全的組織，而且敢於挺
身反抗，它曾經施加極大壓力，要求政府禁止使用上述資料作為歧視
用途。政府亦有行動，在1960年代末立法禁止無關係者取得個人戶
籍資料。但歧視情況並未改善，有若干私人機構自行搜集部落民地
址，製成非正式的清冊，並賣給私人企業。政府指責此種行為，但
並沒有立法禁止。在1970年代末，這種清冊約有八份在全日本流通。

　　面對這些歧視，「部落解放同盟」推動一個類似美國戰前「隔離
而平等」的改革運動。他們要求政府實行津貼、公共工程及改善教育
等措施，目的是希望為部落民社區取得較佳的集體待遇，1969年立
法通過這些資助計劃，統稱為「同和對策事業特別措置法」，經一段
時間，部落民社區的生活水平的確有重大提升，漸類似主流社會情
況，但歧視仍未能消除，部落民要進入大企業工作，發展個人事
業，依然困難重重。[25]

五、維持社會的穩定及其變遷

　　日本國家官僚及執政黨一直積極關心社會矛盾，經常與商界精
英聯手合作減少矛盾，以維持社會變遷過程。因此他們實施大量計
劃，推動無數運動，目的是維持社會運作，其用心程度與經濟政策

不相伯仲。舉例來說，政府的房屋政策除用在重建部落民的貧民窟外，亦向中產階級家庭提供低息貸款。政府亦成立「日本住宅公團」，用來發展大量高樓林立的「新市鎮」，到1970年代初期，住宅公團已建造近二百萬個單位，其中包括公寓型及單一家庭型。中產階級都蜂擁前來申請，政府不得不抽籤選擇，其機會率有時只有百分之一，只有幸運兒才可以入住這些低廉租價的津貼居所。

社會及經濟政策交集點是政府鼓勵人民增加其儲蓄率，由於戰前及戰爭期間已有各種儲蓄計劃，以此為基礎，大藏省在1950年代推動民間儲蓄。它與各種婦女團體合作，以家庭主婦為目標，進行有力的說服工作，因為家庭開支多半由她們掌控，故效果甚佳。到1960年代，日本家庭平均每戶的儲蓄率約為15%，這是世界中最高的儲蓄率，亦比戰前儲蓄率高出不少。有了這筆資金，日本銀行便可以作各種投資，刺激經濟繁榮。導致儲蓄率高的原因十分複雜，部分原因是日本人平均壽命延長，不得不儲蓄作退休之用，然歸根到底，傳統的儲蓄習慣仍是最重要因素。[26]

教育亦是社會政策中的重要領域。由於新工人數字不斷增加，早在1960年代初期，企業界顧問委員會即與教育官僚合作，要求以考試為中心的公立學校系統增加基本技術訓練，好讓他們有一技之長。主要因為生產及辦公室科技革新速度太快，企業界都希望其藍領或白領僱員能在最短時間內適應。他們希望高中、二年制大學以至四年制大學的教育系統，能按照需求比例頒發文憑，因而可分配男女工作人員到職場中合適的崗位，扮演合適的角色。企業界的要求通常都能得到回應。故大展鴻圖的公司，都可以有系統地直接由學校招募所需要的長期人才。同時根據各個學校與企業錄取標準的難易度及人氣指數，雜誌會刊登詳盡的排名錄，是以媒體進一步強化大眾的共同想法，點出何謂主流，何謂人生的成功之道。

無論是國家或企業界，其強而有力的機構均一致關注性別問題，要為其訂出「恰當」界限，亦會想盡辦法實行。文部省及商界領導人設計學校教育綱要，用一種男女有別的觀點，以宣揚標準化的家庭及職場生活。在初高中學校裏，女學生被安排學習家政及健教等科目，男生一律不得參與，兩性關係井然有序，這些科目都是教

271

人如何做一個賢妻良母。在高度成長年代的高等教育中，約九成的二年制大學學生是女性，她們主修的專業包括家政、教育或文學等，大部分都被認為是婦女所長。在四年制的大學，四分之三的學生是男性，大部分的專業是工程或社會科學。

為了確立職場及家庭中的男女分工，有些政策是以經濟利益作誘因，並以國家實施形式出現。由1950年代到1970年代，政府推行社會保障體系，且其規模不斷擴大。這個體系鼓勵「標準」核心家庭的兩性分工形式，其利益亦以此為分配基礎。方法是假設每個家庭中，丈夫都是主要賺取所得者，其稅制亦以此為前提建立，配偶的收入在一萬日元以下免徵所得稅，主要收入者（通常都是丈夫）亦可以「扶養配偶」項目減免稅額。如果低收入配偶所得超逾此一門檻，在日本社會多意指太太由兼職轉為正式工作，不單止她的收入要繳稅，她的丈夫亦無法取得「扶養配偶」項目，必須多繳稅款。在這種雙重打擊的辦法下，已婚女性無法外出工作，最多只能兼職。

另一些政府及企業的政策更直接鼓勵婦女投身家庭主婦的角色，不主張其進入職場。1940年代末開始，政府各部門與婦女團體合作，進行各式各樣不太相關的活動，最後合流成一個名為「新生活運動」。事實上在戰前及戰爭期間，日本在1920年代便曾針對城市婦女推動許多活動，目的是為她們「改善日常生活」，到1930年代進一步推廣到農村。基於上述各種經驗，戰後在農村重新開展新生活運動，當時主要的焦點是廚房設計及處理垃圾的衛生方式，因此招來不少諷刺，譏笑運動只不過是教女性拍打蒼蠅。新生活運動舉辦講座、刊行小冊子、組織數以千計的地方學習小組，教授各種「開明」及「現代」的家庭管理方式，包括新式衛生習慣，如隔離食物與害蟲、儘速扔掉垃圾；現代廚房設計，如維持充足光線；家庭會計，亦即保存收支紀錄。農林省、厚生省以至文部省等官僚亦與各地方婦女組織合作，把他們自認為「現代」的方式向農村推廣。由1955年開始，首相官房成立一總合組織，以協調各種新生活活動，大公司亦踴躍參與。1950年代及1960年代，有五十個以上大企業參加，它們擁有員工超過一百萬，在公司鼓勵下，屬下僱員配偶組成各個新生活小組。一間鋼鐵公司的人事經理曾作如下說明：

272

對一個人的社會生活而言，職場與家庭兩者是表裏一體、不可或欠的關係，同時家庭生活是第二天職場生活的水銀計。家庭生活原則上由主婦管理，視乎她的主動性才能有所發展，丈夫可以說是在此環境情況下才得以休息，培養活力。因此有計劃提升主婦的主動力，營造基礎，以創造一個明亮的家庭，進而創造一個明亮的社會，更因此有一個明亮的工作職場。[27]

在政府及各大企業的新生活計劃中，最受關注的是生育率控制。官僚及商界領袖於戰後初期，一直懼怕人口增長會消耗掉戰後復元的經濟成果，在這個考量下，1948年宣佈墮胎合法化，到1950年末的高峰期，每年墮胎數字超過一百萬宗。有人指責墮胎其實是個頭痛醫頭的生育控制辦法，另一些人則是以道德理由反對墮胎，更有人認為墮胎為女性帶來不必要的健康危險。一個比較實際的替代方案是推廣保險套，不是發給丈夫，是發給參加新生活小組的太太。雖然新生活運動組織自上層，但它使用各種不同方法強化其參與者，例如給予她們新形式的實用知識及在家庭裏新的聲音。不少女性其後參加公民運動，積極投入許多正義活動，其中包括環境保護、反對核子擴散，故新生活小組可以說是公民運動的第一聲。

六、社會安定及變遷下的各種意象與意識形態

1920年代及1930年代是日本社會陷入迷失的時期，它最後導致日本走向一個慘痛教訓的戰爭。在社會方面，各種衝突亦是當時迷失的一部分，其中包括地主與佃農、財閥老板與一貧如洗的工人、城市與農村等等。第二次世界大戰以後的高度成長時代中，新舊社會衝突沒有戰前那樣嚴重，首先是政府政策尚能勉強平衡原有及新形成的矛盾，其次是各種社會矛盾為日本的有力文化形象所掩蓋，它宣揚居於日本土地上人民的同質性，在現代不斷發展的中產階級生活中，每一個人都共享它帶來的美好果實及安全感。

在戰後社會史中，大眾傳媒扮演一個關鍵角色，把上述日本人之間的共同體驗傳播開來。這種角色並不新鮮。自19世紀以來，報紙及出版事業便十分發達，到1920年代，新聞影片、電影及收音機，已提供給人民強烈歸屬感，創造一個共通的民族社群。政府控制的媒體已界定出民族國家的任務，是為戰爭動員作準備；其後到美國佔領時期，則是為支持民主作準備；到高度成長時代，雖然媒體形式較以前多樣化，但各媒體所宣揚的「日本民族」形象，彼此間仍然無大差別。

出版事業則十分蓬勃，戰爭剛結束時，只有少數幾份雜誌，但其後新聞及娛樂週刊種類的刊物如雨後春筍，大量湧現。新刊物多半針對特殊讀者群，譬如年輕女性、年輕男性、家庭主婦以至成年男子等。到1960年代，這些雜誌的銷量平均每星期約一千一百五十萬本。此外，日本報紙發行量，每天約為二千四百萬份。單單在1960年，出版商發行書籍達二萬四千種，總銷量為一億二千五百萬冊。由上述數字推算，日本人大概是全世界最渴求閱讀的人，以個人閱讀量計算，出版事業發達程度大概只有英國、德國、蘇聯及美國可相比或稍為超逾。

與此同時，電視廣播事業亦在起飛，湧現大批電視台。日本放送協會（NHK）是公共營運機構，在1953年初開始廣播。同年第一個商營電視台亦出現，到1960年代，電視已經普及到一般家庭中，根據民意調查，平均每人每天大約花上兩個半小時在電視上。

在這個媒體充斥的環境中，中產階級生活被定型化，其形象透過媒體廣為流傳於社會。重大新聞的報導亦有助塑造一般百姓的美夢，以1959年皇太子明仁選擇皇妃為例，他打破傳統，自行挑選終生伴侶，對象是與傳統貴族圈子毫無關係的正田美智子，她雖然出身於一個富有企業家庭，仍算是一介平民。為了觀看皇太子婚禮，據說電視機空前熱賣，大眾傳媒在為日本人民提供共同體驗上，扮演了一定的角色。[28] 各個新聞報導都強調這次結合象徵戰後現代婚姻理想，兩人是以愛情為出發點，婚後會組織一個核心家庭，但與整個家族成員仍然維持密切的關係。

　　媒體所製作的各種日常節目，亦同樣以城市家庭為中心，宣揚其中產階級生活及教育方式，並以之為全日本人民的典型體驗。長谷川町子是一名前衛型女漫畫家，在戰後不久創造一個卡通人物「海螺小姐」(Sazae-san)，在她筆下，海螺小姐成為理想家庭的代表人物。1940年代末至1974年，海螺小姐漫畫風行一時，1969年以來他更成為電視裏的長壽節目，歷久不衰。海螺小姐不但吸引無數日本人的注意，更塑造大眾的想法。作者用溫馨幽默的手法，描繪一個中產階級家庭裏三代間的生活，父親在一間十分普通的企業事務所工作，每天通勤上班，下班後，亦會習慣先在外面喝上兩杯才回家；母親則每天燒飯，主持家務，與鄰居打交道，還有喝止孩子的吵鬧，嘮叨他們的功課，好讓他們的學習能更進一步。

　　無論是日常節目製作，或是重大新聞報導，都反映出日本戰後現代生活已成為全球現代生活的一部分，與先進的資本主義世界接軌。好幾件1960年代及1970年代的重要活動，在大力宣揚下代表日本已經重新回到國際社會，它的地位不但與其他國家一模一樣，而且各方面的成就均十分驕人。執政當局亦利用這些機會鞏固社會秩序，促進愛國精神。上述活動包括1970年的大阪世界博覽會、1972年札幌的冬季奧林匹克運動會，最重要的當然是1964年在東京舉辦的第18屆奧林匹克運動會 (見圖14.5)。

　　上述活動並非如理想中的十全十美，例如有關奧運會的財政狀況便曾引起爭論，外國觀光者的人數亦未如預期。另一個例子是政府利用舉辦上述活動的機會，乘勢加強其社會管理，進行一連串的社會改革運動，例如呼籲國民改善公共衛生及防疫措施，促使商店簡化其零售事業技巧。文部省亦趁此機會推廣「愛國主義」範疇，加強學校「道德教育」及「公民」等課程內容，宣揚其必要性。

　　不過奧運會之所以成為一個衝擊力甚大的文化活動，傳媒的力量是功不可沒的，尤其是電視所扮演的角色。奧運會的收視率是空前成功的：開幕典禮的收視率是84%，而女子排球決賽是85%。日本選手隊贏得了金牌，因此成為國家英雄。參與奧運會的選手總共有七千五百人，代表九十四個國家；設計師丹下健三 (1913–2005) 為奧運會建造了地標性的運動場及游泳池；通往大阪的子彈火車開

圖14.5　日本女子排球隊在1964年奪得奧林匹克運動會金牌，全隊欣喜若狂，同時亦爭取到成為全國性英雄地位。是次奧運會不但讓舉世認識到日本已從戰爭廢墟中重新復元，同時亦展現國內各種成就，就在奧運會開幕之際，日本的高速子彈火車亦正式營運。（每日新聞社提供）

通，高速公路網亦已完工；最重要的是日本運動員的空前表現，在二十九面金牌總數中贏得了十六面。在傳媒的大力鼓吹下，日本人認為他們在經濟、科技、運動及文化各方面，均以和平方式達成驕人成就，民族光榮感沛然而生。

　　一個龐大的廣告行業亦有助於「日本人」觀念的成長，認為日本的確是個社會文化同質的世界。在整個1950年代，廣告行業的收入增加九倍。到1950年代末，廣告開支約佔日本國民生產總額的1.5%。透過印刷品、收音機及電視，各式廣告呼籲大眾踴躍參與現代的「光明新生活」，消費者因而被說服購買日本工廠大量生產的各色產品，其中又以家庭電器最受歡迎。有些國家官員及教育者擔心「過度」消費會增加失控的債務或引發高通脹，尤其是信貸方面，最後加重消費者負擔。但無論官方還是媒體論述，主流都是正面。觀

察家宣稱國內消費會促進經濟發展和提升生活水平，而按月分期付
款將教導人民合理的計劃和社會紀律。[29]

　　消費者商業文化在20世紀初便已出現，不過當時只限於城市的
中產階級，然到1970年代，它已經成為大多數人民生活的一部分。
日本社會已非昔日吳下阿蒙，大部分老百姓已不甘只為衣、食、住
等基本生活需求而營營役役。事實上，家庭各項開支的比重已發生
變化，食物一項在1950年代約佔一半，到1970年代則降至四分之一
以下。[30]在大眾廣告的鼓吹下，日本人正獲得「解放」，能恣意追求
自己的需求及慾望。過去許多可望而不可即的一大堆耐久消費產
品，現在則是有機會實現的夢想。在1950年代中期，熟悉日本歷史
的人利用皇室三種神器(玉、鏡、劍)的說法，提出現代生活的「三
種神器」：電視機(黑白)、洗衣機、電冰箱。到了1960年代中期，
90%以上的人口已經擁有上述用品，觀察者又開始談論「新三種神
器」，有時亦稱為「3C」，即汽車、冷氣機及彩色電視機(三種產品的
英文名稱，均以英文字母C開頭)。

圖表14.2　中產階級意識的興起(在一項全國社會調查中，回答問卷者對自
己社會階級的認定)

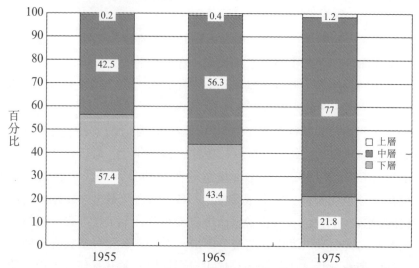

資料來源：1975年SSM全国調查委員会編，《社会階層と社会移動：1975年
SSM全国調查報告》(東京：1975年SSM全国調查委員会，1978)，頁310。

　　當愈來愈多人擁有上述產品，亦即代表愈來愈多人有能力負擔「典型」的現代生活，或起碼有理由相信自身以至其下一代即可達到這種生活水平，日本的中產階級主流社會便隱然成形，並獲得大部分日本人認同，自認為其中一員。這種社會意識的轉變亦很清楚地反映於社會調查中。由1950年代開始實行的社會調查，持續詢問受訪者是否自認屬於「中產階級」，其中包括所謂上層、中層或下層的「中產階級」，認同比例隨時間而不斷增加，到1970年代中葉，一份權威社會調查的數字更高，約75%受訪問者自認為中產階級（見表14.2）。在其他社會調查，其中包括首相官房的結果，有時候自認為中產階級的比例更高達90%以上。另一個值得注意的地方是自認為「下層中產階級」的比例一直在急劇下降，至於自認為「中層中產階級」的比例，則由35%上升至60%。在閱讀上述及有關調查後，不少觀察者會訝異於日本社會轉變的急劇，在不久之前，日本社會因地位、財富以至權力因素，深刻分裂為許多不同的階級，現在一個普世性的中產階級意識卻大步進展。[31]

　　有些作家及知識分子歌頌各種戰後社會變化，認為個人在這個新環境中獲得解放，有機會發展光明而又不同的生活，並得以追求及實現個人的慾望。吉本隆明 (1924–2012) 在政治光譜中屬於左派，也是一個非正統的哲學家，於1960年便寫道：「個人利益成為戰後『民主』(資產階級民主) 的基礎，如果我們完全不認識這種感受具積極性，是今日發展的根源，則我們無法認識第二次世界大戰結束後，日本社會所出現各種進步性發展。所謂私的意識既沒有神化組織，也沒有崇拜國家權威。」吉本下筆之時，正是大規模群眾抗議日本與美國訂立的《安全保障條約》的日子，他的說法恰好與丸山真男等所謂自由主義者的觀點相左，丸山認為追求物質的慾望，結果會產生「私心自用」的精神，因而變得「冷漠」，結果為「統治精英開了一條便道，得以實現其『遏制』政治積極性的想法。」[32]

　　其他文化評論家，無論是屬於政治光譜上的左翼或右翼，他們的觀點均類似丸山，既反對維持現狀，但又對未來感到憂慮。日本左派其中一個思潮求助於歐洲「法蘭克福」社會理論學派，他們激烈攻擊日本式的「行政社會」，指出大眾傳媒、企業老闆及諸如學校等

國家機器，使用各種方式規範所謂正常公民應有之社會行為，最後消滅了個人的積極性，毀掉多元性。他們不滿意一味歌頌國民生產總額的成長，最後卻犧牲了團結社會的努力、環境保護甚至本土文化及個人的自發性，到1970年前後，「擺脫受薪階級」成為最受大眾歡迎的説法。它反映某些人的困境，他們希望不再當一切唯組織是命的受薪階級，逃離壓榨式的剝削，因而產生這些另類理想。吉本亦似乎徘徊於上述的慾望與信仰，一方面他尊重一般人民的個人奮鬥，另一方面他亦認為同樣的人民亦正感受到「一股不斷增長的壓力，其形成的氣氛是不知所以的沉悶、物質生活膨脹風帶來的歡愉，以至相對改善的生活水平，然歸根到底，人們仍處在絕對的貧窮狀態」。[33]

在右派方面，雖不滿者仍稱讚經濟發展所帶來的影響，但他們仍認為富裕生活會威脅到日本的傳統價值，削弱為更大團體忍耐與犧牲奉獻的精神。據説當時汽車業鉅子曾一度抱怨他們的孩子太嬌氣，要自己擁有一輛汽車，從這件事看，右派的看法是頗為諷刺性，甚至是可笑的。無論是左派及右派，這些評論家的看法都相當一致，他們害怕物質主義及消費主義會腐蝕政治價值的信念，這些價值也許是復活的民族主義，也許是人文資本主義。

277　　　有關戰後時期各種文化變遷的爭論，一個較早的焦點便是1959年的皇室婚典，它反映出戰後社會變化的複雜，批評與讚美都交匯一起。從左翼的觀點，「美智子」熱潮是個惡兆，它象徵天皇崇拜的復活，但部分人士則積極看待，認為「大眾天皇制」已經走向民主化，他們強調皇室已經成為生活樂趣的一部分，不再需要恐懼或害怕。[34]

十年之後，作家三島由紀夫戲劇式的自殺引起社會的注意，日本戰後的現代及物質文化再度受到批評。三島的小説寫自1940年代，直到1970年仍有作品面世，他要探索的主題包括愛情、執迷、男性內涵以至同性戀追求，他亦企圖界定甚至堅守日本的「傳統」美學價值。為達此目的，三島認為要以武士方式提高天皇與國家的地位，到1960年代末，三島組織一個小型右翼團體，以強身健體及武術訓練為號召。1970年11月，三島用一個標新立異的方式結束其生命，他闖進東京自衛隊本部，向自衛員演説，煽動他們造反，重建

戰前的政治秩序。然聽眾的反應卻相當冷淡，最後他用傳統的「切腹」方式自殺死亡。三島的行動震驚整個日本社會，不過大部分人對其回歸傳統價值的戲劇性呼籲並不表同情。

雖然三島的反動文化政治並沒有很多跟隨者，有關戰後時期變遷的爭議及焦慮並未歇止，到1970年代又出現兩件成為焦點的事。最令人訝異的地方是第二次世界大戰已經結束二十五年以上，仍有兩名日本軍隊「最後的士兵」相信戰爭依然繼續，他們在一個悲慘的孤立環境中持續作戰，最後為人發現：橫井庄一於1972年由關島回國，而小野田寬郎則於1974年由菲律賓回國。當戰爭結束時，他們兩人遠離自己的部隊，自此便藏身於遙遠的山區或叢林裏，他們有時會入侵村莊覓食，甚至乾脆就地覓食過活。傳媒戲劇性的報導引發一股小型鄉愁式的熱潮，評論者借此作比較，兩名士兵甘心無私奉獻，一往無前，而戰後日本年輕一代則沉醉在個人主義及物質消費主義。這些議論當然會導引出另一個問題：甚麼才是日本人共同的民族性，以及它戰後的改變和衰頹。有關年輕一代頹廢的問題並不限於日本一地，其實它是全球現代性議題的一部分：亦即當人類日益富裕時，我們應如何處理及共享財富？在今日時代，生活愈來愈豐富，但人類的分割亦愈來愈深刻，甚麼樣的社會價值及信念才能把人類結合在一起？

第十五章

高度成長時代的政治鬥爭及其調解

如果要理解甚麼是差異，戰後日本的政治及經濟史是個非常好
的例子。在整整三十年中，日本經濟的發展是如此迅速及連續不
斷，甚至美國也有興趣要了解「日本模式」的成功經驗。然而在政治
世界中則是無休止的激烈鬥爭：人人爭論如何分配經濟成長的果
實，也爭論日本在國際上應與誰結盟。由1960年代進入1970年代
時，政治衝突的緊張情況稍為舒緩，但新議題又冒出來，內容主要
圍繞著富裕生活所產生的代價及衍生的問題。在國內，由於成長過
於迅速，環境的代價亦非常沉重，日本面臨如何讓人民免於環境污
染的問題，並就改變能源組合產生了政治爭議。在國際，雖然冷戰
持續，日本在資本主義及共產主義之間的角色已沒有像以前般有爭
議性，但資本主義陣營內因為貿易逆差及經濟磨擦，卻建立了一個
頗為緊張的關係。因此戰後經濟的發展與戰後擾攘不已的政治鬥爭
及解決方案，兩者是無法分開的。

一、政治鬥爭

當佔領時期結束，日本國內的政治版圖仍然劃分為兩大勢力範
圍，當時稱之為「保守」陣營及「進步」陣營。它們互相激烈對立，兩
者之間的全面衝突是1950年代中最重要的政治事件。然在各自陣營
內部，同樣存在著尖銳分裂，若不了解其內部重要分裂所在，亦無
法明白上述政治鬥爭所產生的結果以及其稍後所帶來的新情況。

保守力量的龍頭是「自由黨」，與官僚界及企業界精英的關係密
切，其領袖吉田茂於1951年簽舊金山和約時擔任首相之職。1952年

10月，日本舉行佔領結束後第一次總選舉，自由黨贏得48%的選票及52%的國會議席，但由於人事及政策問題，自由黨內仍存在不同聲音。鳩山一郎 (1883–1959) 領導黨內的反對派，他的立場與其左翼敵人有類似地方，即反對吉田茂接受美國霸權、甘心認可日本的「從屬獨立」地位。

「民主黨」的態度雖保守，但社會傾向較濃，主張以國家為中心，其立場可以追溯至戰前之民政黨。1948年，民主黨曾與社會黨合作組閣，但為時甚短。到1950年代初期，民主黨更名「改進黨」，重組內部。在全國選舉中，它擁有約五分之一的選票及席位。改進黨領袖如三木武夫 (1907–1988) 等，其立場與自由黨不同，願意與「社會黨」內一些成員合作。1954年，鳩山與三十七名國會議員脫離自由黨，與改進黨重組「日本民主黨」。在社會黨的支持下，他們推動對首相吉田茂的不信任案，迫使其下台，最後由鳩山組閣，出任首相。

進步力量同樣是四分五裂，由1951年到1955年，「日本社會黨」正式分裂為「左派」及「右派」。「左派」要在國內實行資本主義的革命性改變，它亦反對舊金山不完整的和約及《日美安全保障條約》。「右派」則只想改良資本主義，它接受不完整的和約，但反對美國在安保條約下在日本駐兵。左右兩派各自推選自己的候選人，兩者相互競爭得十分厲害。在1952年及1953年的選舉中，兩派約平分了四分之一的選票，到1955年選舉，兩個社會黨派系仍然互不相容，不過整體支持力則有所增加，它們共取得29%的選票，席位亦稍高於三分之一。[1]

日本共產黨的運氣到1950年代大幅下滑。1949年日共史無前例地得到發展，它贏取10%的選票，在國會裏擁有三十五個席位。但在1950年初，蘇聯尖銳批評日共的國會策略，史達林要日本共產黨採取更激烈行動，甚至使用暴力亦在所不惜。最高司令部利用這機會進行「紅色清洗」，不少日共領袖要轉而進入地下活動。其後韓戰爆發，日共事實上組織了一些恐怖主義及怠工的行動，但這策略招致反彈，日共失去一般大眾的信心，到1950年代末期，日共的得票率從未超過3%，而國會議席亦從未超逾兩席。雖然如此，由於知識分子大力支持日共，故支持人數雖少，但相對來說有較大影響力。

　　政治版圖到 1955 年進一步簡化，社會黨兩個派別重新整合，與此同時，自由及民主兩黨也許是回應社會黨之變革，亦合併為「自由民主黨」。商界精英注意到社會黨新一波的團結，民眾支持度亦增加，因此利用本身是保守陣營候選人主要金主的關係，力促兩個保守政黨合併。自民黨此後牢牢掌握政權達三十八年，它不但與商界領袖維持長久同盟的友誼，亦與重要政府官僚合作無間。官僚為自民黨提供人力及各種政策建議，自民黨所推動的法案，大都出自他們手中；一些重要中級官僚有時亦會放棄職務，在自民黨旗幟下競選政治性公職，並在黨內擔任重要職務，到 1950 年代末，有些官僚更出任首相。政客、商人及官僚三者關係密切，有人稱這批政治精英為日本「鐵三角」，自民黨獨佔風騷時期亦稱為一黨獨大時期。

　　在 1955 年以後，無論保守或進步陣營，它們雖然在形式上更為團結，事實上各個陣營內的差異並不比兩個陣營間的差異小。保守陣營的目標大體以經濟安定及發展為主，然對於達成此目標的方法，官僚、自民黨政客及其經濟顧問的看法並不一致。在整個 1950 年代中，最重要的爭論就是日本的經濟發展應如何與全球整體經濟掛鈎，而能源政策在這場爭論中佔有核心位置。

　　有澤廣巳及都留重人 (1912–2006) 等著名經濟學者，以至經濟企劃廳官僚都強調發展日本國內天然資源的重要性，尤以煤及水力發電更受注意，在 1940 年代末，他們一直效法如美國田納西河谷管理局的國家支持計劃。上一章已提及國家資助水壩興建，1950 年通過《國土綜合開發法》後，更全面推動。由於害怕國際衝突會使進口石油的來源不穩，政府官員及其經濟顧問在 1950 年代中期至末期訂立法規，限制石油進口和補助煤礦。除了地熱和水力發電外，第三個以國內為導向的經濟及能源政策的支柱便是核能，它是在 1950 年代形成的。1953 年，美國總統艾森豪威爾 (Dwight D. Eisenhower) 推動「和平核能」計劃，促使核子技術用於電力上，而不是武器上。從 1950 年代中葉到 1960 年代，日本的政治家、工業家和科學家一起建立日本的核能工業，而地方政府為了急於尋找能創造就業與電力的工業，也願意助其一臂之力。這個利益複合體後來被統稱為「原子力村」。中曾根康弘是其關鍵人物，當時是年輕的政治家，其後擔任首

相一職，他回憶説：「當我知道艾森豪威爾要把核能使用轉換到和平目標時，我自己便想，『日本不能落後，核能會是下一個時代的主流』」。很多地方政府及當地居民亦迅速爭取籌建核能電廠，例如福島縣，尤其當地常磐炭礦正面臨無法挽回的衰落。[2]

從今天看來，上述只注意國內資源和自給自足的想法似乎稍為短視，但當時鑑於不久以前戰爭的陰影以及未來戰爭的可能性，這種想法受到相當程度的支持，主張日本經濟應獨立自主，不要介入世界事務太深。這種對過分倚賴外國供應的恐懼，特別是能源及食物方面，在此後數十年間，對日本人的心理上、政治上和環境上均有重大影響。

另一面的意見則是支持國際貿易及相互依存，主張最力者是中山伊知郎（1898–1980），他是戰後時期有關政策決定最重要的經濟學者。由1940年代到1960年代，中山多次出任與勞動及經濟問題有關的政府諮詢委員會委員。他同意日本擁抱全球性經濟會導致一定的風險，但這是日本唯一的選擇，日本的天然資源太少，無法獨立自主。中山認為1950年代的日本類似一百年前的英國，日本要走向經濟成長，唯一的通路便是進口原料，再加工出口製成品。[3]

政治策略是保守陣營中另一個議題，其爭論性不下經濟問題。鳩山及其派系希望不從屬美國，自行摸索出一條自主外交路線。他們希望與蘇聯外交正常化，1956年終於達成此目標。他們亦嘗試與中國建立經濟連繫，但並不十分成功。吉田茂的後繼者雖然不滿美國的專斷獨行，但仍較願追隨美國領導，圍堵共產集團。

281　　在國內，爭論性最強的議題是憲法。自民黨大部分黨員都有意修改憲法，認為它是部「麥克阿瑟憲法」，強行加在日本人頭上。鳩山首相（1954–1956）是最激烈支持修改憲法者之一，他甚至要把天皇地位明確地提升至「國家元首」，同時要廢除憲法第9條，該條憲法禁止使用武力。鳩山的追隨者亦憂心左翼激進主義，希望在憲法中增修限制人民自由的條款，即在危險時期行政機關享有緊急權力。他們也希望憲法能強調道德教育和支持被解讀為「傳統」的價值，包括現在已被廢除的那些教育敕語。

　　1956年，國會在鳩山的敦促下通過成立憲法諮詢委員會的法案，包括三十個國會議員及二十個專家。該委員會在1957年開始運營，不出所料，社會黨員杯葛該委員會，他們強力支持現行憲法。委員會中大多數委員都同意憲法應作某些程度的改變，但其報告為了不偏不倚，結果是模稜兩可，讀起來像又是同意改變，又是反對改變。根據憲法規定，自民黨要有三分之二的多數才能通過修憲，就算自民黨在其1960年最高峰階段，在國會亦只得63%的席位，遠遠跨不過修憲門檻。同樣重要的因素是保守陣營內一群重要的少數人物，他們是支持戰後憲法。他們認為天皇作為一個象徵性的君主並無不可，天皇因此可以避免介入政治鬥爭，同時又可以擔任國家認同及政治安定的象徵，他們甚至認為禁止使用武力亦有其附加的理想價值，如果堅持修憲，其換回來的政治代價可能更沉重。慢慢地到了1960年代，修憲運動漸次失去其衝擊。雖然如此，它仍然是一個熱熾話題，隨時會引發激烈爭論。

　　社會黨全面杯葛憲法委員會，是1950年代政治上左右兩翼激烈對立一個十分明顯的例子。在國會殿堂之外，好些互相重疊的左翼政治團體則從事另一些工作，它們一方面要保衛以至深化戰後日本各種改革，一方面要廢棄《日美安全保障條約》。

　　最大的挑戰者為勞動運動。1949年是戰後勞動運動的高峰，工會的男女會員達六百七十萬人，是僱用工人總數的56%。不過各工會在主要問題上意見並非一致，部分工會較為同情管理層的要求，認為有必要減緩加薪要求，亦可以彈性接受工作分配與新技術，因為只有在勞資合作下才能夠改善生產力與利潤，才能真正長遠地維持工作與薪水。上述工會領導人亦不太願意看見他們的成員加入政治鬥爭，反對安保條約。在1950年代幾個著名典型勞資糾紛中，上述工人在某些企業內組織另一個工會，發出不同聲音，他們與管理層勾結，在薪水及工作問題上削弱罷工力量。在罷工失敗之後，這些分裂工會通常都能逐漸取得優勢，它們慢慢地形成一個佔多數的工會，與企業採取合作態度。

　　不過到1950年代末，激進與溫和的工會的勝負仍未能見高下，大部分的工會仍然不願輕易妥協，同時對政治亦十分熱衷。這些工

282

會共同組成「日本勞動組合總評議會」，簡稱「總評」。總評是在1950年成立，由好些反共工會共同組織。它的成立得到美國佔領官員的支持，故一開始時與日本共產黨保持一定距離，但總評很快便轉化為日美安保條約的有力反對者，亦成為左翼社會黨的同盟者，同時支持在工場提出各種強烈要求，組織激進行動。

總評在煉鋼廠、船塢、公私營鐵路、化工工廠、汽車廠及煤礦等工人匯聚地方，提出一個工場鬥爭方式。在整個1950年代，工會成員鼓勵工人在生產車間就地發聲，直接提出如工作環境安全、工作職務分配、超時工作等問題。在許多主要企業中，他們透過自下而上的草根方式建立有力的工會，其最終目標是建立新政治體制，工會在體制內可以參與工場管理。

各工會同時要求大幅增加薪水，罷工成為家常便飯，而且衝突十分尖銳。由1955年始，總評開始在全國各公司及行業中推動一個加薪運動，然組織十分鬆散，因此各企業管理層成功地將其拒之於門外，沒有參加它所發動的各行業正式勞資談判，不過這亦成為日後每年「春鬥」的源起。因此到1950年代末，總評以企業具體工資談判為中心，成功地設定一個有效的奮鬥目標。

1950年代「進步」運動的第二個核心構成是和平運動，除了工會、社會黨及共產黨外，各式各樣的公民、婦女以至學生團體，均先後挑起戰後和平運動的大旗。這個運動最核心的議題就是日美安保條約及該條約所准許的美軍基地。1960年是反日美安保條約最高峰時期，當時美國在日本本土四島中約有數百個軍事設施，駐守美軍人數達四萬六千名，另外在沖繩則駐有三萬七千人。

軍事基地附近居民痛恨基地造成的干擾聲浪，對美軍長期帶來的暴力及強姦案亦深表不滿。由1952年開始到1970年代，交通案件是數以萬計，另外涉及休班美軍及日本人的案件則約有十萬宗，大部分是暴力事件，包括強姦及謀殺。在這些年中，約有五百名日本人因事故或暴力遭殺害；最令批評者不滿之處，這些案件都歸美軍司法系統管轄，基地因而成為治外法權的象徵，亦喚回19世紀不平等條約的回憶；基地四周酒吧及按摩院林立，抗議者的行為實際反映出外國人侵犯日本女性的暴力形象；最後，抗議者認為美軍基

地會成為明顯的軍事目標，美蘇間一旦開戰，它會讓日本再次成為原子彈的犧牲者。

　　第二個觸發和平運動的原因是裁減核子武器運動。廣島及長崎遭原子彈夷為平地，數十萬稱為「被爆者」的原子彈受害者，他們在戰敗後仍要忍受各種痛苦，這些都給予日本反核運動更具體的動力。1954年，美國在中太平洋比堅尼島（Bikini Island）進行熱核氫彈實驗，其所產生的幅射塵剛好散落在附近捕魚的一艘日本漁船「福龍丸」上。「福龍丸」事件催化一股有組織的反核武器及核武實驗浪潮，其中最著名的反核組織便是1950年代出現的「原水爆禁止日本協議會」，簡稱「原水協」。原水協每年在廣島及長崎原子彈爆炸週年都舉辦大型會議，反對核武器。雖然由於左翼政治團體的分歧，和平運動亦產生分裂及矛盾，但在各個對立團體的正式會員之外，廣大日本群眾間強烈的反戰、反基地及反核武器情感仍然十分有力。在「福龍丸」事件之後，有三千多萬日本人簽署反對核武器試驗。

　　當核武不斷引來反對，一些反核積極分子認為核能發電是發展核武的替代方案，因此支持和平核能運動這種烏托邦想法。在1950年代和1960年代，反對核電廠的抗議運動仍相對稀少；不過到1970年代及1980年代，反對核武器和核電廠的聲音愈來愈多，尤其是1979年美國發生了三哩島核泄漏事故。[4]

　　女性及學生自發組成各類政治團體，它們接受左翼政治運動的核心議題，包括反基地及反核子武器等運動。女性及學生自明治以來便一直活躍於政治上，早至20世紀之初便出現重要女性團體，「基督教婦人改革會」便是其中一個。到戰後，新女性團體陸續出現，如1948年成立的「主婦連」及1955年成立的總合組織「母親會議」，它屬下團體涵蓋形形色色的議題，由勞動權、和平主義及教育，到毒品、衛生以至消費者安全，無所不包。[5]

　　與世界各地的女性主義者一樣，這些婦女團體有許多分歧：在提出要求時，她們究竟應該從普世人權出發，或是從具體女性需求或特色出發？應該要求工資絕對平等及女性有權擔任所有工作，或應該強調保護女性工人？如果是後者，則女性便不能從事某些勞動

量大的工作。在某些情況下，日本女性主義者會使用普世人權觀念以呼喚女權，但縱使是這些女性主義者，她們亦很多時把其要求聯繫到「母性」立場，強調母親是女性的獨特角色。這種情況在反戰團體尤為明顯，當它們發表反對核武試驗或安保條約時，便常常提及母親的特別情感，便是「要確保自己孩子的快樂」。[6] 這種訴求根源於戰前政府的「賢妻良母」說法，戰後女性主義者只不過把舊口號改頭換臉，套用到女性的新角色及新權利上。

女性在勞動運動上亦十分活躍。在1950年代男性工會領導人雖然激進，但行動中卻常失敗，反而女性工人曾領導過幾個成功的個案。1954年，一所絲織工廠的一千五百名女工罷工，要求廠方承認其工會的合法地位、廢除諸多限制的宿舍規則，不准工廠檢查信件及私人物品，以及婚後有權工作。由戰後民主的標準來看，很多人認為女工的要求其實是日本人民的基本人權，不論男女均應如是。絲織廠工人贏得廣泛注意及支持，最後如願以償。另一個成功例子是1959年及1960年東京及其他地方的護士及醫院工人要求組織工會，除了加薪外，她們亦要求同樣的基本人權，特別是婚後的工作權，最後獲得勝利。在1958年，已婚護士的比例只不過是2%，到1980年代則增加至69%，女性主義的行動改變了整個護士職業，它不再是年輕婦女的短期工作，結婚後便要「退休」，護士已成為一個成年人的事業。

學生運動是進步運動的另一個重要因素。核心組織是「全日本學生自治會總連合」，簡稱「全學連」，它成立於1948年，其組織結構類似硬性規定入會的勞工團體，所有僱員都自動加入，故「全學連」是由所有大學的「自治會」組成，而自治會又包括所有學生。在全學連成立之初，日本共產黨的學生黨員掌控了該組織，到1950年代初，由於日共受到攻擊，並逐漸失去群眾基礎，全學連亦因此遭受嚴重打擊，直到「福龍丸」事件發生後，才為學生運動以至反戰運動打了一劑強心針，到1950年代末，學生運動伸展到校園以外，便成為政治動因及示威的主要力量。

直到1950年代末，上述各個「進步」力量都信心十足，充滿活力，其影響力看起來如日方中。雖然工會活動並非一帆風順，但仍

維持一定的衝勁，學生及婦女團體則有一群熱烈的支持者，和平運動的同情人數多達數以百萬計，社會黨重新整合，在小市鎮、鄉村以至城市，小團體公民被組織成各式各樣的「圈子」，辦理各種文化活動如音樂欣賞及詩歌創作，不過它們亦組成更大網絡，與工會及政黨有著千絲萬縷的關係。

就是在這種精神下，1950年代末出現一連串的群眾示威，最後總結為1960年的重大危機。這連串事件的第一聲是《警察官職務執行法》，它在1958年提出，因而引致抗議活動。自民黨立法的原意是加強警察的「緊急權力」，用以限制示威，監控左派活動，結果它不但無法限制，反而引發更大的風暴。工會及政黨領導一場強而有力的示威活動，由於公眾支持及國會內在野黨聯合反對，自民黨終於讓步，該法律並未在國會提出。

接著到1960年，兩股龐大的抗議運動匯聚一處，使該年成為日本戰後史上最動亂的一年。矛盾的始點是日美安保條約，它第一次簽訂是在1951年，此後一直是日本保守分子及進步分子的批判對象，雖然兩者的動機並不相同。進步分子反對日本與美國在冷戰中結盟，因為這會拖日本下水，使日本有可能成為戰場，或開戰時的標靶。民主黨的政治家都不喜歡安保條約，特別是鳩山與岸信介，認為安保條約把義務片面加在日本身上，但卻毫無回報，因此他們成為推動修改條約的主要力量。

1955年，鳩山提出修改條約，原則是要「日美平等」，但卻遭美國國務卿約翰‧杜勒斯 (John Foster Dules) 拒絕。1955年，岸信介成為新近成立的自由民主黨黨魁，因而擔任首相，他的優先政策就是要修改安保條約。他說服了美國駐日大使道格拉斯‧麥克阿瑟 (他是佔領時期最高司令官的侄子)，令麥克阿瑟相信修改條約的重要性，它可以減低國內日益增長的反對條約力量，降低無論來自左翼或右翼的攻擊。經過好幾年的談判，兩國政府終於達成修改安保修約的協議，並在1960年1月簽訂。

比較新舊兩條約，舊約沒有具體規定美國要保護日本，而日本則要提供軍事基地；而新約則規定美國軍事基地可以用作保護日本，而日本則有義務幫助基地開支，同時在緊急時期保護它。除此

圖15.1 1960年5月19日，自民黨要直接強行通過修正的日美安保條約，警察助其一臂之力，在日本社會黨極力抗拒下，把眾議院議長帶到國會會議堂的走道上，在那裏強行舉行投票。安保條約修改之爭是戰後衝突最大的政治鬥爭。（每日新聞社提供）

285　之外，舊約並無限制美國在基地中儲藏武器的種類，亦沒有規定美國在基地進行活動的類別；而新約則規定美國在基地舉行活動時，事前必須告知日本，若要攜帶核子武器進入日本港口或領土，亦同樣要告知，不過條約中有漏洞，美國可以逃避規定責任。最後是舊約中並無規定時限，亦是當時爭議所在一點；新約則以十年為期，但時間若到，它可以自動延續，除非任何一方要求廢除它。

　　諷刺的是，新約並沒有減少條約的反對力量，當岸信介決定要簽署這個他所謂「雙邊」條約時，反對運動更愈加擴大。1960年1月，日美首腦在華盛頓會面，簽署條約。雙方安排艾森豪威爾總統在長久計劃的亞洲之旅中訪問日本，參加6月19日的紀念儀式，在日本國會通過後條約會在當日生效。

　　當1960年6月日漸接近時，一股強力暗湧不斷冒出，反對新修安保條約。社會黨、學生團體、婦女團體甚至自民黨內一些成員都

反對新安保，認為簽約以後日本無異永遠在美國霸權下成為一個「從
屬獨立」國家；他們反對的另一個理由是日本可能會身陷一個當前危
機，被拖到更大戰爭中。從4月開始，東京街頭便湧現一波又一波
的示威。在公眾的怒吼中，岸信介政府在5月19日半夜形式上在國
會通過新日美安保條約，當時眾議院的議長就像一個人球一樣，在
層層反對黨議員包圍底下，被國會警察強行帶到議壇走道，在那裏
宣佈召開國會，匆匆投票通過該條約（見圖15.1）。

　　為了報復政府做法，示威規模急速擴大，緊張氣氛亦升高。國
會附近地區每日都出現龐大示威，連續好幾個星期。據保守估計，
最大規模的群眾示威可能超過十萬人，甚至可能達到二十萬人。6月
10日，艾森豪威爾總統的新聞秘書詹姆士‧哈格迪（James Hagerty）
到日本，準備替他安排訪問的細節，以慶祝新條約生效，這亦是美
國在任總統首次訪日。然當哈格迪踏出機場，準備乘車前往美國駐
日本大使館時，一群憤怒的群眾包圍他，並要推翻其座駕。最後哈
格迪要乘搭美軍直升機才能離開機場。在6月15日另一個示威中，
一名婦人死亡，示威者指責警方使用暴力，但警方則說她是在退下
來的示威者的蜂擁人潮下被推擠致死。無論如何，由於害怕無法確
保安全，艾森威豪威爾終於在最後一刻決定取消訪問。岸信介的信
用因此受到質疑，不得不辭去首相一職，不過他達到他的目的，安
保條約終於通過，從長遠來說，確保日美間的軍事同盟。

　　當安保新約在6月19日生效後，示威群眾逐漸退潮，但反對黨
的政治力量又轉移到遠方南邊的九州，在那裏，三井公司的三池炭
礦正在發生圍繞裁員問題的勞資鬥爭。

　　日本礦業面臨嚴重衰退已經是好幾年的事了。本來經濟繁
榮，能源需求應日益增加才對。然到1950年代末，石油的價格已
明顯比煤炭低廉，同時外國供應亦穩定無虞。為了尋求生存之
道，包括三井在內的各煤炭企業便希望透過購入新設施及裁減員工
數目，藉此提升其生產力。面對如此惡劣的環境，三池工會在總
評屬下激進工會的支持下，便站上車間第一線，採取鬥爭策略。
三池礦工是個與外界隔絕，但內部相對一致的社群，他們在1950
年代便曾經歷過好幾次勞資糾紛，因此建立了一個頗為團結的有力

圖15.2　1959年至1960年三池炭礦糾紛是日本激進工會與管理層衝突的最高峰時點，資方因而決意要瓦解工會勢力。雙方長年鬥爭的焦點，主要在工作保障及工場的控制權，亦因此把整個社區動員起來。圖中是三池工會的家屬協會會員向三井礦山的行政人員抗爭。（朝日新聞社提供）

工會。工會的「車間委員會」已經能夠掌控工作及超時任務的分配，也可以設定安全標準。這種草根性的積極參與成為其他工會的楷模，但對全國工業家亦形成威脅，故1960年的三池罷工有其更深一層的涵義，有觀察者使用戰爭時期的政治術語，稱它為「勞資間的總體戰」。

　　觸發爭議的導火線是三池炭礦的裁員計劃，它準備在其一萬三千名工會員工中裁撤二千人。三井的決心不單是要「合理化」炭礦，亦即購入新設施及裁減員工，更重要的是它有意開除工會積極分子，瓦解工會，重新取回車間管理權力。1959年10月，工會發起第一個有時效性的罷工，要求工人反對公司的合理化計劃，罷工以後尚有幾起。12月，三井公司宣佈裁員，其中特別針對工會領導人，到1960年1月，三井索性關閉煤礦，工會則以宣佈罷工作報復。約四千名礦工在公司支持下立刻成立另一個工會，以支持公司作號召，並有意回到工作崗位。

　　但大部分的礦工仍與原來工會站在一起，在令人刮目相看的紀律及團結精神下，工會會員掙扎了十個月，工會所提供的津貼只是其正常薪資的三分之一，到6月及7月，日美安保新條約已順利通過，約一至二萬名條約抗議者及工會同情者匯聚在三池，為罷工工人打氣加油。工會糾察隊則盡力阻止另一工會會員復工，幾個月來發生不少緊張衝突，隨時有轉化為大型暴力衝突的可能。公司僱用一些類似黑社會的保安人員，在整個糾紛過程中，一名礦工被殺，另外超過一千七百名礦工受傷。

　　為了維持秩序，政府派出一萬五千名警察進駐，為當時日本全國警力的十分之一。其他煤礦仍然開工，並臨時抽調煤炭以供應三池炭礦的客人，縱然此舉有礙本身正常客人的需要。由於管理層團結一致，加上國家明顯支持，煤炭公司最後取得勝利，壓倒工會。1960年秋天，原來的工會被迫接受政府仲介的解決方案，經過三百一十三天的罷工，公司終於取得權力，實行全面合理化計劃。

　　上述攤牌的經濟及社會後果，對企業及環境問題有好有壞，但對工人的直接傷害則很大。企業在某個時期是有能力提升生產力和利潤，但當石油成為能源的新主流時，日本煤礦從長遠來看注定要失敗。1997年三井把三池礦坑永遠關閉。煤礦污染周圍環境，也損害工人健康，所以關閉煤礦對當地環境和公共衛生而言可以說是某種解脫。然而新的煉油廠在日本沿岸先後設立，提煉進口原油，卻污染了空氣及損害附近居民的健康。[7]長遠而言，礦工會失去工作。更當下是1963年發生日本史上最糟糕的工業意外，一場爆炸殺害了四百五十八名礦工，這只不過是罷工結束的三年以後。事實上，由於合理化計劃和工會的削弱，安全人員的減少幾乎肯定導致了這場災難。

　　三池礦坑糾紛對政治的長期衝擊是十分明顯，無論是日本或世界各地，煤礦工人都是高度團結，但煤礦工業日薄西山，無疑是整個工人運動走下坡的其中一個因素。[8]然而，短期的政治情況仍晦暗不明。1960年10月，當三池礦坑糾紛正要結束時，一名屬於極端右翼組織的年輕人行刺了日本社會黨委員長淺沼稻次郎。淺沼在當時頗得人望，然在上一年曾訪問北京，並在北京攻擊新安保條約草案，宣

稱「美國帝國主義是中日人民的共同敵人」，因而引起極大爭議。他的死亡引發如此大的衝擊是因為他是在全國注目之下被行刺。他正在一個各政治黨派集會的選舉辯論中發言，電視全程轉播。當時三池煤礦罷工正走向結尾，恐怖行動只會加深政治危機的氣氛。

二、調和政治

經過1960年的戲劇化行動與創傷後，政治氣氛逐漸平靜下來。在右翼方面，自民黨、官僚以至商界領袖的主要人物相率降低修改憲法的調子，同時避免與工會衝突，他們強調經濟發展政策，亦力圖改善民眾福利，希望藉此贏取至少部分反對黨的支持。他們在國會亦採取新策略，在提出新法案時與在野政黨事先作非正式的諮詢，同時表面上也實行一些修改以取得對方的支持。在左翼方面，工會運動中一些比較傾向合作的少數，再加上日本社會黨較保守分子，積極回應自民黨的新姿態，同意放棄工場裏及國際議題上的衝突策略。其結果是一種新式的高度成長政治，其特徵就是折衷與妥協。

自民黨新政策的核心是池田勇人首相(1899–1965)的「所得倍增計劃」。該計劃於1960年9月正式宣佈，其設定的目標是到1970年迅速「讓國民生產總值翻一番，以達成充分就業及急劇提升人民生活水平」。[9]這個計劃亦成為國家指導市場經濟的典型，一些學者認為「發展型國家」就是其核心指導思想。[10]該計劃設定具體目標以投資優先產業，要求公司之間進行合併或合作，政府亦主動扮演積極角色以指導私人領域達成上述目標。池田更進一步降低稅率及利率以刺激經濟，結果經濟規模在1967年擴大一倍，進度比預估提前三年。

所得倍增計劃是保守派一個政治策略，早在政局動盪的1950年代中已進行擬定。保守派戰前的權力基礎在地主及商界精英，然到1950年代，自民黨希望擴大基礎，廣泛與各種社會構成結成聯盟。自民黨設計好幾個類似社會契約的政策，首先實行的對象是數以百萬計的農民，他們剛從土地改革中取得自己田地的所有權。在整個1950年代中，政府一直在操作米價，以免農民受市場價格波動影響。到1961年，《農業基本法》更導入一個新的價格支撐體制，對農

民尤為優惠。自民黨亦因而獲得農村選民的全力擁護。其後人口逐步流入都市，但自民黨卻遲遲不願重劃選區，造成由農村選出的議員過多，在國會內比例失衡。

自民黨的第二個核心構成是擁有大量人口的中小企業老板及其附屬者。在整個戰後時期，製造業、零售業及批發業者各行業中，僱用三十人以下的中小企業仍屬多數，估計約佔非農業勞動力一半以上。這些中小企業以戰前組織為基礎，組成各種有力的遊說團體，自民黨在1950年代初便與之暗通款曲，提供各類有幫助性的政令。例如政府對中小企業實行低稅率，甚至連這些稅政府也無意積極催收。自民黨又在1956年通過《百貨店法》，這法令實際上讓大型零售業者或超級市場無法進入市區或郊區內數以千計的商店街，這些商業地帶實際為形形色色的「阿媽阿爸」小商店所掌控。在高度成長時期，日本大都市愈來愈興旺，但這些小商店則提供一種小鎮的溫馨感受，同時它們的老板及僱員亦成為自民黨都市地區重要的選票來源。[11]

自民黨政權的第三個重要社會構成則是在大家意想之外，他們是白領及藍領受薪工人，這群工人不但出身大企業，而且都處身在高度工會化的體制內。美國在這方面扮演重要角色，積極為自民黨、商界管理層及工會工人創造聯繫。由1953年開始，美國幫助日本政府成立一個半獨立機構，名為「日本生產力中心」，並且提供經費。該中心宣稱提升生產力可以「擴大市場，增加就業機會，提高實質薪水及生活水平，更可以促進工人、管理層及消費者三者的利益」，生產力中心很快便外出接觸日本全國各地工廠。[12]在成立頭兩年，生產力中心亦派出五十三個由管理層及工會領袖組成的小型團隊前往美國，目的是學習生產力技巧，這種交流步伐以後是愈來愈頻密。

部分重要工會支持上述的生產力運動，這些勞動團體逐漸成為統治體制的一個非正式構成，「日本勞動組合總同盟」(簡稱「總同盟」)及「全日本勞動組合會議」(簡稱「全勞」)這兩個比較保守的勞動聯盟同意接受新技術，所換取的承諾則是工作受到保護，同時當生產力有所增長時，工人可以提高薪水作為回報。另一方面，總評則是強烈反對日本生產力中心，它認為工會若無足夠強大的聲音可以設定工作

環境，引進新技術只不過會犧牲工作機會，甚至惡化工作環境。不過各工會整體反應卻使勞動省喜上眉梢，它在1957年指出在各大廠商內，「對生產力運動的反應，呈現一種務實而非抽象的態度」。[13]

這種合作精神當然不會在一夕之間成為主流，產業間緊張的衝突在1957年及1959年曾一度使鋼鐵業的生產停頓下來，更不用說1960年的三池炭礦事件。總評的衝突策略及進步政治目標仍獲得公用事業僱員一定的支持，各個國鐵工會成員、郵政人員、各地方縣市政府公務員以至公立學校教師，均要求增加薪水，並且在工作環境及調配上有更大發言權，他們最不滿的是1949年以來其罷工權利一直遭受壓抑。在1950年代及1960年代中，每年都有所謂加薪的春鬥，他們不全面罷工，反而採取一個怠工策略，這方式頗為有效。公營鐵路工會要求職場民主化，有權介入監督管理事務，亦可以在設定薪水時，對年資及績效的比重有發言地位。1967年，工會強迫鐵路當局成立「職場討論協議會」，加強其在調配工作及晉升的發言權。到1970年初，工會進一步要求鐵路管理層強化年資為晉升及加薪的主要條件。[14]

然從1950年代到1960年代間的私人領域與歐洲同樣情況，勞工運動的激進力量正日漸萎縮，他們要面臨的挑戰是日本版的全球化「生產力政治」。[15] 在經過激烈鬥爭後，私人企業的工會大部分由比較合作的工人領袖掌控。他們辯稱在嚴酷的國內與全球競爭環境下，若要長期獲得工作及薪水穩定，則在短期內對薪水的要求必須溫和，同時對工作環境及技術亦應採彈性態度。公營領域的工人，其工作與全球經濟關係通常不大，多半無視上述訴求；但私營領域的工人則要面對上述各種消極或積極的誘因，通常會被說服，跟著大環境走。大企業的勞工管理人員則會用各種方法吸引工人，例如擴大企業內各式各樣的福利措施，這是一個有意識的做法，目的是防止工會設立同樣的福利計劃以吸引工人，同時企業更可藉此建立工人對公司的歸屬感及責任感。有些福利措施可以追溯至戰前或戰爭期間，有些則是全新的。到1960年代，任何大企業的僱員都可以享用「由搖籃到墳墓」的福利，其廣泛程度令人印象深刻：例如企業經營的醫院、健康中心及商店；單身工人宿舍；有眷屬的已婚公

寓；企業屬下各個渡假休憩場所；企業資助的旅遊、運動隊及音樂
節；各種家屬組織等等不一而足。同一時間，對那些桀驁不馴的異
議者，企業在晉升及加薪上都給予歧視，前途一片灰暗。

　　管理層在工作保障上亦有不言而喻的保證。在整個高度成長時
代及以後時期，除了極少數例子，企業一般不會直接裁減人員，縱
使經營面臨不景氣。在與工會協商後，它們會盡所有力量將多餘的
員工轉至其他部門或屬下子公司，這個政策經常通稱為「終身僱用
制」，不過有誤導之嫌。誤導之一是以為大企業僱員都是樂於「終身
僱用」之職，他們是在自己決定之下從事此「終身」工作。事實上在
1960年代的製造業中，男性僱員在出任第一份工作後，通常約三分
之一至三分之二的人會在五年內辭職。誤導之二是不少公司建立一
種稱為「自願退休」的策略，目的是趕走那些不需要或不想要的僱
員，不過沒有直接使用「解僱」一詞而已。

　　當企業逐步推動上述政策後，管理層與僱員間的敵對意識亦得
以緩和。全國性政治層次亦起對應變化，傾向合作秩序的支持者誘
發重要轉變。1960年1月，日本社會黨的右翼再度失控，這次他們
要成立民主社會黨。成立之初，它在眾議院擁有四十一個議席，至
於原有社會黨，它在進步陣營中仍佔多數，擁有一百二十五個席
次。勞動運動兩個保守組織總同盟及全勞支持民社黨做法，1962
年，兩者合併成為一個「同盟會議」的新組織，擁有會員一百四十萬
人，與總評四百一十萬會員相比，它的規模當然小得多。[16] 故無論
在政黨或工會方面，「進步」政治力量均分裂為多數的左翼與少數的
右翼。雖然如此，少數的右翼作為自民黨的潛在同盟，它的人數雖
較少，其作用卻不能小覷。

　　到1964年，政治上走向一個非正式中道聯盟的趨勢更為明顯。
汽車、造船、電子及鋼鐵業這些行業的工會都有自主傾向，它們跨
越總評與同盟兩個全國性工會的界線，自行組織起來。這個組織到
1966年得到總評中有力的鋼鐵組織支持，結成「國際金屬勞連日本協
議會」，簡稱IMF-JC，與北美及西歐反共的「國際金屬聯會」掛鉤，
其訴求政策是要求薪水溫和調整，同時與資方談判時採取克制態
度，罷工並非唯一手段。

　　自民黨策略家有意化敵人為盟友。他們非常了解人口結構的變動，不但由農村地區流向城市，亦由農業轉向製造業及服務業。他們指出社會黨是這種趨勢順理成章的受惠者，但不一定是必然的。這些策略家要求自民黨提出一個「勞工一籃子政策」，好與傾向合作的工會建立溝通管道，亦可以向大部分工人提出一個穩定而向上的生活願景。[17] 1964年，池田首相受到IMF-JC成立的鼓舞，史無前例地會見總評領導人太田薰（1912–1998），共同商討薪水事宜。兩人同意把公營企業僱員的薪水與私人企業關聯起來，其增幅視乎私人企業爭取多少。池田急於利用私人企業工會的合作態度，以軟化公營企業的要求；而太田則希望憑藉坐上談判桌，為未來發聲奠下更堅實的基礎。自民黨現在變成一個廣納各路英雄好漢的政黨，而政治世界亦由抗衡政治轉變為折衷政治。

　　雖然如此，緊張仍舊存在，總評勢力依然大於同盟，日本社會黨影響力亦大於民主社會黨。事實上民社黨在選舉中的表現不佳，1962年是民社黨成立後首次參加總選舉，結果一敗塗地。民社黨席次由四十一席銳減至十七席，而社會黨則增加至一百四十五席，民社黨在以後選舉中重來還是未能收復其最初實力。激進的工會活力依舊，繼續組織春鬥，要求加薪，支持原來的政治理想。

　　除此之外，社會運動逐漸冒升新的主要矛盾，政治行動亦浮現新的形式，觀察者稱此為「公民運動」政治。這種積極活動有其特色，精神上是無黨無派，組織上相對缺乏中央核心，以草根為主。公民積極活動到1960年代末及1970年代初達到高峰，但有些團體其重要性仍持續到以後時期。

　　觸發公民運動的因素有二，首先是和平主義，其次是不滿日本政府對主權的讓步，兩者均與1950年代反對安保運動有關連。這些精神到1960年代中期整合為別出心裁的抗議運動形式，反對日本成為美國越南戰爭的後勤基地即為該運動之一環。抗議者害怕日本會因此被拖進更大的戰爭中，他們亦認為越戰只是一場內戰，但美國以殘酷且帝國主義的方式介入。1965年，各個草根公民團體組成「致力越南和平！市民連合」，簡稱「越平連」，它其實只是個鬆散、無嚴

密組織的聯絡網。[18] 由以東京為基地的幾份刊物作核心，把各地團體匯聚一起，在1960年代末高峰時期，這些團體約有五百個之多。越平連突出的地方是它完全沒有正式會員清單，沒有會章，也沒有會費。有人估計在1967年到1970年高峰期間，至少有一千八百萬人以不同形式參與反戰活動，最大的單個示威活動出現於1970年6月，有七十七萬人走上街頭，反對日美安保條約的自動續約。越平連有一個較少為人知道但卻並非不重要的活動，就是援助美國的越南逃兵，同時亦組織美軍基地士兵舉行反戰活動。[19]

　　當越戰結束，越平連亦在1974年解散。它令許多支持者最失望的地方是在1970年之際，日美安保條約即將再續約，而越平連無法串連起一個成功的反對運動。在1960年安保條約修改鬥爭時，日本政府希望取消所謂「單邊」條約，代之以一個更平等及更周延的條約，但必須得到國會同意才能通過。到1970年，十年期限已滿，根據安保條約自動條款，除非日本國會或美國國會決定廢除它，否則安保條約會自動延續。因此日本國會條約反對派反而備受壓力，雖然他們推動一連串大規模示威反對續約，但很明顯他們在國會缺乏足夠票數否決，同時1970年代反條約運動的影響力遠遠比不上十年前。雖然反條約運動沒有成功，不過許多曾參與反戰以至反基地的學生及成人，他們日後轉向到其他議題及不同形式的公民運動。

　　與越平連同時進行的是另一些緊張甚至是暴力的抗議活動，主其事者多半是1960年代末的日本大學生，其實亦與當時的世界學運同步。在過去十多年，學生運動的核心組織是全學連，但全學連一直糾纏於內部派系鬥爭，一邊是與共產黨有關的團體，另一邊則是非共產黨的「新左派」。即便如此，在反戰運動最高潮的1968年至1969年，激進學生匯集在一起，發動史無前例的示威與杯葛。他們與過去有完全不同之處，運動領袖大部分跟當時共產黨分子或反共分子沒有任何關連，亦與全學連無關。他們聯合組成一個稱為「全學共鬥會議」(簡稱「全共鬥」)的組織。* 這些學生反對增加學費，要求

---

* 譯注：日本學運約開始於1965年，當年有御茶之水女子大學反對學生宿舍不良規則、早稻田大學反對增加學費。

在大學管理上扮演更重要的角色。他們也把地方鬥爭和全球政治聯繫起來，主張課程改革與反對帝國主義相關，因為大學可以利用教學及學術研究阻止日本成為資本主義超級強權，不令其與美國帝國主義結盟。

1969年春季，不少大學實際上陷入停課狀態。全共鬥與新左派聯合，轉而採取一種暴力鬥爭戰術，以對抗鎮暴警察。他們稱此為「力」的武裝鬥爭手段（原文為德語詞 Gewalt）。示威者頭戴鋼盔，使用分散隊形佔領教學大樓及宿舍。當年春天，東京大學在其歷史上首次停辦入學試，不招考新生。*運動到1969年春天開始走下坡，社會大眾不再認同學生的做法，政府亦呼籲回歸常態，並派出鎮暴警察進駐全國大學校園，逮捕學生領袖，再度掌控整個局勢。

在暴力抗鎮及隨之而來的鎮壓以前，各著名大學雖然亦有學生積極分子，但他們畢業後通常都可以進入企業界政府機構工作，據說主流僱主都頗欣賞他們在學運中的「領導」才能，縱然這些政治抗議活動是針對現行體制。但在1969年危機以後，他們的態度便有所改變。企業間流傳一份報告，將學生積極分子列入黑名單。因此在1970年以後，學生運動的力量及影響力急速下降。但仍有部分激進團體把運動轉而針對內部，進行殘酷甚至是致命的派系鬥爭，這又是另一個階段。

公民運動新領域中最有效果的便是環境保護。當工業毫無節制地擴張，有時甚至不計後果，空氣與用水品質自然會急劇惡化。環境受損的代價，又或工人與居民的健康受害，乍看似無關輕重。它對生產者無直接關連，政府亦不需馬上付出，欣欣向榮的國民生產總值也不會因此而有所減損。事實上，假若環境受損，反而更會刺激經濟活動，如建造濾水廠或送污染受害者到醫院治療，這些產品與服務又可被看作「不斷成長」經濟的一部分。

在1950年代已經出現一連串因環境污染所造成的疾病，情況頗為惡劣。在九州熊本縣水俁市及本州新潟縣所設立的化學工廠附

---

* 日本學制是春季開學。

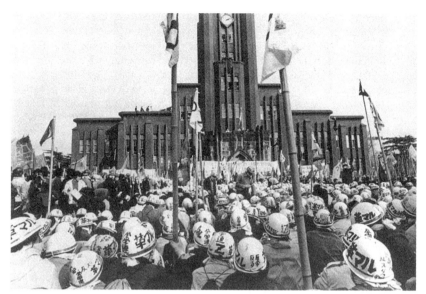

圖15.3　1968年東京大學學生罷課，使該大學癱瘓一年多，上圖為學生示威一景。學生群都支持革命馬克思派，他們正在校園中心地區的安田講堂前面集隊。（每日新聞社提供）

近，先後出現水銀中毒事件，有居民死亡。* 日本中部沿神通川的富山縣富山市婦中町亦出現鎘中毒狀況，患者骨脆易折，周身痛楚不堪，故日語稱為「痛痛症」。** 到1950年代末，三重縣四日市是日本煉油廠最集中的地方，這些工廠在空氣中噴出二氧化硫，到處散播嚴重的呼吸性疾病，當地居民稱為「四日市哮喘」。*** 同樣病症亦出現於工業集中的城市如橫濱、東京附近之川崎及大阪附近之尼崎市。無論是上述或其他公害案件，受害者都馬上要求矯正，但在

---

* 譯注：1955年水俁市新日本窒素肥料工場附近不少貓隻突然死亡，到1956年人們亦出現同樣情況，後查明為該工廠流出之水銀造成，該病亦稱為「水俁病」。

** 譯注：由明治時期開始，岐阜縣飛驒市之三井金屬礦業製造亞鉛，將鎘金屬排入神通川，造成污染，1960年才斷定出病因。

*** 譯注：1964年出現呼吸不順的死亡事件，日本稱為四日市病，與水俁市水俁病、新潟水俁病、痛痛症同稱為戰後四大公害病。

1950年代及1960年代初，所得到的反應十分缺乏效率。製造污染的人都千篇一律地否認其責任，同時多方妨礙調查，而地方政府與中央政府則相對十分消極。

雖然確實數字只能主觀判斷，上述連串災難被稱為日本「四大公害」事件：水俁市及新潟縣的水銀中毒、富山縣的鎘中毒、四日市及其他地方由二氧化硫引起的哮喘。

至今為止，最為人所知的是恐怖的「水俁病」。水銀中毒的效應橫跨整個食物鏈。它累積在貝殼類和沙丁魚裏面，可以令貓致命，也可破壞未出生的人類胎兒，並引發許多兒童的先天缺陷。原本健康的兒童和成人吃了受污染的魚類後則會致命，受害者在死亡前要承受麻痺、癱瘓、抽搐等痛苦。最晚在1956年，窒素株式會社（Chisso Corporation）已知道這種病是由該公司生產時廣泛使用的工業化學品（乙醛）所釋放出的水銀流進水俁灣引起，但它湮沒證據幾乎整整十年，而且阻擋人員的調查。[20]

其後到1960年代中葉及1970年代初，當地污染受害者使用反戰抗議者同樣的方式，主動對外聯繫，成立全國性的堅強網絡，他們創造出靜坐及杯葛等策略，又買入製造公害企業的些微股票，藉此出席並干擾其股東年會，同時向法庭提出訴訟，要求賠償。由1971年到1973年，法庭對上述所謂「四大公害」事件作出一連串里程碑式的判決。四大公害是指水俁市和新潟的水銀中毒、富山市的鎘中毒、四日市及其他地方的空氣污染引發的哮喘。在每一個案例中，受害人不但贏得賠償，而且建立重要先例，迫使政府及企業負起賠償責任，並要採取預防的措施。甚至在「四大」事件解決之前，日本國會在1967年便頒布《公害對策基本法》，成為日後環境保護的立法基礎。1970年，在著名的「污染國會」會期裏，再通過十四項法案，包括一項加強基本法的修正案。1971年，成立僅次於內閣級別的環境廳。

這些新法及其所引申的連串條例，確實令日本的空氣和水源變得潔淨，可說已達到相當不錯的程度。衡量這成果最簡單的方法，就是利用日本最具象徵力量、也是日本最著名的自然景點——富士山。由東京學校的屋頂遠眺，能看到富士山的日子愈來愈多。這種

非官方的觀察紀錄始於1963年，「富士山能見度」的日數由1965年僅二十天的低位，上升至1980年代初大約每年八十日。同時官方測量空氣中微粒物數量在這期間逐年遞減，也清楚說明更潔淨的空氣提升了富士山的能見度。[21] 經過這許多年，日本政府成功地處理國內的污染危機，贏取一定聲譽。

　　其中一場特別激烈的環保抗爭運動，把學生運動與一般的農民家庭聯繫起來，它就是新成田國際機場建造時所發生的漫長抗爭。成田機場位於東京東面四十哩的千葉縣，由於了解到現有羽田機場設施無法應付快速成長的航空交通需求，1966年開始策劃新的成田機場。政府選擇這地點，因為它半數面積原來是皇室用的狩獵地方，徵用起來比較方便。但對於其餘地段的農民，政府卻採取一種高壓而又笨拙的方式，試圖強迫當地農民出售其土地，學生活躍分子與農民很快便串連在一起（見圖15.4），前者認為興建機場所造成的矛盾是大好良機，趁此可以攻擊傲慢而又高壓的國家官僚機器，它是戰後資本主義體制的核心；後者的目的較為單純，只是要回土地、保衛家園而已。就在這時間，不少人同情學生的政治批判目標，願意伸出援手。抗爭者一開始便擺出長期鬥爭的姿態，他們在爭議土地下建造複雜的隧道系統，拒絕遷出。機場在1969年開始建造，但抗爭者阻延飛機跑道完工，由1971年拖至1975年，其後三年又阻止機場真正營運，直至1978年為止。在全副武裝的警察與激烈反抗的學生及農民公開的激烈戰鬥下，再經媒體大力渲染，機場才得以開通。雖然大部分人民沒有使用某些積極分子所倡導的暴力手段，但成田抗爭的確迫使政府關注人民的反應，在以後進行同類計劃時，不得不採取更妥協的態度。[22]

　　在1960年代及1970年代亦出現其他的公民活動形式，而且有其重要意義。[23] 它們包括產品安全監督、民間消費合作網絡以確保食物新鮮及價格合理。由反對戰爭、學生運動到環境保護等各種形式的公民抗爭，婦女與男性同樣活躍，不過在與家庭生活相關的領域裏，她們所扮演的角色特別突出。支持消費者的人並不同意毫無批判性及物質至上的「消費主義」，與其強調低價，她們寧願重視高質量及產品的純粹性。1970年代末琵琶湖（日本最大的湖）出現藻華危

圖15.4　當東京要於成田建造一個新國際機場時，農民與學生為了反對機場的興建，結成一個不尋常的聯盟，而且在長期鬥爭中十分有效率。上圖是抗議者於農地四周打樁，以阻止政府取用土地改建為新機場。（每日新聞社提供）

機，這個環境問題引起當地居民採取政治行動，並引起全國關注。藻類的出現，是因為民居把合成清潔劑倒入廢水之中，而清潔劑釋出的磷元素會刺激藻類生長。消費者運動的積極分子亦與農業合作社及政府機構建立聯繫，保護各種國內產品，然國外有時會批評他們所推動的安全標準，其實是另一種保護主義，排斥外國貨，這說法也非毫無根據。

　　由1960年代後期到1970年代，上述新公民運動政治與舊政黨政治匯聚一起。在全國各地大小城市，居民在環保問題下組織起來、要求更高水準的政府住宅，以至反基地鬥爭，都讓社會黨及共產黨政客有崛起的空間。1975年為其高峰期，在全國一百七十五個都、市及縣中，其市長及縣長均由左翼政黨取得，其中包括東京、大阪、京都、橫濱、名古屋、川崎、神戶七大都市。[24]

　　這種趨勢被稱為「進步地方政府」時代，在近代日本史上，地方政府能領先中央政府，它所代表的意義頗不尋常。地方政府在很多地方著了先鞭，如環保立法及社會福利措施。其中最著名的進步地

方領袖是美濃部亮吉（1904–1984），[25] 他在1967年到1980年間擔任東京都知事。*由於推動各種先進福利計劃，如為東京市民提供免費醫療保險，美濃部當時贏得大眾的支持及全國知名度。

對於在野黨在地方上史無前例的斬獲，自民黨及中央政府並未採取對抗行動，反而積極回應。自民黨採納地方政府的做法，轉化為中央政策，它宣佈1973年為「福祉元年」，大力推展各種退休及健康保險計劃。同年，為了加強環境保護法令，通過了《公害健康被害補償法》，讓受害者能夠較易得到經濟援助及健康照顧。自1971年成立後，新成立的環境廳便從厚生省接收了國家公園系統的管轄權。在其後的幾年中，主要為了響應一些地方政府更嚴格的規範，環境廳相應加強對國家公園的環境保護；與此同時，這些國家公園也面臨著旅遊業發展及工業界要求開採公園資源的壓力。環境廳也響應、有時主動配合市政府的要求，擴大及改善大城市裏有限的城市公園系統。[26] 雖然在1970年代末期因經濟衰退，自民黨與政府機構刪減新措施，例如提高保費或削減福利，沒有以前的慷慨，但其做法的確有助保守派在都市地區取回民眾的支持。

尚有另一因素促使政治走向更中庸的方向，就是「公明黨」的興起，公明黨顧名思義，以公正廉明為號召。它的基礎來自民間廣受歡迎的宗教團體「創價學會」，該宗教的領導人在1950年代以「廉明政府」為政綱，開始參與公職選舉，其正式創立公明黨是在1964年。到1960年代末，公明黨已經成為國會中第三大政治力量，緊跟自民黨及日本社會黨之後。於此時刻，有人批評該黨觸犯戰後憲法政教分離的原則，公明黨馬上斬斷與創價學會所有正式關係，當然事實上該黨之候選人及選區的支持仍然來自創價學會的信徒。公明黨自稱為「中道政黨」，它主張更多社會福利措施及支持戰後憲法，但接受資本主義基本結構。在地方選舉中，它通常支持社會黨候選人。公明黨的作用是在自民黨及社會黨要爭取該黨支持者的選票時，自然也把兩黨拉到政治中間路線。

296

297

---

* 譯注：東京都知事即東京市市長，日本地方政制為1都1道2府43縣，都指東京市，為日本首都。

　　1960年代草根活動百花齊放的盛況並不只限於左翼及中道政治，右翼亦有其草根活動，其中最突出的運動是鼓吹訂定日本民族誕生紀念日。在1870年代，明治政府曾指定2月11日為「紀元節」，傳説中神武天皇在該日即位，建立大和朝廷，時為公元前660年。這個説法並沒有太強的根據，1948年佔領當局便將其廢除。由1950年代到1960年代，有人倡議要恢復原來的節日，最初的支持者是吉田茂，於1951年提出，此後保守派領導人對這個運動的支持固然值得注意，更重要的是它採取「公民運動」形式，透過不同的網絡動員大量支持者，其中扮演重要角色的有神社之神官組織、各地方町村之保守派市長及議員。到1966年這運動表面上達成目標，國會通過法案，定2月11日為「建國紀念日」，不過實際上與原來之意識形態期待有異，建國紀念日並沒有像戰前一樣，採取強烈的宗教方式來崇敬天皇。

三、全球關聯性：石油危機與高度成長的終結

　　日本兩位數字的經濟成長傲視全球，但到1973年秋天卻戛然終止。當年10月中東爆發以色列—阿拉伯戰爭，阿拉伯的主要石油生產國限制石油出口，日本亦在限制之列，油價因此在短短數週內暴增四倍。日本政府馬上與以色列保持距離，並且突然認同巴勒斯坦人之説法，支持他們回家的權利，日本人因而被譏為膽小如鼠。然當前危機得以稍緩，阿拉伯石油出口國答應重開油源，不過由於石油入口價飛漲，日本的國際收支出現赤字，不斷增長的能源價格導致經濟嚴重衰退，亦引發1940年代以來最嚴重的通貨膨脹。在1974年，消費者物價上升25%，而且自1940年代以來國民生產總值首次出現下降，在1974年減少1.4%。

　　日本稱石油危機為「石油震撼」，它亦產生重要的社會及文化衝擊。維持日本生命線的能源有斷絕供應之危機，進一步證實主張經濟自給自足者一向以來的最大憂慮。石油危機突顯出當今互相依存的世界裏，假若經濟資源缺乏，其弱點便十分容易暴露；它亦再度喚回戰時及戰後初期物質匱乏的回憶，對年過四十歲的成人而言，當時的體驗仍然是活生生的，揮之不去。消費者突然興起囤積各種

貨物的熱潮，開始時的目標是洗衣劑等石油化學產品，也有人稱它為「衛生紙恐慌」，因為數以千計的家庭主婦擠到超級市場，搶購這種每天的必需品，架上衛生紙一掃而空。

石油危機亦刺激政府發展長遠的計劃，減少日本對石油的倚賴，尤其是不要集中油源到中東。政府和電力工業界整合現有及新的計劃，迅速推進核電站及水力發電站的建造。1973年9月石油危機以前，只有五座核電站運作，另外則有十四座在建造中。其後五年，再有八座核電站動工。在整個1980年代，其他核電站的選址和建設以更快的速度繼續進行。除此之外，政府也資助開發各式各樣的新能源，例如頁岩油、太陽能、海洋波浪產生之能源。政府亦再度求助戰爭時期的克難精神，大聲疾呼「節約能源」，通商產業省官員以身作則，冬天不開暖氣，夏天不開空調，他們亦要求學校及政府建築物看齊，同時敦促所有機構同步。在夏天，他們不打領帶，穿短袖襯衣上班，令辦公室同仁耳目為之一新。節約能源及分散來源兩大政策可以說相當成功，對中東石油的倚賴急速下降，1970年它佔日本石油總供應量的85%，到1980年則下降至73%。

恰逢石油危機，人們對環境成本的意識日益增強，這加強了人們對石油的反對和對替代燃料的支持。1974年12月，三菱煉油廠漏油，導致逾三十萬桶石油被排放到瀨戶內海。漁業界非常關注這對海洋生物造成的災難。三菱最後付出巨額賠償，以補償漁民無法捕魚的損失。經過多年施壓要求地方政府補救後，瀨戶內海倖存下來的漁業規模比之前要小得多。更普遍地說，過量捕魚、都市擴張及工業污染，意味著河川和沿海漁業都陷入困境，迫使漁民要向遠洋發展，但諷刺的是，這又需要燃料，加深他們對石油的倚賴。[27]

石油禁運導致兩位數字的通貨膨脹，一度觸發工人抗爭的再現及對立嚴重化。在整個1960年代，工人組織在其要求及形式上已變得比較溫和，然到1974年春鬥，又在各行業形成大規模的加薪要求，而且頗具威脅力，結果他們贏得史上最大加薪幅度，在起薪點上平均達到33%。公營事業僱員特別勇悍，與私營領域有異。公營企業工會的衝擊性由1960年代開始便愈來愈厲害，到1970年代初達到最高點。但工會領導人忽略一個警訊，即社會大眾對工會做法漸

表不滿。1973 年春鬥期間，鐵路工人使用按規章工作的戰術怠工，造成交通尖峰時間的班次阻滯及極端擠塞，引發憤怒乘客的暴動，他們在二十七個車站毆打司機，搗毀車廂。

　　1975 年是個轉捩點。公營企業工會發動百萬人參加所謂「為爭取罷工權」的罷工，[28] 但這次公營領域僱員的總罷工可說以失敗告終，工人運動無法在廣泛層面上動員，例如私人鐵路工人沒有參加，公眾反應冷漠，與十五年前三池炭礦罷工相比，只有少數學生集結支持。一星期後，工會宣佈中止罷工，但沒有取得任何成果，政府對參與罷工的百萬工人採取紀律行動，有一千零十五名領導人以非法罷工罪名被開除，公營領域工會從此走上一個漫長而緩慢的萎縮。[29]

　　同一年中，私營領域工會由前一年積極要求變成大幅度後退。管理層及政府官員聲稱為了控制通貨膨脹，恢復企業利潤及保證工作長期穩定性，薪水不能作過大的調整。各主要出口工業工會在 IMF-JC 的領導下，設定私營領域薪水年度調整幅度，他們都同意政府的說法，1975 年加薪幅度平均只有 13%，為前一年水平的三分之一而已。在一些如造船業的衰退行業中，他們也同意大量削減工人數目，數以千計的資深工人被迫提前退休。工會向其會員解釋，部分工人之所以要犧牲，主要是為了保證更長期的穩定以及其他人可以分享更多的福利。工人會質疑這種逆來順受的合作，究竟是否聰明，不過當工會領導人決定後，異議者便沒有置喙的餘地。因此由環保到福利政策，以至勞資關係，一個以妥協及折衷為特徵的政治體制逐步形成。

　　由貧窮到富裕、由衝突到折衷，這是日本在 1950 年代到 1970 年代所走過的道路，它與世界各地的戰後歷史大致上相同。歐洲在戰後一片頹垣敗瓦，其中以德國及義大利尤為明顯，但在以後幾十年間都同樣出現所謂「經濟奇蹟」。在所有例子中，美國的援助都扮演關鍵角色，同時美國亦積極推動一個開放性的世界貿易制度。1970 年代的石油危機震撼整個資本工業世界的經濟與政治，有人認為對美國的衝擊來得比日本或歐洲更大。無論在歐洲或日本，美國電視以至電影，都在刻畫一個富裕之夢，以及一個中產階級消費者

的美麗新生活。美國出口的技術，再加上促進各種非共力量的冷戰活動，它們影響了戰後世界各地的經濟及政治歷史。

　　美國與日本的接觸有些是隱秘的。1950年代，美國中央情報局資助自民黨內的反共盟友。[30] 情治活動的目標是發展親企業工會，破壞激進思想及造反性活動。美國在日本以至世界各地如何開展這種情治工作，我們今天無法得知其全貌。不過至少可以肯定地說，當折衷政治逐步發展之際，它一定會插上一腳，並有助其成功。

　　在冷戰高潮之際，其他形式的接觸則較為明朗。1961年，美國新任總統約翰·甘迺迪 (John Kennedy) 委派艾德文·賴世和 (Edwin O. Reischauer, 1910–1975) 出任駐日本大使。賴世和之被選中，有其不尋常的意義，他是哈佛大學教授，亦是日本史專家。*他所以引起甘迺迪的注意是1960年他所發表的一篇文章，當時正為日美安保條約危機之際，日本發生連串暴動，艾森豪威爾訪日之行臨時取消，賴世和在文章中呼籲與日本修補「已中斷的對話」。[31] 賴世和擔任駐日大使至1966年，在任期間，他努力消除政治上左右兩翼的反美情感，他亦致力影響文化及思想生活，賴世和反駁馬克思的批判性日本史觀，用一種樂觀態度看待日本史，認為它是非共產現代化的一個成功模式。

　　由於當時日本人強烈反對美國介入越戰，減輕了賴世和對日美關係的影響力。另一方面，美國軍事基地繼續存在，特別是美國仍然控制沖繩，反美情緒依舊存在於整個政治光譜中。1968年，美國總統林頓·詹森 (Lyndon Johnson) 承諾交還沖繩給日本，到1972年，經過美國二十二年的佔領，沖繩終於回歸到日本懷抱，這事件是一個里程碑，為日後兩國友好關係跨出了一大步。不過大量美軍仍然留駐沖繩，直至今日，美軍基地依舊擁有沖繩中部及南部最適宜耕作的20%土地。[32] 對沖繩及日本本土而言，它仍是日美關係的一個痛點。

---

* 譯注：賴世和之父為長老會傳教士，在日本傳教，故賴世和在日本出生，到16歲才回美國讀大學。

　　總括來說，一方面，日本在美國戰略保護傘下從屬獨立，日本人民常因為這個尷尬地位而不安；另一方面，由於美國主導整個經濟環境，日本亦得以製造各種產品，行銷非共世界，社會才能日漸富裕，因此日本高度成長時代是具有上述國際政治背景，才能夠在政治上實行制約，在經濟上重新組合，釋放能量。

　　雖然美國的全球霸權塑造了高度成長年代很多經濟及政治經驗，不過應該注意，日本人民所參與演出的這種共同體驗，並非完全是美國首府華盛頓或金融中心華爾街的獨腳戲。由1950年代到1970年代，日本人民所面臨的各種議題，其實是當時新世界秩序所共有的，這新世界秩序一方面是互相依存，另方面則是意見不一致。學生抗爭、婦女運動、環境保護運動，它們在某種程度上是全球現象，是同時發生的。由不斷倚賴進口石油到愈來愈支持核能電力，代表能源地緣政治的改變，也是全球性的發展。「生產力政治」也是個全球性現象，世界各地工人組織的立場也在轉變中，由抗爭形式轉為體制內的交涉力量，有時甚至成為統治階層的一部分。大約同一時間，各先進資本主義國家的政府發展出更廣泛的社會福利計劃，延伸到中產階級內，日本毫無疑問是其中一員。日本政府及其人民亦與其他地方一樣，希望一方面能求取利益，一方面維持穩定、健康及有意義的生活，如何在兩者間求取平衡，是他們一致努力的方向。

第十六章

兩極化世界中的全球大國：
1980年代的日本

　　日本能以一個富裕、信心滿滿、愛好和平的姿態崛起，在戰後全球史中是一個令人訝異的發展。由1970年代到1980年代，日本國內有些人以本國成就為傲，甚至可以說達到傲慢的邊緣，他們亦因為外國人忌妒性的批評而感到不安；另一方面，有人歎息舊日生活方式的消逝，他們擔心年輕一代已經失去老一輩鍥而不捨的責任感；亦有人主張日本應更開放，應更容忍不同事物，男女世界應更平等。他們不滿的說，日本一般人民加班工作，天天從遙遠而又狹窄的家上班，他們其實無法完全分享富裕的成果。

　　世界各地的態度也是矛盾不一，有妒忌，有讚賞。在一些人的眼中，日本的形象由經濟奇蹟瞬間轉為經濟威脅。另一些人則視「日本模式」為資本主義的另一個形式，比起西方或美國模式更為成功。由這方面看，日本的1980年代是一個令人滿足及慶賀的時期，在戰後初期完全想像不到，在今日看來則顯然是有點言過其實。

一、世界新角色及新衝突

　　1972年歸還沖繩給日本，清除了美國佔領所留下的一個重要法律陰影，雖然美軍仍然留駐該島，然終於得到長期以來渴望的主權，為日美關係提供一個新的平等機會。不過前一年有兩件美中不足的事件發生，削弱兩國關係，可以稱為「尼克遜震撼」。首先在1971年7月，美國總統理查·尼克遜（Richard Nixon）宣佈訪問中華人民共和國，這消息震撼世界，而且美國與中華人民共和國迅即建

立正常的外交關係。其次在同年8月，尼克遜宣佈美國放棄金本位，准許美元隨其他貨幣匯率浮動，日元因此急劇上升，它固然反映出日本的經濟實力，但亦使日本出口付出更大的代價。

兩件事對日本均有重大影響。尼克遜在決定前，不但沒有諮詢日本，連事先通知也沒有，令日本政府及公眾非常不滿。他們認為美國並不百分之百信任日本，也沒有把它當作平等夥伴，這個看法亦非完全沒有道理。最令日本政府痛心的是在過去二十多年，國內的反對聲浪雖然一直強大，日本仍忠實跟隨美國的政策，全力孤立及「圍堵」中國的共產政權，而美國政策卻在一夜之間翻盤，不但使日本狼狽不堪，還要匆匆忙忙轉向。1972年日本與中華人民共和國建立正式的外交關係，雙方的經濟往來在1970年代逐步發展，到1980年代中國大陸轉向實質的資本主義後，兩國的經濟更急速起飛，中國成為日本主要的貿易國家之一。

因此沖繩雖然歸還日本，「尼克遜震撼」象徵日本與美國一個新衝突時代的來臨，這個時期橫跨1970年代與1980年代，尤以經濟問題最為嚴重。從1965年開始，日美貿易平衡已經出現變化，過去日本對美貿易長期赤字，而1965年日本對美出口開始有少量盈餘，到1970年代，日本產品大量湧到美國，完全壓倒美國對日本的出口（參看圖表16.1）。到1980年代中期，日本對美出口總值為美國對日本出口的兩倍，美國每年對日本貿易的赤字約為五百億美元。

日本整個貿易的基本形態一直無法改變，它輸入巨量石油、原料及糧食，輸出製成工業產品，而且質與量均陸續有所增長。其結果不但是在資本主義世界中長期佔有出超地位，也形成長期政治衝突，這方面與美國尤為嚴重。美國最著名的生產商無法在價格及質量方面與日本產品競爭。以電子產品為例，1955年美國有二十七間電視製造工廠，然到1980年代只剩下一間真力時（Zenith）繼續在美國生產電視機。

面對殘酷競爭，美國企業的行政人員及工會在1960年代初便強烈表示不滿，他們認為日美貿易是不公平的。他們指責日本生產商在國內市場受到保護，並以高價出售產品，但在國外市場則以低於成本價格「傾銷」，藉此壟斷市場。他們認為日本公司在開始進入市

圖表16.1　1963–1979年日美進出口貿易結算表

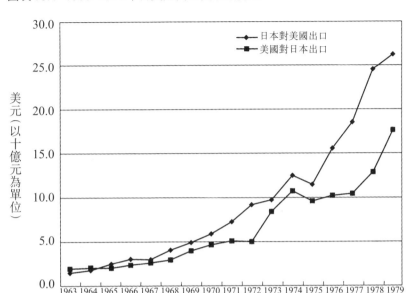

資料來源：U.S. Department of Commerce, *Statistical Abstract of the United States* (Washington, D.C.: US Government Printing Office, 1963–1979).

場時都會賠本，而當美國對手退出或關門大吉時便會提高價格，最後都能補回損失，有利可圖。他們的說法並非完全虛構，但這究竟是一個不道德的商業行為還是一個聰明的生意手腕，便見仁見智，事實上微軟公司在1990年代亦使用同樣的行銷策略。

　　無論如何，美國使用其政治力量堵住日本貿易的發展，經過一連串激烈的談判，雙方終於達成協議，日本出口商「自動自覺」限制其對美國的貿易量，最著名的是1972年對紡織品、1969年及1978年對鋼鐵產品、1977年對彩色電視機、1981年到1993年對汽車的限制。1988年美國國會通過貿易法案，其中包括所謂「超級301」條款，授權政府可以單方面認定日本或其他外國政府用不公平手段壟斷國內市場。若該國不公平貿易被裁定成立，而它又沒有採取任何措施改正失衡貿易，則美國有權單方面對該國出口實施懲罰。該貿易法案無疑是針對日本，引發日本人的強烈批判，認為美國使用19世紀的炮艦政策，當時英美等國出動戰艦，強迫世界各地弱國接受它們的貿

易條件。事實上在該法案通過後，美國人以「超級301」條款作威脅，強迫日本在超級電腦、衛星及木材等產品上打開其國內市場。

在各種產品的爭議中，汽車配額最能突出日本與美國兩國財富的轉換。通用汽車及福特一向是美國工業的核心，亦為美國人的驕傲，戰後的繁榮，它們也是火車頭之一。在過去數十年，它們的產品象徵豐衣足食的「美國夢」。但在當時，這兩個被打得抬不起頭的巨人卻無法說服美國人選用它們的汽車，唯一的方法就是要美國政府為它們設立貿易限額。因為數以百萬計的消費者都正在轉向既經濟而又日漸耐用的豐田、日產、萬事達或富士汽車。[1] 貿易衝突有時會以象徵性行動呈現出來，感覺是非常不愉快的，例如美國汽車工人會在電視鏡頭前把日本製的汽車打得粉碎，以示抗議。這些衝突至少引發一宗悲劇性的種族暴行。1982年，兩名底特律汽車工人用棒球棍毆打一名美籍華人致死，* 大概他們誤會死者是日本人，故動手攻擊他，審判的結果令人意外，兩名被告判緩刑三年及不算多的罰款，可以說是極度輕判。[2]

在1970年代及1980年代間，美國政府亦致力全面改變日美貿易及經濟的結構性關係，在1979年，兩國政府同意委任一小批所謂聰明人士，為長遠的措施提出建議，目的是減少兩國間的貿易磨擦。十年以後，即在1989年到1990年之間，一般性結構議題仍然為日美兩國貿易談判代表的焦點，所謂《日美結構協議》(*Structural Impediment Initiative*) 的目標是改變兩國貿易不平衡的結構性因素，在美國是預算赤字及低儲蓄利率，而日本方面則是各種進口障礙，例如沉痾難起之行銷制度，它打擊價格競爭。上述談判產生好些不同想法，有一定意義，但在政治考量下，沒有幾個是能付諸實行的。

當日本銀行及企業累積大量外匯存款時，投資便跟隨貿易路線而至。日本機構開始投資美國財政部的證券，這些投資對美國1980年代不斷膨脹的預算赤字不無幫助。除此之外，日本企業亦承諾大

304

---

* 譯注：被殺華人是陳果仁，時年27歲，正在結婚前夕。行兇者最後判罰 3,780美元，緩刑三年。

量投資美國、歐洲及亞洲，建立生產線。日本的全球性外國直接投資（Foreign Direct Investment）在1960年代中期只不過十億美元，1975年達一百五十億美元，到1980年代末，累積的外國直接投資約為五百億美元。北美洲佔外國直接投資的40%，其次為歐洲，隨後為亞洲與拉丁美洲。當時日本經濟好景，土地價格飛漲，日本投資者曾做過幾個舉世注目的決定，就是收購美國著名建築物，因為對日本人而言，這些房地產仍相對便宜，其中最著名的是1989年收購紐約曼哈頓區的洛克斐勒中心，以及1990年收購加州的石灘高爾夫球場。這些交易成為美國報紙的頭條新聞，日本人「買下」或「侵略」美國之聲不絕於耳。如果時光倒流至20世紀初至第二次世界大戰，批評者的語氣可以類比昔日反移民的聲調。著名記者修奧多爾・懷特（Theodore White）便是其中的佼佼者，他在1985年為《紐約時報雜誌》寫了一篇頭版報導，題目為〈來自日本的危機〉。懷特的文章指責日本有意「瓦解美國工業」，他宣稱日本之經濟成就是源於其長期陰謀，目的是控制全球經濟。[3]

　　儘管受到種種指責，日本與美國間的經濟關係比以前更為互相依存。決策者非常了解這點，甚至當雙方政府談判者繼續為貿易問題吵鬧不休時，兩國官員已經在雙邊以至多邊經濟政策上合作。日本曾在1964年加入「經濟合作發展組織」，它的基本任務是協商先進工業國間的共同經濟問題，亦討論它們與世界其他國家的關係。接著由1975年開始，包括日本在內的七個主要資本主義國家首腦，定期舉行年度「高峰」會議。[4]主辦國則由會員國輪流擔任，會議被稱為「七國高峰會議」或「G-7高峰會議」。它們討論宏觀經濟政策，希望能控制通貨膨脹，促進經濟成長及貿易。除此之外，「G-7」會員國的財政官員及包括日本在內的「G-5」核心國家，亦在1980年代中定期見面。日本能參與這些會議，反映出日本在全球經濟中的核心地位，一方面固然值得驕人，另一方面亦成為壓力來源，日本所設定的政策不但要為國家利益著想，也要為國際利益著想。

　　G-5成員國最重要的決定之一，是1985年各國部長在紐約廣場飯店訂定協議，通常稱為《廣場協議》（Plaza Accord）。該協議的目的在振興工業，各國財政大臣因此約定合作性購入貨幣，提升日元幣

值，藉此增加對日本輸出。他們亦要求日本刺激內需。日本大藏大臣不得不訂立一低利率及財政擴張政策，他大方送出巨額補助金給地方政府以刺激內需，故上自公路、橋樑，下至遊樂場、博物館，各式各樣的投資紛紛動工。唾手可得的預算有複雜後果，它幫助企業投資於發展世界一流技術，因此雖日元匯率不斷升高，但由於生產成本降低，日本全球競爭力依舊強勁。另一方面，它亦讓1980年代末的資產快速膨脹，最後形成日本所謂的泡沫經濟。

　　日本與亞洲及世界其他國家亦維持一種既緊張又合作的關係，十分複雜。戰後日本與亞洲各國的經濟關係發展得十分緩慢，在1950年代，日本與東南亞各國簽訂戰爭賠償協定，恢復兩者的經濟聯繫。在與緬甸、菲律賓、印尼及南越四個國家所簽的條約中，日本公司贈予上述政府價值十五億美元的工業製品，而背後真正的付款者是日本政府。藉著賠償條約所建立的關係，貿易續有增長，到1980年代，日本約有三分之一的出口前往美國，但中國、南韓、台灣及東南亞各國合計出口總額，則為日本第二大貿易夥伴，遠遠超越歐洲。

　　回顧歷史，這種發展頗具諷刺性。當盟國對日本的佔領即將告終之際，美國戰略家主張恢復日本的「南向帝國」。他們原來估計東南亞會成為日本最重要的貿易夥伴，是日本工業產品的顧客，也是日本自然資源的供應地，頗有半殖民地的味道，其後亦證明日本確實與亞洲建立一個牢固的經濟關係。1980年代末《廣場協議》簽訂後，日元不斷升值，大藏省及通商產業省希望日本的科技及投資能與東南亞廠商聯結，目的是建立低成本的生產線，作為出口歐洲及美國的基地。

　　日本在東南亞投資的確發展非常迅速，但從1950年代直到1990年代，美國依然是日本最重要的貿易及投資夥伴。比較諷刺的是，美國這些年在日本領土上實行新殖民式駐軍，不但賣原料給日本，亦是日本工業產品的主要購買者。舉例來說，1980年美國出口日本的產品，超過半數是初級產品，包括大豆、玉米、棉花、木材等農產品，還有煤炭及石油這類原料。[5]戰爭時期所遺留下來的問題很多仍未解決，它成為戰後日本與亞洲其他國家及人民關係的主要議

題，亦是後殖民時代不愉快經驗的來源。蘇聯與日本雖然在1956年建立正式的外交關係，並且有貿易往來，但兩國一直未簽訂和平條約。最大的障礙是領土爭執，在千島群島南端有日本人所稱的「北方四島」，*兩國政府均宣稱擁有該地的主權，有關領土糾紛，到今天仍無法解決。

　　日本在戰爭時期統治東南亞的時間相當短，雖然頗為粗暴，但戰後雙方的關係卻更為密切。雖然簽訂了戰爭賠償條約及雙邊貿易不斷增長，但當地國家仍批評日本企業界，認為它們的貿易及投資行為類似掠奪，對當地並沒有甚麼好處。1974年日本首相田中角榮訪問曼谷及雅加達，結果爆發大型反日暴動，這事件震驚了日本社會。

　　環境議題同樣影響日本與東南亞的關係，有關木材的案例頗富啟發性。雖然日本戰後造林相當成功，大面積種植了迅速成長的針葉樹木，但進口熱帶硬木是更低價的來源。自1970年以來，日本所用的木材大部分進口自北美洲和東南亞，主要用作建築材料，日本的需求成為菲律賓和馬來西亞砍伐古老樹林的重要動力。相反，日本自身新種的杉樹和柏樹因為需求下降，因此能持續生長，到今天仍未遭採伐。但因為這些樹年紀愈長，產生的花粉愈多，花粉熱成為山林政策及經濟因素下的嚴重後果，實為始料所不及。[6]

　　日本的後殖民關係中最複雜的莫如與韓國的關係，由1951年10月開始，日本便與南韓協商關係正常化，美國政府積極鼓勵它們的努力。南韓的李承晚政權和日本的吉田茂政府都有共同點，就是強力反對蘇聯和中華人民共和國。雖然有這種地緣政治的關聯，雙方仍花費了十五年才達成協議。南韓希望得到賠償，包括戰爭時期日本徵用朝鮮民伕的報酬；廢除先前所有的日韓合併條約；還要求日

---

* 譯注：北方四島是指擇捉、國後、色丹、齒舞四島。1855年日俄兩國簽訂《日俄和親通好條約》時，千島群島中四島歸日本，其餘歸俄國。1875年日俄簽訂《千島群島及庫頁島交換條約》，日本得到千島群島全部，俄國得到庫頁島北部。到第二次世界大戰後，蘇聯佔領千島群島，包括北方四島，雙方因此爭執不休。

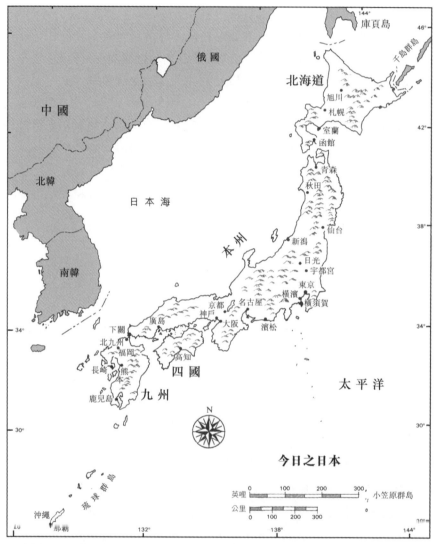

地圖16.1　今日之日本

本對殖民統治道歉。韓國也要求保留兩國間水域的捕漁特權,因為在戰爭結束後,最高司令部限制日本人進入國際水域,韓國人趁機取得頭籌。日本不單止反對所有這些要求,還堅持韓國要補償日本居民在殖民地朝鮮曾經擁有的財產。1953年兩國首度會商,經過三次尖銳對立的談判便破局,直到1959年才恢復。

　　在美國不斷施壓妥協，也在日本左翼、北韓和南韓內部的持續
抗議下，日本與南韓終於在1965年簽訂了《日韓基本條約》。學生、
普通公民、反對黨領袖等，用抗議集會和絕食等形式表示反對，但
被威權式的朴正熙總統政權強力鎮壓下來。這條約廢除以前所有條
約，而含糊地承認大韓民國（南韓）為唯一合法的韓國政府。兩國各
自放棄未來對另一國個人或團體的賠償要求，在南韓的讓步下，日
本也作了不言而喻的交換，給予八億美元的經濟援助。雙方經濟關
係自1970年代以後便欣欣向榮，尤其是1980年代更為蓬勃。到
1990年，南韓是日本的第三大貿易夥伴。雖然雙方都取得好處，但
上述條約並沒有為正在進行的和解帶來穩定基礎。

　　有一個頗為複雜的因素，但結果卻促成日本與韓國恢復關係，
它就是日本韓國僑民大部分都支持北韓政府，而且持續不斷。由21
世紀後見之明來看，北韓很明顯是個經濟失敗及政治高壓的政權，對
這個國家效忠很容易被指責為非理性或愚昧。但在1960年代，可以
說看不出南韓會在經濟上優勝於北韓；在政治制度上，南方的大韓民
國也沒有比北方的朝鮮民主主義人民共和國更民主。此外，北韓政
府1959年在日本已取得一定合法性地位，＊再加上日本政府同意與北
韓簽約，用比較慷慨的條款同意遣返在日韓人到北韓，其地位更為鞏
固。1959年與1960年間，超過五萬名在日韓人接受北韓援助回國，
雖然其中大部分韓人來自南韓。日本政府的動機也非完全出於人
道，當時日本與南韓正在談判訂定條約，日本希望藉此施壓，希望南
韓為取得合法性與北方對抗，因而對日讓步。最後一個原因是歸國
韓人在日本多半是貧苦大眾，日本政府亦希望減輕社會福利負擔。[7]

　　關係正常化以後，日本與兩韓的緊張關係仍然持續。1973年
韓國中央情報局人員綁架金大中，他是南韓獨裁政權總統朴正熙的
重要反對者。南韓以武力把金大中由東京一間旅館帶走，這做法

＊　譯注：1951年《舊金山和約》簽訂以後，日本基本上與南韓交往，但雙方仍無
　　正式關係，由1952年開始日本南韓展開談判，但直到1965年雙方才簽訂《日
　　韓基本條約》，建立正式外交關係。日本雖不承認北韓，但1951年後北韓在
　　日本活動逐漸增加，到1959年遣返韓僑達到高潮。

明顯侵犯日本主權，亦觸怒日本社會大眾。另一方面，韓國人仍
然無法諒解日本人在殖民時期及二次大戰時的做法。1974年朴正
熙總統遭行刺，結果卻誤殺朴正熙的太太，刺客是韓國人，長期居
於日本，再與歷史敵意連結在一起，新仇舊恨，更為日本人塗上一
層罪惡色彩。當日本政府了解刺客是得到日本親北韓團體支持
時，便實施多種政策修補與南韓的關係，同時進一步限制「朝鮮總
連」(即北韓控制的「在日朝鮮人總聯合會」)的活動。

　　在1970年代低潮時期，日本政府作出實質努力，改善與東南亞
各國的關係。1977年，福田起夫首相在東南亞國家聯盟一次會議中
表示，日本強烈希望加強與東南亞合作，日本與東南亞組織官員隨
即定期召開會議。政府在1980年代大幅度增加海外援助的經費，該
計劃稱為「政府開發援助」(Official Development Assistance，簡稱為
ODA)。到1991年，它成為世界最大的捐贈者，數額超逾美國。從
那時候開始，日本在每年開發援助的美元總額上一直領先其他國
家。日本ODA援助最大的地區是亞洲，約佔60%。另方面直接投資
亦增加甚多，提供當地的就業機會。

　　首相中曾根康弘亦在1980年代初主動強化與南韓的關係，他答
應提供實質援助，總值約四十億美元。在中曾根首相任內，日本曾
作出一個十分重要的象徵性行動，當時南韓總統全斗煥正在訪問日
本，裕仁天皇對殖民地時期的殘暴行為謹慎地表示歉意，對於「不幸
的過去」，他表達「深切遺憾」。

　　然而日本政府及人民要清除亞洲人的不信任感，這事並不容易
辦到。雖然花了不少力氣修補與東南亞的關係，1980年末在泰國進
行民意調查，近50%泰人並不認為日本是友國，70%認為日本的經
濟利益帶有「帝國主義性質」。1989年泰國外交部一名官員對《紐約
時報》表示，日本正透過經濟手段及美國的保護，逐步實現它在二戰
時期的大東亞共榮圈美夢。[8]

　　教科書問題在中國及南韓仍猶如待爆發的火山一樣，1982年教
科書事件首次爆發。當年6月底，日本各重要報章均報導：負責審
查及批准日本各學校歷史教科書的文部省曾要求某些作者修改其教
科書，把1937年「侵略」中國華北字眼改為意義較為闇弱的「進出」，

308

這些報導不用說馬上激怒南韓及中華人民共和國政府，並為此事件正式向日本政府提出抗議。兩國獲得內閣官房長官宮澤喜一承諾，日本政府在未來處理近期與亞洲鄰近各國的歷史時，必定考慮「國際理解與合作」的必要性。[9] 1986年文部大臣藤尾正行 (1917–2006) 稱在1910年日本併吞韓國事件中，韓國人亦應負有一部分責任，因此進一步激怒韓國，最後被迫辭職。

　　由1980年代到1990年代，重要政治人物對日本近代歷史先後作出突如其來的發言，有一次是縮小南京大屠殺範圍，另一次則強調韓國被殖民並非強迫，而是甘心情願，這種發言每一次都引發海外抗議，發言者通常都要被迫辭職。

　　稍後，首相中曾根康弘惹起另一個爭議，他在1985年前往靖國神社祭祀戰歿者。事實上1975年以來好幾位首相便曾參拜靖國神社，事後都沒有引起爭議。但在1978年靖國神社僧侶私下舉行儀式，將東京審判十四名被控為戰犯的亡靈入祠，直到第二年才向社會公佈。與其前任不同，中曾根在1985年稱其參拜為「官式訪問」，這種分辨其實沒有甚麼特別法律根據。由於沒有公開入祀，再加上中曾根公然的訪問態度，在國內外都引起激烈批評。

　　參拜靖國神社的爭議以及政治人物有關殖民地及戰爭的刺激性評論，其主要起因可追溯至關於日本在二戰期間責任的兩極化看法，差異不止存在於日本人民與他國人民之間，就算日本國內也存在不同看法。

　　在日本內部，左翼分子通常指責軍事精英、官僚精英再加上貪污專制的政客及壟斷的資本家，他們為了擴張及軍事征服，完全不考慮人力成本。他們認為戰爭在戰略上是愚昧的，道德上是不能接受的，不過他們所用的道德標準，主要是質疑領導人，並不涉及一般平民百姓。他們認為人民支持戰爭，只因為整個教育制度及媒體均被監控及操作，而異議聲音則完全遭鎮壓。[10]

　　相反而言，不少政府官員及保守的知識分子則對近代歷史建立一個完全不同的史觀。保守立場的最早一個重要作品是林房雄 (1903–1975) 的《大東亞戰爭肯定論》，他完稿於1963年。林房雄在1920年代是一位作家，專門寫作無產階級小說，其後轉變為極端民

族主義者。林房雄及其他保守者主張日本的戰爭動機是純潔的，他們宣稱日本發動戰爭，是要把亞洲從西方帝國主義的魔爪中解放出來。他們指出歷史事實，日本佔領東南亞，其結果是終結荷蘭及英國之殖民統治，亦開啟了趕走法國人離開越南的歷程。至於日本自己統治下的朝鮮或台灣，以至稍後的滿洲及中國，其所發生的不愉快的史實，他們則很少提及。

　　無論如何，當戰爭離現在愈來愈遙遠時，有關「戰爭責任」的爭吵反而愈來愈激烈。事實上當經濟磨擦出現的時候，接受否定戰爭責任的人卻逐漸增加，日本人認為他們之所以遭受指責，只不過因為勤奮工作，而且在全球經濟中出人頭地。因此在整個1980年代，亞洲人對日本仍然充滿敵意，並非只由於歷史記憶使然。它之再度成為問題，是很多日本人回顧歷史時，無法以同情態度看待別人的經驗，這點連內閣官員也無法避免。

二、經濟：石油危機底下的繁榮

　　由1970年代到1980年代，日本與亞洲及西方的衝突持續不斷，但卻未至不可收拾。它們沒有在國內引發嚴重危機，部分理由可以歸因於經濟繼續成長，同時普及分配富裕的果實，這些都有緩衝作用。在第一次石油危機時，日本經濟曾面臨一個短暫的衰退，不過復元得很快。由1975年到1980年代末，日本的成長步幅持續而穩定，其國民生產總值的年平均成長率約有4%到5%。

　　與同期的其他先進資本主義經濟體相比，日本的表現可以說有天壤之別，至於蘇聯更不用提。在1970年代到1980年代，西歐的經濟成長有氣無力，通貨膨脹率及失業率居高不下，勞工抗爭如春風野草，幾個歐洲大國的經濟成長速度只有日本的一半，甚至等而下之。在美國，1970年代末被稱為滯脹時代：即成長率停滯不前，而通貨膨脹則以兩位數字上升，1980年至1983年是朗勞德·雷根（Ronald Reagan）總統執政初期，工業地帶面臨嚴重衰退，故今天稱之為「生鏽帶」，中西部主要各州的失業率在這段期間高升至10%–13%。

在日本，不單止經濟欣欣向榮，通貨膨脹亦不高，失業率也維持在2%以下。除此之外，日本工業生產力在1970年代與1980年代也是全世界成長率最高的地方。[11] 在1980年代末，整個日本無論在國內或國外，都顯得生氣勃勃，充滿企圖心。企業在新廠房及設備上的投資是空前的，在1985年到1989年間，年固定資本形成總額接近國民生產總值的30%，至於投資案的數字亦類似1960年代高速成長時代的高峰期，無怪當時日本以其成功及富裕傲視全世界，信心日益增長（參看表16.1）。

很多日本人特別引以為傲的是所謂「日本式管理制度」，在1960年代，日本製造商已經證明在一個擴張及全球成長的時代，他們有能力生產質量良好的商品。其後大環境更加惡劣，他們亦顯示出其適應能力，並且可以進一步發展。在1970年代，他們面臨高漲的能源成本及衰退中的外國需求；在1980年代，由於日元匯率飆升，他們要面對增長的出口成本，他們的適應方法，後來被稱為「減量經營」運動。[12]

日本公司要面對的問題頗多，如過大的生產能力、沉滯的需求以至昂貴的成本，它們不得不與工會合作，裁減數以千計的工人。

表16.1　1980年代各主要國家的實質國民生產總值的成長（增長率以前一年為基數）

	日本	英國	美國	法國	西德
1980	4.3	−2.6	0.2	1.6	1.5
1981	3.7	−0.5	1.9	1.2	0.0
1982	3.1	1.4	2.5	2.5	−1.0
1983	3.2	4.1	3.6	0.7	1.9
1984	5.1	2.2	6.8	1.3	3.3
1985	4.9	3.1	3.4	1.9	1.9
1986	2.5	4.3	2.7	2.5	2.3
1987	4.6	4.4	3.7	2.2	1.7
1988	5.7	4.3	4.4	3.9	3.6
1989	4.9	1.5	3.0	3.8	4.0
平均，1980–1989	4.5	3.5	3.4	2.8	2.7

資料來源：Foreign Press Center, Japan, ed. *Facts and Figures of Japan, 1991* (Tokyo: Foreign Press Center, 1991), p. 31.

以造船業為例，在1974年至1979年間，共損失工作十一萬五千個，約為整個造船業就業人口的三分之一。在1980年代末，韓國新建成鋼鐵廠的競爭能力與日俱增，日本最大五個煉鋼廠同樣要裁掉三分之一的僱員，在這兩個例子中，很少工人是直接被解僱，那些面臨解僱的工人，或被調到公司屬下承包商中，或公司給予優惠，讓其「自動」提早退休。大企業為了能彈性擴張，它們大量僱用女性臨時工人，故企業一旦要瘦身，可以馬上裁撤她們。亦因為同樣理由，企業把一些輔助性業務委託外面公司經營，對於留下來的工人則加強管理。它們也逐步增加其他類別的男女工人數目，他們是容易裁撤的「非正規」僱員，包括合約工（只僱用一定時間）、派遣工（由職業介紹所送來工作一段時間）。所有「非正規」類別的工人，包括女性兼職，其總人數由1982年的六百七十萬增至1992年八百五十萬（即由1982年總員工數的17%增至1992年20%）。[13] 為了進一步提升彈性，企業把很多輔助的工種委託給外面的公司，甚至包括一些核心業務。無論升職或加薪，年度業績考核都佔愈來愈重要的地位，不再以年資為主。

311　　　　企業一方面整頓工作隊伍，另一方面管理層則推動工作場所改良運動，目的是增加質量，控制成本，這個改革的象徵就是所謂品質管理運動（quality control, QC）。品質管理運動始於1950年代，當時稱為「品質統計管理」（statistical quality control, SQC）。這管理方式完全是個美國貨，1950年代首先出現於美國，其後推廣至日本。所謂品質統計管理是專職職員利用統計圖表及複雜的分析方法，目的是檢查整個工作程序，提出改善生產力及品質的意見。

日本在生產管理上的改革能獲得全球注意的原因，主要是它把整個工作隊伍都包括到品質管理運動中。由1960年代到1970年代，首先是工頭的督導層，接著是第一線的操作工人及文書職員，他們組成數以千計的所謂「品質管理圈」，大約八到十個男女一組，他們定期碰面，甚至有時在下班時間。透過集會，他們學習到解決基本問題的方法及統計技巧，接著他們會分析其職責，並總結出一些策略，讓工作更具生產力及效率，或有時候增加工作安全性，減少問題。

　　品質管理運動能夠成功，應歸因於僱員的高教育水平，同時亦由於管理層重視工作保障。因為品質管理小組為了工作效率，常常建議減少某一特定工作小組人數，這些「多餘」人員通常會被分配到其他工作崗位。到1980年代末，日本有超過二百萬男女工人在不同時刻參與二十六萬個品質管理小組。[14] 批評者認為並非如管理層所說，品管小組的參與完全是自發性，這看法有一定的道理，因為不參加的人會在晉升或加薪上受到懲罰。調查亦顯示，相當一部分的參與者認為小組是個「沉重負擔」或「令人情緒緊張」。無論如何，這些小組的確給予工人一個難得的機會，一方面利用各組員豐富的工作知識以提升自己的技術，另一方面可以促進生產力及改善品質。

　　由於1980年代的富裕，本來在企業內部有異議聲音的激進工會，其聲音已顯得微弱，很少聽得到，在企業外的公民活躍分子亦較以前安靜。外國人蜂擁到日本工廠，考察管理制度的秘訣，日本人顧問在高薪聘請底下，亦把修正版的「總品質管理」(total quality control, TQC) 模式反輸往美國。

　　日本已經變成一個極端以企業為中心的社會，大部分的人相信只要有利於企業，亦等如有利於整個社會。專家盛大鼓吹日本制度的成功，日本式品質管理的著名推銷者唐津一在1986年宣稱：「我相信日本在工業管理的體驗，其果實應推廣於全世界……因為西方的企業形態是以笛卡兒的假設作為它的前提，日本可以從根本給予正面挑戰。」[15]

　　唐津的分析並不新奇，可以被歸類到所謂「日本人論」這一派。這派作品都強調日本人的獨特性，它的範疇廣泛，由思想傳統、美學、社會或經濟組織、政治文化，以至生物神經構造，據說日本人用某一邊腦袋比較多。「日本人論」其中一個說法是把日本的獨特性歸因於氣候和地貌，強調日本人民有一個獨特傳統，要與自然和諧相處。舉例來說，著名的哲學家梅原猛在一篇1990年的文章裏，便稱日本「是追求以接近自然生活為理想的文化」。這種值得驕傲的傳統「與那些以征服自然為理想的文化相比，要明智得多」。[16]

　　「日本人論」有一段長遠的歷史，可以追溯至明治中期的三宅雪嶺和岡倉天心，再得到當時的外國人觀察者如費諾羅莎 (Ernest

312

Fenollosa)等力挺。到1920年代和1930年代,哲學家和辻哲郎提出一個複雜的「日本人理論」,強調氣候對人類文化的衝擊。當日本經濟在1980年代欣欣向榮時,文化工業亦同時出現各種「日本人論」。新日本人論與以前一樣,強調日本人民的一體性及團結一致,無視內部的明顯分歧及矛盾。當時的書店大都有一角書櫃,專門陳列有關「日本人論」的出版品。有些作品十分淺薄甚至無知。作者舉出種種日本人的特徵,例如使用洗手間的方式、被稱為「柏青哥」的日式彈珠遊戲,都成為日本獨特文化的象徵。[17]這種思維鼓勵日本貿易代表在談判時發表一些令人咋舌的言論,其中一位主張限制牛肉入口的代表說,由於日本人的小腸構造特別,故無法接受進口的牛背肉;另一位代表則要維護國內運動器材產業,因此說日本冰雪有其獨特性,故無法進口外國雪橇。

「日本人論」中比較有趣的說明可見於《甘之構造》一書,意譯為《倚賴的結構》,書中指出日本文化的一個特色,就是心理層面的「倚賴」。作者土居健郎(1920–2009),是一位著名的精神分析家,不過他特別指出不要把「倚賴」看作為日本獨有,世界上很多其他社會均有此現象。[18]這時期暢銷外國作品則為《日本第一》,[19]作者為傅高義(Ezra Vogel, 1930–2020),他是哈佛大學教授,書中反映當時日本人信心滿滿的精神,傅高義認為日本成功地綜合出一套社會及經濟制度,美國及其他社會可向日本借鏡。這本書在美國十分暢銷,但真正的欣賞者則在日本,當該書翻譯成日文時,日本讀者十分高興有人點出他們成就的正面價值。

三、政治:保守派的風光日子

在這種一帆風順的情況下,自民黨繼續執政是毫無疑問的事。當時有兩種人掌控執政黨:第一種是資深政治人物,他們在其選區建立堅固實力,而且多半位於農村地區。對於有力的支持團體如農民或建築事業等,他們會保護其利益,而相對亦會得這些基層的支持,這種政治人物的最大典型便是田中角榮(1918–1993),他出身低微,靠自我奮鬥成功,而且精力充沛,故外號稱為「電腦化的推土

機」。田中是極成功的商人與政治家，他的事業由他的家鄉新潟縣開始，在那裏建立起一個建築事業王國，再發展到全日本，並以此為基礎建立他的政治生涯。田中在1972年到1974年擔任首相一職，他利用其個人財富及與企業良好的財脈關係，統一了自民黨幾個有力的派系。他的戰略十分簡單：他全力支持其部屬的選舉事務，而跟隨者則會感恩圖報。因此田中角榮雖然因為面臨醜聞而不得不辭去首相之職，但在其下野後的二十年中，田中派仍在幕後掌控政局。他的兩個派系成員竹下登及橋本龍太郎，先後在1987年至1989年及1996年至1998年擔任首相一職，而其他首相亦是在田中派支持下才能出任，其中以中曾根康弘最明顯。1982年，當自民黨選出中曾根為首相繼任人選時，中曾根便感歎地説：「這是我以前從沒想過，田中大軍會把我帶到目的地。」[20]

313

自民黨的第二種領導人則出身於資深官僚，其後下海到政界。他們的力量多半建立於其精英背景，其另一個優勢則是與原任省部仍維持密切關係，其中以大藏省及通商產業省最具影響力。由1950年代到1960年代，岸信介在1957年至1960年、池田勇人在1960年至1963年、佐藤榮作在1963年至1972年先後出任首相一職，三個政治領導人都出身於各省的精英官僚，或是戰時之省部。儘管姓氏不同，岸信介與佐藤榮作是親兄弟。在1970年代兩個最著名的首相亦出身於官僚，他們是福田赳夫及大平正芳，福田在1976年至1978年任首相，大平則在1978年至1980年，兩人均曾領導自民黨渡過石油危機，復甦經濟。官僚政治家需要資深議員在財政及選區內的協助，而後者則需要官僚的技術。不過兩者看對方常覺得不順眼，福田派與田中派間的鬥爭是其案例的佼佼者。1972年田中競選首相的前夕，所謂「福角戰爭」幾乎把自民黨一分為二。

但自民黨最後還是保持團結，直到1980年代末，在野黨仍無法打破自民黨在國會的多數，亦無法動搖首相或各省的權力。在野黨表面上有選民人口的優勢，社會黨、共產黨及公明黨，它們的票源並非來自有組織的保守派地盤，支持力主要來自城市的「游離」選民，而且數目不斷增加。到1967年，自民黨在眾議院選舉所得總票數首次跌到50%以下，自此之後，它便無法在眾議院選舉取得絕對

多數票。但自民黨在國會仍然能維持多數黨地位，因為在選區劃分上，自民黨給予其農村地盤過大比重。1970年代一位觀察家指稱，日本並非兩黨制，應是「一又二分之一政黨制」。官僚與政黨關係密切，為其起草法律，制訂預算；而政黨則保證所有法案能在國會通過；大企業則提供經費給自民黨作選舉之用，但從政府政策中撈回好處。這個「鐵三角」似乎是永不生銹，牢固千年。

在這些日子中，統治「鐵三角」的權力似乎如日方中，團結一致，但仍有兩個漏洞，為它們添加少許煩惱。第一個是貪污，這亦難以避免，因為執政黨長期掌握政權，而且與其金主有互惠性活動，故醜聞不時浮上桌面。1974年，一位非主流記者在一本著名雜誌爆出一件嚴重醜聞，他詳細描述田中角榮如何透過龐大幕後交易，為其政治版圖建立財源，其中又以建築業介入最深。主流媒體馬上跟風，面對嚴厲的追究及公眾輿論的批評，田中最後在同年宣佈辭職。兩年之後，田中的政治問題擴大為國際事件，在美國參議院委員會作證供的一名證人，指控田中在1972年收下美國洛歇公司（Lockheed Corporation）數百萬美元賄款，據說田中因此把民用及軍用飛機訂單給予洛歇公司，而洛歇公司的領導人又是尼克遜總統的夥伴。1983年，田中收賄罪名成立，但他在冗長的訴訟過程仍未結束時便去世，從未進過監獄服刑。

1980年代末，政治醜聞成為政治舞台上歷久不衰的話題。1988年爆發的「力克魯特事件」，據說是戰後最大貪污案件，前首相中曾根康弘及其大部分閣員都被捲進去。這件醜聞亦牽涉數十名政治人物，甚至包括在野黨成員。力克魯特（Recruit）是一間即將上市的公司，業務包括出版、人力資源及地產資訊，其後亦經營房地產業務，不少政治人物被控在該公司正式上市前接受其領導人贈予的股票。另一件醜聞則涉及一間頗為成功的公司「佐川急便」，在1992年該公司便遭指責與田中角榮的親密盟友有不正常的交往。雖然沒有一個高層政治人物因為這些醜聞而獲罪，但連續不斷的醜聞，加深了公眾對自民黨以至一般政治人物的不滿。

另一個侵蝕自民黨權力基礎的來源是人民的不滿，他們認為富裕的果實並沒有平均分配，同時過分追求富裕，不但破壞環境，也忽略

社會福利。在1976年及1983年的兩次選舉中，由於上述不滿再加上田中醜聞的餘震，自民黨損失不少選票。自民黨在兩次選舉中都差幾個議席才能過半，幾乎無法掌控國會。但每一次自民黨都成功拉攏少數獨立議員，最後仍勉強可以達成多數。雖然如此，幾個在野黨合起來的議席已大致與自民黨相若，根據國會議事法則，它們有權掌控國會中一些委員會，新聞界稱此為一個「平等政治」的新時代來臨。

在野黨雖然已有較大的討價還價實力，但整個政策方向卻沒有重大轉變。因為1970年代轉向折衷政治的時候，自民黨已經吸收在野黨所要求的社會福利擴大政策，中道政治的崛興，同樣消磨不少政治爭議的尖銳性。日本社會黨仍然是最大的反對力量，但其批判性已愈來愈顢頇。在某種意義上，社會黨反而成為保守政治的一個最大因素，它要維持戰後民主憲法的現狀，激烈反對不時提出的憲法修改。所有黨派的領導層均已各安其位，很少能夠積極提出大膽的想法。1980年眾議院有五百一十二個議席，其中有一百四十個被稱為「世襲」議席，他們都是資深國會議員的兒子、女兒、孫子，甚至也有曾孫一代。約90%的「家族」政治人物屬於自民黨，另外7%是日本社會黨。

這段時期的重大政策，其發動力量都是來自保守一方。日本政府的走向與英國及美國的連動性甚高，其中尤以美國的影響力更大。英國首相瑪嘉烈特‧戴卓爾（Margaret Thatcher）及美國總統雷根均全面刪減福利計劃，同時對主要產業實行自由化及私有化政策。1980年代中期的日本政府亦推動同樣計劃，稱為「財政及行政改造」運動，其中以中曾根任內更不遺餘力。1987年，中曾根把年度預算赤字刪減一半，此舉頗獲選民認同，在1986年眾議院選舉中，自民黨重新獲得一個穩定多數。到1990年，由於新的消費稅及經濟榮景，政府收入大增，故預算得以維持平衡。

中曾根政府亦把幾間大型公營事業私有化，特別是負債纍纍的「日本國有鐵道」（JNR）及「日本電信電話公社」。這些政策的主要目標固然是希望迫使新成立的公司自行運作，不再需要補助，政府因而省回一大筆預算；不過更重要是瓦解日本國鐵工會，它仍是工人激進運動的大本營。中曾根在好些年後的一個訪談中很自豪地強調：「多

年來我的目的就是要搞垮『總評』（日本勞動組合總評議會，包括國鐵工會）……甚至在臨時行政調查會進行之前，我的策略已經是要與工人抗衡。我是在與『總評』打我自己的第二次世界大戰」。[21]

315　　社會黨及日本國鐵工會當然誓死反對私有化，前者在國會施加政治壓力，後者則在工場中舉行各式各樣的示威。數以千計的工人領袖被控非法實行勞資糾紛策略，因而失去工作。反對私有化的人宣稱，鐵路與通訊是重要公共服務，政府有必要撥款補助，但中曾根的看法佔了上風。公營的鐵道及通信事業最後被改組為私人公司，稱為「日本鐵道」(JR) 及「日本電信電話」(NTT)，日本鐵道管理層採取一連串重要措施，如關閉賠本的鄉間路線、加強有利可圖的城市線路。至於新成立的私有企業日本電信電話，它繼續扮演一個半壟斷的角色，在日本國內無人能及，它亦多年來為日本人所詬病，指責它收費高，但在提供新式通訊服務上則慢如蝸牛。

1980年代另一個關鍵性的政治議題是老人社會的福利開支。由於醫療照顧日益進步，日本人的平均壽命不斷上升，在1977年，日本人的壽命已達到世界最高標準，超逾瑞典，當時日本男性平均活到七十三歲，女性則為七十八歲。在1980年代及1990年代，平均壽命陸續增長。另方面，生育率(即平均每一婦人在其一生中所生的嬰兒數目) 亦逐步下降，1990年達到最低潮的1.6，引發一陣熱烈討論，擔心會有「無下一代為繼」的惡果。很多評論者把趨勢歸因到遲婚及小家庭制度，政府裏面的人則指責年輕婦女過於自私，女性主義觀察者則指出不少婦女拖延結婚及生育時間，目的是避免同時要照顧小孩及年老父母的雙重負擔，而她們的丈夫則要忙於每天搭車到遠地上班，下班後亦要超時工作。

壽命延長及嬰兒荒這兩個趨勢，再加上日本老年人與青年的比例較世界任何地方都增加得快，中曾根因此呼籲需要一個更「有效率」的社會福利制度，亦即在照顧老人方面，家庭及鄰里組織可以發揮其功能，特別是家中婦女的作用，而政府亦會提供各種資助計劃。中曾根的提法並非首創，仰賴家庭與社區的社會福利政策，可以遠溯至日本戰前時期。[22] 因此到1980年代中葉，政府提升醫療保險費用，其他社會福利開支亦逐步由政府轉嫁到市民身上。

　　1980年代另一個引人觸目的政治改革也是1970年代的延續，亦即保守派同樣接收進步者的政綱。兩性平等的要求在1970年代逐漸成為全球性趨勢，聯合國因此訂立公約，禁止歧視女性。日本自身的憲法亦明文規定男女平等，故日本政府亦無法躲避，於1980年簽署了這個公約，不過它本身卻毫不熱衷作任何重大改革。然由於日本女性運動的鍥而不捨，再加上本身亦曾作過實踐承諾，日本政府亦實施了一些措施。它改變了國籍法，假若日本女性與外國人結婚後，她可以為其子女取得日本國籍。直至新國籍法為止，只有日本男性與外國人結婚，其子女才有取得日本國籍的資格。日本政府亦草擬《男女平等僱用機會均等法》，1985年在國會通過，它要求所有僱主為女性提供平等的僱用、訓練及晉升機會，但法案並沒有給予政府執行的權力，也沒有列明違反該法者應受何種處罰，不過作為一個象徵性的聲明，列出社會的理想所在，這法案對某些僱主仍有一定的影響。大部分的重要企業重新分類其工作，過去職務分類表面上是性別中立，事實上以前只給男性的、有晉升前途的工作稱為「總合職」，只給女性的事務工作稱為「一般職」。無論如何，男女現在理論上都有資格擔任兩種工作的任何一種，少數婦女終於能進入「總合職」類，在私營領域中與男性追求同樣的生涯。

316

　　在1980年代，環境政策是保守派體制常誇耀其不斷進步的一個領域，從1970年代至1980年代，政府曾為國內工業界制定嚴格的目標及規範。日本全國清除地方污染的努力，也獲得全球的認可。雖然上述看法已經為人接受，日本在1980年代末仍遭受尖銳批評，指其海外發展計劃，例如在東南亞興建水壩，對當地環境造成傷害。同樣在1980年代末，世界各地環境論述和政策的焦點也在全球出現新的轉向，它們漸漸發覺溫室氣體排放是全球暖化的原因，尤以一些最大經濟體最嚴重。在日本，首相竹下登領導的政府宣佈全球環境保護會是它外交政策的基石。[23]

四、1980年代富庶中的社會與文化

在戰後的復元與成長時代中，大多數的日本人都了解到他們努力的目的，其中一環就是恢復國家經濟力量，為自己及家人創造更美好的生活。但到了富裕的1980年代，流行的則是另一種非常不同的精神，年輕人與城市居民特別著迷於擁有及消費所得到的興奮。在整個消費經濟中，單身年輕女性是個新興的重要力量，她們通常有份薪水不太差的工作，不過完全沒有晉升希望，社會上稱她們為「辦公室小姐」(OL，為英文Office Ladies的簡稱，有點貶義)。她們多半居住在家中，不用付房租。當媒體談到她們的生活時，一方面羨慕其多金，一方面帶有鄙視之意，與1920年代談到「摩登女郎」時，其方式是一模一樣。1980年代的「辦公室小姐」有相當多的收入(見圖16.1)。在其空餘時間，她們會擠到大城市的商店裏，搜求最新的時裝。她們亦會與男朋友到處訪求美味食肆，而餐廳為了招徠客人，亦競相提供異國情調的環境及奢侈的菜色，甚至用金箔包裝壽司。她們亦追求各種最新消費性的電子玩意，由傳真機到隨身聽，不一而足。

各個年齡層的人都利用快速發展的新幹線在全國旅行，而海外旅行人數也達到空前的紀錄。在1965年，只有三十萬日本人往海外旅遊，大部分是因公外出。到1980年，日本每年約三百萬人往海外觀光，到1980年代末，該數字更驟升至一千萬人。[24] 而大部分的旅行者都是休閒觀光客，其中約40%是女性，有老的，也有年輕的。團體觀光仍是最普遍，但愈來愈多人願意冒險一試自助旅行。旅遊時間一般不長，平均僅有八天，反映出大部分僱主對假期仍頗為吝嗇。但由於日本觀光客出手消費大方，成為世界各地旅館及商人的寵兒。在夏威夷及亞洲各地的觀光店，日語能力成為工作上必備的能力。到1990年，日本海外旅遊的總消費，每年超過二百億美元。

317 對於1980年代中等年紀的一群，他們經歷過緊張的政治動亂及意想不到的經濟轉變，有些看不習慣上述潮流。他們雖然也出國旅遊，也會購買更大的冰箱及強力的冷氣機，但他們害怕自己的小孩不再像上一代，以嚴肅的使命感作為其核心價值。他們稱年輕一代

圖16.1　1980年代後期經濟景氣達最高峰之際（本圖攝於1989年12月），年輕的「辦公室小姐」與其男性同業（不像女性，他們沒有一個響亮的外號）都會趁即將來臨的假期到海外旅行，圖中顯示她/他們正在東京一個政府辦事處櫃台前排隊等候領取護照。（每日新聞社提供）

為「新人類」。這群「新人類」的做法與上一代完全不同，一個最常引用的例子，就是一個年輕的企業男子，居然為了與其女朋友約會，拒絕在公司加班工作。1980年代的另一個新名詞是「自由自主人」，它是個英語與德語混合的外來語，代表年輕一代的新現象，他們拒絕接受企業穩定而又可以按部就班晉升的工作機會，寧願希望自由自在一些，找份不固定的臨時差事，這些工作是到處都有。

　　上述現象與老一代的做法可說是兩個極端，也不可能再有更大的分歧。1980年代也出現另一個新流行用語「過勞死」，它象徵著當時年紀已是中年的男子（幾乎總是如此），有著近乎病態的工作狂熱。這個名詞主要是描繪不少男性沒有任何特別病史，卻突然死於心臟病或中風，主因是他們花上太多時間在壓力甚大的工作上，有時每週達一百小時以上。社會積極分子設立「過勞死熱線」，提供法

318　律援助給過勞死者的家屬，或是那些害怕自己走上這條路的人。
1987年，日本政府擴大職業病的解釋，開通一條門徑以讓過勞病者
亦可以提出賠償要求。由打給熱線的電話觀察，社會積極分子估計
從1988年到1990年間，每年約有五百個類似個案，但正式獲勞動省
承認得以要求賠償的則只是少數：1987年有二十一件、1988年有二
十九件、1989年有三十件。[25]

　　縱然有上述那些極端過勞死的案例，或者出現像「新人類」的青
少年文化，日本人仍無法改變其生活方式，不得不繼續超時工作，埋
頭苦幹。日本的超時工作多半無法統計，因為僱員都面臨壓力，要
向公司提供所謂「超時服務」。因此官方的統計數字一定會低估工作
時數，不過就算政府數字亦顯示由1970年代到1980年代，每年平均
工作時數不斷增加。到1990年，日本僱員的工作時數每年約為二千
二百小時，只有南韓遠遠超越日本，與美國相比則日本約多10%，與
西歐比較，日本工作時數則平均超逾30%（大約每年十二星期）。

　　由於外國人不滿日本的貿易出超，看到上述工作時數，當然有
所批評，同時亦發出以自身利益為前提的同情。他們說：「日本人工
作太勤勞了。」這也是日本人在競爭上取得優勢的原因。[26]在國內，
某些批評反映外國人的看法，呼籲各大企業減輕員工的壓力。有些
日本人的回應則是防衛性的傲慢，他們問：「勤奮工作有何不好？」
他們轉過頭來指責西方人太懶惰，自以為是。舉例來說，日本眾議
院議長在1992年宣稱：「〔貿易〕問題起源於美國勞工質素低下……
美國工人太懶，他們想高薪，卻不想工作。」[27]櫻內的說法受到海外
各方面的批評，不過諷刺的是它與一個歐美古老的想法相若，亦即
是殖民地的勞工是不事生產的。

　　對於大眾文化，同樣存在上述的批評與頌讚兩種意見。當日本
社會日益細分成為「小型群體」時，日本的知識分子及社會批判者一
直爭論社會多元性的意義。小型群體在1980年代已經存在，不過當
時被視為整個社會其中一些不同次體而已，現在由於社會變得富
裕，市場體制及生產體制也較以前更有彈性，次體得以自由解放，
追求自己的興趣和嗜好。出版界發行數以百計的專門週刊及月刊，
針對各個年齡層及多元化的趣味，批評者認為這種多元化十分膚

淺。一般大眾為了維持身份地位，工作得像瘋子一樣；也是因為同樣無謂的競爭，一味追求最新及最近的，其實只不過因為一個虛假的信念：要突出我們小小的差別。[28] 對於一些保守人士而言，工作倫理是日本戰後崛起成為世界強國的重要基礎，雖然從國際標準衡量，僱員的工作時間實在太長，但隨富裕而來的消費主義，卻把昔日的工作倫理空洞化；對於進步分子而言，物質至上的大眾已經變得不關心政治，以自我為中心，實在值得哀歎。

　　不是每個人都同意這些批評，鶴見俊輔 (1922–2015) 是一位著名的知識分子，他認為日本普通百姓都會在工作過勞及玩樂太多兩者間維持一個健康平衡，他們會瞧不起「過分熱中的會社人」及「太過執著的教育媽媽」，「這些人拼盡力量，只是為了爭取更高地位」。鶴見讚揚一般百姓「會有自己的看法，知道如何過一個中庸的生活方式，而足夠便是生活意義」。[29] 在支持1980年代社會各種轉變的異議者中，最重要的應為思想家吉本隆明 (1924–2012)。在1960年代安保條約危機時，吉本曾與丸山真男有過激烈爭論，其後轉向同情日本在1980年代的變化。對於大眾一般文化中的玩樂、個人及反偶像精神，吉本及一些人是頗為欣然接受，同時更鼓勵年輕人有這些個性。他們認為普通人民把個人慾望釋放出來，也許更能超越物質主義，他們指出廣告者目的雖然是要宣傳某種產品或某公司的好處，但其打出的誘人象徵，有時與其實際宣傳目的完全無關。他們所寫的文章在日本引起連串爭論，其實這與其他先進資本主義社會的爭論一樣，亦即「後現代」的社會及文化，其特徵應該是甚麼。[30]

　　日本後現代社會的特徵與其他社會並無二致，其中之一就是新資訊科技所產生的「虛擬」消費文化。在1960年代及1970年代高成長時期，日本為消費者所生產的產品是硬件，例如收音機、電視機及汽車，並且行銷全球。但到1980年代，如社會學者吉見俊哉所稱，「後戰後」時期已經來臨，日本成為全球電腦遊戲等軟體產品的重要來源，反映出地區創造能力，而且不斷在發展中。高成長時期索尼及本田等公司所創造的出口，雖然無論在品質或設計上都有創意，但產品本身如收音機或汽車都當然由西方發明。在「後戰後」時代，日本開始使用本地觀念，創造如凱蒂貓 (Hello Kitty) 及其附屬

產品、變形金剛，以至漫畫及動漫等文化產品，並出口到世界各地。新聞記者道格拉斯‧麥格雷 (Douglas McGray) 在一齣具創造力的戲劇中提及高成長時代瘋狂追求的是國民生產總值，在好幾年後，他又在一篇非常出名的文章中稱上述產品為日本文化之表現，名之為「國民綜合酷度」(Gross National Cool, GNC)。[31]

廣告所打出的形象，有助日本重新界定其自然風貌。到 1985年，日本農業在僱用勞動力方面已低於全國總工作人數的 10%，同時農村地區轉變為都市郊區的步伐亦逐步加快。在高度成長時代，日本全國走向同質化，現在廣告行業與觀光及交通行業共同發揮作用，翻轉整個趨勢。在 1970年代一個著名的廣告推廣運動中，敦促大眾乘坐火車到農村「發現日本」。到 1980年代，現代城市與「傳統」農村的距離愈來愈遠，又一個運動鼓吹前往「異國情調的日本」，努力鼓吹其迷人的地方。

必須要注意到，這些觀念上的傳統農村事實上並非與世隔絕的自然地方。這些「異國情調」的日本農村，它們四周的物理環境其實是近代工程積極建構的產物，包括造林、在河流築壩設立休閒湖泊，以及建造「天際線」道路以聯繫一度遙遠的山區。在這個情況下，日本無數的國家公園，似乎是被保護的領域，待人去尋幽探秘。然而，政府對公園用地給予相對微少的保護，它們不但每年要面對數以百萬計的遊客，更面對大企業的需索，要在公園發展休閒渡假村。1987年，自民黨制定了新的《綜合保養地域整備法》，指定日本領土面積的 11% 為休閒區，國家公園的大部分土地亦包括在內。政府給予發展商稅收減免優惠，並為私人渡假村建設提供約六百億美元的貸款。[32] 由於經濟繁榮，地方稅源充足，各個縣、市、村加入私人地產商行列，競相建造高爾夫球場、博物館、主題公園，讓觀光客享受「回家」的感覺。[33]

除了對工作和消閒的態度日益多樣化，針對高度成長時代的社會同質化趨勢，第二個翻轉方向是教育領域。在 1970年代及 1980年代，高中及大學入學試是以成績作為錄取標準，但這個令人印象深刻的平等制度亦漸受到劇烈的侵蝕，部分令人訝異的原因是不滿公立學校，認為它們只著重應付考試，教法過於簡單及刻板。私營領

320

域馬上迎合這些需求，為課餘而設的「塾」如雨後春筍，在各大都市尤其興旺。企圖心強的高中生在下課後再到補習班的「塾」，每天都花上四到五個小時以加強其考試的能力，回到家裏已經是晚上九點或十點，全身筋疲力盡，還要應付白天學校的正常功課。除此之外，私立高中甚至私立初中及小學紛紛出現，以學校畢業生均能進入著名公私立大學作號召，隨之又有一些專門化的「塾」，以擔保送學生到這些私立學校為其特色。在這種出人頭地的競賽中，父母家境富裕當然佔有優勢，因此在著名大學中，出身優裕環境學生的比例急劇上升。

另外有些社會現象更令人擔心，例如校園內學生間殘忍的威嚇事件不斷增加，專家歸究於學生在考試競爭的壓力下受到挫折，因此找較為羸弱的同班同學作發洩對象。又由於1980年代初房地產價格不斷攀升，有房子的人與沒有房子的人，其財富差距明顯擴大。

不過在1980年代的大部分時間中，雖然富者與貧者的差距愈來愈大，但對大多數日本人而言，這些只不過是小瑕疵，要處理並非問題。從民意調查及不斷下降的投票率觀察，愈是富裕的國家，其民眾對政治愈冷感，自我滿足感則愈強。在1985年與1990年間，當日本經濟繼續超越北美洲及西歐其他先進資本主義國家時，日本企業的財務及生產能力亦達到令人目眩的高峰。

自我滿足很快便變成傲慢。由於股價不斷上升，不少人亦加入投機行列。他們創造一個新名詞「財技」，意即財務技巧，是從「高科技」一詞轉化而來。到1989年末，日經股價指數在短短三年內增長三倍，在東京股票市場上市的企業，其總值是當時世界股票市場總值的40%以上。地價在1980年代初已經漲了兩倍，幾年之後，它又漲兩倍，有些地方更是三倍。黑社會亦參與土地投機行業，全副武裝強迫居民出售房地產，又迅速轉售以謀取巨大利潤。在1989年，一些統計指出東京市總地產價值已經高於整個美國的房地產價。日本投資者參與歐洲藝術市場的投標亦達到史無前例的地步，他們特別喜愛法國的印象派名畫，一名商人用令人吃驚的一億六千萬美元價格，買下梵谷及雷諾瓦的作品各一幅。

過火的做法並不限於青少年、黑道或自以為是的商人，如住友或富士等在銀行業中享有盛名的企業亦跳進這些冒險中，而且是完全不加思索的。最著名的例案是日本工業銀行，它可以說是日本藍籌股中的藍籌股，在1950年代到1960年代的日本經濟奇蹟中，它在財務上扮演十分重要的角色。但在這段時間，它卻借了二十億元給一名婦人，該名婦人在大阪經營一間小型連鎖餐廳，顧客則多半是黑道兄弟及他們的女友。借錢的憑證原來是一張偽造的本地信用公司的存款證，而且偽造手法拙劣。該名婦人在算命先生的通靈方法指引下，把錢拿到股市投機。由今日來看，上述各種趨勢合併為一，就創造出一個危險而無法持久的投機泡沫，但在當時，很多人都認為好日子可以繼續下去。

由戰後復元到夢想不到的富裕，這段歷史是個奇蹟還是個模式？或者，這故事是否反映了一個威脅全球妖魔的出現？又或者，它代表著道德失落或傳統價值侵蝕的悲哀？無論在日本或世界各地，都有人表達過上述的看法。它們反映出一個錯誤的思想，以為日本是個非常與別不同的地方，甚至可以說獨一無二。日本所經歷過的體驗，我們可以說有其引人之處，不過不能以特殊概括之。當現代性及富裕逐漸成為全球主題時，日本其實只不過是其中的一個變體。

第十七章

日本的「失落年代」：
1990年代至2000年代

以1990年作為日本與全球歷史一個斷限時間，同時又是昭和時代的終結，其所包含意義十分深遠。無論從全球性語境或從日本國內精神狀況觀察，由1990年代到21世紀最初十年這段時間，與1980年代是兩個截然不同的世界。柏林圍牆在1989年拆毀，次年東西德統一。蘇維埃帝國在1989年崩潰，而蘇聯本身亦在1991年煙消雲散。在日本，昭和天皇於1989年1月去世，正是歐洲革命的前夕。同年7月，自民黨在參議院選舉中受到重創，這是該黨創立以來首次在國會中失去多數。1980年代投機泡沫亦在1990年爆破，舉世觸目，經濟沉滯從此展開，一晃已是幾十年。一方面是見怪不怪的政治混亂，另一方面是經濟問題，所以國內外的評論家在1999年前後便為日本創造一個廣受注意的詞彙「失落的十年」，用以描述1990年以來的情況。它的英文名詞首見於1998年《新聞週刊》一篇報導的標題，至於日文名詞碰巧在同一週見之於日本報紙的一個專欄，它說這名詞創造於「一位外國投資者的體驗，日本在1990年代就是一個失落年代」。[1]這詞彙的準確源起並不重要，就好像1962年在英語世界出現「經濟奇蹟」這名詞一樣。「失落的十年」引起不少人的共鳴，因為這詞彙點出這時代的特點，在日本近代史上十分罕有，「失落的十年」不久便被廣泛使用。當同樣的困難延續至21世紀頭十年，評論者便開始在談兩個「失落的十年」。這名詞的確能點出日本人民所面臨的新困難，而且十分嚴峻，但在使用時應加上括號，因為縱然它廣泛流傳，在很多方面它具有誤導性，所謂損害或衰落，事實上這一說法扭曲及誇大了經濟的衰敗程度。

一、昭和時代的終結

　　1987年9月，裕仁天皇的胰臟腫大，要接受手術治療。1988年9月，他因內臟出血而一病不起。天皇病發後四個月內，日本人民要旁觀一場死亡的歷程，直到1989年1月7日宣佈天皇去世，昭和時代正式結束。它是日本君主制有史以來最長的一個朝代。裕仁去世前謠傳他染上癌症，但一直到事後才確認。日本政府馬上訂定新年號為「平成」，皇太子明仁在1990年11月12日正式接任天皇之位。

　　裕仁的去世反映出日本天皇制在戰後仍有某些重要的連續性，在他病危那段日子，主要報紙每日都刊出其生命跡象及身體狀況的報告，包括體溫、脈搏、吐血、肛門出血、輸血。有關天皇死亡的報導頗為異常，可以說它逾越了界限，終裕仁一生，其個人活動、思想、健康狀況，幾乎都被隱藏起來，不對外透露。戰後的民主改革，亦從來不會觸犯皇室隱私權。把天皇的健康狀況向大眾陳示這種做法是近代才出現的傳統，它起源於1912年大正天皇去世的時候。政府官員提供這些新聞，是趁天皇在其生命結束之際，用這種異乎尋常的手段把天皇陳示在人民之前，希望為人民與現代君主間建立一個密切連繫，作為團結之用。

　　當天皇病入膏肓時呼籲人民「節哀」是另一個明治時期創造的傳統，到1988年再度重現。天皇在病榻上奄奄一息時，官員敦促人民「自動」節制日常的慶祝活動。文學學者諾瑪‧菲爾德（Norma Field）便非常生動地道出當時氣氛是「壓力下的共識」，地方節日活動及學校的課外活動均要取消，電視廣告的歡樂性語詞亦被刪除。1988年12月，長崎市市長本島等（1922–2014）曾表明相信「天皇負有戰爭責任」。這個看法並不新穎，亦無特別之處，但擁護天皇者則用強烈語言指責本島。好像又回到了1930年代的鎮壓政治，本島在1990年遭人用槍暗殺，幸而並未成功。[2]

　　如果比較裕仁與其父親及祖父去世時的情況，除了延續性，兩者亦有很大分別。首先是人民有不收看各種報導的自由，當時電視節目全天候播放天皇喪禮情況，但錄影帶出租店架上影帶則被一掃而光，他們希望在喪禮以外找點別的來看。其次有人批評政府推動

323

「節哀」有些過分，也有人抗議政府資助喪禮，因為有宗教成分在內。「長崎市民追求言論自由委員會」強力支持其市長，該委員會準備一份請願書，要求不再以政治上談論天皇為禁忌，幾個月內有四十萬人簽署支持，[3]這些無動於衷或公開批評的行為，在戰前是無法想像的。

1990年11月平成天皇登基大典亦繼續引發爭議，亦即皇室典禮若包涵宗教性質，政府支持的界限應該在哪裏。政府官員及保守知識分子從寬解釋政府對皇室典禮的參與程度。但自由主義者及左翼分子則反對國家與神道宗教有任何關連。新任天皇則宣稱尊重戰後憲法，君主只扮演象徵角色。民意調查亦顯示大部分人民支持天皇作為一個象徵性君主，不要多，亦不要少。至於誰為即位大典付賬，則似乎並非多數人關心所在。

不久之後又出現另一項皇室重要活動。1993年6月明仁天皇的長子德仁皇太子跟隨其父作法，不在狹窄的朝廷貴族小圈子中尋找終身伴侶。他的對象是小和田雅子，一位外交高官的女兒，皇太子當時已三十歲。小和田雅子的精英式教育令人驚歎，小和田分別在全球三個不同的洲接受教育，她的大學學位來自哈佛大學，研究院時期則在牛津及東京大學學習。作為一個皇家媳婦，她的職業生涯也同樣不平凡，在訂婚以前是外交官，在外務省服務達七年。社會大眾對訂婚及婚宴儀式的反應，有些人出奇的冷漠，有些人則是追逐名人的心理。媒體則用迪士尼灰姑娘的故事來描述這場「皇家婚禮」，但社會大眾則採懷疑態度。不少年輕婦女提出批評，她們認為一個女性放棄自己美好的職業生涯是種「浪費」，縱然是為了婚姻也不值得。有些則擔心未來皇妃的宮廷生活是一入侯門深似海，這對未來皇妃會有影響。雖然如此，與1959年明仁皇太子與正田美智子的婚宴相比較，它所受之關注程度則沒有那樣廣泛。

21世紀初，平成天皇即位已十年，皇室面臨繼承難題，同時亦引發性別問題。2001年12月皇太子妃產下一女，即愛子公主。但皇室法規規定只有男孩才有繼承權，由於皇太子的弟弟亦只有兩個女兒，故在新一代中沒有男性繼承人。皇太子與其弟弟年齡尚不過四十，未來數十年內決不會有皇位空懸的危機，不過早定大統的壓力已

日漸增加，唯一合理解決方法就是讓女性也有繼承權。女性出任天皇，自古已有先例。據歷史記載，總共有八位天皇由女性擔任，明治政治官員在1880年代撰寫憲法時，曾認真考慮過讓女性出任天皇。

根據1947年的憲法，國會有權改變繼承法。到2005年及2006年，專家的看法及主流政治思潮逐漸趨向修改法律，無論男性或女性均可繼承皇位，次序則以出生先後為準。但到2006年，皇太子的弟婦川嶋紀子產下一男，繼承問題便被擱置，短期內似不會再提出。雖然當前壓力已經消解，但要不要修改皇室慣性做法的問題仍存在，因為整個社會規範逐漸接受兩性平等。另一方面，宮內廳在2004年宣稱皇太子妃雅子因焦慮導至「適應障礙症」(adjustment disorder)，到翌年，她常常無法出席正式活動。2010年，雅子女兒愛子公主亦出現焦慮症狀，據說起因是班上男生的行為粗暴，因此不願意上學。上述種種問題在社會上廣為流傳，因而產生相關質疑，即日本君主制度是否適合今日的民主及媒體競逐的社會情況。雖然天皇制度不會像戰前或戰中階段引起不安或疑懼，但它的前景仍招致各方面的注意。

除了上述憲法框架內皇位繼承的具體法律問題外，在1990年代末與21世紀初之間，戰後憲法要否大幅度修改亦成為各方面高度爭論的問題，它的源起可以追溯至1950年代。[4] 修改涉及的範圍十分廣泛，有人要求進一步鞏固人民各種權利及加強國家的責任，例如環境保護等。但修憲的主流想法卻有來自對1947年憲法中和平主義的批判，亦有來自不滿憲法給予人民太多權利，卻沒有賦予責任。還有它帶有污點的起源——中美國強加—　也使修憲獲得一個堂皇正大的理由。到了小泉時代的末期及安倍首相短暫的首次任期，形勢已變得對修憲有利，不過由於自民黨又暫時失利，氣勢便衰弱下去。當安倍重回首相職位時，修憲動力之強是前所未有。

二、社會分裂的陰影

對政治決策者及社會大眾而言，1990年代及21世紀初的問題不止是皇室，老人及年輕人的出路等社會問題更是迫切，需要馬上解

決。1980年代的低生育率仍持續，直到1990年代及以後，仍無回升跡象。為了鼓勵年輕夫婦生育下一代，厚生勞動省實行各種措施以改善全國托養制度，同時延長有薪產假。但這些措施並不足夠，無法推動嬰兒潮。已經低迷的生育率繼續下降，根據世界銀行統計，在1990年代初，日本一名女性的生育率是1.5個小孩，到2005年則降至1.26個，到2017年稍為好轉，回升至1.41個。從2004年至2011年，日本的人口數基本上是沉滯不動，一直維持在一億二千七百八十萬左右。根據政府的預估，除非出生率大幅迴轉或移民增加，到2050年，總人口會下跌至九千五百萬，一個更長期的預估是到2100年，人口會降至五千五百萬。

有人認為人口減少有它的好處，城市不再擁擠，也可以改善居住情況。女性僱員地位更形重要，她們可以討價還價，爭取更好的工作條件，她們的男同事，當然亦應該得到同樣的好處。日本列島的人口減少，對四周環境亦有幫助。[5]

要說人口趨勢會在整個世紀中一成不變，這種看法似乎不可能，但在短期內，上述預估大概沒有錯誤。社會高齡化是世界問題，無論在南韓或歐洲都可以明顯看到。21世紀初的日本公民要面臨一個萎縮及高齡化的社會，恐懼在所難免。由1995年到2004年，整個社會保障開支增幅達三分之一，但交稅的成人數目卻日漸減少。2000年政府通過一個減少福利的年金改革法案，到2004年又提高強制繳納的數額，然上述措施並無法消除財政缺口的威脅。

人口不斷下降的另一個威脅是勞動力缺乏。聯合國在2000年3月發表一份報告，宣稱日本若要維持其目前勞動力數字，它在可見未來中必須每年輸入約六十萬移民工，這報告引起熱烈討論，不過其內容稍有誇大之嫌。日本政府其實對移民已實施輕微開放政策，1990年日本對移民法有一重要修正，即海外日裔人士可以優先回日本定居，數以千計的巴西日裔人士便利用此條款回國。另外不少外來非法移民工人，他們來自伊朗、孟加拉、中國及亞洲其他地區，尋找他們在本國內無法得到的工作機會，移民工多半從事本地日人不願承擔的工作，特別是日語所稱的「3K」勞動性工作，「3K」是危險、骯髒、艱難三個日語詞彙的略稱。

326

媒體觀察者亦批評大眾傳媒經常負面報導外國人，把他們與罪案聯繫在一起。2000年4月，以民族主義見稱的東京都知事石原慎太郎向自衛隊演說，便警告自衛隊要為維持法律秩序作出更大的準備，因為犯案的外國人人數正不斷增加中。他重提「第三國人」這詞彙，許多罪案都是他們所為，「第三國人」是戰後初期對韓國人的稱謂。石原表示，在地震等天然災害中，「他們甚至可能暴動」。[6]他的態度毫無疑問反映1923年關東大地震時點的一種看法，當時有數千計的韓國人被屠殺。在石原提出這議題後，大部分的意見都指責石原的態度偏頗，但仍有少數人同意石原的驚人之言，認為他的意見沒有甚麼錯。[7]

聯合國2000年報告所提議大量移民的情況雖然並未發生，但在以後幾年中，合法登記的外國人數字不斷增加，他們有學生，也有長期居民，2005年最高達到二百萬，其中增加最多的則是來自中國、菲律賓及巴西(主要為日裔)。不過雖然是合法居民，不少外人仍抱怨遭受歧視。至於非法移民，2004年估計人數為二十五萬，可以說為數不少，他們大多從事危險工作，但卻沒有太多的傷亡保險，有時甚至被剝削，連薪水也拿不到。當外人不斷流入，日本人與非日本人通婚數字亦有相當增長，這是個令人鼓舞的指標，代表他們能融合到整個社會裏。在2006年，日外通婚數字佔全體6%。

由於孩子人數減少，有人也許認為社會一定給予他們更多的關懷，會用各種方法幫助他們有一個更成功的人生。儘管年輕人人數減少，教育與青年卻似乎一直處於危機狀態。在1990年代及21世紀初，大學一直受到指責，認為它們無法教導年輕人批判性思考，或適應一個不斷變動的全球化環境。其實從1960年代開始便一直聽到上述犀利的批評，然到21世紀初，在人口因素與政策因素相互影響下，各大學的面貌發生天翻地覆的轉變。在這段時間伊始便見到大學適齡學生的人數不斷持續下降，到2007年，所有日本大學都有足夠學位，只要學生申請便可以入學，因此約有四分之三的高中生能夠繼續升學。這並非代表高等教育全面普及化的黃金時代來臨。除非是真的要進入競爭性很強的名校，否則入大學的競爭不大，高中生的學習負擔的確減輕不少。但問題是末段班的大學卻無法招收到

足夠的大一學生，有些私立大學不得不倒閉。由1960年代到2010年，四年制大學的數目穩步上升，但其後便一直停滯不前；至於兩年制的「專門學校」的數目則急劇減少，由1990年的六百所降至2015年的三百五十所。

當學生間爭取入學的競爭減少後，政府便要改善教育品質，強迫各大學彼此競爭國家的補助金。以英國等國家為榜樣，政府在2004年通過「公立學校法人制度」，企圖改造一百所公立大學，其影響可能十分急劇。在理論上，該政策給予學校更大的自由，它們可以自訂教育目標、學費高低及教師薪水，亦可以自行籌措校務基金，這項改革的衝擊究竟有多大，要經過一段時間才能看清楚。但這個新「自由」有其極限，文部科學省對各校的長期計劃保留最後決定權。同時公立大學頂尖名校如東京大學，或私立大學如慶應義塾大學，紛紛向企業展開大規模籌款運動，而這些企業又為它們的畢業生盤踞，很可能的結果是少數名校與其他學校的差別會愈來愈大。

小學及中學教育受批評的地方更廣，甚至被指責為罪惡，迫使政府在某些情況下給予學生較少壓力及更多選擇，但在其他語境下，政府做法可以說反而限制了學生正常教學。由於過分倚賴死讀書，同時考試又佔很高比重，當政者都害怕這些因素會扼殺學生的創造能力，因此由1990年代到21世紀初決定減少高中的必修科目，學習時間亦縮短，每週上課時間從六天減為五天。但課程雖然更有彈性，更為自由，結果卻使學生在知識上倒退，缺乏訓練以應付挑戰性任務，亦沒有足夠進取心克服這些挑戰。不少政府官員或社會大眾稱1990年代至21世紀初為「教室崩壞」的年代，他們指出主要問題包括老師無法掌控學生，學習進度不佳或可以說全無進度。根據全國校長協會在2006年估計，小學中約有8%至9%的教室陷入「崩壞」狀態。[8]

小學及中學教學所以受到批評，不單因為它無法教授正常學科，亦因為它無法灌輸合適價值觀。觀察者憂心忡忡，他們在很多地方看到社會失衡現象。由1980年代開始，學校中的肆意「霸凌」和「拒學症」便成為社會問題，使校園籠罩一層恐懼氣氛，到21世紀初仍是大眾的關注點，據說此類事件的數字一直在上升。在1990年代發生一連串

聳動的罪案，學校好像成為這些瘋狂行為的溫床，有如不定時的炸彈一樣。1997年一名十四歲的中學生謀殺一名十一歲的男童，把他的頭割下，放在自己學校的前面，原因至今不明。*1999年出現好幾起謀殺或凌虐事件，都是青少年犯案，成為傳媒的頭條新聞。

　　另一種相關的社會問題亦在1990年代出現，引人注目。它就是青少年娼妓問題，日本為它起了一個較含蓄的詞語──「援交」，亦即青少年女子向成人提供性服務。在21世紀初，由於手機普及，再加上互聯網發展迅速，無論你要找朋友或別人找你，要隱姓埋名接觸比以前容易得多。研究這種現象的人都表示十分訝異，援交的少女由各方面看都十分「正常」，她們不算貧窮，她們的家庭生活看起來亦安穩。媒體喜歡炒作一個基督教學校女生的案例，該校是女校，而且外界的風評一直很好，援交的是一名九年級學生，她援交目的只不過要賺錢買名牌衣服或吸引別人注意。一名評論者說：「如果她們的頭髮染色，鼻子或舌頭穿環，我也許會好過一點。」[9]

　　自民黨及文部科學省在2006年首次修正1947年通過的《教育基本法》，它在國會及專門委員會已經過好幾年的討論，部分原因就是要應付上述令人困擾的發展趨勢。1947年的《教育基本法》扮演一個準憲法的角色，為戰後日本教育釐定原則，它主張教育的目的是以新憲法為核心宣揚和平及民主理念。修正後之《教育基本法》，加上「繼承傳統」及培養「對國家及鄉土之愛」等目標。雖然新法沒有放棄和平及民主理念，但它強化保守觀念，主張若要社會穩定、國家發展，學校必須更積極灌輸傳統及愛國的價值。新法引來不少批評，包括著名的保守哲學家梅原猛都指責它的危險性，有重回教育敕語精神的可能。[10]它們害怕新法會促使學校教導盲目服從政府，日本又再回到戰前及戰爭期間的高壓氣氛。新法的確給予政府更大方便，例如規定學生及老師必須唱國歌及參加升旗典禮，這些都是左翼人士長期反抗的規定，但若要說新法對學生的思想有很大衝擊，能強制他們尊重國家權力或正統思想，其效果亦並不明顯。

328

---

* 譯注：本案發生於神戶，由於犯人尚未成年，按日本法律，最高只能判七年教養，於2003年釋放。

另一方面，社會失序的實況是否就如保守派所説，是因為社會規範的崩壞，或者是傳媒追求新聞的結果，這亦未必。1997年，焦慮的評論者常以神戶少年殺人事件為例，認為這是史無前例的年代，其實神戶事件並非二戰以後首宗少年罪案，事實上1950年代及1960年代的少年罪案的衝擊可能更厲害。[11] 在21世紀之初，年輕人整天忙著打手機、發短訊及照片，相對而言，他們根本無心聽老師講課，只會炫耀他們的性能力以及礙眼的奇裝異服，這種青少年男女到處都可以看見。其實上述情況在近代日本歷史以至世界歷史並不罕見，在1920年代便出現所謂「摩登女郎」及「摩登男生」，他們就是要與父母不同調（目的就是要激怒父母）。[12]

整體而言，21世紀初的年輕人是相當有責任感，與年長的成年人不惶多讓，但與上一代比較，他們對政治稍為冷漠，政治感不輕易顯露出來。1995年發生神戶大地震，神戶港及其周圍損失嚴重，約六千四百人喪生，三十萬人無家可歸。在這個地震常常發生的國家，中央及地方官員居然沒有足夠準備，無法第一時間回應災情，使人民對政府的信心有所動搖。但年輕人在此次救援中贏得不少掌聲，志願救援隊的人數雖然不多，年輕人的救助工作卻十分突出，在災情後的一個月內，每天最多會有二萬人參加工作，在其後的日子，每天亦有五百人到一千人參與，他們對災民的態度亦佳，完全是無私的幫忙。一般的志願工作在1990年代末便不斷擴大，政府在1998年訂立新法，讓人民更容易創立非牟利組織。當然，正如某些批評者正確地指出，與世界其他社會相比，日本政府在界定及監督相應公民活動上仍扮演較重角色。[13] 雖然如此，新法通過十年以來，非牟利組織不斷滋長，在日本的公民社會中，包括青年的公民參與情況是令人印象深刻的。

在跨世紀之際，成年人口中最熱門的社會話題便是貧富差距的擴大化。1990年代末是經濟開始衰落的時候，一些熱門書的作者指出，日本的中產階級在競逐教育、收入與財富的當下，正在快速分化為成功者與失敗者的二元對立。[14] 代表勝利一方是少數白手創業的億萬企業家，他們成為自由經濟秩序的急先鋒。失敗者的涵蓋範圍則較廣，包括無法在畢業後找到一份穩定工作的年輕成人，這種

男性可以說司空慣見，以至一度是高階職員，因為公司裁員而被排擠出職場主流。而不分男女，從事無保障、福利差的「非正規」工作的人數比重，在蓬勃發展的1980年代已經逐漸增加。在1992年至2012年間，這些非正規僱傭的數目更增長一倍，由一千萬到二千萬，這個數字佔所有受薪者的36%。

329
資料證實因為擔憂而產生各種有關年輕人的討論並不是多餘，很多評論者點出這些具體指標反映出「格差社會」的出現，「格差社會」意即社會分化，亦即所謂「新貧」與「新富」的冒升，不但上述各種指標並非完全指向同一方向。在2000年，日本的貧窮指數是13.5%（個人收入是低於全國平均的一半的百分比），是先進國間倒數第二，最差是美國的13.7%。[15]但在2004年，日本最富有的20%與最貧窮的20%比較，有錢人的收入只高出2.3倍，這比數與十年前一樣，而美國之比數是8至10倍，中國更高至12倍，故美國與中國這兩個社會的貧富懸殊可以說在過去十年中急劇增加。[16]由此角度看，日本的所得差距是世界中最小，值得引以為傲。

由上述數字看，所謂日本「格差社會」逐步擴大的說法在某一層次而言純粹是一個文化建構。它對工作中的貧苦大眾以及找不到穩定工作的高知青年來說，是一個心靈慰藉，[17]雖然貧窮的確存在，他們在奮鬥改善生活中亦遇過不少困難，然這些年來成長最快其實是焦慮，並非不平等。在一個經濟沉滯年代，大聲疾呼要執行新自由主義改造，給予企業管理人更多權力掌控下屬，股東要凌駕企業經理人之上等說法，都無異火上加油，加劇社會分化的恐懼。

雖然男性與女性間之合適角色仍是爭議性問題，但在21世紀初，性別角色無疑比以前更多元化。無論出版界或學術界，女性作品的閱讀群體比以前擴大得多。在家庭裏，離婚率雖然在2002年與2005年間稍為下跌，整體而言是破紀錄，水平大概與法國、德國、瑞典相若，與美國比較則約只及其一半。有人認為離婚率上升代表社會的崩潰，但亦有人認為代表婦女地位的上升。離婚在年紀大、結婚久的夫婦間增加最快，有人認為法律制度改變，婦女更容易在離婚訴訟中取得財產是促成這個趨勢的原因。[18]

在職場裏，反對性別歧視或性騷擾的人逐步得到認同，不再如過往被視為麻煩製造者。1996年東京地方法院曾作判決，要一所銀

行賠償其十三名離職女性工作人員總數約一百萬美元，原因是「男女職員升級之差別是如此明顯」，故銀行必須作補償。法庭很清楚地作出結論：現行法律肯定不容許該銀行的人事政策。[19] 社會大眾對性騷擾採取一個更嚴肅的態度見於 1999 年，一名參與選舉事務的年輕女子指控大阪府知事橫山勇行為越軌，橫山勇原來是喜劇演員，當時兩人是前往參加一個政治活動。社會大眾對此案緊追不捨，最後橫山認罪，並辭去知事一職，在以後的刑事審判中，法庭裁決他入獄十八個月，緩期執行。

　　到 20 世紀末，日本政府公開宣言要在法律上實行性別平等，1997 年國會通過一個法案，強化 1985 年之平等就業機會法。政府亦提出一個《男女共同參劃社會基本法》，1999 年在國會通過。該法概括地承諾，未來會立法給予男性及女性平等地位參加社會各項活動。無可否認，很多政治及商界精英仍相信賢妻良母是女性本份，而男性則應該努力工作，養活家庭，這想法不易動搖。另一方面，一些保守派也開始考慮性別平等以及更多女性應出來工作，因為當生育率不斷下跌時，預計未來人力會相應短缺，故性別平等在經濟上有它的好處。[20]

　　在以後幾年中，雖然不一定是《男女共同參劃社會基本法》的結果，但政策上的確有所改善，一些重要的性別平等措施陸續出現。有相當多數量的婦女在婚後仍能留在工作崗位上，比過去好得多。女性擔任管理層職位的百分比亦有增加，在 2004 年首次超過 10%，同時，女性能夠在職業生涯開始時擔任正規工作的比例也逐漸增加。但大部分能進入管理層職位的都見於 1985 年和 1995 年之間。正如過去一樣，隨著女性步入二十多歲後期和三十多歲時，從事具保障的正規工作的百分比便會劇減。[21] 女性經理的比例仍遠低於西歐、美國甚至東南亞（新加坡），另一些平等的重要指標如男女薪酬比例亦是同樣情況。[22]

　　女性的經濟與社會角色問題長期受關注，而 1995 年宗教地位在日本社會則突然成為極有爭議性的題目，因為當年東京地下鐵遭受恐怖襲擊，日本人向來對其低犯罪率、城市管治及有效的警察服務引以為傲，恐襲的衝擊是頗大。實行恐襲的是一個名為奧姆真理教的教派，3 月 20 日在人們上班最繁忙的時間，它的教友在東京市中

330

心一列地下鐵內施放沙林毒氣，有十二名乘客死亡，五千五百人受傷。奧姆真理教創立於1987年，教主麻原彰晃(1955–2018)，原來曾擔任瑜珈教師工作，天生目疾，由法律標準看，他可以算是個盲人。麻原出身卑微，故憤世嫉俗，再加上其「東方式宗教想法」及對西方不滿，便成為奧姆真理教的出現背景。該宗教組織在1990年代發展非常迅速，到1995年宣稱有五萬名信徒(該數字無法證實，但在該時點人數應已經下降)。在具領袖魅力的麻原誘導下，奧姆真理教徒發動沙林毒氣恐襲，認為透過這次行動，預計之世界末日可以提前來到，事實上奧姆真理教亦被懷疑涉及在較早一些死亡及失蹤事件。由於本案發生，再加上該組織輕而易舉非法取得武器及化學藥品，使日本警方受到極嚴厲批評。

奧姆真理教事件亦促使法例修定，加強各宗教組織的管理。原來之宗教組織法是界定宗教與國家及社會間的關係，後來重新修改，給予文部科學省更大權力以搜集各宗教組織的財務資料。捍衛宗教自由的人深怕為了社會大眾安全，人民自由會因此受到犧牲，不過按國際標準而言，日本政府所採取之措施其實相當溫和，並沒有得到太多新的權力，主要是針對奧姆真理教本身，對其他宗教團體幾乎沒有影響，事實上政府亦沒有利用這條法律壓迫其他宗教團體。雖然如此，在沙林毒氣事件之後，法例的改變亦代表日本有關宗教法律前提的改變。戰後以來一般前提是必須防範國家權力，以免其侵犯宗教自由；然新看法則是國家有責任保護公民，不受宗教團體的毒害。

其後到1990年代及21世紀初，日本人民有很多方面的擔心，因為在過去數十年中，日本一直安享著中產階級生活，現在卻面臨社會不斷分裂的恐懼。近年得到的平等，以至對現在與未來分裂莫名的恐懼，這些觀點無疑是被誇大。但可以肯定則是大家都認為日本正面臨新的社會問題，影響深遠，它們包括各方面的衝突，如主流宗教與邪教、考試精英與名落孫山者、日本人與外國人、年輕人與老年人、富人與窮人，再加上各種與經濟有關的問題，種種社會關注便構成一個「失落年代」的特徵。

三、第一個「失落十年」的經濟

　　1990年代開始時仍是一個黃金期，日本與美國及歐盟的貿易順差仍繼續，在1990年及1991年，日本的國民生產總值仍然以4%年率成長，而企業之資本開支從1990年到1991年則更以10%年率增長。與1980年代末過度投機相比，現在工業的基礎似更為穩固，未來只要專注生產便可以。世界各地的專家都開玩笑說：「冷戰已過去，而贏家則是日本。」

　　美國與其他G-7成員國的談判官員則沒有這份幽默，他們繼續施壓，要求日本開放國內市場。在1990年代初各國正舉行多邊談判，準備擴大關稅與貿易總協定（GATT），廢除所有還存在的貿易限制、關稅及國家補助。在各生產行業中，日本農民算是最受保護的一群，受補助亦最多。因此日本農民及其政治盟友一直拼命關閉國內市場，不讓其開放。但在1993年末新GATT協定所達成的最後條款中，要求日本承諾逐步開放稻米及其他農產品進口。GATT談判另一個結果是世界貿易組織（WTO）的成立，它是推動自由貿易的一個國際組織，同時亦企圖調解會員國的糾紛。在世貿組織成立最初幾年，它特別針對日本，要求它繼續開放其國內市場。

　　日本與美國的雙邊談判主要集中在高科技產品，美國對所謂「自由貿易」原則採取一個斷章取義的態度，嘴巴上把它捧到天上，到實踐時則不是那回事，美國要求日本設定貿易限額，輸往美國的汽車及鋼鐵不能超逾此限度。1991年日美兩國訂立的商約，被認為是最有爭議性的條約之一，其中規定日本半導體市場中美國產品之最小佔有率，到1992年末不能少於20%。日本的談判官員同樣採取斷章取義的方法，與美國對手不相伯仲。在自由貿易詞藻的包裝下，他們聲稱該條約所規定只不過是民間生產商準備追求的「目標」，言下之意，條約內容並非承諾。美國政府認為日本政府會如數履行進口，日本則拒絕直接介入，不過到最後規定日期將到時，目標都能達到。

　　美國政府亦強迫日本在軍事同盟上扮演更積極的角色，1991年當美國首次領導伊拉克戰爭時，這問題終於爆發出來。根據當時詮

釋，無論公眾輿論或日本憲法的和平條款都是不允許日本派兵海外。然美國與其他盟國轟炸伊拉克，把伊拉克人趕出科威特時，他們亦敦促日本在一定程度上支持其行動。日本政府最後捐助一百三十億美元作為戰爭費用，這是波斯灣地區以外國家的最大筆捐贈。但由於日本在決定撥款時拖拖拉拉，令各方都不愉快。日本人感覺勞而無功，不被欣賞，而美國人則認為日本人自私，因為日本仰賴中東石油，但它卻讓別的國家出生入死以保持油路暢通。

到1990年代初，日本與美國在貿易及軍事事務上已建立一個定型化互動模式，亦即美國施壓，日本先而抗拒，繼而讓步。有一位學者稱美國為「美國玻璃屋」，但亦似乎無法使日本免於國際壓力之外。[23] 批評者注意到在野黨如日本社會黨（JSP）或公明黨（CGP）在國內的反對力量是如此弱，*因此說美國才是「日本最大的反對黨」。不過在談判時雖然雙方不斷用恐嚇與反恐嚇的憤怒手段，使氣氛十分惡劣，但經濟對立卻從未發展為全面貿易戰爭，雙方最後總能解決大部分的爭議，沒有訴之於提高關稅報復或單方面設限。美國或其他國際上的壓力是否導致日本以後的經濟問題？兩者似沒有很大關連性。相反而言，一直存在的政治上的緊張或不穩定性，反而由於日本經濟的弱化而得到舒緩。

日本長期以來令世界注目的經濟成長，到1990年代初宣告終止（見圖表17.1）。衰退第一個象徵是股票市場熊市的出現，這是大藏省高層官員有意識地實施政策的結果。1985年G-7部長會議決定《廣場協議》後，大藏省官員開展新政策，要刺激投資及國內消費，但到1980年代末，他們認為土地及股票價格的狂飆已達到一個危險地步，大藏省逐漸收緊信用，希望能阻止投機性資本及讓泡沫慢慢洩氣。由1989年秋天到1990年夏天，他們實行連串升息措施，把借貸利率由2.5%提升至6%。東京股票市場的日經指數跌幅達到一半，由1989年12月接近四萬點下跌至1990年10月的二萬點左右。[24]

---

* 譯注：JSP是日本社會黨（Japan Socialist Party）的簡稱，CGP是公明黨之英文簡稱，因為它號稱自己為Clean Government Party。

　　跌跌不休的股價套牢了投機者，令他們無法償還債務，在上一章提到的大阪餐廳老闆娘，在1991年因為偽造銀行票據被捕，一些鋼材貿易公司因為投資股票買賣而破產。高利率同樣衝擊數十個地產發展計劃，因為地產發展商原來預估的收入無法支付急劇高漲的貸款成本。地產公司經營問題引發地價下跌，而土地作為借貸保證的價值亦因而下降。1990年末，由伊藤萬高爾夫球場公司開始，房地產公司一間接一間地倒下，惡性循環已經形成，公司破產引致價格下跌，結果又導致更多的破產，以前的房地產價格與股票價格齊揚的榮景已消聲匿跡，泡沫真的被戳破了。

　　股票及房地產的投機客從最高點摔下來，受傷不輕，但基本經濟面並沒有馬上顯示出任何問題，經濟官員宣稱已經把不需要部分清理掉，至少在1991年一整年中，他們的說法看起來並沒有錯。無論國民生產總值或企業投資額仍然繼續上升，同時日本股市雖然在1990年下挫，到第二年便回穩。

　　然到1992年，股票市場投機泡沫爆破的影響，漸漸散發到經濟其他部分，不景氣終於出現。工業生產指數、房屋動工指數及批發物價指數紛紛下跌，消費者及企業的信心亦同樣動搖。股票市場再度傾瀉，到1992年夏天，日經指數下跌至一萬四千點。這時候日本政府認為貨幣緊縮政策已經走過頭，決定降低利率，藉此振興經濟。借貸利率所跌至之水平，在日本以至其他地方均十分罕見。

　　日本銀行在四年內把官方貼現利率下調八次，由1991年的5.25%下調至1993年的1.75%，到1995年4月更只不過1%。雖然如此，投資依舊停滯，由1991年至1994年，工業生產實際下跌11%，國民生產總值在1992年只上升1%，到1993年事實上即停止不動（見圖表17.1）。

　　為甚麼在過去二十年以上一直維持如此低的利率，但卻無法刺激投資及經濟復甦？「壞賬」是其中一個主要障礙，它的問題不單止壞賬本身，而是銀行或政府無法發揮真正作用。因為利率雖然低，大部分銀行的財務報表卻是不堪入目，限制它們放貸新債的能力。甚至它們縱然有資金放貸，各銀行亦由於去年大量壞賬而擔心，就

圖表17.1　1983–2007年日本實質國民生產總值增長

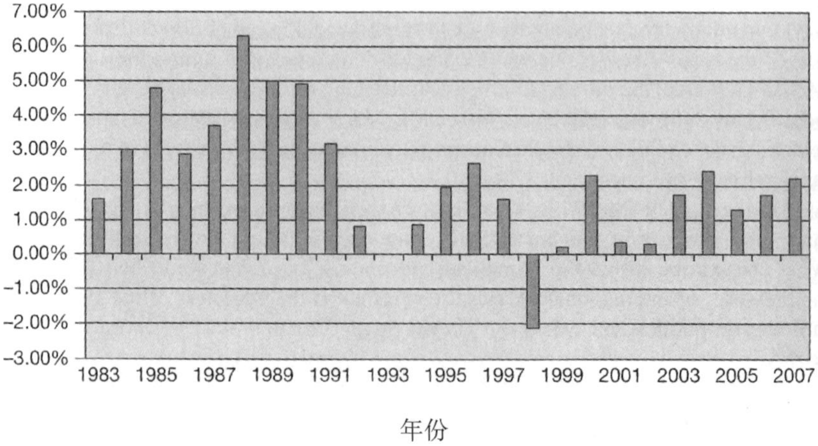

年份

資料來源：世界銀行

算是實力不錯的客戶亦不願放貸。在這種環境下，非常寬鬆的貨幣
政策亦無法推動成長。

　　日本經濟這些年面臨的困難可以追溯至1980年代美國的儲蓄與
貸款危機，以及由它所引發的2008年次貸危機。由於外在監督制度
不足夠，銀行可以輕易進行冒險性借貸，尤其是房地產投資最顯
著。很多銀行在技術面上已經週轉不靈，面臨破產。銀行無法運
作，其原因是失敗企業不能還錢，而作為抵押品的土地及股票，其
價值又一蹶不振。早在1992年夏天，日本高層官員已經了解要整理
銀行，必須清除其壞賬。他們開始計劃由政府出面擔保打消壞賬，
這想法是模仿美國在1980年代的金融重建計劃，「美國重建信託公
司」使用美國納稅人數以億計的款項，才能消除面臨破產的儲蓄公司
及財務公司的壞賬，一連串負責企業的經理人亦遭逮捕、起訴及判
刑。日本要做同樣的事，其基本條件首先要日本官員、銀行及大企
業公開承認其過失，亦即是說某些重要金融機構必須倒閉。然在此
關鍵時刻，無論政府或私人企業都不願意接受此種結果。

　　受到一個衰弱的金融體系拖累，日本在1990年代前期的經濟是
步履蹣跚。政府希望恢復消費者及私人領域的信心，重振它們的活
力，因此轉向公共工程以刺激企業，由1992年至1994年，國家支出
項目給予數以億計預算以建造新水壩及高速公路。

　　但這些公共投資並不足夠，與他們要挽救的沉滯經濟規模相比，只不過是小巫見大巫。再加上由1992年至1995年美元對日幣的匯率大幅度下降，1992年一美元可以換算約一百二十五日元，到1993年它跌至一百日元，它的最低點是在1995年4月，跌至八十日元以下。這種不尋常的匯價變動亦大幅增加日本產品的美元成本，出口成長因而減慢，亦無法如以往般可以帶動經濟復甦。

　　由1995年至1997年中，整個經濟狀況稍為好轉。1995年7月，美國與日本合作干預外匯市場，日元對美元的匯價開始下降。同一個月，日本銀行再度調降貼現利率，達到史無前例的0.5%。到9月，日本政府宣佈一個新的開支方案，內容有頗大創新，其總額亦超過國民生產總值的3%。這些措施都有助出口及鼓勵國內投資及開支。1995年國民生產總值的增長為2%，到1996年接近3%。

　　但復甦的基礎仍脆弱。經濟的確有成長，在1992年至1997年之間，總僱用人數由四千八百五十萬增至五千一百萬，但四分之三職位的成長在於低薪的非正規工作。消費者支出的增長慢吞吞，就算在1995年和1996年成長最強勁的年份裏，它的增長也只是每年3%。甚至有正規工作的受薪者也害怕企業削減成本，使他們失去工作或獎金。物價仍繼續下跌。銀行或如農業合作社等非銀行放貸機構繼續持有大量無法流動資產，因此報表上好看，實際卻非如是。這些資產，基本上是地產發展商人仍未歸還的貸款，但歸還亦似乎遙遙無期。雖然官方對壞賬問題提出種種聲明，但都無法取得人民信賴，因為不少管理層官員在退休後都出任借貸機構董事會董事。1995年，問題依舊擴大中，好些小型銀行倒閉，都不是很好的徵兆。

　　在上述不穩定的情況下，日本政府實行一個冒險性政策，在謹慎財政的名義下開徵消費稅。大藏省一直支持開徵消費稅政策，目的是減輕公共債務的負擔，最後在1988年決定引進。首相橋本龍太郎（1996–1998年間在任）等政府高層領袖關注到控制財政赤字問題，在過去幾年中赤字不斷上揚，部分原因可以歸因於短期政策，如財政刺激計劃；部分原因為社會老齡化的長期趨勢，使得社會保障成本大增。為解決上述問題，1994年決定增加消費稅3%至5%，同時準備在1997年實施，不過沒有比這個時點更為倒楣，消費者的信心

本來已忐忑不安，增稅更如雪上加霜，結果降低了他們的消費意願，剛露起色的復甦馬上煙消雲散。

一個漫長的不景氣開始了。由1997年至1998年實質國民生產總值下降2%，到1999年增長率實際上是零。一個外國觀察者寫到日本，稱為「走了樣的體制」。同時美國《新聞週刊》在1998年出版一篇分析報導，其標題「失落的十年」已成為甚具代表性的用辭。[25]

為治理上述經濟病徵，日本政府先後採取三個步驟。首先在1996年11月，橋本首相公開宣佈全面開放金融市場辦法，俗稱為「大爆炸」。其前提是日本的工業科技無法進步，主要是受到缺乏效率金融體系拖累。橋本的計劃與美國及英國實行的完全一樣，目的都是簡化繁雜的法規，讓銀行、保險及證券等行業能解放出來，有效運作。

第二步大約在1998年秋天，國會通過《金融再生關連法》。由於當時情況緊急，該法案是個兩黨協議的產物，由自民黨與最近成立的在野黨日本民主黨共同合作通過，並成立一個金融再生委員會（Financial Reconstruction Commission, FRC），負有全權重建銀行體系的任務。金融再生委員會模仿1980年代美國重建信託公司，設立清拆及討償公司（Resolution and Collection Corporation, RCC）。方式是金融再生委員會運用公共資金接收不良銀行，然後再把其壞賬交給清拆及討償公司清盤。在清理債務後，這些銀行便可以復業，亦有些情況是由其他機構收購，通常政府會補助以便合併。

當國會審查此法案時，日本金融界終於開始認識到有積極處理壞賬危機之必要。從1996年至1999年，日本銀行打消了五十萬億日元無法收回之壞賬（約合五千萬億美元），但當1997年至1998年間經濟再度放緩，新壞賬又出現，其增長速度與打消舊壞賬一樣。到2002年為止，日本前六大銀行所累計的靜止不動債務總數（約佔整個銀行業界半數），實際上已增至全體壞賬8%。[26]

第三步則是對付不景氣，政府很爽快地實施赤字預算，希望能為停滯的國內經濟打入強心針。由1997年到2000年，政府預算每年的赤字超逾國民生產總額的8%。積極支出的確防止不景氣進一步深化，到2000年，經濟復甦跡象已露，日本的高科技「新經濟」及某些

產業生氣勃勃地成長，電子設備公司的勞工生產力在1999年一年間就急升將近20%。但農業、運輸、零售業及重工業等「舊經濟」仍在衰退中，而生產效能頂多持平，但亦有減弱者，國內需求依舊微弱。因此新經濟與舊經濟間的差距仍深。

另一方面，由於財政赤字不斷累積，政府變得負債纍纍，到2000年底，中央及地方政府積欠債務的數字已經超逾國民生產總值的1.4倍。與此同時，社會退休系統同樣是長期赤字，它要政府由一般收入大量撥款，方能苟延殘喘下去，當老人比例升高時，退休經費又要繼續增加。

經過這些年互相矛盾的表現及政策，學者不再敦促美國、歐洲以至世界其他地方向日本學習。面對日本「失落十年」的悲劇，他們歸因於深層結構問題及整個體系的慌張失措。他們指責國家過度介入私人經濟領域，呼籲「規例鬆縛」。以私人企業為模範，他們創造了一個日語名詞「リストラ」，它原來是英語「再建造」(restructuring)，所謂「再建造」即裁減僱員數目，關閉不牟利之部門。日本體系原來一直強調經營部門的自主性，忽視股東的控制權。華爾街專家及他們在日本的信徒不斷告訴各企業管理層，股東才是老板，只要利潤下降，員工必須離職。[27]

其實日本的經濟在原有體制中已走過四十年的欣欣向榮之路，也許1990年代的問題並非一個體制問題，只是政策不佳，再碰上一個循環的低點，更令情況雪上加霜。但當要解釋甚麼原因導致長期經濟停滯，或甚麼因素會帶來最終復甦這些有關問題時，則必須轉向檢視同時期的混亂政治背景。

四、自由民主黨的衰落與復興

昭和時代的終結，亦象徵自民黨長期霸權開始走向尾聲。它有力的後台老板田中角榮於1985年得中風之症，他不得不完全退出政壇，其後於1993年去世。田中中風後，其派系各員大將繼續控制自民黨，但由於派系內部鬥爭，故自民黨一片混亂。也許最重要是冷戰的結束，雖然黨內各派系一直未停止過對立，冷戰的壓力一直迫

使自民黨不得不團結一致。第一個重大打擊發生於1988年至1989年間，首相竹下登及其同黨接受力克魯特公司之好處，受到社會嚴厲批評。除此之外，在他任職期間，國會在1988年通過消費稅，使竹下登聲譽受損不少。接著由於向外國壓力讓步，稍為開放外國食物進口，亦使農民不甚高興。1989年5月舉行民意調查，竹下登的支持度只有4%，實在微不足道，是日本有史以來最低滿意度，竹下只好在羞辱下辭職。

竹下的繼承人是宇野宗佑(1922-1998)，1989年7月參議院改選，宇野面臨一場艱苦的挑戰。參議院任期六年，每三年改選一半議席。當參議院改選之際，自民黨在參議院內只是僅僅過半。加重宇野的另一個負擔是有關他維持多年的婚外情，更糟糕是結束這段關係時，宇野對待緋聞中的女子頗為粗暴，使他在公眾的眼中更為不堪。

性醜聞、黑金醜聞及不受民眾歡迎的新稅這三個負面因素，成為在野黨的非凡助力。更湊巧的是，日本社會黨在1986年選出一名女性土井多賀子(1928-2014)出任社會黨中央執行委員會委員長，這是社會黨首次由女性擔任該職位，亦是該黨的運氣。在土井領導下，社會黨在選舉中大勝，當時媒體稱之為「瑪當娜熱潮」。民意測驗亦顯示投票時有明顯的性別差距：女性選民都反對宇野的行為及消費稅。在參議院一百二十六席選舉席次中，女性獲得二十二席(社會黨女候選人獲得十二席)，成為關鍵票數，而社會黨在這次選舉中總共得四十六席，而自民黨則只有三十六席，這是自民黨有史以來首次在兩院選舉中，在其中一院失去多數議席。

日本社會黨雖然大有斬獲，但無法確保其對自民黨的挑戰力量，社會黨在上議院選舉中崛起僅只不過七個月，自民黨在1990年2月的總選舉便大舉擴大其在眾議院票數，而眾議院在政治上更具影響力。自民黨對此次勝選喜上眉梢，卻因為此勝利而沖昏了頭腦，忽視1989年失敗所展現的警訊。金丸信(1914-1996)是資深政治人物，亦是田中角榮的長期追隨者，此時已接手竹下派(其前身是田中派，自民黨內最大派閥)，成為政局幕後真正的操控者。金丸所領導的派系左右自民黨總裁選舉，而當選自民黨總裁又是出任首相的必要條件。外號「領袖」的金丸信事實上是幕後總指揮。以後雖然先後

337

在 1989 至 1991 年由海部俊樹及 1991 至 1993 年由宮澤喜一任首相，金丸才是真正穿針引線的人。

宮澤可以說是金丸的一個極端對照人物，在進入政界以前，他是個資深大藏省官員。宮澤可以說流利英語，亦深切了解全球財務及政治。宮澤非常討厭幕後交易及金錢至上，而金丸信卻完全是這一號人物。然為了登上首相寶座，成為桌面上第一號人物，宮澤願意在政策及人事上受金丸指揮。

1992 年，「佐川急便事件」爆發，宮澤的前途開始暗昧不明。佐川急便的高層不單用金錢收買政治人物，好讓法令有利其行業發展，同時更利用黑社會關係以支持其政治盟友，威嚇反對者，1987 年竹下登能成為首相，便是佐川急便領導層的力量。金丸是這件舞弊案的核心，他會見黑社會組織頭子，對他們的協助表示感謝。金丸也大量逃稅。還有另外一些罪行，他被發現從其東京市中心的豪華寓所中偷運出一百公斤的金條（相當於一百七十萬美元之多）。

金丸的貪污雖然是個極端例子，但在自民黨統治多年下，黑幕交易本來就是其桌底下活動的一部分。但冷戰已經結束，自民黨的支持者不再介意批評該黨，媒體也受到鼓勵攻擊腐敗的政治人物。1992 年末，金丸被迫辭去國會議員職位，宮澤亦面臨各方壓力，要他改革選舉制度，減少政治黑金問題。但宮澤一直強調腐敗問題只在個人，與整個制度無關。自民黨既然仍在自我陶醉中，也沒有作出任何重大改革。

1993 年夏天，自民黨這個城堡終於土崩瓦解。在野黨以自民黨無法提出一個可靠改革方案，因此提出一個不信任案。在野黨並非多數黨，沒有足夠票數，原來認為只是行禮如儀，沒有期待甚麼。但一位名叫小澤一郎（1942–）的政治人物突然跳上改革列車，小澤是 1990 年代及 21 世紀初期一位重要政治人物，雖然其立場有時過分自相衝突。他與金丸信一樣，同屬田中派。但他比金丸年輕，不甘常居人下，因此在繼承其前輩的想法時常使用大膽手法。小澤與其黨羽放棄他們自己的黨，反而支持在野黨的不信任票。在這突如其來的急轉彎下，不信任案通過，宮澤內閣被迫辭職，舉行大選。

　　自民黨在選舉中表現甚差，以較大差額失去其多數席位。在選舉之前，小澤及其同黨離開自民黨組成「新生黨」，誓言政治改革，結果在選舉中勝出。其他的改革政黨同樣表現不錯，由細川護熙（1938–）領導的「日本新黨」於1992年成立，細川是位具個人魅力的政治領袖，他出身於上層階級，先世可以追溯至室町時代，為九州力量最強的大名之一，其外祖父為戰時首相近衛文麿。他的作風十分開放，其論調也關注民眾所需，故頗受人歡迎。細川主張整頓政治的黑幕運作，其經濟政策也以一般人民福祉為依歸。在選舉以後，各路人馬競逐政權，1993年8月小澤及細川兩個新政黨並與其他舊在野黨聯合起來，共同組成自1955年以來第一個非自民黨內閣。這個聯合陣線主要由小澤在幕後穿針引線，細川則擔任內閣首相。不過細川雖然致力改革，他仍要面臨許多經濟及外交問題，同時自民黨仍是百足之蟲，死而不僵，隨時會作政治反撲。然無論如何，後者原來穩如磐石的政治壟斷權力已經被打破。

　　1993年，自民黨破例組織聯合內閣，大部分的觀察家預估一個類似兩黨制的政治體系可能出現，他們以為自民黨的對手會聯合起來成為政治及經濟的改革力量，克服那些根深蒂固的既得利益者，例如農業或中小企業，他們都長期受到自民黨保護。至於這個第二政黨領導人的構成，應該會包括自民黨改革派的出走者，細川及小澤均屬於此類，再加上公明黨的溫和反對派、民主社會黨及部分在日本社會黨的人。

　　在以後幾年中，舊政治地圖的確重新翻整，在高層中尤為明顯，形成極大不穩定性。事實上1990年代日本的政治世界，其領導層是1940年代以來最無法捉摸的。自民黨在1955年創黨，直到1989年的變動，在這四十四年中共有十二人擔任首相，平均每一任是3.7年。然從1989年到2000年十二年中，共有十人出任首相，平均任期只不過1.2年。然直到2000年底，一個有力的第二政黨並沒有出現，自民黨反而能夠捲土重來。從表面看是極為諷刺性，自民黨由2001年到2006年首相小泉純一郎的領導下，不但重振聲勢，而且有效地推動各項政治及經濟改革。

　　自民黨的東山再起頗為怪異，細川護熙出任首相僅十八個月便於1994年4月辭職，自民黨能夠翻盤的原因，是指控細川內閣財政業務有不正之風。事實上細川向以廉潔自持，他迅速下台有更深層原因，主要是他從心底討厭每日無休止的政治鬥爭，因此由羽田孜（1935–2017）接掌聯合大位，羽田也是改革派，與小澤一郎是盟友，一起脫離自民黨。然自民黨一面攻擊當權內閣，一面收編脫黨黨員，最後成功削弱新聯合政權的單薄基礎，羽田在任僅兩個月便宣告下野。

　　1994年6月反自民黨力量被擊倒，然取而代之的政治新形勢卻看得日本國民目瞪口呆：自民黨決定與日本社會黨組織聯合政府。社會黨是最大在野黨，也是自民黨長期以來的意識形態宿敵，現在兩者不但合作，而且自民黨同意由日本社會黨委員長村山富士出任首相，用美國的說法，這同盟就等於共和黨的總統提名民主黨員為副總統。

　　這對同床異夢的伴侶為了政治權謀而結合，其基本因素有兩個。首先是百分之百的實用主義，社會黨認為自民黨的邀約，是執掌政權千載難逢的最後機會。對自民黨而言，它需要在野黨的支持才能在國會掌握多數，但自民黨領導層對叛徒小澤一郎深痛惡絕，寧願與一度羞與為伍的社會黨合作，也不願意請求小澤回來老巢。第二個因素是國內外政治氣候的變化，這有長期以來世俗化的傾向，也有最近戲劇性事件產生的效果。撇開選舉時相互攻擊的語言不談，自民黨與日本社會黨的國會議員已經有相當長一段時間的合作經驗，目的是要在國會草擬及推動法案。1960年代以後國會所通過法案，大部分是兩黨合作的結果。這種兩黨合作投票國會的情況到1970年代更為頻密。其次是工會與企業關係愈來愈協調，很多時消磨不少左右對立的矛盾。再者是1970年代以後，兩黨在地方選舉經常支持同一候選人。最後是冷戰的結束及全球資本主義的勝利，消除兩黨互不信任的基礎。

　　自民黨與日本社會黨的結盟，縱然可以用上述因素解釋，但對日本選民而言仍然是件訝異及困擾的事。最受損害則是社會黨的支持者，一般人均已把自民黨看作一個務實、以利益交換為主的政

黨，自民黨的支持者期待的是政治及經濟利益，並非貫徹始終的意識形態。但日本社會黨則不一樣，其選舉支持度多半倚賴原則：如保衛和平憲法、反對日美軍事同盟、質疑企業與政府的緊密關係。

日本社會黨答應加入聯合政府時，的確獲得某些自民黨不太情願的讓步。村山富士首相在第二次世界大戰結束五十週年的1995年，對戰時暴行表達了最率直的道歉，其中包括性奴役的「慰安婦」，自民黨本身決不會如此直接。雖然如此，一般看法仍以為社會黨為了權力，甘願放棄其原則。簡而言之，它的政治生命正逐漸消亡。

1996年1月，村山辭去首相一職，主要原因是面臨自民黨那些只能共安樂的盟友的強大壓力，繼任者是自民黨主將橋本龍太郎。日本社會黨改名為社會民主黨，雖然仍屬聯合政府一員，其發言力顯然降低。聯合政府另一名成員是小型的「先驅新黨」，由菅直人等改革派政治家領導。

在1990年代末期，當自民黨走向衰落之際，另一股重要風潮亦逐漸出現，菅直人在其中扮演十分重要的角色。這股風潮的主角是政府官僚，它們長期以來是自民黨的盟友，但由於連串新醜聞，官僚名聲大受打擊，變成過街老鼠，人人喊打。最臭名昭著的案件揭發於1996年，主要是厚生省疏於防堵具有潛在致命性的血漿產品，這些產品製造於1980年代初，當時愛滋病剛出現，研究人員的初步結論是血液與愛滋病傳播有關，為了防止該病傳播，血液在用於輸血前必須加熱。然只有美國醫藥公司才生產加熱血漿產品，但厚生省其中一個委員會開始時阻止其進口日本，其後雖獲准進口，但厚生省繼續准許使用國內無加熱血漿。因此在一年半時間內，雖然有比較安全的外國產品可供使用，但日本廠商仍繼續以無加熱血漿供應待輸血的病人。到1980年代末，約二千名輸血者有HIV陽性反應，約等於輸血病人總數的40%。部分受害者也許是在加熱產品問世前已經受到感染，不過厚生省的作風卻令人質疑，也是說官僚及醫生為了保護日本國內醫藥供應商，增加其與外商競爭力，結果卻犧牲了社會大眾的健康。[28]

1996年，厚生省大臣是菅直人（1946–），他是政治活躍分子，曾在1960年代參加反對越戰運動，由於他能公開厚生省之血液污染

圖17.1　由於無加熱血漿產品帶有 HIV 的愛滋病病毒，其受害者因此控告醫藥品供應公司，打了七年官司。最後在 1996 年 3 月，綠十字公司及其他三名被告與受害者達成和解。圖中為綠十字公司董事長及其董事在地上下跪，向原告受害人表示歉意。政府官員負有管理私人企業的職責，向來受社會大眾信賴，而商界領導人及政治人物則通常是社會質疑的目標，但 1990 年代各種接二連三而來的醜聞，使得整個社會對他們都喪失信心。這宗醜聞中的綠十字公司的前身是血液銀行公司，由臭名昭著的 731 部隊中的核心人物在二戰後不久創立。關於 731 部隊可參見第 12 章，該部隊在華北地區進行生物戰的實驗。（每日新聞社提供）

問題，承認政府所負責任，當時頗獲好評。綠十字公司領導人雖然知道無加熱血漿的危險性，仍繼續向市場提供該項產品，最後不得不以高調方式向社會及愛滋病人道歉，但已嚴重損害職業官僚的聲譽。其後數年中，由於連串暴露官僚不法揮霍公款，供個人享樂之用，使公眾對政府官員進一步失去信心。

340

　　1996 年秋天眾議院選舉即將來到，政黨又再面臨另一波重組的亂相。前日本社會黨（現在是社會民主黨）大部分成員，與管直人在內的先驅新黨成員與細川新黨，三者聯合組成「日本民主黨」，這個新組合是希望取代小澤一郎的「新進黨」，成為自民黨的主要對手。但在 10 月的選舉中，小澤一派的表現優於日本民主黨，取得一百五十六席次，而日本民主黨則只有五十二席。至於不願加入民主黨而

仍留在日本社會黨的議員，其人數由原來的七十席掉落至十五席，
日本社會黨可以說已在國會中消失，長期以來它所扮演的反對黨角
色可以說完全功成身退。至於自民黨則有少許收穫，在眾議院接近
多數（五百席中的二百三十九席）。

　　總選舉後，經橋本首相多方設法，成立了清一色的自民黨內
閣，這是1993年以來自民黨首度重掌政權。社會黨雖然離開聯合政
府，但答應在個別議題上支持橋本內閣。在其後數年中，自民黨強
化其多數政治基礎。1998年，小澤的新進黨分裂為二，出走者加入
民主黨，其餘留下來與小澤共進退者（自稱為自由黨）則加入自民黨
的聯合政府。小澤五年來致力要建立一個有力的反對力量，現在不
得不重返其老巢。1999年公明黨亦加入聯合政府。除此之外，小澤
部分支持者乾脆直接重回自民黨，使自民黨六年來首次在眾議院獲
得多數地位。表面上日本政局又走回老路：自民黨是執政黨，所面
對的在野反對黨，規模小而又力量不集中。

　　然與過去比較，1990年代末自民黨的統治地位大為削弱。縱使
它在眾議院的議席有所增長，1998年參議院選舉中，自民黨的表現
並不佳，其所得席次是有史以來最低，只佔總議席的37%。橋本首
相的加稅政策不為選民所喜，認為會把日本經濟再帶回不景氣，投
票結果反映出選民唾棄其經濟政策，橋本只好辭職，由自民黨另一
位資深黨員小淵惠三（1937–2000）在1998年到2000年出任首相。開
始時小淵被視為另一位密室政客，只不過時來運到，在冷板凳中被
撿回來而已。在小淵領導的兩年中，內閣企圖透過大量赤字預算以
振興日本經濟，但效果有限。[29] 2000年5月，小淵突然中風去世，
有人認為他是過分勞累致死。其繼任者為森喜朗，於2000年7月舉
行眾議院總選舉，由於經濟依然不振，自民黨因無有效對策而受指
責，選舉結果並不理想，自民黨再度以大比數失去眾議院的多數，
它能繼續組閣，主要靠小澤的自由黨及公明黨的支持。

　　到2001年春天，首相森喜朗的支持率下跌至個位數字，自民黨
怕若不在領導層作一定改變，選舉結果會慘不忍睹，森喜朗在黨的
壓力下不得不辭去首相職務。小泉純一郎（1942–）繼森喜朗出任首
相及自民黨總裁，在日本政壇可以說是出人意料的結果。小泉頗受

341

圖17.2　2006年8月15日，首相小泉純一郎及一名神道僧侶向日本戰歿者亡靈進行祭拜，小泉在任五年中曾六度參拜靖國神社，這是他最後一次參拜。小泉一而再、再而三的參拜，尤其引致中國及南韓的抗議，而且一次比一次嚴厲。參拜靖國神社同時亦引發國內爭議，但分歧與黨派界線並不完全相同，花壇豎立的木牌中有一個是由反對黨民主黨所獻上的。(Corbis / 東方IC提供)

民間支持，但在自民黨內卻屬非主流派，最後則以頗大比數當選。小泉就任後，他誓言大幅度改革經濟。更令人驚訝的是他史無前例地委任五名女性進入內閣。在其五年任內，小泉推動的政策獲得廣泛支持，主要原因是其個人風格的魅力，與歷任首相大異其趣。他儘量避免與黨內各派系領袖進行密室政治，他對媒體的聲明充滿個人風格，簡短有力，成功地製造出一個果斷形象，同時在其任期一半時，當時約在2003年，經濟再度恢復成長，小泉亦因此受惠。

　　小泉的對外政策亦贏得美國支持，與亞洲關係則較為遜色。在2001年9月11日恐怖襲擊之後，他積極推動日本作為美國軍事盟友的角色，並與布殊總統建立一個緊密的私人關係。日美間在1980年代及1990年代的緊張關係到小泉任內已大部分消解。不過由於小泉

多次參訪靖國神社，惡化了日本與中國及韓國的關係。在其任內，小泉每年都拜祭靖國神社內的戰歿者（總共六次），並且連續地及公開地強調參訪靖國神社的重要性，認為是表達對為國犧牲士兵尊重的方式，歷任首相從來沒有這樣做過。

在國內，小泉首相發動一波有力改革，希望透過自由化及私有化政策讓經濟改善。小泉政府在與工會及反對黨協商兩年後，在2004年終於通過新的《勞動者派遣法》。小泉及其商界盟友總覺得過去對正規僱員給予較多法律及經常性保護，結果無論大型或小型公司若要裁減或增加人力以回應外在商業環境的轉變時，就會遇到重重困難。因此，新法放寬人力仲介公司的業務範圍，在過去人力仲介公司只為少數服務行業提供人力，現在則可以為任何種類的職業選擇派遣工人，甚至包括製造行業。

小泉改革運動最核心的事業就是私有化日本的郵政儲蓄系統。從明治時代開始，日本的郵政系統便為數以百萬人提供一個方便而又安全的儲蓄系統及人壽保險，到21世紀初，郵政儲金總資產累積數字龐大，總值超過三百萬億日元（約三萬億美元）。在戰後數十年中，政府為了經濟復員及成長，成立「財政投融資計劃」(Fiscal Investment and Loan Program, FILP)，亦稱為「第二預算」，運用各種基金以支持所有公共投資。*到1980年代，市場派改革者批評「財政投融資計劃」毫無效率，其所有開支既無法如同正常國家預算一樣，由國會實行（在理論上）監督，亦無法對私人銀行貸款，由股東實行（在理論上）監督。透過感性訴求，小泉認為只有私有化郵政儲金及保險體系，才能保證它的資產能有效投資到最具生產力量的領域及企業，他主張這次改革是經濟復甦及長期繁榮的關鍵。

為達成其目標，小泉把自己扮演成為既得利益者的敵人，他們包括各式各樣的官僚、自民黨的政客，仰賴「財政投融資計劃」各種

---

* 譯注：1875年明治政府開辦郵政儲金，1878年大藏省開始運用郵政儲金辦理各種投資事業，到1953年始以預算方式向國會提出，稱為「財政投融資計劃」，除了郵政儲金外，並包括工傷保險、國民退休金等基金。

基金以維持他們的部門或選區，結果是苟且過活，毫無競爭力。最有效的明證是2005年夏天及秋天的選舉。在8月的選舉中，由於自民黨內反對分子的跑票，小泉的私有化計劃無法在國會通過。為了應付黨內的反叛，小泉在9月實施提前選舉 (snap election)，*但這次選舉背後的意義卻是要對付自民黨內的反對派。他在自民黨內提名一批新人，取代原來反對私有化的國會議員。媒體稱這批新人為小泉的「刺客」。被排斥的議員為保持其席位，便用獨立候選人名義參選。由於採用衝突手法，小泉只能直接向選民申訴，要求他們不再投票給自民黨中的改革反對者。9月選舉的結果是自民黨大勝，不過小泉的「刺客」亦同樣當選。第二個月，國會通過郵政改革法案，主要條文在2007年開始生效，但私有化要到2017年才能真正完成。

　　小泉在任五年半，是明治以來歷屆首相中任期第二長，僅次於佐藤榮作 (1964–1972在任)。在任期長久度、受歡迎度及國會推動改革程度，其後繼者都無法與小泉相比，安倍晉三 (2006–2007在任) 讓其選民及日本的鄰國更加疏離。在1990年代，日本政府有計劃把國民年金電腦紀錄重新整理，但整理結果卻有差不多五千五百萬筆紀錄不知所終，當選民知道此事後，十分憤怒，他們指責安倍及執政黨對此問題冷漠以對。同時安倍之強硬態度亦開罪日本的亞洲鄰國，安倍一直有意減輕日本如「慰安婦」等在二戰時期暴行的責任。

　　2007年上議院舉行選舉，由於民主黨暴露國民年金問題，取得選民信任，因此大獲全勝。安倍要為選戰失敗負責，辭去首相一職。繼任者福田康夫 (2007–2008在任) 稍為緩和日本與鄰近國家的關係，但一般認為他的領導力不足夠。由於小泉開創先例，身為一黨領袖卻不與黨內主要派系妥協，再加上其後繼者在領導上相互矛盾，因此給予反對黨可乘之機。變色龍般的小澤又轉換跑道，在2003年加入民主黨，而且在2006年出任該黨黨魁。民意調查顯示在小澤帶領下，民主黨有機會在未來選舉中取得下議院多數議席。日本再一次有機會讓兩黨制席落實下來。

---

* 譯注：Snap election 的原意為執政黨為保有原來之國會多數，故意提前解散國會，趁執政之利，維持國會多數。

五、評估改革、說明復甦

　　雖然小泉的後繼首相在政治上沒有取得太大成就，但他在任期間，經過十年衰退的日本經濟的確首度開始好轉，而且在其後兩年中繼續成長，沒有中斷。由2003年至2008年春天，國民生產總值年平均成長率約2%。由於人口比以前略減，故日本在這時期之人均成長是優於除英國外G-7的所有國家。同期失業率則由5.3%跌至4%。在2004年，日本的家庭收入是1998年以來首次見到成長。

　　如何解釋這個轉變？小泉的改革在長期而言也許會產生效果，但要說它是轉變的關鍵則似乎言之過早。郵政私有化是其核心改革，然早在實行郵政私有化前復甦已經明顯來到，至於其他一直被討論的結構性改革亦似乎難以被認為是決定性因素。改革是長期以來的呼聲，自由市場派改革者亦提出許多方案，然在21世紀頭十年中，日本許多核心經濟制度的變化速度仍十分緩慢。

　　事實上由1970年代開始，日本的僱用制度已開始變得更有彈性。在好一段時間內，企業已經逐漸倚賴兼職工人（主要是女性）、固定合約的僱員，以及在一些行業中由仲介公司提供的派遣工人。到1999年，上述種類的僱員約佔全體員工四分之一。到2007年，部分歸因於派遣工勞動市場規範的鬆綁，這些臨時或「非正規」工人的比例已大幅上升至全體員工的三分之一。[30]在員工薪酬結構中，企業亦繼續提升其與工作表現的比例，減少以年資作為設定薪水甚至升遷的標準。雖然在1990年代末有數以百計的大公司提出「重建」計劃，但步伐仍十分溫和。新聞標題會大張旗鼓地說「某公司已經裁撤員工三千人」，但若仔細觀察數字背後，所謂裁撤其實是在三年至五年間，方式也是逐步消化或提前退休。在1993年至1997年間，大部分離開工作的人多半是退休或自願離職。只有8%是「遭僱主主動辭退」，這種非自願離職的比例比1975年石油危機時期還要低。[31]

　　故由1990年代至21世紀初，任何一年的整體工人轉換工作比例幾乎沒有變動。[32]日本仍不是一個隨便轉換工作的社會。商界領袖對勞動市場各項改革是憂樂參半，他們希望能在僱用及裁撤員工方面有較大主動空間，另一方面，他們仍重視老員工價值，希望能維持一個核心長工體系。在2006年和2007年，一些官僚和商界領袖開

始要求修改小泉時代的民營化政策，理由是無保障工作的增長無法產生國內需求，相反會瓦解日本長期培養的人力資本優勢。[33]而轉向以股東為主體的做法同樣沒有太大效果。東京股票市場的確招入不少外國投資者，最多約佔股票總值四分之一，不少企業逐漸感受到壓力，要把焦點轉到資本回報。雖然如此，日本企業並沒有放棄所謂「交叉持股」的傳統做法。所謂「交叉持股」是指結盟企業無論在任何狀況中都互相持有對方股份，以阻止外人操縱。整體而言，只能說商界比過去稍為留意股東的利息收入。[34]

總括來說，1990年代日本經濟的困難主要源於宏觀政策之決定所產生的災難性後果。而到21世紀初，由於實行不同政策，再加上全球經濟的變化，經濟才因此復甦。[35]日本的國際貿易由2000年到2006年大幅增長，而過半的出口成長是朝向東亞，到2004年中國已經超越美國成為日本最大的貿易夥伴，用整個進出口數字計算，它亦佔日本整整五分之一。從這點觀察，中國的快速成長是十分重要。另一方面，由1999年到2000年及由2001年到2006年，日本銀行把優惠利率調降至零。因為全球環境順暢，日本銀行做法助長投資與出口，企業利潤開始上升。到2007年，許多銀行已經連續好幾年能夠打消舊有壞賬，同時亦不再有新壞賬出現。日本最大的六家銀行所持有的沉寂不動債項，其比例由2002年最高峰的8%下降至僅1.2%。2007年日本政府已經可以稍為調升利率，企業亦可以提高薪水，幅度比過去數年都來得高。由2003年到2008年初，失業率不高，人均收入提升，成長雖輕微但持續不斷，上述的經濟趨勢都點出用第二個「失落十年」一詞來形容21世紀初的日本，應該是與事實背離的。

345

六、在亞洲與西方之間

雖然中國的經濟對日本十分重要，但在21世紀頭幾年，兩國的關係卻出現許多問題。對中國的經濟及軍事力量持續成長，日本各屆領袖及一般大眾都顯得憂心忡忡，雖然他們了解兩國的經濟是互相倚賴，以後會有增無已。新的磨擦是中國大氣層污染的輸出，隨著氣流飄洋過海到日本。貿易糾紛是不絕如縷，再加上中國向日本

輸出有毒害的食物及危險的玩具，觸發日本社會的恐懼，使兩國的
關係更冰冷。一個無法解決的懸案是兩國間的領土問題，在台灣及
沖繩間有幾個無人居住的小島（日本稱為「尖閣諸島」，中國則稱為
「釣魚台」）。1885年日本首先宣佈擁有這些島嶼，1945年當美國接
收沖繩列島時，這些小島亦歸其管轄。1972年美國歸還沖繩給日本
時，這些小島亦同時由日本接管，而中國政府則開始強調小島的主
權所屬。當中國開始與美國競爭成為日本最重要的夥伴國家時，如
何解決這些長久以來的緊張關係是一個極大的挑戰。

　　與北韓的關係更具挑戰性，1994年，由於多國力量介入，阻止
北韓開發核子武器，最後美國克林頓政府與北韓政權簽訂協議，規
定北韓停止其核子計劃。另一方面，美國在南韓及日本的協助下，
同意幫助北韓建立核子發電站，這些發電站不會生產武器級的鈾，
但足夠供應其所需之電力，該協議亦規定美國及其兩個東亞同盟國
家與北韓走向正常的經濟與政治關係。

　　在其後數年中，建造工程遠落後於規定進度，正常化關係亦沒
有太大進展。最重要是北韓必須面對長久以來的經濟危機，對它的
損害是相當嚴重。2002年，北韓與日本重新打開停滯後的關係正常
化協商，目的是希望在妥協達成後能得到經濟援助。對日本人而
言，最重要的長期目的是消除北韓的攻擊威脅，但另一個關鍵性的
問題是擄掠日本人人質，估計在1978年到1980年代初間，至少有十
三名日本男女性在日本西岸被挾持至北韓。

　　2002年夏天，小泉首相突然宣佈訪問北韓，要與北韓金正日主
席商談兩國所有仍未解決的問題。9月17日小泉在北韓停留一天，
在東北亞地緣政治舞台上，這是不平凡的一刻。金正日為北韓政府
劫持人質的行動表示抱歉，亦說出十三個人質中有八個已經去世。
除了道歉外，他亦保證以後不再會發生此事。到今天仍不清楚為甚
麼北韓要劫持那些年輕日本人，也許北韓政權裏某些黨派認為這是
培養翻譯幹部的最好方法，事實上這就是活下來人質的工作。

　　雖然人質事件令人震驚，小泉與金正日初步同意雙方開始協商
關係正常化，但日本人民認為八個去世人質年紀不大，不可能因自
然疾病死亡，這推斷亦可以說合乎常理。日本政府在大眾民意支持

346

下，要求交待死者生平的更詳細狀況，但北韓則認為此事已經了結，結果關係正常化無法有進一步發展。

與南韓的關係則反而相對平靜，「邊界糾紛」不時出現，其中一個涉及主權的問題，是兩國間海面上一個小島（日本稱為「竹島」，南韓稱為「獨島」），實際上無人居住。另一個是兩國間海洋的國際名命問題，南韓稱其為「東海」，而日本則努力遊説國際仍然維持原名「日本海」。這些政治議題仍相對較輕微，事實上在21世紀初，文化互動是前所未有的密切，主要是漫畫、動畫和流行音樂等日本文化產品無論在亞洲或在西方均大受歡迎，成為日本的「國民綜合酷度」的重要構成。道格拉斯・麥格雷（Douglas McGray）利用約瑟夫・奈伊（Joseph Nye）有關文化層面在國力上的作用的觀點，認為上述文化產品成為「潛在軟實力的重要基礎」，有助日本成為世界強國。[36] *

在1990年代和2000年代，因國際合作而導入的環境政策，是日本致力推動其軟實力的另一個面相。1993年新通過的《環境基本法》規定日本要保護國內及全球環境。日本在1997年主辦會議，訂立《京都議定書》，成為消減溫室氣體排放的一個重要國際協定。到2004年，日本已經加入了一百一十四項國際環境協定。雖然承諾數額巨大，但仍比不上美國已加入的一百六十七項協定，德國的二百七十二項協定更不用説。批評者指出日本龐大的經濟體一定會留下巨量的生態足跡，但日本政府則為自己辯解，以其經濟規模，它應是世界上生態效率最高的經濟體之一。事實上以日本的高國內生產總值而言，它的能源使用量是相對較低的。[37]

挽救頻臨絕種的朱鷺，可以説明上述的環境「軟實力」，類似中國更著名的「熊貓外交」。長久以來朱鷺已成為日本的國家象徵，它的學名有點累贅——「日本的日本」（*Nipponia nippon*），但有力反映出其意義。它與人類的農業一起演化，依靠在稻田裏游走的青蛙

---

*　譯注：本概念源於2002年，道格拉斯・麥格雷在 *Foreign Policy* 發表題為 "Japan's Gross National Cool" 論文，指出日本在1990年代雖為失落年代，但在文化上其影響力卻有增無已，此觀念後來逐漸為日本國內外使用。奈伊為哈佛大學教授，曾在克林頓總統時擔任副國防部長，提倡國家軟實力。

和魚類維生。然而到了1970年代，殺蟲劑讓生活在東北亞地域的朱鷺愈來愈稀少。不過在中國西部卻發現少量存活的朱鷺，中日兩國在繁殖和保育方面的努力，讓它終於成功地重回日本和中國的野外。[38]

雖然不能過分誇大軟實力所呈現的能量，但近年流入日本或由日本輸出之消費藝能事業，其在亞洲甚至在其他地區的流通，的確能把各地人民的文化世界從某層次聯結一起。數以百萬計的韓國年輕人十分熱愛日本流行歌曲（1990年代稱之為日本流行曲）。這種文化溝通逐漸成為雙向性，數以百萬的日本女性被韓國年輕男明星裴勇俊所吸引，為他的獨立異行瘋魔不已，裴勇俊所主演的電視劇《冬季戀歌》在日本取得極高收視率。裴勇俊代表1999年出現的所謂「韓流」，即韓國流行文化在中國、日本以至東南亞都受到熱烈歡迎。

這些文化聯繫對不少人十分重要，但卻無法使彼此對20世紀的共同過去產生相互理解。當日本試圖與亞洲建立較積極關係時，歷史議題本身仍繼續是個障礙。諷刺的是，當有日本帝國及亞洲太平洋戰爭直接體驗的人群逐步減少時，無論在日本國內或國外對歷史理解的緊張性反而增加。1991年，三名韓國前慰安婦在日本婦女團體的支持下向日本政府提起控訴，爭議迅即爆發。為了前線士兵方便，在中國及東南亞設立妓院，是大家都承認的事實，這並非爭議所在；同時也沒有人否認大部分的慰安婦是韓國女性。爭議的地方是政府否認妓院由日本軍方設立及管理，另方面慰安婦的工作也非強迫。1992年初，一名歷史學者發現政府有關檔案，證實軍方在設立及管理某些所謂慰安站中扮演直接角色。首相宮澤喜一改變官方立場，承認日本政府曾在類似性奴隸的事業中有一定程度的參與，1992年宮澤在其對漢城的訪問中正式表示道歉。仍然存活的慰安婦紛紛走出來，要求賠償及道歉。

各種指控及道歉引發民族主義者的反撲，這場對立一直延續到現今世紀中。自號為「翻案者」的歷史學者指責所謂「自虐」史觀誇大了日本過去的黑暗面，有些人甚至連1937年至1938年發生過的南京大屠殺也否認，他們呼籲歷史應該培養「日本人」的尊嚴，教科書尤其應承擔此種責任，著重日本的成就，例如在近代能迅速成為一個獨

立現代國家。他們的立場基本上與1960年代的林房雄無異，*認為第二次世界大戰是一個神聖事業，目的是由西方帝國主義的枷鎖中解放全亞洲，亦因此反對向青年人講授像慰安婦或屠殺平民這類議題。

2001年，「書寫新教科書協會」從狹隘的民族主義觀點出發，編寫了一本教科書，日本文部省強迫作者群調整書中用語，並改正了許多事實錯誤，不過最後仍准許該書由學校選用。歷史學者、教師及許多日本公民以至公眾輿論都強烈批評政府接受該教科書，中國及南韓政府當然亦在抗議行列，但事後來看，只有少數學校真正採用該教科書。

有關戰爭歷史怒火的爆發出現在2005年4月，終至一發不可收拾。當時文部省宣佈批准上述協會所寫新版教科書。在中國許多城市中馬上出現反日暴動，日本企業、大使館、領事館以至日本公民個人都有受到攻擊；南韓亦出現示威行動。日本政府抱怨當示威走向暴力時，中國官員沒有介入；而不少日本人則相信是中國政府首先挑起抗議運動。

無論中國當局扮演了甚麼樣的角色，很明顯中國與韓國的憤怒是有深厚原因，他們背後想法是日本對戰爭及殖民地統治缺乏反省。只要日本領導人碰觸到下列三個熱點中任何一個，歷史議題馬上可以轉化為重要爭議，它們包括：參訪靖國神社、批准新版教科書減輕日本在二次大戰的角色、公開否定過去對戰爭的道歉，歷史讓日本無法在亞洲政治及經濟事務上扮演領導性的角色。在這種情況下，過去依然是不斷延伸的現在，亦令日本與其鄰國的關係複雜化。在體會到日本的情況後，亦應該了解世界其他地方同時期的歷史問題，這點十分重要。一方面希望維持過去的光榮，另一方面需要檢討不正的過去，對全世界人民來說，要平衡兩者都不是件容易的事。如何回憶血腥的過去，在近代是件極具爭議的事，亦是今天

---

* 譯注：林房雄(1903–1975)，從事文學工作，戰前一度參加左翼活動，被捕後思想轉向，放棄共產主義，支持日本對外擴張，戰後一度為盟軍禁止擔任公職。1963年發表《大東亞戰爭肯定論》，成為當時要推翻日本戰後體制的代表者。

全世界通有現象。僅舉一個相關例子，在美國首都華盛頓的史密遜國家航空及太空博物館（Smithsonian National Air and Space Museum），曾在一展覽中展出在廣島投擲原子彈的飛機，有關原子彈應否使用曾引起廣泛討論，最後退伍軍人組織在1995年介入，討論才終止。正如日本由19世紀開始便參與全球化，到21世紀初亦同樣，歷史及文化傳統的議題無法只局限在本國範圍內。

在文化及經濟上，日本與亞洲的關係比過去更為緊密，但政治上卻十分脆弱，因此21世紀初與數十年前一樣，日本與亞洲的關係仍建構在它與美國非比尋常的緊密關係之上。對一般日本公民而言，日美同盟最具說服力的原因是可以長期保護日本，免受共產國家的蘇聯、中國及北韓的威脅。美國在日本之軍事基地一方面合乎美國之戰略目的需求，例如保護由中東到東亞的輸送石油管道，另方面亦合乎日本利益。最後一點是日本的鄰國，雖然第二次世界大戰已結束六十年，但他們仍對日本不斷增長的軍事實力表示恐懼，他們的看法與美國一些戰略家看法一樣，若美國維持其在亞洲之軍事力量，日本便不可能擅自行動，在某個意義上，在保護日本的同時，亦在「制衡」它。

冷戰結束後，美國基地保護日本免受共產主義威脅的說法已相對行不通，這亦反映1990年代中期反基地運動的具體社會力量。美國在沖繩的龐大基地一直是批評軍事同盟的重要攻擊點。到1990年代為止，美國在日本的軍事力量約有四分之三在此，而美國的設施亦佔有該島五分之一的面積。1995年三個美國軍人綁架及強姦一名十二歲沖繩女孩，觸發數十年來在沖繩及日本島內最大規模的反基地運動，最大一次示威聚集了八萬五千人。美國及日本官員為了安撫抗議者，答應削減兵力，同時在1996年達成協議，把陸戰隊的空軍基地由島南人口較為稠密的市區最後遷移到人口較為稀少的普天間去，這場風暴終於算是成功地撐了過去。

日本本身在亞洲及其他地區的軍事角色一直在爭論中，在第一次伊拉克戰爭後，日本政府授權自衛隊參加聯合國的維持和平行動，自衛隊的首次行動是1992年在柬埔寨，在其後數年，自衛隊參加聯合國行動監督各國選舉，包括安哥拉（1992）、莫桑比克（1993–

1995)、厄瓜多爾 (1994)、東帝汶 (2002、2007)、尼泊爾 (2007)，同時亦有擔任停火觀察員，包括以色列與敘利亞間的戈蘭高地 (1996)、尼泊爾國內政府軍與毛派叛軍的衝突 (2007)。上述聯合國行動，再加上其他自衛隊海外災難救援行動，都擴大自衛隊的國際角色。2007年，自衛隊所屬的防衛廳升格為防衛省，正式成為內閣國務大臣一員，亦象徵性地反映出自衛隊的重要性。

在聯合國架構外，美國政府亦極力迫使日本容許自衛隊扮演更積極的軍事夥伴角色，1998年兩國政府訂立新的《日美防衛合作指針》，擴大日美安保條約所涵蓋地區。為配合新指針，日本政府通過《週邊有事法案》，重新劃定自衛隊能夠活動的邊界，新活動包括檢查第三方的運輸工具，同時亦容許自衛隊搜索及救援美國人員或海外日本國民。2001年9月11日美國遭受恐怖襲擊後，雖然國內有反對聲音，日本政府迅速通過一個新的反恐法，准許自衛隊參與美國在阿富汗行動，包括提供各種不同的後勤支援。由2003年到2007年，雖然國內反對激烈，日本仍多次派遣自衛隊到伊拉克擔任非戰鬥任務。在2008年初，同樣在國內有相當力量反對下，自民黨在國會內推動立法以支持美國在阿富汗部隊行動，授權海上自衛隊執行海上加油任務。

雖然美國非常歡迎日本的積極軍事姿態，但當日本要求一個更主動的經濟角色時，美國卻有很多疑慮。1997年亞洲金融風暴時，日本政府領袖曾建議設立亞洲貨幣基金，以幫助韓國及其他國家渡過難關，但美國卻反對這想法，可以說不屑一顧。雖然如此，日本官員仍然繼續追求一個更積極的對外經濟政策。他們提供一筆相當可觀的債務基金，用以幫助本地區有問題的企業生存。國家利益當然扮演一定角色，因為這些基金最常支持與日本公司有聯繫的企業。但這些債項的條件一般都比由美國控制的國際貨幣基金來得寬鬆，故亞洲其他領袖一般都歡迎日本更積極的經濟姿態。[39]

由1990年代至21世紀初，日本私人企業與亞洲之經濟聯繫，無論在投資、生產以至貿易都日益加深，這種情況大公司與小公司都一樣。批評者稱這情況為潛在性排外「生產聯盟」，即日本公司有計劃地保留最先進技術以維持它們的優勢地位。事實上，純粹倚賴排

斥外來者，維持其霸主地位似乎難以做到、亦不可能做到，因為在全球性的聯繫網絡已經形成的情況下，日本與亞洲的經濟整合及互相倚賴正日益加深。但若在 21 世紀初日本會與亞洲其他國家進行如經濟方面的政治整合，有若歐洲在過去數十年間的進程，則似乎言之過早。[40]

＊　＊　＊

　　由昭和時代終結的 1989 年到 2008 年初已經將近二十年，這段時期與日本戰後的高速成長、日漸富裕、國際地位持續上升顯著不同。1990 年代初期的金融危機長期延宕，主要原因是政治及經濟領袖企圖否認不景氣及反應緩慢。整整十年裏不斷面對衰退、短期復甦及再度衰退，社會不平等增加，工作保障萎縮。2008 年全球金融風暴與日本並無關係，難以把「信用」(或責任) 歸究於它，事實上到了金融風暴前夕，日本已經體驗了五年的經濟成長，雖然十分溫和，但值得注意。同時在這二十年裏，有關現代社會基本要求各種措施的投資一直持續，並沒有減少，新的城際高速火車已投入服務，東京亦有新的地鐵開通，其步伐不輸於欣欣向榮的上海。無論東京市中心或其近郊，它們都繼續發展，新的高樓大廈出現，新住宅區不斷向外擴充。從上述各種不同的趨勢來看，這時期最大的失敗是對未來的改善及進步充滿悲觀情緒。

第十八章

震盪、災難及平成時代的結束：
「失落年代」之後

　　日本的2008年至2011年是個危機年代。一開始是不尋常的金融危機，接下來是搖擺動盪的政局，最後是個天然又加上人為的災難，不但史無前例，目前仍未知伊于胡底。金融危機由開始便屬全球性，至於「3.11」災難則因福島核電廠的核爐熔毀而消息遠播全世界。因此無論從日本國內還是國外看，這些年來的傷痕會留下一個深遠的影響。

　　21世紀第二個十年可以看到日本政治氣候重要的轉變。2012年末，自民黨由2009年史無前例的挫敗中復原過來，雄踞著一個無法挑戰的地位。由自民黨領導層的角度看，失落的年代已經終結；或者如安倍首相2012年在華盛頓的演講所說，「日本回來了」。2016年，明仁天皇宣佈他有意退位，到2019年4月30日平成時代正式結束。至少在表面上，一個新時代開始了，但日本仍要繼續面對後泡沫時代經濟及社會的挑戰。究竟令和時代只是名字有異，抑或有實質的改變，這仍待解答。

一、雷曼震盪

　　在2008年上半年，美國房屋貸款因過分積極或違背業內規範，連累數以百萬的美國人，而房貸佔經濟比重甚大，足以導致美國經濟基礎的塌陷。雖然如此，日本經濟在過去五年仍持續溫和而穩步的成長。當2008年由夏入秋之際，日本的失業率仍徘徊在低檔的4%附近，它的經濟年成長率亦接近2%。然當雷曼兄弟公司破產後，由美國次貸市場所引起之美國國內危機突然成為全球性問題。

雷曼兄弟總公司設於紐約，不過其分部遍及全世界，它是世界上最顯赫的金融服務機構之一。

美國問題的發生是多方面的，不止因為雷曼兄弟公司的破產，亦因為其他大型金融機構瀕臨倒閉、更深層的房貸壞賬問題，以及這些房貸和相關金融工具被包裝後重新賣給一個大家都搞不清楚的市場。上述一連串事件在美國被稱為「2008 年金融危機」，或亦有特別稱之為「次貸危機」(subprime mortgage crisis)。但在日本或世界其他地方則稱其為「雷曼震盪」。雷曼公司的破產對這些國家影響尤其大，因為日本或德國等出口導向國家的公司特別倚賴短期貿易貸款（即所謂信用狀），只有雷曼公司才能大量提供。一旦雷曼公司破產，短期貿易信用市場便無法運作。短期利率因而急升，全球貿易則迅速收縮。 在 2008 年 8 月與 2009 年 1 月間， 日本出口劇減近 40%。在這種令人意外的倒閉潮中，在美國經過一段時間才逐步出現的危機，在日本似乎是一夕之間便到來。[1] 在 2008 年最後一個季度中，日本的國民生產總值若以實質計算下跌了 3.3% —— 這數字若轉化為年增減率更為觸目，下跌幅度超過 13% —— 到 2009 年其下跌幅度更增加 2.4%。[2] 失業率則在 2009 年 1 月增至 4.5%，同年 7 月更達 5.5%。

在這種突如其來局勢下，五年來的溫和經濟成長戛然中止。事實上由 1990 年代至 2000 初所謂「失落的十年」帶來的金融危機及經濟衰退，其有關論爭仍未有著落，雷曼震盪又接踵而至。在第十七章中便已提及，「失落的十年」曾帶來關於跟隨英美市場自由化模式各種新政策的辯論。有人認為此方式會導致社會貧富差距及經濟不穩定性；但亦有人認為市場導向的改革仍不足夠。當新政策仍爭論不休時，雷曼震盪重新牽動日本公眾輿論，削弱對自由市場的信心，不再認為它是社會經濟問題的萬靈丹。

反映衝擊國內最活生生的案例是 2008 年底「派遣工過年村」的建立。在第十七章便曾說明，日本生產企業在過去十年中利用勞動力走向市場化的機會，由人力仲介僱用大批短期合約工人。當雷曼震盪導致出口萎縮時，數以百計的企業便利用此種彈性裁撤工人。由於紀錄不完整，無法準確統計多少人失去了工作。但一

個較為可信的估計指出，由2008年9月到2009年3月間，製造業約失去四十萬個派遣工作。[3]這些工人主要是男性，在僱用期間大多住在公司的宿舍，然一旦失去工作，他們便無家可歸，流落街頭。

在2008年至2009年的新年假期中，民間非牟利組織、律師、社區團體及媒體風聞流浪問題，它們在很短時間便在日比谷公園建造一個五百人的帳篷村，收容那些失業的派遣工人。過年時大部分的流浪者之家都會關閉，這個非常規的新年村受到社會極大關注，大部分人都同情工人，強烈譴責企業及政府把工人搞得如此淒慘。厚生勞動省迅速回應，通過異常程序開放該官廳在日比谷公園對面的辦公大樓的大廳，准許工人在新年期間臨時居住。[4]

露宿街頭一事本來不致於在社會上引發如此大的反應。事實上在這些年中，無家可歸者棲身在藍色帳篷中的景觀在東京已司空見慣，隔田川岸邊尤其引人注目。然日比谷新年村卻得到廣泛注意，主要因為這些工人都是一下子被開除出公司。在某些案例中，公司驅逐工人離開宿舍的行為事實上是違反工作法例；在另一些案例中，一些公司是非法與派遣公司中止工人合約。就算所有解僱都合法，如此大規模的動作亦違背日本社會中長久以來的做法：企業即使在經濟最艱難的時刻亦應保留工作機會。派遣工人及其支持者的力爭不懈，以及大部分傳媒對政府自由化政策及企業無情解僱的指責，在在反映上述信念：職場工作者(特別是男性)如果不在法理上，至少亦在道德上，有一定的工作權。以一名九州初中生為例，他在2009年1月寫信給《朝日新聞》，「我對最近有關企業開除派遣工人的新聞十分生氣，他們一直努力工作以支持公司，結果一下子便被開除……這些企業不應負責嗎？」[5]

新年村事件亦反映出一些新趨勢。其中之一是新式運動的出現，它建基於非政府組織、社區團體及媒體網絡的形成，成為受薪者的後盾，在某種意義下，它為數年後佔領華爾街抗議運動開創了先例。[6]十年前勞動市場自由化亦產生第二個諷刺性的結果，由於修改勞動法，亦促使工人，尤其那些積極尋求社區團體協助的工人，意識到法律可以成為他們的有效工具。[7]

　　新年村事件不但導致派遣工人及其支持者關心日漸惡化的勞動
環境，該事件亦引發國家官員及政治家再次要求規範勞動市場，參
與者主要是民主黨，亦有些是自民黨黨員，他們希望能改變小泉純
一郎首相以來之風氣。[8]2010年，民主黨及厚生勞動省向國會提出法
案，要求廢除2004年法例，重新禁止製造業僱用派遣工。2012年3
月，在兩黨支持下終於通過派遣工修正法例，雖然在企業利益的反
彈下，最後仍容許製造業僱用派遣工，削弱原修正條文內容。但新
法例禁止短期派遣工（三十日以內），要求派遣仲介機構公佈其支付
派遣工薪水後之財政收益，同時亦規定企業可以把派遣工人轉任為
正式員工。[9]雖然這些新規定仍十分溫和，但起碼代表著不斷自由化
過程中的一個中止符。

　　雷曼震盪的國際回應是驚人的，一個最令人注意的課題就是人
們常常很快將1990年代及2000年代初的日本金融危機與2000年代
末的美國經濟危機相比較。早在2008年11月，東京摩根史丹利公司

圖表18.1　美日財政危機比較圖（美國房屋價格的走勢與日本經驗的比較）

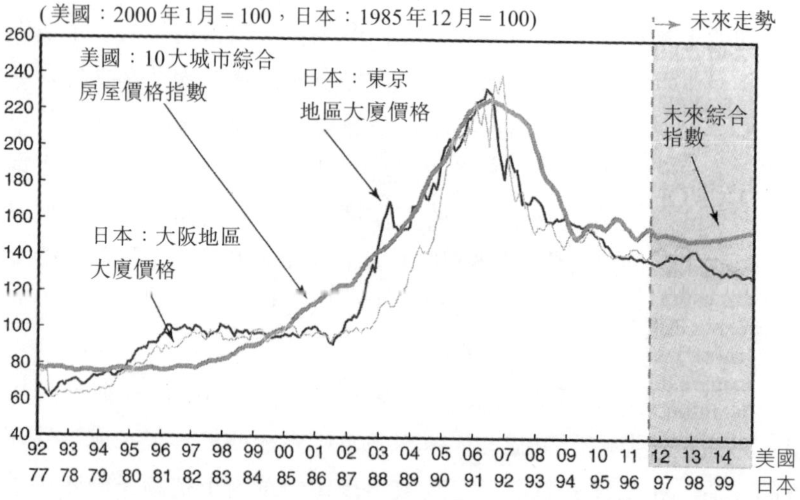

資料來源：Bloomberg，日本不動產經濟研究所，B&P，S&P/Case-Schiller房屋
價格指數，至2011年6月29日為止。

的首席經濟學家便提出報告，列出2002年至2004年間為日本帶來復甦的五個因素（及二十一個次因素）。他指出日本雖花上十年時間以找出金融危機發生的原因，但美國決策者若能緊跟日本先例，從中汲取教訓，則美國可以避免經濟長期沉滯——事實上美國採用了不少相同措施。[10]在2010年，當美國經濟復甦正跛步前進時，《紐約時報》及《華爾街日報》經常刊出標題聳動的文章如〈聯準會領導人正要使用日本的歷史經驗〉。這一類文章亦會刊出令人焦慮的圖表，它們把日本數據放到美國的統計圖表中，顯示出美國經濟走勢與1990年代的日本何其類似（見圖表18.1）。[11]不少觀察家認為日本解決其在1990年代過量借貸造成之危機的方法為美國提供一個範例，而美國的長期性危機亦可以幫助重估日本在1990年代以至2000年初所面臨的問題。一個評論家在2010年指出，「現在已十分清楚，日本決策者當時未能挽救日本的經濟萎縮，並非是因為他們頑固或愚蠢，而是因為他們面臨的問題極其困難。」[12]

到2012年夏天，不少人討論美國從日本經濟危機究竟學到甚麼，各人看法不一。一方面，2009年末美國經濟再度開始復甦，很多企業重獲利潤，股票市場顯著上升，同時金融市場亦不再沉寂不動。但在另一方面，這輪復甦起初並沒有新增太多工作機會，最多只能說是中看不中吃。在最重要的房地產市場中，壞賬及查封房屋仍佔很大比重，消費者需求仍然虛弱，失業率在2017年依舊維持在8%左右。甚至到了奧巴馬總統的第二個任期，雖然持續的經濟復甦真的降低了失業率，但工資仍然停滯，令專家觀察者十分困惑和失望。[13]

美國危機持續存在的同時，歐洲又出現主權債務危機（在2009年末歐盟成員國如希臘、西班牙等瀕臨無法償還債務時，便出現所謂主權債務危機），愈來愈多的人將其與日本最近的經驗比較。2011年10月，《福布斯》雜誌的讀者來信欄提出「美國失落的十年會延續到2016年」。在11月，英國《經濟學人》雜誌的一篇文章〈誰的失落十年？〉表示，日本的情況不如歐洲或美國糟糕。同月《大西洋》雜誌〈歡迎美國失落的十年〉一文說，美國日本化或許已經來到，美國

已經開始出現長時間的微弱成長。在12月,《時代》雜誌強調「今天全世界最流行的用語就是『失落的十年』」。這篇線上專欄比較日本的早年經驗與英國和正在進行中的美國危機,提出的類比令人「不寒而慄」。在2011年,兩位美國政治經濟學家出版一本分析美國危機的書籍,題曰《失落的十年:美國債務危機的出現及其遙遙無期的復甦》。[14]宣稱歐美已步入「失落十年」三分之一的道路,這說法已成為一種陳詞濫調,但也不是毫無意義。助長美國和大部分歐洲國家其後出現民粹式民族主義的原因有很多,其中一個據說是經濟及社會的失落感,這與日本的經驗有類似的地方。但我們會談到,日本的政治體制雖遇到一些頗嚴重的挑戰,但事實證明他們更能掌握情況。

二、希望政治與迷惘政治

　　美國與日本最近第二個類似的歷史經驗是所謂「民主派」政黨出現史無前例的政治勝利,時點分別在2008年及2009年。在美國,民主黨贏得總統寶座或國會多數並沒有甚麼特別之處,所謂史無前例是指一名非裔美國人選上這個國家的最高職位。在日本,2009年8月民主黨亦橫掃下議院的選舉,雖然並非完全出乎意料之外,但仍是歷史創舉。民主黨在四百八十個議席中取得三百零八個,近乎三分之二多數,在單一選區選舉中取得47%票數,在全國比例分配的選舉中則取得42%票數。這是1955年自由民主黨(自民黨)成立以來,由另外一個政黨首次在國會兩院都取得多數(民主黨在參議院中取得多數,但並非過半)。民主黨黨魁鳩山由紀夫是全國性政治家,按輩份則屬於第四代,其祖父在1950年代曾出任首相。*鳩山得到大眾普遍支持,而其家庭背景則類似甘迺迪、布殊等政治世家,9月16日他正式接任首相一職。民主黨不但採用奧巴馬總統的希望與改

---

* 譯注:祖父為鳩山一郎(1883–1959),戰後組織自由黨,出任總裁。1955年自由黨與民主黨合併為自由民主黨,鳩山一郎出任總理大臣,而自民黨亦長期執政,被日本政界稱為萬年政黨。

革詞彙,無論在其選舉政綱或執政初期措施,都有意實踐這些偉大詞彙所包涵的思維。

在幾個方面,這一發展方向並不奇怪。早自1990年代初,由於冷戰結束,同時自民黨在1989年失去參議院多數、在1993年失去眾議院多數,1994年選舉法又遭修改,觀察家已預估日本會走向兩黨政治,各自有其政綱,並基於此贏得選舉,組織政府。新選舉法取消眾議院的大選區制度,代之以三百個單一選區。此舉無疑助長兩大政黨的趨勢:小黨在過去可以在大選區三至四個名額中爭取到一個議席,然在小選區制度下,勝者全拿,小黨地位因此受到削弱。事實上,民主黨在2009年選舉中所得席位之比例(三分之二席位)遠遠超過其所獲選票比例(47%)。反映出在單一選區制度中,只要選民情感稍有傾向,國會中的席位便會產生極大變動。

雖然自民黨在1993年失去多數,選舉法在1994年亦作出修正,包括規範候選人之公共獻金(此有助其他政黨挑戰自民黨),但反對黨仍無法凝聚力量。經過差不多快二十年,一直預期的政治重組始終無法實現。原因有二:一是反對黨的顢頇及內訌,二是自民黨政治操作精明,領導能力強,尤其是在小泉出任首相的年代。然小泉在2006年任滿,後繼者都是些效率不彰、任期短促的首相:2006年的安倍晉三、2007年的福田康夫、2008年的麻生太郎。後小泉時代自民黨的弱勢,其實反映出小泉之所以受歡迎、連選連捷的基礎,主要建立在其反對自民黨主流的立場上。再加上在第十七章裏所提及的年金失竊醜聞,實在傷害自民黨與選民的關係。最後在2007年7月選舉浪潮終反撲自民黨,民主黨在參議院選舉中取得多數。

到2009年9月,距上一次眾議院大選已有四年,自民黨應要舉行總選舉,不過仍可以挑選選舉日期。麻生首相是在2008年9月接任,當時全球性金融危機已經出現。由於上次2005年大選中小泉及其自民黨以大比數勝出,故自民黨在這次選舉中必然有所損失。但麻生知道情況會更糟,因為社會大眾正逐漸不滿自民黨領導人的軟弱無力。前任首相福田突然無預警辭職,有損黨的形象,雷曼震盪的陰影更弱化自民黨的前景。麻生把選舉日期一拖再拖,直到最後一刻的2009年8月。民主黨提出一個極具吸引力的宣言,誓言由民

356

選政治家加強監督官僚政治，承諾各種福利，包括廢除昂貴的高速
公路收費、慷慨補貼貧苦家庭兒童（每一小孩津貼三十二萬一千日
元，直至其完成中學教育為止），以及地方及地區政府擁有更大自主
權。除此之外，民主黨亦在意日美關係。它主張建設兩國更對等的
地位，並希望重新簽訂沖繩美軍基地協議，儘管在這次選舉中並非
主要議題。1996年自民黨曾與美國協議，將爭議不斷的普天間空軍
基地遷移至人煙較罕的邊野古地區，它位於沖繩島北岸，自然環境
優美。這一協議卻一直未有實行。在競選期間，鳩山承諾若民主黨
勝選而他又當上首相，一定會把軍事基地完全遷出沖繩。選民一直
不滿後小泉時代自民黨的顢頇無能，希望求新求變，再加上民主黨
的承諾有吸引力，選票自然都倒向民主黨。

　　然而，民主黨很快運數殆盡。一方面，鳩山上任不久即受到選
舉財務醜聞的打擊；另一方面日本的公共負債沉重，民主黨在選舉
時提出各種花錢的承諾，實在無力履行。更重要是鳩山無法説服美
國協商遷移普天間基地，使其領導能力大受質疑。美國認為沖繩基
地是歷屆政府的承諾，具約束力，因此無意大幅修改原來規定。美
國人説得很清楚，任何日本當政者都不可以強硬推動這議題，縱使
民主黨能以壓倒性選票取得政權；他們亦重申日本雖然在經濟實力
上已有長足進步，其地緣政治地位並未改變——這一點同時受到右
翼與左翼的批評，從1950年代起，他們便一直不滿日本的從屬性獨
立的身份。

　　不到一年，鳩山便失去黨內及公眾輿論的支持。2010年6月鳩
山不得不辭職，由菅直人取而代之。在選舉承諾無法兑現、同時領
導層又陷入混亂的情況下，民主黨在次月參議院選舉大敗，這事毫
不奇怪。連同未改選議席，民主黨在參議院仍勉強維持多數（二百四
十個議席中有一百六十席，僅次其後的自民黨則為八十四席），但縱
使與其他小黨聯盟，亦無法取得過半票數，在政府分裂的情況底
下，實在不容易推動有力措施。

　　另一個值得注意的趨勢是新民粹主義的興起，它代表地區的保
守力量，這一情況令兩個大黨派更加舉步維艱。最典型的代表是橋
下徹（1969–），一位極具魅力的年輕政治家。他畢業於早稻田政治經

濟學部，其後成為律師。橋下最初在關西地區之電視節目上提供法律諮詢，因而受到注意，日後日漸在全國廣播中名聲鵲起。2008年1月，他開始參加選舉並贏得大阪府知事一職，時年三十九歲，是有史以來最年輕的大阪府知事。*他視自己為一般公民的代表，反對教師公會及薪水優渥的公務員，認為他們是既得利益者，而當時一般民眾卻要為一份安穩的工作與收入而日夜打拼。他的一些議題與日本民粹主義右翼長期以來的訴求相同，例如立法要求教師在學校典禮中必須面向國旗唱國歌。橋下亦激烈要求改革地方政府結構，例如把大阪市及大阪府重疊的邊界整合，這一訴求贏取了名古屋市長及鄰近愛知縣知事的支持。2011年11月，為了推動合併，他把大阪府知事工作交給他的政治盟友，本人則去參加大阪市長競選並順利勝選。他同時成立一個政黨(大阪維新會)，目標指向全國。在經濟停滯、外交政策被責難為軟弱，以及國會癱瘓的背景下，橋本的民粹民族主義先走一步，這種潮流在其後數年裏都會在美國和歐洲出現。

三、在衰頹的氣氛中尋找意義

中央政治的弱點，再加上這些年的經濟困難，只能加深當時整個社會的悲觀情緒。不過正如「國民綜合酷度」這一概念指出的，日本國民對本國的文化成就仍抱有強烈信心。事實上在這個危機年代中，不少人仍熱衷於新形式文化的生產及消費，例如「手機小說」(用手機文字簡訊方式寫的小說，常夾雜火星文)，還有一直受全球歡迎的動畫、漫畫以及日式流行音樂，都被視為日本的活力。

然而日本正走向一條社會及經濟的死胡同這種看法卻日益普遍。不只政策專家及學者，甚至一般大眾都認為日本正受困於各種令人不安的社會趨勢，它們彼此關連而又互為因素，不易擺脫。其

358

---

* 譯注：部落民即日本傳統社會的賤民，明治維新時雖實施四民平等，但因戶籍制度關係，社會地位並未改善，多聚居一處，後稱為部落民，在大阪地區尤為明顯。

圖表18.2　2002年正規與非正規男性僱員之結婚百分比

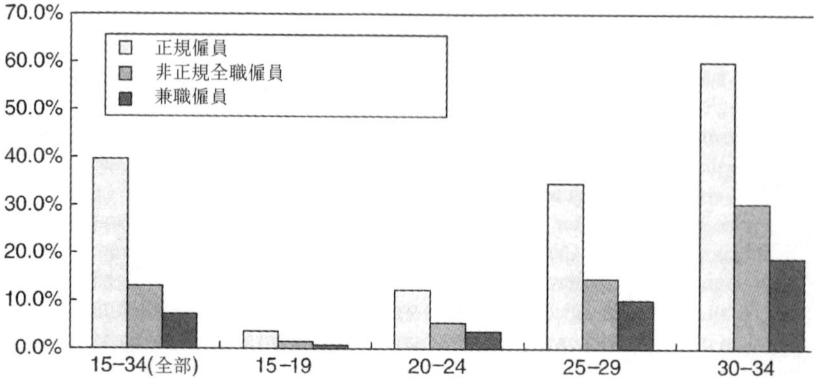

資料來源：總務省統計局，《商業構造基本調查》(2002)

實臨時性就業在1980年代已存在，開始時很多人歌頌它，認為是企業彈性的表現，有積極意義，但後來逐漸被視為一連串負面作用的主要關鍵。由1995年到2009年，非正規男性僱員的人數由一百八十九萬增至四百一十五萬，增幅超逾一倍。若從年齡二十五歲到三十四歲男性這一族群看，非正規工人數字更由二十一萬人升至九十萬人，增幅達四倍，與同年齡的正規工人比較，他們大概只有一半人會結婚（見圖表18.2）。在過去，這些人會在中型甚至大型企業開始其職業生涯，至少有一個能實現的夢想：即由正規僱員做起，慢慢在企業中發展出一個長期事業。

　　對這些年輕男性失落的極大關注，正反映過去長期的一種主流性別意識形態，亦即男性應該是衣食生活的支柱。對社會媒體評論家、一般大眾、教育者以至勞工官員而言，很多原來應該是本國未來衣食生活支柱及一家之主的年輕男性，現在卻無法進入正規工作主流，反映出深遠的社會及經濟變化，不可掉以輕心。這個收入低微、工作不穩定的階層，包括不少年輕男性，他們既無法亦無信心消費，亦即無法增加國內需求，更強化近年來的負面通縮循環及經濟停滯。事實上當他們失去工作，只能請求失業救濟，同時企業亦會向國家申請補助以維持就業，這些都會增加政府的財政壓力。在

公眾及官員的腦海中，失業者的情況又明顯地關係到結婚率與生育率的下降，還有人口萎縮及高齡社會的問題。

男性僱員的情況其實只不過是整體故事的一部分而已，2000年代後期的非正規工作就業逐漸忽視女性經濟情況，而女性又是重要的少數族群。傳統裏女性幾乎都只從事兼職工作，多數認為主要原因是大部分女性都要結婚及生兒育女，她們從事兼職的目的是幫補家計，家中主要經濟仍源自丈夫的收入。然隨著離婚率增加，女性單親家庭數字不斷上升，不少從事各種非正規工作的職業婦女再不是過去那種幫補家計的妻子。到2009年，有七百二十萬婦女從事「兼職」工作，而身為一家之主或獨自生活的婦女數字超過一百萬（差不多有14%）。在派遣工或契約工的類別中，女性約有二百八十萬人，其中超過五分之一（21%）是一家之主或自食其力。雖然女性的情況很少在公開討論時被拿出來作話題，但不少人視其為日本所面臨的各種令人困擾的社會問題中不可分割的一部分。

對這些社會問題的看法，其背後之理路並非不可質疑。晚婚、小家庭以及高齡社會各種問題，都可以上溯至1970年代，在非正規就業急速冒升以前。當雷曼震盪出現時，各種臨時就業形式及女性單親家庭等現象已存在二十多年，同時不止是日本，其他先進資本主義國家亦所在多有。就業與事業前景的不穩定性無疑是年輕男女結婚率及生育率下降的因素，但對2009年至2010年的後雷曼震盪年代而言，它們並非嶄新的社經趨勢，只不過是在不斷衰落過程中的日本國內之自畫像及國外觀感而已。

另一個經常被談及的問題便是日本海外留學生人數的急劇下滑，其實這不止是日本，世界其他大學都有同樣現象。在1990年代末期，美國的日本留學生數字開始減少，而來自中國或印度的學生則大幅增加。這種下降趨勢在2002年開始無法返轉，當時尚有四萬五千名日本學生在美國。不用十年，到2011年這一數字便降至二萬一千二百九十人，比以前減少不止一半，下降率最大是在2010年及2011年。日本往亞洲留學之學生人數減幅較少，但整體仍下滑。[15]無可否認，日本大學適齡青年的人數在最近十年減少約20%，但往海外留學的下降幅度更大。

　　有關上述趨勢並沒有深入研究的解釋，但説法卻不少，有人認為起因於企業或政府不肯支持年輕僱員海外學習，亦有人認為現在年輕人缺乏進取心，無意向外發展。無論哪一種理由，這種現象經過不斷反覆討論後，結果都歸因到國家失去方向，人心暮氣沉沉。最能反映甚至強化這種想法的便是大眾媒體的流行術語。約在2008年「草食男子」這一名詞突然紅遍一時，它的含義隨使用者而有不同説法。但總的來説，這名詞所塑造的形象是一個有女性化傾向的年輕男子，缺乏事業心和戰後那代人的朝氣。[16]

　　在日本大眾的眼中，中國以個人的朝氣和國家的富強冒升成為一個地區及經濟的重要力量，與日本的形象正成鮮明對比。2010年，中國之國民生產總值正式超越日本，成為世界第二大經濟體，這消息並未完全出乎意料。2011年2月中旬世界各地媒體都大幅報導此消息時，日本政府官員有意減低其重要性。內閣府特命擔當大臣(經濟財政策擔當)與謝野馨便説：「在經濟上，我們不是要競爭排名，而是要改善公民生活」，同時亦指稱，「中國是日本的鄰居，我們非常歡迎其經濟繁榮這類消息」。[17]雖然説得大方，但在國民生產總值排名中掉至第三位，對不少人來説是十分痛苦的。甚至那些對經濟前景比較樂觀的人亦認為對日本而言，這是一個「警訊」。[18]

　　外國媒體亦反映這種低落的情緒，甚至可以説強化這説法。最典型的例子是2010年10月《紐約時報》頭版的一則報導，標題是〈日本由朝氣蓬勃到萎靡不振〉。新聞提及日本當前通縮及消費沉滯等經濟問題，但焦點則是作者所稱之「日本信心危機」，日本到1980年代仍是「一個生機勃勃的國家，充滿活力及企圖心，自滿得有點傲慢……但今天這種遠大的企圖心已被丟到一旁，取而代之是對未來的焦慮與恐懼」。[19]

　　全球金融危機對日本經濟及社會的衝擊無疑十分深遠，在這種情況下某一程度的悲觀是難免的。但在2010年代初，若與其他先進經濟體比較，對日本的觀感有點過度負面。在雷曼震盪之後，日本的失業率峰值達5.5%，其實比歐洲及美國低很多。歐盟的整體失業率在2008年第三季是6.7%，兩年後升至9.6%；在法國，失業率由7.6%升至10.1%，而英國則由5.2%至7.9%，只有德國的失業率相對

穩定，然其失業率到2010年亦高企至7.3%。美國的失業率在2009年夏天達9%，而且維持此水平至2011年，到2012年才降至8%(此後數年會大大降低)。日本的失業率則較低，升幅亦較低，主要因為法律上不易解僱工人，同時僱主之傳統責任感亦讓他們難於下手。日本經濟到2010年後期及2011年初期已露出一些復甦跡象。無可否認，日本之公共債務在這些年是沉重的，它與國民生產總值比例是全世界最高的，因而妨礙政府刺激經濟的能力。但日本國內大量儲蓄可以用作國家赤字預算的保證金，得以平衡債務。日本的失業率最高是2009年7月，達到5.9%，然到2010年7月跌至5.3%，2011年3月更跌至4.6%。由2009年後期到2011年初，國民生產總值正面成長，雖然各季成長率大體溫和，約在1%與2%之間。至於國民個人平均產值之恢復率更是美國及歐元區國家之兩倍。[20]

四、「3.11」核災及核災後

　　當對現在與未來悲觀情緒的說法到處流播、炒作得沸沸揚揚的時候。日本人民在2011年3月11日的下午遇上有史以來最強烈的地震。它亦是世界上有史以來第五大地震。地震強度為九級，震央在日本東北宮城縣海上離岸不遠的地方，它的威力是1923年關東大地震的一百倍，而後者死亡人數已遠超過十萬。幸好建築規範嚴格，同時建築技術亦容許高層大樓能吸收地震，居屋與辦公室之毀壞程度與地震強度相比仍屬溫和。但相繼而來的海嘯卻帶來高達五十呎(十五至十六米)的海浪，直撲廣大海岸線正面，搗毀防波堤。原來預估的設計根本不能發揮作用，結果數以千計的人被淹死。在某些地區，由於海岸線地形作用，波浪甚至高達三十至四十米。[21]由於不少受害者被波浪捲到海上，死亡準確數字無法核實。截至2012年7月為止，死亡數字接近一萬九千，另有二千九百零六名失蹤者，估計他們事實上已不能存活。[22]約有二十七萬人無家可歸，他們或因住所被毀，或依照政府命令撤出家園，只能居住在臨時設施，重建新居的希望則遙遙無期。[23]

361

　　海嘯後存活下來的人大多無法描述他們在海嘯打擊中的見聞：
很多市鎮完全被淹沒，一度是那些市鎮的大動脈如道路、建築物，
如今毫無蹤影可尋。在日本東北福島縣岸邊的核電設施，其冷卻系
統為海嘯所破壞，更使情況雪上加霜。福島第一核電廠離東京一百
五十哩，由東京電力公司 (TEPCO) 經營管理，其部分電力輸送給東
京市居民。由於冷卻系統失靈，產生連串令人心驚膽顫的爆炸，最
後是核燃棒溶化，向空中釋放大量幅射塵，跟著沉澱至泥土及水源
中。到現在沒有接到報告說有人因暴露於幅射而死亡，只能希望幅
射之長期影響減至最低限度。但只能說是希望，無法肯定。

　　東京電力到 2011 年 12 月才宣佈完成核電廠的「冷關閉」。然至少
到 2012 年夏天仍有少量的幅射鉋由廠內漏出，福島縣及附近各縣河
流及湖泊仍可以探測到含幅射的泥土，泥土的污染程度及其所產生
之危險，到現在仍未有定論。[24] 幅射不斷外泄究竟有多嚴重實在不
易判斷，不過要完全清理福島核電廠本身大概要好幾年，何況核溶
化後，幅射會擴散到福島及其鄰近各縣的水源及泥土中。在此後幾
十年中，無法不擔憂數以百萬計人口的長期健康問題 (在災難發生
時，只是福島縣的居民便超過二百萬)。

　　在 3 月 13 日的記者招待會上，以及兩星期後對國會發表的演說
中，菅直人首相稱這次複合式災難為二戰結束以來「我們國家最深重
的災難」。天皇明仁似乎要支持菅的說法，3 月 16 日他史無前例地透
過全國電視網發表意見。這是 1945 年 8 月其父裕仁天皇在廣播中宣
佈日本投降以來，天皇首次在廣播中發表演說。明仁天皇呼籲人民
「在未來的日子裏，永遠不要放棄希望及好好照顧自己」，類似其父
1945 年在廣播中所說的「忍其難忍」。他的演說最值得注意的地方是
對第一時間參與救援者的感謝名單，第一個便是自衛隊，亦是日本
天皇第一次公開提到自衛隊。[25]

　　到 2011 年春夏之間，「3.11」整個事件的過程更清楚，它是由兩
個相關但截然不同的災難造成，而其所產生的結果亦很不一樣。一
個是海岸線海嘯產生的災難，生存者在哀痛其損失時，亦要奮力重建
他們的生活及社區。他們一面討論把居所搬到高地的優劣點，同時
亦談及長久以來的問題，即人口老化及縮減，以及年輕人工作機會減

362

少。他們也要面對過去的災難記憶會逐漸消失的挑戰，雖然這是無法避免的。在同一沿岸地區，近代曾遭受過兩次嚴重的海嘯，一次在1896年，奪走了兩萬多人的生命；另一次發生在1933年，有些人仍記憶猶新，它造成超過三千人死亡或失蹤。雖然每一次都會在內陸全面標示水位曾到達的位置，但人們逐漸又在曾被淹沒的地區重建家園和村落，生存者下定決心這次將會「建造更好」和「更聰明」的房屋。

另一個災難是核災及其多方面的影響：約有八萬八千居民被迫撤離他們的家園，六萬二千人甚至要搬離福島縣，回來的機會微乎其微；另外有二百多萬居民要長期暴露在低度幅射中，可能對身體不利；還有是全國能源供應及能源政策問題。

甚至一年之後，關於災難後果的各種故事仍廣為流傳於平面及廣播媒體中，甚至更新式的網路以至社會媒體世界中。在2012年2月至7月間，至少有四份重要報告討論核溶化的原因及影響，寫作班子分別是一個重要的獨立調查團隊(2月)、東京電力公司(6月)、國會調查委員會(7月初)和一個政府顧問小組(7月末)。[26]在關鍵問題上，它們的看法有分歧，例如對首相回應的評價——除了東京電力公司的報告外，它們一致指責政府反應錯亂，以及政府及東京電力公司都不願即時公佈重要資訊。

要解讀這些災難並非易事，在事發後最為普遍的一種想法是與其他危機作出比較，甚至直接連繫。簡而言之，可以用「沒想到」這三個字總括，災後人們不斷聽到這三個字。因為一直以來人們預估下一次大地震會發生於日本東海(名古屋地區)，從來沒想到日本東北部，也沒想到海嘯能破壞沿東北海岸線的防波堤及示警系統——它們都是花了無數金錢與血汗建立起來的，一直被引以為傲；也沒想到在地震與海嘯的雙重打擊下，一個核電廠會轉化為一個與「骯髒炸彈」差不多的東西；更沒想到在災難前供應大東京及東北地區25%的電力網路會停擺多月，而這地區之生產力佔日本國民生產總值的40%；另一個意想不到的地方是生產供應鏈如此脆弱，地震直接影響所及之東北地區，其生產力只佔日本國民生產總值6%，但卻讓日本其他地方，甚至歐美的生產設施停擺。

　　　亦有另一種解讀，它把上述情況聯繫起來，卻有不同角度。到
2011年春末，日本輿論主流已認為災難的發生不是意料之外，而是
人們沒有「意願」面對其後果，特別是重要人物。其實這種想法在災
難發生幾天後便出現，尤其涉及受損核電廠的問題；也批評地震學
家的預言過分自信，只著重其他地區；同時亦批評水力工程師及災
難科學家對堤壩結構過分樂觀。有部分專家及社會活躍分子事前便
曾提及核危機的警示，他們人數雖少，但卻有一定知名度。[27]有些
人事後聲名大噪，好像要補償他們過去所受的冷遇，以及人們不願
意面對他們曾提及的「不中聽真相」。

　　　因此核災難以前並不是沒想到，缺乏政治及經濟之行動力才是
災難的關鍵因素，上述事實都無法否認。2012年3月曾有報導，
2004年東南亞海嘯發生後，東京電力公司做過海嘯演練，規模與「3.11」
類似。[28]這個演習準確地預計到所受損失的程度。據說由於要準備應
對這種緊急狀況估計所費不菲，最後停止採取任何行動。核災難的
根源其實相當深遠，事發之後，記者、社會活動家與學者不但指責
東京電力公司及政府，還讓廣大公眾注意到政治利益與企業利益更
長久的歷史，這些利益促成所謂「原子力村」：即是全國和地方領導
人、官僚、科學家及私人企業，他們自1950年代便推動核能電力。
數十年來，原子力村裏的人擁護核能，認為這是一個沒有危險性而
且穩定的國內電力來源，為發展中的城市和全國經濟所需，也為日
本農村帶來工作機會來源。[29]現在當然了解，核能遠非絕對安全。

　　　但若核能安全的神話被打破，還有甚麼更好的替代方案可以服
務日本。要透過甚麼樣的政策來發展甚麼樣的能源？要設立一個更
安全的核電廠還是放棄核能發電？應該在甚麼地方、實行哪一種重建
方案？無論對個人或家庭，企業或國家，答案完全要視乎人民願意承
受多大的風險，所謂危險都是憑空想像，但卻不一定發生。在災難
發生後的短短週中，衝突便出現，一方面是在重建過程中致力改良，
另一方面則是要維持原來的生活方式或做生意發財之道。有人想重
建釜石市那樣更大的防波堤，而且獲得不少支持。可事實上在海嘯
過程中，堤壩只能稍為減輕其力度而已。[30]亦有人主張擴大沿岸森林
區及填土區，它在某些地區的確發揮作用。另外一些意見是增加更

方便的逃生路徑，重新設計市中心及高地住宅區。[31]上述各種意見，
縱使各方面都願意盡其最大善意配合，也難以下決定。

　　在災難後好幾個月中，當日本人民一直思考上述各種問題之
時，一個重要的敘事出現。這種敘事把草根層及日本各地方基層看
作「好人」，抗衡社會上層的「壞蛋政客」及企業行政人員，他們自私
而又枉顧人民利益（尤其是東京電力公司的人）。無論在日本或世界
各地，幾乎同時廣為流傳一些故事，指出東北地區災民遵守秩序、
忍耐、置苦樂於度外及擁有強韌生命力等特性。在撤離中心，他們
儘量把事情辦得井井有條；不會侵奪別人財物；亦願意把僅有的東
西與別人分享。強烈的對照面則是那些政客，他們沒有到災區慰
問，亦沒有公開表示同情或支持，甚至趁機在政界爭權奪利，在救
災過程中攫取利益，其實政客間政策的差異基本上並不大。在整個
災難過程中，中央政府內唯一能脫穎而出的只有自衛隊，其名聲不
但更鞏固且被讚譽有加。民意調查顯示人們對自衛隊在救援及賑濟
工作上的表現幾乎一致表揚。在日美軍亦與自衛隊配合，參加一個
「友情行動」計劃（Operation Tomodachi），社會上一般反應都不錯。[32]

　　好人的草根層與冷冰冰的政客、官僚及企業精英，這種黑白分
明、兩極化分法的說法無疑過分簡化。若仔細觀察，由災民家中盜
竊，以至救濟組織詐騙賑災捐助，這些事時有所聞。在地民眾本身
亦常有齟齬，甚至互相鬥爭。在中央，很多公務員勤勤懇懇、努力
不懈地工作——並不限於自衛隊——他們提供救濟，為復原計劃編
列預算與尋找財源，並且考查問題發生的原因。[33]當然，所謂有責
任感及有道德感的大眾，與無責任感及壞透的領導人這種說法，對
很多人來說並非空穴來風。

　　具體而言，政治人物狗咬狗的戲碼來得十分迅速，令人訝異。
不只自由民主黨與日本民主黨間出現鬥爭，民主黨內部也同樣產生
紛爭。6月2日，離震災還不到三個月，國會便對首相菅直人投下不
信任票，主要由他自己黨內的投機分子背叛造成。原因之一固然是
不滿其處理災難的手法，但也是黨內反對派長期累積的不滿而成，
最顯著的例子便是權力不斷走下坡的小澤一郎。為了阻止不信任案
的成立，菅直人承諾「只要災害處理有一定進度」，便會辭去首相一

364

職。2011年8月，他依約辭職，其首相及民主黨總裁職務次月由野田佳彥擔當，野田是一位低調卻更保守的政治老手。因此在面臨史無前例的災難中，大家會好奇地追問：這群對舊遊戲樂此不疲的政治家究竟內心在想甚麼？

野田內閣無需面對援救及賑災危機，但卻要化解更長期性的復原及外交挑戰。民主黨仍身處危機四伏的政治及政策環境。為了不增加政府債務而又能支付災害復原建設，野田在2012年夏天與自民黨妥協，以換取國會通過兩階段加稅案，把消費稅增加兩倍，亦即由原來5%提升至2015年之10%。不過加稅與民主黨2009年的競選政綱抵觸，小澤宣稱他之所以反對野田，其原因與反對菅直人一樣。2012年7月，小澤脫離民主黨，四十九名民主黨議員跟隨他，另行成立一個小黨，但有相當實質影響力。結果民主黨在國會中的眾議院僅以微弱優勢成為多數黨。為了取得自民黨的支持，野田承諾在短期內舉行大選。

除了國內的挑戰，民主黨亦需面對三個鄰國，化解久懸未決的領土問題：北方領土（俄羅斯）、無人居住的竹島／獨島（韓國）、無人居住的尖閣／釣魚台列島（中國大陸與台灣）。這些問題隨時有可能為國內或國際政治帶來麻煩，事實上它在2012年真的發生於釣魚台列島上。8月，中國的活躍分子企圖繞過日本的巡邏艇，游泳到島上，但未成功便遭逮捕及驅離。幾天後，一小群日本人成功游泳上岸，作為宣示主權的象徵。東京都知事石原慎太郎已經主張好一陣子要由私人地主購下島嶼，並在島上建造修船及貯藏設施，地主是個上了年紀的日本人。野田為防止這行為進一步激化衝突，決定由日本政府購下釣魚台島嶼。但中國政府及人民卻視此為挑釁，中國不少城市出現暴動，包括打砸日本企業及個人。兩國政府雖然互出惡言，避免國內群眾指責其示弱，但稍後都為此事件降溫。

在經濟及亞洲區域環境不穩定的情況下，野田首相在2012年12月依約舉行眾議院大選，其結果毫不意外是民主黨敗選及自民黨捲土重來。但轉變幅度之大則出乎意料，自民黨席位由一百一十八席上升至二百九十四席（佔下院全部四百八十席之61%），其黨魁安倍晉三第二次當選為首相，對他本人和自民黨來說都是很了不起的。

365

圖18.1　2012年8月19日，少數日本民族主義者把船停泊在釣魚台列島其中一個小島外，由於日本海防隊不准其船隻靠岸，他們便游泳上岸。四天前，中國的民族主義者亦實行同樣的冒險行動，游泳上岸。上述行動在兩國輿論界都引起掀然大波，使兩國關係急劇緊張。（美聯社圖片／共同社新聞）

圖18.2　2012年春，東京每星期都發生反對核子發電的示威，在幾個月內參加人數不斷增加。5月5日是兒童節，屬全國性假期，當天參加示威者慶祝最後一個核電廠終於關閉。他們展示一個鯉魚形狀的旗幟，傳統上它是兒童節的代表符號，但今天已成為反核運動的符號，象徵保護兒童之必要性，尤其不能讓他們受到幅射傷害。這些示威的長期影響仍有待確定。在7月，好幾個核電廠又恢復運作。（美聯社圖片／井上伊祖奧（音譯））

民主黨之損失是災難性的，由二百三十席跌到只剩下五十七席。由小澤領導出走民主黨的黨團派出六十一人參選，只有九人選上，情況更難看。自民黨在與公明黨再度合作後，可以確保眾議院內三分之二的多數，換言之，它可以否決參議院任何反對聲音（在參議院中，自民黨仍是少數，除非到2013年7月選舉才有改變的可能）。

國會生態轉變如此急劇，其含義好壞參半，有時可以說是互相矛盾。由意識形態層面看，這次選舉反映激烈向右轉的形勢，安倍代表自民黨內的極端民族主義一派：不願反省過去的戰爭；主張在島嶼糾紛中的日本主權；決心修改和平憲法——以期達到自衛隊合法化的目的，並給予天皇正式元首地位（雖然仍維持人民主權）。另一個在選舉中的大贏家則是政治光譜中的更右翼團體，2012年9月大阪府知事橋下徹與東京都知事石原慎太郎合作，組成「日本維新會」。在12月選舉中，石原辭去都知事一職參加選舉，並得以進入眾議院。「日本維新會」號稱日本「第三勢力」，共取得五十四席，事實上它已能立足為日本第三大政黨。無論橋下或石原，其言論都具濃厚的民族主義色彩，攻擊對手時語言鋒利，因此他們的批評者稱那位大阪府知事之政綱為「橋主義」——它的日語發音事實上與法西斯主義差不多。維新會之政綱與安倍的自民黨相近，主張修改憲法，其成員甚至支持擴充軍力，不少人希望日本能擁有核子武器。

至於安倍的經濟政策，若與小泉純一郎在2000年代初之新自由主義相比，或與「日本維新會」之全面經濟自由化比較，則顯得不太急進。在選舉時，他的經濟政策與自民黨過去立場類似：大量增加公共建設預算以刺激經濟、制定刺激型之貨幣政策，對農業實施保護主義。

就廣義而言，安倍可以說是個實際型政治操作者；就短期而言，無論他要實施任何大膽行動，都會遇上困難。在外交上，他傾向與美國維持親密關係。然若日本對亞洲鄰國採取太強硬的政策，導致地區情勢緊張，則又會危及日美關係。在國內，出口民調顯示大部分選民支持自民黨並非因為擁護該黨或其意識形態，而是因為唾棄不知所措的民主黨，因此安倍的政治空間並非如表面看來那樣好。與2009年的民主黨一模一樣，小選區制度對自民黨有利，縱使

選民情緒只是稍為變動，其在選舉中卻是大有斬獲：亦即自民黨在選舉中的得票率僅43%，但卻取得國會61%的大多數。安倍夢寐以求的是修憲，他必須取得參議院及眾議院三分之二的多數席位才能達成此長期目標。也就是說安倍必須維持甚至進一步擴大自民黨的多數選票。

事實上在日後幾次選舉裏，自民黨取得了近乎隻手遮天的政治權力。2013年和2016年的參議院選舉中，自民黨差一點才過半，但與公明黨合作後，它擁有60%的議席；眾議院的選情更好，在2014年和2017年的大選中，自民黨在四百六十五個總席數中取得60%的多數，若加上聯盟友黨，更有三分之二以上的多數。

反對黨比以前更分裂，一連串的改名、解散和合併，令人眼花繚亂。最右翼的維新會分裂後逐漸衰落，部分原因是2013年選舉時，橋下徹稱戰時慰安婦體制為「軍事上的需要」[34]，以致其一些盟友也不得不拋棄他；除此之外，事實證明他也無法跨出其在關西地區的地盤，獲得有力支持。另一個以小池百合子為中心的新保守政黨形成，小池是魅力十足的女性，曾身為自民黨成員，在眾議院擔任十年議員。2016年，她擊敗自民黨支持的候選人，當選東京都知事，成為第一個擔任這個職位的女性。在2017年大選前夕，她享負「能幹」的名聲，乘勢創立一個全國性的「希望之黨」，由五十七名自民黨脫黨黨員和民主黨的保守派成員組成。但她的政策取向和自民黨沒有太大差別，同時選舉時激烈的對立語言（如果是男性政治家應不會有問題），對她傷害甚大。雖然一般期待她會大有所獲，但結果希望之黨失去了七席。民主黨潰散後留下來的成員現更名為「立憲民主黨」，表現相對不錯。它擁有五十七席，成為最大的反對黨，不過民主黨席位只佔整個眾議院議席的12%。由橋本及小池的案例所吸取的教訓，是來自主流以外冒升的領袖縱然具有魅力，也不容易在日本國家層面獲取勝利。

由2014年的選舉，到2017年選舉後更為明顯，自民黨及其他保守派政黨盟友追求兩個長期而有關連的目標。首先最基本的是自民黨要修改1947年憲法，當然最重要是第9條，透過全國性公投，希望選民修改放棄使用武力這項條款。第二是自民黨及其盟友希望強

化日本的軍力及與美國的同盟關係,以防範正在崛起的中國和不可預估的北韓的威脅。

雖然要達成上述目標會引起激烈反抗,第二個目標仍較易達成,它的主要步驟有二:首先在2013年12月,國會通過《特定秘密保護法》,部分原因是美國怕機密被泄露,一直不願意與日本政府分享資訊。《特定秘密保護法》提高了對任何被發現洩露國家機密的人的處罰。但該法案沒有為舉報人提供任何保護,同時對政府界定「國家機密」的程序只作有限監督。在新一代學生積極分子的領導下,數以萬計的人走上街頭抗議。在某些民調中,反對該法的公眾達至80%。在其後數年,雖然並沒有針對媒體的顯著案件,但很多觀察家擔憂該法會對媒體深入報導政府新聞時,產生寒蟬效應。[35]

第二步便是2015年加強日美軍事同盟,以兩個法案的形式,擴大自衛的含義,以容許日本配合同盟國(基本上就是美國)的軍事行動。此等法案在2015年12月通過,2016年3月生效,是第二次世界大戰後首次容許日本參加所謂「集體自衛」。上述行動範圍,預估會包括中國軍方在有爭議的島嶼領域內襲擊美國船艦,或北韓攻擊美國軍隊。新法案容許日本不論本國軍隊或領土有沒有受到攻擊,也可以採取軍事行動保護其盟友。抗議秘密保護法的學生在國會外發動更大規模的示威,反對上述法案,也許是1960年日美安保條約以來最大行動。有些民調反映大部分人反對新法,但另一些則是反對與贊成各半。[36]

理論上各個新法案已滿足那些要求提升日本軍事聲望的人,修改第9條的迫切性已大為減少。但自民黨領導人長期視修憲為其奮鬥目標,2017年選舉過後,他們又席不暇暖地安排其工作時程。但是,兩件貪污醜聞爆發,涉及安倍首相及其夫人為好友介入地產私人交易,這是日本政治歷來存在的通用手法。案件中一名受惠者是一個極端民族主義者,他擁有一所私立學校。該校要求幼稚園學生背默1889年的教育敕語,並要朗誦出來,進入學校時也要向天皇肖像鞠躬。這些醜聞拖累了安倍的人望,國會裏連篇累牘討論這件事,也延滯了議程。雖然如此,安倍在2018年9月仍輕易以黨總裁身份選上第三任首相,意即他仍會繼續擔任此職,而且很快成為日

圖18.3　2016年7月24日，平成天皇明仁在東京國會。當年仲夏，他宣佈希望退位，政府在2017年6月通過法律同意其退位，平成時代在2019年4月30日正式結束。太子德仁接位，新的令和時代開始。（來源：Atilla JANDI／Shutterstock 提供）

本近代史上任期最長的首相。2019年7月參議院選舉，雖然投票率是第二次世界大戰後第二低（稍低於49%），自民黨仍掌握多數席位，但與其他贊成修憲的政黨加起來，仍稍低於三分之二多數，無法通過國會參議院修改憲法需要的門檻。除此之外，修改第9條的措辭涉及十分關鍵和複雜的問題，自民黨和其他同一陣線政黨也不一定同調。民調顯示，大部分人民對這個國家憲章關鍵章節的修改只有微弱的支持度。2019年選舉後，不同的民調都反映，很少選民認為修憲應是政府的優先選項。由大眾層面觀察，「保守主義」一方面要保存現行憲法所確定的戰後政治體制，另一方面則要採用急激

手法改變主要條文。當平成年代走向終結時，日美同盟的軍事層面比過去更為緊密，但1947年憲法會否修改，事實上仍無法肯定。

　　平成時代不是終結於天皇的逝世，而是他的退位，這在近代是史無前例的。在皇室制度漫長的前近代時期，退位是十分普遍；約超過半數的天皇選擇退位，而且通常是在相對年輕的時候。但在近代史中，三位前任天皇（明治、大正、昭和）只有在其去世時才終結統治。無論是明治時期與憲法一起頒佈的《皇室典範》，或是戰後憲法下所採用的「新皇室典範」，文字上都假設天皇是終生職務，沒有關於退位的條文。在這個背景下，明仁天皇宣佈他有意在2016年夏天退位，實在令許多人訝異，雖然他身邊的顧問好幾年前已了解他的心願。他在一個公開演講裏解釋，由於身體狀況惡化，他無法正常執行許多公務。雖然只是政治象徵的活動而非實行主權，但其所包涵範圍事實上相當廣泛。

　　執政黨並不滿意明仁天皇的聲明，也許因為害怕出現「國家和人民團結」兩個符號共存的情況。經過自民黨內部、政府與宮內廳以及國會裏一連串的爭論，政府在2017年3月通過一項法案，僅准許這一次的退位，以後的退位需要未來再立法。2019年4月1日，政府宣佈新繼任天皇的年號為「令和」。這個決定有兩點不尋常：首先，以前二百四十七個天皇年號都是由中國經典裏選出複合字，反映出日本早期文化以此作為基礎。但「令和」一詞則不同，出自日本古代詩歌集《萬葉集》。其次，「令」這一字指早春月份，以前的年號從沒有用過。4月30日舉行退位典禮後，平成時代正式結束。翌日，德仁太子成為新天皇，他的妻子小和田雅子成為皇后，令和時代於是開始。在這個年號下，安倍政權強調國家的光榮，也希望擺脫隨附著平成時代陰冷而又衰落的敘事，當然，日本人民仍要面對存在的各種困難。

五、平成時代的總結

　　人們會怎樣總結平成年代，尤其是它最後的幾年？明仁統治的開端碰上日本1990年代的「失落的十年」，到了2010年代初，它又適時地被稱作「失落的二十年」。失落的形象源於揮之不去的經濟疲弱

以及貧富差距的擴大，還有出生率的下降和日本社會的急劇老齡
化。根據2015年的人口調查，約27%的人口是六十五歲或以上，政
府預估到2040年會增加至35%。但要化解這些令人困擾的趨勢需要
時間，失落的形象成為一個大敘事，它有自己的生命力，甚至遮蓋
了日本的堅韌性和穩定性，而這些正面力量其實是一直存在的。
2012年12月政權回到日本長期的執政黨手裏，其後日本政府和保守
派主流用盡方法要把大敘事變為正向，這種做法歌頌了成功的地
方，但相反地掩蓋了依然存續的問題。

　　安倍晉三2006年至2007年首次登上總理寶座，但這段時間是一
事無成，現在重拾舊江山，當然十分高興，因此設定新調子，宣言
「日本會再起」。安倍再起是沒有疑問，但出乎許多人意料之外的
是，他能留任到平成時代的結束。他的口號其實比三年後特朗普的
「令美國再次偉大」更早一些。2013年9月，國際奧林匹克委員會宣
佈日本將會在東京主辦2020年奧運會，為安倍更美好將來的承諾加
了一把勁。這也引發一個建築榮景。當日本社會的男女工作人口正
在萎縮時，它加劇了日益嚴重的勞動力短缺問題。

　　官方的樂觀立場是建立在對日本過去及未來的正面評價上，但
並非人人都同意。2015年8月15日是第二次世界大戰結束的七十週
年，安倍首相及其國會支持者以至其他派系——尤其著名的是團體
「日本會議」，他們的立場是否認南京大屠殺、否認政府要負上招募
和囚禁韓國及其他地方女性於所謂慰安站的責任。「日本會議」號稱
全國有四萬會員，包括參議院裏約60%的議員（大部分是自民黨
員）。它的民族主義綱領包括修憲、反對日本向二次大戰時的殖民統
治和行為道歉。安倍無疑同意這個立場，也毫不隱諱希望擺脫日本
過去在大戰五十週年和六十週年的聲明，這些聲明試圖為戰時侵略
和殖民地化其鄰國的行為作較為明確的道歉。2014年末至2015年夏
天，中國和南韓政府、還有亞洲和西方的積極分子都顯得十分焦
慮，並多方批評，使得日本與其鄰國關係降至冰點。因此在日本投
降的週年活動，安倍要為其政府發表聲明時，他的實用主義戰勝其
民族主義，有效地躲閃了道歉問題。安倍把其前任1995年和2005年
聲明裏的四個關鍵字放進來——「痛切反省」、「深刻哀悼」、「殖民地

371

統治」和「侵略」，希望能抑止海外的譴責。與此同時，安倍的行文遣字卻反映出他的民族主義複雜情緒。他強調其前任的道歉，但卻沒有用自己的語言表示歉意；他突出日本自1945年以來對世界的和平立場，但企圖免除其後任者仍須繼續道歉。「我們不應該讓我們的子子孫孫或更未來的一代背負謝罪的宿命，他們與戰爭毫無關係。」在結論裏，安倍表示：「雖然如此，我們日本人應超越世代，認真面對過去的歷史。」[37]

同年夏天出現另一個有關的爭議，日本向聯合國教科文組織申請一些船塢、煉鐵廠、煤礦作為「世界遺產」，用這些地方紀念第一個非西方國家的工業革命。南韓政府揚言否決日本提案，因為日本只聚焦在明治時代，沒有提及戰時從亞洲大陸送去日本工作的勞工受遭受的不人道待遇。最後達成一個奇怪的妥協：日本承認中國和韓國勞工在戰時被迫到這些地方工作。而怪異的原因在於，日本向聯合國教科文組織提出申請時，完全沒有提及數以千計的日本男女工人所遭遇的嚴苛環境，包括那些自上述礦場和船塢成立後便參與工作的囚犯勞工。

同年12月，日本與南韓就歷史問題的緊張情況達成協議，稱為「慰安婦問題」的「最終」協議。日本政府會給予活著的慰安婦進一步的補償，而南韓政府則中止對日本的官方批評，不再談及戰時和最近有關這些女性的處理。日本的右派反對補償，因為這等於變相承認國家負有道德責任。南韓的輿論亦譴責這個協議，因為它沒有明確指出日本的法律責任。

雖然有這些批評，「歷史問題」的確安靜了好幾年，但到2018年秋天，仇恨之火又再燃燒起來，因為南韓最高法院裁定日本一間大型鋼鐵廠須賠償二次大戰時四名被強制勞動的韓國勞工。日本鋼鐵廠和政府表示強烈不滿這裁決，理由是1965年兩國正常化協定已對所有賠償問題作最終解決。但日本政府同樣發出更含糊的聲明，認為戰時徵用韓國勞工不等於強制勞動，這顯然違背了其2015年解決世界遺產爭端時所作的讓步協議。其後一年間，雙方的互相指責愈演愈烈。南韓其他年老勞工也向法庭提出訴訟，要求賠償。安倍則把糾紛延伸至貿易和國防領域，以作報復。他對出口南韓的化學材

料增加了一些找碴的新程序，因為它們有「國安疑慮」，而這些材料只有日本才能生產，它們是南韓高科技廠商生產如屏幕等商品所必須的。而南韓的回應則是中止與日本的協議，不再分享有關北韓的軍事情報。歷史問題明顯仍是日本與其他國家關係長久以來的陰影，尤其是與其亞洲鄰國。

2018年也是1868年明治維新的一百五十週年紀念，給予了日本政府另一個機會慶祝其近代化的成就。這件盛事有點像1968年明治維新百週年，卻不像1945年的七十週年，只引起世界一般關注。數以百計的慶祝活動在日本全國舉行，與明治維新百週年一樣，他們慶祝近代化的成功，但沒有提到一般百姓所付出的代價。與1968年也有不一樣的地方，當時很多史學家認為日本近代史就是戰爭與帝國，不會有值得慶祝的地方；但到一百五十週年紀念，這方面的爭議很少。與其他國家人民一樣，日本的大部分民眾，如同他們的政府，總喜歡回顧過去積極美好的一面。[38]

從2014年開始，安倍政府除了推動對歷史更正面的看法外，也呼籲女性擴大她們在職場的參與，他的口號是「一個讓女性發光的社會」。這個運動並非來自女權主義原則，安倍在下面的聲明說得十分清楚：「有些人可能會感到洩氣，因為保守政治家安倍晉三正在推動一個『讓女性發光的社會』，但我認為這不像過去的社會政策，而是作為經濟政策的一個重要支柱。也許可以這樣說，婦女整體是一座寶山，但她們的人力資源過去並沒有得到好好利用……我希望能讓所有幹練的婦女盡快為推動日本前進出一分力。」[39]這很難不令人聯想到戰前和戰爭期間的呼聲，要求婦女為「貢獻國家」而犧牲，作為人力資源發揮最大作用，以建立一個強大的國民經濟。

在其後的幾年裏，婦女參與勞動力的比率繼續慢慢增加，主要在不同工種擔任非正規職位。政府表面上促令私人企業提高女性在管理階層的比例。到2017年，這數字稍有增加，但比例仍是普通的10%。態度確實有某種程度改變，由1992年開始，一項定期的政府調查會問到「是否應該由男性在外工作，女性負責家務」。反對男性賺錢養家這模式的人士，由第一次民調時的40%升至2016年的60%，而支持這個模式的百分比則相應降低。[40]

雖然是稍有進步，但2018年夏天一宗醜聞卻反映出在高層中，性別角色的保守看法仍是根深蒂固。日本其中一所最著名的私人醫學院，被發現在過去十多年來一直有系統地限制女性入學比例在30%內。每一年的決定性入學試中，負責招生的管理人員都偷偷扣減所有女考生的分數。參與這種做法的人卻振振有詞，認為准許女性接受醫學教育是一種浪費，女性畢業生通常都比男性更早退出職業生涯。[41] 在過去十年，全國入讀醫學院的女性完全沒有增加。再進一步調查則發現其他地方都有同樣情況發生，因為男性通過醫科考試的數字明顯高於女性。這事件反映出倡導婦女更大的參與，無論是基於實際的經濟策略還是原則問題，仍要面對持續的挑戰。

除了具體呼籲女性幫助重振經濟，縱使其支持前後不一致，日本政府在2013年還展開一連串稱為「安倍經濟學」的宏觀經濟政策。這個計劃包括「三支箭」：財政刺激，批出大量預算給橋樑、隧道和公路的建設；採取史無前例的積極貨幣政策，並行使負利率（稱為「量化寬鬆」）；還有一套大而無當的新自由主義「結構性改革」，目的是刺激投資及增強競爭，裏面包括降低企業稅、鬆綁企業規例、自由化勞動市場及農業部門（過去自民黨一直有保護，安倍尤其明顯）。「三支箭」的目的是推動國內生產總值成長，同時引發每年2%的溫和通貨膨脹。

五年來的結果既不令人印象深刻，也沒有造成災難。通貨膨脹沒有達成指標，意即消費者仍會延後購買，因為他們預估未來價格會繼續下跌。雖然2015年至2017年經濟每年以接近2%持續增長增長，企業獲利上升更快，整體經濟成長仍然微弱。人口下降已成為日本常態，外來移民有限，在這種情況下，平均個人所得增長與別的國家相比較，其實算是相對強勁。2017年到2019年的失業情況與過去數年比較，仍處於最低水平，甚至每年2%的成長也創造相當多新工作崗位，建築及服務行業均出現嚴重人力短缺，例如長者護理。[42]

一個回應的政策是稍為放寬外籍勞工限制。2018年12月，自民黨在國會推動一項法案，為海外高技術、半技術及無技術工人各自設立新的簽證類別。前者可以帶同家人，而且在最初五年簽證期滿

後，可以無限續簽，其目標是在五年內帶來最多三萬四千五百名工人。相比起勞工短缺情況或整體勞動人口，上述數字並不算多，同時也不一定能夠達成。但新政策仍然重要，因為日本政府至今為止仍倚賴女性和老人，並未把外國人看作勞動力來源。

雖然人力持續短缺，但實質工資沒有增長，甚至下降。為甚麼勞工不足，企業賺錢，而平均工資卻沒有增加？其主要原因是縱使有一個工會能替工人說話，正規工人要求的是工作保障，而不是工資增加，同樣重要的是大部分新工作都屬低薪的非正規職位。可以肯定的是，日本在面對低增長和通縮問題，與其他國家並無二致，尤其是歐洲。甚至在美國，它的經濟成長步伐較快，但很多新工作的薪水仍低，工資也停滯不前，甚至實質上是下降。

2016 年，新當選的美國總統特朗普（Donald Trump）喜怒無常，曾激烈批評日本的貿易行為，並認為在軍事同盟上，日本「坐順風車」，佔盡便宜，安倍非常了解這點，他是美國所有盟邦的領導人中最努力與特朗普建立密切個人友誼的一位，其著眼點是在經濟和軍事議題。在 2016 年 11 月美國選舉後幾天內，安倍便訪問特朗普大廈；他也是在特朗普就職後不久，第一批與其會面的外國領導人。據說除了打了幾回合高爾夫球外，安倍是空手而回。

在特朗普擔任總統後，其首批作為之一便是要美國退出稱為「跨太平洋夥伴」（Trans-Pacific Partnership, TPP）的貿易協定。太平洋兩岸十二個國家已經為了這個複雜而廣泛的協定努力了接近十年的時間，到 2016 年貿易談判代表終於達成協議，唯一剩下來就是等待各國的行政和立法部門批准和簽署。日本政府簽署了協定，因為相信日本經濟會受惠於一個更開放的貿易體制。而安倍一直努力克服國內的反對，尤其來自農民方面。除了上述的傷痛外，特朗普在 2018 年更給予安倍另一個羞辱，向日本的鋼鋁產品開徵關稅，但卻豁免美國的其他盟友，無疑打了安倍一記耳光。後者的經濟衝擊是溫和的，因為日本根本很少出口鋼產品到美國。但美國脫離 TPP 會給日本帶來多少損失則更難估計，因為這協議從未生效。日本希望與其他十一個國家達成一個修正版的 TPP，然而縱使最後達成協議，沒有美國的經濟參與，它的效應會非常一般。

374

雖然安倍治理下的日本尋求與特朗普總統建立密切關係，而且它所面臨的經濟及社會挑戰與美國或歐洲類似，甚至可能更巨大，日本在平成末年的政治世界並沒有經歷在美國冒升的民粹民族主義。最有可能的解釋是日本本身只收納數量極少的「他者」——也就是族性和種性明顯不同的移民，當政客為了攫取支持，尤其當主流族群或種群成員生活不如意，「少數他者」通常成為政客操弄的目標。這些住在日本相對少量的「外來者」在2010年代面臨愈來愈多煽動仇恨的種族團體，包括「反對給與在日特權市民協會」（簡稱「在特會」），其中尤以韓國人為標的，他們的家庭其實已來了日本好幾個世代。假如日本的少數族群人口更多一些，對排外民粹主義的反撲可能更全面一些。除此之外，安倍本身的政治立場成為某種由上而下的民族民粹主義，反而令自下而上或由體制外而來的民粹主義難以著力。

與經濟政策及鼓勵女性走向新角色的努力一樣，日本的能源和環境政策在平成年代末期顯得步伐雜亂，忽然前進，忽然後退。在2011年3月的雙重打擊到臨時，日本有五十四座核能反應爐在運作，它們提供全國30%的電力。當時執政的日本民主黨誓言要在四十年內清除所有核能，並保證儘量使用再生能源以補救電力的缺口。當自民黨在2012年末重掌政權，它希望重啟至少部分核電站，一方面是經濟上的實用做法，另方面出於「綠色」理路思考，安全的核能電力不會產生溫室氣體。自民黨有充分的理據關注日本逐漸增加的碳足跡。3.11災難後，所有核能電廠都停止運作，這30%的電力不足則由增加進口煤炭（25–31%）、天然氣（29–46%）以及石油（7–11%）來彌補，再加上上升了2%的再生能源（太陽、風、水力）。

雖然決意要將核能電力恢復到國家能源結構，但面對核能是否安全的廣泛而持續的疑慮，日本政府在2013年建立嚴厲的新核電站規範標準。直到2018年為止，只有五間核電站及九個反應爐合乎那個成本高昂的新標準，可以恢復運作。另外五個反應爐雖通過規範的難關，但由於地方反對，重開的前景並不明朗。十九個反應爐則被封，準備退役。[43]

2018年，政府公佈一個新的長期能源計劃，目標設定至2030年。該計劃把國家能源結構分為四個大致相等的部分。核能仍是一個重要來源，雖然作用會減弱，約佔整體能源供應的22%。再生能源會提供24%，煤炭為26%，而液化天然氣 (LNG) 會提供27%。值得注意的是，石油只佔整體能源1%。很多觀察家懷疑上述目標能否達成，因為核能電力要達到上述水平，需要約三十座反應爐運作。[44]

民眾懷疑國家有沒有能力處理好環境問題，這並非新鮮事，也不只限於核能議題。在2011年災難以前，這種疑慮最常見之於愈來愈多人反對興建新水壩，或是要求拆毀舊水壩，因為它損害地方環境，所得的好處則十分微薄。在極北地方，2007年開始整治北海道的釧路川，要把它原來彎曲的河道恢復過來；在極南地方，工程師要拆除熊本縣的荒瀨水壩。有些環保主義者認為日本這個建築國家只不過用新方式為自己找事情做，但有些科學家則認為在上述地區可以找到生態恢復的證據。不過興建水壩這種現代傳統仍到處繼續，東京上游的大型八場水壩，經過半世紀的反對和延滯，終於在2019年接近完成。[45]

* * *

把平成年代的最後十年放進更大的世界史背景裏考察是重要的，能讓全球趨勢與地方事件的關係更形清楚。由全球視野來看，雷曼兄弟危機的震撼是三十年來對市場放鬆管制、過分崇拜的結果。由1980年代開始，第十五章裏所談及的生產力政治嚴重腐蝕北美、日本及部分歐洲與拉丁美洲地區。上述地區在1950至1970年代都曾經讓工人可以有較高收入，從而成為經濟上積極、政治上有吸引力的良性循環的一部分，該循環產生了消費需求，繼而促進企業獲利並再投資，進一步推動薪水增加，重新刺激需求。但新自由體系取代這種規範性的市場經濟，傾向注重投資者和僱主的利益，而不是僱員和消費者。當這改變在全球出現時，日本剛好面臨一系列特殊的社會趨勢：高齡化社會、人口萎縮，以及更缺乏保障的僱用形式。雷曼危機的衝擊和緊接而來的雙重災難，與上述持續的趨勢交錯，引發出其後數年間政治激進主義的崛起，領導者是那些常被

376

媒體批評為自我封閉或軟弱的年輕一代。但問題依然存在，2009年抗議失去工作機會、2012年關注核能問題或2015年反對與美國更緊密的軍事關係，究竟上述展現出來的政治能量能否持續？另一個可能是，對權力愈來愈不信任將會導致冷漠和退縮。

　　21世紀第二個十年的尾聲，剛好碰上平成時代的結束，日本可以說處身在全球後災難、後現代環境的前沿：迅速老齡化、經濟上雖然有新工作但發展並不理想、全球暖化不斷衝擊。在這種環境下，並非日本的所有經驗對世界而言都是消極的。日本經濟節能的說法有一定道理。日本政府承諾要為應對氣候變遷付出更多，雖然實行起來很多時候是半吊子，但這些努力仍比某些主要國家來得大。犯罪率仍低，城市和鄉鎮都十分安全。公共交通工具十分有效率，而且非常方便。城市的基礎建設投資仍蓬勃。貧富不均的情況雖有增加，但比起其他地方不算嚴重。軍事開支上升，但在整體經濟所佔百分比仍低。在2000年，日本是世界上其中一個最早使用公共資源系統長期照顧老人的國家，到2019年仍是少數國家之一。無可否認，人口正在老齡化，但可以引以為傲的是，日本是世界上最長壽的國家。雖然不能毫無批判地接受日本政府在慶祝明治維新一百五十週年時的正面論調，但可以想像，假如其他地方的人民能面對與日本同樣的挑戰，他們應會感到高興。也許我們需要重新思考的是，對一個國家、社會以至個人來說，甚麼才是成功的標準？

1885–2021年
日本歷屆總理大臣

總理大臣（首相）	任職日期	離職日期
伊藤博文	1885年12月（明治18年）	1888年4月（明治21年）
黑田清隆	1888年4月（明治21年）	1889年12月（明治22年）
山縣有朋	1889年12月（明治22年）	1891年5月（明治24年）
松方正義	1891年5月（明治24年）	1892年8月（明治25年）
伊藤博文	1892年8月（明治25年）	1896年9月（明治29年）
松方正義	1896年9月（明治29年）	1898年1月（明治31年）
伊藤博文	1898年1月（明治31年）	1898年6月（明治31年）
大隈重信	1898年6月（明治31年）	1898年11月（明治31年）
山縣有朋	1898年11月（明治31年）	1900年10月（明治33年）
伊藤博文	1900年10月（明治33年）	1901年6月（明治34年）
桂太郎	1901年6月（明治34年）	1906年1月（明治39年）
西園寺公望	1906年1月（明治39年）	1908年7月（明治41年）
桂太郎	1908年7月（明治41年）	1911年8月（明治44年）
西園寺公望	1911年8月（明治44年）	1912年12月（大正元年）
桂太郎	1912年12月（大正元年）	1913年2月（大正2年）
山本權兵衛	1913年2月（大正2年）	1914年4月（大正3年）
大隈重信	1914年4月（大正3年）	1916年10月（大正5年）
寺內正毅	1916年10月（大正5年）	1918年9月（大正7年）
原敬	1918年9月（大正7年）	1921年11月（大正10年）
高橋是清	1921年11月（大正10年）	1922年6月（大正11年）
加藤友三郎	1922年6月（大正11年）	1923年9月（大正12年）
山本權兵衛	1923年9月（大正12年）	1924年1月（大正13年）
清浦奎吾	1924年1月（大正13年）	1924年6月（大正13年）
加藤高明	1924年6月（大正13年）	1926年1月（大正15年）
若槻禮次郎	1926年1月（大正15年）	1927年4月（昭和2年）
田中義一	1927年4月（昭和2年）	1929年7月（昭和4年）
濱口雄幸	1929年7月（昭和4年）	1931年4月（昭和6年）

總理大臣（首相）	任職日期	離職日期
若槻禮次郎	1931年4月（昭和6年）	1931年12月（昭和6年）
犬養毅	1931年12月（昭和6年）	1932年5月（昭和7年）
齋藤實	1932年5月（昭和7年）	1934年7月（昭和9年）
岡田啟介	1934年7月（昭和9年）	1936年3月（昭和11年）
廣田弘毅	1936年3月（昭和11年）	1937年2月（昭和12年）
林銑十郎	1937年2月（昭和12年）	1937年6月（昭和12年）
近衛文麿	1937年6月（昭和12年）	1939年1月（昭和14年）
平沼喜一郎	1939年1月（昭和14年）	1939年8月（昭和14年）
阿部信行	1939年8月（昭和14年）	1940年1月（昭和15年）
米內光政	1940年1月（昭和15年）	1940年7月（昭和15年）
近衛文麿	1940年7月（昭和15年）	1941年10月（昭和16年）
東條英機	1941年10月（昭和16年）	1944年7月（昭和19年）
小磯國昭	1944年7月（昭和19年）	1945年4月（昭和20年）
鈴本貫太郎	1945年4月（昭和20年）	1945年8月（昭和20年）

明治憲法下之戰後總理大臣

總理大臣（首相）	任職日期	離職日期
東久邇宮稔彥	1945年8月（昭和20年）	1945年10月（昭和20年）
幣原喜重郎	1945年10月（昭和20年）	1946年5月（昭和21年）
吉田茂	1946年5月（昭和21年）	1947年5月（昭和22年）

新憲法下之戰後總理大臣

總理大臣（首相）	任職日期	離職日期
片山哲	1947年5月（昭和22年）	1948年3月（昭和23年）
蘆田均	1948年3月（昭和23年）	1948年10月（昭和23年）
吉田茂	1948年10月（昭和23年）	1954年12月（昭和29年）
鳩山一郎	1954年12月（昭和29年）	1956年12月（昭和31年）
石橋湛三	1956年12月（昭和31年）	1957年2月（昭和32年）
岸信介	1957年2月（昭和32年）	1960年7月（昭和35年）
池田勇人	1960年7月（昭和35年）	1964年11月（昭和39年）
佐藤榮作	1964年11月（昭和39年）	1972年7月（昭和47年）
田中角榮	1972年7月（昭和47年）	1974年12月（昭和49年）

總理大臣（首相）	任職日期	離職日期
三木武夫	1974 年 12 月（昭和 49 年）	1976 年 12 月（昭和 51 年）
福田赳夫	1976 年 12 月（昭和 51 年）	1978 年 12 月（昭和 53 年）
大平正芳	1978 年 12 月（昭和 53 年）	1980 年 7 月（昭和 55 年）
鈴木善幸	1980 年 7 月（昭和 55 年）	1982 年 11 月（昭和 57 年）
中曽根康弘	1982 年 11 月（昭和 57 年）	1987 年 11 月（昭和 62 年）
竹下登	1987 年 11 月（昭和 62 年）	1989 年 6 月（平成元年）
宇野宗佑	1989 年 6 月（平成元年）	1989 年 8 月（平成元年）
海部俊樹	1989 年 8 月（平成元年）	1991 年 11 月（平成 3 年）
宮澤喜一	1991 年 11 月（平成 3 年）	1993 年 8 月（平成 5 年）
細川護熙	1993 年 8 月（平成 5 年）	1994 年 4 月（平成 6 年）
羽田孜	1994 年 4 月（平成 6 年）	1994 年 6 月（平成 6 年）
村山富市	1994 年 6 月（平成 6 年）	1996 年 1 月（平成 8 年）
橋本龍太郎	1996 年 1 月（平成 8 年）	1998 年 7 月（平成 10 年）
小淵惠三	1998 年 7 月（平成 10 年）	2000 年 4 月（平成 12 年）
森喜朗	2000 年 4 月（平成 12 年）	2001 年 4 月（平成 13 年）
小泉純一郎	2001 年 4 月（平成 13 年）	2006 年 9 月（平成 18 年）
安倍晉三	2006 年 9 月（平成 18 年）	2007 年 9 月（平成 19 年）
福田康夫	2007 年 9 月（平成 19 年）	2008 年 9 月（平成 20 年）
麻生太郎	2008 年 9 月（平成 20 年）	2009 年 9 月（平成 21 年）
鳩山由紀夫	2009 年 9 月（平成 21 年）	2010 年 6 月（平成 22 年）
菅直人	2010 年 6 月（平成 22 年）	2011 年 9 月（平成 23 年）
野田佳彦	2011 年 9 月（平成 23 年）	2012 年 12 月（平成 24 年）
安倍晉三	2012 年 12 月（平成 24 年）	2020 年 9 月（令和 2 年）
菅義偉	2020 年 9 月（令和 2 年）	2021 年 10 月（令和 3 年）
岸田文雄	2021 年 10 月（令和 3 年）	現任

注　釋

中文版作者序

1. 包括Kumazawa Makoto, *Portraits of the Japanese Workplace* (Boulder, Colo.: Westview Press, 1996) 與 Nimura Kazuo, *The Ashio Riot of 1907: A Social History of Mining in Japan* (Durham: Duke University Press, 1997)。

2. 引自1996年12月2日《宣言》英文本，收於1998年「新歷史教科書編纂會」印刊的小冊子《恢復民族的歷史》。

緒論

1. 參看網頁 "Tectonics and Volcanoes of Japan," http://volcano.oregonstate. edu/vwdocs/volc_images/north_asia/japan_tec.html。

2. Ann Bowman Jannetta, *Epidemics and Mortality in Early Modern Japan* (Princeton, N.J.: Princeton University Press, 1987).

3. Alfred W. Crosby Jr., *The Columbian Exchange: Biological and Cultural Consequences of 1492* (Westport, Conn.: Praeger, 2003), pp. 196–198, 218.

第一章

1. 參看 Mikiso Hane, *Peasants, Rebels, and Outcastes: The Underside of Modern Japan* (New York: Pantheon Books, 1982), p. 8。

2. Engelbert Kaempfer, *Kaempfer's Japan*, ed. and trans. Beatrice M. Bodart Bailey (Honolulu: University of Hawai'i Press, 1999), p. 271. Kaempfer 是德國學者，1690年至1692年間隨荷蘭商人到長崎。

3. James Murdoch 及 George Sansom 語，參看 George Elison, "The Cross and the Sword," in *Warlords, Artists, and Commoners: Japan in the Sixteenth Century*, eds. George Elison and Barwell L. Smith (Honolulu: University of Hawai'i Press, 1981), pp. 67–68。

4. A. L. Sadler, *The Maker of Modern Japan: The Life of Tokugawa Ieyasu* (1937; reprint, Rutland, Vt.: Charles E. Tuttle Company, 1984), p. 25.

5. 由於有些名藩會細分，又有些家臣升格為大名，故大名的整體數字會隨時增加，到18世紀大概已穩定為二百六十個大名。

6. 一石約等於一百八十公升 (liter)。

7. *The Journal of Townsend Harris* (Tokyo: kinkōdō shoseki, 1913), pp. 468–80.

8. James L. McClain, *Kanazawa: A Seventeenth-Century Japanese Castle Town* (New Haven, Conn.: Yale University Press, 1982), p. 151.

9. 這些法令產生意想不到的效果，對史學工作者尤其重要，正如近代歐洲初期教會所收藏的檔案一樣，日本寺院所收集的人口紀錄，近數十年成為深入了解人口及社會史的原始材料。

10. Kikuchi Seiichi, "The Seventeenth Century Maritime Map of Jiaozhi Bound Junk Ships: Archaeological Investigation in Hoi An," 2012年5月11–12日香港學術會議「Nguyen Vietnam (1558–1885): Transnational Connections」發表之論文。

11. Bob Tadashi Wakabayashi, *Anti-Foreignism and Western Learning in Early-Modern Japan: The New Theses of 1825* (Cambridge: Harvard Council on East Asian Studies, 1986), p. 149.

12. John W. Hall, "Rule by Status in Tokugawa Japan," *Journal of Japanese Studies* 1, no. 1 (Fall 1974): 39–49.

13. Conrad Totman, *Early Modern Japan* (Berkeley: University of California, 1993), ch. 13.

第二章

1. 參看John W. Hall, "The Castle Town and Japan's Modern Urbanization," in *Studies in the Institutional History of Early Modern Japan*, eds. John W. Hall and Marius Jansen (Princeton, N.J.: Princeton University Press, 1968)。

2. Engelbert Kaempfer, *The History of Japan, Together with a Description of the Kingdom of Siam, 1690–92*, vol. 3, trans. J. G. Scheuchzer (Glasgow: J. MacLehose and Sons, 1906), p. 306.

3. David L. Howell, "Fecal Matters: Prolegomenon to a History of Shit in Japan," in *Japan at Nature's Edge: The Environmental Context of a Global Power*, ed. Ian J. Miller, Julia Adeney Thomas, and Brett L. Walker (Honolulu: University of Hawai'i Press, 2013), pp. 137–151.

4. 所有引文均來自八隅蘆庵，《旅行用心集》(1810)，轉引自Constantine N. Vaporis, "Caveat Viator: Advice to Travelers in the Edo Period," *Monumenta Nipponica* 44, no. 4 (Winter 1989): 461–483。

5. Conrad Totman, *The Green Archipelage: Forestry in Pre-Industrial Japan* (Berkeley: University of California, 1993), p. 68.

6. Thomas C. Smith, *Native Sources of Japanese Industrialization, 1750–1920* (Berkeley: University of California Press, 1988), p. 51.

7. 有關識字率的討論，參看 Ronald Dore, *Education in Tokugawa Japan* (Berkeley: University of California Press, 1965)。

8. Smith, *Native Sources*, pp. 20–21, 46–47.

9. Osamu Saito, "Climate, Famine, and Population in Japanese History: A Long-Term Perspective," in *Environment and Society in the Japanese Islands: From Prehistory to the Present*, eds. Bruce L. Batten and Philip C. Brown (Corvallis: Oregon State University Press, 2015), pp. 213–229.

10. 參看 Thomas C. Smith, *Nakahara: Family Farming and Population in a Japanese Village, 1717–1830* (Stanford, Calif.: Stanford University Press, 1977)。Daniel Scott Smith 在 *Journal of Japanese Studies* 5, no. 1 (Winter 1979) 曾寫過本書書評，對資料提供另一種解釋。

11. 杉田玄白之看法，參看 Harold Bolitho, "The Tempō Crisis," in *The Cambridge History of Japan*, vol. 5, *The Nineteenth Century*, ed. Marius Jansen (Cambridge: Cambridge University Press, 1989), p. 128。

12. 參看 Smith, *Native Sources*, pp. 25–26。

13. 參看 Smith, *Native Sources*, p. 29。

14. Stephen Vlastos, *Peasant Protests and Uprisings in Tokugawa Japan* (Berkeley: University of California Press, 1986), p. 46. 亦可參看 James W. White, *Ikki: Social Conflict and Political Protest in Early Modern Japan* (Ithaca, N.Y.: Cornell University Press, 1995), p. 157。

15. Jennifer Robertson, "The Shingaku Woman," in *Recreating Japanese Women, 1600–1945*, ed. Gail Bernstein (Berkeley: University of California Press, 1991), p. 91.

16. Kathleen S. Uno, "Women and Changes in the Household Division of Labor," in *Recreating Japanese Women*, p. 33.

17. Uno, "Women and Changes in the Household Division of Labor" 一文引用 Isabella Bird, *Unbeaten Tracks in Japan* (New York: G. P. Putnam, 1880)。

第三章

1. 要進一步了解這題目，可參看 Herman Ooms, *Tokugawa Ideology Early Constructs, 1570–1680* (Princeton, N.J.: Princeton University Press, 1985).

2. Federico Marcon, *The Knowledge of Nature and the Nature of Knowledge in Early Modern Japan* (Chicago: University of Chicago Press, 2015).

3. Samuel H. Yamashita, "The Writings of Ogyū Sorai," in *Confucianism and Tokugawa Culture*, ed. Peter Nosco (Princeton, N.J.: Princeton University Press, 1984), pp. 161–165.

4. Tetsuo Najita, *Visions of Virtue: The Kaitokudō Merchant Academy of Osaka* (Chicago: University of Chicago Press, 1987), pp. 1–17.

5. Matsuo Basho, *The Narrow Road to the Deep North* (New York: Penguin Books, 1966).

6. 參看 *Chushingura: The Treasury of Loyal Retainers*, trans. Donald Keene (New York: Columbia University Press, 1971), pp. 2–3。

7. Thomas C. Smith, "'Merit' as Ideology in the Tokugawa Period," in *Native Sources of Japanese Industrialization, 1750–1920* (Berkeley: University of California Press, 1988), ch. 7, pp. 156–172.

8. Kate Wildman Nakai, "Tokugawa Confucian Historiography," in *Confucianism and Tokugawa Culture*, ed. Peter Nosco (Princeton, N.J.: Princeton University Press, 1984), p. 86.

9. Marcon, *The Knowledge of Nature and the Nature of Knowledge*, pp. 120–127.

10. Tsuji Tatsuya, "Politics in the Eighteenth Century," in *The Cambridge History of Japan*, vol. 4, ed. John W. Hall (Cambridge: Cambridge University Press, 1991), pp. 468–469.

11. Kären Wigen, *The Making of a Japanese Periphery* (Berkeley: University of California Press, 1995), p. 169.

12. Peter F. Kornicki, *The Book in Japan: A Cultural History from the Beginnings to the Nineteenth Century* (Leiden: Brill, 1998), pp. 300–306.

第四章

1. Harold Bolitho, "The Tempō Crisis," in *The Cambridge History of Japan*, vol. 5, *The Nineteenth Century*, ed. Marius Jansen (Cambridge: Cambridge University Press, 1989), p. 157.

2. John R. Richards, *The Unending Frontier: An Environmental History of the Early Modern World* (Berkeley: University of California Press, 2006), ch. 16.

3. Edward Yorke McCauley, *With Perry in Japan: The Diary of Edward Yorke McCauley*, ed. Allan B. Cole (Princeton, N.J.: Princeton University Press, 1942), pp. 98–99.

4. McCauley, *With Perry in Japan*, p. 98.

5. William G. Beasley, ed., *Select Documents on Japanese Foreign Policy, 1853–1868* (London: Oxford University Press, 1955), p. 102.

6. Patricia Sippel, "Popular Protest in Early Modern Japan: The Bushū Outburst," *Harvard Journal of Asiatic Studies* 37, no. 2 (1977): 273–322.

7. 參看 Anne Walthall, *The Weak Body of a Useless Woman: Matsuo Taseko and the Meiji Restoration* (Chicago: University of Chicago Press, 1998), p. 98。

8. Gregory Smits, *Seismic Japan: The Long History and Continuing Legacy of the Ansei Edo Earthquake* (Honolulu: University of Hawai'i Press, 2013).

9. 參看 George Wilson, *Patriots and Redeemers in Japan: Motives in the Meiji Restoration* (Chicago: University of Chicago Press, 1992), pp. 105–106。

第五章

1. Basil Hall Chamberlain, *Things Japanese* (London: K. Paul, Trench, Trubner & Co., Ltd., 1891), p. 1.

2. 史家 Thomas C. Smith 曾就此主題寫過一篇精彩短文 "Japan's Aristocratic Revolution",參看 Thomas C. Smith, *Native Sources of Japanese Industrialization, 1750 – 1920* (Berkeley: University of California Press, 1988)。

3. Yokoyama Toshio, *Japan in the Victorian Mind: A Study of Stereotyped Images of a Nation, 1850–80* (Houndmills, Basingstoke, Hampshire: Macmillan, 1987), p. 109.

4. Tokutomi Kenjirō (德富健次郎,筆名蘆花), *Footprints in the Snow*, trans. Kenneth Strong (New York: Pegasus Books, 1970), p. 271. 1901 年以《思出の記》為題出版 (東京:岩波書店)。

5. Tokutomi, *Footprints in the Snow*, p. 107.

6. Takeshi Fujitani, *Splendid Monarchy* (Berkeley: University of California Press, 1996), p. 36.

7. Conrad Totman, *Japan's Imperial Forest Goryōrin, 1889–1945* (Folkestone, UK: Global Oriental, 2007).

8. Kido Takayoshi, *The Diary of Kido Takayoshi*, vol. 2, trans. Sidney D. Brown (Tokyo: University of Tokyo Press, 1982).

9. Totman, *Japan's Imperial Forest Goryōrin.*

10. Stephen J. Ericson, *The Sound of the Whistle: Railroads and the State in Meiji Japan* (Cambridge: Harvard Council on East Asian Studies Monographs, 1996), pp. 66–73.

11. 大久保意見引用自 Sidney D. Brown, "Ōkubo Toshimichi: His Political and Economic Policies in Early Meiji Japan," *Journal of Asian Studies* 21, no. 2 (February 1963): 194。有關日本人連鎖都不懂一語出自前田正名,參看 Thomas Smith, *Political Change and Industrial Development in Japan:*

Government Enterprise, 1868–1880 (Stanford Calif: Stanford University Press, 1955), p. 39。

12. 有關出兵台灣及殖民計劃，參看Robert Eskildsen, "Of Civilization and Savages: The Mimetic Imperialism of Japan's 1874 Expedition to Taiwan," *American Historical Review* 107, no. 2 (April 2002): 388–418。

13. Michael A. Thornton, "Settling Sapporo: City and State in the Global Nineteenth Century," Ph.D. dissertation, Harvard University, 2018. Brett L. Walker, *The Lost Wolves of Japan* (Seattle: University of Washington Press, 2005), ch. 4.

14 有關日本北方領土住民情況，可參看Tessa Morris-Suzuki, "Becoming Japanese: Imperial Expansion and Identity Crises in the Early Twentieth Century," in *Japan's Competing Modernities: Issues in Culture and Democracy, 1900–1930*, ed. Sharon Minichiello (Honolulu: University of Hawai'i Press, 1998), pp. 157–180。

15. 一位史學家建議稱明治維新為「服務知識分子」的革命。Thomas Huber, *The Revolutionary Origins of Modern Japan* (Stanford, Calif.: Stanford University Press, 1981)。

第六章

1. 古島敏雄，《日本封建農業史》（東京：光和書房，1947），頁83。

2. Bob T. Wakabayashi, *Anti-Foreignism and Western Learning in Early Modern Japan: The New Theses of 1825* (Cambridge: Harvard Council on East Asian Studies Monographs, 1986), p. 211.

3. Hansun Hsiung, "Timing the Textbook: Capitalism, Development, and Western Knowledge in the Nineteenth-Century," May 23, 2018, *History of Knowledge: Research, Resources, and Perspectives*, https://historyofknowledge.net/2018/05/23/timing-the-textbook/

4. Soyejima Tameomi et al., "Memorial on the Establishment of a Representative Assembly," in *Japanese Government Documents*, ed. W. W. McLaren, published in *Transactions of the Asiatic Society of Japan* 42, Part 1 (1914), pp. 426–432.

5. Irokawa Daikichi, *The Culture of the Meiji Period* (Princeton, N.J.: Princeton University Press, 1985), p. 101.

6. Irokawa, *Culture of the Meiji Period*, p. 111.

7. 參看 Stephen Vlastos, "Opposition Movements in Early Meiji," in *The*

Cambridge History of Japan, vol. 5, *The Nineteenth Century*, ed. Marius Jansen (Cambridge: Cambridge University Press, 1989), p. 411。

8. 參看 Richard Devine, "The Way of the King," *Monumenta Nipponica* 34, no. 1 (Spring 1979): 53。

9. Ian J. Miller, "Tokyo in the Age of Electricity: Energy in the Great Convergence," (unpublished paper).

10. 參看 Masao Miyoshi, *As We Saw Them: The First Japanese Embassy to the United States (1860)* (Berkeley: University of California Press, 1979), p. 71。

11. 《明六雜誌》文章，可參看 William Braisted, ed. and trans., *Meiroku Zasshi: Journal of the Japanese Enlightenment* (Cambridge: Harvard University Press, 1976)。

12. Braisted, *Meiroku Zasshi* no. 32, p. 395, 引用阪谷素1875年3月8日文章〈妄説の疑〉。

13. 參看 Sharon Seivers, *Flowers in Salt* (Stanford, Calif.: Stanford University Press, 1983), p. 36。

14. 新渡戶的看法轉引自 Sally A. Hastings, "The Empress' New Clothes and Japanese Women, 1868–1912," *The Historian* 55, no. 4 (Summer 1993): 689. 原文可參見 Nitobe Inazō, *The Intercourse between the United States and Japan: An Historical Sketch* (Baltimore: Johns Hopkins Press,1891), pp. 154–155。

15. 井上清，《條約改正：明治の民族問題》（東京：岩波書店，1955），頁117。

16. 關於「元老」，參見 Roger Hackett, "Political Modernization and the Meji Genrō," in Robert E. Ward, ed., *Political Development in Modern Japan* (Princeton, N.J.: Princeton University Press,1968), pp. 68–79。 在1890年代有諸多關於哪幾位領袖人物算「元老」的報紙討論，大家逐步達成一致，認為以下七位是第一代「元老」：伊藤博文、黑田清隆、松方正義、大山巖、西鄉從道、山縣有朋和井上馨。1900年代初，桂太郎和西園寺公望成為兩位新「元老」。

第七章

1. Conrad Totman, *Japan: An Environmental History* (London: I.B. Tauris, 2014), pp. 205–207.

2. 參看 James Nakamura, *Agricultural Production and the Economic Development of Japan, 1873–1922* (Princeton, N.J.: Princeton University Press, 1966), and Henry Rosovsky, "Rumbles in the Rice Fields," *Journal of Asian Studies* 27, no. 2 (February 1968): 347–360.

3. Tessa Morris-Suzuki, "Sericulture and the Origins of Japanese Industrialization," *Technology and Culture* 33, no. 1 (January 1992): 101–121.

4. Steven J. Ericson, "The 'Matsukata Deflation' Reconsidered: Currency Contraction in a Global Depression, 1881–1885," 2012年7月南非斯泰倫博斯舉辦第十六屆世界經濟史會議所發表之論文。

5. F. G. Notehelfer, "Japan's First Pollution Incident," *Journal of Japanese Studies* 1, no. 2 (Spring 1975): 351–383. Gavin McCormack, "Modernity, Water, and the Environment in Japan" in *A Companion to Japanese History*, ed. William M. Tsutsui (Oxford: Blackwell Publishing, 2007), pp. 443–459.

6. 參看 Eleanor Hadley, *Antitrust in Japan* (Princeton, N.J.: Princeton University Press, 1970), p. 35。

7. Alexander Gerscenkron, *Economic Backwardness in Historical Perspective* (Cambridge: Harvard University Press, 1962), ch.1, pp. 5–30.

8. 更詳細記載可參看 Steven J. Ericson, *The Sound of the Whistle: Railroads and the State in Meiji Japan* (Cambridge: Harvard Council on East Asian Studies, 1996)。

9. 澀澤榮一與森村市左衛門説法，均可參看 Byron Marshall, *Capitalism and Nationalism in Prewar Japan* (Stanford, Calif.: Stanford University Press, 1967), pp. 35–36。

10. 報告轉引自間宏，《日本労務管理史研究：経営家族主義の形成と展開》（東京：御茶の水書房，1978），頁277。

11. E. Patricia Tsurumi, *Factory Girls: Women in the Tread Mills of Meiji Japan* (Princeton, N.J.: Princeton University Press, 1990), pp. 93, 97, 99.

12. Thomas C. Smith, *Native Sources of Japanese Industrialization 1750–1920* (Berkeley: University of California Press, 1988), p. 257.

13. 參看 Andrew Gordon, *The Evolution of Labor Relations in Japan* (Cambridge: Harvard Council on East Asian Studies, 1985), p. 83。

14. Yoshie Hirokazu, "Quotidian Monarchy: The Portrait of the Emperor in Everyday Life in Japan, 1889–1948," Ph.D. dissertation, Harvard University, 2017.

15. Donald Roden, *Schooldays in Imperial Japan: A Study in the Culture of a Student Elite* (Berkeley: University of California Press, 1980), pp. 165–173.

16. William P. Malm, "Modern Music of Meiji Japan," in *Tradition and Modernization in Japanese Culture*, ed. Donald Shively (Princeton, N.J.: Princeton University Press, 1971), pp. 259–277.

17. John M. Rosenfield, "Western Style Painting in the Early Meiji Period and Its

Critics," in *Tradition and Modernization in Japanese Culture*, pp. 181–219.

18. 參看 Stephen Vlastos, ed., *Mirror of Modernity: Invented Traditions of Modern Japan* (University of California Press, 1998)。

19. Henrietta Harrison, *China: Inventing the Nation* (New York: Oxford University Press, 2001), pp. 132–134, 138–139.

20. 參看 Irwin Scheiner, *Christian Converts and Social Protest in Meiji Japan* (Berkeley: University of California Press, 1970)。

21. Helen Hardacre, *Shintō and the State, 1868–1988* (Princeton, N.J.: Princeton University Press, 1989), pp. 22–24, 36–39.

22. 棚橋一郎説法，可參看 Kenneth Pyle, *The New Generation in Meiji Japan: Problems of Cultural Identity, 1885–1895* (Stanford, Calif.: Stanford University Press, 1969), p. 66。

23. Andrew Bernstein, "Whose Fuji? Religion, Region, and State in the Fight for a National Symbol," *Monumenta Nipponica* 63, no. 1 (Spring 2008): 60.

24. Gregory K. Clancey, *Earthquake Nation: The Cultural Politics of Japanese Seismicity, 1868–1930* (Berkeley: University of California Press, 2006), pp. 91–211.

第八章

1. 〈脫亞論〉最先發表於《時事新報》(1885年3月16日)。此文英譯參見 David Lu, ed., *Japan: A Documentary History: The Late Tokugawa Period to the Present* (Armonk, N.Y.: M. E. Sharpe, 1996), pp. 351–53。福澤諭吉把日本看作亞洲的英國，參見 Fukuzawa Yukichi, *The Autobiography of Fukuzawa Yukichi*, trans. Eiichi Kiyooka (New York: Columbia University Press, 2007), p. 334.

2. Danny Orbach, *Curse on This Country: The Rebellious Army of Imperial Japan* (Ithaca, N.Y.: Cornell University Press, 2017), ch. 3.

3. *The Times*, April 20, 1895, p. 7.

4. 參看 Carol Gluck, *Japan's Modern Myths: Ideology in the Late Meiji Period* (Princeton, N.J.: Princeton University Press, 1985), pp. 135–136。德富蘇峰引文參見 Kenneth Pyle, *The New Generation in Meji Japan* (Stanford, California: Stanford University Press, 1969), p. 175。

5. 參看 Gluck, *Japan's Modern Myths*, p. 137。

6. David Howell, "Visions of the Future in Meiji Japan" in *Historical Perspectives on Contemporary East Asia*, eds. Merle Goldman and Andrew Gordon, (Cambridge, Mass.: Harvard University Press, 2000) p. 117.

7   有關上述貿易港情況及其重要性，有一個相當啟發性的研究，可參看
    Catherine Phipps Mercer, *Empires on the Waterfront: Japan in the Age of
    Informal Imperialism* (Cambridge: Harvard Asia Center Publication, 2013)。

8. 參看 William Lockwood, *The Economic Development of Japan* (Princeton,
    N.J.: Princeton University Press, 1968), ch. 6。

9. Patricia Sippel, "Technology and Change in Japan's Modern Copper Mining
    Industry" in *Institutional and Technological Change in Japan's Economy:
    Past and Present*, eds. Janet Hunter and Cornelia Storz (London: Routledge,
    2005), ch. 2.

10. 由夏威夷匯回款項，光是正式匯款便佔日本出口的1.6%，如果把政府
    統計以外的匯款也算進去，再加上前往美國大陸地區的移民，其匯款
    數字亦頗可觀，則總數可能超過3%。參看鈴木讓二，《日本人出稼ぎ
    移民》(東京：平凡社，1992)，頁67, 245–255。

11. 參看 Akira Iriye, *Pacific Estrangement: Japanese and American Expansionism,
    1897–1911* (Cambridge: Harvard University Press, 1972), ch. 5。

12. Orbach, *Curse on This Country*, ch. 6.

13. 參看 J. M. Winter, "The Webbs and the non-White World: A Case of Socialist
    Racialism," *Journal of Contemporary History* 9, no. 1 (January 1974): 181–192。

14. 關於「一進會」的此一新觀點，參看 Yumi Moon, "The Populist Contest:
    The Ilchinhoe Movement and the Japanese Colonization of Korea, 1896–
    1910," Ph.D. Dissertation, Harvard University, 2005。

15. 孫中山及其他留日學生的研究有 Marius Jansen, *The Japanese and Sun
    Yat-sen* (Stanford, California: Stanford University Press, 1954), pp. 104–
    130。關於引渡玻斯的失敗舉動，參看 Ian H. Nish, *Alliance in Decline: A
    Study in Anglo-Japanese Relations, 1908–23* (London: Athlone Press, 1972),
    pp. 184–185。

16. Bob Tadashi Wakabayashi, *Anti-Foreignism and Western Learning in Early-
    Modern Japan: The New Theses of 1825* (Cambridge: Harvard Council on
    East Asian Studies, 1986) p. 149.

17. 原敬到1914年才正式成為政友會總裁，但從1904年開始，他已實質上
    成為國會領袖，西園寺公望則只是名義上的政友會總裁。

18. Tetsuo Najita, *Hara Kei in the Politics of Compromise* (Cambridge: Harvard
    University Press, 1967).

19. Natsume Sōseki, *Kokoro* (New York: Regnery, 1957), p. 245.

20. 參看 Najita, *Hara Kei in the Politics of Compromise*, p. 147。

21. Najita, *Hara Kei in the Politics of Compromise*, 引用阿部慎之助所言。

22. 參看 Andrew Gordon, *Labor and Imperial Democracy in Prewar Japan* (Berkeley: University of California Press, 1991), pp. 106–107。

23. 坂野潤治,《大系日本の歴史13：近代日本の出発》(東京：小学館,1989), 頁338。Tetsuo Najita, *Hara Kei in the Politics of Compromise*, p. 168.

24. 宮地正人,《日露戦後政治史の研究：帝国主義形成期の都市と農村》 (東京：東京大学出版会,1973),頁226。

25. Vera Mackie, *Creating Socialist Woman in Japan: Gender, Labour and Activism, 1900–1937* (Cambridge: Cambridge University Press, 1997), pp. 60–62.

26. 《社会新聞》,1908年3月8日,頁4,引自 Gordon, *Labor and Imperial Democracy*, pp. 74–75。

27. 松本克平,《日本社会主義演劇史：明治大正編》(東京：筑摩書房, 1975),頁406。

28. 有關婦女組織,參看 Sharon Nolte and Sally Hastings, "The Meiji State's Policy toward Women," in *Recreating Japanese Women*, ed. Gail Bernstein (Berkeley: University of California Press, 1991), pp. 163–64。有關地區改造運動,參看 Kenneth Pyle, "The Technology of Japanese Nationalism: The Local Improvement Movement, 1900–1919," *Journal of Asian Studies* 33, no.1 (November 1973): 51–65。

29. 引自 Richard Smethurst, *A Social Basis for Prewar Japanese Militarism: The Army and the Rural Community* (Berkeley: University of California Press, 1974), p. vii。

30. 宮地正人,《日露戦後政治史の研究》(東京：東京大学出版会),頁24。

31. 見〈我之個人主義〉,1914年11月25日之演講, 引自 Natsume Soseki, *Kokoro: A Novel and Selected Essays* (Lanhan, Md.: Madison Books, 1992), p. 313。

32. Gluck, *Japan's Modern Myths*, p. 250.

第九章

1. 工業生產數字是根據五人以上之工廠統計出來的。參看 William Lockwood, *The Economic Development of Japan: Growth and Structural Change* (Princeton, N.J.: Princeton University Press, 1968), pp. 38–39。

2. Lockwood, *The Economic Development of Japan*, pp. 39, 56.

3. 有關這問題的分析,參看 Hugh T. Patrick, "The Economic Muddle of the 1920s," in *Dilemmas of Growth in Prewar Japan*, ed. James Morley (Princeton: N.J.: Princeton University Press, 1971), pp. 211–266。

4. Edward Seidensticker, *Low City, High City, Tokyo from Edo to the Earthquake*

(New York: Knopf, 1983), pp. 3–7，是有關關東大地震的英語文獻。作者指出灶火並非大火唯一原因，化學成品及電線亦是重要兇手。

5. 1932年三井物產董事長團琢磨被暗殺，這話是該名刺客所説，見John G. Roberts, *Mitsui: Three Centuries of Japanese Business* (New York: Weatherhill, 1973), p. 276。

6. 參看Ann Waswo, *Japanese Landlords: The Decline of a Rural Elite* (Berkeley: University of California Press, 1977), pp. 99, 108–109；又參看中村政則，〈大恐慌の農村問題〉，《岩波講座：日本歷史19》（東京：岩波書店，1976年），頁145。

7. 參看Ronald P. Dore, "The Meiji Landlord: Good or Bad," *Journal of Asian Studies* 18, no. 3 (May 1959): 343–355。

8. 有關地主及農村民眾對帝國看法，可參看Michael Lewis, *Becoming Apart: National Power and Local Politics in Toyama, 1868–1945* (Cambridge: Harvard University Press Asia Center, 2000)。

9. Nagatsuka Takashi, *The Soil: A Portrait of Rural Life in Meiji Japan,* trans. Ann Waswo (Berkeley: University of California Press, 1993), p. 47.

10. Ann Waswo, *Modern Japanese Society, 1868–1994* (Oxford: Oxford University Press, 1996), p. 66.

11. 作者訪問上村秀二，1992年10月14日。

12. Kobayashi Takiji, *The Absentee Landlord* (Tokyo: University of Tokyo Press, 1973), p. 147.

13. Waswo, *Japanese Landlords*, pp. 99, 108–109. 在74%的爭議中，佃農可以全部或部分得到他們的要求。

14. Thomas R. H. Havens, *Parkscapes: Green Spaces in Modern Japan* (Honolulu: University of Hawai'i Press, 2011), ch. 2; Eric G. Dinmore, "'Mountain Dream' or the 'Submergence of Fine Scenery'? Japanese Contestations over the Kurobe Number Four Dam, 1920–1970," *Water History* 6, no. 4 (December 2014): 318–324.

15. 約為七十萬的僱員中的二十八萬，東京當時總人口略少於二百萬。

16. 她們被視為家庭勞工，並未有算在當年社會統計中，但工廠女工則有收入。因此在41%的「商人及店家」類別總數中，它低估了實際比例。

17. Sheldon Garon, *Molding Japanese Minds* (Princeton, N.J.: Princeton University Press, 1997), pp. 52–57.

18. Andrew Gordon, *Evolution of Labor Relations in Japan* (Cambridge: Harvard Council on East Asian Studies, 1985), pp. 83, 85. 引自芝浦製作所小林作太郎，《太平洋商工世界》，1908年11月15日號，頁42；《實業少年》，1908年9月1日號，頁9。

19. 松成義衞等,《日本のサラリーマン》(東京:青木書店,1957),頁31。

20. 松成義衞等,《日本のサラリーマン》,頁35。

21. 松成義衞等,《日本のサラリーマン》,頁27–31;Margit Nagy, "Middle Class Working Women during the Interwar Years," in *Recreating Japanese Women, 1600–1945*, ed. Gail Bernstein (Berkeley: University of California Press, 1991), pp. 199–216.

22. 有關男事務員薪酬,引自竹內洋,〈サラリーマンという社會的表象〉,《岩波講座 現代社会学23:日本文化の社会学》(東京:岩波書店,1996),頁133;前田一,《サラリーマン物語》(東京:東洋経済新報出版部,1928),頁1–2。有關工廠工人薪酬,引自內閣統計局,《労働統計実地調査報告》(東洋書林,1990,1927年複印版),第4卷,頁6。

23. 有關男女僱員的組織工會過程,參看松成義衞等,《日本のサラリーマン》,頁46–57。

24. 《佐多稲子集》,第25卷《近代日本の文学》(東京:学術研究所,1971),頁255–256。

25. 有關帶刀貞代的説明,參看渡辺悦次及鈴木裕子編,《たたかいに生きて:戦前婦人労働運動への證言》(東京:ドメス出版,1980),頁206。

26. 労働運動史料委員会編,《日本労働運動史料》(労働運動史料委員会,1959),第10卷:統計篇,頁122。

27. 參看 Gordon, *Evolution of Labor Relations in Japan*, p. 36。

28. 參看 Gordon, *Evolution of Labor Relations in Japan*, pp. 85–86。

29. 參看 Andrew Gordon, *Labor and Imperial Democracy in Prewar Japan* (Berkeley: University of California Press, 1991), p. 96。

30. Stephen Large, *The Rise of Labor in Japan: The Yūaikai* (Tokyo: Sophia University Press, 1972), p. 142. 引自松尾尊兌,《大正デモクラシーの研究》(東京:青木書店,1966),頁228。

31. 労働運動史料委員会編,《日本労働運動史料》,第10卷:統計篇,頁440。

32. 労働運動史料委員会編,《日本労働運動史料》,第10卷:統計篇,頁424。此處所謂高峰,是指總勞動力的百分比,1931年為7.9%,若以絕對數字計算,工會力量高峰期則是1936年,有四十二萬六百人加入工會,百分比為6.9%。

33. 直到1935年美國國會通過韋格納法案(Wagner Act),承認工會的合法地位之前,全美約13%非農業勞動人口加入工會。

34. Thomas C. Smith, *The Native Sources of Japanese Industrialization* (Berkeley: University of California Press, 1988), pp. 236–70.

35. 參看 Gordon, *Evolution of Labor Relations in Japan*, p. 146.

36. Jeffrey E. Hanes, *The City as Subject: Seki Hajime and the Reinvention of Modern Osaka* (Berkeley: University of California Press, 2002), pp. 194–209. 也參看 Totman, *Japan: An Environmental History*, pp. 224–225。

37. 根據吉野作造的獨立調查估計，朝鮮人死亡人數約為2,613人，相對其他數字較低，吉野對日本之對韓及對華政策有嚴厲批評，為當時知識分子少有。流亡上海之韓國政府的機關報紙亦曾發表其調查，估計遭屠殺人數為6,661人。日本法務省在其報告中則稱被殺人數為264人，但這數字並不可靠。有關死亡數字估計、糾察隊組成的問題、媒體角色、以至傳播韓人暴力流言的官方文件，可參看姜德相，《関東大震災》（東京：中央公論社，1975），頁73；姜德相，《関東大震災‧虐殺の記憶》（東京：青丘文化社，2003），頁225–238；姜德相、琴秉洞，《現代史資料〈第6〉関東大震災と朝鮮人》（東京：みすず書房，1963），第一部分。至於在震災期間，警察殺害工會活躍分子及韓國人之龜戸事件，可參看二村一夫，〈亀戸事件小論〉，《法政大学大原社会問題研究所資料室報》，第138號（1968年3月）。

38. 有關沖繩移民及其認同形成之政治，參看富山一郎，《近代日本社会と「沖縄人」：「日本人」になるということ》（東京：日本経済評論社，1990）。

39. 有關百貨公司，參看 Louise Young, "Marketing the Modern: Departments Stores, Consumer Culture, and the New Middle Class in Interwar Japan," *International Labor and Working Class History* 55 (Spring 1999): 52–70。

40. Young, "Marketing the Modern," p. 56。

41. Merry I. White, *Coffee Life in Japan* (Berkeley: University of California Press, 2012), p. 5.

42. 竹内洋，〈サラリーマンという社会的表象〉，頁127。

43. 有吉広介、浜口晴彦編，《日本の新中間層》（東京：早稲田大学出版部，1982），頁1。

44. Laurel Rasplica Todd, "Yosano Akiko and the Taisho Debate over the 'New Woman,'" in *Re-creating Japanese Women,* pp. 175–98.

45. Miriam Silverberg, "The Modern Girl as Militant," in *Re-creating Japanese Women*, pp. 239–66；有關「大腿」原文，引自 p. 242。

46. 關於此專題的重要著作有 Modern Girl Around the World Research Group (Alys Eve Weinbaum, Lynn M. Thomas, Priti Ramamurthy, Uta G. Poiger, Madeleine Yue Dong, Tani E. Barlow), ed., *The Modern Girl Around the World* (Durham, N.C.: Duke University Press, 2008)。

47. Henry DeWitt Smith II, *Japan's First Student Radicals* (Cambridge: Harvard University Press, 1972), p. 137.

48. 《東京朝日新聞》，1918年2月18日，引自松成義衞等，《日本のサラリーマン》，頁44–45。もち是糯米餅，傳統作慶祝新年用。

49. 竹内洋，〈サラリーマンという社会的表象〉，頁131；田沼肇，《現代の中間階級》（東京：大月書店，1958），頁6。

50. 《原敬日記》，1910年7月23日，引自有吉広介、浜口晴彦編，《日本の新中間層》，頁4。

51. 吉野信次，《労働法制講話》（東京：国民大学会），頁14。

52. Miriam Silverberg, "The Modern Girl as Militant," pp. 248, 258–59, 264.

53. Garon, *Molding Japanese Minds*, pp. 60, 71.

54. Garon, *Molding Japanese Minds*, pp. 73–74.

55. 稲垣達郎、下村富士男編，《日本文学の歴史》（東京：角川書店，1968），第11卷，頁364。

56. Gregory J. Kasza, *The State and the Mass Media in Japan* (Berkeley: University of California Press, 1988), p. 88.

57. 有關此課題，參看 Harry D. Harootunian, *Overcome by Modernity: History, Culture and Community in Interwar Japan* (Princeton, N.J.: Princeton University Press, 2000)。

第十章

1. 終大正天皇一生，其生理及心理均不甚正常，這是通常説法，但最近有學者並不同意，參看原武史，《大正天皇》（東京：朝日新聞社，2000），有關丸山真男之回憶，參看同書頁11。

2. 參看 Andrew Gordon, *Labor and Imperil Democracy in Prewar Japan* (Berkeley: University of California Press, 1993), p. 56。

3. 引自升味準之輔，《日本政党史論》，第4卷（東京：東京大学出版会，1968），頁366。

4. John W. Dower, *Embracing Defeat: Japan in the Wake of World War II* (New York: W. W. Norton, 1999), pp. 314–15.

5. 有關裕仁之教育及世界觀，參看 Herbert Bix, *Hirohito and the Making of Modern Japan* (New York: HarperCollins, 2000), Part I。

6. Edward Behr, *Hirohito* (New York: Vintage, 1990), p. 65; *Bix, Hirohito and the Making of Modern Japan*, pp. 214–220.

7. Hugh Byas, *Government by Assassination* (New York: A. A. Knopf, 1942).

8. Gordon, *Labor and Imperial Democracy*, p. 136.

9. 參看 Vera Mackie, *Creating Socialist Woman in Japan: Gender, Labour, and Activism 1900–1937* (New York: Cambridge University Press, 1997)。另參

看 Laura Rasplica Podd, "The Taishō Debate over the 'New Woman,'" in *Recreating Japanese Woman, 1600–1945*, ed. Gail Bernstein (Berkeley: University of California Press, 1991), p. 194；以及 E. Patricia Tsurumi, "Visions of Woman and the New Society in Conflict: Yamakawa Kikue versus Takamure Itsue," in *Japan's Competing Modernities: Issues in Culture and Democracy, 1990–1930*, ed. Sharon Minichiello (University of Hawai'i Press, 1998), pp. 335–357。

10. 參看 Tetsuo Najita, "Some Reflections on Idealism in the Political Thought of Yoshino Sakuzo," in *Japan in Crisis: Essays on Taishō Democracy*, ed. Bernard S. Silberman and H. D. Harootunian. (Princeton, N.J.: Princeton University Press, 1974), p. 56。

11. 金原左門引用橫田千之助的用語，參看江口圭一主持，《シンポジウム日本歷史20：大正デモクラシー》(東京：学生社，1976)，頁129。

12. 原敬語，參看吉見周子，《近代日本女性史2：婦人參政権》(東京：鹿島研究所出版会，1971)，頁146。

13. Sheldon Garon, *The State and Labor in Japan* (Berkeley: University of California Press, 1987), pp. 49–54; Andrew Gordon, *Evolution of Relations in Japan* (Cambridge, Mass.: Harvard Council on East Asian Studies, 1985), pp. 210–211.

14. Sheldon Garon, *Molding Japanese Minds: The State in Everyday Life* (Princeton, N.J.: Princeton University Press, 1997), pp. 52–53.

15. 大原社会問題研究所編，《日本労働年鑑》(東京：法政大学出版局，1960，復刻自1925年版)，第6卷，頁509–513；Richard Smethurst, *Agricultural Development and Tenancy Disputes in Japan*, 1870–1940 (Princeton, N.J.: Princeton University Press, 1986), p. 355.

16. 有關日本與第一次世界大戰關係，參看 Fred Dickinson, *War and National Reinvention: Japan in the Great War, 1914–1919* (Cambridge: Harvard University Asia Center, 1999), pp. 93–116。

17. Akira Iriye, *After Imperialism: The Search for a New Order in the Far East* (Cambridge: Harvard University Press, 1965), pp. 68–80.

18. John J. Stephan, "The Tanka Memorial (1927): Authentic or Spurious?" *Modern Asian Studies 7*, no. 4 (1973): 733–745.

19. 引用於 Roger Daniels, *The Politics of Prejudice: The Anti-Japanese Movement in California and the Struggle for Japanese Exclusion* (Berkeley: University of California Press, 1962), p. 101.

20. 有關死亡人數並無定論，日本當局主張五百人被殺，一千四百人受傷，一

萬兩千人被捕。韓國人估計數字，死亡者高達七千六百人，被捕者則為
五萬人。

21. 關於同化政策，參看 Mark Caprio, *Japanese Assimilation Policies in Colonial Korea*, 1910–1945 (Seattle: University of Washington Press, 2009)。有關日本拓殖者與韓國精英不穩定之結盟關係，參看 Jun Uchida, *Brokers of Empire: Japanese Settler Colonialism in Korea, 1876–1945* (Cambridge: Harvard Asia Center, 2011)。

22. George Wilson, *Radical Nationalist in Japan: Kita Ikki, 1883–1937* (Cambridge: Harvard University Press, 1969), p. 82. 原文見北一輝，〈国家改造案原理大綱〉。

23. 參看 Bix, *Hirohito and the Making of Modern Japan*。

第十一章

1. 有關大恐慌時期經濟政策的詳盡討論，參看 Hugh T. Patrick, "The Economic Muddle of the 1920s," in *Dilemmas of Growth in Prewar Japan*, ed. James Morley (Princeton, N.J.: Princeton University Press, 1971), pp. 252–255。有關大恐慌時期國際金融及匯率，可參看 Mark Metzler, *Lever of Empire: The International Gold Standard and the Crisis of Liberalism in Prewar Japan* (Berkeley: University of California Press, 2006), Part 3。

2. 江口圭一，《都市小ブルジョシ運動史の研究》(東京：未來社，1976)，頁 418–419、431–432、438–439。

3. 隅谷三喜男編，《昭和恐慌：その歷史的意義と全体像》(東京：有斐閣，1974)。

4. 鈴木裕子，《女工と労働争議：一九三〇年洋モス争議》(東京：レンガ書房新社，1989)，頁 16–17。

5. 有關引文及更深入討論，參看 Sheldon Garon, *Molding Japanese Minds: The State in Everyday Life* (Princeton, N.J.: Princeton University Press, 1997), pp. 106–111。

6. Henry D. Smith, *Japan's First Student Radicals* (Cambridge: Harvard University Press, 1972), pp. 199–230.

7. 大宅壯一，〈1930年の顔〉，《中央公論》，1930年12月號，頁 303–304。

8. 有關前者立場，參看宮地正人，《日本通史 III，近現代：国際政治下の近代日本》(東京：山川出版社，1987)，頁211。第二種立場，參看 HerbertBix, *Hirohito and the Making of Modern Japan* (New York: Harper Collins, 2000), pp. 215–227.

9. 有關本事件，參看 Stephen Pelz, *Race to Pearl Harbor: The Failure of the Second London Naval Conference and the Onset of World War II* (Cambridge: Harvard University Press, 1974)。

10. 有關日本佔領東北之地方反應，參看 Rana Mitter, *The Manchuria Myth: Nationalism, Resistance, and Collaboration in Modern China* (Berkeley: University of California Press, 2000)。

11. 參看宇垣一成，《宇垣一成日記》（東京：みすず書房，1968），第1卷，頁747、758–760、766–767、782–783；又參看 Andrew Gordon, *Labor and Imperial Democracy* (Berkeley: University of California Press, 1991), pp. 266–267。

12. Louise Young, *Japan's Total Empire* (Berkeley: University of California Press, 1998), pp. 55–114, "War Fever" 一章。

13. 伊藤隆、佐佐木隆，〈鈴木貞一日記：昭和八年〉，《史学雑誌》，87卷1號（1978年1月），頁93。

14. Tessa Morris-Suzuki, "The Nature of Empire: Forest Ecology, Colonialism and Survival Politics in Japan's Imperial Order," *Japanese Studies* 33, no. 3 (2013): 233–237.

15. Kuang-Chi Hung, "When the Green Archipelago Encountered Formosa: The Making of Modern Forestry in Taiwan under Japan's Colonial Role (1895–1945)" in *Environment and Society in the Japanese Islands*, eds. Batten and Brown, pp. 182–189.

16. John R. Stewart, "Manchuria as Japan's Economic Life-Line," *Far Eastern Survey* 4, no. 23 (November 20, 1935), pp. 182–186.

17. 不過，凱恩斯的一些基本理念早已發表，高橋有可能曾接觸過這些想法。

18. 有關這時期的經濟詳細情況，參看 William Lockwood, *The Economic Development of Japan* (Princeton, N.J.: Princeton University Press, 1968), pp. 64–77。

19. Havens, *Parkscapes*, ch. 2. See also Dinmore, "Mountain Dream," pp. 323–324.

20. Chalmers Johnson, *MITI and the Economic Miracle* (Stanford, Calif.: Stanford University Press, 1982).

21. Aaron Stephen Moore, *Constructing East Asia: Technology, Ideology, and Empire in Japan's Wartime Era, 1931–1945* (Ithaca, N.Y.: Cornell University Press, 2013), ch. 4.

22. 有關農業政策及其影響，參看 Kerry Smith, *A Time of Crisis: Japan, the Great Depression, and Rural Revitalization* (Cambridge: Harvard Asia Center, 2001)。

23. Gi-Wook Shin and Do-Hyun Han, "Colonial Corporatism: The Rural Revitalization Campaign, 1932–1940," in *Colonial Modernity in Korea*, eds. Gi-Wook Shin and Michael Robinson (Cambridge, Mass.: Harvard University Asia Center, 1999), pp. 70–96.

24. Susan Beth Weiner, "Bureaucracy and Politics in the 1930s: The Career of Gotō Fumio" (Ph.D. diss., Harvard University, 1984), p. 144.

25. Gordon, *Labor and Imperial Democracy*, pp. 310–15.

26. 小林多喜二其中兩部小說《蟹工船》及《不在地主》有英譯本，參看 Takiji Kobayashi, *The Factory Ship and the Absentee Landlord* (Seattle: University of Washington Press, 1973).

27. Frank O. Miller, *Minobe Tatsukichi: Interpreter of Constitutionalism in Japan* (Berkeley: University of California Press, 1965), pp. 217–218.

28. Garon, *Molding Japanese Minds*, pp. 61, 70–76.

29. Gregory J. Kasza, *The State and the Mass Media in Japan: 1918–1945* (Berkeley: University of California Press, 1988), pp. 252–253.

30. 鈴木武樹，《批判的日本プロ野球史》（東京：三一書房，1971），頁28–33，44–63。

第十二章

1. 有關諾門罕戰役最可靠的研究是 Alvin Cox, *Nomonhan: Japan against Russia 1939* (Stanford, Calif.: Stanford University Press, 1985)。至於傷亡總數可參看頁914–915。

2. 參看 John Boyle, *China and Japan at War, 1937–1945: The Politics of Collaboration* (Stanford, California: Stanford University Press, 1972)。

3. "Oil," *The Pacific War Online Encyclopedia*, http://pwencycl.kgbudge.com/O/i/Oil.htm.

4. William D. O'Neil, "Interwar U.S. and Japanese National Product and Defense Expenditure," CNA Corporation, June 2003.

5. Bùi Min Dūng, "Japan's Role in the Vietnamese Starvation of 1944–45," *Modern Asian Studies* 29, no. 3 (1995): 573–618.

6. Andrew Gordon, *The Evolution of Labor Relations in Japan* (Cambridge, Mass.: Harvard Council on East Asian Studies, 1985), pp. 300–310. 岡崎哲二，〈產業報国会の役割——戰時期日本の労働組織〉，岡崎哲二編，《生産組織の経済史》（東京：東京大学出版会，2005）。

7. 中村隆英，《昭和史，1926–45》（東京：東洋経済新報社，1993），頁295；後藤靖等，《日本資本主義発達史》（東京：有斐閣，1977），頁297–299。

8. 參看 Thomas R. H. Havens, *Valley of Darkness: Japanese Society in World War II* (New York: W. W. Norton, 1978), p. 108。

9. 東條此次發言及上一條政府官員發言，引自 Havens, *Valley of Darkness*, p. 109. 政府官員為企劃院調查官美濃口時次郎。東條英機發言在國會議事堂上，其日文內容見《讀賣新聞》，1943年10月28日。

10. 引自 Havens, *Valley of Darkness*, p. 109. 東條英機發言在國會議事堂上，其日文內容見《讀賣新聞》，1943年10月28日。

11. 有關選舉結果，參看 Ben-Ami Shillony, *Politics and Culture in Wartime Japan* (Oxford: Clarendon Press, 1981), p. 26。

12. William M. Tsutsui, "Landscapes in the Dark Valley: Toward an Environmental History of Wartime Japan," *Environmental History* 8, no. 2 (2003): 294–311. William M. Tsutsui, "The Pelagic Empire: Reconsidering Japanese Expansion," in *Japan at Nature's Edge*, eds. Ian Jared Miller, *The Nature of the Beasts: Empire and Exhibition at the Tokyo Imperial Zoo* (Berkeley: University of California Press, 2013), ch. 4.

13. Haruko Cook and Theodore Cook, *Japan at War: An Oral History* (New York: New Press, 1992), p. 180.

14. 久留間鮫造當時擔任大原社會問題研究所所員，戰爭期間所作之索引資料卡毀於空襲，不過戰後繼續完成，其所編之《馬克思主義用語索引》於1970年代以日語及德語出版。

15. 〈鼠〉一詩之作者為沖繩詩人山之口獏，英譯參看 Steve Rabson, in *Stone Lion Review* 1 (Spring 1978): 28。

16. 戰爭時期有關近代性的論爭，參看 Tetsuo Najita and H. D. Harootunian, "Japanese Revolt against the West," in *The Cambridge History of Japan*, vol. 6, ed. Peter Duus (Cambridge: Cambridge University Press, 1988), pp. 758–767。本段引文取自頁759，一個更重要但內容較為難懂的研究為 Harry Harootunian, *Overcome by Modernity: History, Culture, and Community in Interwar Japan* (Princeton, N.J.: Princeton University Press, 2000)。有關研討會紀錄，刊於雜誌《文学会》1942年9月及10月號，翌年再以書籍形式刊出。

17. Najita and Harootunian, "Japanese Revolt against the West," p. 763.

18. 高村光太郎，《記錄：詩集》（東京：竜星閣，1944），頁34–35。

19. 長谷川如是閑，〈南進と文化性〉，《東京日々新聞》，1942年2月11日，頁4。

20. 每日新聞社，《昭和史全記錄》（東京：每日新聞社，1989），頁274–76。鈴木武樹，《批判的日本プロ野球史》（東京：三一書房，1979），頁86。

21. 有關早慶戰，參看每日新聞社，《昭和史全記錄》，頁282。有關職業棒球，參見鈴木武樹，《批判的日本プロ野球史》（東京：三一書房，1979），頁85–91。

22. 這些詩歌收錄於白鷗遺族会編《雲ながるる果てに：戦没飛行予備学生の手記》（東京：日本図書センター，1992），頁162，亦見於昭和戦争文学全集編集委員会編，《昭和戦争文学全集》（東京：集英社，1964），頁141。

23. 到今天，有關731部隊的活動範圍及受害人的數目仍有爭議，在冷戰時期，美國對利用該部隊的成果十分有興趣。該部隊一名成員曾作簡短説明及有關令人毛髮聳然的報導，參看 Ted Cook and Haruko Cook, *Japan at War: An Oral History* (New York: The New Press, 1992), pp. 158–167。

24. 參看 John W. Dower, *Empire and Aftermath: Yoshida Shigeru and the Japanese Experience* (Cambridge: Council on East Asian Studies Monographs,1979), p. 290。

25. 參考 Dower, *Empire and Aftermath*, p. 265。

26. Sheldon Garon, "The Home Front and Food Insecurity in Wartime Japan: A Transnational Perspective," in *The Consumer on the Home Front: Second World War Civilian Consumption in Comparative Perspective*, eds. Hartmut Berghoff, Jan Logemann, and Felix Romer (Oxford: Oxford University Press, 2017).

27. Sheldon Garon, "On the Transnational Destruction of Cities: What Japan and the U.S. Learned from the Bombing of Britain and Germany in the Second World War," *Past and Present* (May, 2020).

28. John W. Dower, *War without Mercy* (New York: Pantheon Books, 1986), p. 48.

29. 有關慰安婦之確實數字無法得知，George Hicks, "The 'Comfort Women,'" in *The Japanese Wartime Empire, 1931–1945*, ed. Peter Duus, Ramon H. Myers, and Mark R. Peattie (Princeton, N.J.: Princeton University Press, 1996), pp. 305–323，估計數字約十萬人；Watanabe Kazuko, "Militarization, Colonialism, and the Trafficking of Women: 'Comfort Women' Forced into Sexual Labor for Japanese Soldiers," *Bulletin of Concerned Asian Scholars* 26, no. 4 (Oct.–Dec. 1994): 3–17，估計約為二十萬人。

30. Tsutsui, "Landscapes in the Dark Valley," pp. 292–311.

31. 野口悠紀雄，《1940年体制：さらば「戦時経済」》（東京：東洋経済新報社，1995）。本書提出「1940年體制」概念，成為最暢銷書之一。過去十五年中，日本國內外不少學者提出「跨戰爭期政治經濟體制」概念，已有一定程度發展。

第十三章

1. 有關投降一事更完整的論述，參看 John W. Dower, *Embracing Defeat: Japan in the Wake of World War II* (New York: W.W. Norton, 1999), pp. 34–39。有關投降文件，參看 Robert J. C. Butow, *Japan's Decision to Surrender* (Stanford, Calif.: Stanford University Press, 1967), pp. 1–4。

2. Dower, *Embracing Defeat*, pp. 187–188.

3. Dower, *Embracing Defeat*, pp. 139–148.

4. 舉例來說，參看 "Drastic Steps Set to Fight Food Lack," *Japan Times*, June 6, 1946。

5. 川崎労働史編さん委員会,《川崎労働史》(川崎：川崎市，1987)，頁 7–8、410。

6. Theodore Cohen, *Remaking Japan: The American Occupation as New Deal* (New York: Free Press, 1987), p. 179.

7. 有關本段引文，參看 Dower, *Embracing Defeat*, pp. 145, 156。

8. 同盟國日本委員會包括美國、英國、蘇聯及中國四強，遠東委員會成員則為澳大利亞、加拿大、中國、法國、印度、荷蘭、紐西蘭、菲律賓、蘇聯、英國、美國。緬甸與巴基斯坦其後也加入，使成員國增加到十三個。

9. 最高司令部的行政部門簡稱為 GHQ (General Headquarters)，因此佔領當局有不同的簡稱，如 SCAP、SCAP-GHQ，或更簡單的稱為 GHQ。

10. 三人死於審判期間，兩人只被判陰謀發動戰爭罪名成立，分別判徒刑七及二十年。

11. Hirokazu Yoshie, "Bifurcated History of the Rescript and Portrait of the Emperor in Postwar Japan," 2018, unpublished paper.

12. Dayna L. Barnes, *Architects of Occupation: American Experts and Planning for Postwar Japan* (Ithaca, N.Y.: Cornell University Press, 2017), chs. 1–2.

13. 有關麥克阿瑟在日本宣揚基督教，參看 Ray A. Moore, "Reflections on the Occupation of Japan," *Journal of Asian Studies* 38, no. 4 (August 1979): 724, 729；以及 Richard Finn, *Winners in Peace: MacArthur, Yoshida, and Postwar Japan* (Berkeley: University of California Press, 1992), pp. 62–63。

14. Dower, *Embracing Defeat*.

15. J. Mark Ramseyer, "The Fable of Land Reform: Leases and Credit Markets in Occupied Japan," *Journal of Economics & Management Strategy* 24, no. 4 (Winter 2015): 934–957.

16. Tsutsui, "Landscapes in the Dark Valley," pp. 299–301. Havens, *Parkscapes*, pp. 122–123.

17. Cohen, *Remaking Japan*, p. 171.

18. Juro Teranishi and Jeffery Sachs, "Economic Recovery, Growth, and Policies: 'Gradualism' in the Japanese Context," *Economic Policy* 9, no. 19, supplement: Lessons for Reform (December, 1994): 137–144.

19. Hubert G. Schenck, "Natural Resource Problems in Japan," *Science* 108, no. 2806 (October 8, 1948): 367–372. See also Eric Dinmore, "Concrete Results?: The TVA and the Appeal of Large Dams in Occupation-Era Japan," *Journal of Japanese Studies* 39, no. 1 (Winter 2013): 1–38.

20. 參看Bruce Cumings, "Japan in the World System," in *Postwar Japan as History*, ed. Andrew Gordon (Berkeley: University of California Press, 1993), p. 40。

21. 有關「勒殺」說，參看Chalmers Johnson, *MITI and the Japanese Miracle* (Stanford, California: Stanford University Press, 1982), p. 198。有關「堅實基礎」說，參看Hugh Patrick and Henry Rosovsky, "Japan's Economic Performance: An Overview," in *Asia's New Giant: How the Japanese Economy Works*, ed. Hugh Patrick and Henry Rosovsky (Washington: D.C.: Brookings Institution, 1976), p. 73。

22. Thomas R. H. Havens, *Fire across the Sea: The Vietnam War and Japan, 1965–1975* (Princeton, NJ.: Princeton University Press, 1987), p. 93. John W. Dower, *Empire and Aftermath: Yoshida Shigeru and the Japanese Experience* (Cambridge: Harvard Council on East Asian Studies, 1980), p. 316. 日本鋼管株式會社編，《日本鋼管株式會社四十年史》，頁382。

23. 關於道奇計劃及其影響，以及1945–50年代日本的總體經濟趨勢，我參考了W. Temple Jorden兩篇未發表的研究生論文，包括 "The End of Occupation" (2011) 和 "Economic Recovery during the U. S. Occupation of Japan" (2012)。

24. Dower, *Empire and Aftermath*, p. 306.

第十四章

1. 參看Chalmers Johnson, *MITI and the Japanese Miracle: The Growth of Industrial Policy* (Stanford.: Stanford University Press, 1982), p. 3。在本書第11章已提及過，日本經濟學者有澤廣已曾用相同術語描繪1930年代的日本經濟，不過英國雜誌《經濟學人》則是戰後首先使用「經濟奇跡」這術語。

2. Laura E. Hein, *Fueling Growth: The Energy Revolution and Economic Policy in Postwar Japan* (Cambridge, Mass.: Harvard East Asian Monographs, 1990), p. 174.

3. Hugh Patrick and Henry Rosovsky, *Asia's New Giant: How the Japanese Economy Work* (Washington: D.C.: Brookings Institution, 1976), p. 46.

4. Johnson, *MITI and the Japanese Miracle*, p. 16.

5. Andrew Gordon, "From Sewing Machines to Credit Cards: Consumer Credit in 20th Century Japan," in *The Ambivalent Consumer: Questioning Consumption in East Asia and the West*, eds. Sheldon Garon and Patricia L. Maclachlan (Ithaca, N.Y.: Cornell University Press, 2006), p. 145.

6. 有關電視價格及其普及程度，參看 Simon Partner, *Assembled in Japan: Electrical Goods and the Making of the Japanese Consumer* (Berkeley: University of California Press, 1999), pp. 140, 166, 247。1953 年日本電視一台約為八萬五千日元，若以美國在 2000 年的收入為標準，則一台電視約為八千到一萬美元！有關整個消費趨勢，參看 Charles Yuji Horioka, "Consuming and Saving," in *Postwar Japan as History*, ed. Andrew Gordon (Berkeley: University of California Press, 1993)。

7. Leonard Lynn, "Institutions, Organizations and Technological Innovation: Oxygen Steelmaking in the U.S. and Japan," Ph.D dissertation, University of Michigan, 1980, pp. 124–133, 252.

8. Hein, *Fueling Growth*, pp. 284–309. Richard J. Samuels, *The Business of the Japanese State: Energy Markets in Comparative and Historical Perspective* (Ithaca, N.Y.: Cornell University Press, 1987), pp. 191–195. Satoru Kobori, "Japan's Energy Policy During the 1950s: Reasons for the Rapid Switch from Coal to Oil," 2009, p. 14, https://apebhconference.#les.wordpress.com/2009/09/kobori1.pdf.

9. 色川大吉，《昭和史世相篇》（東京：小学館，1990），頁 25–32，談及出生、婚宴、死亡、喪事及其他儀禮。

10. James Sterngold, "Japan's Cedar Forests Are Man-Made Disaster," *New York Times*, January 17, 1995, p. C1.

11. William Steele, "Constructing the Construction State: Cement and Postwar," *Asia Pacific Journal: Japan Focus* 15, no. 5 (2017). Gavan McCormack, *The Emptiness of Japanese Affluence* (New York: Routledge, 2001), pp. 45–46.

12. 色川大吉，《昭和史世相篇》，頁 27。

13. Walter Edwards, *Modern Japan through Its Weddings: Gender, Person, and Society in Ritual Portray* (Stanford, Calif.: Stanford University Press, 1989).

14. Thomas P. Rohlen, "Is Japanese Education Becoming Less Egalitarian? Notes on High School Stratification and Reform," *Journal of Japanese Studies* 3, no. 1 (Winter 1977): 41.

15. 參看 Sakiko Shioda, "Innovation and Change in the Rapid Economic Growth Period," in *Technology Change and Female Labor in Japan*, ed. Masanori Narkamura (Tokyo: United Nations University, 1994), pp. 163–164。

16. Erdman Palmore, *The Honorable Elders: A Cross-Cultural Analysis of Aging in Japan* (Durham, N.C.: Duke University Press, 1975), p. 48.

17. Ezra Vogel, *Japan's New Middle Class: The Salary Man and His Family in Tokyo Suburb* (Berkeley: University of California Press, 1963). 本書首先介紹新中產階級一詞到英語世界，才開始受到外界重視。

18. Vogel, *Japan's New Middle Class*, pp. 175–78.

19. 參看 Anne Allison, *Nightwork: Sexuality, Pleasure, and Corporate Masculinity in a Tokyo Hostess Club* (Chicago: University of Chicago Press, 1944)。

20. 有關日本郊區中產階級研究經典之作及最新著作，可參看 Ronald Dore, *City Life in Japan: A Study of a Tokyo Ward* (Berkeley: University of California Press, 1958); Theodore C. Bestor, *Neighborhood Tokyo* (Stanford, Calif.: Stanford University Press, 1989); and Jennifer Robertson, *Native and Newcomer* (Berkeley: University of California Press, 1991)。

21. 參看 Takafusa Nakamura, *The Postwar Japanese Economy: Its Development and Structure* (Tokyo: University of Tokyo Press, 1981), p. 183。

22. Koji Taira, *Economic Development and the Labor Market in Japan* (New York: Columbia University Press, 1970), p. 175. 本研究指出在四至九個僱員的公司，其職員薪水約為一千人以上大公司職員薪水的50%，至於五十到九十九個僱員的中型公司，其職員薪水則為大公司的63%。

23. 有關法律訴訟及其結果，參看 Frank Upham, "Unplaced Persons and Struggles for Place," in *Postwar Japan as History*, ed. Andrew Gordon (Berkeley: University of California Press, 1993), pp. 335–337.

24. Dewayne J. Creamer, "The Rise and Fall of Chōsen Sōren: Its Effect on Japan's Relations on the Korea Peninsula," (master's thesis, U.S. Naval Postgraduate School, Monterey, California, 2003), pp. 13–22.

25. 參看 Upham, "Unplaced Persons," pp. 327–332。

26. Sheldon Garon, "Luxury Is the Enemy: Mobilizing Savings and Popularizing Thrift in Wartime Japan," *The Journal of Japanese Studies* 26, no.1 (Winter 2000): 41–78. 本文曾談及戰後儲蓄。

27. 有關新生活運動，參看 Andrew Gordon, "Managing the Japanese Household: The New Life Movement in Postwar Japan," *Social Politics* 4, no. 2 (Summer 1997): 245–283。

28. 直接因果關係也許並不準確，但皇太子婚禮舉行時，的確是電視製造業起飛的時候。

29. Gordon, "From Sewing Machines to Credit Cards," pp. 147–156.

30. 家庭開支與食物關係稱為恩格爾係數（Engel coefficient），Charles Horioka, "Consuming and Saving," in *Postwar Japan as History*, pp. 264–73.

31. 有關階級結構及其認同問題，有兩個重要調查：內閣総理大臣官房広報室，《国民生活に関する世論調查》（東京：內閣総理大臣官房広報室，1958年–現在）；1975年SSM全国調查委員会編，《社会階層と社会移動：1975年SSM全国調查報告》（東京：1975年SSM全国調查委員会，1978）。有關討論上述調查內容及其含義的英文文獻，參看Koji Taira, "The Middle-Class in Japan and the United States, "*Japan Echo* 6, no. 2 (1972): 18–28, and Shigeru Aoki, "Debunking the 90% Middle-Class Myth," *Japan Echo* 6, no. 2 (1979): 29–33。

32. 引文出自吉本隆明，〈擬制の終焉〉，《民主主義の神話》（東京：現代思潮社，1960），頁71–72及丸山真男，〈八·一五と五·一五〉，《中央公論》，1960年8月號，頁51–52, 均見於Theodore DeBary, *Sources of Japanese Tradition* (New York: Columbia University Press, 2005), pp. 1094–1100。

33. 吉本隆明，〈擬制の終焉〉，頁75，英譯見於DeBary, *Sources of the Japanese Tradition*。

34. 松下圭一，〈大眾天皇制論〉，《中央公論》，74卷5號（1959年4月），英譯見於DeBary, *Sources of the Japanese Tradition*。

第十五章

1. 1955年選舉，日本社會黨整體而言贏得467個總席次的33.4%，右翼社會黨取得67席，左翼社會黨則取得89席。

2. Yoshimi Shunya, "Radioactive Rain and the American Umbrella" (trans. by Shi-I in Loh), *Journal of Asian Studies* 71, no. 2 (May 2012): 319–331. 中曾根康弦的回憶，引自頁322。Christopher F. Jones, Shi-Lin Loh, and Kyoko Sato, "Narrating Fukushima: Scales of a Nuclear Meltdown," *East Asian Science, Technology and Society: An International Journal* 7, no. 4 (2013): 601–623.

3. Laura Hein, "Growth versus Success," in *Postwar Japan as History*, ed. Andrew Gordon (Berkeley: University of California Press, 1993), pp. 111–112.

4. Ran Zwigenberg, "'The Coming of a Second Sun': The 1956 Atoms for Peace Exhibit in Hiroshima and Japan's Embrace of Nuclear Power," *Asia-*

Pacific Journal 10, issue 6, no. 1 (February 6, 2012). Available at https://apjjf.org/2012/10/6/Ran-Zwigenberg/3685/article.html.

5. 有關這些社群的活動情況，以及在行動中所謂「物質主義」及「平等」之爭，參看Kathleen S. Uno, "The Death of 'Good Wife, Wise Mother'?," in *Postwar Japan as History*, pp. 308–312。

6. Uno, "The Death of 'Good Wife, Wise Mother'?" p. 309.

7. Brett L. Walker, *A Concise History of Japan* (Cambridge, U.K.: Cambridge University Press, 2015), pp. 276–277.

8. On Japan, see Samuels, *The Business of the Japanese State*, p. 191. On the global story, see Timothy Mitchell, *Carbon Democracy: Political Power in the Age of Oil* (London: Verso, 2011).

9. Economic Planning Agency, *New Long-Range Economic Plan of Japan (1961–1970): Doubling National Income Plan* (Tokyo: The Japan Times, 1961).

10. Chalmers Johnson, *MITI and the Japanese Miracle* (Stanford, Calif.: Stanford University Press, 1981). 本書是有關發展性國家的最重要著作。

11. Sheldon Garon and Mike Mochizuki, "Negotiating Social Contracts," in *Postwar Japan as History*, pp. 148–55.

12. Andrew Gordon, *Wages of Affluence* (Cambridge: Harvard University Press, 1988), p. 47.

13. Andrew Gordon, "Contests for the Workplace in Postwar Japan," in *Postwar Japan as History*, p. 377.

14. 熊澤誠，〈スト權スト：1975年日本〉，清水愼三編，《戰後労働組合運働史論：企業社会超克の視座》（東京：日本評論社，1982），頁486–88；有關公務員工會由1949年至1975年情況，參看兵藤次多務（名音譯），〈職場の労使關係と労働組合〉，《戰後労働組合運働史論》，頁245–258。

15. 有關全球背景，參看Charles Maier, "The Politics of Productivity: Foundations of American International Economic Policy after World War II," in *Between Power and Plenty: Foreign Economic Policies of the Advanced Industrial States*, ed. Peter Katzenstein (Madison: University of Wisconsin Press, 1978)。

16. 「同盟會議」是全日本労動總同盟組合會議之簡稱。

17. 石田博英，〈保守黨のビジョン〉，《中央公論》，78卷1號（1963年1月），頁88–97。

8. 日語是「ベトナムに平和を！市民連合」。

19. 有關反戰抗爭，參看Thomas R. H. Havens, *Fire across the Sea: The Vietnam War and Japan, 1965–1975* (Princeton, N.J.: Princeton University Press, 1987)。有關示威人數，參看頁133及頁207。

20. Timothy S. George, *Minamata: Pollution and the Struggle for Democracy in Postwar Japan* (Cambridge, Mass.: Harvard East Asian Monographs, 2002). Brett L. Walker, *Toxic Archipelago: A History of Industrial Disease in Japan* (Seattle: University of Washington Press, 2010).

21. "How Many Days in a Year Can We See Mount Fuji and Tokyo Tower from the Tokyo Suburban Area?," https://www.seikei.ac.jp/obs/pwork/fuji.htm, accessed August 21, 2018.

22. 有關成田機場抗爭，參看David Apter and Sawa Nagayo, *Against the State* (Cambridge: Harvard University Press, 1984)。

23. 這些市民運動都可以在戰前找到先例。

24. Masumi Junnosuke, *Contemporary Politics in Japan*, trans. Lonny E. Carlisle (Berkeley: University of California Press, 1995), p. 391.

25. 美濃部父親是美濃部達吉，曾任東京帝國大學法學部憲法學教授，本書第11章已經介紹過他，在1930年代，由於他對天皇在憲法上的地位採取自由主義看法，為當時右翼分子批評，結果被迫退出教職。

26. Havens, *Parkscapes*, pp. 140–149.

27. Totman, *Japan: An Environmental History*, pp. 266–270.

28. 八個參加罷工的公共事業工會為：日本國有鐵道、日本電信電話公社、日本專賣公社、郵便局、大藏省印刷局、大藏造幣局、酒精專賣局、林野廳。

29. 熊澤誠，〈スト權スト：1975年日本〉，《戰後勞働組合運働史論》，頁491–503，本文談及罷工整個過程及其失敗原因。

30. 有關中央情報局活動情況，參看 "CIA Spent Millions to Support Japanese Right in '50s and '60s," *New York Times* (October 9, 1994), and "CIA Keeping Historians in the Dark about Its Cold War Role in Japan," *Los Angeles Times* (March 20, 1995)。

31. E. O. Reischauer, "The Broken Dialogue with Japan," *Foreign Affairs* (October 1960): 11–26.

32. Chalmers Johnson, *Blowback: The Cost and Consequences of American Empire* (New York: Metropolitan Books, 2000), p. 36.

第十六章

1. 有關汽車工業的發展，其最詳盡說明參看David Halberstam, *The Reckoning* (New York: William Morrow, 1986)。

2. 有關陳果仁事件，由崔明慧及Renee Tajima在1988年所監製的紀錄片《誰殺死陳果仁？》(*Who Killed Vincent Chin?*) 有最詳盡說明，該片曾獲奧斯卡紀錄片提名。

3. Theodore H. White, "The Danger from Japan," *New York Times Magazine* (July 28, 1985), pp. 18–23, 27, 37–43, 57–58.

4. G-7成員包括加拿大、法國、德國、英國、義大利、日本及美國，加拿大是在第二次會議方加入。

5. 參看 "What Does the United States Export to Japan?," 1980, https://atlas.media.mit.edu/en/visualize/tree_map/sitc/export/usa/jpn/show/1975.2017/。

6. Totman, *Japan: An Environmental History*, pp. 275–280. Peter Dauvergne, *Shadows in the Forest: Japan and the Politics of Timber in Southeast Asia* (Cambridge, Mass.: MIT University Press, 1997), p. 22.

7. Creamer, "The Rise and Fall of Chosen Soren," pp. 23–34

8. Steven Erlanger, "In Southeast Asia, Japan Dominates in Aid, Trade, and Old Resentments," *New York Times*, July 2, 1989, p. E2.

9. 第二輪爭論出現於1982年9月。一些媒體報導宣稱政府並未強制修改教科書，有些教科書從一開始就已使用「進出」華北一詞。真正事實如何仍有爭議。某些被政府強逼將「侵略」改為「進出」華北的情況並不屬實，然有些教科書編者的確在文教省要求下作出了修改。

10. 有關左翼看法，最有力的代表作是Saburo Ienaga, *The Pacific War* (New York: Pantheon, 1978)。譯自家永三郎，《太平洋戰争》(東京：岩波書店，1968)。

11. Ronald Dore, *Stock Market Capitalism, Welfare Capitalism: Japan and Germany versus the Anglo Saxons* (Oxford: Oxford University Press, 2000), p. 225.

12. "genryō keiei" 日本語詞為「減量經營」。

13. Andrew Gordon, "New and Enduring Dual Structures of Employment in Japan: The Rise of Non-Regular Labor, 1980s–2010s," *Social Science Japan Journal* 20, no. 1 (2017): 9–36.

14. Paul Lillrank and Noriaki Kano, *Continuous Improvement* (Ann Arbor: Center for Japanese Studies, the University of Michigan, 1979), p. 1.

15. Karatsu Hajime, "Japanese Know-How for American Industry," *Japan Echo* XIII, no. 4 (1986): 64. 翻譯自〈米国経済の破綻〉，*Voice* (1986年10月)，頁115–25，注意英文題目比日文溫和得多。

16. Umehara Takeshi, "Natura Nippon," *Washington Post*, December 12, 1990, p. H1.

17. 有關日本人論的分析及概觀，參看 Peter N. Dale, *The Myth of Japanese Uniqueness* (London: Croon Helm & Nissan Institute for Japanese Studies, University of Oxford, 1986)。有關具體例子，可參看頁 16、23、65–67、72–73、189–190。

18. Takeo Doi, *The Anatomy of Dependence* (Tokyo: Kodansha International, 1973). 翻譯自土居健郎，《「甘え」の構造》(東京：弘文堂，1971)。

19. Ezra F. Vogel, *Japan as Number One* (Cambridge: Harvard University Press, 1979). 日文版於同年出版，據説銷量超過一百萬冊，是日本非小説類翻譯作品有史以來最暢銷書籍。

20. Jacob Schlesinger, *Shadow Shoguns: The Rise and Fall of Japan's Postwar Political Machine* (New York: Simon and Schuster, 1997), p. 120.

21. Richard J. Samuels, "Leadership and Political Change in Japan: The Second Rincho,"*Journal of Japanese Studies* 29, no. 1 (Winter 2003): 23.

22. 參看 Sheldon Garon, *Molding Japanese Minds* (Princeton, N.J.: Princeton University Press, 1997)。

23. Miranda A. Schreurs, "Assessing Japan's Role as a Global Environmental Leader,"*Policy and Society* 23, no. 1 (2004): 90–94.

24. 総理府編，《観光白書》(東京：大蔵省印刷局，1991)，頁 37–40。

25. 參看 National Defense Council for Victims of Karoshi, ed., *Karōshi: When the "Corporate Warrior" Dies* (Tokyo: Mado-sha, 1990), pp. 7, 12。

26. 參看 "Friendly New U.S. Line in Trade Talks Strikes Some Japanese as Self-Serving," *Wall Street Journal*, September 14, 1989, p. A17。

27. *New York Times*, January 21, 1992, p. D1.

28. Kumazawa Makoto, *Portraits of the Japanese Workplace* (Boulder, Colo.: Westview Press, 1996), p. 249.

29. 鶴見俊輔，《戦後日本の大衆文化史》(東京：岩波書店，1984)，頁 189–190，引自 Kumazawa Makoto, *Portraits of the Japanese Workplace*, p. 249。鶴見俊輔的書有英譯本，見 *A Cultural History of Postwar Japan, 1945–1980* (London: KPI, 1987)。

30. 有關爭論，參看 Marilyn Ivy, "Formations of Mass Culture," in *Postwar Japan as History*, ed. Andrew Gordon (Berkeley: University of California Press, 1993), pp. 253–55。

31. 吉見俊哉，《ポスト戦後社会》(東京：岩波書店，2009)；Douglas McGray, "Japan's Gross National Cool," *Foreign Policy* (May–June 2001): 44–54.

32. Havens, *Parkscapes*, pp. 148–149.

33. 有關廣告運動，參看 Ivy, "Formations of Mass Culture," pp. 251, 256。有農村旅遊發展計劃，參看 Jennifer Robertson, "It Takes a Village: Internationalization and Nostalgia in Postwar Japan," in *Mirror of Modernity*, ed. Steven Vlastos (Berkeley: University of California Press, 1999), pp. 110–129。

第十七章

1. Bill Powell, "The Lost Decade," *Newsweek*, July 27, 1998, 28. 滝田洋一，〈国富：失われた10年の教訓〉，《日本経済新聞》，1998年7月21日，夕刊，頁3。一般習慣是雜誌會在其出版日期前一星期便印刷好，因此 *Newsweek* 的報導會比滝田的文章早一天，滝田也許早便得到此新聞來源。

2. 有關天皇生病過程及所產生之「自制」，參看 Norma Field, *In the Realm of a Dying Emperor: Japan at Century's End* (New York: Vintage Books, 1991), pp. 19–29。第三章談及長崎市長本島所發表的聲明及其後續爭論。

3. Field, *In the Realm of a Dying Emperor*, pp. 233–234.

4. 有關修改憲法的爭議，比較有系統的敘述，可參看 http://www.fas.harvard.ed/~rijs/crrp/index.html。關於1950年代末的爭議，可參看本書第十五章第一節。

5. 參看 B. Meredith Burke, "Japan's Baby Bust: A Brighter Prospect Than Ours?" *Japan Digest*, July 11, 2000, p. 5.

6. 〈三国人ら凶悪犯罪〉，《朝日新聞》，2000年4月10日，夕刊，頁1。「第三國人」是佔領時期用語，意指那些既非日本人僱員、也非最高司令部僱員的前殖民地居民，通常特指朝鮮及台灣人。

7. 有關日本之族群及外國人比較完整的研究，參看 John Lie, *Multiethnic Japan* (Cambridge: Harvard University Press, 2001)。

8. 〈学級崩壊状態にあるのは9パーセント〉，《教育新聞》，2006年4月5日。

9. 原見於黒沼克史，《援助交際》(東京：文藝春秋，1996)，轉引自河合隼雄 (Kawai Hayao), "The Message from Japan's Schoolgirl Prostitutes," *Japan Echo* 24, no. 2 (June 1997). 河合是位出名的精神醫生及公眾評論家，日本有人認為援助交際源於淺薄的感情關係及精神的危機感，河合屬於這一派較著名者。

10. Umehara Takeshi, "What Is Japanese Tradition?," *Asia Pacific Journal: Japan Focus*, July 6, 2005, translated from *Asahi Shinbun*, May 17, 2005, evening edition.

11. 〈少年凶惡事件、ピークは40年前〉,《朝日新聞》, 2000年10月11日, 頁38。

12. 有關近現代日本青年的長時段研究, 參見David Ambaras, *Bad Youth: Juvenile Delinquency and the Politics of Everyday Life in Modern Japan* (Berkeley: University of California Press, 2005)。

13. Akihiro Ogawa, "When the NPO Law Sinks In; Japanese Civil Society and Neoliberalism," 2005年3月2日夏威夷檀香山International Studies Society 會議論文。

14. 要理解所謂「格差」社會, 有兩本著作是入門必讀, 請參看橘木俊詔, 《日本の経済格差》(東京: 岩波書店, 1998) 及佐藤俊樹, 《不平等社会日本》(東京: 中央公論新社, 2000)。

15. Office of Economic Cooperation and Development, *Economic Survey of Japan, 2006*, 本書提供2000年以後此項資料, 日本新聞界亦經常引用。

16. International Monetary Fund, *World Economic Outlook* (October 2007).

17. Philip Brasor, "Japan Stands Back as the Poor Get Poorer," *Japan Times*, December 16, 2007. 本文描述幾部有關日本窮人困境的獲獎電視紀錄片。

18. *Japan Digest*, June 30, 2000, pp. 3–4.

19. 〈昇格男女差別許されぬ〉,《朝日新聞》, 國際衛星版, 1996年11月28 日, 頁22。

20. Mari Osawa,"Government Approaches to Gender Equality in the mid-1990s," *Social Science Japan Journal* 3, no. 1 (2003): 3–19.

21. Gordon, "New and Enduring Dual Structures of Employment in Japan," pp. 25–28.

22. Gender Equality Bureau, Cabinet Office, "Gender Equality in Japan, 2007," 更 多具體細節, 參看內閣府男女共同參畫局,《男女共同參畫白書》(2007), http://www.gender.go.jp/.。

23. Donald Hellman, "Japanese Politics and Foreign Policy: Elitist Democracy within an American Greenhouse," in *The Political Economy of Japan*, vol.2, *The Changing International Context*, ed. Takashi Inoguchi and Daniel I. Okimoto (Stanford, Calif.: Stanford University Press, 1988), pp. 345–78.

24. 有關大藏省的決定及其影響, 參看Richart Taggart Murphy, *The Weight of the Yen: How Denial Imperils America's Future and Ruins an Alliance* (New York: W. W. Norton, 1996), Part 3。

25. Richard Katz, *Japan: The System that Soured: The Rise and Fall of the Japanese Economic Miracle* (Armonk, N.Y.: M.E. Sharpe, 1998), and "The Lost Decade," *Newsweek*, July 27, 1998.

26. Se Hark Park, "Bad Loans and Their Impacts on the Japanese Economy," Discussion Paper Series A, No. 439, Institute of Economic Research, Hitotsubashi University, June 2003. "Fishing for a Future: Healthy at Last, the Big Banks Now Need a Strategy," *Economist*, June 28, 2007.

27. 各種治理方案的總結，可參看 Ronald Dore, *Stock Market Capitalism, Welfare Capitalism: Japan and Germany versus the Anglo Saxons* (New York: Oxford University Press, 2000).

28. 有關日本對愛滋病的反應及該事件，參看 Eric A. Feldman, *The Ritual of Rights in Japan: Law, Society and Health Policy in Japan* (Cambridge: Cambridge University Press, 2000)。

29. 這句話出自美國一位居於日本的政治經濟分析家 John F. Neuffer，很快便廣為流傳，參看 *New York Times*, July 23, 1998。

30. *Japan Digest*, June 27, 2000, p. 3.

31. Dore, *Stock Market Capitalism, Welfare Capitalism*, p. 105.

32. *Japan Digest*, June 27, 2000, p. 4. 厚生勞動省網路數據庫「僱用動向調查」顯示，在1992年有9.5%的工人換工作，而在2006年更換工作的人比例增加到10.4%。

33. Sanford M. Jacoby, *The Embedded Corporation: Corporate Governance and Employment Relations in Japan and the United States* (Princeton, N.J.: Princeton University Press, 2005), pp. 7–8. Andrew Gordon, "Ideologies of State, Market, and Gender from High-Growth to 'Lost decades,'" in *The Lost Two Decades and the Future of Japanese Studies*, ed. Takii Kazuhiro (Kyoto: International Research Center for Japanese Studies, 2017), p. 157.

34. Dore, *Stock Market Capitalism, Welfare Capitalism*, pp. 111–123.

35. 有關這情況比較扼要的說明，可參看 Sanford Jacoby, *The Embedded Corporation* (Princeton, N.J.: Princeton University Press, 2007)，平裝版序言。

36. Douglas McGray, "Japan's Gross National Cool," *Foreign Policy* (May–June 2001): 44–54. Joseph S. Nye Jr., *Soft Power: The Means to Success in World Politics* (New York: Pubic Affairs, 2004). 奈伊在1980年末便開始在不同場合使用「軟實力」這名詞，但直至本書出版，他才清楚論證軟實力的重要性。

37. Schreurs, "Assessing Japan's Role as a Global Environmental Leader," pp. 95–108. "GDP per unit of energy use" found at https://www.indexmundi.com/facts/indicators/EG.GDP. PUSE.KO.PP.KD, accessed August 22, 2018.

38. Jane Goodall, *Hope for Animals and Their World* (New York: Grand Central, 2009), pp. 101–104. See also "World Wildlife Federation," *Japan Ecological Footprint 2012*.

39. 參看 Edith Terry, *How Asia Got Rich: Japan and the Asian Miracle* (Armonk, N.Y.: M. E. Sharpe, 1998)。

40. 有關批評意見，可參看 Walter Hatch and Kozo Yamamura, *Asia in Japan's Embrace: Building a Regional Production Alliance* (Cambridge: Cambridge University Press, 1996。有關最新評價，可參看「Regional Integration in East Asia」特集，Takatoshi Ito, Akira Kojima, Colin McKezie, and Shujiro Urata, eds., *Asian Economic Policy Review* 1 no. 2 (December 2006)。

第十八章

1. 有關雷曼震盪，比較有用的撮要説明，可參考 "The Lehman Shock," *Newsweek*, September 18, 2009。

2. 關於2008年最後一季的國民生產總值，見〈日本のGDP成長率、35年ぶりの大幅な落ち込み〉，http://mag.executive.itmedia.co.jp/executive/articles/0902/16/news069.html。有關2009年的國民生產總值，見內閣府，〈平成21年國民經濟計算のポイント〉，http://www.esri.cao.go.jp/jp/sna/data/data_list/kakuhou/files/h21/sankou/pdf/point.pdf。

3. 〈製造業派遣・請負、40万人失業見通し業界団体試算〉，《朝日新聞》，2009年1月29日，頁7。

4. 本事件詳情，可參考 Toru Shinoda, "Which Side Are you On?: Hakenmura and the Working Poor as a Tipping Point in Japanese Labor Politics," *Asia-Pacific Journal*, April 4, 2009。

5. 〈若い世代経営者側には冷たさ感じた〉，《朝日新聞》，2009年1月18日，頁6。

6. 竹信三惠子，《ルポ僱用劣化不況》(東京：岩波書店，2009)，參考第五章及第六章。

7. 竹信三惠子，《ルポ僱用劣化不況》。

8. 五十嵐仁，《労働再規制：反転の構図を読みとく》(東京：筑摩書房，2008)。根據五十嵐解釋，去自由化行動早在二三年前便已開始。

9. 〈派遣労働改善への一歩：改正派遣法今日成立〉，《朝日新聞》，2012年3月28日，頁3。

10. Robert A. Feldman, "Japan Economics: How Japan Got Financial Reform Right," *Morgan Stanley Research Japan*, November 27, 2008.

11. Jon Heilsenrath, "Fed Chief Gets Set to Apply Lessons of Japan's History," *Wall Street Journal*, October 12, 2010, pp. A1, A18. Martin Fackler and Steve Lohr, "U.S. Hears Echo of Japan's Woes, Striking Paralletls Seen in Economic Slump," *New York Times*, October 29, 2010, pp. A1, A5.

12. 亦可參見R. Taggart Murphy, "Japan as Number One in the Global Economic Crisis: Lessons for the World?" *Asia-Pacific Journal*, November 1, 2010, p. 2。

13. Jay Shambaugh and Ryan Nunn, "Why Wages Aren't Growing in America," *Harvard Business Review*, October 24, 2017.

14. Robert Lenzner, "America's Lost Decade Will Last Until 2016," Forbes, October 13, 2011, http://www.forbes.com/sites/robertlenzner/2011/10/13/americas-lost-decade-will-last-until-2016/. "Japan's Economy: Whose Lost Decade?" *Economist*, November 19, 2011, http://www.economist.com/node/21538745. Daniel Indiviglio, "Welcome to America's Lost Decade," *Atlantic*, November 2, 2011, http://www.theatlantic.com/business/archive/2011/11/welcome-to-americs-lost-decade/247762. Michael Sivy, "How the US Can Avoid a Lost Decade," *Time: Moneyland*, December 6, 2011, http://moneyland.time.com/2011/12/06/how-the-u-s-can-avoid-a-lost-decade. Menzie D. Chinn and Jeffrey A. Frieden, *Lost Decades: The Making of America's Debt Crisis and the Long Recovery* (New York: W.W. Norton, 2011).

15. 有關學生到美國留學，可參見日米教育委員会，〈アメリカ留学の基礎知識 (大学‧大学院)〉(2011)，http://www.fulbright.jp/study/res/tlcollege03.html。有關學生到其他國家留學的情況，可參看文部科学省，〈日本人の海外留学状況〉，http://www.mext.go.jp/b_menu/houdou/24/01/__icsFiles/afieldfile/2012/02/02/1315686_01.pdf。

16. 該名詞似乎在2006年之出版物或網路已經出現，但真正普遍使用應在2008年及以後。

17. 見《日本経済新聞》，2011年2月15日，http://2009.itainews.com/archives/cat40/archives/49086。

18. 參見社論〈景気の行方 ── 攻めの機運をそぐなかれ〉，《朝日新聞》，2011年2月25日，頁3。

19. Martin Fackler, "Japan Goes from Dynamic to Disheartened," *New York Times*, October 16, 2010, pp. 1, 14.

20. 根據經濟合作及發展組織 (OECD) 2009年至2010年統計，假如用固定美元價格及固定購買力平價 (PPP) 計算，日本之個人國民生產值上升3.9%，而美國則只有2.15%，歐元區十七個成員國為1.6%。參見http://www.oecd.org/statistics/。

21. 有關海嘯波浪高度估計，參見〈東日本大震災で確認された津波の高さ〉，http://www2.ttcn.ne.jp/honkawa/4363b.html.

22. 日本警察廳2012年7月25日報告之資料，見http://www.npa.go.jp/archive/keibi/biki/higaijokyo.pdf。

23. 〈假設生活なお27萬人〉,《朝日新聞》,2012年7月27日,頁1。

24. 有關幅射外泄,參見Takashi Sugimoto, "After 500 Days, Fukushima No. 1 Plant Still Not out of the Woods," *Asahi Shinbun, Asia Japan Watch*, July 24, 2012。有關河流湖泊,參見Takashi Sugimoto, "Radioactive River Mud Threatens Lakes, Tokyo Bay," *Asahi Shinbun, Asia Japan Watch*, July 5, 2012。有關泥土,參見Shoji Nomura, "Radioactive 'Black Soil' Patches: A Scourge or a Solution?" *Asahi Shinbun, Asia Japan Watch*, June 14, 2012。上述文獻均可見於http://ajw.asahi.com/category/0311disaster/fukushima/。

25. 天皇演講英文文本可參見http://www.kunaicho.go.jp/e-okotoba/01/address/okotoba-h23e.html。

26. 有關這些報告及其結論的比較,可參見〈福島第一原発事故の調查報告書比較〉,《朝日新聞》,國際衛星版,2012年7月24日,頁3。

27. 青木理,〈熊取六人眾〉,《週刊現代》,2011年4月14日,頁14。

28. 〈東電、06年にも大津波想定〉,《朝日新聞》,2012年6月13日,頁1。

29. Yoshimi Shunya, "Radioactive Rain and the American Umbrella," *Journal of Asian Studies* (May 2012): 319–331. 吉見俊哉此文其後用日文發表於《万博と戰後日本》(東京:講談社,2011),頁3–22。有關1940年代後期及1950年代之水力發電,見Eric G Dinmore, "Concerte Results? The TVA and the Appeal of Large Dams in Occupaton-Era Japan," *The Journal of Japanese Studies*, 39, no 1 (Winter 2013), pp. 1–38。

30. "Reconstruction Efforts Should Focus More on Livelihoods," editorial, *Asahi Shinbun*, 以英文發表於*Asahi Shinbun, Asia Japan Watch*, March 10, 2011,提及岩手縣釜石市之分水堤及其他計劃,「仍按照舊日做法展開重建」,參見http://ajw.asahi.com/article/views/editorial/AJ201203100037。

31. 有關此類議題的討論,其例案可參見"Fukushima Prefecture to Restore Destroyed Coastal Forests," *Asahi Shinbun, Asia Japan Watch*, April 29, 2012, jdarchive.org。

32. 有關自衛隊在災難中之角色,及對其在社會大眾形象之衝擊,參看 Richard Samuels, *3.11: Disaster and Change in Japan* (Ithaca: Cornell University Press, 2013)。

33. 御厨貴,《「戰後」が終わり、「災後」が始まる》(東京:千倉書房,2011),頁64–66。作者對中層官僚的救災工作,給予相當正面的評價。

34. Zachary Keck, "Osaka Mayor Hashimoto Calls Comfort Women "Necessary," *The Diplomat*, May 15, 2013. https://thediplomat.com/2013/05/osaka-mayor-toru-hashimoto-callscomfort-women-necessary/.

35. Mina Pollmann, "Japan's Controversial State Secrets Law: One Year Later," *The Diplomat*, (December 9, 2015).

36. Ayako Mie, "Security laws usher in new era for pacifist Japan: 'War legislation' raises regional, public fears amid lack of Diet opposition," *Japan Times*, March 29, 2016.

37. 見 https://japan.kantei.go.jp/97_abe/statement/201508/0814statement.html。

38. 參見 https://www.kantei.go.jp/jp/singi/meiji150/portal/ and D. V. Botsman, "The Meiji Restoration and the Politics of Post-war Commemoration: 1968/2018," *Japanese Studies* September 2018, Vol.38 (3), pp. 289–304。

39 安倍晋三,〈アベノミクス第二章起動宣言〉,《文藝春秋》,2014年9月,頁104。

40. 民調結果參見 http://www.gender.go.jp/research/yoron/。

41. Austin Ramzy and Hisako Ueno, "Japanese Medical School Accused of Rigging Admissions to Keep Women Out," *New York Times*, August 3, 2018.

42. James McBride and Beina Xu, "Abenomics and the Japanese Economy," Council on Foreign Relations, March 23, 2018. https://www.cfr.org/backgrounder/abenomics-and-japaneseeconomy.

43. "Reassess the economics of nuclear power," *Japan Times*, April 1, 2019.

44. Peter Bungate, "Plotting Japan's Energy Future: Japan confirms role of renewables and nuclear as the 5th Strategic Energy Plan is approved by the Japanese Cabinet," *The Diplomat*, July 12, 2018. "Japan's Nuclear Power Plants", July 19, 2018, accessed at https://www.nippon.com/en/features/h00238/

45. 有關釧路川,可參見 https://www.nytimes.com/2007/11/07/world/asia/07japan.html and https://www.global.hokudai.ac.jp/blog/40/。有關荒瀨水壩,參見https://www.japanfs.org/en/news/archives/news_id035105.html。有關八場水壩,參見 Daniel Aldrich, *Site Fights: Divisive Facilities and Civil Society in Japan and the West* (Ithaca: Cornell University Press, 2008), ch. 4。

參考書目

一、總論

Batten, Bruce L., and Phillip C. Brown. *Environment and Society in the Japanese Islands: From Prehistory to the Present.* Corvallis: Oregon State University Press, 2015.

Dower, John. *Embracing Defeat: Japan in the Wake of World War II.* New York: W.W. Norton and Co., 1999.

———. *Japan in War and Peace: Selected Essays.* New York: The New Press, 1993.

Duus, Peter, ed. *The Cambridge History of Japan*, vol. 6, *The Twentieth Century.* Cambridge: Cambridge University Press, 1989.

Gluck, Carol, and Stephen R. Graubard, eds. *Shōwa: The Japan of Hirohito.* New York: W. W. Norton and Co., 1992.

Goldman, Merle, and Andrew Gordon, eds. *Historical Perspectives on Contemporary East Asia.* Cambridge: Harvard University Press, 2000.

Hardacre, Helen. *Shintō and the State, 1868–1988.* Princeton, N.J.: Princeton University Press, 1989.

Iriye, Akira. *China and Japan in the Global Setting.* Cambridge: Harvard University Press, 1993.

Jansen, Marius B., ed. *The Cambridge History of Japan*, vol. 5, *The Nineteenth Century.* Cambridge: Cambridge University Press, 1989.

Johnson, Chalmers. *MITI and the Japanese Miracle: The Growth of Industrial Policy, 1925–1975.* Stanford, Calif: Stanford University Press, 1982.

Kano, Ayako. *Japanese Feminist Debates: A Century of Contention on Sex, Love, and Labor.* Honolulu: University of Hawai'i Press, 2017.

Miller, Ian J., Julia Adeney Thomas, and Brett L. Walker, eds. *Japan at Nature's Edge: The Environmental Context of a Global Power.* Honolulu: University of Hawai'i Press, 2013

Molony, Barbara, and Kathleen Uno, eds., *Gendering Modern Japanese History*. Cambridge: Harvard University Asia Center, 2005.

Najita, Tetsuo. *Japan.* Englewood Cliffs, N.J.: Prentice Hall, 1974.

———. and Victor Koschmann. *Conflict in Modern Japanese History: The Neglected Tradition.* Princeton, N.J.: Princeton University Press, 1982.

Totman, Conrad. *Early Modern Japan.* Berkeley: University of California Press, 1993.

———. *Japan: An Environmental History.* London: I.B. Tauris, 2014.

Tsutsui, William M., ed. *A Companion to Japanese History.* Oxford: Blackwell, 2007.

Walker, Brett L. *A Concise History of Japan.* Cambridge, U.K.: Cambridge University Press, 2015.

二、德川日本

(1) 社會、人口與經濟

Bix, Herbert P. *Peasant Protest in Japan, 1590–1884.* New Haven, Conn.: Yale University Press, 1986.

Crawcour, S. "The Tokugawa Period and Japan's Preparation for Modern Economic Growth." *Journal of Japanese Studies*, no. 1 (Autumn 1974): 113–115.

Howell, David L. *Capitalism from Within: Economy, Society, and the State in a Japanese Fishery.* Berkeley: University of California Press, 1995.

Jannetta, Ann Bowman. *Epidemics and Mortality in Early Modern Japan.* Princeton, N.J.: Princeton University Press, 1987.

McClain, James L. *Kanazawa: A Seventeenth-Century Japanese Castle Town.* New Haven, Conn.: Yale University Press, 1982.

Smith, T. C. *The Agrarian Origins of Modern Japan.* Stanford, Calif.: Stanford University Press, 1959.

———. *Native Sources of Japanese Industrialization, 1750–1920.* Berkeley and Los Angeles: University of California Press. 1988.

Smits, Gregory. *Seismic Japan: The Long History and Continuing Legacy of the Ansei Edo Earthquake.* Honolulu: University of Hawai'i Press, 2013.

Stanley, Amy, *Selling Women: Prostitution, Markets, and the Household in Early Modern Japan.* Berkeley: University of California Press, 2012.

Totman, Conrad. *The Green Archipelago: Forestry in Preindustrial Japan.* Berkeley: University of California Press, 1989.

Vlastos, Stephan. *Peasant Protests and Uprisings in Tokugawa Japan*. Berkeley: University of California Press, 1986.

Wigen, Kären. *The Making of a Japanese Periphery, 1750–1920*. Berkeley: University of California Press, 1995.

(2) 政治

Bolitho, Harold. *Treasures among Men: The Fudai Daimyo in Tokugawa Japan*. New Haven, Conn: Yale University Press, 1974.

Botsman, Daniel V. *Punishment and Power in the Making of Modern Japan*. Princetion: Princeton University Press, 2004.

Hall, John W., and Marius B. Jansen, eds. *Studies in the Institutional History of Early Modern Japan*. Princeton, N.J.: Princeton University Press, 1968.

Howell, David L. *Geographies of Identity in Nineteenth-Century Japan*. Berkeley: University of California Press, 2005.

Nakai, Kate Wildman. *Shogunal Politics: Arai Hakuseki and the Premises of Tokugawa Rule*. Harvard East Asian Monographs 134. Cambridge: Harvard University, Council on East Asian Studies, 1988.

Toby, Ronald. *State and Diplomacy in Early Modern Japan: Asia in the Development of the Tokugawa Bakufu*. Princeton, N.J.: Princeton University Press, 1984.

Totman, Conrad. *Politics in the Tokugawa Bakufu*. Cambridge: Harvard University Press, 1967.

Walker, Brett. *The Conquest of Ainu Lands: Ecology and Culture in Japanese Expansionism*. Berkeley: University of California Press, 2001.

Webb, Herschel. *The Japanese Imperial Institution in the Tokugawa Period*. New York: Columbia University Press, 1968.

(3) 思想與文化

Dore, Ronald. *Education in Tokugawa Japan*. Berkeley: University of California Press, 1965.

Elison, George. *Deus Destroyed*. Cambridge: Harvard University Press, 1974.

Harootunian, H. D. *Things Seen and Unseen: Discourse and Ideology in Tokugawa Nativism*. Chicago: University of Chicago Press, 1988.

Kelly, William W. *Deference and Defiance in Nineteenth-Century Japan*. Princeton, N.J.: Princeton University Press, 1985.

Marcon, Federico. *The Knowledge of Nature and the Nature of Knowledge in Early Modern Japan*. Chicago: University of Chicago Press, 2015.

Maruyama, M. *Studies in the Intellectual History of Tokugawa Japan*. Translated by Mikiso Hane. Princeton, N.J.: Princeton University Press, 1974.

Najita, Tetsuo. *Visions of Virtue in Tokugawa Japan*. Chicago: University of Chicago Press, 1987.

Ooms, Herman. *Tokugawa Ideology: Early Constructs, 1570–1680*. Princeton, N.J.: Princeton University Press, 1985.

Wakabayashi, Bob Tadashi. *Anti-Foreignism and Western Learning in Early-Modern Japan: The New Theses of 1825*. Cambridge: Harvard University, Council on East Asian Studies, 1986.

三、幕末與明治維新

Craig, Albert M. *Chōshū in the Meiji Restoration*. Cambridge: Harvard University Press, 1961.

Harootunian, H. D. *Toward Restoration: The Growth of Political Consciousness in Tokugawa Japan*. Berkeley: University of California Press, 1970.

Huber, Thomas. *The Revolutionary Origins of Modern Japan*. Stanford, Calif.: Stanford University Press, 1981.

Jansen, Marius B. *Sakamoto Ryoma and the Meiji Restoration*. Stanford, Calif.: Stanford University Press, 1961.

Walthall, Anne. *The Weak Body of a Useless Woman: Matsuo Taseko and the Meiji Restoration*. Chicago: University of Chicago Press, 1998.

Wilson, George M. *Patriots and Redeemers in Japan: Motives in the Meiji Restoration*. Chicago: University of Chicago Press, 1992.

四、明治時代

(1) 社會、人口與經濟

Hirschmeier, Johannes. *The Origins of Entrepreneurship in Meiji Japan*. Cambridge: Harvard University Press, 1964.

Moulder, Frances. *Japan, China and the Modern World Economy*. New York: Cambridge University Press, 1977.

Reischauer, Haru Matsukata. *Samurai and Silk: A Japanese and American Heritage*. Cambridge: Harvard University Press, 1986.

Rosenstone, Robert A. *Mirror in the Shrine: American Encounters with Meiji Japan*. Cambridge: Harvard University Press, 1988.

Smith, Thomas C. *Political Change and Industrial Development in Japan:*

Government Enterprise, 1868–1880. Stanford, Calif.: Stanford University Press, 1955.

Totman, Conrad. *Japan's Imperial Forest Goryōrin, 1889–1945*. Folkestone, Kent, U.K.: Global Oriental, 2007.

Tsurumi, E. Patricia. *Factory Girls: Women in the Thread Mills of Meiji Japan*. Princeton, N.J.: Princeton University Press, 1990.

Walker, Brett L. *The Lost Wolves of Japan*. Seattle: University of Washington Press, 2005.

Wray, William D. *Mitsubishi and the N.Y.K., 1870–1914: Business Strategy in the Japanese Shipping Industry*. Cambridge: Harvard University, Council on East Asian Studies, 1984.

(2) 政治與外交政策

Akita, George. *Foundations of Constitutional Government in Modern Japan, 1868–1900*. Cambridge: Harvard University Press, 1967.

Conroy, Hilary. *The Japanese Seizure of Korea, 1868–1910*. Philadelphia: University of Pennsylvania Press, 1960.

Hackett, R. F. *Yamagata Aritomo in the Rise of Modern Japan, 1838–1922*. Cambridge: Harvard University Press, 1973.

Hall, Ivan Parker. *Mori Arinori*. Cambridge: Harvard University Press, 1973.

Jones, Hazel L. *Live Machines: Hired Foreigners and Meiji Japan*. Vancouver: University of British Columbia Press, 1980.

Kim, Kyu-Hyun. *The Age of Visions and Arguments: Parliamentarianism and the National Public Sphere in Early Meiji Japan*. Cambridge: Harvard University Asia Center, 2007.

Phipps Mercer Catherine. *Empires on the Waterfront: Japan in the Age of Informal Imperialism*. Cambridge: Harvard Asia Center Publications, 2013.

Pittau, J. *Political Thought in Early Meiji Japan, 1868–1889*. Cambridge: Harvard University Press, 1967.

(3) 思想與文化

Bartholomew, James R. *The Formation of Science in Japan*. New Haven, Conn.: Yale University Press, 1989.

Clancey, Greg. *Earthquake Nation: The Cultural Politics of Japanese Seismicity, 1868–1930*. Berkeley: University of California Press, 2006.

Gluck, Carol. *Japan's Modern Myths: Ideology in the Late Meiji Period*. Princeton, N.J.: Princeton University Press, 1985.

Irokawa, Daikichi. *The Culture of the Meiji Period*. Translated and edited by Marius B. Jansen. Princeton, N.J.: Princeton University Press, 1985.

Ketelaar, James Edward. *Of Heretics and Martyrs in Meiji Japan: Buddhism and Its Persecution*. Princeton, N.J.: Princeton University Press, 1990.

Kinmonth, Earl H. *The Self-Made Man in Meiji Japanese Thought: From Samurai to Salary Man*. Berkeley: University of California Press, 1981.

Pyle, Kenneth. *The New Generation in Meiji Japan*. Stanford: Stanford University Press, 1969.

Thal, Sarah. *Rearranging the Landscape of the Gods: The Politics of a Pilgrimmage Site in Japan, 1573–1912*. Chicago: University of Chicago Press, 2005.

五、帝國時代

(1) 政治、外交政策、殖民主義與帝國主義

Berger, Gordon. *Parties Out of Power in Japan, 1931–1941*. Princeton, N.J.: Princeton University Press, 1977.

Bix, Herbert. *Hirohito and the Making of Modern Japan*. New York: HarperCollins, 2000.

Borg, Dorothy, ed. *Pearl Harbor as History: Japanese American Relations, 1931–1941*. New York: Columbia University Press, 1973.

Boyle, John. *China and Japan at War, 1937–1945: The Politics of Collaboration*. Stanford, Calif.: Stanford University Press, 1972.

Caprio Mark. *Japanese Assimilation Policies in Colonial Korea: 1910–1945*. Seattle: University of Washington Press, 2009.

Choi, Chungmoo. *The Comfort Women: Colonialism, War, and Sex*. Durham, N.C.: Duke University Press, 1997. [*Positions,* special issue 5, no. 1 (Spring 1997)].

Coox, Alvin D. *Nomonhan: Japan against Russia, 1939*. Stanford, Calif.: Stanford University Press, 1985.

Crowley, James. *Japan's Quest for Autonomy*. Princeton, N.J.: Princeton University Press, 1966.

Dickinson, Frederick R. *War and National Reinvention: Japan in the Great War, 1914–1919*. Cambridge: Harvard University Asia Center, 1999.

Dower, John. *Empire and Aftermath: Yoshida Shigeru and the Japanese Experience*. Cambridge: Harvard University Council on East Asia Studies, 1979.

Duara, Prasenjit. *Sovereignty and Authenticity: Manchukuo and the East Asian Modern*. Lanham, MD: Rowan and Littlefield, 2003.

Duus, Peter. *The Abacus and the Sword: The Japanese Penetration of Korea, 1895–1910*. Berkeley: University of California Press, 1995.

———. *Party Rivalry and Political Change in Taishō Japan*. Cambridge: Harvard University Press, 1968.

Fogel, Joshua, ed. *The Nanjing Massacre in History and Historiography*. Berkeley: University of California Press, 2000.

Fujitani, T. *Race for Empire: Koreans as Japanese and Japanese as Americans during World War II*. Berkeley: University of California Press, 2011.

———. *Splendid Monarchy: Power and Pageantry in Modern Japan*. Berkeley: University of California Press, 1996.

Garon, Sheldon. "On the Transnational Destruction of Cities: What Japan and the U.S. Learned from the Bombing of Britain and Germany in the Second World War". *Past and Present* (May, 2020).

Iriye, Akira. *After Imperialism: The Search for a New Order in the Far East, 1921–1931*. Harvard University Press, 1965.

Jansen, Marius B. *The Japanese and Sun Yat-sen*. Stanford: Stanford University Press, 1954.

Lewis, Michael. *Becoming Apart: National Power and Local Politics in Toyama, 1868–1945*. Cambridge: Harvard University Press, 2000.

———. *Rioters and Citizens: Mass Protest in Imperial Japan*. Berkeley: University of California Press, 1990.

Mimura, Janis. *Planning for Empire: Reform Bureaucrats and the Japanese Wartime State*. Ithaca, NY: Cornell University Press, 2011.

Mitter, Rana. *The Manchurian Myth: Nationalism, Resistance, and Collaboration in Modern China*. Berkeley: University of California Press, 2000.

Moon, Yumi. *Populist Collaborators: The Ilchinhoe and the Japanese Colonization of Korea, 1896–1910*. Ithaca, N.Y.: Cornell University Press, 2013.

Moore, Aaron Stephen. *Constructing East Asia: Technology, Ideology, and Empire in Japan's Wartime Era, 1931–1945*. Ithaca, N.Y.: Cornell University Press, 2013.

Morley, James W., ed. *Dilemmas of Growth in Prewar Japan*. Princeton, N.J.: Princeton University Press, 1971.

Najita, Tetsuo. *Hara Kei in the Politics of Compromise, 1905–1915*. Cambridge: Harvard University Press, 1967.

Nish, Ian H. *Alliance in Decline: A Study in Anglo-Japanese Relations, 1908–23*. London: The Athlone Press, 1972.

Ogata, Sadako. *Defiance in Manchuria: The Making of Japanese Foreign Policy.* Berkeley: University of California Press, 1964.

Orbach, Danny. *Curse on This Country: The Rebellious Army of Imperial Japan.* Ithaca, N.Y.: Cornell University Press, 2017.

Peattie, Mark. *Ishiwara Kanji and Japan's Confrontation with the West.* Princeton, N.J.: Princeton University Press, 1975.

Pelz, Stephen. *The Race to Pearl Harbor.* Cambridge: Harvard University Press, 1971.

Shin, Gi-Wook, and Michael Robinson, eds. *Colonial Modernity in Korea.* Cambridge, Mass.: Harvard University Asia Center, 1999.

Silberman, Bernard, and H. D. Harootunian, eds. *Japan in Crisis: Essays on Taishō Democracy.* Ann Arbor: Center for Japanese Studies, University of Michigan, 1999.

Siniawer, Eiko. *Ruffians, Yakaza, and Nationalists: The Violent Politics of Modern Japan, 1860–1960.* Ithaca, NY: Corell University Press, 2008.

Smith, Henry D. *Japan's First Student Radicals.* Cambridge: Harvard University Press, 1972.

Titus, David. *Palace and Politics in Prewar Japan.* New York: Columbia University Press, 1974.

Uchida, Jun. *Brokers of Empire: Japanese Settler Colonialism in Korea, 1876–1945.* Cambridge, MA: Harvard Asia Center, 2011.

Wilson, George. *Radical Nationalist in Japan: Kita Ikki, 1863–1937.* Cambridge: Harvard University Press, 1969.

Yamanouchi, Yasushi, Victor J. Koschmann, and Ryūichi Narita, eds. *Total War and "Modernization."* Ithaca, N.Y.: East Asia Program, Cornell University, 1998.

Young, Louise. *Japan's Total Empire: Manchuria and the Culture of Wartime Imperialism.* Berkeley: University of California Press, 1998.

（2）經濟

Barnhart, Michael A. *Japan Prepares for Total War: The Search for Economic Security, 1919–1941.* Ithaca, N.Y.: Cornell University Press, 1987.

Ericson, Steven J. *The Sound of the Whistle: Railroads and the State in Meiji Japan.* Cambridge: Council on East Asian Studies, Harvard University Press, 1996.

Lockwood, William M., ed. *The State and Economic Enterprise in Japan.* Princeton, N.J.: Princeton University Press, 1965.

Marshall, Byron. *Capitalism and Nationalism in Prewar Japan: The Ideology of the Business Elite*. Stanford, Calif.: Stanford University Press, 1967.

Metzler, Mark. *Lever of Empire: The International Gold Standard and the Crisis of Liberalism in Prewar Japan*. Berkeley: University of California Press, 2006.

Molony, Barbara. *Technology and Investment: The Prewar Japanese Chemical Industry*. Cambridge: Harvard University, Council on East Asian Studies, 1990.

Patrick, Hugh, ed. *Japanese Industrialization and Its Social Consequences*. Berkeley: University of California Press, 1976.

Smith, Kerry. *A Time of Crisis: Japan, the Great Depression, and Rural Revitalization*. Cambridge: Harvard University Press, 2001.

Wray, William D., ed. *Managing Industrial Enterprise: Cases from Japan's Prewar Experience*. Cambridge: Harvard University, Council on East Asian Studies, 1990.

(3) 社會與文化

Ambaras, David. *Bad Youth: Juvenile Delinquency and the Politics of Everyday Life in Modern Japan*. Berkeley: University of California Press, 2005.

Atkins, E. Taylor. *Primitive Selves: Koreana in the Japanese Colonial Gaze, 1910–1945*. Berkeley: University of California Press, 2010.

Barshay, Andrew. *The Social Sciences in Modern Japan: the Marxian and Modernist Traditions*. Berkeley: University of California Press, 2004.

Barshay, Andrew E., *State and Intellectual in Imperial Japan: The Public Man in Crisis*. Berkeley: University of California Press, 1989.

———. *State and Intellectual in Imperial Japan: The Public Man in Crisis*. Berkeley: University of California Press, 1989.

Bernstein, Andrew. *Modern Passings: Death Rites, Politics and Social Change in Imperial Japan*. Honolulu: University of Hawai'i Press, 2005.

Bernstein, Gail. *Japanese Marxist: A Portrait of Kawakami Hajime, 1879–1946*. Cambridge: Harvard University Press, 1976.

Brandt, Kim. *Kingdom of Beauty: Mingei and the Politics of Folk Art in Imperial Japan*. Durham, NC: Duke University Press, 2007.

Dore, Ronald. *British Factory–Japanese Factory: The Origins of National Diversity in Employment Relations*. Berkeley: University of California Press, 1973.

Dower, John W. *War without Mercy: Race and Power in the Pacific War*. New York: Pantheon Books, 1986.

Faison, Elyssa. *Managing Women: Disciplining Labor in Modern Japan.* Berkeley: University of California Press, 2007.

Fogel, Joshua. *Politics and Sinology: The Case of Naitō Konan (1866–1934).* Cambridge: Harvard University Press, 1984.

Fruhstuck, Sabine. *Colonizing Sex: Sexology and Social Control in Modern Japan.* Berkeley: University of California Press, 2003.

Garon, Sheldon. *Molding Japanese Minds: The State in Everyday Life.* Princeton, N.J.: Princeton University Press, 1997.

———. *The State and Labor in Modern Japan.* Berkeley: University of California Press, 1987.

Gordon, Andrew. *The Evolution of Labor Relations in Japan: Heavy Industry, 1853–1955.* Cambridge: Harvard University, Council on East Asian Studies, 1985.

———.*Fabricating Consumers: The Sewing Machine in Modern Japan.* Berkeley: University of California Press, 2011.

———. *Labor and Imperial Domocracy in Prewar Japan.* Berkeley: University of California Press, 1991.

———. *Labor and Imperial Democracy in Prewar Japan.* Berkeley: University of California Press, 1991.

Hanes, Jeffrey E. *The City as Subject: Seki Hajime and the Reinvention of Modern Osaka.* Berkeley: University of California Press, 2002.

Harootunian, Harry D. *Overcome By Modernity: History, Culture and Community in Interwar Japan.* Princeton: Princeton University Press, 2000.

Havens, Thomas. *Farm and Nation in Japan.* New Haven, Conn.: Yale University Press, 1975.

Hoston, Germaine A. *Marxism and the Crisis of Development in Prewar Japan.* Princeton, N.J.: Princeton University Press, 1986.

Jones, Mark. *Children as Treasures: Childhood and the Middle Class in Early Twentieth Century Japan.* Cambridge, MA: Harvard University Asia Center, 2010.

Kawashima, Ken. *The Proletarian Gamble: Korean Workers in Interwar Japan.* Durham, NC: Duke University Press, 2009.

Lewis, Michael. *Rioters and Citizens: Mass Protest in Imperial Japan.* Berkeley: University of California Press, 1990.

Mackie, Vera. *Creating Socialist Women in Japan: Gender, Labour, and Activism, 1900–1937.* New York: Cambridge University Press, 1997.

Maruyama, Masao. *Thought and Behavior in Modern Japanese Politics*. London: Oxford University Press, 1963.

Miller, Ian J. *The Nature of the Beasts: Empire and Exhibition at the Tokyo Imperial Zoo*. Berkeley: University of California Press, 2013.

Minichiello, Sharon, ed. *Japan's Competing Modernities: Issues in Culture and Democracy, 1900–1930*. Honolulu: University of Hawai'i Press, 1998.

Mitchell, Richard H. *Thought Control in Prewar Japan*. Ithaca, N.Y.: Cornell University Press, 1976.

Modern Girl Around the World Research Group (Alys Eve Weinbaum, Lynn M. Thomas, Priti Ramamurthy, Uta G. Poiger, Madeleine Yue Dong, Tani E. Barlow), ed. *The Modern Girl Around the World*. Durham, N.C.: Duke University Press, 2008.

Nolte, Sharon H. *Liberalism in Modern Japan: Ishibashi Tanzan and His Teachers, 1905–1960*. Berkeley: University of California Press, 1986.

Pyle, Kenneth. *The New Generation in Meiji Japan: Problems of Cultural Identity 1885–1895*. Stanford, Calif.: Stanford University Press, 1969.

Roden, Donald. *Schooldays in Imperial Japan: A Study in the Culture of a Student Elite*. Berkeley: University of California Press, 1980.

Sand, Jordan. *House and Home in Modern Japan: Architecture, Domestic Space, and Bourgeois Culture*. Cambridge: Harvard University Asia Center, 2003.

Sato, Barbara Hamill, *The New Japanese Woman: Modernity Media and Women in Interwar Japan*. Durham, N.C.: Duke University Press, 2003.

Sievers, Sharon L. *Flowers in Salt: The Beginnings of Feminist Consciousness in Modern Japan*. Stanford, Calif.: Stanford University Press, 1983.

Silverberg, Miriam. *Erotic Grotesque Nosense: The Mass Culture of Japanese Modern Times*. Berkeley: University of California Press, 2006.

Smith, Kerry. *A Time of Crisis: Japan, the Great Depression, and Rural Revitalization*. Cambridge: Harvard University Asia Center, 2001.

Smith, Robert J., and Ella Lury Wiswell. *The Women of Suye Mura*. Chicago: University of Chicago Press, 1983.

Tanaka, Stefan. *Japan's Orient: Rendering Pasts in History*. Berkeley: University of California Press, 1993.

Tsutsui, William M. *Manufacturing Ideology; Scientific Management in Twentieth-Century Japan*. Princeton, N.J.: Princeton University Press, 1998.

Uno, Kathleen S. *Passages to Modernity: Motherhood, Childhood, and Social Reform in Early Twentieth Century Japan*. Honolulu: University of Hawai'i Press, 1999.

Vlastos, Stephen, ed. *Mirror of Modernity: Invented Traditions of Modern Japan.* Berkeley: University of California Press, 1998.

Waswo, Ann. *Japanese Landlords: The Decline of a Rural Elite.* Berkeley: University of California Press, 1977.

Waswo Ann, and Nishida Yoshiaki, eds. *Farmers and Village Life in Twentieth Century Japan.* London; New York: Routledge Curzon, 2003.

六、戰後與當代日本

(1) 政府與政治

Allinson, Gary D. *Japanese Urbanism: Industry and Politics in Kariya, 1872–1972.* Berkeley: University of California Press, 1975.

————. *Suburban Tokyo: A Comparative Study in Politics and Social Change.* Berkeley: University of California Press, 1979.

Avenell, Simon. *Making Japanese Citizens: Civil Society and the Mythology of the Shimin in Posterwar Japan.* Berkeley: University of California Press, 2010.

Barnes, Dayna L. *Architects of Occupation: American Experts and Planning for Postwar Japan.* Ithaca, N.Y.: Cornell University Press, 2017.

Cohen, Theodore. *Remaking Japan: The American Occupation as New Deal.* New York: The Free Press, 1987.

Dower, John. *Embracing Defeat: Japan in the Wake of World War II.* New York: W.W. Norton and Co., 1999.

Dusinberre, Martin. *Hard Times in the Hometown: A History of Community Survival in Modern Japan.* Honolulu: University of Hawai'i Press, 2012.

George, Timothy. *Minamata: Pollution and the Struggle for Democracy in Postwar Japan.* Cambridge: Harvard Asia Center, 2000.

Gordon, Andrew, ed. *Postwar Japan as History.* Berkeley: University of California Press, 1993.

Gordon, Beate Sirota. *The Only Woman in the Room.* Tokyo: Kodansha International, 1997.

Hein, Laura E. *Fueling Growth: The Energy Revolution and Economic Policy in Postwar Japan.* Cambridge: Harvard University Press, Council on East Asian Studies, 1990.

Masumi, Junnosuke. *Contemporary Politics in Japan.* Translated by Lonny E. Carlisle. Berkeley: University of California Press, 1995.

————. *Postwar Politics in Japan, 1945–1955.* Translated by Lonny E. Carlisle. Berkeley: University of California, Institute of East Asian Studies, Center for Japanese Studies, 1985.

Moore, Joe. *Japanese Workers and the Struggle for Power, 1945–1947.* Madison: University of Wisconsin Press, 1983.

Nakamura, Masanori. *The Japanese Monarchy, 1931–1991: Ambassador Grew and the Making of the "Symbol Emperor System."* Armonk, N.Y.: M.E. Sharpe, 1992.

Packard, George R. *Protest in Tokyo: The Security Treaty Crisis of 1960.* Princeton. N.J.: Princeton University Press, 1966.

Pempel, T. J. *Policy and Politics in Japan: Creative Conservatism.* Philadelphia: Temple University Press, 1982.

Pharr, Susan J. *Losing Face: Status Politics in Japan.* Berkeley: University of California Press, 1990.

Ruoff, Kenneth James. *The People's Emperor: Democracy and the Japanese Monarch 1945–1995.* Cambridge: Harvard University Asia Center, 2003.

Samuels, Richard J. *"Rich Nation, Strong Army" National Security and the Technological Transformation of Japan.* Ithaca, N.Y.: Cornell University Press, 1994.

————. *"Rich Nation, Strong Army": National Security and the Technological Transformation of Japan.* Ithaca, N.Y.: Cornell University Press, 1994.

Sasaki-Uemura, Wesley Makoto. *Organizing the Spontaneous: Citizen Protest in Postwar Japan.* Honolulu: University of Hawai'i Press, 2001.

Ward, Robert E., and Yoshikazu Sakamoto, eds. *Policy Planning during the Allied Occupation of Japan.* Princeton, N.J.: Princeton University Press, 1981.

(2) 經濟與社會

Allinson, Anne. *Nightwork: Sexuality, Pleasure, and Corporate Masculinity in a Tokyo Hostess Club.* Chicago: University of Chicago Press, 1994.

Bestor, Theodore C. *Neighborhood Tokyo.* Stanford, Calif.: Stanford University Press, 1989.

Brinton, Mary C. *Women and the Economic Miracle: Gender and Work in Postwar Japan.* Berkeley: University of California Press, 1993.

Dore, Ronald P. *British Factory–Japanese Factory: The Origins of National Diversity in Industrial Relations.* Berkeley: University of California Press, 1973.

————. *Stock Market Capitalism: Welfare Capitalism: Japan and Germany versus the Anglo Saxons*. New York: Oxford University Press, 2000.

Edwards, Walter. *Modern Japan through Its Weddings: Gender, Person, and Society in Ritual Portrayal*. Stanford, Calif.: Stanford University Press, 1989.

Feldman, Eric A. *The Ritual of Rights in Japan: Law, Society and Health Policy in Japan*. Cambridge: Cambridge University Press, 2000.

Fowler, Edward. *San'ya Blues: Laboring Life in Contemporary Japan*. Ithaca, N.Y., and London: Cornell University Press, 1996.

Garon, Sheldon, and Patricia L. Maclachlan, eds. *The Ambivalent Consumer: Questioning Consumption in East Asia and the West*. Ithaca, N.Y.: Cornell University Press, 2006.

Gordon, Andrew. *The Wages of Affluence: Labor and Management in Postwar Japan*. Cambridge: Harvard University Press, 1998.

Hardacre, Helen. *Marketing the Menacing Fetus in Japan*. Berkeley: University of California Press, 1997.

Hunter, Janet, ed. *Japanese Women Working*. London: Routledge, 1993.

Ishida, Hiroshi. *Social Mobility in Contemporary Japan*. Stanford, Calif.: Stanford University Press, 1993.

Jacoby, Sanford. *The Embedded Corporation*. Princeton: Princeton University Press, 2007.

Johnson, Chalmers. *MITI and the Japanese Miracle: The Growth of Industrial Policy, 1925–1975*. Stanford, Calif.: Stanford University Press, 1982.

Kondo, Dorinne K. *Crafting Selves: Power, Gender, and Discourses of Identity in a Japanese Workplace*. Chicago: University of Chicago Press, 1990.

Kovner, Sarah. *Occupying Power: Sex Workers and Servicemen in Postwar Japan*. Standford: Stanford University Press, 2012.

Kumazawa, Makoto. *Portraits of the Japanese Workplace: Labor Movements, Workers and Managers*. Edited by Andrew Gordon and translated by Andrew Gordon and Mikiso Hane. Boulder, Colo.: Westview Press, 1996.

LeBlanc, Robin. *Bicycle Citizens: The Political World of the Japanese Housewife*. Berkeley: University of California Press, 1999.

McCormack, Gavan, and Yoshio Sugimoto, eds. *Democracy in Contemporary Japan*. Armonk N.Y.: M.E. Sharpe, 1986.

Nakamura, Takafusa. *The Postwar Japanese Economy: Its Development and Structure*. Tokyo: University of Tokyo Press, 1981.

Nakane, Chie. *Japanese Society*. Stanford, Calif.: Stanford University Press, 1972.

Norbeck, Edward, and Margaret Lock, eds. *Health, Illness, and Medical Care in Japan: Cultural and Social Dimensions*. Honolulu: University of Hawai'i Press, 1987.

Ogasawara, Yūko. *Office Ladies and Salaried Men: Power, Gender, and Work in Japanese Companies*. Berkeley: University of California Press, 1998.

Partner, Simon. *Assembled in Japan: Electrical Goods and the Making of the Japanese Consumer*. Berkeley: University of California Press, 2000.

Patrick, Hugh, and Henry Rosovsky, eds. *Asia's New Giant: How the Japanese Economy Works*. Washington, D.C.: Brookings Institution, 1976.

Pharr, Susan J. *Political Women in Japan: The Search for a Place in Political Life*. Berkeley: University of California Press, 1981.

Price, John. *Japan Works: Power and Paradox in Postwar Industrial Relations*. Ithaca, N.Y: Cornell University Press, 1997.

Robertson, Jennifer. *Native and Newcomer: Making and Remaking a Japanese City*. Berkeley: University of California Press, 1991.

Rohlen, Thomas P. *For Harmony and Strength: Japanese White-Collar Organization in Anthropological Perspective*. Berkeley: University of California Press, 1974.

———. *Japan's High Schools*. Berkeley: University of California Press, 1983.

Smith, Robert J. *Kurusu: The Price of Progress in a Japanese Village, 1951– 1975*. Stanford, Calif.: Stanford University Press, 1978.

Upham, Frank K. *Law and Social Change in Postwar Japan*. Cambridge: Harvard University Press, 1987.

Vogel, Ezra F. *Japan's New Middle Class: The Salary Man and His Family in a Tokyo Suburb*. Berkeley: University of California Press, 1971.

Walker, Brett L. Toxic Archipelago: *A History of Industrial Disease in Japan*. Seattle: University of Washington Press, 2010.

White, Merry I. *Coffee Life in Japan*. Berkeley: University of California Press, 2012.

(3) 思想與文化

Burkman, Thomas W. *The Occupation of Japan: Arts and Culture*. Norfolk, Va.: Liskey Lithograph, 1988.

Cary, Otis, ed. *War-Wasted Asia: Letters, 1945–46*. Tokyo: Kodansha International, 1975.

Field, Norma. *In the Realm of a Dying Emperor: A Portrait of Japan at Century's End*. New York: Pantheon Books, 1991.

Kersten, Rikki. *Democracy in Postwar Japan: Maruyama Masao and the Search of Autonomy*. London: Routledge, 1996.

Koschmann, Victor. *Revolution and Subjectivity in Postwar Japan*. Chicago: University of Chicago Press, 1996.

Krauss, Ellis S. *Japanese Radicals Revisited: Student Protest in Postwar Japan*. Berkeley: University of California Press, 1974.

Lifton, Robert J. *Death in Life: The Survivors of Hiroshima*. New York: Random House, 1968.

Olson, Lawrence. *Ambivalent Moderns: Portraits of Japanese Cultural Identity*. Lanham, Md.: Rowman and Littlefield Publishers, Inc., 1992.

Treat, John Whittier. *Writing Ground Zero: Japanese Literature and the Atomic Bomb*. Chicago: University of Chicago Press, 1995.

Tsurumi, Shunsuke. *A Cultural History of Postwar Japan, 1945–1980*. London: KPI Limited, 1987.

(4) 日本與世界

Buckley, Roger. *U.S.–Japan Alliance Diplomacy, 1945–1990*. Cambridge: Cambridge University Press, 1992.

Encarnation, Dennis J. *Rivals beyond Trade: America versus Japan in Global Competition*. Ithaca, N.Y.: Cornell University Press, 1992.

Hatch, Walter and Kozo Yamamura. *Asia in Japan's Embrace: Building a Regional Production Alliance*. Cambridge, UK: Cambridge University Press, 1996.

Havens, Thomas H. *Fire across the Sea: The Vietnam War and Japan, 1965–1975*. Princeton, N.J.: Princeton University Press, 1987.

Hein, Laura, and Mark Selden, eds. *Living with the Bomb: American and Japanese Cultural Conflicts in the Nuclear Age*. Armonk, N.Y.: M.E. Sharpe, 1997.

McCormack, Gavin, *Client State: Japan in the American Embrace*. New York: Verso, 2007.

Miyoshi, Masao. *Off Center: Power and Culture Relations between Japan and the United States*. Cambridge: Harvard University Press, 1991.

Nagai, Yōnosuke, and Akira Iriye, eds. *The Origins of the Cold War in Asia*. New York: Columbia University Press, 1977.

Pyle, Kenneth B. *The Japanese Question: Power and Purpose in a New Era.* Washington, D.C.: The AEI Press, 1992.

Schonberger, Howard B. *Aftermath of War: Americans and the Remaking of Japan, 1945–1952.* Kent, Ohio: The Kent State University Press, 1989.

Terry, Edith. *How Asia Got Rich: Japan and the Asian Miracle.* Armonk, N.Y.: M.E. Sharpe, 1998.

索引

本索引使用之頁碼均指英文第四版頁碼，即本書邊碼

四劃

八劃

十一劃

十二劃